ŒUVRES

COMPLÈTES

DE BOSSUET

PUBLIÉES

D'APRÈS LES IMPRIMÉS ET LES MANUSCRITS ORIGINAUX

PURGÉES DES INTERPOLATIONS ET RENDUES A LEUR INTÉGRITÉ

PAR F. LACHAT

ÉDITION
RENFERMANT TOUS LES OUVRAGES ÉDITÉS ET PLUSIEURS INÉDITS

VOLUME XVII

PARIS

LIBRAIRIE DE LOUIS VIVÈS, ÉDITEUR

RUE DELAMBRE, 9

1864

ŒUVRES COMPLÈTES
DE BOSSUET.

Besançon,— imprimerie d'Outhenin Chalandre fils.

ŒUVRES
COMPLÈTES
DE BOSSUET

PUBLIÉES

D'APRÈS LES IMPRIMÉS ET LES MANUSCRITS ORIGINAUX

PURGÉES DES INTERPOLATIONS ET RENDUES A LEUR INTÉGRITÉ

PAR F. LACHAT

ÉDITION
RENFERMANT TOUS LES OUVRAGES ÉDITÉS ET PLUSIEURS INÉDITS

VOLUME XVII

PARIS
LIBRAIRIE DE LOUIS VIVÈS, ÉDITEUR
RUE DELAMBRE, 9
1864

EXPLICATION
DE QUELQUES DIFFICULTÉS SUR LES PRIÈRES DE LA MESSE
A UN NOUVEAU CATHOLIQUE.

INSTRUCTION PASTORALE
SUR LES PROMESSES DE L'ÉGLISE.

SECONDE INSTRUCTION PASTORALE
SUR LES PROMESSES DE JÉSUS-CHRIST A SON ÉGLISE.

LETTRE PASTORALE
DE Mgr L'ÉVÊQUE DE MEAUX,
AUX NOUVEAUX CATHOLIQUES DE SON DIOCÈSE, POUR LES EXHORTER A FAIRE LEURS PAQUES.

LETTRE DE Mgr L'ÉVÊQUE DE MEAUX,
A UN PROTESTANT CONVERTI, SUR L'ADORATION DE LA CROIX.

RÈGLEMENT
POUR LES FILLES DE LA PROPAGATION DE LA FOI,
ÉTABLIES EN LA VILLE DE METZ.

RECUEIL DE DISSERTATIONS, DE PIÈCES ET DE LETTRES,
CONCERNANT UN PROJET DE RÉUNION
DES PROTESTANS DE FRANCE ET DES PROTESTANS D'ALLEMAGNE
A L'ÉGLISE CATHOLIQUE.

REMARQUES HISTORIQUES.

Nous parlerons dans ce volume des six premiers ouvrages dont on vient de voir les titres, renvoyant au volume suivant ce que nous avons à dire sur les écrits relatifs à la réunion des protestans.

I.

Un seigneur anglois, protestant revenu à la croyance de ses pères, avoit souvent à combattre les préjugés de son éducation religieuse ; le souvenir des objections soulevées par les ministres contre la messe continuoient, comme des nuages malfaisans, d'offusquer les clartés de sa foi; il pria Bossuet de l'aider, par les lumières de la vraie doctrine, à dissiper dans son esprit les ténèbres du protestantisme. Bossuet écrivit un ouvrage particulier, pour amener le calme et la paix dans son ame.

L'habile controversiste distingue avant tout deux actions principales dans la messe : l'oblation et la réception. Dans l'oblation qui comprend la consécration, l'Eglise offre le pain et le vin, elle offre le corps et le sang de Notre-Seigneur, enfin elle s'offre elle-même; dans la réception, le fidèle reçoit la victime cachée sous les espèces eucharistiques, l'Agneau céleste qui porte les péchés du monde. Cette distinction nous fera mieux comprendre, et les objections des ministres réformés, et les solutions du théologien catholique. Ces difficultés et ces réponses, les voici dans un court aperçu.

Qu'il soit d'origine latine ou hébraïque, le mot *messe* ne sauroit exprimer dignement la rénovation du sacrifice de la croix, l'immolation d'un Dieu fait homme. — Le mot *messe* dérive du latin : on a dit *missa*, congé, renvoi, comme on dit *remissa* pour *remissio*, *oblata* pour *oblatio*, *ascensa* pour *ascensio*, peut-être *secreta* pour *secretio*, séparation. Dans l'ancienne Eglise, on renvoyoit à l'oblation les catéchumènes, les pénitens, les énergumènes ou possédés, et à la fin de l'action sainte tous les fidèles par une proclamation solennelle, dont on voit un reste dans cette parole : *Ite missa est*; le peuple, vivement frappé par le double renvoi des indignes et des assistans, donna au saint sacrifice le nom de *messe*.

Dans les prières de la messe, le prêtre offre le pain et le vin, non pas Jésus-Christ : donc Jésus-Christ n'est pas sur l'autel. — Le prêtre n'offre pas le pain et le vin pour rester ce qu'ils sont en eux-mêmes, des alimens terrestres; il offre le pain et le vin pour devenir une céleste nourriture, priant Dieu « d'en faire le corps et le sang de son Fils bien aimé. »

Si le prêtre offroit le corps et le sang de Jésus-Christ, pourquoi prieroit-il Dieu « de se faire présenter l'offrande eucharistique par la main de son saint ange sur l'autel céleste? » La médiation d'une créature pourroit-elle rendre plus agréable au Père éternel l'oblation de son Fils unique? — Il ne suffit pas d'offrir et de recevoir des choses saintes, il faut que ceux qui les reçoivent et les offrent soient saints; d'où cette célèbre proclamation avant la réception des mystères : « Les choses saintes sont pour les saints. » L'Eglise réclame le ministère des anges, parce qu'ils présentent nos prières à Dieu sur l'autel qui est Jésus-Christ, comme on le voit manifestement dans l'*Apocalypse* [1].

---

[1] *Apoc.*, VIII, 3 et seq.

On offre aux Saints les dons eucharistiques : est-ce donc qu'on offriroit Jésus-Christ à ses serviteurs, le Créateur à la créature, Dieu à l'homme ? — Certes on n'offre pas Jésus-Christ en holocauste aux Saints ; mais on l'offre à leur honneur, pour célébrer leur mémoire et remercier Dieu de la gloire qu'il leur a donnée. « Nous vous immolons, Seigneur, dit l'Eglise, ces hosties pour honorer le sang répandu de vos saints martyrs, et en célébrant les merveilles de votre puissance par laquelle ils ont remporté une si grande victoire. Quoi de plus convenable que d'honorer, dans le saint sacrifice, les vertus qui en sont l'effet et le fruit ?

On bénit après la consécration les dons eucharistiques par des signes de croix : béniroit-on Jésus-Christ, qui est la source de toute bénédiction ? — Oui : nous bénissons Dieu même, c'est-à-dire nous célébrons ses louanges ; nous bénissons les dons consacrés, c'est-à-dire nous prions le Père céleste « de nous remplir en Jésus-Christ de toute grace et bénédiction spirituelle. »

On ne trouve point l'adoration de l'hostie dans les anciennes liturgies. — Assertion contraire à la vérité : l'Eglise grecque et l'Eglise latine ont adoré dans tous les temps les signes consacrés.

Voilà comment Bossuet résout les objections que les protestans tirent des prières de la messe. En même temps que la théologie la plus sûre et la science la plus profonde dictent ses raisonnemens, la foi vive et la tendre piété animent toutes ses paroles. Le prêtre et le fidèle trouvent, dans son ouvrage, une source d'instruction solide et de religieuse dévotion.

L'*Explication de la messe* parut en 1689, chez Marbre-Cramoisy, imprimeur du roi, dans un petit volume *in-*12. Elle fut publiée pour la seconde fois deux ans plus tard, en 1691, chez le même éditeur et dans le même format. La première édition avoit pour titre : *Explication de quelques difficultés sur les prières de la messe, à un nouveau catholique* ; la seconde porte seulement à son frontispice : *Explication des prières de la messe*. Tous les éditeurs ont adopté le premier titre : nous l'avons gardé, pour ne pas amener de confusion dans les idées du lecteur. En outre la seconde édition renferme, dans le corps de l'ouvrage, deux corrections dont l'une est importante : nous les signalons à la page 42.

II.

« La paix de Riswick et la déclaration du roi du 5 décembre 1698 qui ordonne l'exécution de la révocation de l'édit de Nantes et pourvoit à l'instruction des nouveaux catholiques, ayant donné lieu à plusieurs prélats de publier des Instructions pastorales pour exciter les réunis à leurs devoirs, M. de Meaux en fit une sur l'Eglise, matière qu'il a toujours jugée des plus nécessaires et des plus propres aux nouveaux convertis [1]. »

L'écrit de Bossuet repose fondamentalement sur ces paroles de Jésus-Christ : « Toute puissance m'est donnée dans le ciel et sur la terre : allez donc : enseignez toutes les nations, les baptisant au nom du Père et du Fils et du Saint-Esprit, leur apprenant à garder toutes les choses que je vous ai commandées. Et voilà, je suis avec vous tous les jours jusqu'à la consommation des siècles [2]. » Ainsi la Sagesse infinie, le Verbe incarné, Celui qui a *toute puissance dans le ciel et sur la terre*, est avec les apôtres et leurs successeurs enseignant, baptisant et proclamant les préceptes divins : donc l'Eglise est infaillible et ne peut se tromper ni dans sa doctrine, ni dans ses sacremens, ni dans sa morale ; il est avec eux toujours, sans cesse, à travers tous les âges, jusqu'à la consommation des siècles ; donc l'Eglise est perpétuelle et remonte dans tous les temps jusqu'à Jésus-Christ. Aussi tous les Pères, saint Augustin et saint Cyprien, Tertullien et Clément d'Alexandrie, voient-ils dans l'Eglise l'Epouse sainte, immaculée, sans ride et sans tache ; et la tradition de tous les temps la montre comme une armée rangée en bataille, qui renverse mille ennemis à sa gauche et dix mille à sa droite, sans que leurs coups puissent jamais l'atteindre. L'infaillibilité et la perpétuité : voilà les sublimes prérogatives qu'assurent à l'Eglise les promesses de Jésus-Christ ; en d'autres termes, voilà le remède à toutes les erreurs.

L'hérésie n'a jamais présenté, ne présentera jamais ces divins caractères. Voyez ses fondateurs : toujours en contradiction flagrante, non-seulement entre eux, mais avec eux-mêmes, ils disent le oui et le non sur toutes les questions, renversent d'une main ce qu'ils ont édifié de l'autre, et brûlent aujourd'hui ce qu'ils adoroient hier : est-ce dans ce chaos d'opinions contraires que réside l'infaillibilité ? Et qu'on recherche l'origine de toutes les sectes, on trouvera sans peine le temps précis de leur séparation d'avec les successeurs des apôtres ; le point de la rupture paroîtra, si l'on passe le terme, tout sanglant ; et cette marque de nouveauté gravée sur leur front, redira dans tous les siècles qu'elles ne remontent point jusqu'à Jésus-Christ. Qui verra dans ces œuvres du schisme, sans passé comme sans avenir, le caractère de la perpétuité ?

Après avoir développé ces principes, Bossuet résout plusieurs objections sur les décisions de l'Eglise, sur l'autorité des pasteurs, sur l'usage de l'Ecriture sainte, sur l'emploi de la langue latine dans le culte public. En finissant, il donne aux fidèles de son diocèse des conseils dictés par la sagesse et la charité même. Travaillez avec douceur, leur dit-il, à la conversion de vos frères errans, portez la persuasion dans

---

[1] *Mémoires* de l'abbé Ledieu, 1700. — [2] *Matth.*, XXVIII, 18-20.

leur cœur par le bon exemple, évitez ces disputes sans fin qui ne font qu'aigrir les esprits, et rappelez-vous souvent, pour votre consolation, les promesses de Celui qui a *toute puissance dans le ciel et sur la terre* : « Voilà, je suis avec vous tous les jours jusqu'à la consommation des siècles. »

L'*Instruction pastorale sur les promesses de l'Eglise* parut le dernier jour d'avril 1700, sous le format *in*-12, chez Anisson.

III.

Un des plus habiles écrivains de la Réforme, Jacques Basnage, François de naissance et ministre de l'évangile à Rotterdam, attaqua l'*Instruction sur les promesses de l'Eglise*. Voici les principales objections qu'il soulevoit dans son ouvrage [1]. Prétendre que le céleste Réparateur nous a donné en six lignes le remède à toutes les erreurs, c'est affirmer l'impossible contre l'évidence même. Et si Jésus-Christ a fait à l'Eglise chrétienne des promesses d'immortalité, Dieu avoit promis de même une durée éternelle à l'Eglise judaïque : et cependant cette Eglise est renversée de fond en comble. Il y a plus encore : avant sa ruine dernière, elle tomba dans les plus grandes abominations, jusque dans l'idolâtrie. Au reste, si l'Eglise devoit enseigner infailliblement toute vérité, à quoi bon l'Ecriture sainte?

Bossuet résolut ces difficultés dans une seconde *Instruction pastorale*. Jésus-Christ a renfermé, dit-il, la loi et les prophètes dans une seule ligne, quand il nous a donné ce double précepte : « Vous aimerez Dieu de tout votre cœur..., et le prochain comme vous-mêmes [2] : pourquoi donc n'auroit-il pu nous donner en six lignes le préservatif de toutes les erreurs? Sur le point de monter au ciel, après avoir commandé à ses apôtres d'enseigner et de baptiser toutes les nations, il ajouta ces magnifiques paroles : « Je suis avec vous tous les jours jusqu'à la consommation des siècles [3]. » Voilà donc Jésus-Christ vivant éternellement avec les apôtres et leurs successeurs; le voilà enseignant et baptisant avec eux toujours, sans cesse, *jusqu'à la consommation des siècles*. Or qu'est-ce cela, sinon l'infaillibilité et la perpétuité de l'Eglise? Qu'est-ce, encore une fois, sinon le remède qui doit nous préserver de toutes les erreurs?

L'Eglise judaïque n'a pas reçu les mêmes promesses. Le Seigneur dit au

---

[1] Cet ouvrage avoit pour titre : *Traité des préjugés faux et légitimes, ou Réponse aux lettres et instructions pastorales de M. le cardinal de Noailles archevêque de Paris, de M. Colbert archevêque de Rouen, de M. Bossuet évêque de Meaux, et de M. de Nesmond évêque de Montauban*; 1701. Cet ouvrage parut à Rotterdam, chez Lecos. Trois volumes in-8°. — [2] *Matth.*, XXII, 37-40. — [3] *Ibid.*, XXVIII, 18 et seq.

peuple élu : « Je mettrai mon nom à jamais dans le temple de Salomon, et j'y aurai tous les jours mes yeux et mon cœur. Si tu marches dans mes voies,... j'établirai ton trône à jamais. Si au contraire vous et vos enfans cessez de me suivre,... je rejetterai de devant ma face le temple que j'ai consacré à mon nom,... et il sera en exemple à tous les peuples du monde [1]. » D'après ces paroles, Dieu laissera son cœur dans le temple de Salomon, si le peuple observe sa loi; mais s'il cesse de la suivre, il rejettera le temple de devant sa face pour être en exemple à toutes les nations de la terre. Les promesses faites à l'Eglise judaïque sont donc limitées par une condition qui ne devoit pas s'accomplir; mais les promesses faites à l'Eglise chrétienne sont absolues, générales, universelles, indépendantes de toute condition. Dieu dit dans la nouvelle alliance : « Je suis avec vous tous les jours; » il dit dans l'ancienne : J'y serai si vous êtes fidèles. La différence frappe tous les yeux.

Cependant l'Eglise des Hébreux n'a point cessé d'être, avant sa ruine totale, la véritable Eglise : jamais elle n'a laissé périr le culte du vrai Dieu, jamais elle n'a suspendu la circoncision ni les autres cérémonies religieuses; au milieu de la prévarication générale, elle proclamoit les oracles célestes par la voix des prophètes, et maintenoit par son autorité la loi du Seigneur. Sur le point même de subir sa réprobation dernière, elle reçut encore la sanction suprême : Jésus-Christ fit respecter le temple en en chassant les marchands, il reconnut la Synagogue en ordonnant d'en accomplir les décisions; et lorsqu'il refusa de répondre à l'autorité civile, il répondit au grand prêtre.

On voit qu'il y a toujours eu, pour enseigner aux hommes la vérité divine, une Eglise revêtue de l'infaillibilité. Voilà pourquoi nous disons dans le Symbole : « Je crois l'Eglise catholique, » avant d'avoir dit : Je crois à la sainte Ecriture. Cependant l'Ecriture sainte n'est pas inutile : elle fortifie, elle nourrit, elle excite la foi; on l'étudie pour mieux comprendre ce que l'on croit, et l'on s'en sert pour réfuter les hérétiques.

Après avoir ainsi rétabli les principes de la vraie doctrine, Bossuet résout plusieurs objections particulières. Il avoit déjà débattu, dans d'autres ouvrages, les questions qu'il soulève dans ses réponses; mais on voit pour ainsi dire naître sous sa plume des considérations nouvelles, des aperçus nouveaux : car telle est la fécondité de son génie et l'étendue de son érudition, qu'il ne reproduit jamais les mêmes raisonnemens ni les mêmes faits.

Basnage attaqua la première *Instruction pastorale*, dans les *Préjugés faux et légitimes*, en 1701 : Bossuet publia la seconde *Instruction* la

---

[1] III *Reg.*, IX, 3 et seq.

même année, les premiers jours de décembre, chez Anisson. Cette édition forme un petit volume *in*-12.

IV.

Après la révocation de l'édit de Nantes, les protestans quittoient par milliers la religion de Calvin. Pour arrêter cette désertion générale, les ministres leur adressèrent de Hollande des lettres soi-disant pastorales, qui portoient des titres comme ceux-ci, ou d'autres plus lamentables encore : *Aux protestans de France qui sont tombés par la force des tourmens : A nos frères qui gémissent sous la captivité de Babylone*, etc. Bossuet réfuta ces libelles ; et comme on étoit dans le temps de carême, il invita les nouveaux catholiques de son diocèse à la communion pascale.

Il leur dit dès les premiers mots de son appel pastoral : Venez communier avec vos frères : c'est Jésus-Christ même qui vous convie à ce banquet de paix. Car s'il désire toujours de faire la pâque avec ses disciples [1], s'il veut que la salle du festin soit toujours prête et la table toujours dressée, c'est principalement dans les jours de sa résurrection qu'il nous dit : Venez tous à moi ; je vous donnerai le pain de vie et le vin des ineffables délices.

Où devons-nous aller recevoir ces divins alimens ? dans l'Eglise, uniquement dans l'Eglise catholique. Pourquoi ? parce qu'elle a seule des pasteurs légitimes, seule la vraie doctrine qui vient du divin Maître. « Vous n'avez pu vous empêcher, dit le charitable pasteur à ses nouvelles ouailles, de reconnoître que j'étois à la place de ceux qui ont planté l'Evangile dans ces contrées : vous les avez révérés en ma personne, quoique indigne. Je ne vous ai point annoncé d'autre doctrine que celle que j'ai reçue de mes saints prédécesseurs : comme chacun d'eux a suivi ceux qui les ont devancés, j'ai fait de même. » Ainsi la doctrine de la foi s'est transmise jusqu'à nous de pasteur en pasteur, de main en main, sans que jamais on aperçût d'innovation. C'est par là qu'on reconnoît ce qu'on a toujours cru, et par conséquent ce qu'on doit toujours croire.

Qu'on nous montre dans la Réforme ce *toujours*, marque certaine de la vérité. « Souvenez-vous, reprend Bossuet, de Pierre le Clerc, cardeur de laine. Je ne le dis pas par mépris de la profession, ni pour ravilir un travail honnête ; mais pour taxer l'ignorance, la présomption et le schisme d'un homme qui, sans avoir de pasteur qui l'ordonne, sort tout à coup de sa boutique pour présider dans l'Eglise. C'est lui qui a dressé l'église prétendue réformée de Meaux, la première formée dans ce royaume en l'an 1546. » Les autres réformateurs n'ont pas fait au-

---

[1] *Luc.*, XXII, 15.

trement : laïques établis par des laïques et par conséquent toujours laïques, ils ont érigé des chaires et des autels sacriléges contre les successeurs des apôtres ; prêtres ou moines apostats, ils ont abjuré la foi de ceux qui les avoient ordonnés, pour établir des nouveautés criminelles.

Dans l'impossibilité de défendre leur succession légitime, les ministres allèguent le caractère extraordinaire de leur mission ; ils prétendent que Dieu seul a pu donner à la Réforme tant de succès rapides, tant de victoires surprenantes, tant de conquêtes miraculeuses ; comme si, leur répond Bossuet, « le désir de s'affranchir des vœux, des jeûnes, de la continence, de la confession, des mystères qui passent les sens, de la sujétion des évêques qui étoient en tant de lieux princes temporels ; la jouissance des biens de l'Eglise, le dégoût des ecclésiastiques trop ignorans, hélas ! et trop scandaleux ; le charme trompeur des plaisanteries et des invectives, et celui d'une éloquence emportée et séditieuse ; le pouvoir accordé aux princes et aux magistrats de décider des affaires de la religion, et à tous les hommes de se rendre arbitres de leur foi et de n'en plus croire que leur sens ; enfin la nouveauté même, n'avoient pas été l'attrait qui jetoit en foule dans la nouvelle Réforme les villes, les princes, les peuples et jusqu'aux prêtres et moines apostats. »

Les tortures inventées par les ministres ne sont pas moins fausses que leurs miracles. Bossuet dit aux nouveaux catholiques de son diocèse : « Loin d'avoir souffert des tourmens, vous n'en avez pas seulement entendu parler. J'entends dire la même chose aux autres évêques : mais pour vous, mes frères, je ne vous dis rien que vous ne disiez tous aussi bien que moi. Vous êtes revenus paisiblement à nous, vous le savez. » Cette déclaration solennelle, faite devant des milliers de témoins, publiée dans toute l'Europe protestante sans qu'elle ait rencontré la moindre contradiction, n'a pas empêché les fauteurs de la Réforme, particulièrement Jurieu, de représenter Bossuet comme un fougueux persécuteur.

La *Lettre pastorale aux nouveaux catholiques* est datée de Claye, le dimanche 24 mars 1686. La première et la seconde édition parurent la même année, *in-4°*, chez Marbre-Cramoisy.

V.

Un gentilhomme françois, calviniste réfugié en Hollande, après avoir passé quelques années au service du prince d'Orange, conçut des doutes sur le protestantisme et rentra dans sa patrie. Les écrits de Bossuet, particulièrement l'*Exposition de la doctrine catholique*, lui montrèrent la vérité tout entière ; il abjura les nouveautés de Calvin pour embrasser l'antique foi de ses pères. Dans la première ferveur de sa conversion, il se rendit à la Trappe, et s'engagea par des vœux solennels à la profession religieuse. Ses connoissances et son esprit distingué, son zèle et ses grands sacrifices lui gagnèrent l'attachement de ses supérieurs ; le jour de son entrée dans une vie nouvelle, l'abbé de Rancé, voulant lui témoigner une affection particulière, l'appela de son prénom *Armand*.

On sait que Bossuet faisoit à la Trappe de fréquens voyages. Pendant le temps qu'il y passoit, ordinairement huit jours, il observoit sévèrement la règle si sévère de la communauté, suivant les religieux partout, au chœur, au réfectoire, dans tous leurs exercices ; il veilloit, prioit, jeûnoit, gardoit le silence comme eux ; il paroissoit à matines, au milieu de la nuit, le premier de tous. Quelquefois, avant l'heure de vêpres, on le voyoit se promener, sur les bords de l'étang ou dans les forêts de cette solitude, avec l'abbé de Rancé. Qui n'auroit admiré ces deux grands hommes s'entretenant ainsi des choses du ciel ? L'un s'étoit dérobé à l'admiration du monde pour aller converser avec Dieu dans la solitude ; l'autre avoit fui les faveurs de la fortune et les attraits du plaisir pour s'ensevelir vivant dans un tombeau : quel spectacle !

Le frère Armand obtint la permission de conférer avec Bossuet, puis de lui écrire sur les choses de la religion. Après plusieurs conférences, il lui adressa deux longues lettres : dans la première, il manifestoit le désir du martyre ; dans la seconde, il exprimoit des doutes relatifs à l'adoration de la croix.

Bossuet répondit sur ces deux points. Le désir du martyre, dit-il au frère Armand, est un grand don de Dieu ; mais il pourroit vous détourner des véritables occupations de votre état. « Songez que la paix de l'Eglise a son martyre. La vie que vous menez vous donnera un rang honorable parmi ceux qui ont combattu pour le nom de Jésus-Christ ; et tout ce que vous aurez souffert dans les exercices de la pénitence, vous prépare une couronne qui approche fort de celle du martyre. » Quant à l'adoration de la croix, le profond théologien remarque d'abord qu'on rend de grands honneurs au livre des Evangiles : on prête serment sur ses pages sacrées, on l'entoure de cierges, on l'encense, on l'écoute debout, on le donne à baiser ; et tout cela pour témoigner son attachement, non pas à l'encre et au papier, mais à la vérité éternelle qu'il renferme. Eh bien, « qu'est-ce que la croix, sinon l'abrégé de l'Evangile, tout l'Evangile dans un seul signal et dans un seul caractère ? Pourquoi donc ne la baiseroit-on pas ? Et si on lui rend cette sorte d'honneur, pourquoi non les autres ? Pourquoi n'iroit-on pas jusqu'à la génuflexion, jusqu'au prosternement entier ? »

Le frère Armand ne répondit point à tant de soins paternels, à ces charitables leçons. Il s'étoit élevé dans ses rêves à la science transcendentale et jusqu'à la gloire du martyre ; la vérité ne le suivit pas dans ces sublimes hauteurs, elle s'éloigna de son esprit rempli de lui-même. Alors sa première ferveur s'éteignit comme une flamme sans aliment; il s'échappa du cloître, s'enfuit à Genève et revint à son vomissement. Il mourut dans la ville de Calvin, marié et maitre d'école. L'abandon, le mépris, l'abaissement, voilà la commune destinée des apostats qui abandonnent le cours de la tradition universelle pour se jeter dans le torrent des nouveautés religieuses; aussi bien le fleuve de vérité qui se répand de la montagne sainte à travers le monde, ne laisse-t-il sur ces bords que la fange et l'écume : les protestans le savent par une longue expérience.

La *Lettre sur l'adoration de la croix* est datée de Versailles, le 17 mars 1691. Elle fut imprimée l'année suivante, *in-4°*, sans nom d'auteur et sans la participation de Bossuet. Cette dernière remarque est nécessaire pour comprendre le petit *Avertissement* qui précède la *Lettre*.

VI.

L'étude et la nature avoient donné à Bossuet tout ce qui peut, si l'on ose le dire, préparer à la grace la conversion des hérétiques. Non-seulement il s'étoit approprié, par de longues méditations, les enseignemens de l'Ecriture et la science des Pères; mais il avoit une dialectique invincible qui lui donna cinquante années de victoires, une parole abondante qui lui suggéroit soudain le mot propre, surtout une douceur inaltérable qui lui gagnoit les esprits les plus prévenus. Il tenoit cette maxime de saint Augustin, que la condescendance et la charité sont les compagnes de la vérité; et la connoissance du cœur humain lui faisoit dire souvent : « C'est déjà faire une assez grande peine aux gens que de leur montrer qu'ils ont tort, surtout en matière de religion [1]. »

Il commença de bonne heure cette mission si bénie de Dieu, qui ramena tant d'ames errantes dans le sein de l'Eglise. Chanoine et archidiacre, pendant son séjour à Metz, il convertit plus de cinq mille protestans et grand nombre de Juifs. En rentrant dans la maison de leur Père céleste, les nouveaux convertis perdoient souvent tout asile sur la terre. Le charitable pasteur voulut les mettre à l'abri des coups de la misère tout ensemble et des entreprises de l'hérésie; il recueillit des dons considérables, obtint des religieuses de saint Vincent de Paul, et fonda la *Maison des filles de la propagation de la foi*. Devenu de droit ce qu'il avoit toujours été de fait, directeur de la communauté, il lui donna un règlement.

Ce règlement parle, dans plusieurs chapitres, de la réception des

---

[1] *Mémoires* de l'abbé Ledieu, 1635.

aspirantes, des vertus que doivent pratiquer les religieuses, des exercices de dévotion qu'elles doivent suivre, du travail et du silence, du gouvernement de la communauté, des supérieures et des assistantes, enfin de la distribution des heures de la journée.

Le *Règlement du Séminaire des filles de la propagation de la foi, établies en la ville de Metz*, fut composé en 1655. Il parut plus tard, en 1672, à Paris, chez Muguet, *in-8°*. Il devoit servir de modèle à des règlemens de ce genre. L'édition originale est extrêmement rare.

EXPLICATION

DE QUELQUES DIFFICULTÉS

SUR

LES PRIÈRES DE LA MESSE,

A UN NOUVEAU CATHOLIQUE.

Vous souhaitez, Monsieur, que je vous explique quelques difficultés sur la messe, que vos ministres vous ont faites autrefois, et qui ne laissent pas de vous revenir souvent dans l'esprit, quelque soumis que vous soyez d'ailleurs à l'autorité de l'Eglise catholique. I. Objections contre la doctrine de l'Eglise catholique tirées de la liturgie ou des prières de la messe.

Ces difficultés, dites-vous, ne regardent pas le commencement de la messe, qui ne contient autre chose que des psaumes, de pieux cantiques, de saintes lectures de l'Ancien et du Nouveau Testament. Vos difficultés, dites-vous, commencent à l'endroit qui s'appelle proprement le sacrifice, la liturgie et la messe, c'est-à-dire à l'endroit de l'Oblation ou de l'Offerte et à la prière qui s'appelle Secrète. Elles se continuent dans toute la suite, c'est-à-dire dans le Canon et dans tout le reste qui regarde la célébration de l'Eucharistie, jusqu'à la prière qu'on appelle *Postcommunion*. En tout cela vous ne voulez pas que je vous parle de la demande du secours des Saints, sur quoi vous êtes pleinement satisfait, jusqu'à ne pouvoir comprendre sur quel fondement on a prétendu que ces demandes intéressassent la gloire de Dieu ou la médiation de Jésus-Christ, au nom duquel, comme de celui par qui seul on peut avoir accès, on demande à Dieu qu'il les reçoive. Toutes vos difficultés regardent la célébration de l'Eucharistie, et premièrement vous voulez que je vous décide si le mot de *Messe* a une origine hébraïque, comme plusieurs docteurs catholiques l'ont prétendu, ou s'il a une origine purement latine tirée du mot *missio* ou *missa*, c'est-à-dire, renvoi, à cause qu'au commencement de l'oblation on renvoyoit les catéchumènes, les pénitens, les énergumènes ou possédés, et à la fin tout le peuple, dont on voit encore un reste en ces mots : *Ite, missa est,* par lesquels on finit le saint sacrifice. Que si c'est là, comme vous pensez, la vraie origine du mot de *Messe*, vous vous étonnez qu'un si grand mystère ait été nommé par une de ses parties des moins principales. Mais sans vous arrêter beaucoup à la difficulté du nom, qui doit être toujours la moindre et ne mérite pas d'être comptée, la grande difficulté que vos ministres vous ont faite autrefois regarde le fond des prières : car la messe n'étant autre chose que la célébration de l'Eucharistie, la doctrine de l'Eglise catholique doit s'y trouver toute entière; et c'est, disent ces Messieurs, ce qui n'est pas. Il est vrai, poursuivez-vous, qu'une partie de la doctrine catholique, qui regarde l'oblation ou le sacrifice, y est très-visible; et encore que les ministres tâchent d'éluder la force du mot, en disant qu'il le faut entendre d'une oblation ou d'un sacrifice improprement dit, vous ne vous accommodez pas de cette réponse. Car on dit trop distinctement et trop souvent qu'on offre à Dieu en sacrifice les dons proposés, pour nous laisser croire que ces paroles ne doivent pas être prises dans leur signification naturelle : mais enfin c'est du pain et du vin qu'on offre. Ce sacrifice est appelé par les anciens un *Sacrifice de pain et de vin;* et c'est pourquoi ils l'appellent le sacrifice de Melchisédech, à cause que selon eux ce grand sacrificateur du Dieu très-haut lui offrit le pain et le vin qu'il fit prendre ensuite à Abraham et aux siens. Voilà une première difficulté. Les autres sont bien plus grandes; car les ministres prétendent que dans toutes les prières qui regardent la célébration de l'Eucharistie, il n'y a rien qui démontre la présence réelle, ni la transsubstantiation ou changement de substance : ce qui néanmoins étant selon nous le fond du mystère, est sans doute ce qui doit y être le plus expressément marqué. Mais, poursuit-on, loin qu'il le soit en termes aussi formels qu'il seroit à désirer, on y voit plutôt le contraire, puisqu'on trouve dans une secrète du jour de Noël : « Que la substance terrestre nous confère ou nous donne ce qui est divin [1]. » Elle y demeure donc cette substance, et on ne nous doit pas dire qu'elle soit changée. Dans une autre prière on demande que « ce qu'on célèbre en figure ou en apparence, *specie*, on le reçoive aussi dans la vérité même [2]. » Et en effet, disent les ministres, si on eût cru offrir Jésus-Christ même, c'est-à-dire son vrai corps et son vrai sang, auroit-on demandé tant de fois à Dieu de l'avoir pour agréable? Mais on fait plus : on prie Dieu dans le Canon d'avoir agréable l'oblation qu'on lui fait, comme il a eu agréables les présens d'Abel et le sacrifice d'Abraham ou de Melchisédech : ce qui montre qu'il n'y a ici que des créatures offertes, et tout au plus des figures de Jésus-Christ, non plus que dans l'oblation d'Abel et des autres justes. Car quelle apparence de comparer le corps et le sang de Jésus-Christ, où réside la perfection, à des choses si imparfaites? Mais voici bien plus : non content de prier Dieu qu'il ait agréable l'oblation qu'on lui fait, comme si on en doutoit, on prie Dieu « de se la faire présenter par la main de son saint ange sur son autel céleste. » Quoi! pour faire valoir devant Dieu l'oblation du corps de son Fils, il y faut le ministère d'un ange! Le Médiateur a besoin d'un médiateur, et Jésus-Christ n'est pas reçu par lui-même! Cette prière se fait après la consécration. Toutes les Secrètes sont pleines de prières qu'on fait à Dieu, d'avoir agréables nos oblations par l'intercession et le mérite de ses Saints. Je sais, dites-vous, comme il faut entendre le mot de *mérite*, et vous me l'avez assez expliqué. Je ne me fâche pas non plus de l'intercession des Saints, que vous m'avez aussi très-bien fait entendre : mais je vous prie de m'aider encore à comprendre comment on peut employer les Saints, afin d'obtenir de Dieu qu'il ait agréables nos oblations, si ces oblations, lorsqu'elles sont consacrées, ne sont autre chose que le corps et le sang de Jésus-Christ, et surtout quel est le sens de cette prière qu'on fait en mémoire de saint Paul : « O Seigneur, sanctifiez ces dons par les prières de votre Apôtre, afin que ce qui vous est agréable par votre institution, vous devienne plus agréable par la protection d'un tel suppliant [3]. »

---

[1] II* *Miss.* — [2] *Postcom. sabb. quat. temp. septemb.* — [3] *Die Fest. Apost. Petr. et Paul., Cath. Petr.*, etc.

Se peut-il faire que l'institution de Jésus-Christ, ou plutôt que Jésus-Christ même devienne plus agréable par les prières d'un Saint? Mais voici bien pis. Ce sacrifice qu'on offre par les prières des Saints, on le leur offre en quelque sorte à eux-mêmes, puisqu'on l'offre à leur honneur. Si ce qu'on offre c'est Jésus-Christ même, peut-on l'offrir à l'honneur de ses serviteurs? Tout cela est bien bizarre, pour ne rien dire de plus, disoient vos ministres. Les habiles parmi eux sentent bien que ces prières sont très-anciennes; mais ils tirent avantage de cette antiquité, puisqu'elle nous est contraire. Ils trouvent aussi fort étrange qu'on bénisse avec des signes de croix le corps de Notre-Seigneur, même après la consécration : et cette ancienne cérémonie leur paroît encore une preuve contre la présence réelle, puisqu'on n'auroit jamais béni ce qu'on auroit cru être la source de toute bénédiction.

Enfin ils demandent, dites-vous, qu'on leur montre l'adoration de l'hostie dans les anciens *Sacramentaires*. On n'y voit point, disent-ils, ni même dans l'*Ordre romain,* lorsqu'on y prescrit le rit de la communion, qu'on la reçoive à genoux, ni qu'on y fasse le moindre acte de respect envers la sainte Eucharistie : on n'y voit point ces génuflexions qu'on trouve dans notre *Missel*. L'élévation que nous pratiquons à présent, aussitôt après la consécration, ne s'y trouve non plus; et celle qu'on y remarque en d'autres endroits, comme à l'endroit du *Pater,* a une toute autre fin que celle d'adorer Jésus-Christ, puisque les anciens interprètes du Canon n'y trouvent qu'une cérémonie de l'oblation ou la commémoration de l'élévation de Jésus-Christ à la croix, et quelque autre mystère semblable. Ils prétendent aussi que les Grecs n'adorent non plus que nous; et qu'en général leur liturgie, dont nous vantons la conformité avec la nôtre, en est tout à fait différente surtout en ce qui regarde la consécration, puisqu'ils la font par la prière après le récit des paroles de Notre-Seigneur [1], loin de la faire consister comme nous dans ces paroles mêmes. Ils ajoutent que l'oblation se fait parmi eux tant pour les Saints, et même pour la sainte Vierge, que pour le commun des morts; et ils concluent

[1] *Miss. Chrysost.,* etc.

de cette coutume qu'il n'y a donc rien à tirer de l'oblation pour les morts en faveur du purgatoire ou de cet état mitoyen que nous admettons, mais que les Grecs, à ce qu'ils disent, ne connoissent pas. Voilà les difficultés que vous proposez. Il est vrai que les écrits des ministres, et surtout l'*Histoire de l'Eucharistie* du ministre de la Roque, en sont pleins. Les voilà du moins dans toute leur force, et vous ne m'accuserez pas de les avoir affoiblies. Vous en demandez la résolution, non par des raisonnemens, mais par des faits. C'est, Monsieur, ce que je vais faire avec la grace de Dieu. Le fait même résoudra tout; et vous verrez les difficultés s'évanouir devant vous les unes après les autres, à mesure que j'exposerai les sentimens de l'Eglise par les termes de sa liturgie.

Et d'abord, pour ce qui regarde le nom de la *Messe*, je vous décide sans hésiter que l'origine en est latine, et telle que vous l'avez remarquée. Le mot de *missa* est une autre inflexion du mot *missio*. On a dit *missa*, congé, renvoi, pour *missio*, comme on a dit *remissa* pour *remissio*, rémission, pardon; *oblata* pour *oblatio*, oblation; *ascensa* pour *ascensio*, ascension; et peut-être même *secreta* pour *secretio*, séparation, parce que c'étoit la prière qu'on faisoit sur l'oblation, après qu'on avoit séparé d'avec le reste ce qu'on en avoit réservé pour le sacrifice, ou après la séparation des catéchumènes et après aussi que le peuple qui s'étoit avancé vers le sanctuaire ou vers l'autel pour y porter son oblation, s'étoit retiré à sa place : ce qui fait que cette oraison appelée *super oblata* dans quelques vieux *Sacramentaires*, est appelée *post secreta* dans les autres.

II.
Explication du mot de *Messe*.

Quoi qu'il en soit de cette origine de la *Secrète*, celle de *missa* est certaine; et il est vrai que les Latins on donné ce nom au sacrifice, à cause que lorsqu'on venoit à l'oblation, on renvoyoit les catéchumènes, les pénitens et les possédés, et à la fin tout le peuple par une solennelle proclamation, comme vous l'avez remarqué.

Ce renvoi des catéchumènes et des autres se faisoit aussi par une proclamation du diacre, qui crioit à haute voix : « Que les catéchumènes sortent. » Ils venoient ensuite recevoir la bénédiction du pontife par l'imposition de ses mains et une prière proportionnée à leur état. Ensuite ils se retiroient en grande humilité et en grand silence. Les pénitens en faisoient de même, après qu'on leur avoit aussi dénoncé qu'ils eussent à se retirer. On éloignoit aussi les possédés qu'on séparoit du peuple fidèle, tant à cause que leur état qui les soumettoit au démon avoit quelque chose de trop ravalé ou de trop suspect pour mériter la vue des mystères, qu'à cause aussi qu'on craignoit qu'ils n'en troublassent la cérémonie et le silence par quelque cri ou par quelque action indécente.

Cette exclusion solennelle de ces trois sortes de personnes donnoit au peuple une haute idée des saints mystères, parce qu'elle lui faisoit voir quelle pureté il falloit avoir seulement pour y comparoître, et à plus forte raison pour y participer.

Le renvoi qu'on faisoit du peuple fidèle après la solennité accomplie n'étoit pas moins vénérable, parce qu'il faisoit entendre ce qui aussi est ordonné dans plusieurs canons, qu'il n'étoit pas permis de sortir sans le congé de l'Eglise, qui ne renvoyoit ses enfans qu'après les avoir remplis de vénération pour la majesté des mystères et des graces qui en accompagnoient la réception : de sorte qu'ils s'en retournoient à leurs occupations ordinaires, se souvenant que l'Eglise qui les y avoit renvoyés les avertissoit par ce moyen de les faire avec la religion que méritoit leur vocation et l'esprit dont ils étoient pleins.

Vous voyez bien, Monsieur, que ce renvoi avoit quelque chose de plus auguste que vous ne l'aviez d'abord pensé. Quoi qu'il en soit, il est certain qu'il n'y avoit rien dans le sacrifice qui frappât davantage les yeux du peuple. C'est lui qui donne les noms, et il les donne par ce qui le frappe davantage ; et parce qu'on dénonçoit cette mission ou ce renvoi solennellement par trois ou quatre fois, on n'appeloit point le sacrifice *missa* seulement au singulier, mais au pluriel *missæ* : on disoit *Missas facere, missarum solemnia*, et ainsi du reste, parce qu'il n'y avoit pas pour un seul renvoi et qu'après avoir renvoyé, ainsi qu'il a été dit, les catéchumènes, les possédés et les pénitens, on finissoit l'action en renvoyant tout le peuple.

III.
Explica-

Après avoir expliqué le nom, pour maintenant venir au fond

du mystère, souvenez-vous, avant toutes choses, de l'antiquité des prières, d'où l'on tire les difficultés qui vous embarrassent. Nous parlerons en son lieu d'une antiquité si vénérable : il me suffit quant à présent que vous observiez que ce n'est pas sans raison que les ministres tâchent d'y trouver leur doctrine sur la présence réelle plutôt que la nôtre : car comme ils savent bien en leur conscience qu'elles sont d'une grande antiquité, s'ils avouoient qu'elles nous sont favorables, ils seroient en même temps contraints d'avouer que la date de notre croyance est plus ancienne qu'ils ne veulent : c'est pourquoi ils ont raison selon leurs principes de les tirer à leur sens, comme ils tâchent aussi d'y tirer les anciens Pères.

tion des difficultés qui regardent la chose même : distribution de la messe en toutes ses parties.

Mais pour leur ôter tout prétexte, venons au fond et disons que la célébration de l'Eucharistie contenoit deux actions principales dont vous convenez : l'oblation dans laquelle la consécration est enfermée, et la participation ou la réception. Pour nous arrêter d'abord au fait comme vous le souhaitez et qu'il est juste, l'oblation consiste en trois choses : l'Eglise offre à Dieu le pain et le vin ; elle lui offre le corps et le sang de Notre-Seigneur ; elle s'offre enfin elle-même, et offre à Dieu toutes ses prières en union avec Jésus-Christ qu'elle croit présent. Voilà les faits qu'il nous faut considérer. Nous remonterons après, si vous voulez, à l'Ecriture, afin de vous tout montrer jusqu'à la source : mais il importe avant toutes choses de bien comprendre la pratique ; et c'est aussi ce que vous voulez.

Pour entendre ce que fait l'Eglise en offrant à Dieu le pain et le vin, il nous faut considérer les prières qui précèdent la consécration, non-seulement dans le Canon de la messe, mais encore dans les oraisons qu'on nomme Secrètes, autrement *super oblata*, à cause qu'on les dit sur les oblations, c'est-à-dire sur le pain et sur le vin, après qu'ils ont été mis sur l'autel.

IV. Comment l'Eglise offre à Dieu du pain et du vin, et que ce n'est que pour en faire le corps et le sang : prière de la liturgie latine.

C'est là donc que nous apprenons que l'Eglise offre, à la vérité, le pain et le vin, mais non pas absolument et en eux-mêmes ; car dans la nouvelle alliance on n'offre plus à Dieu des choses inanimées, ni autre chose que Jésus-Christ : c'est pourquoi on offre le pain et le vin pour en faire son corps et son sang.

Cette oblation se prépare dès le moment où, en élevant le pain et le calice qu'on doit consacrer, on prie Dieu d'en avoir l'offrande agréable, de la bénir, de la sanctifier, et enfin de la consacrer pour en faire le corps et le sang de son Fils. Cette prière se fait souvent et en termes exprès dans l'oraison qu'on appelle *Secrète;* mais elle se fait tous les jours, dans l'action même de la consécration, où l'on prie Dieu « de bénir, de recevoir, de ratifier et de rendre agréable en tout et partout cette oblation, c'est-à-dire ce pain et ce vin, afin d'en faire pour nous le corps et le sang de Jésus-Christ son Fils bien-aimé. »

Nous disons que ce corps et ce sang sont faits *pour nous,* au même sens qu'il est écrit dans Isaïe : « Un petit enfant nous est né, un fils nous est donné [1]; » non point pour faire entendre, comme le prétendent les ministres, que les symboles sacrés ne sont faits le corps et le sang que dans le temps que nous les prenons, mais afin que nous concevions que c'est pour nous qu'ils sont faits dans ce mystère, de même que c'est pour nous qu'ils ont été conçus et formés dans le sein de la sainte Vierge.

Il faut donc entendre ici une espèce de production du corps et du sang dans l'Eucharistie aussi véritable et aussi réelle que celle qui fut faite dans le bienheureux sein de Marie au moment de la conception et de l'incarnation du Fils de Dieu ; production qui lui donne en quelque façon un nouvel être, par lequel il est sur la sainte table aussi véritablement qu'il a été dans le sein de la Vierge et qu'il est maintenant dans le ciel.

.v.
Prière conforme de l'Eglise grecque, où le changement du pain et du vin est attribué au Saint-Esprit ; raison de cette doctrine.

C'est pourquoi on se sert ici du mot de *faire,* pour marquer une véritable et très-réelle action qui se termine à faire dans ce saint mystère un vrai corps et un vrai sang, et le même qui fut fait au sein de Marie. C'est aussi ce que les Grecs expriment dans leur liturgie, lorsqu'en priant Dieu comme nous de faire de ce pain et de ce vin le corps et le sang de Jésus-Christ, ils demandent expressément que « ce pain soit fait le propre corps, et ce vin le propre sang de Jésus-Christ [2]. » Et ils ajoutent qu'ils le soient faits « par le Saint-Esprit, qui change ce pain et ce vin; » par où ils nous marquent premièrement une action véritable, puis-

[1] *Isa.,* IX, 6. — [2] *Lit. Basil.,* tom. II.

qu'ils demandent que le Saint-Esprit, qui est la vertu de Dieu, y soit appliqué ; et secondement un changement très-réel qui fasse du pain et du vin « le propre corps et le propre sang de Jésus-Christ, » car ce sont les termes dont ils se servent. Ce qui aussi a fait dire à saint Isidore, disciple de saint Chrysostome, et une des lumières du IVe siècle, que « le Saint-Esprit est vraiment Dieu, puisque dans le saint Baptême il est également invoqué avec le Père et le Fils, et qu'à la table mystique c'est lui qui rend le pain commun le propre corps dans lequel le Fils de Dieu s'est incarné[1]. » Ce qu'il dit ensuite du sang, lorsque pour inviter les fidèles à n'abuser pas du vin, il les fait ressouvenir que « le même Saint-Esprit » en consacre « les prémices, dont il fait à la sainte table le sang du Sauveur[2]. »

Et remarquez que comme ce corps et ce sang ont été formés la première fois par le Saint-Esprit agissant dans le sein de la sainte Vierge, selon ce qui est porté dans le Symbole : « Conçu du Saint-Esprit ; » c'est encore le Saint-Esprit qu'on invoque pour les faire ici de nouveau, afin que nous entendions non une action improprement dite, mais une action physique et aussi réelle que celle par laquelle le corps du Sauveur a été formé la première fois. Au reste on ne peut pas douter que cette prière où l'on demande la descente du Saint-Esprit, pour faire du pain le corps et du vin le sang de Jésus-Christ, ne soit très-ancienne dans la liturgie des Grecs, puisqu'on la trouve en termes formels dans saint Cyrille de Jérusalem, auteur du IVe siècle, qui après l'avoir rapportée comme reçue par le commun usage des Eglises, en confirme la vérité, en disant « que ce que le Saint-Esprit touche, est changé et sanctifié[3] ; » par où il nous montre un changement aussi réel que le contact et l'action est puissante et efficace.

Et pour mieux marquer le consentement de l'Orient et de l'Occident dans cette doctrine, ce que les Grecs ont exprimé par la prière que nous venons de voir, les Latins l'expriment aussi par ces paroles : « Prions, mes Frères, Jésus-Christ avec affection, que lui qui a changé l'eau en vin, change aujourd'hui en sang

VI. Les Latins, comme les Grecs, attribuent au Saint-Esprit le changement :

---

[1] Isid. Pelus., lib. I, ep. CIX. — [2] *Ibid.*, ep. CCCXIII. — [3] *Cat.* V, *Mystag.*, p. 327.

prières des anciens livres sacramentaires. le vin de nos oblations[1]; » ce qu'on attribue en un autre endroit au Saint-Esprit par ces paroles : « O Seigneur, que le Saint-Esprit, votre coopérateur coéternel, descende sur ce sacrifice, afin que le fruit de la terre que nous vous présentons soit changé en votre corps, et ce qui est dans le calice en votre sang[2]. » Nous venir dire maintenant que tout ceci est figuré, outre les raisons générales qui renversent cette prétention, c'est introduire dans la prière, c'est-à-dire dans le plus simple de tous les discours, les figures les plus violentes et les plus inusitées ; c'est appeler à son secours les plus grands miracles, les opérations les plus efficaces et le Saint-Esprit lui-même avec sa toute-puissance, pour vérifier des figures et des métaphores. Le faire une fois, ce seroit trop ; mais le continuer et l'inculquer à chaque occasion, ce seroit chose trop insupportable. C'est néanmoins ce que fait l'Eglise ; et afin de tenir toujours un même langage, ce qu'elle dit en célébrant les mystères, elle le dit encore en consacrant le prêtre qui les doit offrir : car dès cette antiquité on prioit Dieu, comme on fait encore, qu'il sanctifiât ce ministre nouvellement consacré, afin qu'il « transformât le corps et le sang de Jésus-Christ par une pure et irrépréhensible bénédiction[3]. »

Enfin on prioit tous les dimanches, « en offrant selon le rit de Melchisédech, que par la vertu de Dieu opérante on reçût le pain changé au corps, et le breuvage changé au sang, en sorte qu'on reçût dans le calice ce même sang qui étoit sorti du côté sur la croix[4]; » après quoi on finissoit en ces termes : « Seigneur Jésus-Christ, nous mangeons le corps qui a été crucifié pour nous, nous buvons le sang qui a été répandu pour nous, afin que ce corps nous soit à salut et ce sang en rémission de nos péchés, maintenant et à tous les siècles des siècles. »

VII.
Pourquoi le sacrifice de l'Eucharistie étoit appelé holocauste.
Ce changement, opéré par le Saint-Esprit, du pain au corps, et du vin au sang, étoit cause que ce sacrifice étoit regardé comme une espèce d'holocauste, c'est-à-dire comme une victime consumée par le feu, parce qu'en effet le pain et le vin étoient consumés par le Saint-Esprit comme par un feu divin et spirituel : et c'est

---

[1] *Miss. Goth., Missa* XI, *in die Epiph.* — [2] *Ibid., Miss.* XII. — [3] *Miss. Goth., in Ord. Presbyt.* — [4] *Miss. Goth., in fin. in Miss. Dom.,* n. 80.

ce qu'on exprimoit par cette prière, qui se trouve dans tous les anciens *Sacramentaires* durant l'octave de la Pentecôte, comme on les récite encore aujourd'hui : « Nous vous prions, ô Seigneur, que les sacrifices offerts devant votre face soient consumés par ce feu divin, dont les cœurs des apôtres ont été embrasés [1]. »

C'est en ce sens que le sacrifice du Nouveau Testament est appelé quelquefois un *holocauste*, avec cette différence, que le feu qui consumoit les victimes anciennes étoit un feu qui ne pouvoit que consumer et détruire, et qui en effet consumoit et dévoroit de telle sorte l'hostie immolée avec les pains et les liqueurs qu'on jetoit dessus, qu'il n'en demeuroit aucun reste ni même aucune apparence ; au lieu que le feu que nous employons, c'est-à-dire le Saint-Esprit, ne consume que ce qu'il veut : de sorte que sans rien changer au dehors, parce qu'il ne veut rien donner aux sens dans un sacrifice qui doit être spirituel, il ne consume que la substance, et encore ne la consume-t-il pas simplement pour la détruire comme fait le feu matériel ; mais, comme c'est un Esprit créateur, il ne consume les dons proposés que pour en faire quelque chose de meilleur : c'est pourquoi on le prioit de descendre, ainsi qu'on a vu, non simplement pour changer le pain et le vin, mais pour en faire le corps et le sang de Notre-Seigneur.

Il est maintenant aisé d'entendre que la matière de cette oblation étoit véritablement le corps et le sang de Notre-Seigneur, puisqu'on n'offroit le pain et le vin que pour y être changés par une vertu toute-puissante, c'est-à-dire par la vertu du Saint-Esprit ; et c'est pourquoi ce mystère s'appeloit « la transformation du Saint-Esprit [2], et la transformation du corps et du sang de Jésus-Christ par la vertu de celui qui les créoit, qui les bénissoit, qui les sanctifioit [3] ; » c'est-à-dire qui les formoit sur l'autel pour nous y être, et par l'oblation et par la manducation, une source de bénédiction et de grâce. Car Jésus-Christ ayant prononcé « qu'il se sanctifioit soi-même pour nous, » c'est-à-dire qu'il s'offroit et se dévouoit, « afin que nous fussions saints [4], nous ne craignons point de dire que cette sanctification et cette oblation de Jésus-

<small>VIII. Que la vraie matière de l'oblation étoit le corps et le sang de Notre-Seigneur, et que la consécration en emporte l'oblation avec elle.</small>

---

[1] *Fer.* II *in Oct. Pentec.* — [2] *Miss. Goth., Miss.* LXVI. — [3] *Ibid., Miss.* VIII. — [4] *Joan.*, XVII, 19.

Christ continue encore sur nos autels, et c'est essentiellement dans la consécration de l'Eucharistie que nous la faisons consister.

Et il est aisé de l'entendre, puisque poser devant Dieu le corps et le sang dans lesquels étoient changés le pain et le vin, c'étoit en effet les lui offrir; c'étoit imiter sur la terre ce que Jésus-Christ fait dans le ciel, lorsqu'il y paroît pour nous devant son Père, comme dit saint Paul [1]. C'est aussi à quoi revient ce que dit saint Jean dans son *Apocalypse*, lorsqu'il y vit l'Agneau devant le trône, vivant à la vérité, puisqu'il est debout, mais en même temps comme immolé et comme mort, à cause des cicatrices de ses plaies et des marques qu'il conserve encore dans la gloire, de son immolation sanglante [2]. Il est à peu près dans ce même état sur la sainte table, lorsqu'en vertu de la consécration il y est mis tout vivant, mais avec des signes de mort, par la séparation mystique de son corps d'avec son sang. Alors donc il est immolé spirituellement; il est offert à Dieu son Père en mémoire de sa mort et pour nous en appliquer continuellement la vertu.

IX. L'Eglise explique clairement que c'est le vrai corps et le vrai sang qu'elle entend offrir.

Or que ce soit ce corps et ce sang qu'on ait intention d'offrir à Dieu, l'Eglise s'en explique en termes formels dans la liturgie. C'est ce qu'on exprime dans la secrète qu'on dit encore aujourd'hui le jour de l'Epiphanie, et qu'on trouve dans tous les vieux *Sacramentaires*: « O Seigneur, recevez avec des yeux favorables ces dons de votre Eglise par lesquels on vous offre, non pas de l'or, de la myrrhe et de l'encens; mais on offre, on immole et on prend cela même qui étoit signifié par ces présens, c'est-à-dire Jésus-Christ Notre-Seigneur [3]. »

Il est donc certain qu'on offroit, non pas la figure du corps et du sang de Jésus-Christ, mais la vérité même de ce corps et de ce sang : autrement on n'offriroit pas ce qui étoit figuré par les présens des mages, c'étoit à dire Jésus-Christ même, mais une figure pour une autre et toujours des ombres, contre le génie de la nouvelle alliance.

Ce que nous venons de voir dans les plus anciens *Sacramentaires*, dans le romain et dans le gothique, qui étoit celui dont on

---

[1] *Hebr.*, VII, 25; IX, 24, 26. — [2] *Apoc.*, V, 6. — [3] *Sacr. Greg., Miss. Goth., in Miss. Epiph., Orat. post Myst.*

usoit principalement dans les pays que les Goths avoient occupés, nous l'allons voir dans un autre rit très-conforme à celui-là, aussi ancien, aussi vénérable, qu'on appelle *Mozarabique* : c'est celui qu'avoit mis en ordre saint Isidore de Séville, dont on se servoit anciennement dans une grande partie de l'Espagne, et qu'on garde encore à présent dans quelques églises de Tolède. Nous y lisons ces paroles qui ressentent l'esprit des premiers siècles [1] : « Nous, vos indignes serviteurs et vos humbles prêtres, offrons à votre redoutable majesté cette hostie sans tache que le sein d'une Mère a produite par sa virginité inviolable, que la pudeur a enfantée, que la sanctification a conçue, que l'intégrité a fait naître. Nous vous offrons cette hostie qui vit étant immolée, et qu'on immole vivante; hostie qui seule peut plaire, parce que c'est le Seigneur lui-même. »

Les églises se communiquoient les unes aux autres ce qu'elles avoient de meilleur. Pour moi, je crois entendre dans cette prière ou un saint Ambroise ou quelqu'un d'une pareille antiquité, d'une pareille onction, d'une pareille piété. Cette prière se disoit après avoir récité les noms de ceux dont les oblations étoient reçues et pour lesquels on alloit offrir; et on déclare en termes formels que ce qu'on alloit offrir pour eux n'étoit rien de moins que Jésus-Christ même.

Pour nous répliquer maintenant qu'on offroit Jésus-Christ comme étant au ciel, il faudroit avoir oublié ce qu'on a vu tant de fois, que ce qu'on offroit, on le formoit sur l'autel des dons qu'on y apportoit, c'est-à-dire du pain et du vin; ce qui est inculqué partout dans ce *Missel* comme dans les autres.

Et afin qu'on ne doute pas du consentement des églises, écoutons encore une préface, de l'ancien *Sacramentaire* de saint Grégoire, qu'on lisoit autrefois dans tout l'Occident, et qu'on trouve encore aujourd'hui dans le *Missel* ambrosien, tant dans l'ancien que dans le moderne; il ne se peut rien de plus exprès : « Il est juste, ô Seigneur, dit cette admirable préface, que nous vous offrions cette salutaire hostie d'immolation, qui est le sacrement ineffable de la grace divine, qui est offerte par plusieurs, et qui

X. Préface admirable du *Sacramentaire* ambrosien et grégorien : comment Jésus-Christ est divisé et ne l'est pas : prière conforme de l'Eglise grecque.

[1] *Miss. Mozarab., in Miss. Nat. Dom.,* apud Mabill., *de Liturg. Gallic.*, p. 455.

par l'infusion du Saint-Esprit est faite un seul corps de Jésus-Christ. Chacun en particulier reçoit Jésus-Christ Notre-Seigneur, et il est tout entier dans chaque partie : il est reçu de chacun sans diminution ; mais il se donne dans chaque partie en son entier [1]. »
Ce que l'Occident disoit dans cette belle préface et ce qu'on dit encore à Milan selon le rit ambrosien, se dit par tout l'Orient dans la messe qui porte le nom de saint Chrysostome : « L'Agneau de Dieu, dit-on, est divisé et n'est pas mis en pièces : il se partage à ses membres et il n'est pas déchiré ; on le mange et il n'est pas consumé ; mais il sanctifie ceux qui le reçoivent [2]. » La même chose se trouve dans la liturgie de saint Jacques, qui est celle de l'église de Jérusalem, dont on sait que ce saint apôtre fut le premier évêque ; et nous aurons peut-être occasion de vous en rapporter les paroles en quelque autre endroit. Quel plaisir auroit-on eu dans une prière, malgré la simplicité naïve et intelligible qui y doit régner ; quel plaisir, dis-je, d'étourdir le monde par des paradoxes ou plutôt par des prodiges de propositions inouïes, en disant comme une merveille qu'on divise et qu'on ne divise pas, qu'on mange et qu'on ne consume pas, que c'est dans toute l'Eglise et dans toutes les oblations particulières un seul et même corps, et dans les moindres parcelles ce corps entier sans diminution, si tout cela ne se doit entendre que d'une présence en figure et d'une manducation en esprit, c'est-à-dire de la présence la moins divisante et de la manducation la moins consumante qu'on puisse jamais imaginer ? Mais dans la doctrine de l'Eglise catholique, c'est un vrai miracle qu'un même corps humain soit donné à tous tout entier sous la moindre parcelle : ce corps en même temps est partagé et ne l'est pas : partagé, parce qu'en effet il est réellement donné à chaque fidèle ; non partagé, parce qu'en lui-même il demeure entier et inaltérable.

Je ne m'arrête pas ici à vous expliquer comment Jésus-Christ est rompu et non rompu dans l'Eucharistie, divisé et non divisé : ce sont choses qu'on explique ailleurs par les locutions les plus

---

[1] *Sacr. Greg., Dom.* v *post Theoph.*, edit. Men., p. 27 ; *Miss. Ambrosian.*, apud Pamel., *in edd. Dom. et nov. in Dom.* V. — [2] Tom. II, *Bibl. PP. G. L.*, p. 83.

simples et les plus naturelles à l'esprit humain. Ainsi quoiqu'il fût certain qu'à la rigueur la troupe qui pressoit Jésus-Christ ne le touchât pas, et que la femme, qui crut être guérie par son attouchement, n'eût en effet touché que la frange du bout de sa robe, les apôtres ne laissent pas de lui dire : «Maître, la presse vous accable et vous demandez : Qui me touche [1]?» Et si l'autorité des apôtres n'est pas assez grande, Jésus-Christ ajoute lui-même : «Quelqu'un m'a touché [2],» encore qu'il eût dit deux ou trois fois auparavant qu'on n'avoit touché que ses habits, et que tous les évangélistes parlent de même d'un commun accord. Pourquoi cela, si ce n'est qu'en effet on touche un homme dans la manière de parler simple et populaire, quand on touche les habits dans lesquels il est, et qui font comme un même corps avec lui? De même on est déchiré, on est mouillé, on est sali, quand les habits qu'on porte le sont, encore qu'à la rigueur on ne le soit pas en soi-même. Je n'ai pas besoin d'en dire ici davantage, et chacun peut achever la comparaison des espèces sacramentelles avec les habits et de la personne habillée avec Jésus-Christ actuellement revêtu de ces espèces. Ce que j'ai entrepris de faire voir, c'est que les locutions dont on se sert dans la liturgie, et autant parmi les Grecs que parmi les Latins, tendent toutes à établir une présence réelle ; et que loin qu'on ait cherché dans les derniers siècles à multiplier de tels monumens, l'antiquité en avoit dans ses *Sacramentaires* que nous n'avons plus aujourd'hui dans notre *Missel*. Car on n'a pas besoin de chercher des preuves pour des vérités qui sont venues naturellement de nos pères jusqu'à nous; ces preuves viennent toutes seules en mille endroits, et sortent comme de source. Ainsi il faut avouer, et il est vrai qu'on ne dit plus dans notre rit ordinaire la préface que j'ai récitée, non plus que celles qu'on trouve dans tous les anciens *Sacramentaires* pour tous les dimanches et pour toutes les fêtes de l'année. On les a ôtées maintenant, comme beaucoup d'autres choses qu'on ne laisse pas d'approuver beaucoup, sans autre raison apparente que de décharger les *Missels* et de faciliter aux églises pauvres le moyen de les avoir. Quoi qu'il en soit, on n'en a réservé que sept ou huit pour les grands mystères et les

---

[1] *Marc.*, v, 30, 31. — [2] *Luc.*, viii, 44-46.

fêtes les plus illustres ; mais les autres sont constamment de même antiquité, de même esprit et de même goût, et se sont dites dès les premiers siècles dans presque toutes les églises d'Occident.

<small>XI. Conformité des prières des autres églises : remarque que c'est Jésus-Christ qui s'offre lui-même tous les jours sur nos autels.</small>

Et il ne faut pas s'imaginer que celles qui ne disoient pas la préface dont nous venons de parler fussent d'une autre doctrine que les autres, puisqu'elles avoient en plusieurs endroits des choses équivalentes ; témoin dans l'église grecque la prière qu'on vient de voir ; témoin dans celles d'Espagne ces mots déjà rapportés : « Nous vous offrons cette hostie qui vit étant immolée, et qu'on immole vivante [1] ; » témoin cette autre préface d'un très-ancien *Sacramentaire*, où en parlant de ce qu'on offre sur l'autel, « C'est ici, dit-on, ô Père éternel, l'Agneau de Dieu votre Fils unique, qui ôte le péché du monde, qui ne cesse de s'offrir pour nous et nous défend continuellement auprès de vous comme notre avocat, parce qu'encore qu'il soit immolé, il ne meurt jamais, et il vit quoiqu'il ait été mis à mort : car Jésus-Christ notre pâque a été immolé, afin que nous immolions, non avec l'ancien levain, ni par le sang des victimes charnelles, mais dans les azymes de sincérité et de la vérité du corps [2]. »

On découvre ici un mystère qu'on ne s'auroit assez remarquer, qui est que dans l'oblation que nous faisons du corps de Jésus-Christ, c'est lui-même qui s'offre, mais qui s'offre continuellement, qui exerce par cette oblation continuelle la fonction de notre avocat, qui vit toujours pour être toujours immolé *dans l'azyme de sincérité*, c'est-à-dire, comme on l'interprète au même lieu, *dans la vérité de son corps*.

On voit en d'autres endroits du même *Missel*, comment dans ce sacrifice Jésus-Christ est le véritable Sacrificateur, qui s'offre encore lui-même ; et on explique que c'est à cause qu'étant l'instituteur de cette oblation, c'est en son nom et par son autorité qu'on la continue. « Il est juste de vous louer, ô Dieu invisible, incompréhensible, immense, Père de Notre-Seigneur Jésus-Christ, qui en instituant la forme d'un sacrifice perpétuel, s'est premièrement offert à vous comme une hostie, et nous a appris le pre-

---

[1] *Miss. Mozarab.*, sup. — [2] *Contest., Miss. Pasch., Fer.* IV, *in Miss. Goth., Miss.* XLI ; apud Thom., p. 342 ; apud Mabill., *de Liturg. Gallic.*, p. 256.

mier qu'il devoit être offert[1]. » On reconnoît ici que Jésus-Christ a institué un sacrifice perpétuel, où il devoit être offert et où lui-même aussi nous avoit appris à l'offrir. Et c'est pourquoi on disoit dans une autre prière : « O Dieu à qui nous offrons un sacrifice unique et singulier, après que vous avez fait cesser tous les divers sacrifices d'autrefois[2]. » Et un peu après : « En rejetant toutes les ombres des victimes charnelles, nous vous offrons, Père éternel, une hostie spirituelle qui est toujours immolée et qu'on offre toujours la même, qui est tout ensemble et le présent des fidèles qui se consacrent à vous, et la récompense que leur donne leur céleste bienfaiteur : » prière qu'on trouve encore et de mot à mot dans l'ancien *Missel* de Gélase[3]. Mais qui n'y remarque clairement Jésus-Christ offert en personne dans un sacrifice très-véritable qui se renouvelle et se continue tous les jours, où il est en même temps le présent que nous faisons à Dieu et la récompense éternelle que reçoivent ceux qui l'offrent?

C'est un sacrifice véritable, puisqu'il est substitué à la place de tous les sacrifices anciens ; un sacrifice où l'on ne cesse d'offrir Jésus-Christ même en personne ; un sacrifice que l'on renouvelle et que l'on continue tous les jours, et qui est néanmoins toujours unique, parce qu'on y offre incessamment la même victime ; un sacrifice d'une nature tout à fait particulière, où celui que nous offrons est en même temps celui qui nous donne tout, et lui-même le don infini qui nous rend heureux.

XII. Autre preuve par la liturgie, qu'on offre à Dieu Jésus-Christ, formé de nouveau sur la sainte table.

La même chose est expliquée en peu de paroles, mais vives et substantielles, dans le canon de la messe que nous disons tous les jours, où après avoir fait la prière que nous avons rapportée, où l'on demande que l'oblation sainte soit faite le corps et le sang de Jésus-Christ ; après avoir récité ces saintes paroles par lesquelles se fait la consécration et la consommation de son mystère : l'Eglise, en exécution du commandement qu'il lui fait de le célébrer en son nom, reprend la parole en cette manière : « C'est pour cela, ô Seigneur, que nous, qui sommes vos ministres, et tout votre saint peuple, nous ressouvenant de la passion bienheureuse, de la glo-

---

[1] *Miss. Mozarab.*, *Miss.* LXXVIII, contest., p. 297. — [2] *Miss. Franc.*, *Miss.* XXVII, p. 325. — [3] *Miss. Gelas.*, edit. Thom., *Miss.* LXXXIV, p. 117.

rieuse résurrection et de l'ascension triomphante du même Jésus-Christ votre Fils Notre-Seigneur ; nous offrons à votre sainte et glorieuse Majesté ce présent formé des choses que nous tenons de vous-même, une hostie sainte, une hostie pure, une hostie sans tache, le saint pain de vie éternelle et le calice de salut perpétuel. »
Ceux qui ont appris de Jésus-Christ qu'il est le pain vivant qui donne la vie éternelle[1], n'auront pas de peine à entendre quel est ce pain de vie éternelle qu'on offre à Dieu ; et c'est visiblement Jésus-Christ même et sa sainte chair où il nous a promis la vie[2], qu'on montre comme présente, en disant : *Le saint pain de vie éternelle*, aussi bien que son sang qui nous a sauvés, en disant : *Et le calice de salut perpétuel*, c'est-à-dire, sans difficulté, le calice où est contenu ce salut avec le sang du Sauveur.

C'est la même chose que disent les Grecs dans leur liturgie, lorsqu'après avoir prononcé les saintes paroles du même Sauveur, ils continuent en ces termes : « Nous vous offrons des choses qui sont à vous faites des choses qui étoient à vous, » c'est-à-dire, le corps et le sang de votre Fils formés du pain et du vin qui étoient vos créatures.

Ces paroles sont dites en ce lieu, pour exprimer la nature de cette oblation où l'on offroit à Dieu une substance, c'est-à-dire le corps et le sang de Jésus-Christ formés d'une autre substance, qui étoit celle du pain et du vin ; et tout ensemble pour faire voir, contre les anciens hérétiques, qui dès l'origine du christianisme avoient distingué le Créateur de l'univers d'avec le Père de Jésus-Christ ; pour, dis-je, leur faire voir que c'étoit le même, et que celui qui avoit créé le pain et le vin pour nourrir l'homme, étoit le même qui pour le sanctifier en faisoit le corps et le sang de son Fils unique.

C'est aussi ce qu'expriment les Latins par ces mots du canon qu'on vient de voir : « Nous vous offrons cette sainte hostie faite des choses que nous tenons de vous-même : » DE TUIS DONIS AC DATIS : ce que les Grecs exprimoient d'une autre manière, en disant : Τὰ σὰ ἐκ τῶν σῶν : *Tua ex tuis;* où l'on voit de plus en plus que les deux églises parlent toujours dans le même esprit, et

[1] *Joan.*, VI, 51, 52. — [2] *Ibid.*

s'accordent à célébrer le changement merveilleux qui s'est fait des créatures de Dieu en des créatures de Dieu beaucoup plus excellentes ; mais toujours avec un rapport et une analogie parfaite, puisque c'est l'aliment des corps qui est changé en la nourriture dont les ames sont sustentées, et les corps mêmes sanctifiés et purifiés.

Tout cela est confirmé merveilleusement dans ces paroles de notre canon, où après avoir nommé Jésus-Christ comme on a fait partout, comme celui en qui nous avons accès auprès du Père, nous ajoutons : « Par lequel, ô Seigneur, vous ne cessez de créer tous ces biens, vous les sanctifiez, vous les vivifiez, vous les bénissez, et vous nous les donnez ; » par où l'on montre en Dieu par Jésus-Christ une création continuelle, pour faire que les dons sacrés du pain et du vin que Dieu avoit créés par sa puissance, par la même puissance soient faits une nouvelle créature, et de choses inanimées et profanes deviennent une chose sainte et une chose animée, qui est le corps et le sang de l'Homme-Dieu Jésus-Christ : chose par ce moyen remplie pour nous de bénédiction et de grace, pour ensuite nous être donnée avec tous les dons dont elle est pleine : ce qui continue à montrer que celui qui nous a créés, et qui a créé les choses qui nous soutiennent selon le corps, crée encore de ces mêmes choses celles qui nous soutiennent selon l'esprit ; et que c'est cela que nous lui offrons avant que de le prendre de sa main.

A ceci nous pouvons encore rapporter cette secrète[1] : « O Dieu, qui avez choisi les créatures que vous avez faites pour soutenir notre infirmité, afin d'en faire les présens qu'on vous devoit dédier, » en les faisant le corps et le sang de Jésus-Christ, ainsi qu'il a été souvent expliqué.

XIII. L'Eglise explique clairement que ce sacrifice est vraiment propitiatoire, et comment.

De douter qu'un tel sacrifice ne soit véritablement propitiatoire, c'est douter que le corps et le sang de Jésus-Christ ne soit un objet agréable à Dieu, qui nous le rende favorable ; c'est douter que le même Jésus-Christ, qui intercède pour nous dans sa gloire en se présentant devant Dieu, par cette seule action ne l'apaise et ne nous le rende propice. Mais à Dieu ne plaise que

[1] *Fer.* 5, *post Dom. Pass.*

l'Eglise croie qu'où Jésus-Christ est présent pour nous, il ne soit pas une oblation propitiatoire : c'est pourquoi l'Eglise ne cesse de prier en cette sorte dans ce sacrifice : « O Seigneur, soyez apaisé, soyez propice, soyez favorable à votre peuple par ces dons que nous vous offrons. » Et encore : « Que cette hostie purge nos péchés; qu'elle nous soit une intercession salutaire pour en obtenir le pardon. » Et encore : « Recevez ce sacrifice par l'immolation duquel vous avez voulu être apaisé [1]. » Et encore dans le *Missel de Gélase* : « Que cette hostie salutaire soit l'expiation de nos péchés et notre propitiation devant votre Majesté sainte [2]. » Tout est plein de semblables prières ; et c'est ce qu'enseigne saint Cyrille de Jérusalem, lorsqu'il dit dans son cinquième *Catéchisme* aux initiés [3], en leur expliquant la liturgie, qu'après avoir fait le corps et le sang de Jésus-Christ par l'opération du Saint-Esprit ; après avoir accompli le sacrifice spirituel et ce culte non sanglant, on faisoit *sur cette hostie de propitiation* les prières de tout le peuple, c'est-à-dire qu'on la chargeoit de tous ses vœux, comme étant la seule victime par laquelle Dieu est apaisé, et nous regarde d'un œil favorable. C'est par elle que nous attirons les bienfaits de Dieu sur les vivans ; c'est par elle, continue le même Père, que nous « rendons Dieu propice aux morts ; » c'est par elle enfin que nous consommons l'œuvre de notre salut. C'est pourquoi le prêtre dit dans le canon qu'il offre, « et que tous les fidèles offrent avec lui ce saint sacrifice de louange..... pour la rédemption de leurs ames ; » non que ce soit là que Jésus-Christ l'ait opérée ou méritée, ou qu'il y paie le prix de notre rançon ; mais parce que le même qui l'a payé est encore ici présent pour consommer son ouvrage par l'application qu'il nous en fait.

Ce n'est donc pas ici, comme vos ministres vous le faisoient croire, un supplément du sacrifice de la croix : ce n'en est pas une réitération, comme s'il étoit imparfait ; c'en est au contraire, en le supposant très-parfait, une application perpétuelle, semblable à celle que Jésus-Christ en fait tous les jours au ciel aux yeux de son Père, ou plutôt c'en est une célébration continuée : de sorte qu'il ne faut pas s'étonner si nous l'appelons en un cer-

[1] *Sabb. post Cin.* — [2] Lib. III *Sacr. R. E. Miss.*, 10. — [3] Cyril., *Cat., myst.* V.

tain sens un sacrifice de rédemption, conformément à cette prière que nous y faisons : « Accordez-nous, ô Seigneur, de célébrer saintement ces mystères, parce que toutes les fois qu'on fait la commémoration de cette hostie, on exerce l'œuvre de la rédemption [1] ; » c'est-à-dire qu'en l'appliquant on la continue et on la consomme.

Il ne faut donc point nous objecter que c'est ici un sacrifice de commémoration, de louange, d'Eucharistie ou d'action de graces, et non point de propitiation. Car en avouant sans difficulté, comme nous faisons dans toutes les prières de la liturgie, que c'est un sacrifice d'action de graces et de commémoration, c'est par là même que nous disons qu'il est encore un sacrifice de propitiation, et pour ainsi parler d'apaisement, parce que le seul moyen que nous avons d'apaiser Dieu et de nous le rendre propice, c'est de lui offrir continuellement la même victime par laquelle il a été apaisé une fois, d'en célébrer la mémoire, de lui offrir de justes louanges pour la grace qu'il nous a faite de nous la donner : c'est pourquoi en cette occasion le sacrifice d'action de graces et celui de propitiation concourent ensemble ; d'où vient aussi qu'il est appelé en cent endroits dans les secrètes, « une hostie d'expiation, d'apaisement et de louange : » Hostias placationis et laudis [2] ; et que dans le lieu même du canon que nous venons de rapporter, après l'avoir appelé un sacrifice de louange, on ajoute incontinent qu'on l'offre pour la rédemption de son ame.

XIV. Réflexion sur ces remarques, et preuve évidente de la présence par la liturgie.
Vous pouvez juger maintenant s'il y a lieu de douter de la présence réelle, ou du changement de substance, dans les prières de la liturgie. Quand il n'y auroit autre chose que cette oblation qui apaise Dieu, que cette hostie propitiatoire, *hostia placabilis*, *hostia propitiationis*, c'en seroit assez pour vous faire voir que ce ne peut être que Jésus-Christ même, n'y ayant plus pour nous une autre victime que son corps et son sang. Mais la présence en est marquée par tant d'autres choses, qu'il n'y a qu'à ouvrir les yeux pour l'apercevoir.

Vous entendez aussi par même moyen comment on offre le pain et le vin. On les offre à la vérité, mais pour en faire le corps et le

[1] IX *post Pent.* — [2] *Fer.* 4 *post Dom.* v *Quadrag.*, etc.

sang de Jésus-Christ, comme on l'explique partout; sans quoi ce pain et ce vin ne seroient pas une hostie d'expiation, ainsi qu'elle est appelée dans toute la liturgie.

<small>XV.
Pourquoi ce sacrifice est appelé un *sacrifice de pain*, et pourquoi on y fait mention de la substance terrestre qui nous donne ce qui est divin.</small>

De cette sorte on ne voit pas la difficulté qu'on a pu trouver dans la secrète du jour de Noël, où l'on demande « que cette substance terrestre nous donne ce qui est divin, » puisqu'en effet c'étoit en substance du pain et du vin qu'on présentoit sur l'autel pour en faire ce qui est divin, c'est-à-dire le corps et le sang de Notre-Seigneur. En quoi le mystère de l'Eucharistie a quelque chose de semblable à celui de l'Incarnation ; puisque dans l'un et dans l'autre ce qui est divin nous est communiqué par le moyen d'une substance terrestre, c'est-à-dire la divinité même de Jésus-Christ, par le moyen d'une chair humaine, et cette chair où la divinité habite par le moyen du pain qu'on emploie à la former, ainsi qu'il est expliqué dans cette prière. Et par la même raison, il n'y a pas ombre de difficulté à dire que ce sacrifice est un sacrifice de pain et de vin, parce qu'il se fait de l'un et de l'autre; un sacrifice par conséquent selon l'ordre de Melchisédech, où l'on offre encore du pain et du vin, comme tous les Pères ont cru que Melchisédech avoit fait, quoique Jésus-Christ y ait ajouté son corps et son sang; ce que Melchisédech n'a pas pu faire, étant juste que si Jésus-Christ, qui est la vérité même, a quelque chose qui tienne de la figure, il ait aussi quelque chose où elle n'ait pu atteindre. C'est pourquoi au pain et au vin, qui sont la figure dans le sacrifice de Melchisédech, il joint son corps et son sang qui sont la vérité même; mais qu'il cache encore sous les apparences du pain et du vin dont il les a faits, afin que la vérité tienne toujours quelque chose de la figure qu'elle accomplit.

<small>XVI.
De l'oblation préparatoire de ce sacrifice.</small>

Vous voyez donc que l'oblation du pain et du vin, qui se fait dans la secrète et dans toutes les autres prières qui précèdent la consécration, n'est que le commencement du sacrifice; ce qu'on exprime aussi par cette prière qu'on fait sur les dons aussitôt qu'on les a mis sur l'autel : « Venez, ô Dieu sanctificateur, tout-puissant et éternel, et bénissez ce sacrifice préparé à votre saint nom; » et on le marque encore par d'autres paroles dans les secrètes, en lui disant, comme on fait souvent : « Nous vous offrons, ô Seigneur, ces hosties qui vous doivent être dédiées, qui vous doivent être immolées, qui vous doivent être consacrées : DICANDAS, IMMOLANDAS, SACRANDAS [1]; » non qu'elles ne soient déjà en un certain sens dédiées, immolées et consacrées dès qu'on les offre sur l'autel ; mais parce qu'elles attendent une consécration plus parfaite, lorsqu'elles seront changées au corps et au sang.

XVII. De l'oblation parfaite, et en quoi précisément elle consiste.

Et vous voyez maintenant plus clair que le jour que cette immolation, cette consécration, ce sacrifice est dans les paroles, par lesquelles le pain est changé au corps et le vin au sang avec une image de séparation et une espèce de mort, ainsi qu'il a été dit. D'où il résulte que l'essence de l'oblation est dans la présence même de Jésus-Christ en personne sous cette figure de mort, puisque cette présence emporte avec elle une intercession aussi efficace que celle que fait Jésus-Christ dans le ciel, même en offrant à Dieu les cicatrices de ses plaies.

Je ne prétends pas nier par là que l'oblation ne soit aussi expliquée par d'autres actions du sacrifice : car par exemple, l'élévation de l'hostie est une marque de son oblation, sans préjudice des autres raisons dont nous parlerons ailleurs : de la même manière que nous voyons dans le *Lévitique* [2] qu'on « levoit devant le Seigneur » ce qu'on avoit dessein de lui offrir, et que même on le lui offroit par cette action : soit que ce fût la chair des victimes, ou que ce fût des pains et des gâteaux, ou les prémices des fruits de la terre.

On réduisoit autrefois la victime et les gâteaux qu'on offroit à Dieu en petits morceaux [3], et c'étoit une marque de l'oblation et du sacrifice qu'on en faisoit au Seigneur. C'est en ce sens que la fraction du pain sacré, soit qu'on la fasse pour la distribution, ou pour quelque autre raison mystique, fait partie du sacrifice, en représentant Jésus-Christ sous les coups, et son corps rompu et percé ; ce que les Grecs désignent encore par une cérémonie plus particulière, en perçant le pain consacré avec une espèce de lancette, et en récitant en même temps ces paroles de l'Evangile :

---

[1] *Secr. Fer.* 3 *post Dom. Pass. It. Secr. Fer.* 5. *It. Secr. SS. Primi et Feliciss. Martyrum*. — [2] *Levit.*, VIII, IX, XXIII, et *Numer.*, V, etc. — [3] *Levit.*, II, IX, etc.

« Un des soldats perça son côté avec une lance [1], » et le reste.

Je ne dispute pas de l'antiquité de cette cérémonie, non plus que de beaucoup d'autres : je remarque seulement qu'elles servoient à l'immolation mystique de notre victime, en représentant son immolation sanglante. Mais je ne dois pas omettre une chose inséparable de ce sacrifice, qui est la consomption de l'hostie. Nous avons dit que la consécration est une espèce de création nouvelle du corps de Jésus-Christ par le Saint-Esprit : ce sacré corps y reçoit un nouvel être ; et c'est pour cela que saint Pacien, un saint évêque du quatrième siècle, célèbre par sa doctrine, appeloit l'Eucharistie « le renouvellement du corps : » *Innovatio corporis* [2]. Mais ce corps nouvellement produit ne l'est que pour être consumé, et pour perdre par ce moyen ce nouvel être qu'il a reçu ; ce qui est un acte de victime qui se consume elle-même en un certain sens, encore qu'en vérité elle demeure toujours entière et toujours vivante.

Surtout la consomption du sang de Notre-Seigneur présente à l'esprit une idée de sacrifice ; parce qu'on offroit les liqueurs en les répandant, et que l'effusion en étoit le sacrifice. Ainsi le sang de Jésus-Christ répandu en nous et sur nous en le buvant, est une effusion sacrée et comme la consommation du sacrifice de cette immortelle liqueur.

C'est tout cela joint ensemble qui consomme notre sacrifice, très-réel par la présence de la victime actuellement revêtue des signes de mort, mais mystique et spirituel, comme je pense l'avoir dit ailleurs, où le glaive c'est la parole, où la mort ne se remontre qu'en mystère, où le feu qui consume c'est cet Esprit qui change, qui purifie, mais qui élève et qui perfectionne tout ce qu'il touche et en fait quelque chose de meilleur.

XVIII. Comparaison de la bénédiction de l'Eucharistie avec les autres, et nouvelle preuve du change-

Après cela je ne pense pas qu'on ose vous dire que la présence réelle et le changement de substance ne soit pas suffisamment expliqué dans les prières de la messe ; et afin de le mieux entendre, comparez les autres prières de l'Eglise avec celles-ci. Elle bénit l'eau du baptême ; elle bénit le saint chrême et les saintes huiles dont elle oint les enfans de Dieu, pour leur imprimer en

---

[1] *Joan.*, XIX, 44. — [2] Pacian., ep. 1 *ad Symp.*

diverses sortes le caractère de christs et d'oints de Dieu. Les prières dont elle se sert dans ces bénédictions sont assurément de la première antiquité. Dans ces bénédictions on trouve bien que l'Eglise « consacre et sacrifie ces substances [1], » c'est-à-dire cette eau et ces huiles qu'elle bénit; qu'elle les rend efficaces, et leur inspire une nouvelle vertu par la grace du Saint-Esprit qu'elle invoque sur elles. On trouve même dans l'ambrosien, qu'elle « les élève et qu'elle les anoblit; » mais on ne trouve jamais qu'elle les offre à Dieu en sacrifice; encore moins qu'elle les change en quelque autre substance, ni qu'elle emploie pour les y changer la vertu toute-puissante du Saint-Esprit : ces expressions sont réservées pour l'Eucharistie. Ce qui montre manifestement que le changement qui s'y fait est bien d'une autre nature que celui qui se fait dans l'eau ou dans l'huile, qui n'est qu'un changement mystique et moral; et que le mot de *sacrifice* y est employé, non pas comme on le donne quelquefois à ce qui sert au culte divin, mais dans cette étroite signification dont on se sert pour exprimer un vrai sacrifice.

C'est ce qui devroit, il y a longtemps, avoir décidé nos controverses. Car outre qu'il ne convient pas à l'Eglise chrétienne de n'avoir non plus que les Juifs à offrir à Dieu que des ombres et des figures de Jésus-Christ, et que de là il s'ensuit qu'on doit y offrir, et par conséquent y avoir Jésus-Christ même : il faut encore ajouter que l'Eglise s'explique si clairement sur le changement réel du pain et du vin au corps et au sang de Jésus-Christ, que ceux qui ont nié ce changement n'y ont trouvé d'autre remède que de retrancher tout d'un coup toutes ces prières.

C'est ici que je vous prie d'observer une contradiction manifeste de ces nouveaux docteurs : car d'un côté ne pouvant nier que ces prières de nos liturgies ne soient très-anciennes, de peur de nous laisser l'avantage d'y trouver notre doctrine, ils vous ont dit, et ils tâchent de persuader à tout le monde qu'elles sont contre nous; et de l'autre ils sentent si bien en leur conscience qu'en effet elles sont contre eux, qu'ils n'ont osé les retenir, de peur qu'elles ne ramenassent tous les peuples à l'unité catholique.

[1] *Ordo Rom.*

ment de substance.

XIX. Contradiction des ministres. Antiquité des prières que nous venons de produire. Le système des protestans sur l'innovation de Paschase Radbert, clairement détruit.

Entendez ceci, Monsieur, et tâchez de le faire entendre à ceux qui s'endurcissent encore contre la foi de nos pères : le conte qu'ils débitent, c'est que la présence réelle a commencé à Paschase Radbert, auteur du neuvième siècle. Or je dis qu'il faut avoir un front d'airain, pour nier que ces prières ne soient plus anciennes. Car les auteurs renommés pour avoir travaillé aux *Sacramentaires* que nous avons produits, sont un saint Léon, un saint Gélase, un saint Grégoire : c'est dans l'Eglise gallicane, après un saint Hilaire, un Muséus, un Salvien, un Sidonius[1] ; c'est dans l'Eglise d'Espagne, un Isidore de Séville, auteurs dont le plus moderne passe de plusieurs siècles Paschase Radbert; et le travail qu'ils ont fait n'a jamais tendu à rien innover dans la doctrine : on ne les en a jamais seulement soupçonnés. Ils ont ordonné l'office, réglé et fixé les leçons et les antiphoniers : ils ont composé quelques Collectes, quelques Secrètes, quelques Postcommunions, quelques Bénédictions, quelques Préfaces, et cela sans rien dire au fond qui fût nouveau : on ne les auroit non plus écoutés que les autres novateurs, et le peuple auroit bouché ses oreilles. Tout ce qu'ils composoient étoit fait sur le modèle de ce qu'avoient fait leurs prédécesseurs; le style même ressent l'antiquité, et les choses la ressentent encore plus : ainsi tout étoit reçu avec un égal applaudissement, et les nouvelles prières faisoient corps pour ainsi dire avec les anciennes, comme étant toutes de même esprit et de même goût. Et pour ce qui est du canon, on en a jugé toutes les paroles d'un si grand poids, que la tradition a conservé les auteurs des moindres additions qu'on y a faites; et on sait, par exemple, que ç'a été saint Grégoire qui a ajouté ces paroles : *Diesque nostros in tuâ pace disponas:* « Afin que vous conduisiez nos jours dans votre paix. » On sait encore, pour ne pas omettre les autres parties de la messe, qui le premier a fait dire le *Kyrie*, qui le *Pater*, qui l'*Agnus Dei*. Les ministres ont été soigneux de marquer toutes ces dates, pensant conclure de là que la messe étoit un amas de nouveautés et d'institutions humaines; mais leur haine les a aveuglés : car puisqu'on a remarqué avec tant de soin les changemens les plus indifférens, combien plus auroit-

---

[1] Mabill., *de Liturg. Gallic.*, lib. I, cap. IV, p. 27.

on remarqué les autres ? Or c'est ce qu'on ne voit pas : on ne nomme pas qui a ajouté ce qu'on dit pour l'oblation, ni pour la consécration, ni pour y changer le pain au corps et le vin au sang : c'est donc qu'on ne connoît point d'auteur de ces choses; c'est qu'elles sont plus anciennes que tous les changemens qu'on sait, quoiqu'ils soient déjà fort anciens, comme on a vu ; c'est qu'elles ne sont pas des additions, mais au contraire qu'elles sont le corps auquel le reste est ajouté ; et en un mot, qu'elles sont aussi anciennes que l'Eglise. C'est ce qui paroît encore par le consentement de tous les rites, puisque ces choses se trouvent également dans le rit grec, dans le romain, dans l'ambrosien, dans le gallican, dans le gothique ou l'espagnol, en un mot dans tous les rites, comme on a vu ; et non-seulement dans les rites des églises catholiques, mais encore dans ceux des schismatiques ; et non-seulement dans ceux des Grecs séparés d'avec nous depuis quelques siècles, mais encore dans ceux des eutychiens et des nestoriens, séparés de nous et des Grecs il y a douze cents ans : ce qui montre que tout cela ne peut venir que de la source.

On pourroit encore alléguer le témoignage des Pères, quand il n'y auroit que saint Cyrille et saint Chrysostome, pour ne point parler des autres, où l'on trouve toutes les parties de la messe, et mot à mot tout ce qu'on en a produit : mais il faut convaincre les hommes par quelque chose encore de plus palpable, et leur épargner la peine de raisonner et d'examiner. Dites donc, Monsieur, à tous ceux qui vous allégueront Paschase Radbert et la date de la présence réelle au neuvième siècle ; dites-leur que pour les confondre, non point par les Pères, ou par les histoires, ou par aucune discussion, on leur montrera, quand ils voudront, en beaucoup de bibliothèques des volumes que tout habile homme reconnoîtra pour être de neuf cents ans et mille ans d'antiquité, où on lit et le canon et les secrètes que nous venons de produire : ajoutez que ces volumes sont copiés pour l'usage des églises sur des volumes plus anciens : ajoutez que ceux contre lesquels on s'est servi de ce canon et de ces prières, soit hérétiques ou autres, du temps de Paschase ou de Bérenger[1], en ont eux-mêmes re-

---

[1] *Epist. Pasch. Radb. ad Frudeg.*, sub fin. Guitm. et al., *cont. Bereng.*

connu l'antiquité, et n'ont jamais seulement pensé que ces prières fussent nouvelles ; et concluez sans hésiter que ces pièces sont du meilleur temps. C'est pourquoi vous avez vu que les ministres se sont crus obligés de les expliquer, et ensemble vous venez de voir qu'ils les expliquent si mal, qu'ils n'osent s'en servir : ils sont contraints d'en reconnoître l'autorité, tant elles sont anciennes, et néanmoins de les rejeter, tant elles leur sont contraires.

<small>XX.
Tout cela est dérivé de l'Ecriture, et ne fait qu'expliquer plus amplement ce que Jésus-Christ a fait et dit.</small>

Mais au fond toutes ces prières des liturgies ne sont autre chose qu'une explication de ce que les évangélistes et l'Apôtre ont dit en six lignes : Jésus prit « du pain en ses mains *sacrées ;* il rendit graces dessus, il le bénit ; » par ce moyen, disent les Grecs dans leurs liturgies, « il le montroit à son Père ; » car n'est-ce pas le lui montrer et le mettre devant ses yeux, que de rendre graces dessus et de le bénir, comme il a fait ? Toutes les liturgies expliquent de quelle sorte il montroit au Père ce pain qu'il tenoit en ses mains : Ce fut, disent-elles toutes d'un commun accord, « en levant les yeux au ciel[1]. » Toutes les fois que Jésus bénissoit, ou rendoit graces, ou prioit devant le peuple, nous voyons la même action, et ses yeux ainsi levés vers son Père. Les églises ont entendu sur ce fondement, et leur tradition l'a confirmé, qu'il fit la même chose en bénissant le pain : il en fit autant sur le calice, et montra ses dons à son Père, sachant ce qu'il en vouloit faire, et lui rendant graces de la puissance qu'il lui donnoit pour l'exécuter. Le Père qui le lui avoit inspiré, et qui ne vouloit pas qu'il épargnât rien pour témoigner son amour aux hommes, regarda avec complaisance ces dons qui alloient devenir une si grande chose. En effet Jésus continue ; et soit en rompant ce pain, soit après l'avoir rompu, il dit à ses apôtres : « Prenez, mangez ; ceci est mon corps. » Il leur présenta la coupe, en leur disant : « Buvez-en tous, ceci est mon sang. » Voilà ce qu'il vouloit faire de ce pain et de ce vin. Il ne vouloit pourtant pas qu'il y parût, puisque c'étoit un objet qu'il préparoit à la foi. Il sait se montrer et se cacher comme il lui plaît ; et l'histoire des deux disciples d'Emmaüs[2], l'apparition à Marie[3] et tant d'autres exemples de

---

[1] *Liturg. Jac.*, *ibid.* ; *Marc.*, 37 ; *Liturg. Rom.*, etc. — [2] *Luc.*, XXIV. — [3] *Joan.*, XX.

son Evangile, nous font bien voir qu'il sait paroître quand il veut sous une figure étrangère, ou se montrer dans la sienne propre, ou disparoître tout à fait à nos yeux, et passer même au milieu des troupes sans que personne le voie. Il n'avoit pas besoin de se montrer en cette occasion; car il savoit que ses vrais disciples l'en croiroient sur sa parole; et son Père, à qui il présentoit ce grand objet, savoit bien pourquoi il y étoit, et pourquoi il y étoit caché; et pour être caché aux hommes, il n'en étoit ni moins visible ni moins agréable à ses yeux.

L'Eglise a présupposé que la parole de Jésus-Christ fut aussitôt suivie de son effet. Il se fit en un instant un grand changement : il paroissoit quelque chose, puisque Jésus-Christ disoit : « Prenez, mangez, buvez. » Mais ce quelque chose n'étoit pas ce qui paroissoit, puisqu'il disoit : « C'est mon corps, c'est mon sang. » C'est une erreur insensée de croire qu'ils le soient devenus en le prenant, puisque Jésus-Christ disoit : « Ceci est. » De sorte qu'il le falloit prendre, non point pour le faire tel, mais au contraire parce qu'il l'étoit. Dans cette présupposition, qui ne voit que ce corps et ce sang étoient dès lors un objet, et leur consécration une action par elle-même agréable à Dieu? Action où Jésus-Christ mettant son corps d'un côté, et son sang de l'autre par la vertu de sa parole, s'exposa lui-même aux yeux de Dieu sous une image de mort et de sépulture, l'honorant comme le Dieu de la vie et de la mort, et reconnoissant hautement sa Majesté souveraine, puisqu'il lui remettoit devant les yeux la plus parfaite obéissance qui lui eût jamais été rendue, c'est-à-dire celle de son Fils unique dévoué et obéissant jusqu'à la mort de la croix.

Si cette action est une oblation et un sacrifice, il ne le faut plus demander, la chose parle; et aussi nous avons vu que l'Eglise n'y a jamais hésité. Car cette idée d'oblation n'étoit pas détruite par le commandement de manger et de boire, ni parce que les apôtres mangèrent et burent en effet aussitôt après la consécration. Car où a-t-on pris que l'oblation et la manducation fussent choses incompatibles? La loi avoit des oblations et des sacrifices auxquels on participoit en les mangeant, n'y ayant rien en effet de plus convenable que de consacrer, en l'offrant à Dieu, ce qui nous de-

XXI. L'oblation clairement marquée.

voit sanctifier en le mangeant. Que nuisoit à ce dessein que la consécration ait été si promptement suivie de la manducation, puisque très-visiblement le temps n'y fait rien? C'est assez que les deux actions soient si clairement distinguées, et que Jésus-Christ se soit expliqué par *Ceci est*.

Il n'en a pas usé de la même sorte de l'eau du baptême. Encore qu'il en ait fait un sacrement, il n'a rien dit, ni rien fait qui nous montrât que l'eau qu'il y employoit fût un sacrement hors de l'usage; encore moins a-t-il rien dit qui nous fît penser qu'il en formât une autre substance; en un mot, il n'a pas dit qu'elle fût son sang, bien qu'elle le représentât; mais avant qu'on mange l'Eucharistie, il a déjà dit que c'étoit son corps et son sang : l'image de sa mort y étoit déjà empreinte par sa parole, et c'est pourquoi il a dit : « Ceci est mon corps rompu, ceci est mon sang répandu pour vous. »

XXII. *Le corps donné et rompu, et le sang répandu pour les fidèles, tant à la croix que dans l'Eucharistie.*

Ces mots nous donnent une vive idée de sacrifice dans l'Eucharistie : car ils n'ont pas seulement leur relation à la croix; c'est encore dans l'Eucharistie que le corps de Jésus-Christ est donné et rompu, et son sang répandu pour nous. Car il faut bien remarquer que ces mots : *Donné* et *rompu*, pour le corps, l'un dans saint Luc [1], et l'autre dans saint Paul [2]; et ce mot : *Répandu*, pour le sang, leur conviennent également bien, tant à la croix que dans l'Eucharistie. Il convient, dis-je, à ce divin corps d'être donné pour nous à la croix, et même d'y être rompu, puisque c'est pour nous qu'il est percé et rompu de coups, et pour nous qu'il est livré à la mort; mais cela lui convient aussi dans l'Eucharistie : car il y est donné à tous les fidèles, et par ce moyen il y est distribué; ce qui s'exprime dans la langue sainte par le mot de *rompre*, conformément à cette parole : « Romps ton pain à celui qui a faim [3] : » joint qu'on rompt ce corps sacré, comme on a vu, non-seulement pour le distribuer, mais encore en mémoire des coups dont sa sainte chair a été froissée. Pour le sang, il est bien visible que s'il a été versé en la croix, il coule encore dans l'Eucharistie sous la forme d'une liqueur. On voit donc que notre Sauveur voulant donner la propre substance de son corps

---

[1] *Luc.*, XXII, 19. — [2] I *Cor.*, XI, 24. — [3] *Isa.*, LVIII, 7.

en deux états, l'un à la croix d'une manière sensible, l'autre dans l'Eucharistie d'une manière invisible et cachée ; pour exprimer la qualité, après en avoir nommé la substance, il a expressément choisi des termes qui convinssent aux deux états : s'il avoit dit, par exemple : « Ceci est mon corps mangé, » cela ne conviendroit pas au corps en la croix ; et s'il avoit dit : « Ceci est mon corps attaché à une croix, » cela ne conviendroit pas au corps en tant qu'il est dans l'Eucharistie. Il a donc choisi le mot de *donné*, qui convient également à ce divin corps, et dans l'Eucharistie et à la croix, pour montrer que c'est partout le même : le même, dis-je, qui est aussi bien dans l'Eucharistie que dans la croix, et également donné dans l'une et dans l'autre en sa propre et véritable substance. J'en dis autant du mot de *rompu*, pour la raison qu'on vient de voir. Il en est de même du *sang répandu*, et ce qui coule encore dans notre calice est en substance la même liqueur qui a coulé du sacré côté ; c'est à quoi nous mène ce choix des paroles de Jésus-Christ ; et pour le mieux faire sentir, il n'a pas dit dans le futur : « Ceci est mon corps ou mon sang, qui seront donnés ou répandus ; » mais selon le texte original, dans le présent : « C'est mon corps qui est donné, qui est rompu, » ou « qui se donne et se rompt ; et c'est mon sang qui se répand ; » pour nous montrer qu'il étoit actuellement donné, rompu, répandu dans l'Eucharistie.

Il est vrai que cette expression du temps présent a aussi sa relation à la mort qu'il va souffrir ; car il étoit à la veille de son supplice, et il disoit dans la Cène même : « Le Fils de l'homme s'en va, comme il est écrit de lui[1] ; » et deux jours auparavant : « Dans deux jours ce sera la Pâque, et le Fils de l'homme est livré pour être crucifié[2], » comme porte l'original, à cause qu'il l'alloit être ; et déjà il se regardoit comme un mort, lorsqu'il disoit du parfum qu'on avoit répandu sur lui, qu'on l'avoit fait « pour l'ensevelir[3]. » A combien plus forte raison dans l'institution de l'Eucharistie devoit-il dire de son corps et de son sang, même par rapport à la croix, que c'étoit un corps déjà immolé, et un sang déjà répandu, puisqu'il l'alloit être, et que même il s'engageoit de

[1] *Matth.*, XXVI, 24. — [2] *Ibid.*, 2. — [3] *Ibid.*, 12.

nouveau et plus que jamais par cette action à l'immoler et à le répandre ? Mais comme il avoit choisi des mots qui pussent convenir à son saint corps, tant à la croix qu'à l'Eucharistie, il en fait de même des temps ; et parlant en temps présent, il ne montre pas seulement sa mort prochaine, mais il montre dans son corps et dans son sang, en la manière dont ils étoient dans l'Eucharistie, un caractère de victime dont ils étoient actuellement revêtus.

Ce caractère est visible dans ces mots : *pour vous ;* car ce sont ceux dont se sert toute l'Ecriture, pour montrer que la croix est un sacrifice où Jésus-Christ donne sa vie et verse son sang pour nous. Ainsi l'action du sacrifice est marquée dans l'Eucharistie, lorsque Jésus-Christ dit lui-même, non-seulement que son corps nous y est donné, mais qu'il est *donné pour nous ;* et que son sang répandu *pour nous* à la croix, se répand encore *pour nous* dans cette action, et devant même qu'on le boive, y paroissant sous la forme d'une liqueur toujours prête à couler pour notre salut.

XXIII. L'Eucharistie étant notre pâque, est ensemble un sacrement et un sacrifice.

Tout portoit donc une idée de sacrifice dans la Cène de Notre-Seigneur ; et il n'y a point à s'étonner si l'Eglise l'a si bien prise. Il ne faut point objecter que Jésus-Christ instituoit un sacrement, et l'instituoit pour manger et non pour offrir ; ou qu'il instituoit non un sacrifice, mais la commémoration d'un sacrifice ; car la raison de sacrement ne répugne point à celle de sacrifice, encore moins la manducation et la commémoration : témoin, sans aller plus loin, la fête de Pâque, qui fut à la fois aux Hébreux un sacrement et un sacrifice ; une chose qu'on offroit et qu'on mangeoit, comme tant d'autres hosties ; un sacrifice très-véritable qu'on répétoit tous les ans, et ensemble la commémoration d'un sacrifice par lequel le peuple de Dieu avoit été délivré de la grande plaie de l'Egypte.

Rappelez ici en votre mémoire cette nuit si funeste aux Egyptiens, où l'ange devoit passer dans toutes leurs maisons pour en exterminer les premiers-nés. Les Hébreux ne méritoient pas moins d'être frappés que les autres ; « car tous ont péché, et ont besoin de la bonté de Dieu[1] ; » mais Dieu les vouloit épargner, et

[1] *Rom.*, III, 23.

les délivrer par un grand coup de la servitude de l'Egypte. Vous savez que pour cela il leur ordonna de sacrifier un agneau par chaque maison, de le manger, de frotter les portes de la maison de son sang : « Je passerai, dit le Seigneur, et je frapperai tous les premiers-nés des Egyptiens : mais quand je verrai le sang à la porte de vos maisons, je passerai outre, et je ne vous perdrai pas comme les autres [1] ; » au contraire, dès ce jour-là même vous sortirez de la servitude, et l'Egypte sera trop heureuse de vous renvoyer en liberté. Voilà le sacrifice de la délivrance. Faut-il encore vous raconter comme Dieu ordonna qu'on le renouvelât tous les ans ? En mémoire de cette nuit de la délivrance du peuple, on devoit encore immoler un agneau, et encore en répandre le sang. Quoi ! est-ce que le Seigneur va passer encore une fois avec sa main vengeresse ? Point du tout, c'est une commémoration ; et cette commémoration est comme l'autre un sacrifice, un agneau comme auparavant, et toujours du sang répandu en mémoire de la délivrance accomplie, comme autrefois pour l'accomplir.

Vous entendez bien, sans que je le dise, que le premier sacrifice, qui est la source et le principe, représente la mort de Jésus-Christ, et que les sacrifices qu'on répétoit tous les ans représentent celui de l'Eucharistie, où par conséquent l'agneau et son sang doivent encore se trouver aussi véritablement que dans le premier. Mais il ne sera pas dit que la vérité n'ait rien au-dessus de la figure. Il n'est pas permis dans le Nouveau Testament d'offrir un autre agneau que Jésus-Christ. Ce sera donc ici un agneau, mais toujours le même. Cet agneau ne peut mourir qu'une fois : ainsi la seconde oblation ne sera plus qu'une mort et une immolation mystique. L'agneau y sera néanmoins ; autrement la figure, qui doit être au-dessous de la vérité, seroit au-dessus. Le sang y sera encore tout entier, et il sera répandu ; mais d'une manière cachée et mystérieuse, pour appliquer à chacun ce qui a été offert pour tous une seule fois. Si avec l'agneau et son sang on trouve ici du pain et du vin qu'il faut consacrer, et dont les espèces paroissent encore, c'est que Jésus-Christ a plus d'une figure à y accomplir. Il faut qu'il accomplisse, disent tous les Pères, le sa-

---

[1] *Exod.*, XII, 12 et seq.

crifice de Melchisédech ; il faut qu'il accomplisse la figure, et des pains de proposition qu'on offroit à Dieu, et du vin dont on lui faisoit des effusions ; il faut même qu'il accomplisse les azymes qu'on devoit manger avec l'agneau pascal comme avec les autres victimes ; et c'est une des raisons pourquoi l'Eglise latine sacrifie encore en azymes. C'est ici la pâque de la nouvelle alliance qui se célébrera, non pas tous les ans comme l'ancienne pâque, mais tous les jours ; et par la même raison que le baptême, qui est notre circoncision, n'est comme la circoncision qu'un sacrement, l'Eucharistie, qui est notre pâque, doit être et un sacrement et un sacrifice.

C'étoit là, si nous l'entendons, cette pâque que Jésus-Christ désiroit tant de manger avec ses disciples, ainsi qu'il le leur témoigne par ces paroles : « J'ai désiré d'un grand désir de manger cette pâque avec vous devant que de mourir[1]. » Cette pâque tant désirée par le Fils de Dieu n'étoit pas la pâque légale qui alloit finir, que plusieurs tiennent qu'il ne put manger cette année, ayant été lui-même immolé, en même temps qu'on immoloit la pâque ; qu'en tout cas il avoit déjà mangée plusieurs fois avec ses disciples, et qui ne pouvoit pas être le dernier objet de ses vœux, au moment surtout qu'elle alloit être rejetée, comme tous les autres sacremens de la loi, par la croix de Jésus-Christ. L'objet véritable du Sauveur étoit la nouvelle pâque, qu'il alloit donner à ses disciples dans son corps et dans son sang, et qu'il devoit accomplir dans le royaume de son Père, lorsqu'il seroit par la claire vue la vie et la nourriture de tous ses enfans. C'est donc ici une pâque et un sacrifice. L'Eglise l'a reconnu ; et c'est pourquoi elle nous a dit dans une des prières de sa liturgie, que nous avons remarquée, que Jésus-Christ institua au jour de la Cène un sacrifice perpétuel où il s'offrit lui-même le premier, et où il nous apprit à l'offrir.

XXIV. La force de ces paroles : Faites ceci en mémoire de moi.

En effet, après qu'il s'y est offert à la manière qu'on a vu, en disant : « Ceci est mon corps » encore une fois donné, et « mon sang » encore une fois répandu pour vous, il continue et il dit : « Faites ceci. » L'Eglise a donc entendu qu'elle doit faire ce qu'il

[1] *Luc.*, XXII, 15.

a fait : elle prend du pain comme lui ; comme lui elle le bénit, et rend graces dessus : c'est ce que nous avons vu dans les prières qu'elle fait sur l'Eucharistie ; comme lui elle montre le pain au Père éternel, et le lui offre pour en faire bientôt après son propre corps. Elle entend bien que la bénédiction qu'elle fait dessus doit passer à nous, et que c'est nous finalement qu'elle regarde ; mais elle entend aussi que le pain lui-même est béni, comme le marque expressément l'Evangile [1] ; que le calice est aussi béni, comme le marque saint Paul [2] ; que la bénédiction affecte, pour ainsi parler, le pain et le vin ; qu'ils en sont sanctifiés ; qu'ils en sont changés, puisqu'ils sont faits le corps et le sang : car c'est à l'extérieur la même chose, qui subsiste par conséquent dans ses dehors ; de sorte qu'elle n'est pas entièrement abolie, mais elle est changée au dedans, et tout ceci c'est la source des expressions que nous avons vues répétées dans toutes les liturgies. Tel est le sens de cette parole : «Faites ceci ;» mais elle mérite encore quelque réflexion.

Dans les premières paroles, Jésus-Christ a dit ce que c'étoit que son oblation ; c'étoit du pain et du vin devenus son corps et son sang ; dans la suite : *Faites ceci*, il nous déclare que nous pouvons et devons faire ce qu'il a fait. Enfin dans ces derniers mots : «En mémoire de moi,» il explique dans quelle intention il l'a fait et dans quelle disposition nous le devons faire. Ainsi par les premiers mots : «Ceci est mon corps, ceci est mon sang,» il dit ce que la chose est en elle-même et par la parole, indépendamment de nos bonnes ou mauvaises dispositions. Soyez bien ou mal disposés, ce n'en est pas moins le corps et le sang ; car aussi saint Paul ne dit pas que les indignes en sont privés, mais «qu'ils en sont coupables [3] :» il ne dit pas qu'ils ne le reçoivent point, mais «qu'ils ne le discernent point,» en le mangeant comme une viande commune. Jésus-Christ ne dit pas aussi que sans la foi on ne reçoit pas sa sainte chair, mais «qu'elle ne sert de rien,» et que «ce qui vivifie» véritablement c'est «l'esprit [4]» dont cette chair est toute remplie ; esprit auquel on ne participe qu'en ayant

---

[1] *Matth.*, XXVI, 26, etc. — [2] I *Cor.*, X, 16. — [3] *Ibid.*, XI, 27, 29. — [4] *Joan.*, VI, 64.

aussi dans son esprit des dispositions semblables aux siennes. Voulez-vous donc bien recevoir l'Eucharistie, joignez les deux choses, comme Jésus-Christ les a jointes; croyez que c'est le corps et le sang, le corps donné à la croix, et le corps encore donné dans l'Eucharistie, et de même du sang précieux ; et en le croyant ainsi, souvenez-vous de Jésus-Christ qui a livré son corps pour vous, qui a versé son sang pour vous, c'est-à-dire qui est mort pour vous; et célébrez le mystère de sa mort; célébrez-le en l'offrant; célébrez-le en le recevant : car vous devez suivre en tout son intention, et faire par conséquent en mémoire de sa mort la consécration aussi bien que la réception, puisque dès le moment de la consécration l'Eucharistie porte en elle-même une image et une empreinte de cette mort.

Ne nous arrêtons pas à cette chicane : S'il est présent, ce n'est plus un mémorial; d'autres que nous, et nous-mêmes nous y avons répondu cent fois. Voilà la chair d'une victime qu'on a posée sur l'autel : O Juifs, souvenez-vous que c'est pour vous qu'elle a été immolée, et mangez-la comme telle et comme entièrement vôtre : c'est ce qu'on pouvoit dire à l'ancien peuple; et c'est en termes formels ce que Jésus-Christ a dit et dit encore tous les jours au peuple nouveau. Mais, dites-vous, je ne le vois pas, comme on voyoit cette chair posée sur l'autel. Mais Jésus-Christ vous dit que c'est lui-même : n'est-ce pas assez pour un chrétien? Si vous le voyiez, il n'auroit pas besoin de vous dire que c'est lui ; mais parce qu'on ne le voit pas, il craint qu'on ne soit assez ingrat pour l'oublier. Pourriez-vous croire que ce soit son corps et son sang, et mettre dans votre esprit un si grand prodige de l'amour et de la puissance du Dieu incarné, si vous ne vous souveniez que celui qui vous en assure est ce même Dieu tout-puissant qui a déjà fait pour vous tant de merveilles? C'est ainsi qu'on se souvient de Jésus-Christ, et en même temps qu'on le croit présent.

Quand on vous dit de le croire, on vous dit tout le contraire de voir : ainsi croire présent le corps du Sauveur pendant qu'on ne le voit pas, c'est se souvenir qu'il y est. Le Psalmiste qui dit que Dieu est partout, et le reconnoît présent au couchant comme au levant, et dans l'enfer comme dans le ciel [1], ne laisse pas de dire encore : « Je me suis souvenu de Dieu [2]; » parce qu'il croit cette présence, et ne la voit pas : de sorte qu'il a besoin d'exciter son souvenir envers Dieu. Souvenez-vous de Jésus-Christ de la même sorte : croyez-le présent dès qu'il a parlé, quoique vous ne le voyiez pas; et commencez par l'offrir à Dieu dans l'Eucharistie, comme il s'y offre lui-même, puisqu'il a dit : « Faites ceci. »

Mais il ne dit pas qu'il s'offre : en a-t-il dit davantage à la croix? C'est une manière bien tendre et bien efficace de dire les choses, que de parler pour ainsi dire par les choses mêmes. L'Epoux sacré ne dit pas toujours qu'il aime l'épouse [3] : à la fin cela tomberoit dans le froid : mais lorsqu'il le dit le moins par ses paroles, c'est là peut-être qu'il le dit le plus par ses actions. Jésus-Christ ne dit pas qu'il est le Christ à Jean-Baptiste son ami, qui envoie le lui demander; mais il le dit par ses actions, en faisant beaucoup de miracles devant ceux qu'il lui envoie. Il est vrai que saint Paul assure que Jésus-Christ s'est offert une seule fois, et ensuite qu'il ne s'offre plus. Mais de deux significations du mot d'*offrir*, dont l'une veut dire *immoler* par une mort actuelle, et l'autre *être mis devant Dieu* et exposé sur son autel, saint Paul a pris la première comme plus propre à son sujet, et nous laisse la seconde libre. Après tout, est-ce du mot que nous disputons? Ce seroit une trop grande foiblesse, puisqu'enfin la chose est visible dans l'exposition que nous en venons de faire; et s'il faut nécessairement trouver le mot d'*oblation* dans l'Ecriture, le prophète Malachie nous le fera voir dans ce passage fameux, où à la place des sacrifices dont les victimes peuvent être ou immondes ou imparfaites, il nous promet parmi les Gentils, et « depuis l'Orient jusqu'à l'Occident, une oblation » toujours « pure [4]. » Le mot de l'original, que nous traduisons par *oblation*, est si propre à signifier une oblation non sanglante, un présent où il n'y a point de victime égorgée, et tel enfin que celui de l'Eucharistie, qu'il ne faut pas s'étonner si les Pères l'entendent ainsi naturellement. Que s'ils ont dit quelquefois que cette oblation de Malachie est la

XXV. La simplicité de nos oblations et de nos autels. Le passage de Malachie. Un autre passage de saint Paul.

[1] *Psal.* CXXXVIII, 8. — [2] *Psal.* LXXVI, 4. — [3] *Matth.*, XI, 4, 5. — [4] *Malach.*, I, 11.

louange du nom de Dieu, devenu grand parmi les Gentils par la prédication de l'Evangile, c'est à cause que ces deux sens sont parfaitement unis, et qu'il y a dans l'Eucharistie une perpétuelle commémoration de Notre-Seigneur, où sont renfermées toutes les louanges et tous les honneurs qu'on a jamais rendus à Dieu, et qu'on lui rendra jamais dans le genre humain. Voilà donc dans un prophète notre oblation et le mot qu'on nous demandoit; et si saint Paul, qui dans l'*Epître aux Hébreux* ne s'est pas proposé de traiter de cette oblation, nous la laisse apprendre d'ailleurs, il ne laisse pas de nous faire voir ce que peut, pour apaiser Dieu, la présence de Jésus-Christ paroissant pour nous devant lui [1]; ce qui après tout fait le fond de notre oblation dans l'Eucharistie. Bien plus, sans traiter à fond cette matière dans son *Epître aux Hébreux*, il en dit assez pour se faire entendre à ceux qui étoient instruits dans les mystères, en disant que nous avions « un autel. » Je veux que la croix ne soit pas exclue de l'explication de ce passage, puisqu'enfin elle est la source de l'Eucharistie, et même qu'elle en fait le fond; mais la suite nous mène plus loin. Il s'agissoit d'établir contre ceux qui judaïsoient « qu'il faut affermir son cœur par la grace, et non par les viandes [2] » qu'on mangeoit dans les sacrifices; comme si la sainteté eût été là. Mais saint Paul répond que ces choses n'ont de rien servi à ceux qui les ont observées; puis il continue en cette sorte : « Nous avons un autel, dont ceux qui sont appliqués au service du tabernacle, n'ont pas pouvoir de manger [3]; » de même que s'il disoit : Ce n'est pas en participant à la viande de l'autel des Juifs qu'on se sanctifie; c'est en prenant la viande céleste de l'autel qui est parmi nous, et d'où ceux qui judaïsent sont exclus : ceux-ci avoient leur autel, dont saint Paul avoit dit ailleurs : « Considérez les Israélites charnels; ceux d'entre eux qui mangent de la victime immolée, ne participent-ils pas à l'autel par cette action [4]? » Mais nous avons un autel auquel ils n'ont point de part, et la victime qu'on y prend n'est pas pour eux. Qui ne voit donc de part et d'autre un autel posé et des victimes dessus? Victimes qu'on y va prendre visiblement et sensiblement; mais où cette loi est établie, que ceux qui

---

[1] *Hebr.*, IX, 24. — [2] *Ibid.*, XIII, 9. — [3] *Ibid.*, 10. — [4] 1 *Cor.*, X, 18.

paroissent à l'un n'ont point de part à ce qu'on donne à manger à ceux qui paroissent à l'autre. Voilà un sens naturel, que ceux qui étoient instruits dans les mystères entendoient parfaitement. Et si l'on demande pourquoi saint Paul ne s'en explique pas plus clairement, c'est par la même raison que, dès le commencement de son *Epître* il a déclaré que sur le sujet de Melchisédech, il n'entreroit pas en beaucoup de choses trop fortes et trop difficiles à expliquer aux infirmes [1], dont le nombre étoit grand encore parmi ceux à qui il adresse cette lettre. Enfin donc voilà un autel, et par conséquent une oblation et un sacrifice : et il ne faut pas s'étonner si dans les Pères, dès les premiers siècles, et dans les liturgies les plus vénérables par leur antiquité, on ne trouve qu'autel, que présens, que victimes, que sacrifices, qu'hosties. Que si les chrétiens disent quelquefois aux païens, qu'ils n'ont ni autel ni sacrifice, c'est qu'ils n'en ont point à leur mode; ils n'ont point de ces autels qui regorgent de sang, ni de ces sacrifices où l'on désole les troupeaux par des hécatombes. Il ne faut point tout ce carnage ni cette immense dépense dans les sacrifices des chrétiens; de quelque magnificence qu'on les accompagne quelquefois pour en imprimer la grandeur dans l'esprit des plus infirmes, le fond en est simple : il ne faut qu'un peu de pain et un peu de vin pour l'accomplir; le reste, qui est si grand que le ciel même en est étonné, se fait par quelques paroles.

Je n'ai plus rien à vous dire sur la nature de ce sacrifice dont vous connoissez le fond dans les prières que l'Eglise emploie pour le célébrer. La règle de la foi, comme disoient les saints Pères, ne se trouve nulle part plus claire ni plus assurée que dans la forme de prier, puisqu'il faut prier *en foi* pour être exaucé [2], et que « sans la foi il n'est pas possible de plaire à Dieu [3]. » Vous avez pénétré jusqu'au principe; et par les prières dont l'Eglise a de tout temps accompagné son sacrifice, vous êtes enfin remonté à la source des Ecritures. Vous voyez aussi la parfaite liaison de toute la doctrine catholique, caractère indubitable de sa vérité, puisqu'en reconnoissant le sacrifice, comme toute l'antiquité a fait de votre propre aveu, il est clair qu'on ne pouvoit s'empêcher

---

[1] *Hebr.*, v, 11. — [2] *Jacob.*, 1, 6, etc. — [3] *Hebr.*, xi, 6.

de reconnoître, comme on a fait aussi, la réalité; et que d'ailleurs, en avouant la réalité, comme vous voyez qu'on a fait, il n'est pas moins clair qu'on ne pouvoit révoquer en doute le sacrifice. Aussi voyez-vous ces deux vérités aller ensemble d'un même pas, et passer constamment de siècle en siècle. Après cela je ne doute pas qu'instruit par l'Eglise même dont vous avez vu les prières les plus solennelles si pleines de l'ancien esprit du christianisme, vous n'entendiez plus dévotement la sainte messe, et que vous ne désiriez plus que jamais de participer à la victime qu'on y offre : mais lorsqu'effrayé par les paroles de saint Paul et par la crainte de manger votre jugement, vous n'oserez malgré vos désirs approcher de la sainte table, ce vous sera une sensible consolation de voir du moins ce que vous désirez tant de recevoir, et d'assister à ce pieux et innocent renouvellement de la mort de votre Sauveur. Votre cœur s'écoulera au dedans de vous dans un si doux souvenir; et vous souhaiterez d'offrir à Dieu un sacrifice parfait, en recevant de sa main le même gage de son amour que vous lui aurez offert pour l'apaiser : tous vos doutes, s'il vous en reste, s'évanouiront dans l'exercice de la foi. Vous verrez l'institution des deux espèces nécessaire indépendamment de la réception; vous les verrez distinguées, et néanmoins chacune à part, pleine de la même grace qui abonde dans toutes les deux : vous verrez sur l'autel, en vertu des saintes paroles, le corps comme séparé d'avec le sang ; ainsi lequel des deux que vous preniez, vous le prendrez comme mystiquement séparé de l'autre, et toujours vous annoncerez la mort du Seigneur. Je ne dirai rien davantage sur ces controverses, et je me contenterai de vous marquer en passant la suite de la doctrine dont vous m'avez demandé l'explication.

XXVI. L'adoration de l'Eucharistie. Mauvaise foi des ministres. Mais peut-être que je tarde trop à vous parler de l'adoration. Vos anciens préjugés reviennent; et parce qu'on vous a dit qu'anciennement on n'adoroit pas Jésus-Christ dans l'Eucharistie, vous êtes tenté de croire, ou du moins de soupçonner qu'il n'y étoit pas. Avant que de vous répondre dans les formes, je vous prie de peser un peu en vous-même la mauvaise foi de vos anciens maîtres. Quand il s'agit des luthériens, qui croient Jésus-

Christ présent sans l'adorer, ils les excusent, en répondant que l'adoration de Jésus-Christ ne suit pas toujours sa présence. Je le veux ; mais demeurez ferme, et ne concluez jamais qu'on ne croyoit point la réalité dans l'ancienne Eglise, sous prétexte que vous prétendez qu'on ne pratiquoit pas l'adoration ; autrement on vous dira que vous « avez un poids et un poids, une mesure et une mesure, » puisque vous dites tantôt que l'adoration est la suite de la présence, tantôt qu'elle ne l'est pas.

Mais vous demandez des faits ; en voici de clairs dans la liturgie des Grecs : « Pour les dons offerts, sanctifiés, précieux, surcélestes, ineffables, immaculés, glorieux, redoutables, qui inspirent de la frayeur, divins [1] : » voilà une des exclamations que fait le diacre après la consécration. Nous en verrons bientôt le sujet : mais en attendant, je vous demande si à tous ces attributs des dons consacrés le diacre avoit ajouté qu'ils sont adorables, ne seriez-vous pas content ? Sans doute : mais il dit plus, puisqu'en les nommant redoutables et qui remplissent l'esprit de frayeur, il exprime le plus haut degré d'adoration, et celle qu'on rend à Dieu même : c'est pourquoi d'autres les appellent plus simplement *adorables*; mais en cela ils disent moins, quant à l'expression, que ne disoit la liturgie.

XXVII. Paroles de la liturgie grecque.

Et pour trancher en un mot tout ce qu'il pourroit y avoir de difficulté, vous connoissez le sacrifice des présanctifiés, ainsi appelé, parce qu'aux jours où la tradition de l'église grecque ne permettoit pas qu'on fît la consécration, c'est-à-dire durant tous les jours de jeûne du Carême, on célébroit ce sacrifice avec des oblations déjà consacrées le dimanche précédent. Pendant donc qu'on transportoit à l'autel le sacré corps du lieu où on le réservoit, on prioit en cette sorte : « Nous vous prions, ô Seigneur, qui êtes riche en miséricorde, de nous rendre dignes de recevoir votre Fils unique, le Roi de gloire ; car voilà que son corps sans tache et son sang vivifiant entrent à cette heure, pour être posés sur cette table mystique, environnés invisiblement de la multitude de l'armée céleste [2] ; » puis au moment qu'il avance : « Maintenant les Vertus des cieux adorent invisiblement avec

XXVIII. Adoration dans le sacrifice des présanctifiés, et son antiquité.

[1] *Liturg. Jac.*, p. 17. — [2] *Liturg. Præsanct.*, p. 97.

vous (a); car voilà le Roi de gloire qui entre : » ce qu'on répète par trois fois. Je demande comment on feroit pour mieux marquer l'adoration?

Il n'est pas besoin de prouver par les plus anciens monumens de l'église grecque le sacrifice des Présanctifiés; il suffit, quant à présent, que la description s'en trouve dans la Chronique d'Alexandrie, sous Sergius, patriarche de Constantinople, et sous l'empereur Héraclius, en l'an 615 (b) de Notre-Seigneur; et ce qu'il y a de plus remarquable, que la prière qui commence par *Maintenant*, où l'adoration des hommes et des anges pour l'Eucharistie est si marquée, y soit rapportée tout du long.

Cette Chronique constamment est composée vers ces temps-là, et pendant que la mémoire en étoit récente. Qu'on n'objecte pas que cette prière fut composée par le patriarche Sergius, un des

---

(a) 1re *édit.* : Avec nous.

(b) 'Après le VIe *Avertissement aux protestans*, dans la *Revue de quelques ouvrages précédens*, Bossuet écrit ce titre : *Remarques considérables sur le livre intitulé* : EXPLICATION DE QUELQUES DIFFICULTÉS SUR LES PRIÈRES DE LA MESSE, Bossuet fait observer qu'il faut lire *l'an* 615 au lieu de *l'an* 645, date que portoit la première édition; puis il continue : « Remarquez qu'on rapporte ici un passage très-considérable du sacrifice des Présanctifiés dans l'église grecque, qui est une prière composée par le patriarche Sergius, où l'adoration du corps de Jésus-Christ est manifeste; car à l'endroit où l'on disoit : « Son corps sans tache et son sang vivifiant entrent à cette heure, pour être posés sur cette table mystique, environnés invisiblement de la multitude de l'armée céleste; » ce patriarche ajoutoit : « Maintenant les Vertus des cieux adorent invisiblement avec nous; car voilà le Roi de gloire qui entre. » On ne peut marquer plus clairement, ni la présence de Jésus-Christ dans l'Eucharistie, ni l'adoration que lui rendoient ensemble les hommes et les anges. C'est pourquoi le terme *avec nous*, qui marquoit cette commune adoration étoit fort important, et néanmoins il s'est trouvé omis.

» Il est d'une conséquence extrême de trouver la présence réelle et l'adoration bien établies avant Paschase Radbert, sous qui les protestans ont voulu marquer le commencement de l'une et de l'autre. Or cette prière le prouve aussi démonstrativement qu'il se puisse, puisque Paschase Radbert écrivoit vers la fin du neuvième siècle, et que cette prière se faisoit constamment plus de deux cents ans auparavant. La force de la preuve consiste en ce que cette prière est rapportée tout du long dans une Chronique authentique qui est du temps, et que la date en est fixée à la cinquième année après le consulat d'Héraclius, c'est-à-dire, comme tout le monde en est d'accord, à la cinquième année de son empire, qui étoit la 615e de Notre-Seigneur, au lieu de laquelle l'on avoit mis 645 ; ce qui suffisoit absolument pour la preuve qu'on vouloit faire, mais elle n'en est que plus forte, en lui rendant trente ans entiers d'antiquité que le libraire lui avoit ôtés.

» Il faut encore remarquer que ce n'est pas ici un témoignage particulier, mais le témoignage et la prière de toute l'église orientale et de son patriarche. »

chefs des monothélites; car c'est assez que l'église grecque l'ait reçue alors, deux cents ans devant Paschase Radbert, pour porter un coup mortel au système des protestans. Et d'ailleurs s'est-on jamais avisé de compter l'établissement de cette prière parmi les innovations de ce patriarche? Au contraire l'église grecque qui les a toujours détestées, en continuant, comme elle a fait depuis ce temps-là, de dire cette prière, n'a-t-elle pas montré plus clair que le jour qu'elle la regardoit comme tirée de sa perpétuelle et invariable tradition? En effet ce n'est que l'endroit qui commence par *Maintenant,* qu'on attribue à ce patriarche : mais vous n'avez qu'à relire toute la prière comme nous venons de la rapporter, pour y voir au fond le même sens, la même adoration, la même croyance dans les paroles précédentes qui venoient de l'antiquité; et tout cela n'étoit autre chose que ce qu'avoit dit saint Chrysostome[1], que les anges étoient autour de l'Eucharistie, comme les gardes autour de l'empereur, dans une posture de respect; et jamais le peuple fidèle entendant cela, n'a cru rien entendre de nouveau. C'est pourquoi en condamnant les erreurs que Sergius enseigna dans la suite, on a retenu ce qu'il avoit fait en conformité de la tradition, et on n'est point tombé dans l'excès d'avoir arraché le bon grain en haine de l'ivraie.

Et il est vrai que l'église grecque pousse si loin l'adoration des présanctifiés, que c'est ce qui donne lieu à rendre de grands honneurs aux dons proposés avant même la consécration : car lorsque de la prothèse, c'est-à-dire à peu près de la crédence, on les porte sur l'autel où ils vont être consacrés, l'Eglise pleine de ce qu'ils vont devenir bientôt par son ministère, leur rend déjà par avance des honneurs extraordinaires. Mais si on commence à les révérer à cause qu'ils doivent être le corps et le sang, quelle adoration ne leur doit-on pas depuis qu'ils le sont? Que s'il y en a quelques-uns parmi les Grecs qui portent si loin l'honneur des dons non encore consacrés, que non-seulement ils se prosternent jusqu'à terre devant eux, mais encore qu'ils leur parlent et leur adressent des prières, Cabasilas[2], un des plus solides théologiens de l'église grecque depuis trois à quatre cents ans, et au reste grand ennemi

---

[1] *De Sacerd.,* lib. VI, n. 4. — [2] *Lit. exp.,* cap. XXIV.

des Latins, nous fait voir dans un passage qui est rapporté par le ministre la Roque [1], que cette coutume est venue de l'adoration très-expresse et très-bien fondée des Dons présanctifiés, qui étoient déjà le vrai corps et le vrai sang du Sauveur. Combien donc sont-ils adorables, si on adore même ce qui leur ressemble !

XXIX. Prières adressées à Jésus-Christ présent dans l'Eucharistie.

Si maintenant, à l'occasion des paroles de Cabasilas, qui dit qu'on parle aux Dons sacrés, vous désirez de savoir quelles paroles on leur adresse dans la liturgie, les voici, quand on est prêt de communier : « Je crois, ô Seigneur, que vous êtes le Christ Fils du Dieu vivant [2]. » Et encore : « Je ne vous donnerai pas un baiser de traître, comme Judas. » Et encore : « Je ne suis pas digne que vous entriez sous le sale toit de mon ame : mais comme vous êtes entré dans l'étable et dans la crèche des animaux, ne dédaignez pas d'entrer dans la crèche de mon ame privée de raison et de mon corps souillé ; de moi, dis-je, qui suis un mort et un lépreux. N'ayez point d'horreur de moi, puisque vous n'en avez point eu de la prostituée qui baisoit vos pieds avec une bouche impure : » toutes choses qui marquent si évidemment un attouchement et une présence réelle, qu'il ne faut plus raisonner avec celui qui ne le sent pas.

Un ministre croit pourtant bien raffiner en disant que c'est à Jésus-Christ qu'on parle, et non pas au sacrement, puisque le sacrement n'entre pas dans l'ame [3]. Qui lui dit que c'est au sacrement qu'on parle, ou le sacrement qu'on prie ? On lui dit que c'est Jésus-Christ, mais Jésus-Christ comme présent dans le sacrement ; car le fidèle venoit de dire au prêtre : « Donnez-moi le précieux et saint corps de Jésus-Christ. » Le prêtre avoit répondu : « Je vous donne le corps précieux, saint et immaculé de Jésus-Christ. » Et sur cela le fidèle s'adressant, non plus au prêtre, mais à Jésus-Christ qu'on lui donne : « Je crois, dit-il, que vous êtes le Christ. » Après il ne parle plus que des lieux et des personnes que Jésus-Christ a honorés de sa présence et par son attouchement corporel. Tout ce qu'il craint, c'est de le toucher, et de le baiser comme un Judas, qui ne l'en toucha pas moins, quoique le baiser qu'il lui

[1] *Hist. de l'Eucharistie.* — [2] *Lit. Chrys.*, p. 84. — [3] La Roq., *Hist. de l'Euchar.*, p. 339.

donna fût un baiser de traître. Pour éviter ce malheur, il le prie d'entrer dans son ame comme dans son corps, parce qu'étant Dieu et Homme, il entre en son ame comme Dieu, et dans son corps comme un Homme revêtu d'un corps, afin que lui étant uni corps à corps et esprit à esprit, il consomme ce mariage céleste qui nous a été tant de fois annoncé dans les Ecritures, et ne soit qu'un même corps et un même esprit avec lui ; et on croira qu'on parle ainsi à un absent qui tient son corps renfermé dans le ciel, et qui ne le communique que par la pensée, ou tout au plus par sa vertu !

Ce qui suit n'est pas moins fort : « O Dieu, sauvez-moi, afin que je reçoive sans condamnation le corps précieux et sans tache de Jésus-Christ votre Fils, pour le remède de mon ame et de mon corps : » où ce que le pécheur appréhende, n'est pas de le chasser du mystère, ou d'empêcher qu'il n'y soit, mais uniquement de l'y profaner, de l'y recevoir pour sa perte ; car il sait bien qu'il y est toujours, et même pour les plus indignes, puisque notre infidélité n'anéantit pas sa parole ni ses dons. C'est là aussi ce qu'il considère comme le comble de son crime, de ce qu'il le baise comme Judas et le trahit tout ensemble.

On trouve de semblables prières adressées à Jésus-Christ dans toutes les liturgies des Orientaux, syriennes, arabiques, égyptiennes ou cophtes ; ce qu'on ne peut plus nier sans une extrême impudence, après tant de manuscrits très-anciens et très-authentiques qu'on en a, dont M. l'abbé Renaudot, qui possède toutes ces langues et a vu tous ces manuscrits, quelque jour nous fera voir encore mieux le sens et l'esprit.

Mais quand nous n'aurions point toutes ces prières, dès qu'on dit que l'Eucharistie est en effet le corps et le sang, n'y a-t-il pas un acte de foi attaché à Jésus-Christ présent ? un acte d'espérance, en mettant dans cette présence le fondement et le gage de la future félicité ? un acte de charité, en désirant de s'unir corps à corps, aussi bien qu'esprit à esprit à son Sauveur ? Qu'on est grossier, si on n'entend pas que c'est là la véritable adoration en esprit et en vérité, et que cette adoration est inséparable de la foi de la présence réelle !

<small>xxx. L'adoration est inséparable de la foi de la réalité.</small>

Les ministres demandent curieusement, quand est-ce qu'on a commencé l'élévation solennelle, qu'on fait à présent pour adorer Jésus-Christ incontinent après la consécration. Mais qu'importe au fond qu'on ait élevé ou qu'on n'ait pas élevé, si cependant on disoit, en marquant le corps de Jésus-Christ par un signe de croix : « Voilà l'Agneau de Dieu, le Fils du Père [1], » et en jetant une parcelle de ce sacré corps dans le calice : « C'est ici la sainte parcelle de Jésus-Christ, pleine de la grace et de la vérité du Père et du Saint-Esprit; » et en divisant le reste du pain consacré pour le distribuer au peuple : « Goûtez, et voyez combien le Seigneur est doux, qui partagé comme par membres, n'est pas divisé, et qui donné à tous, n'est pas consumé. » Peut-on le montrer d'une manière plus efficace et plus éclatante?

Et pour venir à l'Eglise latine, lorsqu'au rapport de saint Ambroise, après avoir prié solennellement que le pain fût changé au corps, après avoir tant de fois déclaré qu'on l'offre, et enfin en avoir parlé en tant de manières, on le montroit au fidèle qui alloit le recevoir, en lui disant : « C'est le corps de Jésus-Christ; » et que le fidèle répondoit : *Amen*, c'est-à-dire : *Cela est vrai* : que veut-on que signifie son *Amen*, si ce n'est un consentement à la vérité qu'on venoit de lui proposer, en disant : « C'est le corps de Jésus-Christ? » Que si ce n'en étoit qu'une figure, comme l'eau est la figure du sang du Sauveur qui nous lave dans le baptême avec une vertu semblable à celle qui opère dans ce sacrement, on eût pu y exiger une profession de foi semblable à celle qu'on faisoit en recevant l'Eucharistie : mais on n'y songeoit seulement pas, ni on ne disoit au fidèle, en lui montrant l'eau dont il alloit être lavé, que c'étoit le sang du Fils de Dieu. Mais peut-être qu'on vouloit dire, en lui disant : « C'est ici le corps du Sauveur, » qu'il le recevroit par la foi; non, on lui dit ce que c'est; on ne lui fait pas confesser ce qui s'alloit passer dans son intérieur, mais ce qu'il avoit déjà présent, et ce qui étoit tout fait et tout accompli dans l'objet qu'on lui mettoit devant les yeux. N'étoit-ce pas un acte de foi attaché à Jésus-Christ présent? Et que sembloit faire l'Eglise lorsqu'elle exigeoit cet *Amen* : *Cela est vrai*, sinon de

[1] *Lit. Jac.*, XX.

leur dire avec saint Ambroise : « Ce que vous confessez de bouche, que votre esprit le confesse au dedans ; ce que la parole énonce, que l'affection le ressente¹ ; » ou, comme disoit saint Léon : « La même chose qu'on croit par la foi, est celle qu'on prend par la bouche ; et c'est en vain qu'on répond : *Amen*, si on dispute dans son cœur contre ce qu'on déclare qu'on reçoit². » Confesser Jésus-Christ de cette sorte, qu'est-ce autre chose que de l'adorer ? Et saint Pierre l'adora-t-il davantage, lorsqu'il dit : « Vous êtes le Christ Fils de Dieu vivant³ ? »

Mais vous voulez voir, dites-vous, une adoration dans les formes, c'est-à-dire une adoration bien marquée à l'extérieur ; car elle ne devoit pas être déniée à Jésus-Christ. Pourquoi me la demandez-vous ? Les ministres vous l'ont marquée par des faits constans, comme vous la demandez. Aubertin et la Roque ont rapporté entre autres passages celui de Théodoret, où il est porté qu'on « adore les sacrés symboles, » non pas comme des symboles, mais comme « étant ce qu'ils ont cru être⁴ ; » c'est-à-dire le corps et le sang de Jésus-Christ ; et celui de saint Cyrille de Jérusalem, où il avertit le fidèle de quelle sorte, et avec quel respect il doit tendre « la main sur laquelle il doit recevoir le Roi⁵ ; » quelle précaution il doit apporter à ne laisser pas tomber à terre la moindre parcelle du don précieux ; car « c'est de même, lui dit-il, que si vous vous laissiez arracher un de vos membres ; » comment enfin il doit « s'incliner devant le sacré calice en forme d'adoration. »

XXXI. L'adoration extérieure avouée par les ministres dans l'Eglise grecque.

Aubertin subtilise ici sur les diverses adorations qu'il est obligé d'avouer contre les maximes de sa secte, les unes du premier ordre, et les autres du second ; et il avoue qu'on en rendoit une à l'Eucharistie, mais du second rang⁶. Tous les ministres le suivent d'un commun accord. Remarquez donc le fait avoué et constant, qu'en effet il n'y avoit pas moyen de nier après les paroles si expresses des saints Pères. Les ministres distinguent encore curieusement les marques d'honneur, ou par le prosternement, ou

¹ *De iis qui init.*, cap. IX. — ² Serm. LXXXIX, chap. III. — ³ *Matth.*, XVI, 16. — ⁴ Alb., lib. II, p. 432, 803, 822 ; La Roq., *Hist. de l'Euch.*, III part., chap. IV, etc.; Theod., *Dial.* II. — ⁵ Cyril., *Cat. Mystag.*, V, suprà. — ⁶ Alb. la Roq., *ibid.*

par la génuflexion, ou par une simple inclination du corps ; et ils prétendent que cette dernière, qu'on rendoit à l'Eucharistie, n'étoit pas la plus grande, ni par conséquent la souveraine. Voilà les derniers efforts pour éluder l'adoration de l'Eucharistie : mais quelle grossière imagination de distinguer la nature de l'adoration par la simple posture du corps ! Le prosternement, dit-on, est la plus grande. Eh ! peut-on nier qu'on ne se soit prosterné devant Dieu, devant ses anges, devant ses prophètes, devant l'arche où il reposoit, devant les rois et devant tous ceux qui portoient le caractère de sa puissance ? Qu'on me distingue par la posture du corps ces diverses adorations. J'avoue que saint Cyrille ne parle ici que d'une adoration par la seule inclination du corps ; car il parle du moment de la réception, qui n'eût pas été compatible avec le prosternement, quoiqu'il pût avoir précédé, comme en effet on le verra par d'autres passages : mais sans ici nous y arrêter et sans en avoir besoin, j'avoue sans difficulté qu'au moment de la réception on étoit debout, et dans la même posture où tous les fidèles, excepté les pénitens, adoroient Dieu dans la prière publique. Alors donc on rendoit son adoration en s'inclinant seulement : mais aussi n'est-ce pas précisément par la posture du corps qu'on reconnoît la nature de l'adoration : c'est par l'intention et les circonstances ; et ici on marquoit l'adoration souveraine en disant, comme on vient de voir par des passages exprès, qu'on adoroit ce qu'on recevoit, « comme étant le Roi, » le Souverain même, comme étant « ce qu'on en croyoit, » c'est-à-dire son corps et son sang, la chose du monde la plus adorable à cause de son union avec le Verbe.

XXXII. *Passages célèbres de saint Ambroise et de saint Augustin.* De même, pour venir aussi à l'Eglise d'Occident, quand saint Ambroise et saint Augustin embarrassés d'un endroit des Psaumes [1], qui sembloit porter à adorer l'escabeau des pieds du Seigneur, c'étoit à dire la terre, comme ils l'entendoient, s'en démêlent en disant que cette terre qu'il faut adorer étoit la chair de Jésus-Christ. « Que personne ne mange, dit saint Augustin, qu'il ne l'ait premièrement adorée : que les apôtres avoient

[1] *Psal.* XCVIII, 5 ; Ambr., *de Spir. S.*, lib. III, cap. II, n. 79 ; Aug., tract. *in Psal.* XCVIII, n. 9.

adorée, dit saint Ambroise, et qu'on adoroit encore aujourd'hui dans les mystères : » ils parloient sans doute de l'adoration souveraine, puisqu'ils parloient de celle que les apôtres rendoient à Jésus-Christ présent, et de celle qu'on ne pouvoit rendre à aucune créature, mais seulement à celui qui a créé le ciel et la terre ; on rendoit donc dans l'Eucharistie à la chair de Jésus-Christ comme présente, une adoration souveraine.

Non, dit-on, cette adoration étoit adressée à la chair de Jésus-Christ dans sa gloire. Mais qui ne voit au contraire qu'il s'agit ici d'une adoration extérieure qu'on rendoit à un objet déterminé et présent ? Car c'est pour cela que saint Ambroise remarque que les apôtres avoient adoré Jésus-Christ « pendant qu'il étoit sur la terre ; » et qu'il dit qu'encore aujourd'hui « on l'adore dans l'Eucharistie, » pour montrer qu'il y faut trouver, comme du temps des apôtres, une adoration envers Jésus-Christ présent.

Saint Augustin a quelque chose encore de plus exprès ; et quoique vous ayez lu cent fois ce passage, trouvez bon, je vous en conjure, que je vous en représente encore une fois les paroles essentielles, pour vous faire mieux observer les chicanes de vos anciens pasteurs. « David a dit : *Adorez l'escabeau des pieds du Seigneur :* il a dit que la terre étoit l'escabeau des pieds du Seigneur. » C'est par où saint Augustin commence : puis il ajoute que cette terre qu'il faut adorer comme l'escabeau des pieds du Seigneur, c'est la chair unie au Verbe : « Que nul ne mange, dit-il, sans l'avoir premièrement adorée. » Ne voyez-vous pas qu'il nous parle de la marque sensible du culte que tout le monde est d'accord qu'on rendoit à l'Eucharistie en la recevant ? Autrement il n'avoit que faire de parler ici des mystères, ni de la manducation de la chair de Jésus-Christ ; car ce n'étoit pas seulement à cette occasion que les fidèles reconnoissoient la Majesté souveraine de Jésus-Christ dans sa gloire ; mais parce qu'en prenant la chair du même Sauveur, on lui rendoit un honneur visible, et un honneur qui se terminoit à un objet présent : c'est avec beaucoup de raison que saint Augustin fait ressouvenir ses auditeurs de cette pratique ordinaire, pour leur y faire observer une marque sensible de culte, une adoration spéciale et spécialement terminée à la chair de Jésus-Christ; et c'est pourquoi il ajoute : « Quand donc vous vous inclinez et vous prosternez » (voilà en passant le prosternement qu'Aubertin nous demandoit; mais ce n'est pas là maintenant ce que je veux vous faire observer). Disons donc : « Quand vous vous inclinez et vous prosternez devant quelque terre que ce soit, » *Ad quamlibet terram*, devant quelque portion que ce soit de la sainte Eucharistie, où cette chair, qui est terre, vous est présentée; ou, comme ce ministre veut qu'on le traduise, car cela m'est indifférent : « Quand vous vous inclinez et vous prosternez devant cette chair, quoyqu'elle soit de la terre, ne la regardez pas comme de la terre, mais regardez-y le Saint dont elle est l'escabeau, » c'est-à-dire le Fils de Dieu; « car c'est pour l'amour de luy que vous l'adorez. » Vous voyez donc clairement qu'en communiant on s'inclinoit, et on se prosternoit devant quelque chose. Ce n'étoit pas indéfiniment par une inclination ou prostration, aussi bonne d'un côté que d'un autre, comme seroit celle qu'on adresseroit à Jésus-Christ dans sa gloire, où personne ne le voyoit; c'étoit déterminément devant quelque chose qu'on vous présentoit; devant quelque chose qu'on alloit manger; devant quelque chose qu'il falloit nécessairement adorer avant que de le recevoir, et l'adorer comme le Saint des saints, c'est-à-dire comme Dieu même qui y résidoit, et par conséquent par un culte souverain. C'est par cette pratique ordinaire, c'est par ce culte marqué que saint Augustin établit qu'on pouvoit adorer la terre, non par une adoration du second ordre, comme on adore une image ou une relique, ainsi que le prétend Aubertin, mais comme on adore la vérité même.

XXXIII. Adoration dans l'*Ordre romain* et dans les anciens Sacramentaires. Vous devez être content sur l'adoration; et quand on vous dira après cela qu'elle ne paroit ni dans l'*Ordre romain*, ni dans les vieux *Sacramentaires*, vous conclurez, non qu'il n'y en eût point dans la célébration de l'Eucharistie, puisqu'il est constant par tant d'endroits, et même avoué par les ministres, qu'il y en avoit une très-expresse; mais qu'on n'avoit pas besoin de marquer une chose si commune et dont le peuple étoit si bien instruit par les sermons, par les catéchismes et par la pratique même; ce qui en passant peut servir de preuve que les choses les plus reçues et les plus constantes, surtout celles de pratique, ne se trouvent pas toujours dans les endroits où l'on s'imagineroit qu'elles devroient être le mieux exprimées.

Mais encore que rien n'obligeât d'énoncer dans l'*Ordre romain* une pratique aussi connue que celle dont il s'agit, quand néanmoins il y a eu quelque raison particulière de la marquer, on ne l'a pas oubliée. Par exemple, lorsque le pontife alloit célébrer, comme en approchant de l'autel il devoit marquer son respect à l'Eucharistie qui étoit posée dessus, il est expressément porté dans l'ancien *Ordre romain* « qu'en inclinant sa tête vers l'autel, il y adore la sainte (c'est-à-dire, visiblement l'hostie déjà consacrée, comme elle est appelée partout); et demeure toujours incliné jusqu'au verset prophétal [1], » c'est-à-dire jusqu'au verset du psaume qu'on devoit chanter, comme la suite le montre. Et encore en un autre endroit : « Les acolytes présentent la boîte couverte avec la sainte, et le sous-diacre la tenant ouverte, montre la sainte au pontife ou au diacre qui le précède : Alors, dit-on, le pontife ou le diacre inclinant la tête salue la sainte [2]; » ce qu'on ne pratique point lorsqu'on présente au pontife « sur la patène les oblations qui n'ont encore été immolées [3], » c'est-à-dire consacrées *par personne;* car à celles-là on ne leur rend aucun culte; et voilà manifestement dans l'*Ordre romain* l'oblation déjà immolée, qu'on appeloit autrement *formée et consacrée* [4]; la voilà, dis-je, réservée (pour quelle fin? ce n'est pas de quoi il s'agit ici), et en même temps adorée avec distinction de celles qui n'étoient pas encore consacrées.

Au reste il ne faut nullement douter de l'antiquité de ces *Ordres* ou livres *Rituels romains;* tant à cause de la vénérable antiquité des volumes où on les trouve, qu'à cause aussi des circonstances du temps et du témoignage d'Amalarius qui les rapporte, comme étant alors, c'est-à-dire au commencement du neuvième siècle, dans un usage constant, ancien et reçu.

On a encore une preuve expresse d'adoration dans un de ces

---

[1] *Ord. Rom.*, tom. X, *Bib. PP.*, p. 2, et ap. Mabil.; *Ord.* I *Rom.*, p. 8; *Ord.* II, p. 43 : *Eucolog. Amalar.*, p. 551, etc. — [2] *Ibid.*, 13. — [3] *Ord. Rom.*, tom. X, *Bib. PP.*, p. 9. — [4] *Ibid.*, p. 115.

vieux *Sacramentaires*, où vos docteurs vous disoient qu'il n'y en avoit point, puisque la sainte oblation y est appelée *le sacrifice adorable qu'on offre pour la rémission des péchés* [1]. Qu'on me dise quelle autre victime on pourroit offrir pour la rémission des péchés, si ce n'étoit Jésus-Christ même? Et cela étant, y avoit-il rien de plus naturel que de nommer ce sacrifice adorable? Ces petits mots qui se disent naturellement sont la preuve la plus concluante d'une vérité dont on est plein, qu'on ne cherche point à dire, mais qui vient d'elle-même dans la prière.

XXXIV. L'endroit précis de l'adoration dans l'ancienne Eglise.
S'inquiéter maintenant pourquoi on a fait l'élévation dans l'antiquité; si ç'a été pour marquer l'exaltation du corps de Notre-Seigneur à la croix, comme le disent les uns, ou en signe d'oblation, comme le veulent les autres, ou pour exciter le peuple à l'adoration, comme on le fait à présent dans l'élévation aussitôt qu'on a consacré; et si cette élévation, ou les génuflexions qu'on fait à présent ont toujours été pratiquées, ou depuis quand on a reçu l'Eucharistie à genoux : c'est se tourmenter en vain. Il suffit que l'Orient et l'Occident, et toute l'Eglise universelle aient constamment adoré Jésus-Christ comme présent dans l'Eucharistie, d'une adoration souveraine, en quelque endroit de la messe que ç'ait été. Pour moi, je croirai facilement que durant l'action du sacrifice, l'adoration extérieure qu'on rendoit à Jésus-Christ se confondoit avec celle qu'on rendoit à Dieu par Jésus-Christ même : de sorte qu'on ne se mettoit non plus à genoux devant Jésus-Christ qu'on avoit fait devant le Père éternel dans toute l'action du sacrifice; mais quand il falloit faire quelque action particulière envers le corps de Jésus-Christ, comme lorsqu'on le portoit de la prothèse à l'autel dans le sacrifice des Présanctifiés, ou quand on s'approchoit pour le recevoir : alors l'adoration étoit si marquée, qu'il n'y avoit point à douter du sentiment de l'Eglise pour cette adorable victime. Tout le reste qu'on pourroit avoir ajouté selon la perpétuelle coutume de l'Eglise, pour établir davantage la vérité de la présence quand elle a été contestée, n'est que l'effet ordinaire de la vigilance des pasteurs, qui lorsque quelque dogme a été combattu ou obscurci, n'ont jamais manqué de l'inculquer

[1] *Miss. Gall. vet. Miss.*, 39; Mabil., *de Lit. Gall.*, p. 377; Thom., p. 491.

par quelque chose de si marqué et de si fort, qu'il fût capable de confondre les plus rebelles et de réveiller les plus endormis.

En tout cela on n'invente rien. Par exemple, dans cette occasion on n'adore pas de nouveau, puisqu'on a toujours adoré, comme on vient de voir; mais on rend l'adoration, ou plus sensible, ou plus fréquente; et si après tout cela on demande où l'on a pris cette adoration, qu'on le demande à l'ancienne Eglise où on la voit si constante.

Pour l'Ecriture, il n'y a rien de plus insensé que de nous demander d'autres passages, pour l'adoration, que ceux où il est porté que Jésus-Christ est le Fils de Dieu, et une personne adorable du culte suprême. Et de trouver si étrange qu'on n'ait pas marqué dans les évangiles l'adoration des apôtres envers Jésus-Christ caché dans l'Eucharistie, pendant qu'il n'en paroît pas davantage pour Jésus-Christ visible au milieu d'eux, vous avez avoué souvent que c'est la chose du monde la plus ridicule.

XXXV. Conclusion de la matière de l'adoration. Passage du saint Jérôme sur les vaisseaux sacrés.

Enfin puisqu'il est constant que la foi en Jésus-Christ comme présent emporte la véritable et parfaite adoration, qui est l'intérieure, disputer pour l'extérieure qui en est le signe, c'est trop ignorer ce que c'est que d'adorer; et c'est pourquoi toute l'Eglise en Orient et en Occident, dès les siècles les plus purs, a cru trouver dans la présence réelle un fondement légitime d'adoration, non-seulement pour tous les hommes, mais encore, comme on a vu, pour tous les anges : ce qu'elle a même porté si loin, qu'elle a étendu sa vénération jusqu'aux vaisseaux sacrés qui servent au ministère de l'Eucharistie. Je ne puis ici m'empêcher de vous rapporter un passage où saint Jérôme, un si grand docteur, loue Théophile d'Alexandrie de ce qu'il avoit soutenu contre Origène que les choses inanimées étoient capables de sanctification : « Afin, dit-il, que les ignorans apprennent avec quelle vénération il faut recevoir les choses saintes, et servir au ministère de l'autel de Jésus-Christ; et qu'ils sachent que les calices sacrés, les saints voiles et les autres choses qui appartiennent au culte de la passion de Notre-Seigneur, ne sont pas sans sainteté comme choses vides et sans sentiment; mais que par leur union avec le corps et le sang de Jésus-Christ elles doivent être adorées avec une pareille majesté que le Seigneur même [1]. » Ce ne lui est pas assez de dire que ces vaisseaux sont saints et sacrés, et méritent une singulière vénération : il ajoute que l'honneur qu'ils ont d'être unis au corps et au sang de Jésus-Christ par un contact si réel, y laisse une impression si grande et si vive de la majesté du Seigneur, qu'elle les rend dignes d'une pareille adoration; ce qui sans doute ne seroit pas, si ce corps et ce sang qu'ils touchent étoient autre chose que le Seigneur même. Car c'est à la source même et à l'objet primitif de l'adoration qu'il faut être immédiatement uni, pour être ainsi associé au même culte; et c'est pourquoi saint Jérôme regardant le sacré calice, la patène, le voile sacré où l'on enveloppe le corps de Jésus-Christ comme sanctifiés par ce contact; y voit une extension de la majesté de Jésus-Christ, qui leur attire une extension du même culte, comme l'honneur qu'on rend aux rois s'étend jusqu'aux lieux où ils habitent, et jusqu'à la chaire où on a coutume de les voir assis. En effet il n'y a personne parmi nous, tant soit peu touché des sentimens de piété, qui à la vue du sacré calice, de la patène et des linges où il voit tous les jours Jésus-Christ posé, ne se souvienne à quoi ils servent et à quoi ils touchent, et ne soit porté par ce souvenir à faire paroître quelque marque et comme une effusion du respect qu'il sent pour Jésus-Christ. Les Pères, avec qui la foi de la présence réelle nous est commune, ont senti le même respect; et les protestans, qui ont éteint cette foi, ne sentent rien.

XXXVI. *Principe pour expliquer le reste des difficultés proposées au commencement. L'Église s'offre elle-même dans son sacrifice.*

Il reste maintenant à vous expliquer les prières de la liturgie, qu'on vous a fait croire indignes d'une oblation qui seroit Jésus-Christ même. Mais il n'y aura plus de difficulté, si vous songez seulement que l'Eglise qui offre le pain et le vin pour en faire le corps et le sang, et qui ensuite offre encore ce corps et ce sang après qu'ils sont consacrés, ne le fait que pour accomplir une troisième oblation, par laquelle elle s'offre elle-même, comme je vous l'ai déjà dit [2].

Le prêtre commence le premier, et à l'exemple de Jésus-Christ, qui a été tout ensemble le Sacrificateur et la Victime, il s'offre

---

[1] *Epist.* Hier. *ad Theoph.* ante ejusdem Theoph.; I *Epist. Pasch.*, nunc ep. LXXXVIII. — [2] Ci-dessus, n. 3.

lui-même avec son oblation : c'est ce que signifie la cérémonie
d'étendre les mains sur les dons sacrés, comme on fait un peu
avant la consécration. Autrefois dans l'ancienne loi on mettoit la
main sur la victime[1], en signe qu'on s'y unissoit et qu'on se dévouoit à Dieu avec elle : c'est ce que témoigne le prêtre en mettant
ses mains sur les dons qu'il va consacrer.

Tout le peuple pour qui il agit entre dans son sentiment, et le
prêtre dit alors au nom de tous : « Nous vous prions, Seigneur,
de recevoir cette oblation de notre servitude et de toute votre famille ; » où nous apprenons, non-seulement à offrir avec le prêtre
les dons proposés, mais encore à nous offrir nous-mêmes avec
eux.

L'Eglise explique encore cette oblation par ces paroles : « Nous
vous prions, ô Seigneur, qu'en recevant cette oblation spirituelle,
vous nous fassiez devenir nous-mêmes un présent éternel qui
vous soit offert : *nosmetipsos tibi perfice munus æternum*[2] : » ce
que l'Eglise répète souvent en d'autres paroles ; et c'est aussi la
doctrine de saint Augustin en plusieurs endroits[3], lorsqu'il enseigne que l'Eglise apprend tous les jours à s'offrir elle-même à
Dieu dans le sacrifice qu'elle lui offre.

L'ancienne cérémonie, où chacun portoit lui-même son oblation, c'est-à-dire son pain et son vin, pour être offerts à l'autel,
confirme cette vérité. Car outre qu'offrir à Dieu le pain et le vin
dont notre vie est soutenue, c'est la lui offrir elle-même comme
chose qu'on tient de lui et qu'on lui veut rendre ; les saints Pères
ont remarqué dans le pain et dans le vin un composé de plusieurs
grains de blé réduits en un, et de la liqueur de plusieurs raisins
fondus ensemble ; et ils ont regardé ce composé comme une figure
de tous les fidèles réduits en un seul corps pour s'offrir à Dieu en
unité d'esprit : ce qui a fait dire à saint Augustin que toute la
cité rachetée étoit le sacrifice éternel de la Trinité sainte.

Lorsqu'on portoit ainsi son pain et son vin, chacun portoit
aussi avec ses dons, ses vœux et ses besoins particuliers pour
être offerts à Dieu avec eux : et l'Eglise accompagnoit cette obla-

---

[1] *Levit.*, I, 4 : III et VIII, 14, 15, etc. — [2] *Dom.* II *post Pentec.* — [3] *De Civit.*,
lib. X, cap. XIX, XX.

tion par cette prière : « Soyez propice, ô Seigneur, à nos prières, et recevez d'un œil favorable ces oblations de vos serviteurs et de vos servantes, afin que ce que chacun vous a offert en l'honneur de votre nom, profite à tous pour leur salut; par Jésus-Christ Notre-Seigneur [1]. »

Quoique cette cérémonie, d'offrir en particulier son pain et son vin, ne subsiste plus, le fond en est immuable; et nous devons entendre que ce sacrifice doit en effet être offert par tous les fidèles à l'autel, puisque c'est toujours pour eux tous que le prêtre y assiste.

Mais lorsque les dons sont consacrés, et qu'on offre actuellement à Dieu le corps présent du Sauveur, c'est une nouvelle raison de lui offrir de nouveau l'Eglise, qui est son corps en un autre sens, et les fidèles qui en sont les membres. Il sort du corps naturel de notre Sauveur une impression d'unité pour assembler et réduire en un tout le corps mystique; et on accomplit le mystère du corps de Jésus-Christ, quand on unit tous ses membres pour s'offrir en lui et avec lui.

Ainsi l'Eglise fait elle-même une partie de son sacrifice : de sorte que ce sacrifice n'aura jamais sa perfection toute entière qu'il ne soit offert par des saints.

XXXVII. Comment on demande à Dieu d'avoir notre oblation pour agréable.

Voilà une claire résolution de toute la difficulté, s'il y en avoit; car il y a dans ce sacrifice Jésus-Christ qui est offert, et il y a l'homme qui l'offre : le sacrifice est toujours agréable du côté de Jésus-Christ qui est offert; il pourroit ne l'être pas toujours du côté de l'homme qui l'offre, puisqu'il ne peut l'offrir dignement qu'il ne soit lui-même assez pur pour être offert avec lui, comme on a vu. Quelle merveille y a-t-il donc que l'Eglise demande à Dieu qu'il rende notre sacrifice agréable en tout, et autant à proportion du côté des fidèles qui le présentent que du côté de Jésus-Christ qui est présenté?

C'est visiblement le sens de cette prière : « Nous vous offrons, ô Seigneur, le pain de vie et le calice de salut que nous vous prions de regarder d'un œil propice, et les recevoir comme vous avez reçu les présens de votre serviteur le juste Abel, et le sacri-

[1] *Dom. v post Pentec.*

fice de notre père Abraham, et le saint sacrifice, l'hostie sans tache que vous a offerte Melchisédech votre souverain sacrificateur[1]. » Où il est clair qu'on veut comparer, non pas le don avec le don, puisque constamment l'Eucharistie, en quelque manière qu'on la puisse prendre, est bien au-dessus des sacrifices anciens, mais les personnes avec les personnes ; et c'est pourquoi on ne nomme que les plus saints de tous les hommes : Abel le premier des justes, Abraham le père commun de tous les croyans ; et on réserve en dernier lieu Melchisédech qui étoit au-dessus de lui, puisque lui-même il lui a offert la dîme de ses dépouilles, et en a reçu en même temps, avec le pain et le vin, les prémices du sacrifice de l'Eucharistie.

Et pour mieux entendre ceci, il faut savoir que l'esprit de ce sacrifice est qu'ayant Jésus-Christ présent, nous le chargions de nos vœux ; ce que saint Cyrille nous a déjà dit par ces paroles : « Nous faisons à Dieu toutes nos demandes sur cette hostie propitiatoire[2] ; » et c'est aussi ce que l'Eglise exprime par cette Secrète à Pâque, et aux jours suivans : « O Seigneur, recevez les prières de votre peuple avec l'oblation de ces hosties ; » c'est ce qu'on répète sans cesse ; et on a raison de demander que comme les dons sont agréables, les prières qu'on offre avec eux et pour ainsi dire sur eux, le soient aussi, comme l'étoient celles d'Abel et des autres Saints qui ont levé à Dieu des mains innocentes, et lui ont offert leurs dons avec une conscience pure.

Car la perfection de ce sacrifice n'est pas seulement que nous offrions et recevions des choses saintes, mais encore que nous qui les offrons et qui y participons, soyons saints. De là cette célèbre proclamation avant la réception des mystères : « Les choses saintes sont pour les saints. » Selon la coutume de l'Eglise, on n'admettoit à les recevoir que ceux qui étoient admis à les offrir, c'est-à-dire ceux dont la charité venoit, comme dit saint Paul, « d'un cœur pur, d'une bonne conscience et d'une foi qui ne fût pas feinte[3]. »

Dans cet esprit on se joignoit avec les saints anges, d'autant plus qu'on savoit très-bien qu'ils présentoient nos prières à Dieu

XXXVIII.
Pourquoi on emploie

[1] *Can. Miss.* — [2] *Cat. Mystag.* V, ubi sup. — [3] *1 Timoth.*, I, 5.

dans l'oblation le ministère des anges. sur l'autel, qui représentoit Jésus-Christ, comme on le voit manifestement dans l'*Apocalypse* [1].

Vos anciens ministres qui éludent tout, et jusqu'aux passages les plus clairs, veulent que l'ange qui présente à Dieu les prières des saints soit Jésus-Christ même, qui souvent, disent-ils, est appelé *ange*. Mais visiblement c'est tout brouiller; et pour ne point ici parler des autres endroits de l'Ecriture, jamais dans l'*Apocalypse* Jésus-Christ n'est appelé de ce nom. Partout où il y paroît, il y porte un caractère de Majesté souveraine, avec le nom de Roi des rois, et de Seigneur des seigneurs. Mais l'ange qui paroît ici pour présenter les prières, est de même nature que les autres que saint Jean fait agir partout dans ce divin Livre, de même nature que les sept anges dont il parle dans ce même endroit, dans le même chapitre VIII où il est parlé de l'ange de la prière, qui aussi pour cette raison est appelé simplement *un autre ange*, un ange comme les autres, et qui n'a rien de plus relevé.

Voilà, Monsieur, quel est l'ange qui offre à Dieu nos prières sur l'autel céleste. De là venoit la tradition constante de toute l'Eglise qui reconnoissoit un ange qui présidoit à l'oraison et à l'oblation sacrée, comme on le voit dans les Pères les plus anciens [2]. Quand on dit qu'un ange y présidoit et présentoit nos oraisons, il faut entendre que tous les saints anges se joignoient à lui en unité d'esprit; et parce que l'esprit de ce sacrifice est d'unir à Dieu toutes les créatures, et surtout les plus saintes, pour lui rendre en commun la reconnoissance de leur servitude, il ne faut pas s'étonner si on prioit les saints anges d'y intervenir.

On s'étoit déjà joint avec eux dès le commencement du sacrifice, lorsqu'on avoit chanté l'hymne séraphique, c'est-à-dire le trois fois saint, et qu'on avoit dit dans la préface : « Il est juste, ô Père éternel, que nous vous bénissions par Jésus-Christ Notre-Seigneur, par qui les anges louent votre sainte Majesté, les dominations l'adorent, les puissances la redoutent avec tremblement. Parmi lesquels nous vous conjurons que vous nous commandiez de mêler nos voix, en disant de tout notre cœur : *Saint, saint, saint!* »

[1] *Apoc.*, VIII, 3. — [2] Tert., *de Orat.*, sub fin.; Origen., *cont. Cels.*, lib. VIII, n. 36.

La suite de cette prière demandoit qu'après nous être joints avec les saints anges, nous désirassions de les joindre avec nous dans nos oblations, ne doutant point qu'elles ne fussent d'autant plus agréables, qu'elles seroient encore offertes par leurs mains; et c'est le sens de cette prière : « Nous vous conjurons, ô Dieu tout-puissant : commandez que ces choses soient portées par votre saint ange à votre autel sublime, afin que nous tous qui recevrons de la participation de cet autel le sacré corps et le sacré sang de votre Fils, nous soyons remplis de toute grace et de toute bénédiction spirituelle, par le même Jésus-Christ Notre-Seigneur. »

Porter jusqu'à Dieu nos oblations, les élever jusqu'au ciel où il les reçoive, ou les faire parvenir jusqu'à son trône, c'est dans le langage commun de l'Ecriture les lui présenter de telle sorte, et avec une conscience si pure, qu'elles lui soient agréables. Cette façon de parler est tirée du rit des anciens sacrifices. Nous avons vu qu'on élevoit la victime; c'étoit en quelque sorte l'envoyer à Dieu, et le prier par cette action de la recevoir : ce qui paroissoit plus sensible dans les holocaustes, dont la fumée se portant en haut, s'alloit mêler avec les nues, et sembloit vouloir s'élever jusqu'au trône de Dieu. Les prières qu'on y joignoit, sembloient aussi aller avec elle; et c'est ce qui faisoit dire à David : « Que ma prière, ô Seigneur, soit dirigée jusqu'à vous comme l'encens [1], » c'est-à-dire comme la fumée de la victime brûlée : car c'est ici ce que veut dire le mot *Incensum*, quoique nous ayons approprié notre mot d'*encens,* qui en vient, à cette espèce de parfum qu'on appelle *Thus* en latin. C'est pour cela que cet ange de l'*Apocalypse* paroît un encensoir à la main; et il est dit que « la fumée de son encens [2], » c'est-à-dire « les saintes prières » qui partoient d'un cœur embrasé du Saint-Esprit, « montoient devant Dieu de sa main, » c'est-à-dire qu'elles lui étoient agréables. C'est aussi ce qu'on appelle dans l'Ecriture le sacrifice de bonne odeur devant le Seigneur, lorsque l'oblation se faisoit avec un cœur pur, et que la prière partant d'une conscience innocente, s'élevoit à Dieu avec la fumée de l'holocauste. Il arrivoit même quelquefois, comme dans le sacrifice de Manué [3], que la flamme de l'holocauste s'éle-

---

[1] *Psal.* CXL, 2. — [2] *Apoc.*, VIII, 4. — [3] *Judic.*, XIII, 20.

voit extraordinairement, et sembloit se porter jusqu'au ciel, et Dieu donnoit cette marque de l'agrément qu'il trouvoit dans le sacrifice.

Il ne faut donc pas s'étonner si l'Eglise accoutumée au langage de l'Ecriture, en élevant le calice avant la consécration, fait cette prière : « Nous vous l'offrons, ô Seigneur, afin qu'il monte devant vous comme une agréable odeur; » c'est-à-dire, comme on a vu, que l'oblation lui en plaise : et c'est encore ce qu'on demande dans la prière dont il s'agit après la consécration, lorsqu'on prie que « ces choses, » c'est-à-dire « les dons sacrés, soient portées au ciel par les anges. »

Mais pour entendre le fond de cette prière et lever toutes les difficultés qu'on y veut trouver, il faut toujours se souvenir que ces choses dont on y parle, sont à la vérité le corps et le sang de Jésus-Christ; mais qu'elles sont ce corps et ce sang avec nous tous, et avec nos vœux et nos prières, et que tout cela ensemble compose une même oblation que nous voulons rendre en tout point agréable à Dieu, et du côté de Jésus-Christ qui est offert, et du côté de ceux qui l'offrent, et qui s'offrent aussi avec lui. Dans ce dessein que pouvoit-on faire de mieux que de demander de nouveau la société du saint ange qui préside à l'oraison, et en lui de tous les saints compagnons de sa béatitude, afin que notre présent monte promptement et plus agréablement jusqu'à l'autel céleste, lorsqu'il sera présenté en cette bienheureuse compagnie? Il ne sera pas inutile ici de remarquer qu'au lieu que notre Canon ne parle que d'un seul ange, on parle dans l'ambrosien de tous les anges, pour expliquer la sainte union de tous ces bienheureux esprits, qui en effet font tous par consentement ce qu'un d'eux fait par exercice et par une destination particulière.

Nous devons donc nous unir avec eux tous, avec eux nous élever à ce sublime autel de Dieu; car c'est nous dans la vérité qui devons y monter en esprit. Nous nous y élevons; nous y portons pour ainsi dire Jésus-Christ avec nos vœux et nous-mêmes, lorsqu'élevés au-dessus du monde et unis aux bienheureux esprits, nous ne respirons que les choses célestes; car il faut encore entendre ici que Jésus-Christ ne vient à nous qu'afin de nous ramener à lui dans sa gloire. Nous le regardons sur l'autel; mais ce n'est pas en lui comme sur l'autel que notre foi se repose entièrement; nous le contemplons dans sa gloire, d'où il vient à nous sans la quitter, et où aussi il nous élève, afin qu'étant avec lui à l'autel céleste, nous en sentions découler sur nous toutes les bénédictions et graces spirituelles par le même Jésus-Christ Notre-Seigneur, ainsi que porte la fin de cette prière.

Il paroît donc clairement que cette élévation, que nous souhaitons de notre sainte victime jusqu'au sublime autel de Dieu, n'est pas ici demandée par rapport à Jésus-Christ, qui est déjà au plus haut des cieux; mais plutôt par rapport à nous, et aux bénédictions que nous devons recevoir en nous élevant avec Jésus-Christ à cet autel invisible.

Et lorsque nous demandons l'intercession du saint ange, vous avez très-bien entendu que ce n'est pas un médiateur que nous nous donnons, comme si Jésus-Christ ne suffisoit pas : encore moins le donnons-nous pour tel à Jésus-Christ même, comme on nous l'a reproché, ou à son Eucharistie, que sa seule institution rendroit très-agréable, sans que l'ange s'en mêlât; mais ce qui est saint par soi-même, ainsi qu'il a été dit, est encore plus agréablement reçu lorsqu'il est offert par des saints : c'est pourquoi l'Eglise implore l'ange pour l'offrir à Dieu avec elle, mais toujours par Jésus-Christ, par lequel elle a déjà reconnu dès la préface de ce sacrifice que les anges adoroient Dieu et louoient sa Majesté sainte.

Il n'y a pas plus de difficulté d'associer les Saints à cette oblation. Ainsi, quand nous demandons que ce sacrifice, agréable à Dieu par sa propre institution et par son Auteur, lui soit encore plus agréable par les prières de ses Saints, nous ne demandons autre chose, si ce n'est qu'à l'agrément qui vient de la chose se joigne encore l'agrément qui vient du côté de ceux qui se joignent à nous pour l'offrir : ce que l'on conclut encore : « Par Jésus-Christ Notre-Seigneur, » afin que nous entendions qu'à la vérité il y a au ciel des intercesseurs qui prient et offrent avec nous; mais qu'ils ne sont écoutés eux-mêmes que par le grand Intercesseur et Médiateur Jésus-Christ, par qui seul tous ont accès, et autant

XXXIX.
Pourquoi on y emploie l'intercession des Saints.

les anges que les hommes, autant les Saints qui règnent que ceux qui combattent.

Et afin que vous compreniez une fois quel est l'esprit de l'Eglise dans cette intercession des anges et des Saints, écoutez, Monsieur, cette préface d'une messe qu'on trouve dans un volume qui a plus de mille ans [1] : « O Seigneur, ce bienheureux Confesseur se repose maintenant dans votre paix : inspirez-lui donc, ô Dieu miséricordieux, d'intercéder pour nous auprès de vous, afin que l'ayant rendu assuré de sa propre félicité, vous le rendiez soigneux de la nôtre : par Jésus-Christ Notre-Seigneur. »

Remarquez que c'est par Jésus-Christ qu'on demande à Dieu, non-seulement l'effet des prières que font les Saints, mais encore l'inspiration et le désir de les faire. Ceux qui vous ont fait sur le Canon tant de mauvaises railleries, seront peut-être encore assez ignorans ou assez hardis, pour en faire de beaucoup plus grandes sur ce circuit où l'on nous fait adresser à Dieu, afin qu'il inspire aux Saints de prier pour nous, comme si ce n'étoit pas plutôt fait de demander à Dieu immédiatement ce que nous voulons qu'il se fasse demander lui-même par les Saints. Mais par ces raisonnemens profanes, il faudroit supprimer toute prière, et celle qu'on adresse immédiatement à Dieu autant que toutes les autres; car Dieu ne sait-il pas nos besoins? Ne sait-il pas ce que nous voulons quand nous le prions? Et n'est-ce pas lui-même qui nous inspire nos prières? Surtout pourquoi lui demande-t-on quelque chose pour les autres? Et pourquoi prier nos frères de prier pour nous? Le feront-ils comme il faut, si Dieu ne leur en inspire la volonté? A quoi bon ce circuit avec Dieu? Et n'est-ce pas le plus court de le laisser faire? Que si on répond ici que Dieu nonobstant cela veut qu'on le prie, et qu'on le prie pour les autres, et qu'on prie les autres de prier pour soi, parce qu'encore qu'il n'ait que faire de nos prières, ni pour accorder nos besoins, ni pour les savoir, il nous est bon de prier en toutes ces manières, et que nous devenons meilleurs en le faisant : qu'on n'appelle plus tout cela un circuit inutile, mais un sincère exercice de la charité, que Dieu honore constamment, lorsqu'il inspire ou qu'il exauce de telles

[1] Mabill., *Musæi Ital.*, tom. I, part. II, p. 348.

prières. Et parce qu'il veut établir une parfaite fraternité entre tous ceux qu'il veut rendre heureux ou dans le ciel ou dans la terre, il inspire non-seulement aux fidèles, mais encore aux saints anges et aux saints hommes qui sont dans le ciel, le désir de prier pour nous, parce que c'est une perfection aux saints hommes qui sont nos semblables, de s'intéresser pour notre salut, et une autre perfection aux saints anges qui ne le sont pas, d'aimer et de révérer en nous la nature que le Fils de Dieu a cherchée jusqu'à s'y unir en personne. Nous pouvons donc demander à Dieu qu'il leur inspire ces prières qui l'honorent, parce que nous lui pouvons demander tous les moyens dont il lui plaît de se servir pour manifester sa gloire; mais il faut le demander par Jésus-Christ, par qui seul tout bien nous doit arriver.

Vous avez donc raison de n'écouter pas ceux qui vous disent que la doctrine, où l'on emploie les Saints pour intercesseurs, ruine l'intercession de Jésus-Christ. Mais vous eussiez pu remarquer que ce qu'on blâme dans la liturgie n'est qu'une suite de cette doctrine, puisqu'on n'y fait qu'employer et les saints hommes et les saints anges, afin qu'ils se joignent à nous pour rendre notre oblation, en tant qu'elle vient de nous, plus sainte et plus agréable.

Quant à ce qu'on trouve si étrange que nous offrions Jésus-Christ à l'honneur des Saints, c'est-à-dire pour honorer leur mémoire et remercier Dieu de la gloire qu'il leur a donnée, c'est qu'on ne fait pas de réflexion sur la nature de ce sacrifice. Car pour qui est-ce en effet que Jésus-Christ s'est offert, si ce n'est pour nous mériter la gloire? Que pouvons-nous donc offrir à Dieu en action de graces pour les Saints, si ce n'est la même victime par laquelle ils ont été sanctifiés?

XL. Ce que c'est qu'offrir à l'honneur des Saints.

Que si vous voulez entendre expliquer cette vérité à l'Eglise même, écoutez cette Secrète magnifique : « Nous vous immolons, ô Seigneur, solennellement ces hosties, pour honorer le sang répandu de vos saints martyrs et en célébrant les merveilles de votre puissance, par laquelle ils ont remporté une si grande victoire [1]. » Et encore : « Nous vous offrons, ô Seigneur, dans la

[1] *Secr. de SS. Basilid., Cyrin., Nabor.*, etc., 12 jun.

mort précieuse de votre martyr, ce saint sacrifice d'où le martyre même a pris sa source [1]. » C'est en effet en célébrant dans ce sacrifice la mémoire de la mort de Notre-Seigneur que les martyrs ont appris à mépriser leur vie, et à se rendre avec lui les victimes du Père éternel. Il n'y a donc rien de plus convenable que d'honorer dans ce sacrifice les vertus qui en sont l'effet et le fruit; l'honneur qu'on y rend aux Saints est d'y être nommés à son saint autel et devant sa face, devant Dieu en action de graces et en éternelle commémoration des merveilles qu'il a opérées en eux.

C'est en vérité être trop grossier et avoir l'esprit trop bouché aux choses célestes, que de ne pas voir que l'honneur des Saints n'est pas tant leur honneur que l'honneur de Dieu, qui est « admirable en eux [2], » dont « la mort est précieuse devant lui [3], » qui ne cessent de « le bénir, et de lui chanter qu'il est leur gloire, leur salut, leur espérance, la gloire de leur vertu; celui d'où leur vient toute leur force, et le seul qui les élève [4]. » Aussi « est-il glorifié dans l'assemblée des Saints [5]; » c'est en lui seul qu'ils se réjouissent, « parce que c'est le Seigneur qui les a élus, c'est le Dieu d'Israël qui est leur roi. » L'Eglise répète sans cesse ces passages de l'Ecriture, et c'est Dieu qu'elle loue dans ses serviteurs. « O Dieu, » dit-elle dans une Collecte de la messe pour un martyr [6], « ô Dieu, qui êtes la force des combattans, et la palme des martyrs ! » Et là même, dans la Préface : « Il est juste de vous louer, ô Seigneur, en ce jour où nous vénérons la mémoire de votre martyr, et que pour la gloire de votre nom nous tâchons de lui donner de justes louanges. » Et encore dans une autre messe [7] : « Que vos œuvres vous louent, ô Seigneur, et que vos Saints vous bénissent, parce que vous êtes la gloire de leur vertu et de leur force, et que c'est vous qui leur avez donné et le courage de vous confesser dans le combat, et la gloire dans la victoire. » Et encore plus brièvement, mais avec une égale force, dans le *Missel* de Gélase [8] : « Comme les présens que nous vous offrons pour vos Saints rendent témoignage à la gloire de votre puissance; ainsi,

---

[1] *Fer.*5 *post Dom.* III *Quadrages.* — [2] *Psal.* LXVII, 36. — [3] *Psal.* CXV, 15. — [4] *Psal.* LXXXVIII, 17, 18. — [5] *Ibid.*, 8, 19. — [6] *Miss. Franc., Miss.* 17, *de undec. Martyr.* — [7] *Ibid., Miss.* 18. — [8] Gelas., lib. II, *Sac.* 1; *A. Miss.*, 22.

ô Seigneur, nous vous prions qu'ils nous fassent sentir les effets du salut qui nous vient de vous. » Vous voyez ce que c'est qu'offrir pour les Saints ; c'est célébrer la grandeur et la puissance de Dieu dans les graces qu'ils en ont reçues. L'Eglise ne se lasse point d'inculquer cette vérité ; et pour rapporter toutes les manières dont elle l'explique, il faudroit transcrire ici tout le *Missel*.

Ce qu'on vous a objecté sur les bénédictions est maintenant aisé à résoudre. Le mot de *bénir* en général marque une bonne parole, *benedicere*. En cette sorte on bénit Dieu, lorsqu'on célèbre ses louanges, et en ce sens il n'y a nul doute qu'on ne puisse bénir Jésus-Christ : mais ce n'est pas de cette bénédiction dont il s'agit : c'est de la bénédiction dont on bénit les fidèles quand on prie sur eux, et dont on bénit les sacremens quand on les consacre. Cette bénédiction est toujours une bonne parole, et c'est dans cette parole que consiste la bénédiction de l'Eglise. Mais on l'accompagne ordinairement du signe de la croix, en témoignage que c'est par la croix de Jésus-Christ que toute bénédiction spirituelle descend sur nous. C'est ainsi qu'on bénit les fidèles, et c'est ainsi qu'on bénit les sacremens. Mais il faut ici observer que la bénédiction dont on consacre les sacremens s'étend plus loin, puisqu'on ne les bénit que pour bénir, consacrer et sanctifier l'homme qui y participe ; de sorte que cette bénédiction a deux effets, l'un envers le sacrement, et l'autre envers l'homme : cela étant, il n'y a plus de difficulté ; car lorsqu'on bénit les dons, c'est-à-dire le pain et le vin avant la consécration, cette bénédiction a ses deux effets, et envers le sacrement même qu'on veut consacrer, et envers l'homme qu'on veut sanctifier par le sacrement. Mais après la consécration, la bénédiction déjà consommée par rapport au sacrement, ne subsiste que par rapport à l'homme qu'il faut sanctifier par la participation du mystère : c'est pourquoi les signes de croix qu'on fait après la consécration sur le pain et sur le vin consacrés, se font en disant cette prière : « Afin, dit-on, que nous tous, qui recevons de cet autel le corps et le sang de votre Fils, soyons remplis en Jésus-Christ de toute grace et bénédiction spirituelle ; » où l'on voit manifestement que ce n'est point ici une bénédiction qu'on fasse sur les choses déjà consacrées, mais une

<small>XLI. Des bénédictions qu'on fait sur l'Eucharistie, avant et après la consécration.</small>

prière où l'on demande qu'étant saintes par elles-mêmes, elles portent la bénédiction et la grace sur ceux qui en seront participans.

Les Grecs expriment ceci d'une autre manière. On trouve dans leur liturgie une prière qui pourroit surprendre ceux qui n'en pénétreroient pas toute la suite : car ils y prient pour les dons sacrés, même après la consécration, après qu'ils ont répété cent fois qu'ils sont le propre corps et le propre sang de Jésus-Christ, et même en les adorant comme tels, ainsi qu'il paroîtra bientôt. Mais voici toute la suite de cette prière, qui en fait entendre le fond et lève toute difficulté : « Prions, disent-ils, pour les précieux dons offerts et sanctifiés, surcélestes, ineffables, immaculés, divins, qu'on regarde avec tremblement et avec frayeur à cause de leur sainteté, afin que le Seigneur, qui les a reçus en son autel invisible en odeur de suavité, nous rende en échange le don de son Saint-Esprit [1]. » Par où l'on voit que cette prière ne tend plus à sanctifier les dons, qu'au contraire on juge déjà pleins de toute sainteté, et dignes de plus grands respects, mais à sanctifier ceux qui les reçoivent.

C'est, comme dit un théologien de l'Eglise grecque [2], qu'encore que le corps sacré de notre Sauveur soit plein de toute grace, et que la vertu médicinale qui y réside soit toujours prête à couler, et pour ainsi dire à échapper de toutes parts, néanmoins il y a des villes, comme dit saint Marc, « où il ne peut faire plusieurs miracles à cause de l'incrédulité [3] » de leurs habitans. On prie donc dans cette vue qu'il sorte une telle bénédiction, si efficace et si abondante, de ce divin corps, que l'incrédulité même soit obligée de lui céder et soit entièrement dissipée.

Concluez de tout ceci que les bénédictions qu'on fait sur le corps de Jésus-Christ avec des signes de croix, ou ne regardent pas ce divin corps, mais ceux qui le doivent recevoir; ou que si elles le regardent, c'est pour marquer les bénédictions et les graces dont il est plein, et qu'il désire répandre sur nous avec profusion, si notre infidélité ne l'en empêche; ou enfin si on veut encore le

[1] *Liturg. Jac.*, tom. II, *Bib. PP. G. L.*, p. 9; *Miss. Chrys.*, p. 81. — [2] Cabas., *Lit. exp.*, cap. XXXIV. — [3] *Marc.*, VI, 5.

prendre en cette sorte ; on bénit en Jésus-Christ tous ses membres, qu'on offre dans ce sacrifice comme faisant un même corps avec le Sauveur, afin que la grace du chef se répande abondamment sur eux.

Il n'est pas besoin de répondre ici aux chicanes que l'on nous fait sur le mot de *sacrement*, puisque vous ne proposez sur ce sujet aucune difficulté, c'est apparemment que vous en êtes plus avant que cela. Vous savez trop que si l'on appelle l'Eucharistie un *sacrement*, c'est à cause premièrement que c'est un secret et un mystère au même sens que les Pères ont parlé du sacrement de la Trinité, du sacrement de l'Incarnation, du sacrement de la Passion, et ainsi des autres : qu'outre cela c'est un signe, non point à l'exclusion de la vérité du corps et du sang, mais seulement pour marquer qu'ils y sont contenus sous une figure étrangère ; et enfin que dans cette vie et durant ce pèlerinage, ce qui est vérité à un certain égard, est un gage et une figure à un autre. Ainsi l'incarnation de Jésus-Christ nous est la figure et le gage de notre union avec Dieu : ainsi Jésus-Christ né, Jésus-Christ mort, Jésus-Christ ressuscité, nous figure en sa personne tout ce qui doit s'accomplir dans tous les membres de son corps mystique et en cette vie et en l'autre. Mais après avoir compris des vérités si constantes, vous n'avez pas dû être embarrassé de cette Postcommunion [1] : « O Seigneur, que vos sacremens opèrent en nous ce qu'ils contiennent, afin que ce que nous célébrons en espèce ou en apparence, » ou comme vous voudrez traduire, *quod nunc specie geritur*, « nous le recevions dans la vérité même ; » *rerum veritate capiamus*. Cela, dis-je, ne devoit pas vous embarrasser ; au contraire vous deviez entendre que ce que contiennent les sacremens, c'est Jésus-Christ, la vérité même, mais la vérité cachée et enveloppée sous des signes, suivant la condition de cette vie. Il ne convient pas à l'état de pèlerinage où nous sommes, d'avoir ni de posséder Jésus-Christ tout pur. Comme nous ne voyons ces vérités que par la foi et à travers de ce nuage, nous ne possédons aussi sa personne que sous des figures. Il ne laisse pas d'être tout entier dans ce sacrement, puisqu'il l'a dit : mais il y est caché à notre vue, et n'y paroît

XLII. Le signe et la vérité joints ensemble dans l'Eucharistie, et pourquoi.

[1] *Postcomm. Sabb. Quat. temp. septemb.*

qu'à notre foi. Nous demandons donc qu'il se manifeste, que la foi devienne vue, et que les sacremens soient enfin changés en la claire apparition de sa gloire.

C'est ce qu'on demande en d'autres paroles dans une autre oraison : « Nous vous prions, ô Seigneur, que nous recevions manifestement ce que nous touchons maintenant dans l'image d'un sacrement [1]. » Vous voyez dans toutes ces prières que nous n'y demandons pas d'avoir autre chose dans la gloire que ce que nous avons ici ; car nous avons tout, puisque nous avons Jésus-Christ où tout se trouve : mais nous demandons que ce tout se manifeste ; que les voiles qui nous le cachent soient dissipés ; que nous voyions manifestement Jésus-Christ Dieu et Homme, et que par son humanité, qui est le moyen, nous possédions sa divinité, qui est la fin où tendent tous nos désirs.

XLIII. Ce que veut dire le *Sursùm corda*, et *Gratias agamus*.

C'est la fin où tend ce sacrifice ; et c'est pourquoi toutes les Eglises, en Orient comme en Occident, sont convenues de le commencer par ces paroles : *Sursùm corda*, « Le cœur en haut : » à cause non-seulement qu'il faut s'élever au-dessus des sens et de toute la nature pour concevoir Jésus-Christ présent sous des apparences si vulgaires, mais à cause principalement que Jésus-Christ ne s'y offre pour nous, et ne s'y donne à nous que pour exciter le désir d'être bientôt dans sa gloire.

Dès l'origine du monde tous ceux à qui Dieu s'est manifesté tendoient à voir Jésus-Christ. « Abraham a vu son jour, quoique de loin, et il s'en est réjoui, » dit le Sauveur [2]. Et ailleurs : « Heureux les yeux qui voient ce que vous voyez ! Combien de rois et de prophètes ont désiré de voir ce que vous voyez, et ne l'ont pas vu ; et d'ouïr ce que vous écoutez, et ne l'ont pas ouï [3] ! » Jésus-Christ a parlé ainsi, encore que cette vue où on le voit en sa chair mortelle ne soit pas ce qui rassasie le cœur de l'homme ; mais c'est enfin que notre bonheur est de le voir : et ce bonheur de le voir nous manquant dans l'Eucharistie, elle ne nous rassasie pas entièrement, elle ne fait qu'irriter notre désir. C'est quelque chose à l'épouse de savoir l'époux dans la maison, et d'en sentir

---

[1] *In Ambros.*, 30 decemb.; *in Ord. S. Jac.*, apud Pamel., tom. I, p. 310. — [2] *Joan.*, VIII, 56. — [3] *Luc.*, X, 23, 24.

déjà pour ainsi dire les parfums; mais si on n'ouvre la porte, si on ne perce les voiles, en un mot si elle ne voit, les rigueurs de l'absence ne finissent pas, mais plutôt elles se font mieux sentir.

Jésus-Christ connoît ce langage; et en disant, « Je m'en vais, » il nous accoutume à l'entendre de sa présence sensible. Près de retourner à son Père, il dit qu'il s'en va, comme s'il avoit oublié qu'il nous devoit laisser son corps et son sang : mais non; car écoutez comme il parle : « Je m'en vais, et vous ne me verrez plus [1]. » Quand on aime, tout le bonheur est de voir; toute autre grace ne contente pas; et c'est pourquoi l'Eucharistie même, j'oserai le dire, est une absence pour un cœur qui aime et qui veut voir : « Tant que nous sommes dans ce corps, dit saint Paul, nous sommes éloignés de Notre-Seigneur; car nous marchons par la foi, et non par la vue, et nous désirons sans cesse d'être plutôt éloignés de ce corps, et d'être présens à Notre-Seigneur [2]; » présens par la claire vue, comme il vient de dire : tout ce qui n'est point la claire vue, tout ce qui se fait par la foi est une absence pour nous, et nulle présence ne nous satisfait que celle de la claire vue. C'est pourquoi Jésus-Christ disoit : « Je m'en vais, et vous ne me verrez plus; » ce qu'il inculque sans cesse dans le même endroit : « Un peu de temps, et vous me verrez; encore un peu de temps, et vous ne me verrez plus, parce que je m'en vais à mon Père [3];» faisant toujours consister le mal de l'absence dans la privation de la vue. Et un peu plus bas, parlant de son retour à la fin du monde : « Je vous verrai encore une fois, et votre cœur se réjouira, et personne ne vous ôtera votre joie [4]. » — « Ce sera, » comme dit saint Paul [5], lorsque « je le connoîtrai comme j'en suis connu; » c'est-à-dire que je le verrai comme j'en suis vu; et lors, comme dit saint Jean [6], « que nous lui serons faits semblables, parce que nous le verrons tel qu'il est. »

Jusqu'à ce que cela soit, nous avons beau l'avoir dans l'Eucharistie très-réellement présent; comme nous ne le voyons pas, et que « nous marchons par la foi, » notre amour, j'ose le dire, le tient pour absent, parce qu'il n'a point la présence qui nous rend

---

[1] *Joan.*, XVI, 10. — [2] II *Cor.*, V, 6-8. — [3] *Joan.*, XVI, 16. — [4] *Ibid.*, 22. — [5] I *Cor.*, XIII, 12. — [6] I *Joan.*, III, 2.

heureux et qui contente le cœur ; et le Sauveur, qui le sait, ne regarde pas son corps et son sang comme faisant dans l'Eucharistie notre parfaite félicité ; sa gloire nous y est cachée, et jusqu'à ce qu'elle nous paroisse, rien ne sera capable de nous rassasier. C'est pourquoi, en s'en allant, c'est-à-dire, comme il l'a lui-même expliqué, en se cachant à nos yeux et disparoissant d'avec nous selon la présence visible, « il nous laisse un autre Consolateur [1], » un Consolateur invisible, un Consolateur au dedans, en un mot le Saint-Esprit, qui animant notre foi et notre espérance, adoucit nos gémissemens et rend notre pèlerinage plus supportable.

Il faut avouer que les disciples de Jésus-Christ perdirent une grande consolation, quand ils perdirent sa sainte présence. Les apôtres avoient le bonheur de le voir et de l'entendre toujours ; une Marthe, une Marie, un Lazare avoient celui de le loger dans leur maison, de le nourrir, de soutenir les infirmités qu'il avoit volontairement revêtues : ce leur fut même après sa mort une espèce de consolation de le voir dans son tombeau, de l'oindre de leurs parfums, de préserver par leur baume sa sainte chair de la corruption dont les corps morts sont menacés, encore qu'une onction d'une nature plus haute préservât assez Jésus-Christ ; mais enfin la douleur des femmes pieuses s'adoucissoit par ces devoirs, et Madeleine ne se consoloit pas d'avoir perdu, croyoit-elle, cette douce consolation avec le corps de son Sauveur [2].

Jésus-Christ a bien senti dans ses serviteurs ce plaisir de le secourir dans sa vie mortelle, et de porter la douceur de cette assistance jusqu'à ses membres ensevelis. De là vient que dans le murmure qui s'éleva contre Marie pour l'avoir si richement parfumé dans un festin, comme pour commencer à l'ensevelir, lui qui prend toujours le parti des pauvres, pour qui on disoit que cette dépense auroit été mieux employée : Non, dit-il, « vous avez toujours les pauvres avec vous, et vous leur pourrez faire du bien quand vous voudrez [3]. » Remarquez cette dernière parole, que saint Marc, ou plutôt saint Pierre, de qui saint Marc l'avoit appris, a aussi si bien remarquée : « Mais pour moi vous n'avez plus rien à me faire, » plus aucun secours à me donner ; c'est ici le dernier

[1] *Joan.*, XIV, 16. — [2] *Ibid.*, XX, 13. — [3] *Marc.*, XIV, 7.

devoir, puisque déjà on m'embaume pour m'ensevelir : tant il sentoit de consolation dans les siens à le voir, à le servir, à le secourir, à lui rendre tous ces devoirs qu'on rend aux personnes qu'on voit, avec qui on vit et on converse, et qu'on croit encore voir et servir lorsqu'on rend à leur corps mort les derniers devoirs.

Elevons donc notre cœur en haut dans ce sacrifice. C'est déjà l'élever beaucoup que de croire Jésus-Christ présent, pendant qu'on l'y voit si peu ; mais il faut l'élever encore jusqu'à désirer de le voir, et de le voir dans sa gloire ; car si sa présence visible durant les jours de sa chair, étoit si désirable et si consolante, que sera-ce de le voir tel qu'il est, et de lui devenir semblable, comme nous disoit tout à l'heure son disciple bien-aimé ?

C'est le sens de cette parole : « Le cœur en haut ! » Et le peuple ayant répondu : « Nous l'avons élevé au Seigneur, » on continue en disant : « Rendons graces au Seigneur notre Dieu ; » par où non-seulement on confesse que cela même qu'on a élevé son cœur à Dieu est un effet de sa grace, dont il faut le remercier, mais encore on reconnoît que toutes nos prières et nos sacrifices sont fondés sur l'action de graces, parce que nous avons déjà reçu avec Jésus-Christ, où tout est, le fond de tout ce que nous demandons et attendons ; si bien que nos demandes et nos espérances ne tendent qu'à déployer et développer, comme il a déjà été dit, ce que nous avons déjà en Jésus-Christ. Et c'est pourquoi le sacrifice de l'Eucharistie ou d'action de graces est le propre sacrifice de la nouvelle alliance ; ce qui loin d'empêcher que ce sacrifice ne soit en même temps propitiatoire et impétratoire, lui donne au contraire ces qualités dont l'action de graces est le fondement, ainsi qu'il a été dit [1].

Vous voyez par toutes les choses que j'ai rapportées, la parfaite unité d'esprit qui règne dans les liturgies de toutes les églises chrétiennes. On pourroit rapporter encore beaucoup d'autres choses qui la marquent si parfaitement, qu'il n'y a pas moyen de douter que toutes ces liturgies ne viennent dans le fond de la même source, c'est-à-dire des apôtres mêmes ; et c'est aussi pour cette raison que les églises les ont rapportées aux apôtres, qui ont

XLIV. Parfaite conformité des liturgies grecques et latines : qu'elles conviennent même aujour-

[1] Ci-dessus, n. 13.

d'hui sur l'essentiel de la consécration. été leurs fondateurs, comme celle de Jérusalem à saint Jacques, et celle d'Alexandrie à saint Marc, parce qu'encore qu'on y ait ajouté beaucoup de choses accidentelles, le fond n'en peut venir que de ce principe, et qu'on n'y a rien ajouté que de convenable à ce qu'on y trouvoit déjà.

Après cela, Monsieur, vous devez croire que la diversité qu'on vous a fait remarquer entre la liturgie romaine et celle des Grecs touchant la consécration, n'est pas si grande que vous le pensez : car d'abord elles conviennent toutes deux à réciter l'institution de l'Eucharistie et les paroles de Notre-Seigneur ; ce qui se trouve unanimement dans toutes les liturgies sans en excepter une seule. Secondement elles conviennent encore, comme on a vu, à demander à Dieu qu'il change les dons au corps et au sang de Jésus-Christ ; en sorte que la différence, qu'on vous représente si grande entre les églises, est uniquement que l'une a mis devant les paroles de Jésus-Christ cette prière que l'autre y a mise après.

Or, afin de vous faire entendre combien est légère cette différence, il faut encore savoir que, du commun consentement des deux églises, la vertu qui change les dons, et en fait le corps et le sang, consiste essentiellement dans les paroles de Notre-Seigneur : ce qu'il seroit aisé de vous faire voir par la tradition constante des Pères grecs et latins ; mais la chose est si peu douteuse, que les Grecs mêmes d'aujourd'hui qui semblent mettre la forme de la consécration précisément dans la prière où on demande que le Saint-Esprit change les dons après qu'on a récité les paroles de Notre-Seigneur, ne laissent pas d'avouer que la force est dans ces paroles qu'il a prononcées, et que la prière dont il s'agit ne fait qu'en appliquer aux dons proposés la toute-puissante vertu, comme on applique le feu à la matière combustible [1]. Ainsi ce sont les paroles de Notre-Seigneur qui sont en effet le feu céleste qui consume le pain et le vin : ces paroles les changent en ce qu'elles énoncent, c'est-à-dire au corps et au sang, comme le dit expressément saint Chrysostome [2]; et tout ce qu'on pourroit accorder aux Grecs modernes, ce seroit en tout cas que la prière seroit nécessaire pour faire l'application des paroles de Notre-

---

[1] Cabas., *Lit. exp.*, cap. XXVII-XXIX. — [2] Lib. *De prod. Jud.*, etc., hom. I et II, n. 6.

Seigneur; doctrine où je ne vois pas un si grand inconvénient, puisqu'enfin devant ou après nous faisons tous cette prière.

Et pour maintenant aller plus haut que les Grecs modernes, la tradition de l'Eglise grecque ne peut mieux paroître que par un passage célèbre de saint Basile, où pour établir « qu'il y a des dogmes non écrits, » qu'il faut recevoir comme venus « des apôtres avec autant de vénération que ceux qui sont écrits, » il allègue « les paroles de l'invocation dont on use en consacrant l'Eucharistie, lesquelles, dit-il, ne sont écrites nulle part; car nous ne nous contentons pas, poursuit-il, des paroles qui sont rapportées par l'Apôtre et les Evangiles, » c'est-à-dire des paroles de Notre-Seigneur, et du récit de l'institution; « mais nous y en ajoutons d'autres devant et après, comme ayant beaucoup de force pour les mystères, lesquelles nous n'avons apprises que de cette doctrine non écrite [1]. »

Ce témoignage de saint Basile est d'autant plus considérable pour les Grecs, qu'ils lui attribuent encore aujourd'hui leur liturgie la plus ordinaire; et nous voyons clairement que ce Père met les paroles de l'Evangile pour le fond de la consécration, et celles qu'on « dit devant ou après, » comme ayant « beaucoup de force pour les mystères. »

Nous pouvons comprendre parmi ces paroles auxquelles saint Basile attribue beaucoup de force, la prière dont il s'agit; et quoi qu'il en soit, pour en entendre *la force* et l'utilité, il ne faut que se souvenir d'une doctrine constante, même dans l'Ecole, qui est que dans les sacremens, outre les paroles formelles et consécratoires, il faut une intention de l'Eglise pour les appliquer : intention qui ne peut mieux être déclarée que par la prière dont il s'agit, et qui l'est également, soit qu'on la fasse devant comme nous, soit qu'on la fasse après avec les Grecs.

XLV. Explication du langage de l'Eglise dans les sacremens.

Savoir maintenant s'il faut croire, comme semblent faire les Grecs d'aujourd'hui, que la consécration demeure en suspens jusqu'à ce qu'on ait fait cette prière, comme étant celle qui applique aux dons proposés les paroles de Jésus-Christ où consiste principalement et originairement la consécration : quoi qu'en puis-

---

[1] Basil., *De Spir. sanct.*, cap. XXVII, n. 66.

sent dire les Grecs, je ne le crois pas décidé dans leur liturgie. Car l'esprit des liturgies, et en général de toutes les consécrations, n'est pas de nous attacher à de certains momens précis, mais de nous faire considérer le total de l'action pour en entendre aussi l'effet entier. Un exemple fera mieux voir ce que je veux dire. Dans la consécration du prêtre, les savans ne doutent presque plus après tant d'anciens *Sacramentaires* qu'on a déterrés de tous côtés, que la partie principale ne soit l'imposition des mains avec la prière qui l'accompagne ; car elle se trouve généralement, non-seulement dans tous les *Sacramentaires* aussi bien que dans les Pères et dans les conciles, surtout dans le quatrième de Carthage où elle est si expressément marquée[1], mais encore dans l'Ecriture en plusieurs endroits. C'est donc ici proprement le fond de la consécration du prêtre : aussi est-elle appelée de ce nom, *consécration* ou *bénédiction*, dans les anciens *Sacramentaires*, comme tout le monde sait ; ce qui toutefois n'empêche pas qu'après cette consécration, on ne dise encore en oignant les mains du prêtre : « Que ces mains soient consacrées par cette onction et par notre bénédiction[2] ; » comme si la consécration étoit encore imparfaite. Mais non content de cette nouvelle consécration, si on peut l'appeler ainsi, l'évêque continue encore ; et en présentant au prêtre le calice avec la patène, qu'il lui fait toucher, il lui dit : « Recevez le pouvoir d'offrir le sacrifice[3] ; » comme s'il n'avoit pas déjà reçu ce céleste pouvoir, et qu'on pût être prêtre sans cela. Que si quelqu'un s'obstine à dire que c'est là précisément qu'il est fait prêtre, quoiqu'on soit autant assuré qu'on le puisse être de semblables choses, que cette cérémonie n'a pas toujours été pratiquée, en tout cas voici qui est sans réplique : c'est qu'à la fin de la messe et après toutes ces paroles prononcées, lorsque constamment l'ordinand a été fait prêtre, puisque même il a dit la messe et consacré avec l'évêque, l'évêque le rappelle encore pour lui imposer de nouveau les mains, en lui disant : « Recevez le Saint-Esprit ; ceux dont vous remettrez les péchés, ils leur seront remis[4], » etc. Quelqu'un peut-il dire qu'on soit

[1] *Concil. Carth.* IV, can. 2-4 et seq., Labb., tom. II, col. 1199 et seq. — [2] *Pont. Rom.*, in *Ord. Presbyt.* — [3] *Ibid.* — [4] *Ibid.*

prêtre sans avoir reçu ce pouvoir si inséparable de ce caractère? On lui dit néanmoins : « Recevez-le, » de même que s'il ne l'avoit pas encore reçu. Pourquoi ? si ce n'est qu'en ces occasions les choses qu'on célèbre sont si grandes, ont tant d'effets différens et tant de divers rapports, que l'Eglise ne pouvant tout dire, ni expliquer toute l'étendue du divin mystère en un seul endroit, divise son opération, quoique très-simple en elle-même, comme en diverses parties, avec des paroles convenables à chacune, afin que le tout compose un même langage mystique et une même action morale. C'est donc pour rendre la chose plus sensible que l'Eglise parle en chaque endroit comme la faisant actuellement, et sans même trop considérer si elle est faite, ou si elle est peut-être encore à faire ; très-contente que le tout se trouve dans le total de l'action, et qu'on y ait à la fin l'explication de tout le mystère la plus pleine, la plus vive et la plus sensible qu'on puisse jamais imaginer.

Je ne sais s'il se trouvera quelqu'un qui n'aime pas mieux une manière si simple d'expliquer la consécration du prêtre, que de mettre en pièces, si j'ose le dire, ce saint caractère en le divisant, je ne sais comment, dans des caractères partiels aussi peu intelligibles que peu nécessaires. Si l'on regarde de près toutes les ordinations, et surtout celle des évêques, on y trouvera le même esprit. On voit à peu près la même chose dans la Confirmation : l'invocation du Saint-Esprit, dont l'extension des mains est accompagnée, fait apparemment le fond de ce sacrement, sans préjudice de l'efficace qui accompagne l'application qu'on fait de cette prière à chacun en particulier ; avec la sainte onction et l'actuelle imposition de la main sur la tête dans sa partie principale qui est le front : après quoi on ne laisse pas de dire encore : « Nous vous prions, ô Seigneur, pour tous ceux que nous avons oints de ce saint chrême, que le Saint-Esprit survenant en eux les fasse son temple en y habitant[1], » quoiqu'il soit déjà survenu : mais c'est que l'Eglise ne se lasse point d'expliquer en plusieurs manières la grande chose qui vient d'être faite ; et priant Dieu de la faire encore, elle exprime qu'il la fait toujours en la conservant, et en empêchant par sa grace qu'elle ne demeure sans effet. Et quand dans

[1] *Pontif. Rom., de Confirm.*

l'Extrême-Onction, en appliquant l'onction sur tous les organes des sens et de la vie, on prie Dieu de pardonner les péchés, tantôt ceux qu'on a commis par la vue, puis ceux qu'on a commis par le toucher, et ainsi successivement par les œuvres et par la pensée, croit-on que les péchés se remettent ainsi par partie? Nullement; mais on rend sensible au pécheur tous les péchés qu'il a commis, et tout ce que guérit en lui la simple et indivisible opération de la grace. Et pour revenir à la messe, quand nous y demandons à Dieu, tantôt qu'il change le pain en son corps, tantôt qu'il ait agréable l'oblation que nous en faisons, tantôt que son saint ange la présente à l'autel céleste, tantôt qu'il ait pitié des vivans, tantôt que cette oblation soulage les morts : croyons-nous que Dieu attende à faire les choses à chaque endroit où on lui en parle? Non sans doute. Tout cela est un effet du langage humain, qui ne peut s'expliquer que par partie; et Dieu qui voit dans nos cœurs d'une seule vue ce que nous avons dit, ce que nous disons et ce que nous voulons dire, écoute tout et fait tout dans les momens convenables qui lui sont connus, sans qu'il soit besoin de nous mettre en peine en quel endroit précis il le fait : il suffit que nous exprimions tout ce qui se fait par des actions et par des paroles convenables; et que le tout ensemble, quoique fait et prononcé successivement, nous représente en unité tous les effets et comme toute la face du divin mystère.

XLVI. *Application de la doctrine précédente à la liturgie des Grecs. L'objection des Grecs modernes résolue.*

Faites l'application de cette doctrine à la prière des Grecs, il n'y aura plus de difficulté. Après les paroles de Notre-Seigneur, on prie Dieu qu'il change les dons en son corps et en son sang : ce peut être ou l'application de la chose à faire, ou l'expression plus particulière de la chose faite, et on ne peut conclure autre chose des termes précis de la liturgie.

Mais, dit-on, dans celle de saint Basile, qui est la plus ordinaire parmi les Grecs, après les paroles de Jésus-Christ, on appelle encore les dons *antitypes*, c'est-à-dire figures et signes; ce qu'on ne fait plus après la prière dont nous parlons. Je l'avoue et sans disputer de la signification du mot d'*antitype*, en le prenant pour simple figure au gré des protestans, tant pis pour eux; car écoutons la liturgie : « Nous approchons, ô Seigneur, de votre saint autel; et après vous avoir offert les figures du sacré corps et du sacré sang de votre Christ, nous vous prions que votre Esprit saint fasse de ce pain le propre corps précieux, et de ce vin le propre sang précieux de Notre-Seigneur. » On voit donc manifestement ce qui étoit la figure du corps devenir et être fait le propre corps, c'est-à-dire ce qui l'étoit en signe le devenir proprement et en vérité; en sorte qu'on ne sait plus ce que c'est, ni ce que le Saint-Esprit a opéré, ni ce que les mots signifient, si ce qu'on appelle le propre corps est encore comme auparavant une figure.

Vous me répondrez que cela est clair; car en effet que pouvez-vous dire autre chose? mais que du moins il sera constant que ce changement se fait dans la prière. Point du tout; il n'est point constant, puisque nous venons de voir que dans ce langage mystique qui règne dans les liturgies, et en général dans les sacremens, on exprime souvent après ce qui pourroit être fait devant; ou plutôt, que pour dire tout, on explique successivement ce qui se fait peut-être tout à une fois, sans s'enquérir des momens précis : et en ce cas nous avons vu qu'on exprime ce qui pouvoit déjà être fait, comme s'il se faisoit quand on l'énonce, afin que toutes les paroles du saint mystère se rapportent entre elles, et que toute l'opération du Saint-Esprit soit sensible.

Ainsi on pourroit entendre dans la liturgie des Grecs que dès qu'on prononce les paroles de Notre-Seigneur, où l'on est d'accord que consiste principalement toute l'efficace de la consécration, encore qu'on n'ait pas encore exprimé l'intention de les appliquer au pain et au vin, Dieu prévient la déclaration de cette intention; et c'est là à mon avis sans comparaison le meilleur sentiment, pour ne pas dire qu'il est tout à fait certain.

C'est là, dis-je, le meilleur sentiment : tant à cause qu'il est plus de la dignité des paroles du Fils de Dieu qu'elles aient leur effet dès qu'on les profère, qu'à cause aussi que la liturgie semble elle-même nous conduire là. Car premièrement les saintes paroles sont prononcées en élevant la voix, au lieu que devant et après on parle bas : elles sont de plus proférées sur le pain et sur le vin séparément en les bénissant, en tenant les mains dessus, en prenant le pain et le calice, comme il est dit que fit Jésus-Christ en

XLVII. Preuve, par la liturgie des Grecs, que la consécration se consomme dans le récit des paroles de Notre-Seigneur.

les élevant et en les montrant au peuple ; en sorte que cette action est marquée en toutes manières comme une action principale où l'on fait tout ce qu'a fait le Fils de Dieu, et par conséquent où l'on bénit et où l'on consacre comme lui. Ce qui fait aussi en second lieu que le peuple répond : *Amen :* comme on faisoit aussi autrefois parmi les Latins, ainsi qu'il paroît par saint Ambroise [1], et même dans Paschase Radbert, pour ne pas descendre plus bas. Or cet *Amen* proféré par tout le peuple dans des circonstances aussi marquées que celles qu'on vient de voir, paroît être parmi les Grecs, comme il l'a toujours été parmi nous, la reconnoissance d'un effet présent plutôt qu'une simple déclaration de ce qui sera. C'est pourquoi en troisième lieu, après le récit des saintes paroles, les Grecs ajoutent incontinent et avant la prière : « Nous vous offrons des choses qui sont à vous : faites des choses qui sont à vous [2]; » par où nous avons montré qu'il faut entendre le corps et le sang formés du pain et du vin ; et on répète ces paroles par deux fois : une fois après avoir dit : « Ceci est mon corps ; » et une autre fois après avoir dit : « Ceci est mon sang ; » afin de nous faire entendre que l'action est complète, et que ce qu'on ajoute dans la suite doit être considéré comme une partie d'une simple et même action, où l'on ne fait qu'expliquer plus formellement ce qui vient d'être fait.

XLVIII. *Que tout ce qu'on vient de remarquer dans la liturgie des Grecs, est très-ancien. Preuve par saint Germain, patriarche de Constantinople. Réflexion sur l'antiquité de la foi du changement de substance.*

Au reste il ne faut pas croire que les choses que je viens de dire de la liturgie des Grecs, et qu'on y voit aujourd'hui, y aient été ajoutées par les derniers Grecs. Car on trouve, il y a neuf cents ans, leur liturgie telle qu'elle est à présent décrite dans toutes ses parties jusqu'aux moindres cérémonies, dans un Traité de saint Germain, patriarche de Constantinople, un des Pères que la Grèce révère le plus, et décrite comme chose ancienne [3], sans aussi que personne, pas même ses persécuteurs qui avoient les empereurs à leur tête, lui aient fait un chef d'accusation de cette doctrine.

Remarquons donc en passant que dès ce temps-là on trouve dans la liturgie de l'Eglise grecque ce que nous avons rapporté, » que les dons, qui auparavant étoient les figures du corps et du sang, deviennent le propre corps et le propre sang par l'opération

---

[1] *Lib. de Myst.*, cap. IX, n. 54. — [2] *Liturg. Bas.*, tom. II, p. 679 et 693; *Liturg. Chrys.*, 78. — [3] Germ. pat. CP., *Rer. Ecc. contem.*, ibid., p. 131.

du Saint-Esprit [1]. » On y trouve la transmutation des dons sacrés très-vivement inculquée [2]; on y trouve par ce changement l'accomplissement de cette parole : « Je t'ai engendré aujourd'hui ; » non-seulement selon la divinité, selon laquelle le Fils ne cesse d'être engendré dans l'éternité toujours immuable, mais encore selon le corps et selon le sang, qui sont encore aujourd'hui formés par le Saint-Esprit dans l'Eucharistie. On y trouve que par ce moyen Jésus-Christ demeure toujours présent au milieu de nous, non-seulement selon son esprit, mais encore selon son corps [3]. On y trouve enfin en cent endroits tout ce qui marque le plus une présence réelle ; et ce qu'il y a de plus merveilleux, on trouve cette doctrine en Orient comme en Occident [4], et jusqu'aux Indes, cent ans devant Paschase, que les protestans en veulent faire l'auteur, et à vrai dire de tout temps, puisqu'on ne peut se persuader qu'une nouveauté soit si promptement portée si loin et remplisse tout l'univers, sans qu'on s'en soit aperçu en aucun endroit. Voilà ce qu'on trouve dans saint Germain, patriarche de Constantinople, et ce que l'Eglise grecque professoit alors comme chose qu'elle avoit reçue de ses pères.

Mais pour revenir à la consécration, il y a encore une preuve contre l'opinion des Grecs modernes dans le rit mozarabique et dans le *Sacramentaire* appelé *gothique*, qui assurément est le même dont usoit l'Eglise gallicane, comme le Père Mabillon l'a démontré. Ces deux rites si conformes entre eux sont en même temps très-conformes au rit grec ; et la prière où l'on demande la descente du Saint-Esprit pour sanctifier les dons, se trouve souvent après que les paroles de Jésus-Christ sont proférées, mais souvent elle se trouve devant, souvent même elle ne se trouve point du tout. Ce qui démontre, non-seulement que la place en est indifférente, mais encore qu'en elle-même on ne la tient pas si absolument nécessaire, et que les paroles de Jésus-Christ qu'on n'omet jamais, et qui se trouvent partout marquées si distinctement, sont les seules essentielles. D'où vient aussi que saint Basile après les avoir marquées dans le *Livre du Saint-Esprit*, comme celles

XLIX.
Remarque sur quelques liturgies de l'Eglise latine.

---

[1] Germ. pat. CP., *Rer. Ecc. contemp.*, p. 159. — [2] *Ibid.*, 158, 159. — [3] *Ibid.*, 156, 157. — [4] *Ibid.*, 150.

qui font le fond, se contente de dire des autres « qu'on fait devant et après, qu'elles ont beaucoup de force; » ce qu'on ne doit pas nier, puisque l'Eglise orientale et l'occidentale s'en servent également.

Que si après toutes ces raisons et l'autorité de tant de Pères grecs et latins, qui mettent précisément la consécration dans les paroles divines comme étant sorties de la bouche du Fils de Dieu et les seules toutes-puissantes, les Grecs persistent encore dans le sentiment de quelques-uns de leurs docteurs, et ne veulent reconnoître la consécration consommée qu'après la prière dont nous parlons : en ce cas que ferons-nous, si ce n'est ce qu'on a fait à Florence, de n'inquiéter personne pour cette doctrine; et ce qu'on a fait à Trente où sans déterminer en particulier en quoi consiste la consécration, on a seulement déterminé ce qui arrivoit quand elle étoit faite [1]?

Pour moi, dans les catéchismes et dans les sermons je proposerai toujours la doctrine qui établit la consécration précisément dans les paroles célestes, comme théologiquement très-véritable, ainsi qu'on a fait dans le *Catéchisme du concile;* mais je ne crois pas que j'osasse jamais condamner les Grecs, qui ne sont pas encore parvenus à l'intelligence de cette vérité. Quoi qu'il en soit, il n'y a nul doute qu'il ne faille faire, comme on a fait au concile de Lyon, comme on a fait au concile de Florence et comme on a fait encore dans toute l'Eglise, qui est de laisser chacun dans son rit, puisqu'on demeure d'accord que les deux rits sont anciens et entièrement irrépréhensibles; et peut-être faudroit-il encore laisser à chacun ses explications, puisqu'en recevant les Grecs, soit en particulier, comme on en reçoit tous les jours, soit même en corps, on n'a dressé aucune formule pour en ce point leur faire quitter leur sentiment; ce qu'on a fait apparemment à cause des autorités que les Grecs apportent pour eux, qui ne sont pas méprisables, mais dans la discussion desquelles je ne crois pas que vous vouliez m'engager, puisque vous voyez assez sans y entrer la parfaite uniformité de l'Orient et de l'Occident dans l'essentiel.

L.
Pour qui
on offre la

Il n'y a plus qu'à vous dire un mot sur cette expression de la liturgie de saint Chrysostome : « Nous offrons pour la sainte

---

[1] Sess. XIII, cap. III, can. 4.

Vierge et pour les martyrs. » Nous avons déjà répondu à une *sacrifice.* semblable difficulté dans le *Missel de Gélase* [1], et vous n'y trou- *Ce que signifie ce* verez aucun embarras, si vous considérez premièrement qu'on ne *pour dans* prie jamais pour les Saints, mais qu'on offre seulement pour eux ; *le langage ecclésiastique.* et secondement que ce *pour*, dans le langage ecclésiastique, ne signifie pas qu'on offre pour leur obtenir quelque grace ; on offre pour eux au même sens qu'on offre en plusieurs Secrètes pour la sainte ascension de Notre-Seigneur, et ainsi du reste, c'est-à-dire pour en rendre graces et pour en honorer la mémoire. On offre à proportion pour les Saints, ainsi qu'il a été dit, en rendant graces pour eux, en mémoire de leurs vertus et des graces qu'ils ont reçues : *Pro commemoratione*, comme on parle : ὑπὲρ μνήμης, comme dit saint Cyrille de Jérusalem [2] ; pour leur honneur, pour leur gloire, pour leur louange, comme dit un ancien *Sacramentaire* de l'Eglise gallicane : « Que ces présens, ô Seigneur, vous soient agréables pour la conversion de nos ames et la santé de nos corps, pour la louange des martyrs et pour le repos des morts [3]. » Vous voyez en peu de paroles ce qu'on fait pour ces deux sortes de morts : on rend graces pour les uns, on prie pour les autres ; on offre pour célébrer les louanges des uns, et pour procurer le soulagement des autres. Bien plus, on emploie ceux-là pour intercesseurs ; on prie pour obtenir à ceux-ci la parfaite rémission de leurs péchés ; et il y a en un mot une si grande distinction entre les morts qui sont nommés dans la liturgie, que ce qu'on demande pour quelques-uns de ces morts, c'est qu'ils soient bientôt placés en la compagnie des autres. C'est ce qui se trouve également dans les liturgies grecques et latines, même dans celle de saint Chrysostome [4], où l'on offre pour la sainte Vierge et pour les martyrs ; car on ajoute aussitôt après : « Par les prières desquels nous vous prions de nous regarder en pitié. » A quoi on joint la prière « pour le repos et la rémission des péchés des ames des morts, afin que Dieu les place où paroît son éternelle lumière ; » tant est grande la différence qu'on met entre les Saints et le commun des fidèles. Pour peu que vous hésitiez sur une vérité si constante, je vous

[1] Ci-dessus, n. 41. — [2] *Catec. Myst.* v, p. 328 — [3] *Sacr. Gallic.*, Mabill., *Mus. Ital.*, p. 286. — [4] *Liturg. Chrys.*

promets, Dieu aidant, de vous éclaircir d'une manière à ne vous laisser aucun scrupule. Mais cet ouvrage est déjà plus grand que je ne voulois, et je ne veux plus vous rapporter qu'un seul passage de saint Augustin, aussi beau qu'il est connu : « On peut acquérir, dit-il, dans cette vie une sorte de perfection à laquelle les saints martyrs sont parvenus. De là vient que nous avons une pratique dans la discipline ecclésiastique, que les fidèles, » ceux qui ont été baptisés et qui sont instruits dans les mystères, « savent bien : c'est qu'à l'endroit où l'on récite à l'autel de Dieu le nom des martyrs, on ne prie pas pour eux ; mais on prie pour les autres morts, dont on y fait aussi mémoire : car c'est faire injure au martyr que de prier pour lui, puisque nous devons être recommandés à Dieu par ses prières [1]. »

Comment peut-on résister à l'autorité d'un si grand docteur, qui premièrement dépose d'un fait, et d'un fait qu'il ne pouvoit ignorer, puisque c'étoit son propre fait, s'agissant des paroles de la liturgie qu'il récitoit tous les jours comme évêque; et d'un fait public et constant dont il prend tout le peuple à témoin? « C'est, dit-il, à l'endroit que les fidèles savent, » parce que les catéchumènes, qui n'étoient pas initiés, ne le savoient pas. Qu'on dise maintenant à saint Augustin qu'il imposoit publiquement à son peuple jusque dans la chaire, sur un fait important de la religion, ou bien qu'il n'entendoit pas la liturgie qu'il récitoit tous les jours, et que tous les jours il expliquoit à son troupeau.

Que si cela vous paroît, à ne rien dissimuler, de la dernière impudence, priez Dieu pour ceux qui sont réduits à dire une si grande absurdité pour défendre leur doctrine, non-seulement sur ce point, mais encore sur tous les autres que vous avez vus, puisqu'enfin il n'y a point de salut pour eux, qu'en condamnant tous nos Pères, et en démentant toutes les prières qu'on fait à Dieu depuis tant de siècles, en Orient comme en Occident, et par toute la terre habitable.

[1] Serm. XVII, *de Verbis Ap.*, cap. I; nunc serm. CLIX, n. 1.

FIN DE L'EXPLICATION DES PRIÈRES DE LA MESSE.

INSTRUCTION PASTORALE

SUR

LES PROMESSES DE L'EGLISE,

Pour montrer aux Réunis par l'expresse parole de Dieu, que le même principe qui nous fait chrétiens nous doit aussi faire catholiques.

JACQUES-BÉNIGNE par la permission divine Evêque de Meaux : au clergé et au peuple de notre diocèse, *Salut et bénédiction.*

Le saint travail de l'Eglise pour enfanter de nouveau en Notre-Seigneur ceux qu'elle a perdus dans le schisme du dernier siècle, est l'effort commun de tout le corps mystique de Jésus-Christ : tous les fidèles y ont part selon leur état et leur vocation ; et nous nous sentons obligé à vous exposer, mes chers Frères, comment chacun de nous y doit contribuer.

I. Dessein général de cette Instruction.

Vous donc, avant toutes choses, vous qui êtes obligés à les instruire, ne vous jetez point dans les contentions où se mêle l'esprit d'aigreur : avertissez-les avec saint Paul, « de ne se point attacher à des disputes de paroles qui ne sont bonnes qu'à pervertir ceux qui écoutent [1]. » Exposez-leur la sainteté de notre doctrine, si irréprochable en elle-même, qu'on n'a pu l'attaquer qu'en la déguisant, et faites-leur aimer l'Eglise en leur proposant les immortelles promesses qui lui servent de fondement.

II. Dessein particulier d'exposer les promesses de l'Eglise : deux sortes de promesses.

Il y a de deux sortes de promesses : les unes s'accomplissent visiblement sur la terre ; les autres sont invisibles, et le parfait accomplissement en est réservé à la vie future. « L'Eglise sera glorieuse, sans tache et sans ride [2] : » éternellement heureuse avec son Epoux, dans ses chastes embrassemens « où Dieu sera tout en tous [3] : » c'est ce que nous ne verrons qu'au siècle futur :

---

[1] II *Timoth.*, II, 14. — [2] *Ephes.*, V, 27. — [3] I *Cor.*, XV, 28.

mais en attendant, l'Eglise sera sur la terre « établie sur le fondement des apôtres et des prophètes, et sur la pierre angulaire, qui est Jésus-Christ [1]. » Les vents souffleront, les tempêtes ne cesseront de s'élever [2], l'enfer frémira par toutes sortes de tentations, de persécutions, d'impiétés, d'hérésies, sans qu'elle puisse être ébranlée, ni sa succession visible interrompue d'un moment : c'est ce qu'on verra toujours de ses yeux, et un objet si merveilleux ne manquera jamais aux fidèles.

Saint Augustin a remarqué en plusieurs endroits [3] que ces deux sortes de promesses sont subordonnées : les premières servent d'assurance aux secondes ; je veux dire que ce qu'on voit s'accomplir sensiblement sur la terre, rassure les plus incrédules sur ce qu'on ne doit voir que dans le ciel. Dieu accomplit dans son Eglise ce qui y doit paroître dans le temps : il n'accomplira pas moins ce qui ne nous doit être découvert qu'au ciel dans l'éternité. La foi chrétienne est établie sur l'enchaînement immuable de ces deux espèces de promesses : et révoquer en doute cette liaison, c'est vouloir ôter au fidèle un gage de sa foi, que Jésus-Christ a voulu lui donner.

III. Proposition de la promesse qui regarde l'état de l'Eglise en cette vie : deux parties de cette promesse : double universalité promise à l'Eglise, et premièrement celle des lieux.

Pour rendre cette vérité sensible aux plus incrédules, représentez-leur, mes chers Frères, ce jour qui fut le dernier où Jésus-Christ parut sur la terre : lorsque prêt à monter aux cieux à la vue de ses disciples, avant que de les quitter et d'aller prendre sa place à la droite de son Père, il fit le plan de son Eglise ; et il en prédit, parlons mieux, il en régla la destinée sur la terre (qu'on me permette ce mot), en lui promettant une double universalité, l'une dans les lieux, et la seconde dans les temps.

Considérez, mes chers Frères, et faites considérer aux errans, non-seulement les promesses de Jésus-Christ, mais encore la clarté des paroles qu'il a choisies pour les exprimer ; en sorte qu'il ne peut rester aucun doute de sa pensée : il lui promettoit premièrement qu'elle s'étendroit par toutes les nations, et pour ne nous rien cacher, il a voulu exprimer que ce seroit « en commençant par Jérusalem : » *incipientibus ab Jerosolyma* [4].

---

[1] *Ephes.*, II, 19, 20. — [2] *Matth.*, VII, 25. — [3] Serm. CCXXXVIII, n. 3, etc. — [4] *Luc.*, XXIV, 47.

Saint Luc, de qui nous tenons ces paroles, leur donne leur vraie étendue, lorsqu'il fait dire à Notre-Seigneur : « Vous serez mes témoins dans Jérusalem et dans toute la Judée et la Samarie, et jusqu'aux extrémités de la terre : *Et usque ad ultimum terræ* [1]. »

On voit ici selon la remarque de saint Augustin, que l'Evangile devoit s'avancer comme de proche en proche, depuis Jérusalem jusqu'aux derniers confins du monde; il donne d'abord « la paix à ceux qui sont près [2] : » aux héritiers des promesses, et à la terre chérie, c'est-à-dire, à Jérusalem et à la Judée, et il l'étend dans la suite à tous les Gentils, c'est-à-dire jusqu'aux nations les plus éloignées des promesses et de l'alliance : *Vobis, qui longè fuistis.*

Samarie étoit entre deux, la plus proche du Testament après la Judée, puisqu'elle connoissoit Dieu et qu'elle attendoit le Christ : tout s'accomplissoit aux yeux des fidèles dans l'ordre que Jésus-Christ avoit promis : on vit dans Jérusalem les heureux commencemens de l'Eglise : les fidèles « dispersés en Judée et en Samarie [3], » dans la persécution où saint Etienne fut lapidé, y annoncèrent l'Evangile; et ce fut le second progrès de l'Eglise, ainsi que Jésus-Christ l'avoit marqué. Le reste des peuples n'étoient pas des peuples, et la connoissance de Dieu leur étoit entièrement étrangère : et toutefois l'Evangile y devoit être porté, afin que ceux « qui étoient les plus éloignés se vissent rapprocher par le sang de Jésus-Christ [4]. »

Alors donc furent accomplis aux yeux de tous les fidèles les anciens oracles sur la conversion des Gentils, dont les Psaumes et les Prophètes étoient pleins; et en même temps fut révélé ce grand secret, dont le parfait dénouement étoit réservé à la prédication de saint Paul, « que le Christ devoit souffrir, et que c'étoit lui qui le premier de tous les hommes devoit annoncer la lumière, non-seulement au peuple, mais encore aux Gentils, après être ressuscité des morts [5]. »

Une conversion si universelle des peuples les plus éloignés et les plus barbares après un si long oubli de Dieu, au nom et par

---

[1] *Act.*, I, 8. — [2] *Ephes.*, II, 17. — [3] *Act.*, VIII, 1. — [4] *Ephes.*, II, 13. — [5] *Act.*, XXVI, 23.

la vertu de Jésus-Christ crucifié et ressuscité, faisoit dire aux spectateurs d'un si grand ouvrage, que vraiment Jésus-Christ étoit tout-puissant pour accomplir ce qu'il promettoit; et que si par un miracle si visible il réunissoit si rapidement tous les peuples de l'univers pour croire en son nom, il pouvoit bien les réunir un jour pour être éternellement heureux dans la vision de sa face.

IV. Seconde partie de la promesse : la continuité et l'universalité des temps promise à l'Eglise comme celle des lieux.

Mais la seconde partie de la promesse de Jésus-Christ est encore plus remarquable. Revenons à ce dernier jour, où en formant son Eglise par la commission qu'il donnoit à ses apôtres avec les paroles qu'on a entendues, il continua ainsi son discours : « Toute puissance m'est donnée dans le ciel et sur la terre : allez donc : enseignez les nations, les baptisant au nom du Père et du Fils et du Saint-Esprit, leur apprenant à garder toutes les choses que je vous ai commandées. Et voilà je suis avec vous tous les jours jusqu'à la consommation des siècles [1]. » Ces paroles n'ont pas besoin de commentaire. Ce qu'il dit est grand et incroyable, qu'une société d'hommes doive avoir une immuable durée, et qu'il y ait sous le soleil quelque chose qui ne change pas : mais il donne aussi à sa parole cet immuable fondement : « Toute puissance m'est donnée dans le ciel et sur la terre : » allez donc sur cette assurance où je vous envoie aujourd'hui, et portez-y par l'autorité que je vous en donne le témoignage de mes vérités : vous ne demeurerez pas sans fruit : vous enseignerez, vous baptiserez : vous établirez des églises par tout l'univers. Il ne faut pas demander si le nouveau corps, la nouvelle congrégation, c'est-à-dire la nouvelle Eglise que je vous ordonne de former de toutes les nations, sera visible, étant comme elle doit l'être, visiblement composée de ceux qui donneront les enseignemens et de ceux qui les recevront, de ceux qui baptiseront et de ceux qui seront baptisés : et qui ainsi distingués de tous les peuples du monde par la prédication de mes préceptes et par la profession de les écouter, le seront encore plus sensiblement par le sceau sacré d'un baptême particulier au nom du Père et du Fils et du Saint-Esprit.

[1] *Matth.*, XXVIII, 18-20.

Cette Église clairement rangée sous le même gouvernement, c'est-à-dire sous l'autorité des mêmes pasteurs; sous la prédication et sous la profession de la même foi et sous l'administration des mêmes sacremens, reçoit par ces trois moyens les caractères les plus sensibles dont on la pût revêtir. Quelle est belle cette Église avec les trois marques de sa visibilité ! Mais pour en concevoir le dernier trait, voyons comment Jésus-Christ en marquera la durée, et s'il ne l'explique pas aussi clairement qu'il a fait tout le reste. Il s'agit de l'avenir : mais cette phrase : *Et voilà,* le rend présent par la certitude de l'effet : *Je suis avec vous;* c'est une autre façon de parler consacrée en cent endroits de l'Écriture, pour marquer une protection assurée et invincible de Dieu.

V.
On pèse toutes les paroles de la promesse, et premièrement celles-ci : « Je suis avec vous »

« Le Seigneur est avec vous, ô le plus courageux de tous les hommes! Si le Seigneur est avec nous, reprit Gédéon, d'où vient que nous nous voyons accablés de tant de maux? Allez avec ce courage, vous délivrerez Israël de la main des Madianites. Comment le délivrerai-je, puisque ma famille est la dernière de la tribu de Manassès, et que moi-même je suis le dernier de la maison de mon père? Je serai avec vous, lui dit le Seigneur; et vous détruirez Madian comme si ce n'étoit qu'un seul homme[1]. » Ce mot : *Je suis avec vous,* tient lieu de tout, et il n'y a secours ni puissance qu'il ne contienne. « Quand je marcherois, disoit David, au milieu de l'ombre de la mort, je ne craindrai aucun mal, parce que vous êtes avec moi[2]. » Cent passages de cette sorte, dans toutes les pages de l'Écriture, nous marquent cette expression comme la plus claire pour exclure tout sujet de crainte : « Quand vous passerez par les eaux, je serai avec vous, et les fleuves ne vous couvriront pas : vous marcherez au milieu des feux ardens, sans que leur ardeur vous blesse[3] : » nul complot, nul accablement, nulle persécution ne pourra vous nuire : défiez hardiment tous vos ennemis, dites-leur avec le Prophète : « Tenez conseil, et il sera dissipé : parlez ensemble pour conspirer notre perte; il ne s'en fera rien, parce que le Seigneur est avec nous[4]. » Mais qu'est-ce encore : *Avec vous,* dans la promesse de Jésus-Christ? Avec vous, « enseignans et baptisans : » ceux qui veulent

[1] *Judic.,* VI, 11, 13-16. — [2] *Psal.* XXII, 4. — [3] *Isa.,* XLIII, 2. — [4] *Ibid.,* VIII, 10.

être « enseignés de Dieu [1] » n'auront qu'à vous croire, comme ceux qui voudront être baptisés n'auront qu'à s'adresser à vous.

<small>VI.
On pèse les autres paroles.</small>
Mais peut-être que cette promesse : *Je suis avec vous*, souffrira de l'interruption ? Non : Jésus-Christ n'oublie rien : « Je suis avec vous tous les jours. » Quelle discontinuation y a-t-il à craindre avec des paroles si claires ? Enfin de peur qu'on ne croie qu'un secours si présent et si efficace ne soit promis que pour un temps : « Je suis, dit-il, avec vous tous les jours jusqu'à la fin des siècles : » ce n'est pas seulement avec ceux à qui je parlois alors que je dois être, c'est-à-dire avec mes apôtres. Le cours de leur vie est borné ; mais aussi ma promesse va plus loin, et je les vois dans leurs successeurs. C'est dans leurs successeurs que je leur ai dit : « Je suis avec vous : des enfans naîtront au lieu des pères : » *Pro patribus nati sunt filii* [2]. Ils laisseront après eux des héritiers : ils ne cesseront de se substituer des successeurs les uns aux autres, et cette race ne finira jamais.

<small>VII.
Jésus-Christ n'a point promis que l'Eglise ne contiendroit que des saints.</small>
Mais, dira-t-on, pourquoi vous restreignez-vous à dire que les erreurs seront toujours exterminées dans l'Eglise, et que n'assurez-vous aussi qu'il n'y aura jamais de vices ? Jésus-Christ est également puissant pour opérer l'un et l'autre. Il est vrai : mais il faut savoir ce qu'il a promis. Loin de promettre qu'il n'y auroit que des saints dans son Eglise, il a prédit au contraire « qu'il y auroit des scandales dans son royaume et de l'ivraie dans son champ, et même qu'elle y croîtroit mêlée avec le bon grain jusqu'à la moisson [3]. » On sait les autres paraboles, et « les poissons de toutes les sortes pris dans les filets » avec une telle multitude, que la nacelle où il pêchoit en « étoit presque submergée [4] : » mais sans empêcher néanmoins qu'elle n'arrivât heureusement au rivage. C'est là une des merveilles de la durée de l'Eglise, que le grand nombre de ceux qui la chargent n'empêchera pas qu'elle ne subsiste toujours. Ainsi on verra toujours des scandales dans le sein même de l'Eglise, et le soin de les réprimer fera éternellement une partie de son travail : mais pour ce qui est des erreurs et des hérésies, elles en seront exterminées. Jésus-Christ ne parle

---

[1] *Joan*, VI, 45. — [2] *Psal.* XLIV, 17. — [3] *Matth.*, XIII, 25, 30, 41. — [4] *Ibid.*, XIII, 47 ; *Luc.*, V, 3, 7.

que de la durée de la prédication et des sacremens : allez, enseignez, baptisez ; et je suis toujours avec vous, enseignans et baptisans, comme on a vu : cependant la prédication produira son fruit : l'Eglise aura toujours des saints, et la charité n'y mourra jamais.

Au reste le Fils de Dieu ne borne pas au siècle présent l'union qu'il veut avoir avec ses apôtres et leurs successeurs : il leur veut être beaucoup plus uni au siècle futur. Mais s'il s'étoit contenté de dire : Je suis avec vous éternellement, on auroit pu croire qu'il leur promettoit seulement l'éternité bienheureuse qui suivra le siècle présent ; au lieu que conduisant l'effet de cette promesse « jusqu'à la consommation du monde, » sans y parler d'autre chose en cet endroit, on voit qu'il ne donne point d'autre terme à son Eglise visible ni à la sainte société du peuple de Dieu en ce monde, sous le régime de ses pasteurs, que celui de l'univers. Cependant la félicité de la vie future ne nous en est pas moins assurée, et cette promesse nous en est un gage certain, puisque si celui qui est tout-puissant pour accomplir tout ce qu'il promet, peut conserver son Eglise en ce lieu d'instabilité et de tentation malgré les flots et les tempêtes, à plus forte raison saura-t-il la rendre immuablement heureuse avec ses enfans quand elle sera arrivée au port.

<small>VIII. Pourquoi Jésus-Christ dans cette promesse ne regarde que la fin du monde.</small>

De là suivent ces deux vérités, qui sont deux dogmes certains de notre foi : l'une, qu'il ne faut pas craindre que la succession des apôtres, tant que Jésus-Christ sera avec elle (et il y sera toujours sans la moindre interruption comme on a vu), enseigne jamais l'erreur, ou perde les sacremens. Car il faut juger des autres par le baptême qui en est l'entrée et le fondement. La seconde, qu'il n'est permis en aucun instant de se retirer d'avec cette succession apostolique, puisque ce seroit se séparer de Jésus-Christ, qui nous assure qu'il est toujours avec elle. Voilà deux dogmes et deux fondemens très-certains de notre foi, et qu'aussi le Fils de Dieu nous a proposés en termes exprès et par des paroles qui ne pouvoient être plus claires. Il est le seul qui a construit sur la terre un édifice immortel, contre lequel aussi il promet ailleurs que l'enfer ne prévaudra pas[1] : et en assurant à ses

<small>IX. Deux conséquences de cette doctrine.</small>

[1] *Matth.*, XVI, 18.

apôtres d'être « tous les jours » avec leurs successeurs comme avec eux-mêmes « jusqu'à la fin du monde, » il ne laisse à ceux qui seront tentés de sortir de cette suite sacrée, aucun endroit où ils puissent trouver un légitime commencement de leur secte, ni placer une interruption, quand elle ne seroit que d'un jour ou d'un moment.

<small>x.
Caractère des hérétiques, qu'ils se séparent eux-mêmes, marqué par saint Jude et tous les apôtres.</small>
De là est venu aux hérétiques et aux schismatiques, jusqu'à la fin du monde, ce mauvais et malheureux caractère marqué par saint Jude : « Ce sont ceux qui se séparent eux-mêmes ; » et afin de réciter le passage entier : « Souvenez-vous, dit-il, mes bien-aimés, de ce qui a été prédit par les apôtres de Notre-Seigneur Jésus-Christ, qui vous disoient qu'aux derniers temps (dans le temps de la loi évangélique) il y auroit des imposteurs qui suivroient leurs passions pleines d'impiétés : ce sont ceux qui se séparent eux-mêmes : gens livrés aux sens, et destitués de l'esprit ds Dieu[1]. » Remarquez ici que saint Jude, un des apôtres, cite à la fois tous les apôtres ses collègues et les compagnons de son ministère, comme établissant tous d'un commun accord le caractère de tous les trompeurs qui devoient paroître jusqu'à la fin des siècles. Ce caractère est de les montrer comme « ceux qui se séparent eux-mêmes. » Mais de qui se sépareront-ils, sinon d'un corps déjà établi et dont l'unité est inviolable, puisqu'on donne pour marque sensible de leur imposture la hardiesse de s'en séparer? Ils seront éternellement connus par leur désertion; et il est clair, dit saint Jude, que c'est par ce caractère que tous les apôtres les ont voulu désigner. Comme ils ont ouï tous ensemble Jésus-Christ, qui leur promettoit en commun « d'être tous les jours avec eux jusqu'à la consommation des siècles, » ils ont aussi jugé tous ensemble que se séparer de cette chaîne, c'étoit se séparer d'avec Jésus-Christ pendant qu'il leur promettoit de son côté de ne les quitter jamais, ni eux, ni la suite de leurs successeurs.

<small>xi.
Autre caractère marqué par saint Paul.</small>
De là suit avec la même évidence un autre caractère marqué par saint Paul, *de l'homme hérétique :* « C'est qu'il se condamne lui-même par son propre jugement : *Proprio judicio suo con-*

[1] *Jud.*, 17-19.

demnatus [1], » puisque dès lors qu'il paroît en tête, comme le premier de sa secte, sans pouvoir nommer son prédécesseur dans le temps qu'il commence à s'élever, il se condamne en effet lui-même comme novateur manifeste, et il porte sa condamnation sur son front.

Or cela arrive en deux façons, qui ont paru l'une et l'autre dans le dernier schisme. Premièrement lorsque les évêques qui succédoient aux apôtres, sans quitter leurs siéges, renoncent à la foi de ceux qui les y ont établis et qui les ont consacrés : secondement et d'une manière encore plus sensible, lorsque les peuples se font un nouvel ordre de pasteurs qui viennent d'eux-mêmes, et qu'en s'ingérant dans le ministère sacré sans pouvoir nommer leurs prédécesseurs, ils se voient contraints pour sauver leur entreprise, de se dire « suscités de Dieu d'une façon extraordinaire pour dresser de nouveau l'Eglise qui étoit en ruine et désolation [2]. »

XII. Deux manières de se séparer soi-même.

Que veulent-ils dire par cette *désolation* et cette *ruine*? Quoi? qu'il y avoit en général de la corruption et du déréglement dans les mœurs de ceux qui conduisoient le troupeau? Ce n'est pas de quoi il s'agit, puisque cette *désolation* et cette *ruine* qui obligeoit « à dresser de nouveau l'Eglise, » regardoit la foi : on supposoit donc que la foi n'étoit plus avec ceux qui étoient en place, ni dans le peuple qui leur demeuroit attaché, puisqu'il se falloit séparer de tout ce corps : ou qu'étant encore avec eux selon sa promesse, on pouvoit néanmoins s'en détacher, et se faire de nouveaux pasteurs, qui dans l'ordre de la succession ne tinssent rien des apôtres ni des successeurs des apôtres : ou qu'enfin on pût être avec Jésus-Christ, sans être avec ceux avec qui il a promis d'être toujours.

Ceux-là donc manifestement font une plaie à l'Eglise et une rupture dans l'unité. C'est ce qu'on a vu arriver en Allemagne et en France au commencement du siècle passé, dans le schisme de Luther et de Calvin. Mais ceux qui environ dans le même temps, ont rompu dans d'autres royaumes en demeurant dans les siéges où ils se trouvoient établis évêques, ne sont pas plus de-

XIII. Ceux qui ont gardé leurs siéges, et qui en ont changé la foi, tombent dans le même inconvénient.

[1] *Tit.*, III, 10, 11. — [2] *Conf. de foi des Prél. réf.*

meurés unis avec la succession apostolique, puisque tout d'un coup ils ont renoncé à la doctrine de ceux qui les avoient consacrés, et qu'ils ont appris à leurs peuples à désavouer pareillement la foi de ceux qui leur avoient donné le baptême. Car il faut ici remarquer que la dissension dont il s'agissoit ne regardoit pas des choses indifférentes. Les réformateurs prétendus ne reprochoient rien moins à l'Eglise et à leurs consécrateurs, qu'un culte idolâtre, un sacrifice profane et sacrilége, un oubli de la grace et de la justification chrétienne, et cent autres choses qui regardent visiblement les fondemens de la foi et la substance du nom chrétien. Que leur servoit donc de garder leurs siéges, si publiquement et par expresse déclaration ils cessoient de persister dans la foi qu'on y professoit immédiatement avant eux, et qu'ils professoient si bien eux-mêmes lorsqu'on les a installés et consacrés, que leur changement aux yeux du soleil, et par un fait positif, est demeuré pour constant? Il n'est pas besoin de remonter plus haut : dès ce moment la chaîne est rompue : le caractère de séparation est ineffaçable : il n'y a qu'à se souvenir en quelle foi on étoit lorsqu'ils sont entrés dans leurs siéges, et dans quelle foi ils étoient eux-mêmes.

XIV. *Pourquoi il faut qu'il y ait des hérésies : et du remède sensible et universel que Dieu y a préparé.*

C'est un remède éternel, préparé par Jésus-Christ à son Eglise contre tous les schismes et contre toutes les sectes qui y devoient naître en si grand nombre dès sa naissance et dans toute la suite des temps; c'est là, dis-je, le vrai remède contre ce terrible *Il faut*, de saint Paul, qu'on ne lit point sans un profond étonnement : « Il faut, dit-il, qu'il y ait non-seulement des schismes, mais même des hérésies : » *Oportet et hæreses* (etiam) *hæreses esse*[1] : sans les schismes, sans les hérésies, il manqueroit quelque chose à l'épreuve où Jésus-Christ veut mettre les ames qui lui sont soumises, pour les rendre dignes de lui. Jésus-Christ paroissoit à peine dans le monde; et dès sa première entrée dans son saint temple tant marquée dans ses prophètes, il y voulut trouver le saint vieillard, qui expliquant à sa bienheureuse Mère, et en sa personne à son Eglise la vraie Mère de ses enfans, les desseins de Dieu sur ce cher Fils, lui prédit « qu'il seroit en butte aux

[1] *I Cor.*, XI, 18, 19.

contradictions ¹ : » ce qui paroît, non-seulement dans sa vie et dans sa mort, mais encore éternellement dans la prédication de son Evangile : en sorte que c'étoit là une partie nécessaire des mystères de Jésus-Christ, d'exciter par leur simplicité, par leur majesté, par leur hauteur, la contradiction des sens et de la foible raison humaine.

Qu'on ne s'étonne donc pas de voir sortir du sein de l'Eglise des esprits contentieux, qui sauront lui faire des procès sur rien : ou des curieux, qui pour paroître plus sages qu'il ne convient à des hommes, voudront tout entendre, tout mesurer à leurs sens, hardis scrutateurs des mystères dont la hauteur les accablera ² : ou des hypocrites qui avec l'extérieur de la piété séduiront les simples, et sous la peau de brebis couvriront des cœurs de loups ravissans ³ : ou de ces « murmurateurs chagrins et plaintifs ou querelleux : » *Murmuratores querulosi* ⁴, comme les appelle saint Jude, qui en criant sans mesure contre les abus, pour s'ériger en réformateurs du genre humain, se rendront, dit saint Augustin, plus insupportables que ceux qu'ils ne voudront pas supporter : ou enfin des hommes vains qui inventeront des doctrines étrangères pour se faire un nom dans l'Eglise, « et emmener des disciples après eux ⁵. » C'est de tels esprits que se forment les schismes et les hérésies, et il faut qu'il y en ait pour éprouver les vrais fidèles. Mais Jésus-Christ, qui les a prévus et prédits, nous a préparé un moyen universel pour les connoître : c'est qu'ils seront tous du nombre de « ceux qui se séparent eux-mêmes, qui se condamnent eux-mêmes ; » de ceux enfin qui ne croiront pas aux promesses de Jésus-Christ à l'Eglise, ni à la parole qu'il lui a donnée d'être toujours sans interruption et sans fin avec ses pasteurs.

Souvent ils sembleront imiter l'Eglise en se multipliant comme elle et occupant des peuples entiers, ainsi que les ariens pervertirent les Goths, les Vandales, les Hérules, les Bourguignons. Car il faut encore que les fidèles éprouvent la tentation de cette vaine ressemblance : bien plus, en durant longtemps, ils paroîtront

---

¹ *Luc.*, II, 34. — ² *Prov.*, XXV, 27. — ³ *Matth*, VII, 15. — ⁴ *Jud.*, 16. — ⁵ *Act.*, XX, 30.

imiter aussi la stabilité de l'Eglise, et comme elle pouvoir se promettre une éternelle durée. Mais l'illusion est toujours aisée à reconnoître et à dissiper. Il n'y a qu'à ramener toutes les sectes séparées à leur origine : on trouvera toujours aisément et sans aucun doute le temps précis de l'interruption : le point de la rupture demeurera pour ainsi dire toujours sanglant; et ce caractère de nouveauté, que toutes les sectes séparées porteront éternellement sur le front sans que cette empreinte se puisse effacer, les rendra toujours reconnoissables. Quelques progrès que fasse l'arianisme, on ne cessera de le ramener au temps du prêtre Arius, où l'on comptoit par leurs noms le petit nombre de ses sectateurs : c'est-à-dire huit ou neuf diacres, trois ou quatre évêques; en tout, treize ou quatorze personnes, à qui leur évêque et avec lui cent évêques de Libye dénonçoient un anathème éternel, qu'ils adressoient à tous les évêques du monde et de qui il étoit reçu : c'est à ce temps précis et marqué où l'on ramenoit les ariens [1] : on les ramenoit au temps où l'on reprochoit à Eusèbe de Nicomédie qu'il « croyoit avoir toute l'Eglise en sa personne » et en celles des quatre évêques de sa faction; au temps où on lui disoit : « Nous ne connoissons qu'une seule Eglise catholique et apostolique, qui ne peut être abattue par nul effort de l'univers conjuré contre elle, et devant qui doivent tomber toutes les hérésies [2]. » Ce que disoit Alexandre, évêque d'Alexandrie, dans ces premiers siècles du christianisme, se dira éternellement, et tant que l'Eglise sera Eglise, à toutes les sectes qui se sépareront elles-mêmes. Que Nestorius, patriarche de Constantinople, se fasse un nom dans l'Orient, et qu'une longue étendue de pays se fasse honneur encore aujourd'hui de le porter : on le ramènera toujours au point de la division, où il étoit seul de son parti, avec un autre qu'il faisoit prêcher dans Constantinople : où personne ne le pouvoit souffrir, ni l'entendre dans sa propre ville : « où un seul évêque étoit opposé à six mille évêques [3] » : où la parcelle disputoit contre le tout, où une branche rompue combattoit contre l'arbre et contre le tronc d'où elle s'étoit arrachée. Ainsi le schisme de Dioscore,

[1] Epist. I et II *Alex. episc. Alex., ante Conc. Nic.* — [2] Epist. II, ad omn. ep., *ibid.* — [3] *Apol. Dalm. ad Theod. Imper., Conc. Ephes.*, part. II, inter acta cath.

qu'on voit encore subsister, sera toujours ramené au concile de Chalcédoine, et au temps qu'on lui disoit avec une vérité manifeste et incontestable, que tout l'Orient et tout l'Occident étoit uni contre lui. C'est ainsi que l'on démontroit, quelque durée que le schisme pût avoir, qu'il commence toujours par un si petit nombre, qu'il ne mérite pas même d'être regardé à comparaison de celui des orthodoxes. Que l'on considère toutes les autres sectes qui se sont jamais séparées de l'Eglise ; nous mettons en fait qu'on n'en nommera aucune, qui ramenée à son commencement, n'y rencontre ce point fixe et marqué, où une parcelle combattoit contre le tout : se séparoit de la tige : changeoit la doctrine qu'elle trouvoit établie par une possession constante et paisible, et dont elle-même faisoit profession le jour précédent.

Dès là il n'est pas besoin d'aller plus loin : comme le sceau de la vraie Eglise est qu'on ne peut lui marquer son commencement par aucun fait positif qu'en revenant aux apôtres, à saint Pierre et à Jésus-Christ, ni faire sur ce sujet autre chose que des discours en l'air : ainsi le caractère infaillible et ineffaçable de toutes les sectes, sans en excepter une seule, depuis que l'Eglise est Eglise, c'est qu'on leur marquera toujours leur commencement et le point d'interruption par une date si précise, qu'elles ne pourront elles-mêmes le désavouer. Ainsi elles se flatteront en vain d'une durée éternelle : nulle secte, quelle qu'elle soit, n'aura cette perpétuelle continuité, ni ne pourra remonter sans interruption jusqu'à Jésus-Christ. Mais ce qui ne commence point par cet endroit, ne se peut rien promettre de durable. Les hérésies ne seront jamais de ces fleuves continus, dont l'origine féconde et inépuisable leur fournira toujours des eaux : elles ne sont, dit saint Augustin, que des torrens qui passent, qui viennent comme d'eux-mêmes, et se dessèchent comme ils sont venus. La seule Eglise catholique, dont l'état remonte jusqu'à Jésus-Christ, recevra le caractère d'immortalité que lui seul peut donner.

Ce dogme de la succession et de la perpétuité de l'Eglise, si visiblement attesté par les promesses expresses de Jésus-Christ, avec les paroles les plus nettes et les plus précises, a été jugé si important, qu'on l'a inséré parmi les douze articles du Symbole

XV. Cet article est fondamental et un des douze du Symbole des apôtres des apôtres, en ces termes : « Je crois l'Eglise catholique ou universelle : » universelle dans tous les lieux et dans tous les temps, selon les propres paroles de Jésus-Christ : « Allez, dit-il, enseignez toutes les nations, et voilà je suis avec vous tous les jours sans discontinuation jusqu'à la fin des siècles. » Ainsi en quelque lieu et en quelque temps que le Symbole soit lu et récité, l'existence de l'Eglise de tous les lieux et de tous les temps y est attestée : cette foi ne souffre point d'interruption, puisqu'à tous momens le fidèle doit toujours dire : « Je crois l'Eglise catholique. » Quand les novateurs, quels qu'ils soient, ont commencé leurs assemblées schismatiques, l'Eglise étoit ; il le falloit croire, puisqu'on disoit : « Je crois l'Eglise : » il falloit être avec elle, à peine d'être séparé de Jésus-Christ, qui a dit : « Je suis avec vous : » en quelque temps que hors de sa communion, qui est toujours celle des saints, on ose former des congrégations illégitimes, on est manifestement du nombre « de ceux qui se séparent eux-mêmes, » qui se « condamnent eux-mêmes » par leur propre et manifeste séparation.

<small>XVI. Si c'est là une simple formalité, et si au contraire cette doctrine n'appartient pas au fond.</small>
Quand on dit que ce sont là des formalités, et qu'il en faut venir au fond, on abuse trop visiblement de la crédulité des simples : comme si la foi des promesses si clairement expliquée par Jésus-Christ même et renfermée dans le Symbole, n'étoit qu'une formalité, ou que ce fût une chose peu essentielle au christianisme de croire que les novateurs, qui se séparent eux-mêmes, portent dès là leur condamnation et leur nouveauté sur le front.

<small>XVII. Que ce défaut ne se couvre point par la suite des temps : preuve par le schisme des Samaritains et par la doctrine de Jésus-Christ.</small>
Ce défaut ne se peut couvrir par quelque suite de temps que ce puisse être. Le schisme de Samarie étoit si ancien, que l'origine en remontoit jusqu'à Roboam fils de Salomon, jusqu'à la séparation des dix tribus, ainsi que les plus anciens docteurs l'ont remarqué devant nous[1]. Le salut des Samaritains, séparés depuis si longtemps du peuple de Dieu, en étoit-il plus assuré par une origine si reculée ? Point du tout ; le peuple de Dieu les a toujours mis au rang des nations les plus odieuses. L'*Ecclésiastique* a nommé avec les enfans d'Esaü et de Chanaan : « Le peuple insensé qui fait sa demeure dans Sichem[2] » c'est-à-dire les Samaritains : Jésus-Christ a confirmé cette sentence, et les traite en effet

---

[1] Tertull., lib. IV *cont. Marcion.*, cap. XXXV. — [2] *Eccli.*, IV, 28.

comme insensés, en leur disant : « Vous adorez ce que vous ne connoissez pas : pour nous nous adorons ce que nous connoissons ¹. » Vous ignorez l'origine de l'alliance : vous avez renoncé à la suite du peuple saint : vous réclamez en vain le nom de Dieu : il n'y a point de salut pour vous : « Le salut vient des Juifs, » et les Samaritains mêmes ne le doivent tirer que de là. Et remarquez ces paroles : *vous* et *nous* : dans cette opposition, Jésus-Christ ne dédaigne pas de se mettre du côté des Juifs par ce mot de *nous*, parce que c'étoit la tige sacrée, où se conservoient et se perpétuoient les promesses, le culte, le sacerdoce, jusqu'à ce que parût celui qui par sa mort et par sa résurrection « devoit être l'attente des peuples ². » Quand les dix lépreux, dont l'un étoit Samaritain, se présentèrent à Jésus-Christ pour être purifiés ³, le Sauveur les renvoya tous également, et non moins le Samaritain que les autres, aux prêtres successeurs d'Aaron, comme à « la source de la religion » et des sacremens : *matricem religionis et fontem salutis* ⁴, comme parloit Tertullien. Il ne servoit donc de rien à ces schismatiques que leur schisme fût invétéré, et qu'il eût duré près de mille ans sous diverses formes : on ne l'en comdamnoit pas moins par le seul titre de son origine : on se souvint éternellement de l'auteur de la division, c'est-à-dire de « Jéroboam, qui avoit fait pécher Israël ⁵ ; » et qui s'étoit retiré par un attentat manifeste de la ville choisie de Dieu, c'étoit-à-dire de l'Eglise et du sacerdoce établi depuis Aaron et depuis Moïse.

Le plus ancien schisme parmi les chrétiens est celui de Nestorius ; on en vient de voir le défaut marqué dans son commencement et dans le propre nom de son auteur que la secte porte encore : rien ne le peut effacer. Le point de l'interruption n'est pas moins marqué dans les autres schismes d'Orient. Il n'est pas ici question de parler des Grecs : ce n'est point à l'Eglise de Constantinople, ni aux autres siéges schismatiques d'Orient, que nos réformés ont songé à s'unir en se divisant de l'Eglise romaine avec tant d'éclat et de scandale. Avouez, nos chers Frères, une vérité qui est trop constante pour être niée. Rien ne vous accommodoit dans

<small>XVIII. Il en est de même des autres schismes : réflexion sur la rupture des protestans.</small>

---

¹ *Joan.*, IV, 22. — ² *Genes.*, XLIX, 10. — ³ *Luc.*, XVII, 12, 14, 16. — ⁴ Ubi suprà. — ⁵ III *Reg.*, XV, 30, 34.

tout l'univers : tout le monde sait que ce sont les Pères de l'Eglise grecque qui ont mis les premiers de tous au rang des hérétiques un Aërius [1], pour avoir crues inutiles les prières et les oblations pour l'expiation des péchés des morts, et pour d'autres points qui nous sont communs avec eux. C'est un fait constant, que nulle adresse des protestans n'a pu pallier. Je ne crois pas à présent que des gens sensés et de bonne foi puissent nous objecter sérieusement que nous sommes des idolâtres, après qu'on a montré en tant de manières que l'honneur des Saints, des reliques et des images, laisse à Dieu tout le culte qui est dû à la nature incréée, et que loin de l'affoiblir, elle l'augmente. Mais quoi qu'il en soit, l'Eglise d'Orient l'avoit comme nous, et le concile vii reçu dans les deux églises, en est un irréprochable témoin. Je ne parle pas des autres dogmes du même concile, ni de ce qu'il dit si expressément sur la présence réelle, que l'on ne peut éluder que par des chicanes : il nous suffit à présent que l'Eglise grecque se trouve aussi éloignée des protestans que la latine; il demeure pour constant qu'ils ont construit leur église prétendue par une formelle et inévitable désunion d'avec tout ce qu'il y avoit de chrétiens dans l'univers.

XIX. *Les divisions parmi ceux qui se sont séparés de l'Eglise n'ont point de remède.* Aussi se sont-ils vus dès leur origine irrémédiablement désunis entre eux-mêmes : luthériens, calvinistes, sociniens, ont été des noms malheureux, qui ont formé autant de sectes. Les catholiques savent se soumettre et se ranger sous l'étendard : on en a dans tous les siècles d'illustres exemples. Il n'en est pas de la même sorte de ceux qui ont rompu avec l'Eglise. Le principe d'union une fois perdu en se séparant d'avec celle où tout étoit un auparavant, a tout mis en division; les schismes se sont multipliés, et n'ont pas eu de remède; car la maxime qu'on avoit posée, d'examiner chacun par soi-même les articles de la foi, mettoit tout en dispute et rien en paix. Ainsi s'étoient divisées toutes les sectes : l'arianisme, le pélagianisme, l'eutychianisme avoient enfanté des demi-ariens, des demi-pélagiens, des demi-eutychiens de plus d'une sorte, et ainsi des autres. On n'a plus rien de certain, quand on a une fois rejeté le joug salutaire de l'autorité de

[1] Epiph., hær. 65 et in ind., lib. III.

l'Eglise. Les donatistes, dit saint Augustin, avoient pris en main le couteau de division pour se séparer de l'Eglise : le couteau de division est demeuré parmi eux ; et voyez, dit le même Père, « en combien de morceaux se sont divisés ceux qui avoient rompu avec l'Eglise : » *Qui se ab unitate præciderunt, in quot frusta divisi sunt* [1] ? N'en peut-on pas dire autant à nos prétendus réformateurs ? C'est en vain qu'ils ont voulu reprendre l'autorité attachée au nom de l'*Eglise*, et obliger les particuliers à se soumettre aux décisions de leurs synodes. Quand on a une fois détruit l'autorité, on n'y peut plus revenir : on aura éternellement contre eux le même droit qu'ils ont usurpé contre l'Eglise, lorsqu'ils l'ont quittée. Ainsi nulle dispute ne finit : Dordrecht ne peut rien contre les arminiens : en se soulevant contre l'Eglise, et réduisant à rien ce nom sacré avec les promesses de Jésus-Christ pour son éternelle durée, les protestans se sont ôté toute autorité, tout ordre, toute soumission : et aujourd'hui, s'ils se font justice, ils reconnoîtront qu'ils n'ont aucun moyen de réprimer ou de condamner les erreurs ; en sorte qu'il ne leur reste aucun remède pour s'unir entre eux, que celui de trouver tout bon, et d'introduire parmi eux la confusion de Babel et l'indifférence des religions sous le nom de tolérance.

Il n'en faut pas davantage aux cœurs simples et de bonne foi. Les promesses dont il s'agit sont conçues, comme on a vu, en termes simples et très-clairs. On doit donc se déterminer en très-peu de temps à y croire ; et cette croyance enferme une claire décision de toutes les controverses. Car si une fois il est constant que la vérité domine toujours dans l'Eglise, tous les doutes sont résolus : il n'y a qu'à croire, et tout est certain. Mais si après cela on veut écouter les anciens docteurs de l'Eglise, et savoir s'ils entendent comme nous les promesses de Jésus-Christ dont nous parlons, je veux bien entrer encore dans cette matière, et ne craindrai point de donner à un sujet si essentiel toute l'étendue qu'il mérite.

XX. Explications conformes des saints docteurs : saint Augustin.

Vous doutez du sentiment des anciens docteurs ? Il n'y a qu'à les entendre parler à ceux qui se séparant visiblement de l'Eglise, de

[1] Serm. IV, n. 33, 34.

cette Eglise qui étoit visiblement répandue par tout l'univers, disoient « qu'elle étoit perdue sur la terre. » C'est ainsi que parloient les donatistes : mais cette parole n'étoit écoutée qu'avec horreur, comme on écoute les plus grands blasphèmes. « L'Eglise a péri, dites-vous, elle n'est plus sur la terre. Saint Augustin leur répond : Voilà ce que disent ceux qui n'y sont point : parole impudente. Elle n'est pas, parce que vous n'êtes pas en elles? C'est, poursuit-il, une parole abominable, détestable, pleine de présomption et de fausseté, destituée de toute raison, de toute sagesse, vaine, téméraire, insolente, pernicieuse : *Abominabilem, detestabilem, vanam, temerariam, præcipitem, perniciosam* [1], *etc.* » Pourquoi tous ces titres à cette erreur? C'est qu'elle dément Jésus-Christ, qui a promis à l'Eglise, non-seulement des jours éternels au siècle futur, mais encore dans cette vie des jours qui seront courts, à la vérité, puisque tout ce qui n'est pas éternel est court, mais qui dureront néanmoins jusqu'à la fin du monde [2].

Le même saint Augustin fait ainsi parler l'Eglise avec le même Psalmiste : « Annoncez-moi la brièveté de mes jours; » voyons à quels termes vous avez voulu les réduire : *Paucitatem dierum meorum annuntia mihi.* « Mais, continue-t-elle, pourquoi ceux qui se séparent de mon unité murmurent-ils contre moi? Pourquoi ces hommes perdus disent-ils que je suis perdue? Ils osent dire que j'ai été, et que je ne suis plus : parlez-moi donc, ô Seigneur, de la brièveté des jours que vous m'avez destinés sur la terre. Je ne vous interroge point ici sur ces jours perpétuels de l'autre vie : ils seront sans fin dans le séjour éternel où je serai; » ce n'est point de cette durée dont je veux parler : « je parle des jours temporels que j'ai à passer sur la terre : annoncez-les-moi encore un coup; parlez-moi, non point » de l'éternité dont je jouirai dans le ciel, mais des jours *passagers et brefs* que je dois avoir dans ce monde. « Parlez-en pour l'amour de ceux qui disent : Elle a été, et elle n'est plus. Elle a apostasié, et l'Eglise est périe dans toutes les nations. Mais qu'est-ce que Jésus-Christ m'annonce sur cela? Que me promet-il? Je suis avec vous jusqu'à la consommation des siècles. »

[1] August., *in Psal.* CI, serm. II, n. 8. — [2] *Ibid.*, n. 9.

Voilà donc deux vies bien distinctement promises à l'Eglise : l'une dans le ciel, éternelle et vraiment longue, puisqu'il n'y a rien de long que ce qui n'a point de fin ; l'autre temporelle et courte en effet, puisqu'elle aura une fin, mais à qui Jésus-Christ n'en donne point d'autre que celle des siècles.

Ailleurs le même Père applique à l'Eglise cette parole du même Psalmiste : « Il a appuyé la terre sur sa fermeté ; elle ne branlera point aux siècles des siècles : » *Fundavit terram super firmitatem suam, non inclinabitur in sæculum sæculi* [1]. « Par la terre, dit saint Augustin, j'entends l'Eglise ; » et dans la suite : « Où sont ceux qui disent que l'Eglise est périe dans le monde, elle qui, loin de tomber, ne peut pas même pencher pour peu que ce soit, ni jamais être ébranlée [2] ? » Pourquoi ? A cause qu'étant appuyée sur le ferme fondement de la promesse de Jésus-Christ, « elle est prédestinée pour être la colonne et le soutien de la vérité : *Prædestinata est columna et firmamentum veritatis* [3], » qui est, comme on sait, une parole de saint Paul [4], où l'Apôtre donne ce nom à l'Eglise.

C'est d'une Eglise visible, où il faut « converser avec les hommes » et édifier le peuple de Dieu, que saint Paul a voulu parler : c'est d'une Eglise visible que saint Augustin entend cette parole, et la chimère de l'Eglise invisible n'étoit pas connue de ce temps.

De là vient que le même Père enseigne aussi qu'on ne se trompe jamais en suivant l'Eglise. « C'est là, dit-il, qu'on écoute et qu'on voit : celui qui est hors de l'Eglise, n'entend ni ne voit : celui qui est dans l'Eglise n'est ni sourd ni aveugle : *Extra illam qui est, neque videt neque audit : in illâ qui est, nec surdus nec cœcus est* [5]. » Mais de peur qu'on ne s'imagine que l'instruction que donne l'Eglise ne dure qu'un temps, il ajoute avec le Psalmiste : « Dieu l'a fondée éternellement ; » d'où il conclut : « Si Dieu l'a fondée éternellement, craignez-vous que le firmament ne tombe, ou que la fermeté même ne soit ébranlée ? »

Aussi donne-t-il toujours le sentiment de l'Eglise pour une

XXI. Que le

---

[1] *In Psal.* CIII, 5, serm. I, n. 17. — [2] Serm. II, n. 5. — [3] Serm. I, n. 17. — [4] 1 *Timoth.*, III, 15. — [5] *In Psal.* XLVII, n. 7.

sentiment de l'Eglise est une règle infaillible; autre sermon de saint Augustin. entière conviction de la vérité. C'est ce qui paroît dans un sermon admirable prononcé à Carthage le jour de la Nativité de saint Jean-Baptiste. Il s'agissoit d'établir, contre la nouvelle hérésie des pélagiens, la vérité du péché originel par le fait constant, positif et universel du baptême des petits enfans ; il pose pour fondement que par la coutume de l'Eglise « très-ancienne, très-canonique, très-bien fondée [1] ; » comme ils ont péché par autrui, c'est aussi par autrui qu'ils croient : sur ce fondement il suppose que les enfans qu'on baptise sont rangés au nombre des fidèles : « Je demande, dit-il aux novateurs, si Jésus-Christ sert de quelque chose à ces nouveaux baptisés, ou s'il ne leur sert de rien ? Il faut qu'ils répondent qu'il leur sert beaucoup : ils sont accablés par le poids de l'autorité de l'Eglise. Ils voudroient peut-être bien ne pas avouer l'utilité du baptême des petits enfans, et leurs raisonnemens les conduiroient là : mais l'autorité de l'Eglise les retient, de peur que les peuples chrétiens ne leur crachent au visage [2]. » Remarquez ici le prodigieux effet de l'autorité de l'Eglise, non-seulement dans les catholiques qui ne pouvoient souffrir qu'on en doutât, mais encore dans les novateurs qui n'osoient la contredire. « Selon cette autorité, poursuivoit-il, un petit enfant qu'on baptise est rangé au nombre des fidèles. L'autorité de l'Eglise notre Mère emporte cela : la règle très-bien fondée de la vérité fait qu'on n'ose le nier. Qui voudroit s'opposer à cette force, et employer des machines pour abattre cette inébranlable muraille, ne l'abattroit pas, mais se mettroit soi-même en pièces. » Telle est l'autorité de l'Eglise : c'est ainsi qu'elle est invincible et inébranlable.

Alors les nouveaux hérétiques n'étoient pas encore condamnés, et ce sermon solennel prononcé par l'ordre des évêques dans la métropolitaine de toute l'Afrique, fut l'avant-coureur de cette juste condamnation. Pendant que l'Eglise les attendoit avec une patience vraiment maternelle, saint Augustin les pressoit en cette sorte : « C'est ici, dit-il, une chose fondée et établie sur un fondement immuable. On supporte ceux qui disputent lorsqu'ils errent dans les autres questions qui ne sont pas bien examinées, qui ne

[1] Serm. CCXCIV, n. 17. — [2] *Ibid.*

sont pas encore établies par la pleine autorité de l'Eglise. C'est alors qu'il faut supporter l'erreur : mais elle ne doit pas s'emporter jusqu'à vouloir ébranler le fondement de l'Eglise : » c'est-à-dire, comme on voit, la foi des promesses sur lesquelles elle est appuyée.

Puisque nous sommes sur les pélagiens, il est bon de considérer en la personne de ces hérétiques avec quel dédain ces sortes d'esprits parloient de l'Eglise, et ce que leur répondoient les orthodoxes. « C'est tout dire, disoit Julien le Pélagien, la folie et l'infamie ont prévalu même dans l'Eglise de Jésus-Christ [1]. » On n'en vient à cet excès d'impiété contre l'Eglise qu'après avoir méprisé les promesses de son éternelle durée. Ailleurs : « La confusion se met partout : le nombre des fous devient le plus grand, et on ôte à l'Eglise le gouvernail de la raison, afin d'introduire un dogme vulgaire [2] : » il appeloit ainsi par mépris le dogme commun de l'Eglise; et à la manière des grands esprits faux, il affectoit de se distinguer par ses superbes singularités : il dit ailleurs dans le même esprit : « Si la vérité trouve encore quelque place parmi les hommes, et que le monde ne soit pas encore étourdi par le bruit de l'iniquité [3]. » C'est le langage ordinaire des novateurs : à les entendre, la vérité n'est plus sur la terre : l'Eglise y est perdue : ils ne songent plus aux promesses qu'elle a reçues; et parce que le dogme contraire à celui des hérétiques y prévaut toujours, ces superbes méprisant le peuple, dont le gros demeure attaché à ses pasteurs, reprochent à l'Eglise « qu'elle se pare de l'autorité du vulgaire, de la lie du peuple, des femmes, des gens de métier, des gens de néant [4]. »

XXII. Langage opposé des hérétiques et des saints.

C'est le langage commun de tous les hérétiques : ce fut en particulier celui de Bérenger au onzième siècle, comme nous le dirons bientôt. Mais saint Augustin y avoit déjà répondu par avance. L'Eglise, disoit-il à Julien comme aux autres, doit toujours subsister; et il ne faut pas s'étonner si la vérité y prévaut dans la multitude, puisque c'est *cette multitude* qui a été promise à Abraham [5], laquelle par conséquent il ne « faut point mépriser comme une troupe vulgaire. » Toute « l'Eglise est contre vous dès son com-

---

[1] August., *Op. imp. cont. Jul.*, lib. I, n. 12. — [2] *Ibid.*, lib. II, n. 21. — [3] *Ibid.*, lib. I, n. 102. — [4] *Ibid.*, n. 33, 42, etc. — [5] *Ibid.*, lib. VI, n. 3.

mencement : » *A sui initio* [1], puisque dès son commencement elle a montré par ses exorcismes et par ses exsufflations qu'elle connoissoit le péché originel dans les petits enfans. Il n'y a rien de plus foible que ces raisonnemens, si la croyance de l'Eglise n'est pas d'une certitude infaillible. « Revenez à nous, disoit encore saint Augustin à Julien; vous n'êtes pas né de parens qui crussent la doctrine que vous enseignez, et vous avez été régénéré dans une Eglise qui croyoit le contraire [2]. » Ce dogme, poursuivoit-il, que vous appelez *vulgaire* ou *populaire* à cause qu'il est suivi de tous les peuples fidèles, est celui de saint Cyprien et de saint Ambroise. « Mais ce n'est pas saint Ambroise ni saint Cyprien qui ont fait entrer les peuples dans cette croyance; ils les y ont trouvés : votre père les y a trouvés quand vous avez été baptisé petit enfant : vous avez vous-même trouvé tels dans l'Eglise tous les peuples catholiques [3]. » Qu'on remarque bien cet argument : c'est, comme nous l'avons vu, l'argument commun de tous les catholiques contre tous ceux qui innovent; et il faut bien que tout novateur trouve l'Eglise dans un sentiment opposé au sien, puisque selon la promesse de Jésus-Christ elle seule ne change jamais.

En un mot tous les ennemis de l'Eglise lui ont marqué une fin ou du moins une interruption, et tous les enfans de l'Eglise ont soutenu qu'elle ne verroit ni l'un ni l'autre. Les païens lui assignoient pour toute durée 365 ans [4] : vain discours que l'expérience avoit réfuté, puisqu'elle n'avoit jamais été plus affermie qu'après ce temps écoulé. Il n'y a donc point de fin pour elle. Mais elle n'est pas moins à couvert de l'interruption, puisque Jésus-Christ, véritable en tout, l'a également garantie de ces deux accidens.

Je ne m'étonne pas des païens, qui ne croyent ni en Jésus-Christ ni en ses promesses. Mais il ne faut non plus s'étonner des hérétiques, quoiqu'ils portent le nom de *chrétiens*, puisque s'étant engagés à se faire une église et une doctrine indépendantes de celles qu'ils trouvoient sur la terre lorsqu'ils sont venus, ils ont eu ce malheureux intérêt de trouver une interruption dans la

---

[1] August., *Op. imp. cont. Jul.*, lib. II, n. 104. — [2] *Ibid.*, lib. IV, n. 13. — [3] *Ibid.*, lib. II, n. 2. — [4] August., *de Civit. Dei*, lib. XVIII, cap. LIII, LIV.

suite de l'Eglise, et d'éluder les promesses de son éternelle durée.

Il n'y a rien de plus grand ni de plus divin dans la personne de Jésus-Christ, que d'avoir prédit d'un côté que son Eglise ne cesseroit d'être attaquée, ou par les persécutions de tout l'univers, ou par les schismes et les hérésies qui s'élèveront tous les jours, ou par le refroidissement de la charité[1], qui amèneroit le relâchement de la discipline; et de l'autre, d'avoir promis que malgré toutes ces contradictions, nulle force n'empêcheroit cette Eglise de vivre toujours ni d'avoir toujours des pasteurs qui se laisseroient les uns aux autres, et de main en main, la chaire, c'est-à-dire l'autorité de Jésus-Christ et des apôtres, et avec elle la saine doctrine et les sacremens. Aucun auteur de nouvelles sectes, de quelque esprit de prophétie qu'il se vantât d'être illuminé, n'a osé dire seulement ce qu'il deviendroit, ni ce que deviendroit le lendemain la société qu'il établissoit : Jésus-Christ a été le seul qui s'est expliqué à pleine bouche, non-seulement sur les circonstances de sa passion et de sa mort, mais encore sur les combats et sur les victoires de son Eglise : « Je vous ai établis, dit-il, afin que vous alliez, et que vous fructifiiez, et que votre fruit demeure[2]. » Et comment demeurera-t-il? C'est ce qu'il falloit exprimer pour laisser aux hommes le témoignage certain d'une vérité bien connue. Jésus-Christ n'y hésite pas, et il énonce dans les termes les plus précis une durée sans interruption et sans autre fin que celle de l'univers. C'est ce qu'il promet à l'ouvrage de douze pêcheurs, et voilà le sceau manifeste de la vérité de sa parole. On est affermi dans la foi des choses passées en remarquant comme il a vu clair dans un si long avenir. C'est ce qui nous fait chrétiens, mais en même temps c'est ce qui nous fait catholiques; et on voit manifestement que la science de Jésus-Christ, si divine et si assurée, n'a pu nous tromper en rien.

Deux choses affermissent notre foi : les miracles de Jésus-Christ à la vue de ses apôtres et de tout le peuple, avec l'accomplissement visible et perpétuel de ses prédictions et de ses promesses. Les apôtres n'ont vu que la première de ces deux choses, et nous ne

XXIII. Nous sommes catholiques par la même démonstration et par les mêmes principes qui nous ont faits chrétiens.

[1] *Matth.*, XXIV, 12. — [2] *Joan.*, XV, 16.

voyons que la seconde. Mais on ne pouvoit refuser à celui à qui l'on voyoit faire de si grands prodiges, de croire la vérité de ses prédictions, comme on ne peut refuser à celui qui accomplit si visiblement les merveilles qu'il a promises, de croire qu'il étoit capable d'opérer les plus grands miracles.

Ainsi, dit saint Augustin, notre foi est affermie des deux côtés. Ni les apôtres, ni nous ne pouvons douter : ce qu'ils ont vu dans la source les a assurés de toute la suite : ce que nous voyons dans la suite nous assure de ce qu'on a vu et admiré dans la source : mais il faut être catholique pour entendre ce témoignage. Les hérétiques comme les païens sont contraints de le refuser; puisqu'ils veulent trouver dans l'Eglise de l'erreur, de l'interruption, un délaissement du côté de Jésus-Christ, ils ne peuvent ajouter foi à la promesse de son éternelle assistance : et on voit que ce n'est pas inutilement que le Fils de Dieu a rangé « parmi les païens ceux qui n'écoutent pas l'Eglise [1], » puisque faute de la vouloir écouter dans les nouveautés qu'ils proposent, ils se voient réduits à éluder les promesses de Jésus-Christ, et à dire avec les païens que l'Eglise comme un ouvrage humain devoit tomber.

XXIV. *Saint Augustin allègue saint Cyprien pour le même sentiment.*
Revenons aux anciens docteurs, et après avoir produit saint Augustin, remontons jusqu'à l'origine du christianisme. Le même Père nous fera connoître le sentiment de saint Cyprien par ces paroles : « Nous-mêmes, dit-il, nous n'oserions assurer ce que nous avançons (touchant la validité du baptême des hérétiques), si nous n'étions appuyés de l'autorité de l'Eglise universelle, à laquelle saint Cyprien (qui soutenoit le contraire avec l'ardeur que personne n'ignore) auroit lui-même cédé très-certainement, si la vérité éclaircie eût été dès lors confirmée par un concile universel [2]. » Par où il est plus clair que le jour, non-seulement que saint Augustin baissoit la tête sous l'autorité de l'Eglise, mais encore qu'il la tenoit si inviolable, qu'il auroit cru faire une injure à saint Cyprien, s'il l'eût jugé capable d'y résister.

XXV. *La doctrine de saint Cyprien est*
En effet il ne faut que voir comment ce saint martyr a parlé de l'unité de l'Eglise, tant en elle-même qu'avec ceux qui nous ont précédés dans la succession de la doctrine et des chaires. Il y a,

[1] *Matth.*, XVIII, 17. — [2] *Lib.* II *de Bapt.*, cap. IV, n. 5.

dit-il[1], dans l'Eglise catholique une tige, une racine, une source, une force pour reproduire sans fin de nouveaux pasteurs qui remplissent les mêmes chaires d'une seule et même doctrine : et dès là un enchaînement d'unité et de succession, d'où l'on ne peut sortir sans se perdre. C'est ce qu'il appelle « la tige et la racine de l'Eglise catholique : » *Ecclesiæ catholicæ radicem et matricem :* « racine tenace » et inviolable, comme il la nomme, *tenaci radice,* qui retient tellement les vrais fidèles dans son unité, que « ceux qui n'ont point l'Eglise pour Mère ne peuvent avoir Dieu pour Père : » *Habere non potest Deum Patrem qui Ecclesiam non habet Matrem*[2]. Cent passages de cette force, qu'il n'est pas besoin de rapporter, parce qu'ils sont connus de tout le monde, font la matière du livre de l'*Unité de l'Eglise.* Et pour faire l'application de ces beaux principes aux hérésies particulières, le même Saint, interrogé par un de ses collègues dans l'épiscopat ce qu'il falloit croire de « l'hérésie de Novatien, » il ne veut pas seulement permettre « qu'on s'informe de ce qu'il enseigne, dès là qu'il n'enseigne pas dans l'Eglise : » c'est assez qu'il soit séparé de cette tige, de cette racine de l'unité hors de laquelle il n'y a point de christianisme : « Et, poursuit-il, quel qu'il soit, et quelque autorité qu'il se donne, il n'est pas chrétien, n'étant pas dans l'Eglise de Jésus-Christ : *Quisquis ille est, et qualiscumque est, christianus non est, qui in Christi Ecclesiâ non est*[3]. » Ainsi tout ce qui est hors de l'Eglise n'est rien parmi les chrétiens ; et l'Eglise seule est tout par rapport à Dieu.

Il combat tous les novateurs par cet argument, et il ne cesse de leur opposer le concert, l'accord, le concours de toute l'Eglise catholique : *Ecclesiæ catholicæ concordiam ubique cohærentem.* « Ce n'est pas nous, dit-il, qui nous sommes séparés d'avec eux, mais c'est eux qui se sont séparés d'avec nous : *Non enim nos ab illis, sed illi à nobis recesserunt*[4]. Et parce qu'ils sont nouveaux, qu'ils ont trouvé l'Eglise en place et qu'ils sont tous venus après : *Et cùm hæreses et schismata postmodùm nata sint,* leurs assemblées, les conventicules qu'ils tiennent à part, comme il les

---

[1] Lib. *de Unit. Eccl.*, p. 195 ; epist. XLI, p. 55. — [2] *De Unit. Eccl.*, p. 195. — Epist. LII, *ad Antonian.*, p. 173. — [4] *De Unit. Eccl.*, p. 198.

appelle, ne peuvent jamais se lier à la tige de l'unité : *Dùm conventicula sibi diversa constituunt, unitatis caput atque originem reliquerunt.* »

C'est ainsi que saint Cyprien montroit dans tous les hérétiques, comme nous faisons après lui, ou plutôt après l'apôtre saint Jude, ce malheureux caractère « de se séparer eux-mêmes. » C'est ainsi qu'il leur faisoit voir que l'église qu'ils « tâchoient d'établir, étoit une église humaine : » *Humanam conantur ecclesiam facere* [1], et ne tenoit rien de l'institution, ni des promesses de Jésus-Christ.

Pour ce qui est de la vraie Eglise, elle est, dit-il, représentée par saint Pierre, lorsque Jésus-Christ ayant demandé à ses disciples : « Ne voulez-vous point aussi vous retirer? cet apôtre lui répondit au nom de tous : Seigneur, à qui irions-nous? Vous avez des paroles de vie éternelle : » nous montrant par cette réponse, poursuit le saint martyr, que qui que ce soit qui quitte Jésus-Christ, « l'Eglise ne le quitte pas, et que ceux-là sont l'Eglise qui demeurent dans la maison de Dieu [2] : » de sorte que le caractère des novateurs est de la quitter, ainsi que le caractère des vrais fidèles est d'y demeurer toujours.

XXVI. Principes de Tertullien que saint Cyprien a reconnu pour son maître.

En remontant un peu plus haut, nous trouverons Tertullien que saint Cyprien appeloit son *maître*, et qui méritoit ce nom tant qu'il est demeuré lui-même dans cette unité de l'Eglise qu'il a tant louée. Tertullien donc, tant qu'il a été catholique, a reconnu cette chaîne de la succession qui ne doit être jamais rompue. Selon cette règle on connoît d'abord les hérésies par la seule date de leur commencement. « Marcion et Valentin sont venus du temps d'Antonin [3] : » on ne les connoissoit pas auparavant; on ne les doit donc pas connoître aujourd'hui. Ce qui n'étoit pas hier est réputé dans l'Eglise comme ce qui n'a jamais été. Toute l'Eglise chrétienne remonte à Jésus-Christ de proche en proche, et sans interruption. La vraie postérité de Jésus-Christ va sans discontinuation à l'origine de sa race. Ce qui commence par quelque date que ce soit, ne fait point race, ne fait point famille, ne fait point tige dans l'Eglise. « Les marcionites ont des églises, mais fausses

---

[1] Epist. LII *ad Anton.*, ibid. — [2] Epist. LV, *ad Cornel.*, p. 83. — [3] Tertull., *Præscr.*, n. 30.

et dégénérantes, comme les guêpes ont des ruches[1], » par usurpation et par attentat : on n'est point recevable à dire qu'on a rétabli ou réformé la bonne doctrine de Jésus-Christ, que les temps précédens avoient altérée[2] : c'est faire injure à Jésus-Christ que de croire qu'il ait souffert quelque interruption dans le cours de sa doctrine, ni qu'il en ait attendu le rétablissement ou de Marcion ou de Valentin, ou de quelque autre novateur quel qu'il soit[3]. « Il n'a pas envoyé en vain le Saint-Esprit : il est impossible que le Saint-Esprit ait laissé errer toutes les églises, et n'en ait regardé aucune[4]. » Montrez-nous-en donc avant vous une seule de votre doctrine : vous disputez par l'Ecriture? vous ne songez pas que l'Ecriture elle-même nous est venue par cette suite : les Evangiles, les Epîtres apostoliques et les autres Ecritures n'ont pas formé les Eglises : mais leur ont été adressées, et se sont fait recevoir avec « l'assistance du témoignage de l'Eglise : » *Ejus testimonio assistente*[5]. Ainsi la première chose qu'il faut regarder, « c'est à qui elles appartiennent : » *cujus sint Scripturæ*[6]. L'Eglise les a précédées, les a reçues, les a transmises à la postérité « avec leur véritable sens[7]. » Là donc où est la « source de la foi, » c'est-à-dire la succession de l'Eglise, « là est la vérité des Ecritures, des interprétations ou expositions, et de toutes les traditions chrétiennes[8]. » Ainsi sans avoir besoin de disputer par les Ecritures, nous confondons tous les hérétiques, « en leur montrant sans les Ecritures qu'elles ne leur appartiennent pas, et qu'ils n'ont pas droit de s'en servir[9]. »

Cet argument est égal contre toutes les hérésies : elles y sont toutes également convaincues : *revictæ hæreses omnes*[10]. On confond Praxéas, comme on avoit confondu Marcion et Valentin. Vous êtes nouveau, *novellus*; vous êtes venu après, *posterus* vous êtes venu hier, *hesternus*[11]; et avant-hier on ne vous connoissoit pas. Vous n'êtes rien aux chrétiens ni à Jésus-Christ, « qui étoit hier et aujourd'hui, et qui est de tous les siècles[12] : » on vous dira comme aux autres : Pourquoi me venez-vous trou-

---

[1] Tertull., *Adv. Marcion.*, lib. IV, n. 5. — [2] *Ibid.*, lib. 1, n. 20. — [3] *Ibid., Præscr.*, n. 29. — [4] *Præscr.*, n. 28. — [5] *Adv. Marc.*, lib. IV, n. 2, 3. — [6] *Præscr.*, n. 19. — [7] *Ibid.*, n. 20. — [8] *Ibid.*, n. 19. — [9] *Ibid.*, n. 37. — [10] *Ibid.*, n. 35. — [11] *Adv. Prax.*, n. 2. — [12] *Hebr.*, XIII, 8.

bler? « Je suis en possession : je possède le premier : j'ai mes origines certaines[1] : » je viens en droite ligne et de main en main de « ceux à qui appartenoit la chose : » on savoit bien que vous viendriez; nous avons été avertis qu'il s'élèveroit des hérésies, et même qu'il le falloit; mais en même temps on nous a déclaré qui vous étiez : des gens sortis hors de la ligne, hors de la chaîne de la succession, hors de la tige de l'unité. Une marque de ma possession incontestable, c'est que vous-mêmes vous avez cru premièrement comme moi, *constat in catholicæ primò doctrinam credidisse*[2] : et vous avez innové, non-seulement sur moi, mais encore sur vous-mêmes. C'est l'argument que saint Alexandre, évêque d'Alexandrie, faisoit tout à l'heure aux ariens : c'est celui que saint Augustin faisoit aux pélagiens : c'est celui que Tertullien fait à Valentin et à Marcion : nous l'entendrons faire aux disciples de Bérenger, et nous l'avons déjà fait à toutes les hérésies.

Mais ces argumens et les autres qu'on vient d'entendre, ne seroient qu'une illusion sans le fondement des promesses de Jésus-Christ, en vertu desquelles l'Eglise devoit subsister « tous les jours » sans interruption, et « jusqu'à la fin des siècles » dans les apôtres et leurs successeurs. C'est à la doctrine de ce corps apostolique qu'il a plu à Jésus-Christ de nous appeler : mais afin que notre foi ne fût pas pour cela fondée sur des hommes, il a promis à ceux-ci d'être toujours avec eux.

XXVII. Doctrine de saint Clément, ancien prêtre et théologien de l'Eglise d'Alexandrie.

Je pourrois citer saint Irénée : je pourrois citer Origène : pour éviter la longueur, je citerai seulement saint Clément d'Alexandrie, maître d'Origène, qui touchoit au temps des apôtres, et qui étoit théologien de l'Eglise d'Alexandrie, la plus savante qui peut-être fût dans le monde. C'est lui qui nous montrera « la voie royale » contre toutes les hérésies[3], c'est-à-dire le grand chemin battu par nos pères : il nous marquera « l'ancienne Eglise » qui précède toutes les sectes, et les a toutes vues se séparer d'elle : de cette sorte elle est la seule qui mérite le nom de l'Eglise; les autres sectes « sont des écoles[4], » où l'on dispute; celle-ci est « l'Eglise », où l'on croit : celui donc qui se soulève contre « les traditions » de l'Eglise, c'est-à-dire, contre la suite et la succes-

[1] Tertull., *Præscr*., n. 37. — [2] *Ibid*., n. 30. — [3] Clem., *Strom*., lib. VII. — [4] *Ibid*.

sion, « a cessé d'être fidèle » et a quitté la source. C'est pourquoi tous les novateurs se contredisent eux-mêmes ; leur doctrine est inconstante et variable, parce que, dit-il, par une curiosité pernicieuse, par une superbe singularité, « ils méprisent les choses ordinaires ; et tâchant de s'élever au-dessus de ce que la foi rendoit commun, ils sortent du sentier de la vérité. La gloire les aveugle, ils veulent faire une secte et une hérésie, et surpasser ceux qui nous ont précédés dans la foi [1]. » On sait leur date : leurs auteurs dont ils portent encore les noms sont connus partout ; on sait sous quels empereurs ils ont commencé : les lieux et les temps de leur naissance : et il « est constant que l'Eglise catholique les a tous devancés : elle est une comme Dieu est un : elle est ancienne, elle est catholique : tous ceux qui l'abandonnent l'ont trouvée dans l'éminence de l'autorité, et rien ne l'égala jamais. » La quitter, c'étoit quitter les apôtres et Jésus-Christ même ; et c'est ce qu'on appeloit abandonner « la tradition, » c'est-à-dire la suite toujours manifeste de la doctrine laissée et continuée dans l'Eglise, le principe de la vérité et la source qui couloit toujours dans la succession.

Cette doctrine manifestement venoit de l'Apôtre, lorsqu'il disoit à Timothée : « Ce que vous avez ouï de moi en présence de plusieurs témoins, laissez-le à des hommes fidèles qui soient capables d'en instruire d'autres [2]. » C'est la règle apostolique, c'est par cette supposition que la doctrine doit aller de main en main : les apôtres l'ont déposée entre les mains de leurs successeurs « en présence de plusieurs témoins ; » devant toute l'Eglise catholique, comme l'explique Vincent de Lérins après saint Chrysostome [3] : pour éviter la surprise, on ne dit rien en secret : mais ce qui est dit devant tout le monde, passe à tout le monde de main en main ; c'est, disoit saint Chrysostome [4], le trésor royal qui doit être déposé en lieu public : de pasteur à pasteur, d'évêque à évêque on se donne les uns aux autres la saine doctrine : il n'y a point d'interruption, et tout cela originairement vient de Jésus-Christ, qui disoit aux apôtres et à leurs successeurs : « Je suis toujours avec vous. » Dans cette succession la doctrine est toujours la

XXVIII. Tout cela est tiré formellement de l'Apôtre : différence des orthodoxes.

[1] Clem., *Strom.*, lib. VII.— [2] II *Timoth.*, II, 2.— [3] Chrysost., in eum loc.— [4] *Ibid.*

même. C'est pourquoi la fausse doctrine dans le style de l'Ecriture s'appelle une autre doctrine : « O Timothée, dit saint Paul, dénoncez à certaines gens qu'ils n'enseignent point d'autre doctrine[1]. » « L'Evangile n'est jamais autre » que ce qu'il étoit auparavant[2]. Ainsi quel que soit le temps où dans la foi on dise autre chose que ce qu'on disoit le jour d'auparavant, c'est toujours « l'hétérodoxie, » c'est-à-dire « une autre doctrine » qu'on oppose à « l'orthodoxie ; » et toute fausse doctrine se fera connoître d'abord sans peine et sans discussion, en quelque moment que ce soit, par la seule innovation, puisque ce sera toujours quelque chose qui n'aura point été perpétuellement connu. C'est par ce témoignage que la foi se rend sensible aux plus ignorans, pourvu qu'ils soient humbles : et tous les jours sont égaux pour y trouver la vérité en possession, puisque Jésus-Christ ne dit pas qu'il sera avec les apôtres et leurs successeurs à de certains jours, « mais tous les jours. »

XXIX. Sur la dénomination de *catholique* et d'*hérétique*.

Par là s'entend clairement la vraie origine de *catholique* et d'*hérétique*. L'hérétique est celui qui a une opinion : et c'est ce que le mot même signifie. Qu'est-ce à dire, avoir une opinion ? C'est suivre sa propre pensée et son sentiment particulier. Mais le catholique est catholique : c'est-à-dire qu'il est universel ; et sans avoir de sentiment particulier, il suit sans hésiter celui de l'Eglise.

De là vient qu'un des caractères des novateurs dans la foi est de « s'aimer eux-mêmes : » *Erunt homines seipsos amantes* : « Il y aura des hommes qui s'aimeront eux-mêmes[3], » ou comme parle saint Jude digne d'être si souvent cité dans une lettre si courte : « Des hommes qui se repaissent eux-mêmes : » *seipsos pascentes*[4] : qui se repaissent de leurs inventions, jaloux de leur sentiment, amoureux de leurs opinions. Le catholique est bien éloigné de cette disposition ; et sans craindre l'inconvénient d'être jaloux de ses propres pensées, il a une sainte jalousie, un saint zèle pour les sentimens communs de toute l'Eglise : ce qui fait qu'il n'invente rien, et qu'il n'a jamais envie d'innover.

XXX. Répons à

Pour répondre aux autorités des Saints que nous avons allé-

[1] I *Timoth.*, I, 3. — [2] *Galat.*, I, 7. — [3] II *Timoth.*, III, 2. — [4] *Jud.*, 12.

guées, on dira que cet argument qu'on tire de la succession étoit bon au commencement, où tout près de Jésus-Christ et des apôtres, on voyoit comme d'un coup d'œil l'origine de l'Eglise. Illusion manifeste! Si dans la promesse de Jésus-Christ sur la durée de son Eglise nous regardions autre chose que la puissance divine qu'il y donne pour fondement : *Toute puissance*, dit-il, *m'est donnée dans le ciel et sur la terre*[1], rien ne nous pourroit assurer contre l'altération de la doctrine : un ouvrage humain pourroit tomber après cent ans, comme après mille ans : et les Pères du second, du troisième, du quatrième et du cinquième siècle, dont nous avons allégué l'autorité, se pourroient tromper comme nous dans la succession de l'Eglise et de ses pasteurs. Mais parce que Jésus-Christ et sa parole toute-puissante sont le fondement de notre foi, l'argument est de tous les siècles : saint Cyprien ne le faisoit pas avec moins d'assurance que saint Augustin, et avant lui Tertullien, et avant lui Clément d'Alexandrie. On le fit à Bérenger avec la même force après mille ans. Dès qu'il innova sur la présence réelle, on lui objecta d'abord, comme je l'ai démontré ailleurs[2], ce fait constant, qu'il n'y avoit pas une église sur la terre, pas une ville, pas un village de son sentiment; que les Grecs, que les Arméniens, et en un mot tous les chrétiens d'Orient avoient la même foi que l'Occident : de sorte qu'il n'y avoit rien de plus ridicule que de traiter d'incroyable ce qui étoit cru par le monde entier. Lui-même il avoit cru comme les autres : il avoit été élevé dans cette foi : après l'avoir changée, il y étoit revenu par deux fois; et sans oser nier le fait constant de l'universalité de la croyance contraire à la sienne, il se contentoit de répliquer à l'exemple des autres hérétiques, dont nous avons vu les réponses, « que les sages ne doivent pas suivre les sentimens ou plutôt les folies du vulgaire[3]. » Mais Lanfranc, ce saint religieux, ce savant archevêque de Cantorbéry, et les autres lui faisoient voir que ce qu'il appeloit le *vulgaire*[4], c'étoit tout le clergé et tout le peuple de l'univers; et après un fait si positif, sur lequel on ne craignoit pas

une objection : la preuve tirée de la succession et des promesses s'affermit tous les jours de plus en plus : exemple de Bérenger.

---

[1] *Matth.*, XXVIII, 18. — [2] Hug. Lingon.; Adelm. Brix.; Ascol., *Ep. ad Bereng.*; Guim., lib. III; Lanf., *de corp. et sang. Dom.*, cap. II, IV, XXII. etc.; *Bib. PP.*; Lugd.; *Hist. des Var.*, liv. XIV, n. 129. — [3] *Ibid.* — [4] *Ibid.*, cap. IV.

d'être démenti, on concluoit que si la doctrine de Bérenger étoit véritable, « l'héritage promis à Jésus-Christ étoit péri, et ses promesses anéanties : enfin que l'Eglise catholique n'étoit plus ; et que si elle n'étoit plus, elle n'avoit jamais été [1]. » Comme donc en toute occasion et en tout temps, les hérétiques tenoient le même langage, l'Eglise y opposoit toujours les mêmes promesses : l'argument loin de s'affoiblir se fortifioit ; et bien loin qu'il fût plus clair au commencement de l'Eglise, au contraire plus elle alloit en avant, plus paroissoit la merveille de son éternelle subsistance, et plus on voyoit clairement la vérité de cette sentence : « Le ciel et la terre passeront, mais mes paroles ne passeront pas [2]. »

XXXI. Témoignage de saint Bernard.

Cent ans après Bérenger, saint Bernard alléguoit toujours la même preuve, et toujours, s'il se pouvoit, avec une nouvelle assurance. « Je vous ai tenu, disoit l'Epouse, et je ne vous quitterai point [3]. » Ce Père expliquoit ces paroles « par celles de la promesse. Voilà je suis avec vous tous les jours jusqu'à la fin des siècles : elle tient Jésus-Christ, parce qu'elle en est tenue : comment donc peut-elle tomber [4] ? » Il explique la fin des siècles par le retour des Juifs à l'Eglise : il faut qu'elle dure jusque-là : c'est pourquoi, poursuivoit le Saint, « la race des chrétiens n'a pas dû cesser un moment, ni la foi sur la terre, ni la charité dans l'Eglise. Les fleuves se sont débordés, les vents ont soufflé [5], » et sont venus fondre sur elle ; mais « elle n'est point tombée, parce qu'elle étoit fondée sur la pierre, qui est Jésus-Christ, » et sur sa promesse inviolable : « ainsi elle n'a pu être séparée d'avec Jésus-Christ, ni par les vains discours des philosophes, ni par les suppositions des hérétiques, ni par l'épée des persécuteurs. » Fondé sur cette promesse, il oppose aux novateurs de son temps, comme on avoit toujours fait, « l'autorité de l'Eglise catholique, » et les Pères qui y ont toujours enseigné la vérité, et les papes et les conciles toujours attachés à les suivre [6]. Cette suite ne peut être interrompue.

XXXII. Autre ré-

Au surplus sans disputer davantage, il ne faut qu'un peu de

[1] Hug. Lingon., etc., cap. XXII. — [2] *Matth.*, XXIV, 35. — [3] *Cant.*, III, 4. — [4] Serm. LXXIX, *in Cant.*, n. 5. — [5] *Ibid.*, n. 4. — [6] Serm. LXXX, n. 7, 8.

bon sens et de bonne foi pour avouer que l'Eglise chrétienne, dès *flexion sur les promesses :* son origine, a eu pour une marque de son unité sa communion *et que la* avec la chaire de saint Pierre, dans laquelle « tous les autres siéges *primauté de saint* ont gardé l'unité : » *in quâ solâ unitas ab omnibus servaretur* [1], *Pierre et de ses suc-* comme parlent les saints Pères : en sorte qu'en y demeurant, *cesseurs y* comme nous faisons, sans que rien ait été capable de nous en *est comprise.* distraire, nous sommes le corps qui a vu tomber à droite et à gauche tous ceux qui se sont séparés eux-mêmes; et on ne peut nous montrer par un fait positif et constant, comme il le faudroit pour ne point discourir en l'air, que nous ayons jamais changé d'état, ainsi que nous le montrons à tous les autres.

Dans cet inviolable attachement à la chaire de saint Pierre, nous sommes guidés par la promesse de Jésus-Christ. Quand il a dit à ses apôtres : « Je suis avec vous, » saint Pierre y étoit avec les autres; mais il y étoit avec sa prérogative, comme le premier des dispensateurs : *Primus Petrus* [2] : il y étoit avec le nom mystérieux de *Pierre* que Jésus-Christ lui avoit donné [3], pour marquer la solidité et la force de son ministère : il y étoit enfin comme celui qui devoit le premier annoncer la foi au nom de ses frères les apôtres, les y confirmer, et par là devenir la pierre sur laquelle seroit fondé un édifice immortel. Jésus-Christ a parlé à ses successeurs comme il a parlé à ceux des autres apôtres, et le ministère de Pierre est devenu ordinaire, principal et fondamental dans toute l'Eglise. Si les Grecs se sont avisés dans les derniers siècles de contester cette vérité, après l'avoir confessée cent fois et l'avoir reconnue avec nous, non point seulement en spéculation, mais encore en pratique dans les conciles que nous avons tenus ensemble durant sept cents ans; s'ils n'ont plus voulu dire comme ils faisoient : « Pierre a parlé par Léon, Pierre a parlé par Agathon, Léon nous présidoit comme le chef préside à ses membres, les saints canons et les lettres de notre père Célestin nous ont forcés à prononcer cette sentence, » et cent autres choses semblables; les actes de ces conciles, qui ne sont rien moins que les registres publics de l'Eglise catholique, nous restent encore en témoignage contre eux; et l'on y verra éternellement l'état où nous

---

[1] Opt., *cont. Parm.*, lib. II. — [2] *Matth.*, x, 2. — [3] *Marc.*, III, 17.

étions en commun dans la tige et dans l'origine de la religion.

XXXIII.
Passage de saint Paul contre les innovations : et comment il a été employé par Vincent de Lérins.

Ce sera donc toujours aux catholiques à confondre ceux qui se séparent; et en les prenant dans le moment funeste pour eux de leur séparation, nous serons en droit de leur dire avec saint Paul : « Est-ce de vous qu'est partie la parole de Dieu, ou bien êtes-vous les seuls à qui elle est parvenue[1]? Est-ce de vous qu'elle est partie?» montrez-nous sa continuité : « n'est-elle venue qu'à vous? » montrez-nous son universalité : est-ce de vous qu'elle est partie, devoit-elle avoir de vous son commencement, et ne faut-il pas qu'il paroisse de qui vous la tenez, et comment elle vous est venue de proche en proche? « N'est-elle venue qu'à vous seuls, » ne devoit-elle pas être dans toute la terre, et une parcelle doit-elle l'emporter contre le tout? C'est par de tels argumens que le docte Vincent de Lérins démontroit, il y a treize cents ans, que l'Eglise a des coutumes établies qui sont autant de démonstrations de la vérité, et qu'il faut compter parmi ces coutumes ce qu'elle a accoutumé de croire.

XXXIV.
Que la vérité, loin de s'affoiblir, va toujours s'éclaircissant dans l'Eglise par les contradictions : doctrine de saint Augustin.

Loin que la saine doctrine soit capable d'être affoiblie par les nouveautés, au contraire la contradiction des novateurs la fortifie et l'épure. Ecoutons saint Augustin : « Plusieurs choses étoient cachées dans les Ecritures : les hérétiques séparés de l'Eglise l'ont agitée par des questions : ce qui étoit caché s'est découvert, et on a mieux entendu la vérité de Dieu... Ceux qui pouvoient le mieux expliquer les Ecritures, ne donnoient point de résolution aux questions difficiles, pendant qu'il ne s'élevoit aucun calomniateur qui les pressât. On n'a point traité parfaitement de la Trinité avant les clameurs des ariens; ni de la pénitence, avant que les novatiens s'élevassent contre; ni de l'efficace du baptême, avant nos rebaptisateurs. On n'a pas même traité avec la dernière exactitude les choses qui se disoient de l'unité du corps de Jésus-Christ avant que la séparation qui mettoit les foibles en péril obligeât ceux qui savoient ces vérités à les traiter plus à fond, et à éclaircir entièrement toutes les obscurités de l'Ecriture. Ainsi, dit saint Augustin, loin que les erreurs aient nui à l'Eglise catholique, les hérétiques l'ont affermie, et ceux

---

[1] *I Cor.*, XIV, 36.

qui pensoient mal ont fait connoître ceux qui pensoient bien. On a entendu ce qu'on croyoit avec piété [1], » et la vérité s'est déclarée de plus en plus.

Il se faut donc bien garder de croire que les erreurs quelles qu'elles soient puissent détruire l'Eglise et en interrompre la suite : elles y viennent pour la réveiller, et faire qu'elle entende mieux ce qu'elle croyoit.

Par cette sainte doctrine, toute question dans l'Eglise se réduit toujours contre tous les hérétiques à un fait précis et notoire : Que croyoit-on quand vous êtes venus? Il n'y eut jamais d'hérésie qui n'ait trouvé l'Eglise actuellement en possession de la doctrine contraire. C'est un fait constant, public, universel et sans exception. Ainsi la décision a été aisée ; il n'y a qu'à voir en quelle foi on étoit quand les hérétiques ont paru, en quelle foi ils avoient été élevés eux-mêmes dans l'Eglise, et à prononcer leur condamnation sur ce fait qui ne pouvoit être caché ni douteux. Demandez à Luther lui-même comment, par exemple, il disoit la messe avant qu'il se prétendit plus illuminé. Il vous répondra qu'il la disoit comme on la disoit, comme on la dit encore dans l'Eglise catholique, et la disoit dans la foi commune de toute l'Eglise. Voilà sa condamnation prononcée par sa propre bouche : s'il s'est vu contraint à changer ce qu'il a trouvé établi, c'est là son crime et son attentat, qu'il a voulu appeler nouvelle lumière. Il en est de même des autres errans dans tous les autres articles. Ils ont tous voulu, non pas éclaircir ce que l'Eglise savoit, mais savoir autre chose qu'elle : il n'y a point à hésiter sur la décision.

XXXV. Toute décision se réduit à des faits constans et notoires. Esprit de l'Eglise dans ses définitions et dans les explications des Saints.

Mais pourquoi donc faire tant de livres contre les hérésies? Saint Augustin vient de vous le dire si clairement : vous l'avez ouï : « Si vous ne croyez pas, vous n'entendrez pas, » disoit le prophète, selon l'ancienne version des Septante : *Nisi credideritis, non intelligetis* [2] : d'où saint Augustin tiroit cette conséquence évidente par elle-même : « Le commencement de l'intelligence, c'est la foi ; le fruit de la foi, c'est l'intelligence : » *Initium sapientiæ fides, fidei fructus intellectus.* Voilà toute l'économie de la

[1] August., *In Psal.* LIV, n. 22. — [2] *Isa.*, VII, 9.

doctrine parmi les fidèles. On croit sur la foi de l'Eglise : on entend par les explications plus particulières des saints docteurs. Vous voyiez baptiser les petits enfans; et vous croyiez en simplicité qu'ils étoient pécheurs, puisqu'on leur donnoit par le baptême la rémission des péchés. Une hérésie vient contester cette vérité : alors vous développez plus clairement la doctrine de saint Paul sur les deux Adams, le premier et le second, les paraboles de Jésus-Christ sur la renaissance, et toute la suite des mystères. Le baptême donné en égalité au nom du Père et du Fils et du Saint-Esprit, faisoit adorer un seul Dieu en trois personnes : Jésus-Christ étoit appelé le *Fils unique* : c'en étoit assez pour établir la foi. Quand les ariens ont voulu embrouiller cette matière, il a fallu pour l'expliquer dans toute son étendue, détailler, pour ainsi parler, la théologie de saint Jean, les paroles de Jésus-Christ même, sur son éternelle naissance, et la source de l'unité dans la procession des trois divines personnes. En un mot, vous aviez dans le Symbole un abrégé des articles, qui proposé par l'Eglise, vous ôtoit le doute. Les hérésies sont venues pour donner lieu à de plus amples explications; et de la foi simple, on vous a mené à la plus parfaite intelligence qu'on puisse avoir en cette vie. Ainsi l'Eglise sait toujours toute vérité dans le fond : elle apprend par les hérésies, comme disoit le célèbre Vincent de Lérins, à l'exposer avec plus d'ordre, avec plus de distinction et de clarté. Mais que sert, direz-vous, cette intelligence à celui qui croit déjà en simplicité? Beaucoup en toute manière : Dieu veut que vous remarquiez tous les progrès de la vérité dans votre esprit : on vous conduit par degrés à la parfaite lumière, et vous apprenez que « de clarté en clarté[1], » comme dit saint Paul, vous devez enfin arriver au plein jour.

XXXVI. Facilité, brièveté et précision des décisions de l'Eglise.

Ainsi la décision de l'Eglise est toujours courte et aisée à prononcer dans le fond : mais il n'en est pas de même des traités des saints docteurs. Pour prononcer une décision, l'on n'a qu'à dire à l'hérétique : Que croyoit-on dans l'Eglise, et qu'y aviez-vous appris vous-même? Le fait est constant : on va vous le déclarer plus précisément que jamais : on ira même au-devant de toutes vos équivoques. Que disent les Ecritures? Les traités des saints

[1] II *Cor.*, III, 18.

docteurs vous l'expliqueront plus amplement. Nous sommes ceux à qui tout profite et même les hérésies : elles nous rendent plus attentifs, plus zélés, mieux instruits : la chose n'est pas obscure : « Nous avons appris, dit saint Augustin, et c'est là une principale partie de l'instruction chrétienne, nous avons appris que chaque hérésie a apporté à l'Eglise sa question particulière, contre laquelle on a défendu plus exactement la sainte Ecriture, que s'il ne s'étoit jamais élevé de pareille difficulté [1] : » et vous craignez que les hérésies n'obscurcissent ou n'affoiblissent la foi de l'Eglise !

Mais, mes Frères, je parle à vous ; à vous, dis-je, qui faites l'objet de nos plus tendres inquiétudes dans la peine que vous avez de vous réunir avec nous : je vois ce qui vous arrête. Vous craignez que sous ce beau nom de l'autorité de l'Eglise et de la foi des promesses, on ne vous pousse trop loin, et qu'on ne se mette en droit de vous faire croire tout ce qu'on voudra. O cœurs pesans et tardifs à croire, non ce qui est écrit par les prophètes, mais ce qui a été promis par Jésus-Christ même, commencez par bien peser toutes ces paroles ; que veut dire ce *Voilà : Je suis*, qui rend la chose si présente ? Que veut dire cet *avec vous*, ce *tous les jours*, et *jusqu'à la fin du monde*, qui ne souffre ni fin ni interruption ? Voulez-vous toujours éluder les paroles de Jésus-Christ les plus claires, et toujours opposer le sens humain à sa puissance ? Que craignez-vous donc ? Quoi ? de trop croire à Jésus-Christ ; qu'il ne vous pousse trop loin, et qu'à force de croire à l'Eglise, à qui il promet son assistance, vous ne tombiez dans l'absurdité ? Mais au contraire la foi de l'Eglise en est le remède. Lorsqu'on s'astreint à n'inventer rien, et à suivre ce qu'on a trouvé établi, on n'avance ni absurdité ni rien de nouveau. Consultez l'expérience. D'où sont venues les absurdités ? De ceux qui ont suivi la ligne de la succession, ou de ceux qui l'ont rompue ? Pour ne point ici parler des marcionites, des manichéens, des donatistes, des autres anciens hérétiques, qui sont dans le siècle précédent ceux qui ont outré la puissance et l'opération de Dieu jusqu'à détruire le libre arbitre par lequel nous différons des ani-

XXXVII. Vaine crainte des prétendus réformés : l'expérience fait voir que l'assujettissement à l'Eglise est le vrai remède aux absurdités où l'on se jette.

---

[1] *De don. persev.*, cap. XX, n. 53.

maux, introduire une nécessité fatale, et faire Dieu auteur du péché? Ne sont-ce pas les prétendus réformateurs, comme nous l'avons démontré ailleurs plus clair que le jour, et de l'aveu de vos ministres [1]? Mais qui sont ceux qui en revenant de ce blasphème sont tombés dans un excès opposé, et sont devenus semipélagiens? Ne sont-ce pas encore les luthériens, c'est-à-dire de tous les hommes ceux qui ont le plus tâché d'obscurcir l'autorité de l'Eglise catholique? Je ne dis rien qui ne soit connu. Mais encore, d'où nous est venu ce prodige d'ubiquité? N'est-ce pas de la même source? Et cette doctrine, qui selon vous-mêmes confond les deux natures de Jésus-Christ, n'est-elle pas aujourd'hui établie dans le plus grand nombre des églises luthériennes, sans que les autres l'improuvent en s'en séparant? C'est ce que personne n'ignore, et il ne faut pas se montrer vainement savant, en prouvant des faits constans. Si vous rejetez de bonne foi ces erreurs dans votre religion, pourquoi présenter votre communion aux luthériens qui les défendent, et participer par ce moyen à tous leurs excès? Mais vous-mêmes considérez où vous jette votre doctrine, de l'inamissibilité de la justice, et cette certitude infaillible de votre salut, qu'on vous oblige d'avoir, quelques crimes qu'on puisse commettre. On vous cache le plus qu'on peut ces absurdités qui rendent votre religion si visiblement insoutenable. Plût à Dieu que vous en fussiez bien revenus! Mais enfin bien certainement elles sont reçues parmi vous : on les y a définies de nos jours dans le synode de Dordrecht, et on n'en a révoqué les décisions par aucun acte. Vous avez aussi défini dans ce synode, selon qu'il étoit porté dans vos catéchismes et dans la formule d'administrer le baptême, que les enfans des fidèles naissent tous dans l'alliance et dans la grace chrétienne [2]. Vous n'y avez pas décidé moins clairement que la grace chrétienne ne se perd jamais : d'où il résulte que quand cette grace est une fois entrée dans une famille, elle n'en sort plus; en sorte que ni les pères ni les enfans ne la peuvent perdre jusqu'à la fin du monde, si cette race dure autant. Quelle plus grande absurdité pouvoit-on

[1] *Hist. des Var.*, liv. XIV. — [2] *Cat. Dim.*, 50; *Form. du Baptême; Syn. Dord.*, sess. XXXVIII, cap. XVII; *Hist. des Var.*, liv. XIV, n. 24 et 37.

inventer : et à moins que d'être insensible à la vérité, peut-on demeurer un seul moment dans une religion où l'on croit de tels prodiges?

Venons néanmoins encore à des dogmes plus populaires : n'est-il pas de pratique parmi vous, que chacun jusqu'aux plus grossiers et aux plus ignorans doit savoir former sa foi sur les Ecritures; croire par conséquent qu'il les entend assez pour y voir tous les articles de la foi; ne céder jamais à aucune autorité de l'Eglise, ni à aucun de ses décrets; se croire obligé à les examiner tous, et à les soumettre à sa censure? C'est là sans doute ce qu'il faut croire pour être bon protestant : mais que feront ceux qui de bonne foi demeureront convaincus de leur ignorance, et se sentiront incapables de rien prononcer sur des matières si hautes et si disputées? Que feront-ils, dis-je, sinon à la fin de croire bonne toute religion, et se sauver dans l'asile de l'indifférence, qui est en effet la disposition où l'expérience fait voir que vous mène votre Réforme? XXXVIII. Que la doctrine protestante sur la faillibilité de l'Eglise induit à l'indifférence des religions.

Ces choses sont évidentes et les plus ignorans les peuvent entendre. Mais, ô malheur pour lequel nous ne répandrons jamais assez de larmes! nos frères ne veulent pas nous écouter : souvent ils sont convaincus; ils sentent bien en leur conscience qu'ils n'ont rien à nous répliquer. Toute leur défense est de dire : Si nous avions nos ministres, ils sauroient bien vous répondre. Vous réclamez vos ministres, nos chers Frères! Tous les jours nous vous faisons voir à quoi vos ministres vous ont engagés, même dans les décrets de vos synodes : ce sont eux qui dans ces décrets vous ont fait passer la réalité aux luthériens, et non-seulement la réalité qui nous est commune avec les luthériens, mais encore l'ubiquité : et dans une autre matière aussi importante, leur doctrine demi-pélagienne contre la grace du Sauveur. Pressés de tels argumens, vous laissez là vos ministres et vos synodes. Que nous importe, dites-vous? Nous nous en tenons à la seule parole de Dieu qui nous est très-claire. Vous lit-on dans l'Evangile les promesses de Jésus-Christ, où vous n'avez rien à répondre, vous en appelez à vos ministres que vous veniez de rejeter. Allons plus haut : quand il a fallu quitter l'Eglise, où vos pères se sont sauvés XXXIX. Si les protestans ont raison de réclamer leurs ministres.

avec nous, vous n'avez pas consulté vos anciens pasteurs, quoiqu'ils eussent l'autorité de la succession apostolique : l'Ecriture alors vous paroissoit claire : vous y trouviez aisément la résolution des plus grandes difficultés : maintenant vous ne savez rien : savans pour se laisser entraîner à l'esprit de division et de schisme, ils n'en savent plus assez pour en revenir : on leur a seulement appris pour toute réponse à demander la communion sous les deux espèces, comme si toute la religion et toute leur prétendue Réforme aboutissoit à ce point.

XL.
Si les protestans ont raison de réduire toute la dispute à la communion sous les deux espèces.

Mais avant que de disputer sur les deux espèces, ne faudroit-il pas savoir auparavant ce qu'on vous y donne, si c'est le vrai corps et le vrai sang en substance, ou bien le corps et le sang en figure et en vertu : si on vous les donne réellement séparés ou réellement unis; et si Jésus-Christ est entier sous chaque espèce avec tout le divin et tout l'humain qui se trouve dans sa personne. C'est de quoi on ne veut plus parler : les catholiques sont trop forts dans cet endroit : les paroles de Jésus-Christ leur y sont trop favorables. Mais parce qu'on croit trouver quelque avantage (avantage vain, comme on va voir) dans la communion des deux espèces, on ne veut plus parler que de cela : cette communion, qui selon Luther, au commencement qu'il s'érigea en réformateur, étoit une « chose de néant : » *Res nihili*, est devenue le seul sujet de la dispute. « Nous la prendrons, disoit Luther, si le concile nous la défend ; et nous la refuserons, s'il nous la commande : » tant la matière lui sembloit légère et indifférente. Maintenant on veut tout réduire à ce seul point, et c'est là qu'on met toute la religion.

XLI.
Application de la foi des promesses à la matière des sacremens, et en particulier de la communion.

Nous avons expliqué à fond cette matière dans un traité qui n'est pas long; on n'y a pu opposer que les minuties et les chicanes que tout le monde a pu voir dans les écrits des ministres. Notre réponse est toute prête il y a longtemps : et nous nous sentons en état (nous le disons avec confiance), quand les sages le jugeront à propos, de pousser la démonstration jusqu'à la dernière évidence. Aujourd'hui pour nous renfermer dans notre sujet, nous nous contentons d'appliquer à cette matière la foi des promesses et l'autorité de l'Eglise. « Allez, enseignez et baptisez : je suis avec vous. » On dira de même : Allez, enseignez, célébrez l'Eucharistie, qui doit durer à jamais comme le baptême, puisque selon la doctrine de l'Apôtre, « on y doit annoncer la mort du Seigneur jusqu'à ce qu'il vienne [1] : » par conséquent « jusqu'à la fin, » ainsi qu'il l'a dit lui-même du baptême. Il la faut donc trouver sans interruption également dans tous les siècles ; et l'effet de la promesse de Jésus-Christ n'a point d'autre fin que celle du monde.

Vous-mêmes vous donnez pour marque de la vraie Eglise, avec la pureté de la parole, la droite administration des sacremens. Il la faut donc trouver dans tous les temps, et dans les derniers comme dans les premiers : Jésus-Christ a également sanctifié tous les siècles, quand il a dit : « Je suis avec vous jusqu'à la fin, » et il ne peut y en avoir aucun où l'on ne trouve la vérité du baptême et la vérité de l'Eucharistie. Voilà notre règle, et c'est Jésus-Christ lui-même qui nous l'a donnée ; il l'a lui-même appliquée à l'administration des saints sacremens. « Allez, enseignez et baptisez ; je suis avec vous ; » recevez le baptême que vous donnera l'Eglise, recevez l'Eucharistie qu'elle vous présentera : sans cela il n'y a point de règle certaine ; et parce que vous refusez cette règle, mes Frères, je vous le dis, vous n'en avez point.

Nous en avons une autre, direz-vous, bien plus assurée, bien plus claire ; c'est pour commencer par l'Eucharistie, d'y faire ce qu'y a fait le Sauveur du monde, selon qu'il l'a ordonné, en disant : « Faites ceci. » Hé bien ! vous voulez donc faire tout ce qu'il a fait : être assis autour d'une seule table en signe de concorde et d'amitié, comme les enfans bien-aimés du grand Père de famille : et quand le nombre en sera trop grand, être du moins distribués « par bandes et par compagnies, » *per contubernia* [2] : en sorte qu'on vous mette ensemble le plus qu'on pourra, « cent à cent, cinquante à cinquante, » comme les cinq mille que le Sauveur nourrit dans le désert. Vous voulez manger « d'un même pain » rompu entre vous, comme saint Paul l'insinue [3], et comme Jésus-Christ l'avoit pratiqué ; et boire tous dans

---

[1] *I Cor.*, XI, 26. — [2] *Marc.*, VI, 39, 40. — [3] *I Cor.*, X, 16, 17.

la même coupe en témoignage d'union, et pour accomplir ce qu'a prononcé Jésus-Christ : « Buvez-en tous, et divisez-la entre vous, » qui est un signe d'amitié, d'hospitalité, de fidèle correspondance. Vous voulez faire ce divin repas sur le soir, à la fin du jour, « après le soupé [1], » pour exprimer que le Fils de Dieu nous préparoit son banquet à la fin des siècles et au dernier âge du monde. Vous vous moquez, direz-vous, de nous réduire à ces minuties. Dites donc que le Fils de Dieu a fait tout cela sans dessein, et qu'il n'y a pas du mystère en tout ce qu'il fait dans une action si importante et si solennelle : ou que pour discerner ce qu'il veut qu'on fasse, vous avez pour règle, non point sa pratique et sa parole, mais votre propre raisonnement : est-ce là, mes Frères, la règle que vous prenez pour assurer votre salut? Venons pourtant à des choses que vous croyez plus importantes ; que dites-vous de la fraction du pain? N'est-elle pas essentielle à la sainte Cène, comme le signe sacré du corps de Jésus-Christ rompu à la croix [2]? Avouez la vérité; vous le tenez tous, et vous ne cessez d'avoir cette parole à la bouche : mais en même temps pourquoi tolérez-vous les luthériens, qui n'ont point cette fraction? Pourquoi, dis-je encore un coup, les tolérez-vous, non-seulement en général par votre tolérance universelle envers eux, mais encore par un acte exprès où cette infraction de la loi de Jésus-Christ leur est pardonnée? Le fait est constant et avoué par vos ministres. Où avez-vous trouvé dans l'Evangile qu'une chose si expressément pratiquée par Jésus-Christ, et encore par une raison si essentielle, fût indifférente, ou ne fût point du nombre de celles dont il a dit : « Faites ceci? » Reconnoissez que vos ministres vous abusent, et qu'ils vous donnent pour règle en cette occasion, non point la parole de Jésus-Christ, mais leur politique et leur aveugle complaisance pour les luthériens.

Passons outre : que ferez-vous à ceux que leur aversion naturelle et insurmontable pour le vin exclut de cette partie de la sainte Cène? La refuserez-vous toute entière à ces infirmes, parce que vous ne pouvez la leur donner toute entière, ni comme vous

---

[1] I *Cor.*, XI, 25. — [2] *Traité de la Communion sous les deux espèces*, II part., chap. XII.

la croyez établie par Jésus-Christ[1]? Ce seroit le bon parti selon vos principes; mais il n'est pas soutenable, et vous leur donnez l'espèce du pain toute seule, comme le règle votre discipline après les synodes : mais en ce cas que leur donnez-vous? Ont-ils la grace entière du sacrement, ou ne l'ont-ils pas? Où Jésus-Christ ne prononce rien, comment prononcerez-vous, si comme nous vous n'avez recours à la tradition et à l'autorité de l'Eglise? Ce qu'ils reçoivent, est-ce quelque chose qui n'appartienne en aucune sorte au sacrement[2], comme le dit le ministre Jurieu, ou quelque chose qui y appartienne, comme le soutient contre lui le ministre de la Roque? Déterminez-vous, mes Frères. M. Jurieu se fonde sur ce que le sacrement mutilé n'est pas le sacrement de Jésus-Christ. M. de la Roque soutient au contraire qu'on ne met point dans l'Eglise une institution humaine à la place du sacrement de Jésus-Christ. Ils ont raison tous deux selon vos principes, et vous n'avez point de règles pour sortir de cet embarras.

Mais il y a quelque chose de plus essentiel encore : c'est la parole de consécration et de bénédiction où la forme du sacrement est établie[3] : appelez-la comme vous voudrez : en général, parmi vous comme parmi nous et parmi tous les chrétiens, le sacrement consiste principalement dans la parole qui est jointe à ce qu'on appelle l'élément et la matière : « Je vous baptise, » et le reste, doit être ajouté à l'eau pour faire le vrai baptême; et la vertu, l'efficace, la vie, pour ainsi parler, du sacrement, est dans la parole. En particulier dans la Cène, Jésus-Christ a béni, il a prié, il a invoqué son Père pour opérer la merveille qu'il préparoit dans l'Eucharistie. Il a parlé, l'effet a suivi. Saint Paul marque expressément dans l'Eucharistie « la coupe bénie que nous bénissons[4] : » le pain sacré n'est pas moins béni ni moins consacré par la parole. Mais quelle est-elle? Est-il libre, ou de ne rien dire, comme le permet votre discipline, ou de dire tout ce qu'on veut, sans se conformer à ce que l'Eglise a toujours dit par toute la terre? Mais si l'on peut ne rien dire, laissera-t-on un si grand sacrement sans parole, « et le calice de bénédiction, » ainsi

---

[1] *Traité de la Comm.*, etc., chap. III. — [2] *Ibid.* — [3] *Ibid.*, chap. VI. — [4] I *Cor.*, X, 16.

nommé par saint Paul, demeurera-t-il sans être béni? Cette bénédiction est-elle quelque chose de permanent, comme l'a cru toute l'ancienne Eglise, ou quelque chose de passager, comme le croit toute la réformation prétendue? Quoi qu'il en soit, qui prononcera cette bénédiction? Sera-ce celui qui représente Jésus-Christ, et qui préside à l'action, c'est-à-dire le ministre ; ou à son défaut, un prêtre, un ancien? Un diacre pourra-t-il être le consécrateur, ou en tout cas le distributeur du sacrement; surtout un diacre le sera-t-il de la coupe selon la pratique de l'ancienne Eglise? Tout cela est indifférent, dites-vous. C'est pourtant Jésus-Christ seul, comme celui qui présidoit à l'action qui a consacré, qui a béni, qui a dit: Prenez, mangez et buvez; ceci est mon corps, ceci est mon sang : et nul autre n'en a fait l'office et la cérémonie. Si cela est indifférent, il sera donc indifférent de faire ou ne faire pas ce qu'il a fait, et votre règle, qui se proposoit pour modèle ce qu'il a fait, ne subsiste plus.

Mais la nôtre est invariable : nous l'avons apprise dès le baptême : sans nous informer si l'on nous plongeoit dans l'eau selon l'exemple de Jésus-Christ et des apôtres, selon la pratique de toute l'Eglise durant treize à quatorze cents ans, selon la force de cette parole : « Baptisez, » qui constamment veut dire : *Plongez*, selon le mystère marqué par l'Apôtre même, qui est d'être « ensevelis avec Jésus-Christ [1] » par cette immersion : nous recevons le baptême comme nous le donne l'Eglise, persuadés que cette parole : « Allez, enseignez, et baptisez : et voilà je suis avec vous, » enseignans et baptisans, a un effet éternel. Nous ne nous informons non plus si on sépare l'enseignement d'avec le baptême, contre ce qui sembloit paroître dans l'institution de Jésus-Christ, « les enseignant et les baptisant. » Baptisés petits enfans, sans témoignage de l'Ecriture, nous ne sommes point en peine de notre baptême : nous ne nous embarrassons non plus où nous l'avons reçu, dans l'église ou hors de l'église, par des mains pures ou par des mains infectées de la souillure du schisme et de l'erreur : il nous suffit d'être baptisés, comme nous l'enseigne celle à qui Jésus-Christ a dit : « Je suis avec vous. »

[1] *Rom.*, VI, 4; *Coloss.*, II, 12.

Vous répondrez : Nous le recevons aussi de la même sorte, et nous ne sommes non plus en peine de notre baptême que vous ; c'est ce qui nous surprend, que vous ayez la même assurance sans en avoir le même fondement. Ou suivez la parole à la rigueur, ou cessez de vous fier à un baptême que vous n'y trouvez pas. Que si vous reconnoissez la foi des promesses et l'autorité de l'Eglise, reconnoissez-la en tout, et suivez-la dans l'Eucharistie, ainsi que dans le baptême. Pourquoi mesurez-vous à deux mesures? Pourquoi marchez-vous d'un pas incertain dans les voies de Dieu? *Usquequò claudicatis inter duas vias*[1] ?

Jésus-Christ a institué et donné l'Eucharistie à ses disciples assemblés : l'Eglise a-t-elle cru pour cela que cette pratique fût de la substance du sacrement? Point du tout : dès l'origine du christianisme on a porté l'Eucharistie aux absens[2] : on a réservé la communion pour la donner aux malades : après la communion reçue dans les assemblées ecclésiastiques, chacun a eu droit de l'emporter dans sa maison pour communier toute la semaine et tous les jours en particulier : ces communions se sont faites sous l'espèce du pain, et ces communions sous une espèce ont été sans comparaison les plus communes : dans les assemblées ecclésiastiques il étoit si libre de recevoir une des espèces ou toutes les deux, et on y prenoit si peu garde, qu'on ne connut les manichéens, qui répugnoient à celle du vin, qu'après un long temps par l'affectation de ne le prendre jamais : et quand pour les distinguer des fidèles avec lesquels ils tâchoient de se mêler, on crut nécessaire d'obliger tous les chrétiens aux deux espèces, on sait qu'il en fallut faire une loi expresse pour un motif particulier[3]. Qui ne connoît pas le sacrifice des Présanctifiés, où l'Orient et l'Occident ne consacrant pas, réservoient l'espèce du pain consacrée dans le sacrifice précédent pour en communier tout le clergé et tout le peuple[4] ? Le mélange des deux espèces, universellement pratiqué depuis quelques siècles par toute l'Eglise d'Orient, se trouve-t-il davantage dans l'institution de Jésus-Christ que la communion sous une espèce? Il est donc plus clair que le jour

---

[1] III *Reg.*, XVIII, 23. — [2] *Traité de la Commun. sous les deux espèces*, 1 part., chap. II. — [3] *Ibid.*, chap. V. — [4] *Ibid.*, chap. VI.

par tous ces exemples et par ces diverses manières, pratiquées sans hésiter et sans scrupule dans l'Eglise, qu'il n'y a en cette matière que sa pratique et sa tradition qui fasse loi selon l'intention de Jésus-Christ, et enfin que la substance de ce divin sacrement est d'y recevoir Jésus-Christ présent, mais comme une victime immolée : ce qui arrive toujours, soit qu'on prenne le sacré corps comme épuisé de sang, ou le sang sacré comme désuni du corps; ou l'un ou l'autre, quoique inséparables dans le fond, mystiquement séparés par la consécration et comme par l'épée de la parole.

C'est aussi par cette raison que la communion du peuple sous une espèce s'est introduite sans contradiction et sans répugnance : on n'eut point de peine à changer ce qui avoit toujours été réputé libre : et ce fut à peine trois cents ans après que la coutume en fut établie dans tout l'Occident, qu'on s'avisa en Bohême de s'en plaindre.

Enfin, mes Frères, j'oserai vous dire que pour peu qu'on apportât de bonne foi à cette dispute, et qu'on en ôtât l'esprit de chicane et de contention tant réprouvé par l'Apôtre, il n'y a point d'article de nos controverses où nous soyons mieux fondés sur l'autorité de l'Eglise, sur sa pratique constante et sur la parole de Jésus-Christ même, comme il a été démontré dans le concile de Trente [1].

XLII. Du service en langue vulgaire. On ne cherche que des apparences pour vous entretenir dans la division : témoin encore ce qu'on vous met sans cesse à la bouche sur le service en langue vulgaire, qui est, dit-on, inconnue. Par ce discours on pourroit croire que la langue latine n'est pas connue du clergé et d'une très-grande partie du peuple. Mais ceux qui l'entendent vous l'expliquent; ceux qui sont chargés de votre instruction sont chargés aussi par l'Eglise, dans le concile de Trente [2], de vous servir d'interprètes : il ne tient qu'à vous, pendant que l'Eglise chante, d'avoir entre vos mains les Psaumes, les Ecritures, les autres leçons et les autres prières de l'Eglise. Qu'avez-vous donc à vous plaindre? Aime-t-on si peu l'unité du

[1] Sess. XXI, cap. I; *Traité de la Commun.*, II part., chap. IX. — [2] Sess. XXII, cap. VIII.

christianisme, qu'on rompe avec l'Eglise pendant qu'elle fait ce qu'elle peut pour édifier le monde? Que ne reconnoissez-vous plutôt l'amour de l'antiquité dans le langage dont se sert l'Eglise romaine? Accoutumée au style, aux expressions, à l'esprit des anciens Pères qu'elle reconnoît pour ses maîtres, elle en remplit son Office, et se fait pour ainsi dire un plaisir d'avoir encore à la bouche et de conserver en leur entier les prières, les collectes, les liturgies, les messes, comme il les ont eux-mêmes appelées, que ces grands papes, saint Léon, saint Gélase, saint Grégoire, à qui l'Eglise est si redevable, ont proférées à l'autel il y a mille et douze cents ans. Vos ministres affectent souvent de vous parler avec une espèce de dédain de ces grands papes, qu'ils trouvent contraires à leurs prétentions. Mais en leur cœur, malgré qu'ils en aient, ils ne peuvent leur refuser la vénération qui est due à ceux qu'on a toujours crus aussi éminens par leur piété et par leur savoir que par la dignité de leur siége. Ainsi nous nous glorifions en Notre-Seigneur de dire encore les messes comme ils les ont digérées. Le fondement, la substance, l'ordre même, et en un mot toutes les parties en viennent de plus haut : on les trouve dans saint Ambroise, dans saint Augustin, dans les autres Pères, et enfin dès l'origine du christianisme. Car ce qui se trouve ancien et universel en ces premiers temps, ne peut pas avoir une autre source. L'Orient a le même goût pour saint Basile, pour saint Chrysostome et pour les autres anciens Pères, dont il retient le langage dans le service public, quoiqu'il ne subsiste plus que dans cet usage. Toutes les Eglises du monde sont dans la même pratique. N'est-ce pas une consolation pour l'Eglise de se voir si bien établie depuis tant de siècles, que les langues qu'elle a ouïes primitivement et dès sa première origine, meurent pour ainsi dire à ses yeux, pendant qu'elle demeure toujours la même? Si elle les conserve autant qu'elle peut, c'est qu'elle aime l'ancienne foi, l'ancien culte, les anciens usages, les anciens rits des chrétiens. Mais que sera-ce, si l'on vous dit que les Juifs mêmes par révérence pour le texte original des Psaumes de David, les chantoient en hébreu dans Jérusalem et dans le temple, depuis même que cette langue avoit cessé d'être vulgaire? C'est ce qu'ils font encore aujourd'hui par toute la terre de tradition immémoriale. De cette sorte il sera vrai que Jésus-Christ aura assisté à un tel service, et l'aura honoré de sa présence toutes les fois qu'il sera entré dans les synagogues. Mais laissons les dissertations : n'est-ce pas assez que saint Paul, que vous produisez si souvent contre les langues inconnues, les permette même dans l'Eglise, pourvu qu'on les interprète pour l'édification des fidèles [1]? C'est ce qu'il répète par trois fois dans le chapitre que l'on nous oppose : nous sommes visiblement de ceux qui « avons soin qu'on vous interprète » ce qu'il y a de plus mystérieux et de plus caché : *Curet ut interpretetur*. Nous vous avons déjà avertis que le concile de Trente a ordonné aux pasteurs d'expliquer dans leurs instructions pastorales, chaque partie du service et des saintes cérémonies de l'Eglise [2]. Nous-mêmes nous vous avons donné par le même concile de Trente une *Exposition de la doctrine catholique*, qui n'est pas la nôtre, mais, nous l'osons dire, celle des évêques et du pape même, qui l'a honorée deux fois d'une approbation authentique. On tâche en vain de nous aigrir contre ce concile : on en trouve la vraie défense, comme celle des autres conciles, dans ses décrets et dans sa doctrine irrépréhensible. Nous vous avons aussi donné notre *Catéchisme*, et en particulier celui des Fêtes où tous les mystères sont expliqués, et des *Heures* où sont en françois les plus communes prières de l'Eglise. Que si ce n'est pas assez, nous sommes prêts à vous donner par écrit et de vive voix et la lettre et l'esprit de toutes les prières ecclésiastiques, par les explications les plus simples et les plus de mot à mot. Ne voyez-vous pas les saints empressemens des évêques de France dont nous tâchons aujourd'hui d'imiter le zèle, à vous donner dans les premiers siéges les instructions les plus particulières sur les articles où l'on nous impose, et à la fois à vous mettre en main un nombre infini de fidèles versions? Reconnoissez donc que vos ministres par leurs vaines plaintes ne songent qu'à faire à l'Eglise une querelle, pour ainsi parler, de guet-à-pens et contre le précepte du Sage, « ne cherchant qu'une occasion de rompre avec leurs amis

---

[1] I Cor., xiv, 5, 13, 27, etc. — [2] Sess. XXII, cap. VIII.

et avec leurs frères [1] ? » La paix et la charité n'est pas en eux.

Cessez donc dorénavant de vous glorifier de l'intelligence de l'Ecriture, et ne vous laissez plus flatter d'une chose qui aussi bien ne vous est pas nécessaire. Soyez de ces petits et de ces humbles, « que la simplicité de croire met dans une entière sûreté : » *Quos credendi simplicitas tutissimos facit.* Je parle après saint Augustin, et saint Augustin a parlé après Jésus-Christ même. Il a dit : « Ta foi t'a sauvé [2] : » — « Ta foi, dit Tertullien, et non pas d'être exercé dans les Ecritures : » *Fides tua te salvum fecit, non exercitatio Scripturarum* [3]. Le Saint-Esprit a confirmé cette vérité par une sainte expérience, en donnant la foi comme à nous, à des peuples qui n'avoient pas l'Ecriture sainte. Saint Irénée et les autres Pères en ont fait la remarque dès leurs temps, c'est-à-dire dès les premiers temps du christianisme, et on a suivi cet exemple dans tous les siècles. Car aussi la charité ne permettoit pas d'attendre à prêcher la foi, jusqu'à ce qu'on sût assez des langues irrégulières, ou barbares, ou trop recherchées, pour y faire une traduction aussi difficile et aussi importante que celle des Livres divins, ou bien d'en faire dépendre le salut des peuples. On leur portoit seulement le sommaire de la foi dans le Symbole des apôtres. Ils y apprenoient qu'il y avoit une Eglise catholique qui leur envoyoit ses prédicateurs, et leur annonçoit les promesses dont ils voyoient à leurs yeux l'accomplissement par toute la terre comme parmi eux, à la manière qu'on a expliquée. Ils croyoient ; et comme les autres chrétiens, ils étoient justifiés par la foi en Jésus-Christ et en ses promesses sacrées. Au surplus j'oserai vous dire, nos chers Frères, qu'il y a plus d'ostentation que de vérité dans la fréquente allégation de l'Ecriture où vos ministres vous portent. L'expérience fera avouer à tous les hommes de bonne foi que ce qu'on apprend par cette pratique, c'est le plus souvent de parler en l'air, et de dire à la fois ce qu'on entend comme ce qu'on n'entend pas. Ce n'est pas l'effet d'une bonne discipline de rendre les ignorans présomptueux, et les femmes même disputeuses ; vos ministres vous font accroire que ce n'est rien attribuer de trop au simple peuple,

---

[1] *Prov.*, XVIII, 1. — [2] *Matth.*, IX, 22 ; *Marc.*, X, 52. — [3] *De Præscr.*, n. 14.

que de lui présenter l'Ecriture seulement pour y former sa foi. Vous ne songez pas que c'est là précisément la difficulté qu'il lui falloit faire éviter. C'est une ancienne maxime de la religion, que nous trouvons dans Tertullien dès les premiers temps, qu'il faut savoir « ce qu'on croit et ce qu'on doit observer avant que de l'avoir appris [1] » par un examen dans les formes. L'autorité de l'Eglise précède toujours, et c'est la seule pratique qui peut assurer notre salut : sans ce guide on marche à tâtons dans la profondeur des Ecritures, au hasard de s'égarer à chaque pas. Nous l'avons démontré ailleurs plus amplement pour ceux qui en voudront savoir davantage [2] : mais nous en disons assez ici pour convaincre les gens de bonne foi, et qui savent se faire justice sur leur incapacité et leur ignorance. Que ceux-là donc cherchent leur foi dans les Ecritures, que l'Eglise n'a pas instruits et qui ne la connoissent pas encore. Pour ceux qu'elle a conçus dans son sein et nourris dans son école, ils ont le bonheur d'y trouver leur foi toute formée, et ils n'ont rien à chercher davantage.

C'est le moyen, dites-vous, d'inspirer aux hommes un excès de crédulité qui leur fait croire tout ce qu'on veut sur la foi de leur curé ou de leur évêque. Vous ne songez pas, nos chers Frères, que la foi de ce curé et de cet évêque est visiblement la foi qu'enseigne en commun toute l'Eglise : il ne faut rien moins à un catholique. Vous errez donc, en croyant qu'il soit aisé de l'ébranler dans les matières de foi : il n'y a rien au contraire de plus difficile, puisqu'il faut pouvoir à la fois ébranler toute l'Eglise malgré la promesse de Jésus-Christ. Ainsi quand il s'élève un novateur, de quelque couleur qu'il se pare et quelque beau tour qu'il sache donner aux passages qu'il allègue, l'expérience de tous les siècles fait voir qu'il est bientôt reconnu, et ensuite bientôt repoussé malgré ses spécieux raisonnemens, par l'esprit d'unité qui est dans tout le corps, et qui ne cesse jusqu'à la fin de réclamer contre.

XLIV. Les protestans trop faciles à se laisser Mais vous, qui vous glorifiez de ne croire qu'avec connoissance et nous accusez cependant d'une trop légère créance, souffrez qu'on vous représente comment on vous a conduits depuis les

---

[1] *De Coron.*, n. 2. — [2] *Hist. des Var.*, liv. XV; *Confér. avec. M. Claude; Disc. sur l'Hist. univ.*, II part., vers la fin.

commencemens de votre Réforme prétendue. Aux premiers cris de Luther, Rome, comme une nouvelle Jéricho, devoit voir tomber ses murailles. Depuis ce temps, combien de fois vous a-t-on prédit la chute de *Babylone?* Je ne le dis pas pour vous confondre : mais enfin rappelez vous-mêmes en votre pensée combien on vous a déçus même de nos jours. Toutes les fois que quelque grand prince s'est élevé parmi vous, comme il s'en élève partout, et même parmi les païens et les infidèles, de quelles vaines espérances ne vous êtes-vous pas laissé flatter? Quels traités n'alloit-on pas faire en votre faveur? Quelles ligues n'a-t-on pas vues sans pouvoir jamais entamer le défenseur de l'Eglise? Qu'a-t-il réussi de ces projets tant vantés par vos ministres? Ceux qu'on vous faisoit regarder comme vos restaurateurs, ont-ils seulement songé à vous dans la conclusion de la paix? Jusqu'à quand vous laisserez-vous tromper? Encore à présent il court parmi vous un *Calcul exact*[1], que nous avons en main, selon lequel Babylone votre ennemie devoit tomber sans ressource tout récemment et dans le mois de mai dernier. On donne tels délais qu'on veut aux prophéties qu'on renouvelle sans fin; et cent fois trompés, vous n'en êtes que plus crédules.

décevoir par de fausses interprétations de l'Ecriture, et en particulier des prophéties

Je veux bien rapporter ici la réponse de M. Basnage, dans un ouvrage dont il faudra peut-être vous parler un jour. « On trouve, dit-il, un livre entier dans l'*Histoire des Variations* où l'on rit de la durée de nos maux et de l'illusion de nos peuples, qui ont esté fascinez par de fausses espérances. Mais en vérité, M. de Meaux devroit craindre la condamnation que l'Ecriture prononce contre ceux à qui la prospérité a fait des entrailles cruelles. Car il faut estre barbare pour nous insulter sur les maux que nous souffrons, et que nous n'avons pas méritez. Une longue misère excite la compassion des ames les plus dures, et on doit se reprocher d'y avoir contribué par ses vœux, par ses désirs et par les moyens qu'on a employez pour perdre tant de familles, plustost que d'en faire le sujet d'une raillerie[2]. » Et un peu après, sur le même ton : « Quand il seroit vray qu'on court avec trop d'ardeur après les

XLV.
Réponse de M. Basnage.

---

[1] *Calcul exact de la durée de l'Empire papal*, etc., mai 1699. — [2] *Hist. Ecclés.*, liv. V, cap. III, n. 9, p. 148.

objets qui entretiennent l'espérance, et qu'on se repaist de quelques idées éblouissantes, dont l'on sentiroit fortement la vanité, si l'esprit estoit dans la tranquillité naturelle ; ce ne seroit pas un crime qu'on deust noircir par un terme emprunté de la magie [1] : » c'est-à-dire par celui de fascination. M. Basnage voudroit nous faire oublier que le sujet de nos reproches n'est pas que les prétendus réformés conçoivent de fausses espérances : c'est une erreur assez ordinaire dans la vie humaine : mais que leurs pasteurs, que ceux qui leur interprètent l'Ecriture sainte s'en servent pour les tromper ; qu'ils prophétisent de leur cœur, et qu'ils disent : « Le Seigneur a dit, quand le Seigneur n'a point parlé [2] : » que l'illusion étoit si forte que cent fois déçus par un abus manifeste des oracles du Saint-Esprit et du nom de Dieu, on ne s'en trouve que plus disposé à se livrer à l'erreur : toute l'éloquence de M. Basnage n'empêchera pas que ce ne soit un digne sujet, non pas d'une raillerie dans une occasion si sérieuse et dans un si grand péril des ames rachetées du sang de Dieu, mais d'un éternel gémissement pour une fascination si manifeste. Ce terme, que saint Paul emploie envers les Galates ses enfans [3] n'est pas trop fort dans une occasion si déplorable, et nous tâchons de l'employer avec la même charité qui animoit le cœur de l'Apôtre de qui nous l'empruntons.

Malgré tous les inutiles discours et sans craindre les vains reproches de M. Basnage, qui visiblement ne nous touchent pas, je ne cesserai, nos chers Frères, de vous représenter que c'est là précisément ce qui vous devoit arriver par le juste jugement de Dieu. Vous vous faites un vain honneur de ne pas croire à l'Eglise dont Jésus-Christ vous dit « que si vous ne l'écoutez, vous serez semblables aux païens et aux publicains [4]. » Vous ne croyez pas aux promesses qui la tiennent toujours en état jusqu'à la fin des siècles : il est juste que vous croyiez à des prophéties imaginaires ; semblables à ceux dont il est écrit que pour s'être rendus « insensibles à l'amour de la vérité, ils sont livrés à l'opération de l'erreur, en sorte qu'ils ajoutent foi au mensonge [5]. »

[1] P. 1484. — [2] *Ezech.*, XIII, 7. — [3] *Galat.*, III, 1. — [4] *Matth.*, XVIII, 17. — [5] I *Thess.*, II, 10.

Voyons néanmoins encore quel usage de l'Ecriture on vous apprend dans nos controverses. Je n'en veux point d'autre exemple que l'objection que vous ne cessez de nous faire, comme si nous étions de ceux qui disent : « Jésus-Christ est ici ou il est là[1]. » Avouez la vérité, nos chers Frères, aussitôt qu'on traite avec vous de la présence réelle, ce passage vous revient sans cesse à la bouche : vous n'en pesez pas la suite : « Il s'élèvera de faux Christs et de faux prophètes. Si l'on vous dit donc : Il est dans le désert, ne sortez pas pour le chercher : Il est dans les lieux les plus cachés de la maison, ne le croyez pas[2]. » Il est plus clair que le jour qu'il parle de ceux qui viendront à la fin des temps, et dans la grande tentation de la fin du monde, s'attribuer le nom de Christ. La même chose est répétée dans saint Marc[3]. Saint Luc le déclare encore par ces paroles : « Donnez-vous garde d'être séduits : car plusieurs viendront en mon nom en disant : C'est moi ; et le temps est proche : n'allez donc point après eux[4]. » Ce sens n'a aucun doute, tant il est exprès. Cependant s'il vous en faut croire, celui « qui vous dit : C'est moi, et le temps de ma venue approche, » c'est le Christ que nous croyons dans l'Eucharistie : c'est celui-là qui se veut faire chercher ou dans le désert ou dans les maisons. Je crois bien que vos ministres se moquent eux-mêmes dans leur cœur d'une illusion si grossière : mais cependant ils vous la mettent dans la bouche, et pourvu qu'ils vous éblouissent en se jouant du son des paroles saintes, ils ne vous épargnent aucun abus, aucune profanation du texte sacré.

C'est l'effet d'un pareil dessein qui les oblige à vous proposer, contre la durée éternelle promise à l'Eglise, ces paroles de Jésus-Christ : « Lorsque le Fils de l'homme viendra, pensez-vous qu'il trouve de la foi sur terre[5] ? » Mais s'il faut en toute rigueur qu'en ce temps-là où « l'iniquité croîtra, et où la charité se refroidira dans la multitude[6], » cette foi qui opère par la charité sera, non point offusquée par les scandales, mais entièrement éteinte, à qui est-ce que s'adressera cette parole : « Quand ces choses commenceront, regardez et levez la tête, parce que votre rédemption approche[7] ? »

---

[1] *Matth.*, XXIV, 23. — [2] *Ibid.*, 24, 26. — [3] *Marc.*, XIII, 21. — [4] *Luc.*, XXI, 8. — [5] *Ibid.*, XVIII, 8. — [6] *Matth.*, XXIV, 12. — [7] *Luc.*, XXI, 28.

Où sera « ce dispensateur fidèle et prudent, que son maître, quand il viendra, trouvera attentif et vigilant[1]? » A quelle église accourront les Juifs, si miraculeusement convertis, après que la plénitude de la gentilité y sera entrée? Que si vous dites qu'aussitôt après, le monde se replongera dans l'incrédulité, et que l'Eglise sera dissipée sans se souvenir d'un événement qu'on verra accompagné de tant de merveilles, comment ne songez-vous pas à ce beau passage d'Isaïe cité par saint Paul pour le prédire, et dont voici l'heureuse suite : « Le pacte que je ferai avec vous, c'est que mon esprit qui sera en vous, et ma parole que je mettrai dans votre bouche, y demeurera, et dans la bouche de vos enfans, et dans la bouche des enfans de vos enfans, aujourd'hui et à jamais, dit le Seigneur[2]? » Ce qui se conservera dans la bouche de tous les fidèles sera-t-il caché, et ce qui passera de main en main souffrira-t-il de l'interruption?

XLVII. *Quelle doit être en cette occasion la coopération du peuple fidèle avec ses pasteurs.*

Pendant que nous représenterons à nos frères errans ces vérités adorables, joignez-vous à nous, peuple fidèle : aidez à l'Eglise votre Mère à les enfanter en Jésus-Christ : vous le pouvez en trois manières, par vos douces invitations, par vos prières et par vos exemples.

Concevez avant toutes choses un désir sincère de leur salut, témoignez-le sans affectation et de plénitude de cœur : tournez-vous en toute sorte de formes pour les gagner. « Reprenez les uns, » comme dit saint Jude[3], en leur remontrant, mais avec douceur, que ceux qui ne sont pas dans l'Eglise sont déjà *jugés*. Quand vous leur voyez de l'aigreur, « sauvez-les en les arrachant du milieu du feu : ayez pour les autres une tendre compassion avec une crainte » de les perdre, ou de manquer à quelque chose pour les attirer : « Parlez-leur, » dit saint Augustin[4], *amanter, dolenter, fraternè, placidè* : « Avec amour, avec douceur, » sans dispute, « paisiblement » comme on fait « à son ami, » à son voisin, « à son frère. » Vous qui avez été de leur religion, racontez-leur à l'exemple de ce même Père revenu du manichéisme, par quelle trompeuse apparence vous avez été déçus; par où vous avez com-

---

[1] *Luc.*, XII, 42. — [2] *Rom.*, XI, 27; *Isa.*, LIX, 21. — [3] *Jud.*, 22, 23. — [4] Serm. CCXCIV, n. 20.

mencé à vous détromper; par quelle miséricorde Dieu vous a tirés de l'erreur, et la joie que vous ressentez en vous reposant dans l'Eglise où vos pères ont servi Dieu et se sont sauvés, d'y trouver votre sûreté, comme les petits oiseaux dans leur nid et sous l'aile de leur mère.

C'est dans cet esprit que saint Augustin racontoit au peuple de Carthage les erreurs de sa téméraire et présomptueuse jeunesse : comme il y savoit raisonner et disputer, mais non encore s'humilier; et comme enfin il fut pris dans de spécieux raisonnemens, auxquels il abandonnoit son esprit curieux et vain. C'étoit pourtant sur l'Ecriture qu'il raisonnoit. « Superbe que j'étois, dit-il, je cherchois dans les Ecritures ce qu'on n'y pouvoit trouver que lorsqu'on est humble. Ainsi je me fermois à moi-même la porte que je croyois m'ouvrir. Que vous êtes heureux, poursuivoit-il, peuples catholiques, vous qui vous tenez petits et humbles dans le nid où votre foi se doit former et nourrir : au lieu que moi malheureux, qui croyois voler de mes propres ailes, j'ai quitté le nid, et je suis tombé avant que de pouvoir prendre mon vol. Pendant que jeté à terre j'allois être écrasé par les passans, la main miséricordieuse de mon Dieu m'a relevé, et m'a remis dans ce nid [1] » et dans le sein de l'Eglise d'où je m'étois échappé. Que pouvez-vous représenter de plus affectueux et de plus tendre à ceux qui prévenus contre l'Eglise, craignent l'abri sacré que la foi y trouve contre les tentations et les erreurs?

Lorsque vous travaillez avec nous à ramener nos frères, le discours le plus ordinaire que vous entendrez est qu'ils souffrent persécution : cette pensée les aigrit et les indispose. La question sera ici de savoir s'ils souffrent pour la justice. S'il y a eu des lois injustes contre les chrétiens, « il y en a » eu aussi, dit saint Augustin[2], de très-justes « contre les païens; il y en a eu contre les Juifs, enfin il y en a eu contre les hérétiques. » Vouloit-on que les princes religieux les laissassent périr en repos dans leur erreur, sans les réveiller? Et pourquoi donc ont-ils en main la puissance? L'examen de leur doctrine, dit le même Père, a été fait par l'Eglise : « il a été fait et par le saint Siége apostolique,

XLVIII. Sur les persécutions dont se plaignent les protestans.

[1] Serm. LI, n. 6. — [2] Serm. LXII, n. 18.

et par le jugement des évêques : *Examen factum est apud apostolicam Sedem, factum est in episcopali judicio* [1] : » ils y ont été condamnés en la même forme que toutes les anciennes hérésies. « La leur étant condamnée par les évêques, il n'y a plus d'examen à faire; et il ne reste autre chose, sinon, dit saint Augustin, qu'ils soient réprimés par les puissances chrétiennes : *Damnata ergo hæresis ab episcopis, non adhuc examinanda, sed coercenda est à potestatibus christianis.* » Vous voyez selon l'ancien ordre de l'Eglise, ce qui reste à ceux qui ont été condamnés par les évêques. C'est ce que disoit ce Père aux pélagiens. Il le disoit, il le répétoit au dernier ouvrage sur lequel il a fini ses jours ; il le disoit donc plus que jamais plein d'amour, plein de charité dans le cœur, plein de tendresse pour eux : car c'est là ce qu'on veut porter devant le tribunal de Dieu, lorsqu'on y va comparoître. Revêtez-vous donc envers nos frères errans d'entrailles de miséricorde : tâchez de les faire entrer dans les sentimens et dans le zèle de notre grand Roi : la foi où il les presse de retourner est celle qu'il a trouvée sur le trône depuis Clovis, depuis douze à treize cents ans : celle que saint Remi a prêchée aux François victorieux : celle que saint Denis et les autres hommes apostoliques avoient annoncée aux anciens peuples de la Gaule, où les successeurs de saint Pierre les ont envoyés. Depuis ce temps a-t-on dressé une nouvelle Eglise, et un nouvel ordre de pasteurs ? N'est-on pas toujours demeuré dans l'Eglise qui avoit saint Pierre et ses successeurs à sa tête ? Les rois et les potentats qui ont innové, qui ont changé la religion qu'ils ont trouvée sur le trône, en peuvent-ils dire autant ? Pour nous, nous avons encore les temples et les autels que ces grands rois, saint Louis, Charlemagne et leurs prédécesseurs ont érigés. Nous avons les volumes qui ont été entre leurs mains : nous y lisons les mêmes prières que nous faisons encore aujourd'hui : et on ne veut pas que leurs successeurs travaillent à ramener leurs sujets égarés, comme leurs enfans, à la religion sous laquelle cette monarchie a mérité de toutes les nations le glorieux titre de très-chrétienne ?

XLIX.
Exhorta.

Saint Augustin, que j'aime à citer, comme celui dont le zèle

[1] *Op. imp. cont. Jul.*, lib. II, n. 103.

pour le salut des errans a égalé les lumières qu'il avoit reçues pour les combattre ; à la veille de cette fameuse conférence de Carthage où la charité de l'Eglise triompha des donatistes plus encore que la vérité et la sainteté de sa doctrine, parloit ainsi aux catholiques : Que la douceur règne dans tous vos discours et dans toutes vos actions : « combien sont doux les médecins pour faire prendre à leurs malades les remèdes qui les guérissent? Dites à nos frères : Nous avons assez disputé, assez plaidé : enfans par le saint baptême du même Père de famille, finissons enfin nos procès : vous êtes nos frères : bons ou mauvais, voulez-le, ne le voulez pas, vous êtes nos frères. Pourquoi voulez-vous ne le pas être? Il ne s'agit pas de partager l'héritage : il est à vous comme à nous ; possédons-le en commun tous deux ensemble. Pourquoi vouloir demeurer dans le partage? Le tout est à vous. Si cependant ils s'emportent contre l'Eglise et contre vos pasteurs, c'est l'Eglise, ce sont vos pasteurs qui vous le demandent eux-mêmes : ne vous fâchez jamais contre eux : ne provoquez point de foibles yeux à se troubler eux-mêmes : ils sont durs, dites-vous, ils ne vous écoutent pas : c'est un effet de la maladie : combien en voyons-nous tous les jours qui blasphèment contre Dieu même? Il les souffre, il les attend avec patience : attendez aussi de meilleurs momens : hâtez ces heureux momens par vos prières. Je ne vous dis point : Ne leur parlez plus ; mais quand vous ne pourrez leur parler, parlez à Dieu pour eux, et parlez-lui du fond d'un cœur où la paix règne [1]. »

tion à la paix, tirée principalement de saint Augustin.

Mes chers Frères les catholiques, continuoit saint Augustin, « quand vous nous voyez disputer pour vous, priez pour le succès de nos conférences : aidez-nous par vos jeûnes et par vos aumônes : donnez ces ailes à vos prières, afin qu'elles montent jusqu'aux cieux : par ce moyen, vous ferez plus que nous ne pouvons faire :...... vous agirez plus utilement par vos prières que nous par nos discours et par nos conférences. » Demandez à Dieu pour eux un amour sincère de la vérité : tout dépend de la droite intention ; tous s'en vantent, tous s'imaginent l'avoir : mais combien est subtile la séduction qui nous cache nos intentions à

L.
Suite de l'exhortation: comment il faut prier pour la conversion des hérétiques.

[1] Serm CCCLVII, *de laud. pac.*, n. 4, etc.

nous-mêmes ! Dans l'état où ils se trouvent, disent-ils, tout leur est suspect ; et s'ils se sentent portés à nous écouter, ils ne peuvent plus discerner si c'est l'inspiration ou l'intérêt qui les pousse. Mais savent-ils bien si leur fermeté n'est pas un attachement à son sens ? Nous rendons ce témoignage à plusieurs d'eux, comme saint Paul le vouloit bien rendre aux Israélites qui résistoient à l'Evangile : « Ils ont le zèle de Dieu : » mais savent-ils si c'est bien un « zèle selon la science [1], » si ce n'est pas plutôt un « zèle amer [2], » comme l'appelle saint Jacques ? Combien en voit-on qui par un faux zèle, dont on se fait un fantôme de piété dans le cœur, croient rendre service à Dieu en s'opposant à sa vérité ? Venez, venez à l'Eglise, à la promesse, à Jésus-Christ même qui l'a exprimée en termes si clairs : c'est où je vous appelle dans ce doute. O Dieu, mettez à nos Frères dans le fond du cœur une intention qui plaise à vos yeux, afin qu'ils aiment l'unité, non point en paroles, mais en œuvre et en vérité ; leur conversion est à ce prix, et nul de ceux qui vous cherchent avec un cœur droit ne manque de vous trouver.

LI. Comment il les faut presser. Quand on tâche de les engager à se faire instruire, on trouve dans quelques-uns un langage de docilité qui leur fera dire qu'ils sont prêts à tout écouter, et qu'il faut leur donner du temps pour chercher la vérité. On doit louer ce discours, pourvu qu'il soit sincère et de bonne foi. Mais en même temps il faut leur représenter selon la parole de Jésus-Christ [3], que l'on ne cherche que pour trouver, l'on ne demande que pour obtenir, l'on ne frappe qu'afin qu'il nous soit ouvert : au reste Dieu nous rend facile à trouver la voie qui mène à la vie ; car il veut notre salut, et n'expose pas ses enfans à des recherches infinies : autrement on pourroit mourir entre deux, et mourir hors de l'Eglise, dans l'erreur et dans les ténèbres, par où l'on est envoyé selon la parole de Jésus-Christ, « aux ténèbres extérieures [4], » loin du royaume de Dieu et de sa lumière éternelle. Pour éviter ce malheur, il faut se hâter de trouver la foi véritable, et prendre pour cela un terme court. Il est vrai que pour élever l'ame chrétienne, Jésus-Christ lui propose des vérités hautes, qui feroient

[1] *Rom.*, X, 2. — [2] *Jacob.*, III, 14. — [3] *Matth.*, VII, 7. — [4] *Ibid.*, XXII, 13.

naître mille questions si on avoit à les discuter les unes après les autres ; mais aussi pour nous délivrer de cet embarras qui jetteroit les ames dans un labyrinthe d'où l'on ne sortiroit jamais, et mettroit le salut trop en péril, il a tout réduit à un seul point, c'est-à-dire à bien connoître l'Eglise, où l'on trouve tout d'un coup toute vérité autant qu'il est nécessaire pour être sauvé. Tout consiste à bien concevoir six lignes de l'Evangile, où Jésus-Christ a promis en termes simples, précis et aussi clairs que le soleil, « d'être tous les jours avec les pasteurs de son Eglise, jusques à la fin des siècles. » Il n'y a point là d'examen pénible à l'esprit humain : on n'a besoin que d'écouter, de peser, de goûter parole à parole les promesses du Sauveur du monde. Il faut bien donner quelque temps à l'infirmité et à l'habitude, quand on est élevé dans l'erreur ; mais il faut à la faveur des promesses de l'Eglise conclure bientôt, et ne pas être de ceux dont parle saint Paul, qui pour leur malheur éternel « veulent toujours apprendre, et qui n'arrivent jamais à la connoissance de la vérité [1]. »

Mais voulez-vous gagner les errans, aidez-les principalement par vos bons exemples. Que la présence de Jésus-Christ sur nos autels fasse dans vos cœurs une impression de respect, qui sanctifie votre extérieur. « Que vos tabernacles sont aimables, ô Seigneur des armées ! Mon cœur y aspire, et est affamé des délices de votre table sacrée [2]. » O Dieu, que ces scandaleuses irrévérences, qui sont le plus grand obstacle à la conversion de nos frères, soient bannies éternellement de votre maison ! C'est par là que l'iniquité et les faux réformateurs ont prévalu. « La force leur a été donnée contre le sacrifice perpétuel » qu'ils ont aboli en tant d'endroits, « à cause des péchés du peuple : la vérité est tombée par terre : le sanctuaire a été foulé aux pieds [3]. » Des hommes qui s'aimoient eux-mêmes ont rompu le filet, et se sont fait des sectateurs. Le vain titre de réformation les flatte encore : « Ils ont fait, » c'est-à-dire ils ont réussi pour leur malheur. « Ils ont abattu des forts, » ou qui sembloient l'être : ils ont ébranlé des colonnes et entraîné des étoiles. Mais leur progrès a ses bornes, et ils n'iront pas plus loin que Dieu n'a permis. Il a puni par un

LII.
Qu'il faut donner bon exemple à ceux qu'on veut convertir.

[1] II *Timoth.*, III, 7. — [2] *Psal.* LXXXIII, 1. — [3] *Dan.*, VIII, 12.

même coup les nations de qui il a retiré son saint mystère dont ils abusoient, et ceux dont les artifices en ont dégoûté les peuples ingrats. Humilions-nous sous son juste jugement, et implorons ses miséricordes, afin qu'il rende à sa sainte Eglise cette grande partie de ses entrailles qui lui a été arrachée.

Cessons de nous étonner qu'il y ait des schismes et des hérésies : nous avons vu pourquoi Dieu les souffre; et quelque grandes qu'aient été nos pertes, il n'y a jamais que la paille que le vent emporte. Il faut qu'il en soit jeté au dehors. Il faut qu'il en demeure au dedans : il faut, dis-je, qu'il y ait de la paille dans l'aire du Seigneur, et des méchans dans son Eglise. Si l'amas en est grand, aussi sera-t-il jeté dans un grand feu. Cependant, mes Frères, la paille croîtra toujours avec le bon grain; plantée sur la même terre, attachée à la même tige, échauffée du même soleil, nourrie par la même pluie, jetée en foule dans la même aire, elle ne sera point portée au même grenier; rendons-nous donc le bon grain de Jésus-Christ. Que nous serviroit d'avoir été dans l'Eglise et d'en avoir cru les promesses, si nous nous trouvions à la fin, ce qu'à Dieu ne plaise! dans le feu où brûleront les hérétiques et les impies? Plutôt attirons-les par nos bons exemples à l'unité, à la vérité, à la paix : et pour ne laisser sur la terre aucun infidèle par notre faute, goûtons véritablement la sainte parole : faisons-en nos chastes et immortelles délices : qu'elle paroisse dans nos mœurs et dans nos pratiques. Que nos frères ne pensent pas que nous les détournions de la lire et de la méditer nuit et jour : au contraire ils la liront plus utilement et plus agréablement tout ensemble, quand pour la mieux lire ils la recevront des mains de l'Eglise catholique, bien entendue et bien expliquée, selon qu'elle l'a toujours été. Ce n'est pas les empêcher de la lire que de leur apprendre à faire cette lecture avec un esprit docile et soumis, pour s'en servir sans ostentation et dans l'esprit de l'Eglise, pour la réduire en pratique et prouver par nos bonnes œuvres, comme disoit l'apôtre saint Jacques [1], que la vraie foi est en nous.

[1] *Jacob.*, II, 18.

FIN DE LA PREMIÈRE INSTRUCTION PASTORALE SUR LES PROMESSES DE L'ÉGLISE.

SECONDE
INSTRUCTION PASTORALE

SUR

LES PROMESSES DE JÉSUS-CHRIST
A SON ÉGLISE,

OU RÉPONSE AUX OBJECTIONS D'UN MINISTRE, CONTRE LA PREMIÈRE INSTRUCTION.

JACQUES-BÉNIGNE, par la permission divine Evêque de Meaux : aux nouveaux catholiques, *salut et bénédiction*.

« Heureux qui trouve un ami fidèle, et qui annonce la justice à une oreille attentive[1] ! » C'est à cette béatitude que j'aspire dans cette *Instruction*. J'ai proposé dans la précédente les promesses de Jésus-Christ prêt à retourner au ciel, d'où il étoit venu, pour assurer ses apôtres de la durée éternelle de leur ministère ; et j'ai montré que cette promesse, qui rend l'Eglise infaillible, emporte la décision de toutes les controverses qui sont nées, ou qui pourront naître parmi les fidèles. Les ministres demeurent d'accord que si l'interprétation des paroles de Jésus-Christ est telle que je la propose, ma conséquence est légitime ; mais ils soutiennent que je l'ai prise dans mon esprit, et que la promesse de Jésus-Christ n'a pas le sens que nous lui donnons. Il m'est aisé de faire voir le contraire ; et si vous voulez m'écouter, mes chers Frères, j'espère de la divine miséricorde de vous rendre la chose évidente. Pourrez-vous me refuser l'audience que je vous demande au nom et pour la gloire de Jésus-Christ ? Il s'agit de voir si ce divin Maître aura pu mettre en cinq ou six lignes de son Evan-

I. On se propose la réfutation d'un nouvel écrit publié contre la Première Instruction sur l'Eglise.

[1] *Eccli.*, XXV, 12.

gile tant de sagesse, tant de lumière, tant de vérité, qu'il y ait de quoi convertir tous les errans, pourvu seulement qu'ils veulent bien nous prêter une oreille qui écoute, et ne pas fermer volontairement les yeux. Ce discours tend uniquement à la gloire du Sauveur des ames ; et il n'y aura personne qui ne le bénisse, si l'on trouve qu'il ait préparé un remède si efficace aux contestations qui peuvent jamais s'élever parmi ses disciples.

Qu'on ne dise pas que c'est une matière rebattue, et qu'il seroit inutile de s'en occuper de nouveau : point du tout. Un ministre habile vient de publier un livre sous ce titre : *Traitez des préjugez faux et légitimes : ou Réponse aux Lettres et Instructions pastorales de quatre prélats : MM. de Noailles, cardinal, archevêque de Paris ; Colbert, archevêque de Rouen ; Bossuet, évêque de Meaux ; et Nesmond, évêque de Montauban : divisé en trois tomes : à Delft, chez Adrien Beman : M. DCCI.*

On seroit d'abord effrayé de la longueur de ces trois volumes, d'une impression fort serrée, si on alloit se persuader que j'en entreprenne la réfutation entière. Non, mes Frères, l'auteur de cette Réponse a mis à part ce qui me touche, et c'est à quoi est destiné le livre iv du tome II [1].

Dès le commencement de son ouvrage, il en avertit le lecteur par ces paroles : « Enfin l'*Instruction pastorale* de M. de Meaux, contenant les promesses que Dieu a faites à l'Eglise, a paru lorsque l'édition de cet ouvrage étoit déjà fort avancée. Elle entroit si naturellement dans notre dessein, que nous n'avons pu nous dispenser d'y répondre ; » et un peu après : « M. de Meaux sait effectivement choisir ses matières : celle de l'Eglise lui a paru susceptible de tous les ornemens qu'il a voulu lui donner ; et si les années ont diminué le feu de son esprit et la vivacité de son style, elles ne l'ont pas éteint. On a tâché de prévenir les effets que l'éloquence et la subtilité de ce prélat pouvoient faire dans l'esprit des peuples, en faisant dans le quatrième livre (du tome II) une discussion assez exacte des avantages qu'il donne à l'Eglise et à ses pasteurs [2]. »

Ces avantages, que je donne à l'Eglise et à ses pasteurs, ne

[1] Tom. II, p. 537. — [2] Tom. I, *Avert.*, n. 3.

sont autres que ceux qui leur sont donnés par Jésus-Christ même, lorsqu'il promet d'être tous les jours avec eux jusqu'à la fin de l'univers : je m'attache uniquement à ce texte, pour ne point distraire les esprits en diverses considérations. C'est en vain que le ministre insinue que, tout affoibli que je suis par les années, on a encore à se défier de l'éloquence et de la subtilité qu'il m'attribue. Il sait bien en sa conscience que cet argument est simple. Il n'y a qu'à considérer avec attention les paroles de Jésus-Christ dans leur tout, et ensuite l'une après l'autre. C'est ce que je ferai dans ce discours plus uniment que jamais. Je n'ai ici besoin d'aucuns ornemens ni d'aucune subtilité, mais d'une simple déduction des paroles de l'Evangile.

J'avoue que les traités de controverse ont quelque chose de désagréable. S'il ne falloit qu'instruire en simplicité de cœur ceux qui errent apparemment de bonne foi, de tels ouvrages apporteroient une sensible consolation; mais on est contraint de parler contre les ministres, qu'on voudroit pouvoir épargner comme les autres errans, puisqu'enfin ce sont des hommes et des chrétiens; et on seroit heureux de ne pas entrer dans les minuties, dans les chicanes, dans les détours artificieux dont ils chargent leurs écrits. Il n'y a point de bon cœur qui ne souffre dans ces disputes, et qui ne plaigne le temps qu'il y faut donner; mais comment refuser à la charité ces fâcheuses discussions? Puisque donc on ne peut s'en dispenser sans dénier aux errans le secours dont ils ont besoin, éloignons du moins de ces traités tout esprit d'aigreur : faisons si bien qu'on ne perde pas, s'il se peut, la piste de l'Evangile. C'est à quoi je dois travailler principalement dans ce discours, où je me propose d'en expliquer les promesses fondamentales. Elles consistent en sept ou huit lignes; et afin qu'on ne puisse plus les perdre de vue, je commence par les réciter : « Toute puissance m'est donnée dans le ciel et dans la terre. Allez donc et enseignez toutes les nations, les baptisant au nom du Père et du Fils et du Saint-Esprit, et leur enseignant à garder tout ce que je vous ai commandé : et voilà, je suis tous les jours avec vous (par cette toute-puissance) jusqu'à la fin du monde [1]. »

[1] *Matth.*, XXVIII, 18-20.

Si je trouve dans cette promesse faite aux apôtres et à leurs successeurs les avantages qui ne leur appartiennent pas, il sera aisé de le remarquer, puisque l'auteur a pris soin de les ramasser dans un livre particulier, qui est le quatrième de son ouvrage, « avec une discussion assez exacte. » Le soin qu'il prend d'avertir son lecteur qu'il n'écrit point pour les théologiens et pour les savans, et que c'est ici « une pièce destinée au peuple [1], » nous fait entendre quelque chose de simple et de populaire, qui par là doit être aussi très-intelligible. Dieu soit loué : si l'on tient parole, nous n'avons point à examiner des argumens trop subtils, où le peuple ne comprend rien, et l'auteur se va renfermer dans les vérités dont tout le monde est capable. Il répète dans le corps du livre : « Nous n'écrivons pas pour les savans, trop versez dans cette matière pour y recevoir instruction; mais pour un peuple, qui a perdu ses livres et l'habitude de parler de ces matières, et d'en entendre parler [2]. » On lui va donc composer un livre où il retrouve ce qu'il a perdu de plus simple, de plus nécessaire et de plus clair dans les autres. Les savans et les curieux ne sont point appelés à cette dispute; c'est aux peuples qu'on veut montrer la voie du salut dans les avantages que Jésus-Christ a promis à leurs pasteurs, afin de les diriger sans péril, comme sans discussion, dans les voies de la vérité et du salut éternel. Comme ma preuve dans ce dessein doit être formelle et précise, le peuple le plus ignorant la doit voir sans beaucoup de peine; mais en même temps si les réponses du ministre ne sont manifestement que de vains détours, elles ne feront que montrer à l'œil la foiblesse de la cause qu'il veut soutenir. Refuser une ou deux heures de temps ou quelque peu davantage, si la chose le demandoit, à la considération d'un passage de l'Evangile dont le sens est si aisé à entendre et dont le fruit sera la décision de toutes les controverses, ne seroit-ce pas à la fois vouloir s'opposer à son salut éternel, à la gloire de Jésus-Christ, à la vérité des promesses qu'il a faites en termes si clairs à son Eglise et à ses pasteurs?

II. Témérité

Dès le premier chapitre du livre IV le ministre croit révolter

---

[1] *Avert.*, n. 3. — [2] Tom. I, chap. II, n. 1, p. 125.

contre moi tous les esprits en disant : « M. de Meaux réduit tout à un seul point de connoissance, qui est l'autorité de l'Eglise. Tout, dit-il, consiste à bien concevoir six lignes de l'Evangile, où Jésus-Christ a promis en termes simples, précis, aussi clairs que le soleil¹, » d'être tous les jours avec les pasteurs de son Eglise jusqu'à la fin des siècles ². Le ministre s'écrie ici : « Dieu a donc grand tort d'avoir fait de si gros livres et de les avoir mis entre les mains de tout le monde. Six lignes : que dis-je six lignes? Six mots gravez sur une planche à Rome auroient levé toutes les difficultez, puisqu'il devoit y avoir à Rome une succession d'hommes infaillibles, et qu'il n'y a point de curé dans l'Eglise qui puisse changer sa doctrine. » N'embrouillons point les matières : il ne s'agit ni de Rome, ni de l'infaillibilité de ses papes, dont le ministre sait bien que nous n'avons jamais fait un point de foi, ni de celle que le ministre veut imaginer que nous donnons aux curés et aux pasteurs en particulier : il est question de savoir si la sagesse de Jésus-Christ est assez grande pour renfermer en six lignes de quoi trancher tous les doutes par un principe commun et universel. Qui osera contester à Jésus-Christ cet avantage ? « Mais, dit-on, si tout est réduit à six lignes, Dieu a donc grand tort d'avoir fait de si gros livres : » comme qui diroit : Si, après avoir récité deux préceptes de la charité, qui n'ont pas plus de six lignes, Jésus-Christ a prononcé « qu'en ces deux préceptes, » c'est-à-dire dans ces six lignes, « étoit renfermée toute la loi et les prophètes ³ : » Si saint Paul a poussé plus loin ce mystérieux abrégé, en disant que tout étoit compris dans ce seul mot : *Diliges*, etc.⁴, pourquoi fatiguer le monde à lire ces gros livres des Ecritures, et obliger les prophètes à multiplier leurs prophéties ? Si conformément à cette doctrine, saint Augustin a enseigné que l'Ecriture ne commande que la charité et ne défend que la convoitise, pourquoi mettre tant de grands volumes entre les mains des fidèles? Comme donc Dieu a donné un abrégé de toute la doctrine des mœurs qu'il a comprise en six lignes, ainsi Jésus-Christ en a donné un pour ce qui

---

¹ Tom. II, liv. IV, n. 13, p. 553. — ² *Matth.*, xxviii, 20. — ³ *Ibid.*, xxii, 40. — ⁴ *Rom.*, xiii, 9.

regarde la foi, en comprenant dans six lignes toutes les voies qui nous mènent à la vérité, et ne demandant autre chose sinon que l'on reçoive les enseignemens qui se trouveront perpétués dans la succession des pasteurs, avec qui il sera « tous les jours, » depuis les apôtres jusqu'à nous et « jusqu'à la fin du monde. »

<small>III. La force de la vérité en tire l'aveu de la bouche des protestans ; témoignage de Bullus, protestant anglois, et du synode de Dordrecht, pour l'infaillibilité des pasteurs.</small>
Il ne faut donc pas s'étonner que Jésus-Christ ait renfermé en six lignes tant de sagesse et le remède de tant de maux. Au reste ce que ce ministre trouve si étrange, n'est pas seulement accordé par les catholiques, mais encore par les protestans. Je n'en connois point parmi eux de plus éclairé que Bullus, prêtre protestant anglois, le défenseur invincible de la divinité du Fils de Dieu et de la foi de Nicée contre les sociniens, à qui il oppose en ces termes l'autorité infaillible du concile de Nicée. « Si, dit-il, dans un article principal, on s'imagine que tous les pasteurs de l'Eglise auront pu tomber dans l'erreur et tromper tous les fidèles, comment pourroit-on défendre la parole de Jésus-Christ, qui a promis à ses apôtres, et en leurs personnes à leurs successeurs, d'être toujours avec eux? Promesse, poursuit ce docteur, qui ne seroit pas véritable, puisque les apôtres ne devoient pas vivre si longtemps, n'étoit que leurs successeurs sont ici compris en la personne des apôtres mêmes [1]. » Voilà donc manifestement l'Eglise et son concile infaillible, et son infaillibilité établie sur la promesse de Jésus-Christ entendue selon nos maximes. Si l'on dit que c'est là produire en témoignage un particulier protestant, qui parle contre les principes de sa religion, c'est ce qui fait voir que ce n'est pas nous qui inspirons de tels sentimens, mais qu'on les prend dans le fonds commun du christianisme, quand on combat naturellement pour la vérité, comme faisoit ce savant auteur contre ses ennemis les plus dangereux.

Mais ce n'est plus un particulier ; c'est tout un synode qui oppose aux remontrans, lorsqu'ils rejetoient l'autorité des synodes qu'on assembloit contre eux : « que Jésus-Christ, qui avoit promis à ses apôtres l'esprit de vérité, avoit aussi promis à son Eglise d'être toujours avec elle : » d'où il tire cette conséquence, « que lorsqu'il s'assembleroit de plusieurs païs des pasteurs pour dé-

[1] Bull., *Def. fid. Nic.*, proœm., n. 1.

cider, selon la parole de Dieu, ce qu'il faudroit enseigner dans les églises, il falloit avec une ferme confiance se persuader que Jésus-Christ seroit avec eux selon sa promesse[1]. » C'est un synode qui parle : il n'est que provincial, je l'avoue ; mais il est lu et approuvé par le synode de Dordrecht, où toute la Réforme étoit assemblée sans en excepter aucun pays ; en sorte qu'on l'appeloit le synode *comme œcuménique* de Dordrecht. Qui leur inspiroit ce langage si contraire aux maximes de leur religion ? D'où leur venoit cette ferme confiance : confiance « selon la promesse, » et par conséquent selon l'expression de saint Paul[2], confiance selon la foi, plus inébranlable que les fondemens de la terre, quoique soutenue du doigt de Dieu ? C'est que les hommes se trouvent souvent imprimés de certaines vérités fortes qu'ils ne suivent pas. Ils posent le principe : ils ne peuvent soutenir la conséquence. Les philosophes connoissent le pouvoir immense de Dieu : ils n'ont pas la force de l'adorer, et se perdent dans leurs pensées : le Juif croit Michée, qui lui annonce la venue du Christ dans Bethléem[3] ; il n'a pas le courage de s'élever à sa naissance éternelle avec le même prophète. Notre ministre demeure d'accord « qu'il ne faut jamais quitter l'Eglise de Dieu : Où est, dit-il, l'homme assez fou, pour contester qu'on ne doive toujours demeurer dans l'Eglise de Dieu ? Il vaudroit autant demander s'il est permis de se damner[4]. » Voilà de belles paroles, mais qui s'en vont en fumée et se réduisent à rien, si l'on ne fait qu'éluder toutes les expressions des promesses faites à l'Eglise, pour en venir à conclure qu'on « se peut sauver dans le schisme[5], » loin de vouloir demeurer dans l'Eglise de Dieu, comme la suite le fera paroître.

IV. Chicaneries manifestes du ministre : vains incidens sur chaque parole de Jésus-Christ.

Mais il faut considérer d'abord comme le ministre incidente sur chaque parole des promesses de Jésus-Christ. Répétons-les donc encore une fois ; et n'oublions pas sur toutes choses qu'elles commencent par ces termes, qui sont l'ame et le soutien de tout le discours : « Toute puissance m'est donnée dans le ciel et dans la terre, » ce qu'il continue en cette sorte : « allez donc » avec

---

[1] *Syn. Delph., Act. Dordr.*, p. 66. — [2] *Rom.*, IV, 13, 16, 19, 20, etc. — [3] *Mich.*, V, 2. — [4] *Avert.*, n. 3. — [5] Ci-dessous, n. 56, etc., 66, etc.

la foi et la certitude que doit inspirer un tel secours : « allez, enseignez les nations, et les baptisez au nom du Père et du Fils et du Saint-Esprit, leur apprenant à garder tout ce que je vous ai commandé : et voilà je suis avec vous, » par cette toute-puissance à laquelle rien n'est impossible, « je suis, dis-je, avec vous; j'y suis tous les jours jusqu'à la fin du monde[1]. » Osez tout, entreprenez tout, allez par toute la terre y attaquer toutes les erreurs; ne donnez de bornes à votre entreprise ni dans les lieux ni dans les temps. Votre parole ne sera jamais sans effet : « Je suis avec vous : » le monde ne pourra vous abattre : le temps, ce grand destructeur de tous les ouvrages des hommes, ne vous anéantira pas; « je suis avec vous, » moi le Tout-Puissant, dès aujourd'hui, « tous les jours, et jusqu'à la fin du monde. »

Ces paroles portent la lumière jusque dans les cœurs les plus ignorans : embrouillons-les donc, disent vos ministres. C'est ce que va entreprendre avec plus d'adresse que jamais celui qui m'attaque; et voici par où il commence : « M. de Meaux, qui soutient que ces deux mots : « Je suis avec vous, » sont simples, précis, clairs comme le soleil, et qu'ils n'ont besoin d'aucun commentaire, est obligé d'y en faire un, dans lequel il insère ses préjugez et fait dire à Jésus-Christ ce qui lui plaist[2]. » Voyons, lisons, examinons s'il y a un seul mot du mien dans ce qu'il appelle mon commentaire. « Il y trouve (M. de Meaux) une Eglise toujours visible, comme une chose qui est sortie avec emphase de la bouche de Jésus-Christ. » Laissons l'emphase qu'il ajoute, et voyons si j'explique bien les paroles du Fils de Dieu : « Il ne faut pas demander : c'est ainsi, dit-il, que M. de Meaux fait parler ce divin Maistre, si le nouveau corps, la nouvelle congrégation, c'est-à-dire la nouvelle Eglise que je vous ordonne de former, sera visible, estant comme elle le doit estre, composée de ceux qui donnent les sacremens et de ceux qui les reçoivent. Cependant, poursuit le ministre, Jésus-Christ n'a rien dit de semblable. » Il n'a rien dit de semblable, mes Frères? L'a-t-on pu penser, que la distinction expresse de ceux qui enseignent et de ceux qui sont enseignés, de ceux qui baptisent et de ceux qui sont baptisés,

[1] *Matth.*, XXVIII, 18-20. — [2] Tom. II, liv. IV, chap. II, n. 3, p. 559.

n'eût rien de semblable à une Eglise visible ? A quoi donc est-elle semblable ? A une Eglise invisible ? La fausseté saute aux yeux : la prédication de la parole est comprise en termes formels sous cette expression : *Enseignez :* l'administration des sacremens n'est pas moins évidemment contenue sous le baptême qui en est la porte ; ce sont là les caractères propres et essentiels qui rendent l'Eglise visible : tous les chrétiens, sans en excepter les protestans, l'entendent ainsi. C'est donc ici une chose qui non-seulement est semblable à l'Eglise visible, mais qui est l'Eglise visible elle-même.

Passons et écoutons le ministre. « M. de Meaux trouve encore ici l'Eglise composée de toutes les nations jusqu'à la fin des siècles[1]. » Eh ! de quoi sera donc formée, d'où sera tirée, de qui sera composée cette Eglise, dont les pasteurs ont reçu cet ordre : « Allez par tout le monde, prêchez l'Evangile à toute créature[2] : » et encore : « Allez, enseignez toutes les nations[3] ? » Mais, direz-vous, il n'exprime pas que l'Eglise, qu'il a dessinée par ces paroles, sera jusqu'à la fin composée de toutes les nations : non, sans doute ; il ne dit pas non plus que moi, que toutes les nations y seront toujours actuellement rassemblées ; mais les apôtres et leurs successeurs ne cesseront de prêcher et d'annoncer l'Evangile à toutes les nations, au sens que saint Paul disoit après le Psalmiste : « Le bruit que fait leur prédication (celle des apôtres) retentit par toute la terre, et la voix s'en fait entendre par tout l'univers[4] ; » et encore : « Votre foi est annoncée par tout le monde[5] ; » et encore : « L'Evangile est parvenu jusqu'à vous, comme il est dans tout l'univers, et y fructifie, et y croît, comme parmi vous[6]. » Il ne dit pas que tout le monde doive croire à la fois : « Cet Evangile doit être prêché ou sera prêché (successivement) par toute la terre, en témoignage à toutes les nations ; et après viendra la fin[7]. » C'est Jésus-Christ même qui parle, et il donne à son Eglise le terme de la fin de l'univers, pour porter à toute la terre la lumière de l'Evangile.

Mais tous croiront-ils ? Non, répond saint Paul : « Tous n'o-

---

[1] Tom. II, liv. IV, chap. II, n. 3, p. 559. — [2] *Marc.*, XVI, 15 — [3] *Matth.*, XXVIII, 19. — [4] *Rom.*, X, 18. — [5] *Ibid.*, I, 8. — [6] *Coloss.*, I, 6. — [7] *Matth.*, XXIV, 14.

béissent pas à l'Evangile, selon que dit Isaïe : Seigneur, qui croira les choses que nous avons ouïes? Mais je dirai : N'ont-ils pas ouï? puisqu'il est écrit : Le bruit s'en est fait entendre par toute la terre[1]. » S'il y a des particuliers qui ne croient pas à l'Evangile, qui doute qu'il n'y ait aussi des nations, puisqu'on en trouve même, « à qui l'esprit de Jésus ne permet pas de prêcher[2] » durant de certains momens? Allez donc chicaner saint Paul et Jésus-Christ même, et alléguez-leur la Chine, comme vous faites sans cesse, et si vous voulez les Terres Australes, pour leur disputer la prédication écoutée par toute la terre : tout le monde, malgré vous, entendra toujours ce langage populaire qui explique *par toute la terre* le monde connu, et dans ce monde connu une partie éclatante et considérable de ce grand tout : en sorte qu'il sera toujours véritable que ce sera de ce monde que l'Eglise demeurera toujours composée, et que la fin du monde la trouvera, « enseignant et baptisant les nations, » et recueillant de chaque contrée ceux que Dieu lui voudra donner.

V. Suite de vains incidens sur les paroles de Jésus-Christ : si le gouvernement ecclésiastique est une chose à deviner dans ces paroles, ou s'il n'y est pas expressément enseigné.

Voilà ce commentaire chimérique qu'on m'accuse de faire à ma fantaisie des promesses de Jésus-Christ, quand je n'allègue que saint Paul et Jésus-Christ lui-même pour les expliquer. Mais voici encore une autre partie de ce commentaire des promesses de l'Evangile. « M. de Meaux y trouve une Eglise qui subsistera rangée sous un mesme gouvernement, c'est-à-dire sous l'autorité des mesmes pasteurs; » à quoi le ministre ajoute, en insultant : « Le simple ne voyoit point cela dans le texte de saint Matthieu[3], » comme qui diroit : Le simple n'y voyoit pas que le troupeau seroit gouverné par les enseignemens des apôtres, à qui il est dit : « Allez, enseignez, leur apprenant à garder tout ce que je vous ai commandé. » Le simple ne voyoit pas que c'est là le gouvernement ecclésiastique : le simple ne voyoit pas que toute l'autorité des pasteurs devoit consister à donner les sacremens, ou bien à les refuser aux indignes, selon qu'ils écouteroient ou qu'ils n'écouteroient pas la prédication de leurs pasteurs, ce que ce même ministre conclut enfin par cette amère raillerie : « Le peuple ne voyoit pas toutes ces choses : il avoit besoin d'un autre

---

[1] *Rom.*, X, 16. — [2] *Act.*, XVI, 6, 7. — [3] Tom. II, p. 559.

soleil, c'est-à-dire de M. de Meaux, pour l'éclairer, et pour luy découvrir ce qui est plus clair que le soleil [1]. » Il falloit un « nouveau soleil » pour apprendre au peuple, que partout où il y a prédication, sacrement, gouvernement ecclésiastique, il y a une Eglise visible à qui appartiennent les promesses, puisque c'est à elle, en termes formels, qu'elles sont adressées par le Sauveur du monde.

Mais écoutons encore où le ministre se réduit : « Pesons, dit-il, toutes les paroles de Jésus-Christ, comme M. de Meaux les a pesées, et par ce moyen nous en découvrirons le sens et la vérité [2]. » C'est là, mes Frères, ce que je prétends ; et puisque votre ministre le prétend aussi, c'est pour lui que je vous demande une audience particulière.

VI. Autre chicane: comment la promesse est adressée au commun des fidèles ainsi qu'aux pasteurs.

« Premièrement, M. de Meaux borne cette promesse aux pasteurs de son Eglise, quoiqu'elle soit commune à tous les fidèles, avec lesquels Jésus-Christ sera jusqu'à la consommation des siècles. » Il produit saint Hilaire et saint Chrysostome, et se donne la peine de prouver ce que personne ne contesta jamais. Quand j'ai dit que la promesse de Jésus-Christ s'adressoit directement aux pasteurs, j'ai pour garant Jésus-Christ, qui leur dit lui-même : « Enseignez et baptisez. » Il parle donc directement à ceux qu'il a préposés à la prédication et à l'administration des sacremens. Mais tout cela est fait pour le peuple : « Tout est à vous, dit saint Paul, soit Paul, soit Céphas, soit Apollos [3]. » Nous ne sommes que les ministres de votre salut, dont la dispensation nous est commise. Jésus-Christ est avec les apôtres pour le profit des fidèles : les fidèles sont donc compris dans la promesse : « Je vous prie, dit-il, mon Père, non-seulement pour ceux-ci ; » c'est-à-dire pour mes apôtres, « mais encore pour tous ceux qui croiront en moi par leur parole [4]. » On voit qu'il prie pour les fidèles en les attachant aux apôtres. On n'a pas besoin d'alléguer saint Hilaire, ni saint Chrysostome ; la chose parle d'elle-même ; et le profit des fidèles sous le ministère marque clairement la part qu'ils ont à la promesse, encore qu'elle se trouve directement

[1] Tom. II, p. 560. — [2] *Ibid.*, n. 4, p. 560. — [3] I *Cor.*, III, 22. — [4] *Joan.*, XVII, 20.

adressée à leurs pasteurs, comme il falloit pour établir l'autorité, aussi bien que l'éternité de leur ministère.

VII.
Sens naturel des paroles de la promesse.

Ecoutez donc les paroles, et prenez l'esprit et l'intention des promesses de Jésus-Christ : « Je suis avec vous, » qui enseignez, qui administrez les sacremens et qui gouvernez par ce moyen le peuple fidèle : « Je suis avec vous, » et votre ministère subsistera : « Je suis avec vous, » et je bénirai ce ministère : il sera saint et fructueux ; et ne cessera jamais de l'être, parce que je promets, moi qui peux tout, et ma promesse immuable sera tout ensemble l'objet et le soutien de la foi.

Ne croyez donc pas qu'il ne promette que l'extérieur du ministère : c'est bien ce qu'il exprime nommément dans sa promesse : mais l'effet intérieur, les graces intérieures y sont attachées et renfermées, parce que Jésus-Christ est toujours présent pour donner efficace à sa parole et à ses sacremens, comme il sera plus amplement expliqué en son lieu.

VIII.
Suite de chicanes : comparaison du ministre entre les promesses faites à l'Eglise et celles qui sont faites aux particuliers.

Le ministre poursuit en cette sorte : « Jésus-Christ, le meilleur de tous les interprètes, a fait la mesme promesse aux laïques (qu'aux pasteurs), en leur disant qu'ils demeureront en lui, et lui en eux. L'union est intime, réciproque, et marque une durée éternelle. Cependant quoique Jésus-Christ ait promis aux fidéles une union éternelle, M. de Meaux ne voudroit pas soutenir que les laïques auront toujours une lumière éclatante et une connoissance pure de la vérité : et lui qui nous fait un si grand crime de la justice inamissible et de la perseverance des saints, devroit avoir conclu que si Dieu, malgré sa promesse de demeurer dans les saints, les laisse tomber dans le crime, et du crime sous la puissance du démon, il peut aussi laisser son Eglise dans l'erreur et le vice, malgré cette parole : « Je suis avec vous [1]. »

IX.
Réponse, où l'on fait voir que le ministre ne veut qu'embrouiller les questions.

Il ne faudroit point mêler tant de choses, si l'on vouloit éclaircir plutôt qu'embrouiller la question. Surtout il ne faudroit point confondre ensemble la doctrine de « l'inamissibilité de la justice avec celle de la persévérance des saints, » ni avancer, ce qui n'est pas, que je fais un crime de l'une comme de l'autre. La doctrine

---

[1] Tom. II, p. 560.

de la persévérance n'a jamais été révoquée en doute. Celle de l'inamissibilité de la justice est particulière aux calvinistes ; et par le peu qu'en dit notre ministre, on doit sentir qu'elle est impie. « L'union, dit-il, que Jésus-Christ promet aux laïques est intime, réciproque et d'une éternelle durée ; néanmoins malgré sa promesse de demeurer dans les saints, il les laisse tomber dans le crime et sous la puissance du démon ; ainsi le laïque en qui Jésus-Christ demeure, avec qui son union est intime, réciproque, et d'une éternelle durée [1], » est en même temps dans le crime et sous la puissance de l'enfer : en faudroit-il davantage pour quitter une religion, où l'on enseigne des absurdités, disons, des impiétés si manifestes ?

tions : son aveu sur l'impiété de la justice inamissible dans la nouvelle Réforme.

L'application de l'auteur aux promesses faites à l'Eglise n'est pas moins étrange, et il faudra dire que, par la même raison qu'un particulier peut être dans le même temps uni intimement à Jésus-Christ et sous la puissance du démon, par cette même raison la société des pasteurs se trouvera par l'erreur, par la corruption et enfin en toutes manières sous la puissance des ténèbres, pendant que « tous les jours sans interruption Jésus-Christ sera avec elle : quelle convention y aura-t-il donc avec Jésus-Christ et Bélial [2], » et la Réforme est-elle venue pour les concilier ensemble ?

x. Etrange aveu du ministre, que l'Eglise peut être livrée à la puissance de l'enfer, pendant que Jésus-Christ est avec elle.

Ouvrez les yeux, mes chers Frères, et voyez que l'on vous amuse, non-seulement en vous proposant des questions hors de propos, mais encore en sauvant une erreur par une autre, au lieu de les condamner toutes deux. Dieu n'a promis à aucun des saints qu'il « ne perdroit jamais la justice ni l'union intime avec lui, » comme l'ont perdue du moins pour un temps un David, un Salomon, un saint Pierre. Dieu n'a promis à aucun des saints, comme il a fait à l'Eglise entière, « d'être » avec lui « tous les jours, » c'est-à-dire sans la moindre interruption, « et jusqu'à la fin des siècles : » le terme *de la fin des siècles*, qu'il donne à son assistance, dénote l'Eglise telle qu'elle est en ce monde, visible par toute la terre, à qui il donne pour caractère de sa visibilité la prédication et les sacremens, et lui promet de la conserver « tous

XI. Différence manifeste des promesses faites au corps de l'Eglise et aux fidèles particuliers, par les paroles des unes et des autres.

[1] Tom. II, p. 560. — [2] II *Cor.*, VI, 15.

les jours » en cet état, tant que l'univers subsistera. A-t-il dit quelque chose de semblable de son union avec aucun saint particulier? Ecoutons : « Vous êtes purs encore, dit le Sauveur, demeurez en moi et moi en vous [1]; » tant que vous serez en moi, je serai en vous : est-ce à dire : Vous y serez toujours? Point du tout, puisqu'il vient de dire : « Vous êtes encore purs, » pour insinuer qu'ils cesseroient bientôt de l'être, leur chef en le reniant et tous en tombant dans l'incrédulité pendant le scandale de la croix. Il poursuit : « Qui demeure en moi et moi en lui, portera beaucoup de fruit[2] : » qui en doute? Mais vouloit-il dire que pendant le temps de leur incrédulité, « ils dussent demeurer en lui et lui en eux; » et porter des fruits de vie éternelle, pendant qu'au contraire ils ne produisoient que des fruits d'incrédulité et de mort? Le disciple bien-aimé prononce : « Dieu est amour : » et ainsi « quiconque demeure dans l'amour, demeure en Dieu et Dieu en lui[3]. » Qui ne le sait pas? On y demeure en effet tant qu'on aime d'un vrai amour. Est-ce à dire qu'on « aime » toujours, et qu'on « demeure toujours en Dieu » sans aucune interruption, même en reniant, en maudissant et en jurant qu'on ne connoît pas Jésus-Christ? Qui osera prononcer un tel blasphème? Reconnoissez donc, encore un coup, que les passages qu'on vous allègue n'ont rien de commun avec celui dont il s'agit, où Dieu promet sans réserve, ni restriction à son Eglise visible, à la communion des pasteurs et des troupeaux, d'être avec elle « tous les jours, » et que le monde périra avant qu'il les abandonne.

XII. Courte observation sur la simplicité et sur l'intelligibilité de cette dispute.

Et remarquez, mes chers Frères, que je ne vous jette ni dans des discours inutiles ou d'une grande recherche, ni dans des questions ou subtiles ou étrangères : seulement je pèse avec vous parole à parole les promesses de Jésus-Christ, sans qu'il faille ouvrir d'autres livres que l'Evangile, ou que jusqu'ici il s'y trouve la moindre difficulté : voyons si votre ministre en use de même.

XIII. Illusion du ministre, qui ne fait accroire

« M. de Meaux, poursuit-il, applique la promesse de Jésus-Christ uniquement aux pasteurs et aux évêques latins. » On vous amuse, mes Frères : je ne distingue dans la promesse ni Latins

[1] Joan., xv, 3, 4. — [2] Ibid., 5. — [3] I Joan., iv, 16. — [4] Tom. II, n. 5, p. 561.

ni Grecs, et j'y comprends également tous les pasteurs grecs, latins, scythes et barbares, qui succéderont aux apôtres sans aucune interruption, et sans avoir changé leur doctrine par aucun fait positif. Ainsi ce qu'on dit des Grecs jusqu'ici demeure inutile : il faudra seulement nous souvenir d'examiner en son lieu la foi des Grecs, et s'il est vrai qu'ils n'aient jamais abandonné la succession : ce qui ne regarde ni l'examen ni l'intelligence de la promesse dont il s'agit, considérée en elle-même.

que je n'applique la promesse qu'aux pasteurs de l'Eglise latine.

Laissons donc en surséance, pour un peu de temps, ce qui regarde l'application de la promesse ou aux Latins ou aux Grecs, ou aux autres peuples particuliers, puisqu'il n'en est rien dit dans cette promesse, et continuons à peser les propres paroles qu'elle contient.

« C'est assez parler des personnes, continue votre ministre, venons au fond. Jésus-Christ promet à l'Eglise qu'il sera toujours avec elle : ce terme : *Avec elle*, dit M. de Meaux, marque une protection assurée et invincible de Dieu : » ce qu'il avoue en disant : « Il a raison jusque-là [1]. » Si j'ai raison jusque-là, je tire deux conséquences : l'une, que l'Eglise visible sera toujours ; l'autre, qu'elle sera toujours attachée aux pasteurs qui prendront la place des apôtres, et que l'erreur y sera toujours exterminée. C'est ici que votre ministre cite ces paroles de mon *Instruction* : « Ceux qui voudront être enseignés de Dieu, n'auront qu'à vous croire, comme ceux qui voudront être baptisés n'auront qu'à s'adresser à vous [2]. » A cela, quelle réponse? Le ministre avoue « que Dieu peut suppléer à tous nos besoins par sa présence, quand il veut [3]; mais, ajoute-t-il, il ne le fait pas toujours. Où est donc cette protection assurée et invincible, que j'ai raison de reconnoître dans ces paroles : « Je suis avec vous? » Et comment est-elle assurée, si Dieu pouvant la donner, il ne le veut pas ?

XIV. *Suite des objections du ministre, qui se contredit lui-même.*

Pour montrer que ces paroles : « Je suis avec vous, » emportent une protection assurée autant qu'invincible, j'allègue ce qui fut dit par l'ange à Gédéon : « Vous sauverez Israël, parce que je suis avec vous : » et je produis en même temps plusieurs pas-

XV. *Comment le ministre élude la force de cette parole : » Je*

[1] Tom. II, liv. IV, cap. III, n. 1, p. 566. — [2] 1re *Instruct. pastor.*, n. 5. — [3] *Ibid.*, p. 567.

sages où cette parole : « Je suis avec vous, » marque un effet toujours certain[1]. Le ministre n'a pu le nier, comme on a vu ; mais sur l'exemple de Gédéon, il répond deux choses : La première : « Comme tous ceux avec qui Dieu est, n'ont pas la force de Gédéon pour tuer miraculeusement six vingt mille hommes dans une bataille, ainsi quoique Dieu soit avec les successeurs des apôtres, il ne s'ensuit pas qu'ils doivent étendre comme eux l'Eglise jusqu'au bout du monde, ni avoir la mesme autorité qu'eux[2]. » C'est la première réponse ; voici la seconde : « Comme la présence de Dieu, qui estoit avec Gédéon, ne l'empêcha pas de faire un éphod, après lequel Israël idolâtra, ce qui fut un lacet à sa maison[3], ainsi la présence de Dieu dans l'Eglise n'empêche pas que ses principaux chefs n'introduisent en certains lieux l'erreur, et ne rendent l'Eglise très-obscure par leur idolâtrie. » Vous le voyez, mes Frères, il n'a pas osé pousser à bout sa conséquence : pour la tirer toute entière, il devoit conclure que tous les pasteurs pourroient tomber dans l'idolâtrie : il n'a osé le conclure que des principaux. Il devoit encore conclure « que toute l'Eglise devoit estre obscure par l'idolâtrie : » il a évité ce blasphème, qui feroit horreur, et n'ose livrer à l'idolâtrie « que de certains lieux, » ce qui n'empêcheroit pas la pureté du culte dans le gros. Il a donc lui-même senti la défectuosité manifeste de son principe, qu'il n'a osé pousser à bout : mais quoi qu'il en soit, ses deux réponses vont tomber sans ressource par un seul mot.

XVI. Réplique en un mot, et claire démonstration de l'effet de ces paroles « Je suis avec vous »

Cette parole : « Je suis avec vous, » n'emporte « de garde asseurée et de protection invincible » que dans l'effet pour lequel Dieu l'a prononcée, et pour lequel il a promis d'être avec nous. C'étoit à l'effet de défaire les Madianites et d'en délivrer Israël, que Dieu étoit avec Gédéon : aussi cet effet n'a-t-il pas manqué, et les Madianites ont été taillés en pièces par ce capitaine : c'étoit aussi à l'effet d'enseigner la vérité et d'administrer les sacremens, que Jésus-Christ devoit être tous « les jours et jusqu'à la fin du monde » avec ses apôtres et leurs successeurs : cet effet est donc celui qui n'a pu manquer ; autrement il ne sert de rien d'avoir

[1] Ire *Instr. past.*, n. 5. — [2] Tom. II, p. 567, 568. — [3] *Judic.*, VIII, 27.

avec soi le Tout-Puissant, si l'on peut perdre l'effet pour lequel il assure qu'il y est et qu'il y sera toujours. Appliquons la même chose à l'éphod érigé par Gédéon ; l'effet de cette promesse : « Je suis avec vous, » étoit accompli par la défaite des Madianites, pour laquelle elle étoit donnée : l'éphod, qui vient si longtemps après, n'appartient pas à cette promesse ; et le ministre, qui nous le produit, abuse trop visiblement de votre créance.

«M. de Meaux, poursuit le ministre, devoit remarquer que Dieu avoit promis à l'Eglise judaïque d'estre éternellement avec elle, d'y mettre son nom à jamais : et néanmoins que cette présence n'a pas empêché ni sa ruine, ni que pendant qu'elle a duré, il n'y ait eu des abominations et des idolâtries jusque dans le temple, et que les prêtres et les sacrificateurs ne se soient corrompus[1]. »

XVII. Comparaison du ministre entre les promesses de l'Eglise judaïque et celle de l'Eglise chrétienne

Pour procéder nettement, je distingue ici deux difficultés : l'une qu'on tire de la ruine de l'Eglise judaïque, et l'autre qu'on tire de sa corruption pendant qu'elle subsistoit.

XVIII. Réponse à l'objection du ministre : distinction des deux difficultés: démonstration que les promesses de la durée de la Synagogue ou de l'Eglise judaïque ne sont pas absolues comme celles de l'Eglise chrétienne mais seulement conditionnelles.

Pour la ruine, il est vrai que Dieu avoit dit « qu'il mettroit son nom à jamais dans le temple de Salomon ; » et, ce qu'il y a de plus fort, « qu'il y auroit tous les jours ses yeux et son cœur : » promesse qui ne paroît pas de moindre étendue que celle de Jésus-Christ dont nous parlons. Voilà du moins l'argument de votre ministre dans toute sa force. Remarquez pourtant, mes chers Frères, qu'il n'a osé citer ce passage entier, de peur d'y trouver sa confusion. Lisons-le donc tel qu'il est : « Je mettrai mon nom à jamais dans cette maison, et j'y aurai tous les jours mes yeux et mon cœur. Si tu marches dans mes voies, comme a fait ton père David, j'établirai ton trône à jamais. Si au contraire vous et vos enfans cessez de me suivre et adorez des dieux étrangers, j'arracherai Israël de la terre que je leur ai donnée, et je rejetterai de devant ma face le temple que j'ai consacré à mon nom, en sorte qu'Israël sera la risée et la fable de tout l'univers, et que ce temple sera en exemple à tous les peuples du monde[2]. » On vous a tu, mes chers Frères, la condition expressément apposée

---

[1] Tom. II, p. 567, etc., 674, etc. — [2] III *Reg.*, IX, 3 et seq.; II *Paral.*, VII, 15, 16.

à la promesse de la synagogue : et vous ne voulez pas voir la différence entre cette promesse absolue : « Et voilà je suis avec vous tous les jours ; » et celle-ci : « J'y serai, si vous faites bien. »

XIX. *Vaine demande du ministre.*

Votre ministre objecte souvent : Quoi donc ! ne faudra-t-il point quitter l'Eglise, si elle tombe dans l'idolâtrie et dans l'erreur ? Autre illusion, puisque c'est là précisément ce qui est exclus comme impossible par cette promesse absolue : « Je suis avec vous tous les jours : » étant choses visiblement incompatibles, et que Jésus-Christ soit « avec elle tous les jours, » et qu'elle soit quelque jour livrée à l'idolâtrie et à l'erreur, avec lesquelles Jésus-Christ ne demeure pas.

XX. *Par la constitution de la Synagogue et de l'Eglise, la durée de la première devoit avoir fin, et celle de l'Eglise non.*

Et pour parler plus à fond, sans nous jeter néanmoins dans des discussions embarrassantes, est-il possible, mes Frères, que vous ne vouliez pas voir que l'Eglise judaïque ou la synagogue par sa condition devoit tomber, au lieu qu'au contraire l'Eglise de Jésus-Christ par sa condition devoit subsister à jamais malgré les efforts de l'enfer ? La chose ne reçoit pas de difficulté. « Dieu promet un nouveau Testament : donc le premier devoit vieillir et être aboli [1], » conclut saint Paul. « Dieu promet en Jésus-Christ un nouveau sacerdoce selon l'ordre de Melchisédech ; » donc il promet en même temps l'abolition de la loi, puisque selon le même saint Paul, « la loi doit passer en même temps que le sacerdoce [2]. » Jésus-Christ a lui-même prononcé, selon la prophétie de David, « que la pierre qui devoit faire la tête du coin, devoit être auparavant rejetée par les Juifs [3] ; » d'où il devoit arriver qu'il seroit contraint de leur ôter la vigne, et de la donner à d'autres ouvriers [4]. Jésus-Christ a vu aussi dans Daniel « l'abomination de la désolation dans le lieu saint : et, dit-il, que celui qui lit, entende [5], » afin qu'on soit attentif à ce grand mystère. Dans ce mystère étoit compris le « meurtre du Christ » par les Juifs ; et après ce meurtre, « l'entière dissipation de tout ce peuple, avec l'abomination et la désolation jusqu'à la fin [6]. » Y a-t-il donc un aveuglement pareil à celui de régler les promesses faites à l'Eglise par celles de la synagogue, et de ne vouloir jamais re-

[1] *Hebr.*, VIII, 8, 9 et seq. — [2] *Ibid.*, VII, 12. — [3] *Matth.*, XXI, 42. — [4] *Ibid.*, 40, 41. — [5] *Ibid.*, XXIV, 15. — [6] *Dan.*, IX, 26, 27.

connoître, ni mettre de différence entre celle dont Dieu se retire, et celle à qui il proteste qu'il est toujours avec elle : entre celle à qui il dit : « Je suis avec vous jusqu'à la fin ; » et celle dont il est écrit : « La désolation jusqu'à la fin demeure sur elle. »

Voilà une claire résolution de l'argument que l'on tire de la ruine de la Synagogue : mais on a objecté en second lieu que du moins Dieu étoit présent dans l'Eglise judaïque tant qu'elle devoit subsister, et néanmoins « que cette présence n'a pas empêché que pendant le temps qu'elle a duré, il n'y ait eu des idolâtries et des abominations jusque dans le temple ; et que les prêtres et les sacrificateurs ne se soient corrompus[1]. » Voilà sans doute votre argument le plus spécieux : mais ouvrez les yeux, mes chers Frères, et voyez avec quelle précision nous y répondons par cette seule demande.

XXI. Objection du ministre sur les interruptions de l'Eglise judaïque avant sa chute totale.

Veut-on que l'Eglise judaïque ait été dans ces obscurcissemens tellement abandonnée, que Dieu ne lui laissât aucune visibilité, en sorte qu'on la perdît de vue et que le fidèle ne sût plus à quoi se prendre dans sa communion ? C'est ce qu'il faudroit prouver, et c'est en effet la prétention des ministres. Mais elle est directement opposée à la parole de Dieu. Il n'y a qu'à l'écouter dans Jérémie, où il dit : « Depuis le temps que je vous ai tirés de l'Egypte jusqu'à ce jour, je n'ai cessé d'avertir vos pères par un témoignage public, en me levant pendant la nuit et dès le matin et leur envoyant mes serviteurs les prophètes, et ils n'ont pas écouté[2]. » Dieu se compare à un maître vigilant, ou, si vous voulez, à cette femme des *Proverbes*, « qui se relève la nuit sans laisser éteindre sa lampe[3], » pour mettre à la main d'un chacun de ses domestiques en particulier, et par un soin manifeste, « la nourriture convenable. » Il répète sept et huit fois cette parole pour l'inculquer davantage, et il prend son peuple à témoin qu'il ne leur a jamais manqué, pas même à l'extérieur : et vous voulez qu'à l'extérieur le fidèle qui cherche l'Eglise ne sache durant certains temps à quoi se prendre, non plus qu'un pilote dérouté pour qui ne luit plus l'astre qui doit conduire sa navigation !

XXII. Réponse par une seule et courte demande : démonstration, par la mission des prophètes, de la perpétuelle visibilité de l'Eglise judaïque avant sa réprobation.

---

[1] Tom. II, p. 567, 568. — [2] *Jer.*, VII, 13, 15 ; XI, 7 ; XXV, 3, 4 ; XXVI, 5 ; XXIX, 19 ; XXXV, 14, 15. — [3] *Prov.*, XXXI, 15, 18.

XXIII.
Que le ministère prophétique étoit perpétuel et comme ordinaire en ce temps.

Ne voyez-vous pas que Dieu, non content de leur avoir une fois donné la loi, se lève encore la nuit, tous les jours et dès le matin, pour leur envoyer ses prophètes? Et ne dites pas que ce ministère des prophètes étoit extraordinaire, ou qu'il n'étoit pas continu parmi les Juifs. Car c'est démentir l'Ecriture et Dieu même, qui les assure « que, depuis le temps qu'il les a retirés de l'Egypte jusqu'à ce jour[1], » il n'a cessé de les envoyer, ni de parler à son peuple publiquement, nuit et jour; en sorte que rien n'a manqué à leur instruction : et vous voulez qu'il soit moins soigneux de l'Eglise chrétienne, après qu'il l'a assemblée par le sang de son Fils et qu'il l'a affermie par ses promesses? Remarquez encore que ce ministère des prophètes, bien qu'extraordinaire, étoit ordinaire en ce temps et jusqu'après le retour de la captivité, puisqu'on voit partout la congrégation, le corps, la société, les habitations des prophètes et de leurs enfans; et que ceux qui les vouloient contrefaire, s'ingérant par eux-mêmes dans le ministère prophétique, étoient confondus sur l'heure par les vrais prophètes du Seigneur, comme Hananias par Jérémie[2].

XXIV.
Passage exprès de l'Ecriture, pour démontrer que le culte et le ministère public et sacerdotal n'a jamais défailli dans l'Eglise judaïque, non plus que l'autorité et la vérité de la religion, jusqu'à la ruine qui lui devoit arriver.

Pour comble de conviction, il faut ajouter qu'à ce ministère extraordinaire, quoique continu des prophètes, Dieu n'a jamais cessé de joindre le ministère ordinaire du sacerdoce établi par Moïse; et on ne peut le nier sans démentir Ezéchiel, qui a prononcé ces paroles : « Les sacrificateurs et les lévites, enfans de Sadoc, qui ont gardé les cérémonies de mon sanctuaire pendant l'erreur des enfans d'Israël, seront toujours devant ma face[3]. » Pesez ces mots : « Qui ont gardé et mis en pratique les cérémonies de mon sanctuaire, » et ce qu'on appelle le droit lévitique et sacerdotal; et encore : « Le sanctuaire sera dans la possession des enfans de Sadoc, qui ont gardé mes cérémonies durant l'erreur des autres lévites et des enfans d'Israël[4] : » et vous voulez que durant ce temps le culte fût aboli?

Remarquez que le sacerdoce d'Aaron étoit éternel et ne devoit jamais discontinuer jusqu'à ce que fût venu le temps destiné à sa translation marquée par saint Paul, comme on a vu. Outre

[1] *Jerem.*, VII, 13, 15; XI, 7; XXV, 3, 4; XXVI, 5; XXIX, 19; XXXV, 14, 15. — [2] *Ibid.*, XXVIII, 15-17. — [3] *Ezech.*, XLIV, 15. — [4] *Ibid.*, XLVIII, 11.

cette promesse générale, Dieu avoit dit en particulier « à Phinées, fils d'Eléazar, fils d'Aaron : Je fais avec lui et avec sa race le pacte d'un sacerdoce éternel[1]. » On voit bien qu'il faut toujours sous-entendre une éternité telle qu'elle pouvoit convenir à une loi qui par sa constitution devoit tomber, comme la loi l'exprime elle-même. Dieu avoit encore promis du temps d'Héli et de ses enfans : « Je susciterai un sacrificateur, et je lui édifierai une maison fidèle, et il marchera tous les jours devant mon Christ[2]; pour marque que le sacerdoce ne souffriroit point d'interruption dans tous les temps pour lesquels il étoit établi.

L'effet suivit la promesse : et non-seulement la race d'Aaron, où le sacerdoce étoit attaché, ne défaillit pas; mais le Saint-Esprit nous assure que l'observance du culte public demeura dans les plus illustres des pontifes et dans la race de Sadoc, qui servoit dès le temps de David et sous Salomon : et vous dites indéfiniment que les sacrificateurs étoient corrompus.

On ne lit en aucun endroit que la circoncision qui mettoit les Juifs et leurs enfans sous le joug de la loi, ni les autres cérémonies du temple aient cessé. Les prophètes ne s'en plaignent pas, ni que rien leur eût manqué dans les sacremens de l'ancien peuple.

C'est dans les temps du plus grand obscurcissement et sous Achaz même, qu'Isaïe a prophétisé, comme le porte l'intitulation de sa prophétie[3]. C'est dans un autre pareil obscurcissement que Jérémie et Ezéchiel prophétisoient, unis aux prêtres, étant prêtres eux-mêmes : le ministère ordinaire subsistoit toujours : les prophètes n'ont jamais fait de séparation, et au contraire ils rallioient tous les gens de bien dans l'observance du culte public et extérieur.

Où veut-on que se prononçassent ces jugemens solennels contre les rois impies, comme un Achaz, un Manassés et les autres, où l'on condamnoit leur mémoire en les privant de la sépulture royale, et Manassés même malgré sa pénitence, à cause du scandale horrible qu'il avoit causé; qui, dis-je, prononçoit ces jugemens si soigneusement marqués dans l'Ecriture[4], s'il n'y avoit

---

[1] *Numer.*, XXV, 11-13. — [2] 1 *Reg.*, II, 35. — [3] *Isa.*, I, 1. — [4] II *Paral.*, XXVIII, 27; XXXIII, 20.

pas dans l'Eglise un tribunal révéré de toute la nation, où la religion prévaloit après les règnes les plus impies ?

Voilà des faits, et des faits illustres, et des faits plus éclatans que le soleil, qui font voir qu'au milieu de la défection qui sembloit comme universelle et au milieu de la violence de quelques rois, qui empêchoient autant qu'ils pouvoient le culte de Dieu, il subsistoit malgré eux et que la vérité se faisoit sentir dans le ministère public. Ne dites donc pas avec votre ministre « que l'Eglise estoit réduite au petit nombre des fidéles, qu'on pouvoit à peine distinguer de la génération tortüe et perverse [1]. » Car quel veut-on qu'ait été « ce sang innocent que Manassés fit regorger dans Jérusalem[2] ? » Ce sang innocent étoit-ce un sang idolâtre ? Etoit-ce le sang de ceux qui se laissoient corrompre par les séductions de ce prince, où le sang de ceux qui résistoient à ses volontés, et combattoient jusqu'à la mort pour la religion et pour le vrai culte, du nombre desquels on tient que fut Isaïe ? Et quoi qu'il en soit pour ce dernier fait, n'est-il pas constant que dans le temps du plus grand obscurcissement, c'est-à-dire sous Manassés, ce n'étoit pas le sang « d'un petit nombre de fidèles » que ce prince impie répandit, puisqu'il est écrit expressément « qu'il en remplit Jérusalem et qu'elle en avoit jusqu'à la gorge [3] : » et on vous dit qu'on ne savoit plus où étoit l'Eglise et qu'on l'avoit perdue de vue.

XXV. Etat de l'Eglise judaïque sous Jésus-Christ, d'où résulte la confirmation de toute la doctrine précédente

Voici pourtant votre dernier retranchement : c'est d'en appeler au temps de Jésus-Christ, « où l'Eglise se voyoit réduite à un petit nombre de fidéles, qu'on ne pouvoit plus distinguer qu'avec peine au milieu de la genération tortüe et perverse. Cela, dit-il, arriva du temps de Jésus-Christ [4]. » Ce sont les propres paroles de votre ministre : mais l'Evangile le dément en termes formels : et quoique le moment fût venu où l'Eglise judaïque alloit être réprouvée, Jésus-Christ, par l'autorité que lui donnoient tant de miracles qui ne laissoient aucune excuse aux incrédules, lui conserva jusqu'au bout le caractère de sa visibilité ; en sorte qu'elle ne fut jamais plus reconnoissable.

En effet il reconnut dans Jérusalem le siége de la religion, en

[1] Tom. II, p. 568. — [2] IV *Reg.*, XXI, 16. — [3] *Ibid.* — [4] Tom. II, p. 568.

l'appelant « la ville du grand Roi [1]. » Le zèle qu'il eut pour le temple, dont il chassa les profanateurs [2], démontra la sainteté de cette maison jusqu'à la veille de sa ruine et de l'abomination qu'il reconnoissoit devoir être bientôt dans le lieu saint.

Il reconnut la vérité du sacerdoce dans la Synagogue, lorsqu'il y renvoya les lépreux qu'il avoit guéris : « Allez, dit-il, montrez-vous aux prêtres [3]. »

Il fit porter honneur jusqu'à la fin à la chaire de Moïse, et deux jours devant la sentence qui le condamnoit à mort, il disoit encore : « Les docteurs de la loi et les pharisiens sont assis sur la chaire de Moïse (à cause qu'ils composoient le conseil ordinaire de la nation) : faites donc ce qu'ils disent, mais ne faites pas ce qu'ils font [4]; » où il fait deux choses : l'une, de déclarer cette chaire pure jusqu'alors des erreurs courantes parmi les docteurs, qu'elle n'avoit point passées en dogme; l'autre, d'établir la maxime sur laquelle roule la religion et le remède perpétuel contre tous les schismes, que la corruption des particuliers laisse en son entier l'autorité de la chaire.

Quoique la sentence de mort qu'on prononça contre lui fût le dernier coup de la réprobation de la Synagogue, il voulut que cette sentence eût quelque chose de plus prophétique, à cause « qu'elle fut prononcée par le pontife de cette année, » comme le remarque saint Jean [5]; et au moment même que la sentence fut prononcée, il fut fidèle à répondre au pontife qui l'interrogeoit juridiquement « s'il étoit le Fils de Dieu [6] : » tant il fut soigneux de garder toute bienséance et toute justice, et de conserver autant qu'il se put à la chaire qui tomboit tous les caractères de sa visibilité.

Il est vrai qu'il avoit pourvu à l'éternité de son culte, et qu'il avoit commencé la nouvelle Eglise visible qui devoit durer à jamais, à laquelle il dit aussi bientôt après : « Voilà, je suis avec vous [7]. »

Votre ministre continue à éluder ces paroles en disant, « que

XXVI.
Autre illu-

---

[1] *Matth.*, V, 35. — [2] *Ibid.*, XXI, 12; *Joan.*, II, 15, 16. — [3] *Matth.*, VIII, 4. — [4] *Ibid.*, XXIII, 2. — [5] *Joan.*, XI, 49-51; XVIII, 14. — [6] *Matth.*, XXVI, 63, 64. — [7] *Ibid.*, XXVIII, 20.

sion du ministre, qui réduit la présence de Jésus-Christ à l'intérieur, en laissant à part le ministère que Jésus-Christ avoit exprimé.

le sort de l'Eglise peut changer comme celui des royaumes de la terre : et qu'il suffit que Dieu, dont la présence est intérieure et spirituelle, donne aux persécutez des consolations et des sentimens de son amour qui les soutiennent dans les afflictions, parce qu'il suffit, pour accomplir la promesse de Dieu, que son Eglise subsiste jusqu'à la fin des siècles, et cette Eglise subsiste dans le petit troupeau comme dans la multitude [1]. »

Encore un coup, mes chers Frères, on élude la promesse : on abuse des consolations intérieures et spirituelles, pour exclure la nécessité des soutiens extérieurs de la foi, sans laquelle il n'y a point de consolation ni d'intérieur. Or il a plu à Jésus-Christ d'attacher la foi à la prédication et à la perpétuité du ministère visible : en l'ôtant, on vante inutilement les consolations intérieures, puisqu'on les éteint dans leur source. Ainsi il est inutile d'alléguer « le petit troupeau; » et l'on ne prouve rien, si l'on ne montre qu'il n'a pas besoin de tenir à la suite perpétuelle du saint ministère, mais au contraire qu'il doit agir comme en étant détaché : ce qui n'est pas expliquer, mais abolir la promesse.

XXVII. Trois dons des apôtres, qui ne passent point à leurs successeurs, sont rapportés par le ministre pour montrer qu'il n'y a point de conséquence à tirer des uns aux autres : premier don, celui des miracles.

Le ministre tâche d'établir qu'il n'y a nulle conséquence à tirer des apôtres à leurs successeurs, en marquant trois dons dans les premiers qui ne sont point dans les autres : à savoir, le don des miracles, le don d'infaillibilité et le don de sainteté. Il commence par les miracles, en parlant ainsi : « M. de Meaux veut que l'Eglise jouisse jusqu'à la fin des siècles précisément des mesmes effets de la présence de Dieu et des mesmes priviléges que les apôtres; » ce qu'il réfute en cette sorte : « Dieu estoit avec les apôtres par une presence miraculeuse; je veux dire qu'il leur donnoit la vertu de guérir les malades et de ressusciter les morts [2]. » C'est là qu'il allègue ces paroles : « Ils chasseront les démons, ils guériront les malades, » et le reste qu'on peut lire dans saint Marc [3].

Il n'y a qu'un mot à répondre : Ces paroles et celles-ci de même sens : « Guérissez les malades, ressuscitez les morts, etc., [4] » appartiennent aux graces extraordinaires, qui constamment et de

---

[1] Tom. II, p. 569. — [2] *Ibid.*, 569 et 570. — [3] *Marc*, XVI, 17, 18. — [4] *Matth.*, X, 8.

l'aveu du ministre même devoient cesser : on les compare avec celles-ci : « Enseignez et baptisez, » qui sont du ministère ordinaire de tous les jours et inséparable de l'Eglise, auquel aussi Jésus-Christ attache en termes formels la perpétuelle durée : n'est-ce pas vouloir tout confondre, et peut-on montrer un plus visible dessein de trouver de l'embarras où il n'y en a point?

Il n'y a pas moins d'illusion dans ces paroles : « L'onction intérieure donnée à chacun des apôtres, qui leur enseignoit toute vérité et les rendoit tous infaillibles, estoit le second effet de la presence de Dieu. » Ainsi pour vérifier la promesse, « il faut que tous les évêques, du moins ceux de l'Eglise latine, qui ont vécu, ou qui vivront jusqu'à la fin du monde, soient purs dans la foi et infaillibles dans la doctrine. » Aussi nous attribue-t-il en cent endroits de son livre[1] l'erreur de faire infaillibles, comme les apôtres, tous les évêques et tous les curés. Mais la réponse est aisée; car qui ne voit que pour accomplir la promesse faite à un corps, on n'est pas astreint à la vérifier dans chaque particulier? C'est assez que le corps subsiste, et que la vérité prévale toujours contre un Arius, contre un Pélage, contre un Nestorius, contre tous les autres errans. Il n'est pas besoin pour cela que tous les évêques soient infaillibles.

XXVIII. Second don des apôtres. L'infaillibilité à chacun en particulier. Erreur du ministre de soutenir que nous devons attribuer, et qu'en effet nous attribuons ce don à chaque pasteur.

Quand Dieu tant de fois a envoyé au combat le camp d'Israël avec la promesse d'une victoire assurée, il ne s'ensuit pas pour cela qu'il ne dût jamais périr aucun des combattans ou des chefs ; et quoiqu'il en tombât à droite et à gauche, l'armée étoit invincible. Il en est ainsi de l'armée que Jésus-Christ a mise en bataille contre les erreurs. Il ne faut pas s'imaginer que la défection de quelques-uns, quels qu'ils soient, rende la victoire douteuse; autrement les décisions des conciles les plus universels et les plus saints, seroient inutiles par la résistance d'un seul. Cinq ou six évêques l'emporteroient à Nicée contre trois cent dix-huit évêques, avec qui tous les évêques du monde seroient constamment et publiquement en communion. C'est donc aux ministres une témérité inouïe, de venir déclarer à Jésus-Christ que s'il ne

[1] Tom. II, p. 571 et p. 553, 556, 557, 576, 604, 609, 610, 612, 614, 621, 708, 730, etc.

rend infaillible chaque pasteur, ils ne croient pas qu'il leur ait rien promis. Dieu ne rend pas impecccables tous ceux qu'il préserve du péché : et de même, sans rendre infaillibles tous ceux qu'il conserve dans la profession ouverte de la vérité, c'est assez qu'il sache les moyens de les garantir actuellement de l'erreur. Mais le ministre a trouvé beau d'attribuer cette absurdité, parlons simplement, de donner ce ridicule aux catholiques; de leur faire dire que pour accomplir la promesse : « Je suis toujours avec vous, » il faut croire que tous les évêques et tous les curés sont infaillibles. C'est ce qu'il répète à chaque page du livre dont je vous expose les illusions : et ainsi plus de la moitié de ce livre tombe, dès qu'il est certain que bien éloigné de rendre infaillibles tous les pasteurs, à quoi nous n'avons jamais seulement pensé, il n'est pas même nécessaire qu'aucun particulier le soit, puisqu'on peut justifier sans tout cela la vérité de la promesse : « Je suis avec vous; » et qu'il suffit pour produire un si grand effet, que Dieu sache tellement se saisir des cœurs, que la saine doctrine prévale toujours dans la communion visible et perpétuelle des successeurs des apôtres.

XXIX. Troisième don des apôtres, la sainteté : le ministre m'attribue ici un embarras où je ne suis point.

Mais voici une troisième absurdité où le ministre voudroit nous pousser, en soutenant que pour vérifier la promesse au sens que nous l'entendons, il faudroit que les successeurs des apôtres succédassent tous à leur sainteté comme à leur doctrine. « La pureté des mœurs, dit-il, estoit un troisième fruit de la presence de Dieu dans les apôtres. Ces saints hommes et leurs successeurs entraisnoient les peuples par la lumière de leurs bonnes œuvres.... Cet endroit embarrasse M. de Meaux... M. de Meaux abandonne cette promesse, claire comme le soleil, à l'égard de la sainteté des mœurs si nécessaire à l'Eglise pour la rendre visible, puisque les vices déshonorent l'Eglise de Dieu, et la rendent souverainement obscure et mesme odieuse aux infidéles[1]. » Voilà le discours de votre ministre : mais il m'impose manifestement; cet embarras où il veut me mettre est imaginaire, et quatre articles de notre doctrine exposés en peu de mots, le vont démontrer.

XXX. Quatre

I. L'Eglise enseigne toujours hautement et visiblement la bonne

[1] Tom. II, n. 7-9, p. 572-574.

doctrine sur la sainteté des mœurs : elle est envoyée pour cela par ces paroles de la promesse dont il s'agit : « Enseignez-leur à garder tout ce que je vous ai commandé[1] : » ce qui comprend toute sainteté. Elle est toujours assistée pour accomplir ce commandement ; et ces paroles : « Je suis avec vous » (enseignans et baptisans), en sont la preuve.

points de notre doctrine, qui est celle de Jésus-Christ, et qui explique sans embarras la sainteté de l'Eglise.

II. La doctrine de la sainteté des mœurs n'est jamais sans fruit : c'est ce qui suit des mêmes paroles ; et si Jésus-Christ « est toujours » avec ceux qui prêchent, leur prédication ne sera jamais destituée de son effet.

III. Si donc il y a dans l'Eglise des désobéissans et des rebelles, il y aura aussi des saints et des gens de bien, tant que la prédication de l'Evangile subsistera, c'est-à-dire sans interruption et sans fin.

IV. Encore que le bon exemple des pasteurs soit un excellent véhicule pour insinuer l'Evangile, Dieu n'a pas voulu attacher la marque précise de la vraie foi à la sainteté de leurs mœurs, puisqu'on ne la peut connoître, et que tel qui paroît saint n'est qu'un hypocrite ; et au contraire il l'a attachée à la profession de la doctrine, qui est publique, certaine, et ne trompe pas. « Je suis, dit-il, avec vous » (enseignans) : et encore plus expressément : « Ils sont assis sur la chaire : » ils ont la succession manifeste et légitime, ainsi qu'il a été dit : « Faites donc ce qu'ils vous disent, et ne faites pas ce qu'ils font[2]. »

Où est ici l'embarras que l'on m'attribue ? Comment peut-on dire que j'abandonne la sainteté des mœurs, moi qui sur l'expresse promesse de Jésus-Christ fais voir l'Eglise enseignant toujours une saine et sainte doctrine : une doctrine toujours féconde par la parole de l'Evangile qui ne cessera jamais d'être en sa bouche ; une doctrine par conséquent qui produit continuellement des saints, et qui renferme tous les saints dans son unité ? Telle est la doctrine de l'Eglise catholique. Quel embarras peut-on feindre dans une doctrine si clairement décidée par Jésus-Christ ? Vos ministres veulent-ils dire qu'on puisse prescrire contre la règle par les mauvais exemples, ou qu'ils l'empêchent de sub-

[1] *Matth.*, XXVIII, 20. — [2] *Ibid.*, XXIII, 2, 3.

sister dans toute sa force ? C'est une erreur manifeste, et qui tend à la subversion totale de l'Eglise. Ainsi quelque grande que soit ou puisse être la corruption qu'on imagine dans les mœurs, on ne peut pas dire qu'elle prévale, puisque la règle de la vérité subsistera toujours en son entier.

XXXI. Paroles du ministre sur mon embarras prétendu : réponse par l'Evangile.
« M. de Meaux, dit-on, se fait l'objection, et se parle ainsi à lui-mesme : Pourquoi vous restreignez-vous à dire que les erreurs seront toujours exterminées dans l'Eglise, et que n'asseurez-vous aussi qu'il n'y aura jamais de vices[1] ? » Il est vrai ; je reconnois mes paroles : mais quel embarras contiennent-elles ? Le voici selon le ministre : « Que répond à cela M. l'Evêque ? Il reconnoist la puissance de Dieu : mais il ne laisse pas de la borner, parce qu'il faut sçavoir ce que Jésus-Christ a promis ; et que loin de promettre qu'il n'y auroit que des saints dans son Eglise, il nous apprend au contraire qu'il y auroit des scandales[2]. » Qu'y a-t-il là, je vous prie, qui me cause le moindre embarras ? N'est-il pas vrai que Jésus-Christ a prédit dans son Eglise les scandales que j'ai marqués ? Ne voit-on pas dans ses paraboles « les filets remplis de poissons de toutes les sortes, bons et mauvais[3] ? Je borne, dit-on, la puissance de Dieu. » Est-ce la borner que de montrer par l'Evangile, en termes formels, à quoi elle se restreint elle-même ? Le ministre le nie-t-il ? Il ne le fait, ni ne l'ose. Est-ce là une doctrine douteuse et embarrassante ? En vérité, mes chers Frères, on vous en impose trop grossièrement, quand on imagine de « tels embarras. »

XXXII. Question, si Jésus-Christ a promis la sainteté dans l'Eglise.
On demande si Jésus-Christ n'a donc promis que l'extérieur, et s'il ne promet pas en même temps les graces intérieures et la sainteté dans son Eglise ? La réponse est prompte par le discours précédent. Jésus-Christ influe et au dedans et au dehors : il inspire la sainte parole, et il lui donne son efficace. Quand donc il dit : « Je suis avec vous, » il promet également l'un et l'autre : mais il n'a besoin de parler que du ministère extérieur, parce que c'est à ce ministère qu'il a voulu que la grace intérieure fût attachée, ainsi qu'il a daigné l'expliquer lui-même. Il y aura donc des scandales dans le royaume de Jésus-Christ, puisqu'il l'a

[1] Tom. II, p. 572. — [2] Ibid., p. 573. — [3] Matth., XIII, 47, 48.

prédit : ces scandales n'empêcheront pas qu'il ne soit avec son Eglise, et que la vérité qu'on y prêchera toujours n'ait son efficace, puisqu'il l'a ainsi promis : la simplicité de cette doctrine ne laisse aucun lieu aux subtilités du ministre.

Mais voici son grand argument : « Si Dieu a menacé son Eglise qu'il y auroit des scandales, le même Dieu lui impose la triste nécessité d'y voir des hérésies : « Il faut qu'il y ait des hérésies entre vous, dit saint Paul[1]. » Je réponds : Achevez du moins le passage. Mes chers Frères : « Il faut qu'il y ait des hérésies, afin que ceux qui sont à l'épreuve parmi vous soient manifestés[2]. » C'est une épreuve qui opère la manifestation des fidèles, loin de les cacher et de les rendre invisibles. Il faut qu'il naisse des hérésies dans l'Eglise, mais il faut aussi qu'elles y soient condamnées par ceux qui succéderont aux apôtres pour enseigner et pour baptiser ; autrement Jésus-Christ n'est plus avec eux.

XXXIII. Comparaison que fait le ministre entre cette parole de Jésus-Christ : « Il faut qu'il y ait des scandales, » et celle-ci de saint Paul : « Il faut qu'il y ait des hérésies. »

On a beau vous répéter cent et cent fois : « Quand le Fils de l'homme viendra, il ne trouvera plus de foi sur la terre ; » car premièrement Jésus-Christ n'a point parlé de cette sorte ; il a parlé en interrogeant : « Pensez-vous que le Fils de l'homme trouve de la foi[3] ? » Où il interroge les hommes plutôt sur ce qu'ils peuvent penser que sur ce qui sera en effet. Et pour m'expliquer davantage, c'est de votre crû que vous dites : « Il ne parle point des scandales qui naissent de la corruption des mœurs : il nous menace positivement que la foi s'éteindra et qu'il n'y en aura plus sur la terre[4]. »

XXXIV. Abus de cette parole : « Quand le Fils de l'homme viendra, pensez-vous qu'il trouvera de la foi sur la terre ? »

Il s'adoucit pourtant ailleurs[5] ; mais toujours en supposant sans raison qu'il s'agit de la foi catholique : « S'il n'y a, dit-il, presque plus de foi, il faut que les hérésies aient gagné le dessus[6]. » Quelle erreur ! Car qui vous a dit qu'il ne parle point de cette foi « qui transporte les montagnes ; » de cette foi dont il est écrit : « Ta foi t'a sauvé ; » de cette foi qui se montre par les œuvres ; de cette foi qui rend le cœur pur, et qui justifie le pécheur ; de cette foi, en un mot, « qui opère par la charité, » selon qu'il est dit en un autre endroit qui regarde comme celui-ci la fin du monde :

[1] Tom. II, p. 574-576. — [2] I *Cor.*, XI, 19. — [3] *Luc.* XVIII, 8.— [4] Tom. II, p. 678. — [5] *Ibid.*, p. 620, 677, 631, etc. — [6] *Ibid.*, p. 575.

« Parce que l'iniquité abonde, la charité sera refroidie dans la multitude [1]. » On ne peut nier que ce ne soit là l'exposition des saints Pères [2], et on n'a aucune raison à leur opposer. Tirez maintenant votre conséquence : s'il y a peu de cette foi qui opère par la charité, si alors elle devient rare à comparaison de l'iniquité qui abondera, « il faut que les hérésies ayent gagné le dessus, et que la vérité ait esté longtemps opprimée et ensevelie sous les triomphes de l'erreur [3]. » Vous y ajoutez le *longtemps;* vous y ajoutez *la vérité opprimée et ensevelie;* vous y ajoutez *les triomphes de l'erreur :* vous chargez tout; mais prouvez du moins qu'il y ait un mot dans l'Evangile qui marque l'extinction de la saine doctrine et la victoire de l'erreur. Répondez du moins à quelle église reviendront les Juifs, si l'Eglise de Jésus-Christ est ensevelie? Comment est-ce que « la trompette ramassera les élus des quatre vents [4], » s'ils ne sont pas répandus par toute la terre, ou si le nombre en est si petit? A qui dit-on : « Levez la tête quand ces choses commenceront, parce que votre rédemption approche [5] ? » Est-ce à des invisibles, à des inconnus, que Dieu laissera sans Eglise, sans société, sans sacremens, sans pasteurs? Il n'y aura plus de prédication, plus de baptême, plus d'Eucharistie; et ce mystère où, selon saint Paul, « on annoncera la mort du Fils de Dieu jusqu'à ce qu'il vienne [6], » aura cessé avant sa venue? Où l'Antechrist trouvera-t-il ceux qu'il tâchera de séduire, et qu'il persécutera par toute la terre à toute outrance, si l'on ne sait où ils sont. Ne pourra-t-on plus pratiquer ce commandement de Jésus-Christ : « Dites-le à l'Eglise [7]? » Ou bien faudra-t-il le dire à une inconnue? Ne faudra-t-il plus apprendre alors, selon saint Paul, « à édifier par sa bonne vie l'Eglise, qui est la colonne et l'appui de la vérité [8] ? » Ou bien cherchera-t-on à édifier une église qu'on ne verra point? Ou si c'est, comme personne n'en peut douter, l'Eglise visible qu'on tâchera d'édifier, et de se rendre avec le même apôtre « la bonne odeur de Jésus-Christ en tout lieu [9]? » la *colonne* sera-t-elle tombée, le *soutien de la vérité* sera-t-il à bas? Mais que deviendra

---

[1] *Matth.*, XXIV, 12. — [2] *August.*, epist. XCIII, *ad Vinc.* n. 33; Hier., *Dial. adv. Lucifer.*, cap. VI. — [3] P. 575. — [4] *Matth.*, XXIV, 31. — [5] *Luc.*, XXI, 21. — [6] I *Cor.*, XI, 26. — [7] *Matth.*, XVIII, 17. — [8] I *Timoth.*, II, 15. — [9] II *Cor.*, II, 14, 25.

l'ordonnance du grand Père de famille qui veut « qu'on laisse croître jusqu'à la moisson l'ivraie avec le bon grain¹ ? » Remarquez bien : *Jusqu'à la moisson :* partout où sera ce bon grain, partout aussi l'ivraie y sera mêlée, et toujours, « jusqu'à la moisson, » que Jésus-Christ explique lui-même *la fin du monde*², ils croîtront ensemble ; ou il faut démentir la parabole : vraiment vous errez grossièrement, et vous nous faites un tissu de trop de mensonges. Avouez donc à la fin que notre doctrine n'a nul embarras : l'Eglise aura toujours des saints, parce que toujours et partout on y prêchera la doctrine sainte. La marque pour connoître cette Eglise, c'est la succession des pasteurs sans interruption en remontant jusqu'aux apôtres : les vices y abonderont, comme Jésus-Christ l'a prédit : et quoi que vous puissiez dire, la merveille sera toujours, qu'ils ne la pourront éteindre ni cacher, puisque toujours elle enseignera et que Jésus-Christ sera toujours avec elle.

C'est ce que le ministre ne veut pas entendre. « M. de Meaux trouve une merveille de la Providence dans la durée de l'Eglise, qui subsiste malgré les vices³. » Cette doctrine paroît étrange à mon adversaire, et il la tourne en ridicule par ces paroles : « C'est en effet quelque chose d'étonnant que Dieu aime le vice, et qu'il le tolère : et que ce ne soit plus un obstacle qui retarde les effets de sa grace et la connoissance infaillible de la vérité. » Ecoutez bien, mes chers Frères, ce que vous dit votre ministre, et comme il mêle le vrai et le faux pour vous embrouiller l'esprit : « Dieu, dit-il, aime le vice et le tolère : » il est certain qu'il le tolère : il est faux qu'il l'aime : et on confond ces deux choses. Comment l'aime-t-il, si son Eglise, où il le tolère, ne cesse de le condamner publiquement ? Est-ce aimer le vice que de l'empêcher de nuire à la vérité ? Vous nous faites dire « que le vice n'est pas un obstacle qui retarde les effets de la grace ; » c'est nous imputer une doctrine que personne n'enseigna jamais : mais vous ajoutez : « Le vice ne retarde pas la connoissance infaillible de la vérité : » si vous disiez : « ne l'empêche pas » dans l'universalité de l'Eglise,

XXXV.
Le ministre tourne en mauvais sens notre doctrine, et ôte la gloire à Dieu.

¹ August., epist. XCIII, *ad Vinc.*, ubi suprà ; *Matth.*, XIII, 30. — ² *Ibid.*, 39. — ³ Tom. II, p. 575.

vous auriez raison, et il n'y auroit rien dans ce discours que de glorieux à Dieu et à Jésus-Christ : il ne faut ni ajouter ni ôter à la promesse ; et soit que les opiniâtres contradictions, que les passions déréglées des hommes peuvent exciter dans l'Eglise, retardent ou non la déclaration solennelle de la vérité, Jésus-Christ n'a pas prononcé que l'enfer ne combattra pas, mais « qu'il ne prévaudra pas contre l'Eglise [1] : » ainsi vous ne cherchez qu'à nous imposer, qu'à tout confondre ; et le faux saute aux yeux dans tout votre discours.

XXXVI. Abrégé des raisonnemens sur les trois dons des apôtres. Reprenons donc vos trois argumens : On ne prouve rien, dites-vous, contre les églises protestantes par ces paroles : « Je suis avec vous, » etc., si l'on ne prouve que Jésus-Christ laisse aux successeurs des apôtres le même don des miracles, ne les fait tous infaillibles, ne les fait tous aints comme les apôtres l'étoient ; or cela n'est pas : donc cette promesse ne prouve rien contre les églises protestantes. Tel est leur raisonnement, comme on vient de voir. Mais j'ai démontré au contraire que, sans avoir besoin que les pasteurs qui ont succédé aux apôtres soient doués comme eux du don des miracles, comme eux soient tous infaillibles, comme eux soient tous saints, on prouve très-bien que la vérité prévaudra toujours dans le ministère ecclésiastique, et par conséquent que ceux-là sont très-condamnables, qui enseignent que ce ministère peut cesser, ou qu'il peut cesser d'enseigner la vérité, ou qu'il la faut chercher en d'autres bouches qu'en celles des ministres qu'on trouve établis : qui est ce que j'avois à prouver.

XXXVII. Que la doctrine des ministres réduit à rien les promesses de Jésus-Christ. Ainsi li'dée du ministre ne fait qu'éluder la promesse de Jésus-Christ, en réduisant sa présence à un fait vague et incertain, sur lequel on ne peut jamais être convaincu de faux. Car on réduit Jésus-Christ à être présent « par les consolations intérieures du Saint-Esprit, » que tout le monde et les faux prophètes, comme les véritables, peuvent tous également promettre, sans craindre d'être démentis par un fait constant. Mais Jésus-Christ ne parle pas en l'air, à Dieu ne plaise : il adresse manifestement sa parole à ceux qui enseignent et qui administrent les sacremens : il leur promet donc une présence proportionnée à cet état extérieur et

[1] *Matth.*, XVI, 18.

sensible ; et il ne donne pas à garant sa toute-puissance pour ne rien faire qui paroisse aux yeux de ses fidèles, puisqu'il y en veut affermir la foi par un manifeste et sensible accomplissement de ses divines promesses. Il en a fait pour l'intérieur, que chacun dans l'occasion peut reconnoître en soi-même : il en a fait pour l'extérieur, et celle que nous traitons est de ce nombre. Les graces intérieures s'y trouvent aussi, puisqu'ainsi qu'il a été dit [1], elles ne manquent jamais d'accompagner la saine doctrine : mais en même temps il faut chercher dans cette promesse, comme font aussi les catholiques, un fait palpable, constant et précis, qui fasse voir Jésus-Christ toujours véritable, et nous assure de l'avenir comme du passé ; c'est ce qu'il falloit pour sa gloire, et afin de manifester sa sagesse au monde.

Quelque évidentes que soient nos raisons et nos réponses, la victoire de la vérité sera plus sensible, si après avoir exposé plus amplement les vains incidens des ministres sur la promesse de Jésus-Christ, nous comparons en peu de paroles notre interprétation avec la leur.

XXXVIII. On compare l'explication des catholiques avec celle du ministre.

Il n'y a rien de plus simple que notre manière d'entendre cet endroit de l'Evangile. Il contient un commandement et une promesse, avec le digne fondement de l'un et de l'autre. « Toute puissance m'est donnée dans le ciel et dans la terre [2]. » Qui peut commencer par un tel discours, peut commander tout ce qu'il y a de plus difficile, peut promettre tout ce qu'il y a de plus excellent. Tel est donc le commandement : « Allez, enseignez et baptisez, » non les Juifs, comme Jean-Baptiste, mais toutes les nations que je veux toutes soumettre à votre parole. La promesse de même force suit incontinent : « Et voilà ; » l'effet est aussi prompt qu'assuré : « Je suis avec vous » dans ces fonctions sacrées que je vous ordonne : ainsi vous enseignerez, vous baptiserez, et vous administrerez les sacremens, dont je suis l'instituteur ; je bénirai votre ministère : il subsistera toujours ; il aura toujours son effet, qui aussi n'est autre que celui pour lequel « je suis avec vous. » On n'y verra jamais d'interruption, pas même celle d'un jour : le monde finira plutôt que vos fonctions saintes et mon secours

[1] Ci-dessus, n. 7, 30, 32. — [2] *Matth.*, XXVIII, 18.

tout-puissant : « Le ciel et la terre passeront, mais mes paroles ne passeront pas[1] : » tout coule naturellement : quels termes pouvoit-on choisir autres que ceux-ci pour exprimer notre sentiment? Ce n'est pas ici une explication, c'est la chose même : on voit qu'une parole attire l'autre ; c'est la nue proposition de la suite et du tissu de tout le discours, et la chose par elle-même n'auroit besoin pour être entendue que de ce peu de paroles.

Si donc il a fallu nous étendre, ce sont les vains incidens qu'on a affectés pour embrouiller la matière, qui en sont la cause. « Je suis avec vous, » dit le ministre, ne veut pas dire une assistance infaillible pour l'effet marqué : cette assurance n'empêche pas que le ministère ne tombe dans l'idolâtrie avec Gédéon, et ceux avec qui Jésus-Christ sera toujours, n'en seront pas moins idolâtres : les promesses de l'Eglise chrétienne, qui est née pour subsister sur la terre jusqu'à la fin du monde, ne seront pas moins sujettes à la défaillance que celle de la Synagogue, à qui Dieu avoit marqué le jour de sa chute : Jésus-Christ ne promet à un ministère extérieur que des consolations intérieures : pour participer à la promesse d'être aidé efficacement dans les fonctions ordinaires et perpétuelles du ministère sacré, il ne suffit pas de succéder aux apôtres dans ces fonctions, quoique ce soit les seules que Jésus-Christ marque : il faut encore avoir tous les autres dons desquels ce divin maître ne dit mot : comme eux faire des miracles, être saints, être infaillibles comme eux chacun en particulier; autrement on ne pourra point s'assurer d'être du nombre de leurs successeurs, ou distribuer aucune des graces du ministère; et Jésus-Christ ou ne pouvoit ou ne vouloit pas conserver sans tous ces dons conférés à chaque particulier, les fonctions ordinaires et perpétuelles de ce ministère apostolique, quoiqu'il ait dit : «Je suis avec vous : » et encore : «Faites ce qu'ils disent, mais ne faites pas ce qu'ils font. » C'est en abrégé ce qu'a dit votre ministre : après cela, mes chers Frères, peut-on ne pas voir la simplicité d'un côté, et l'embrouillement de l'autre : la suite, la précision et la netteté dans la doctrine des catholiques, l'affectation, la contradiction, l'esprit de contention dans celle de vos docteurs?

[1] *Matth.*, XXIV, 35.

Je vous raconterai en simplicité ce qu'a dit un autre ministre dans une lettre manuscrite, qui vient de tomber entre mes mains. Il me reprend d'avoir traduit : « Je suis avec vous jusqu'à la fin des siècles, » quoique j'aie traduit indifféremment en d'autres endroits : « la fin du monde : » mais le ministre prétend qu'il falloit traduire : « Jusqu'à la fin du siècle, » comme porte l'original τοῦ αἰῶνος. Sur ce fondement il assure que l'assistance promise en ce lieu par Jésus-Christ ne passe pas le siècle où les apôtres ont vécu : tout ira bien durant environ soixante ou quatre-vingts ans si l'on veut, qu'il restera en vie quelqu'un des apôtres : comme si on ne devoit plus ni enseigner ni baptiser après eux, ou que Jésus-Christ n'ait eu dans sa promesse aucun égard à ces fonctions qui sont les seules qu'il exprime! Que vous dirai-je, mes Frères? Un ministre, et un ministre savant, ne songe pas que « la fin du siècle » est dans l'Evangile, et surtout dans celui de saint Matthieu, d'où est tirée la promesse que nous traitons, une phrase consacrée pour exprimer la fin du monde : « La moisson est la fin du monde : » *Consummatio sæculi,* αἰῶνος : coup sur coup, au verset d'après : « Il en sera ainsi à la fin du monde[1] : » et encore un peu après les mêmes mots. En est-ce assez, ou lirai-je encore au chapitre XXIV du même Evangile : « Maître, quel sera le signe de votre avénement et de la fin du monde[2] ? » Et Jésus-Christ et ses disciples parloient ainsi avec tout le peuple : ainsi on trouve au même Evangile : « Je suis avec vous jusqu'à la fin du monde[3]. » Toutes les Bibles traduisent de même, et les vôtres, comme les nôtres indifféremment : et votre ministre a voulu me contredire en oubliant la version qu'il avoit en main toutes les fois qu'il est monté en chaire : tant il est dur aux ministres de faire durer la promesse de Jésus-Christ jusqu'à la fin de l'univers.

XXXIX. Nouvelle explication de ces paroles : « Je suis avec vous, etc., » dans une lettre d'un ministre.

Le même ministre, que je nommerois volontiers, s'il n'étoit plus régulier de lui laisser ce soin à lui-même quand il lui plaira, a inventé une nouvelle interprétation de ces paroles : « Les portes d'enfer ne prévaudront point contre l'Eglise. » Les portes d'enfer, dit-il, sont dans le cantique d'Ezéchias[4], ce qu'on appelle autre-

XL. Comment ce ministre tâche d'éluder, contre la suite du texte, ces paroles de

[1] *Matth.*, XIII, 39, 40, 49. — [2] *Ibid.*, XXIV, 3. — [3] *Ibid.*, XXVIII, 20. — [4] *Isa.*, XXXVIII, 10.

Jésus-Christ : Les portes d'enfer, etc. ment les portes de la mort : d'où il conclut que Jésus-Christ n'a d'autre dessein que de rassurer son Eglise contre la mort par la foi de la résurrection : comme si la mort étoit la seule ennemie que Jésus-Christ dût abattre aux pieds de l'Eglise. Mais le ministre savoit le contraire ; l'ennemi que l'Eglise avoit à combattre étoit celui que l'Eglise appelle le *Prince du monde* : il vouloit affermir l'Eglise « contre les principautés et les puissances, » dont saint Paul le fait « triompher à la croix [1]. » Jésus-Christ nous donne partout l'idée d'un empire opposé au sien, mais qui ne peut rien contre lui. Il ne faut qu'ouvrir l'Ecriture, pour trouver partout que la puissance publique paroissoit aux portes des villes, où se tenoient les conseils et se prononçoient les jugemens. Ainsi *les portes d'enfer* signifient naturellement toute la puissance des démons. Tout le monde l'entend ainsi, catholiques et protestans indifféremment. Il ne falloit donc pas seulement affermir l'Eglise contre la mort, mais encore contre toute sorte de violence et toute sorte de séduction. C'est même principalement contre l'erreur que Jésus-Christ vouloit munir son Eglise. Saint Pierre avoit confessé sa divinité, tant en son nom qu'au nom de tous les apôtres [2] : et Jésus-Christ lui promet « que l'enfer ne pourroit rien » contre cette foi si hautement manifestée : pour cela il établit un corps où elle sera toujours annoncée aussi clairement que saint Pierre venoit de le faire. Ce corps, c'est ce qu'il appelle son Eglise : Eglise toujours visible par la prédication de cette foi, à qui aussi il donne aussitôt après un ministère visible et extérieur : « Tout ce que tu lieras sur la terre, sera, dit-il à saint Pierre, lié dans le ciel, » et le reste que tout le monde sait. Si l'enfer prévaut contre l'Eglise, la puissance de lier et de délier tombera d'un même coup : si au contraire il n'y a aucun moment où l'Eglise qui prêche la foi succombe aux efforts de l'enfer, Pierre confessera toujours, Pierre exercera jusqu'à la fin la puissance de lier et de délier qui lui est donnée. « Jésus-Christ sera donc toujours avec son Eglise jusqu'à la fin du monde. » Les promesses de l'Evangile se prêtent la main les unes aux autres ; c'est ainsi que l'Eglise catholique les exalte et les considère dans toute leur connexion.

[1] *Coloss.*, II, 15. — [2] *Matth.*, XVI, 16, 18.

C'est ainsi que la nouvelle Réforme les détourne et les affoiblit : je n'en dis pas davantage, et je laisse le reste à la réflexion de nos frères.

Cette doctrine des catholiques est un remède assuré contre tous les schismes et contre toutes les hérésies futures : elle prouve invinciblement que toute secte qui ne naît pas dans la suite de la succession des apôtres, qui ne montre pas devant elle, ainsi que nous avons dit, une Eglise toujours subsistante dans la même profession de foi, sort de la chaîne, interrompt la succession, et se range au nombre de ceux dont saint Jude a dit « qu'ils se séparent eux-mêmes[1] : » ce qui emporte leur condamnation par leur propre bouche, comme je l'ai démontré dans la première *Instruction pastorale*[2]. Ainsi la promesse dont nous parlons, pourvu qu'on y apporte un œil simple et un cœur droit, est la fin des hérésies et des schismes. C'étoit un effet digne de cette préface : « Toute puissance m'est donnée dans le ciel et sur la terre : » et ma preuve demeure invincible, sans avoir encore ouvert un seul livre que l'Evangile, ni supposé d'autres faits que des faits constans et sensibles.

XLI. Brève réflexion sur la grande simplicité de notre doctrine.

Après une exposition si simple et si claire de la promesse du Tout-Puissant, chaque protestant n'a qu'à penser en soi-même : Que dirai-je ? Le sens est clair : les paroles de Jésus-Christ sont expresses : on n'a pu les éluder que par des gloses contraires manifestement au texte et à la doctrine des Ecritures. Il faut donc que cette promesse ait son entière exécution. Lorsqu'on nous allègue des faits qui semblent s'y opposer, on dispute contre Jésus-Christ : c'est à nous à examiner si nous pouvons nous persuader à à nous-mêmes, de bonne foi, que nous avions des pasteurs de notre créance et de notre communion, quand nous nous sommes séparés. Mais le fait même dément cette prétention. Car s'il y avoit alors des pasteurs de notre créance, pourquoi a-t-il fallu en élever d'autres ou renoncer à la foi de ceux qui nous avoient baptisés ? Osons-nous prétendre seulement que dans tous les siècles passés, à remonter sans interruption jusqu'aux apôtres, nous puissions nommer nos pasteurs ? Mais où les trouverons-nous ? Nous alléguons des témoins dispersés

---

[1] *Jud.*, 19. — [2] Ire *Instr. past.*, n. 10.

par-ci par-là. Mais Jésus-Christ promettoit une suite, une succession, un *tous les jours*, un *jusqu'à la fin des siècles*, etc. Pour corps d'Eglise nous alléguons les vaudois et les albigeois : mais en laissant à part tous les faits qu'établissent les catholiques sur cette matière, c'en est un constant qu'ils avoient tous le même embarras et ne pouvoient, non plus que nous, nommer leurs prédécesseurs. Ainsi vint un Arius, ainsi un Pélage, ainsi un Nestorius, ainsi tous les autres qui ont voulu s'établir en renonçant à la foi des siècles immédiatement précédens : vous êtes, mes Frères, dans le même cas, et la date de votre rupture comme de la leur est manifeste et ineffaçable.

XLII. Egarement du ministre, qui fait Jésus-Christ schismatique.

On a osé vous dire, mes chers Frères, que Jésus-Christ étoit venu de la même sorte. Quand j'ai parlé des schismatiques et des hérétiques, qui s'étoient formés en se séparant à la fois et de leurs prédécesseurs et de tout le reste de l'Eglise, j'avois remarqué que pour les convaincre de schisme, « il n'y avoit qu'à les ramener à leur origine : que le point de la rupture demeureroit pour ainsi dire toujours sanglant : et que ce caractère de nouveauté que toutes les sectes séparées porteront éternellement sur le front, sans que cette empreinte se puisse effacer, les rendroit toujours reconnoissables [1]. » Chose étrange ; on ose attribuer à Jésus-Christ même toutes ces notes flétrissantes, et si l'on en croit le ministre [2], « le Fils de Dieu n'avoit aucun de ces trois caractères qu'on donne aujourd'huy à l'Eglise : » c'est-à-dire, comme il l'avoit définie dès le commencement, « l'ancienneté, la durée et l'étendue [3]. »

XLIII. Que c'est une impiété de contester, comme le ministre, la durée, l'étendue et surtout l'ancienneté à Jésus-Christ.

Pour la durée, sans doute il ne l'avoit pas dès le premier jour : mais une éternelle durée étoit due à l'ouvrage qu'il commençoit. On ne doit pas lui reprocher que l'étendue lui manquoit dans le temps « qu'il n'étoit encore envoyé qu'aux brebis perdues de la maison d'Israël [4]. » Il falloit d'ailleurs que ce « petit grain de froment » se multipliât par sa mort [5]. Quand on conclut après cela « que l'Eglise n'a point d'autres caractères que son chef [6] ; »

---

[1] Ire *Instr. past.*, n. 14. — [2] Tom. II, cap. IX, n. 1 et 2, p. 675. — [3] Tom. II, chap. I, n. 2, 3, etc., p. 538-540, etc. — [4] *Matth*, X, 6 ; XV, 14. — [5] *Joan.*, XII, 24. — [6] Tom. II, p. 675.

et ainsi qu'il ne faut lui attribuer ni durée, ni étendue, ni ancienneté, on combat directement le dessein de Dieu, qui vouloit donner à ce Chef des membres par toute la terre. C'est vouloir empêcher l'arbre de croître, à cause qu'il est petit dans sa racine. Tout cela est d'une visible absurdité : et l'impiété manifeste, c'est de dire que « l'ancienneté manque à Jésus-Christ. » C'est par où commence le ministre ; et se sentant accablé par l'autorité des patriarches et des prophètes qui attendoient sa venue, il y répond en cette sorte : « Les prédictions des prophètes sur la venuë du Messie ne changent point l'état de la question ; car les prophètes n'avoient point prédit que le Messie romproit avec les sacrificateurs et avec l'Eglise judaïque pour former une nouvelle communion [1]. » Si l'on veut dire que Jésus-Christ ait rompu avec les prêtres de la loi, on est démenti par son Evangile : mais si l'on prétend que la réprobation de la Synagogue par Jésus-Christ ne soit point annoncée par les prophètes, que veulent donc dire tant de passages où tout ce qui est arrivé à la Synagogue, c'est-à-dire sa réprobation, celle de son temple, de ses sacrifices, de son sacerdoce et de toutes ses cérémonies, est raconté et circonstancié avec une telle évidence, que l'Evangile n'a rien eu à y ajouter ? Cependant on ose vous dire que les prophètes n'en ont rien prédit : ils n'ont rien prédit de la nouvelle société où tous les Gentils devoient entrer à l'exclusion des Juifs ; le ministre sait le contraire, et ce n'est point ici une vérité qu'on doive prouver aux chrétiens. Pourquoi donc a-t-on avancé un si visible mensonge, si ce n'est qu'on veut oublier l'antiquité attribuée à Jésus-Christ par ces paroles : « Il étoit hier et aujourd'hui, et il est aux siècles des siècles [2] ? » C'est qu'à quelque prix que ce soit, pour excuser la Réforme qui s'est séparée elle-même, on veut donner jusqu'au Fils de Dieu le caractère de novateur et de séparé de l'Eglise.

Votre ministre ne s'en cache pas : selon lui, Jésus-Christ étoit seul, comme Calvin le fut au commencement de son innovation : « Je n'aime pas, dit-il, à mettre Calvin en parallèle avec Jésus-Christ, et ce n'est pas ma pensée. » Que veut donc dire cette

XLIV. Commencemens de Calvin comparés par le ministre à

[1] Tom. II, p. 675. — [2] *Hebr.*, XIII, 8.

suite? « Mais puisque l'Eglise réformée est la mesme que Jésus-Christ a établie, il nous doit estre permis de dire que la réduction d'une société à un seul homme n'est pas sans exemple, puisque l'Eglise chrétienne commence nécessairement par là [1]. » Ainsi on veut réduire l'Eglise dans toute sa suite à l'état où elle devoit être au commencement par un dessein déterminé de Dieu. Mais en cela on se trompe encore, lorsqu'on lui conteste l'antiquité sous ce prétexte. Jésus-Christ avoit pour lui tous les temps qui précédoient sa venue, puisqu'il y étoit attendu sans l'interruption d'un seul jour, et que même quand il parut, tout le monde savoit où il devoit naître [2]. Je ne parle point des autres endroits où il est parlé de lui comme de l'objet de l'espérance publique. On veut cependant le regarder comme un séparé de l'Eglise, lorsque tous ceux qui attendoient le royaume de Dieu étoient unis avec lui.

On veut effacer d'un seul trait ce qu'a fait Jésus-Christ jusqu'à la fin de sa vie pour honorer l'Eglise judaïque et la chaire de Moïse. Bien éloigné de se séparer d'avec elle, ou d'en séparer ses disciples, il leur a déclaré « qu'il les envoyoit pour moissonner » ce qui avoit été semé par les prophètes [3] : « D'autres, dit-il [4], ont travaillé, et vous êtes entrés dans leur travail : » remarquez ces mots; c'est le même ouvrage, la même foi, la même Eglise, dont on ne s'est séparé qu'après que, justement reprouvée par son infidélité, elle a effectivement perdu ce titre.

Pendant que l'on conteste à Jésus-Christ son ancienneté contre la foi des Ecritures et la doctrine commune de tous les chrétiens, on l'accorde à une « église chinoise, » qu'on a érigée dès le commencement du livre sous ce titre exprès : « L'église des Chinois est ancienne [5] : » étrange sorte d'église, sans foi, sans promesse, sans alliance, sans sacremens, sans la moindre marque de témoignage divin : où l'on ne sait ce que l'on adore, et à qui l'on sacrifie, si ce n'est au ciel ou à la terre, ou à leurs génies comme à celui des montagnes et des rivières : et qui n'est après tout qu'un amas confus d'athéisme, de politique et d'irréligion, d'idolâtrie, de magie, de divination et de sortilége : et on prend le ton le plus

---

[1] Tom. II, p. 711. — [2] *Matth.*, II, 5. — [3] *Joan.*, IV, 38. — [4] *Ibid.* — [5] Tom. II, chap. I, n. 6, p. 540, 541.

grave pour établir l'antiquité comme la durée et l'étendue de
cette « église chinoise, » et même pour l'opposer à la dignité de
l'Eglise chrétienne et catholique : et vous n'ouvrirez jamais les
yeux, pour voir du moins qu'on vous amuse, et qu'on ne travaille
qu'à vous embrouiller ce qui est clair ?

C'est par la suite du même dessein qu'on fait semblant d'ignorer en quoi nous mettons la succession de la visibilité que Jésus-Christ a promise à son Eglise ; on a voulu imaginer que nous la mettions dans la splendeur extérieure, et c'est à quoi nous n'avons jamais pensé. Prenez-y garde, mes Frères, ce point est très-essentiel. Votre ministre ne cesse de dire que l'Eglise et sa succession ne peut pas être visible, « quand ses pasteurs avec les laïques fuient d'une ville à une autre, et se dérobent à la vuë de leurs persécuteurs : quand elle fuit dans les montagnes, qu'elle se retire, et qu'au lieu de se montrer à tout l'univers, elle se cache dans le sein de la terre, dans des grottes, dans des cavernes [1] » où, comme le ministre le répète souvent, « on ne la peut découvrir qu'à la lueur des flammes où on la brusle [2] ; le ministère, poursuit-il [3], n'estoit pas visible dans certaines occasions, où il s'exerçoit par des hommes déguisez en soldats qui alloient à cheval créer de nouveaux pasteurs, » etc. De cette sorte, selon lui, pour la visibilité du ministère, il falloit être habillé à l'ordinaire, et sans cela on osera dire que la succession des pasteurs avoit cessé, pendant même que l'on confesse qu'on en créoit de nouveaux à la place de ceux qu'on avoit perdus. Etrange imagination, de croire tellement éblouir le monde par quatre ou cinq belles phrases, qu'on ne laisse plus de place à la vérité. Néanmoins c'est un fait constant et avéré, que l'Eglise persécutée étoit toujours visible : elle n'en comptoit pas moins ses pasteurs, dont elle savoit la suite : on n'avoit jamais de peine à les trouver, quand on demandoit l'instruction et le baptême : jamais elle n'a été sans Eucharistie : aussi avons-nous déjà remarqué que par la célébration de ce sacrement, « on annoncera la mort du Seigneur jusqu'à ce qu'il vienne [4]. » Pesez ces mots :

XLVI. Erreur du ministre, qui confond la visibilité de l'Eglise avec sa splendeur dans la paix.

---

[1] Tom. II, p. 602, 603. — [2] Ibid., 588, 692, 703. — [3] Ibid., p. 663. — [4] I Cor., XI, 2, 6.

« jusqu'à ce qu'il vienne, » qui excluent jusqu'au dernier jour toute interruption dans la célébration de ce saint mystère, et induisent par conséquent la perpétuelle succession de ses ministres légitimes. On les trouvoit dans « ces grottes, » où l'on veut les imaginer toujours enfermés. Quand ils fuyoient d'une ville à l'autre, c'étoit ordinairement une occasion de prêcher la sainte parole et d'étendre l'Evangile, comme il paroît dans les *Actes* et dans la persécution où saint Etienne fut lapidé [1]. Quand les prédicateurs de l'Evangile étoient traînés devant les tribunaux, et qu'ils y portoient aux rois et aux empereurs le témoignage de Jésus-Christ, quelle imagination de croire alors l'Eglise cachée et destituée de sa visibilité, pendant que dans « les liens » elle annonçoit la foi « devant tous les prétoires [2], » et y continuoit « le bon témoignage que Jésus-Christ avoit rendu sous Ponce-Pilate [3] ! »

Il y a enfin un certain éclat, une certaine splendeur que l'Eglise conserve toujours par la prédication de l'Evangile, qui n'est autre chose que l'illumination, marquée par saint Paul, de la science et de la gloire de Dieu sur la face de Jésus-Christ [4]; et on voudra s'imaginer que l'Eglise, qui par sa nature est revêtue d'un si grand éclat, puisse être cachée?

XLVII. Passages de l'Evangile contraires entre eux, selon le ministre, et la conciliation qu'il en propose.

Le ministre oppose divers passages de l'Evangile [5], dont les uns nous montrent l'Eglise « comme une ville bâtie sur une montagne » éclatante et remarquable par sa spacieuse enceinte : et les autres nous la font voir un « petit troupeau » sans nombre et sans étendue, qui est aussi resserré dans la voie étroite « où peu de personnes entrent, » ainsi que le Fils de Dieu le prononce. Ces passages semblent au ministre d'une manifeste contrariété, si on ne les concilie en reconnoissant le différent sort de l'Eglise, tantôt éclatante et spacieuse, tantôt petite et cachée.

XLVIII. Que ces expressions de l'Evangile : *voie étroite*,

Voilà donc cette grande contrariété tant répétée par le ministre; mais elle n'a pas la moindre apparence. « Il y a beaucoup d'appelés et peu d'élus [6]. » Ceux qui entrent en foule dans l'Eglise par la prédication et les sacremens, ne sont pas tous des élus, et

[1] *Act.*, VIII, 4. — [2] *Phil.*, I, 13. — [3] I *Timoth.*, VI, 12, 13. — [4] II *Cor.*, IV, 6. — [5] Tom. II, p. 9, 602, 603, 680, 681, 683, 704, etc. — [6] *Matth.*, XX, 16; XXII, 14.

beaucoup d'eux demeurent dans le nombre des appelés : par conséquent les appelés qui sont beaucoup, et les élus qui sont peu, composent la même Eglise : visible et étendue dans ceux qui se soumettent à la parole et aux sacremens ; peu nombreuse et cachée dans des élus, sur lesquels le sceau de Dieu est posé. Tout s'accorde parfaitement par ce moyen, et il ne faut plus nous objecter ni la *voie étroite*, ni *le petit troupeau :* le petit troupeau est partout, et partout il fait partie de la grande Eglise où David a vu en esprit tous les Gentils ramassés[1] : comme les élus qui sont peu, font partie de ces appelés qui sont en grand nombre, la voie étroite des commandemens et de la sévère vertu est aussi partout ; et quoique peu fréquentée par la malice des hommes, elle leur est montrée dans toute la terre. Le petit nombre de ceux qui y entrent, quoique grand en soi plus ou moins, et petit seulement à comparaison de ceux qui périssent, écoute le même Evangile que les appelés : unis avec eux par la communion extérieure, ils ne font point de rupture et ne se séparent que de la corruption des mœurs.

petit troupeau, etc., ne dérogent point à l'étendue de l'Eglise.

Ne songeons donc pas tellement à la voie étroite que nous oubliions le grand chemin, « les voies publiques, » où Jérémie nous rappelle[2], où aboutissent « les anciens sentiers » que nos pères ont fréquentés, et où aussi on nous commande de les suivre. Cette voie n'est jamais cachée, et l'Eglise la montre par tout l'univers à ceux qui la veulent voir.

C'est par où tombe manifestement cette doctrine de votre ministre, où après avoir présupposé avec nous que l'Eglise doit toujours durer en vertu de la promesse de Jésus-Christ, et contre nous que cette durée ne peut pas être attachée « à l'infaillibilité » du corps des pasteurs[3], avec lequel Jésus-Christ a promis d'être tous les jours, il croit sortir de tout embarras de cette sorte : « Le réformé marque une voye plus naturelle, plus simple et plus facile pour la conservation de l'Eglise. Il soutient que Dieu l'empêche de périr par le moyen des élus, qu'il conserve dans le monde[4] : » comme si la difficulté ne lui restoit pas toute entière,

XLIX. *Fausse doctrine du ministre sur les élus, dont il fait le lien de l'Eglise et le moyen de la faire durer.*

---

[1] *Psal.* XXI, 26, 27, etc. — [2] *Jerem.*, VI, 16. — [3] Tom. II, p. 630, 631, etc. — [4] P. 631-634, n. 3 ; p. 639, n. 8.

et qu'il ne lui fallût pas encore expliquer comment et par quels moyens ordinaires et extérieurs ces élus sont eux-mêmes conservés.

Les élus, comme élus, ne se connoissent pas les uns les autres : ils ne se connoissent que dans le nombre des appelés ; c'est pourquoi nous venons de voir que ces élus, qui sont cachés et en petit nombre, font toujours partie de ces appelés qui sont connus et nombreux. S'il faut qu'ils soient appelés, par quelle prédication le seront-ils ? Par quel ministère ? Sous quelle administration des sacremens ? « Comment croiront-ils, s'ils n'ont pas ouï ? Ou comment écouteront-ils, si on ne les prêche ? Ou qui les prêchera sans être envoyé [1] ? » Ils ne tomberont pas certainement tout formés du ciel : ils ne viendront point tout d'un coup comme gens inspirés d'eux-mêmes : il faut donc qu'il y ait toujours un corps subsistant, qui jusqu'à la fin du monde les enfante par la parole de vie ; et c'est avec ce corps immortel que Jésus-Christ a promis d'être tous les jours.

L.
Que le ministre raisonne tout au contraire de saint Paul.

Saint Paul a décidé la question par ce beau passage de l'*Epître aux Ephésiens* : « Jésus-Christ nous a donné les uns pour être apôtres, les autres pour être prophètes, les autres pour être évangélistes, les autres pour être pasteurs et docteurs : pour la perfection des saints, pour les fonctions du ministère à l'édification (et formation) du corps de Jésus-Christ : jusqu'à ce que nous parvenions tous à l'unité de la foi et à celle de la connoissance du Fils de Dieu, à l'état d'un homme parfait, à la mesure de l'âge complet de Jésus-Christ : afin que nous ne soyons plus des enfans emportés à tout vent par la doctrine trompeuse et artificieuse des hommes [2]. » Le ministre veut faire durer le ministère ecclésiastique et apostolique par les élus : et saint Paul au contraire attache la formation et la perfection des élus au ministère ecclésiastique et apostolique.

LI.
Que le ministre oublie les paroles du texte de la promesse.

Le ministre s'entend-il lui-même, lorsqu'il dit « que la promesse pour la durée de l'Eglise par les élus est plus positive que celle de la succession des évesques, dont Jésus-Christ n'a pas parlé ? » Que vouloient donc dire ces mots : « Allez, enseignez et bap-

[1] *Rom.*, x, 14. — [2] *Ephes.*, iv, 11-14.

tisez? » Sont-ils adressés à d'autres qu'aux apôtres mêmes : et quels autres que leurs successeurs sont désignés dans la suite? Mais quel mot y a-t-il là des élus? Au lieu donc de dire qu'il est ici parlé des élus, et non des pasteurs, c'est précisément le contraire qu'il falloit penser : et il est plus clair que le jour, que pour expliquer la promesse de Jésus-Christ, le ministre a commencé par en perdre de vue les propres paroles.

qu'il entreprend d'expliquer.

Il a peu connu la prérogative des élus. Ils ne sont pas tant le moyen pour faire durer le ministère extérieur de l'Eglise que la chose même pour laquelle il est établi ; c'est l'amour éternel que Dieu a pour eux qui fait subsister l'Eglise ; il n'en est pas moins véritable qu'elle les prévient toujours par son ministère. Il n'est que pour les élus : quand ils seront recueillis, il cessera sur la terre : mais aussi comme Dieu ne cesse de les recueillir jusqu'à la fin des siècles, il a déclaré que la suite continuelle du saint ministère ne finira pas plus tôt.

LII. On explique la prérogative des élus que le ministre n'a pas entendue.

Toute la ressource du ministre, « c'est que la mesme puissance infinie de Dieu qui, selon M. de Meaux, entretient la succession des apostres au milieu des vices les plus affreux,.... peut conserver les élus dans les sociétez errantes, comme (il les conserve) dans le monde corrompu [1]. »

LIII. Dernière ressource du ministre, qui mène à l'indifférence des religions.

Ainsi toute religion est indifférente, et l'on trouve également les élus dans une communion, soit qu'elle erre dans la foi jusqu'à tomber dans l'idolâtrie (car c'est ce qu'on nous oppose), soit qu'elle fasse profession de la vérité.

Venons aux objections ; voici la plus apparente : « On ne gagne rien, dit le ministre, par l'infaillibilité (du corps de l'Eglise), puisque la foy sans la sanctification ne fait point voir Dieu, et n'empesche pas la ruine de l'Eglise [2]. » Nous avons déjà répondu que la prédication de la vérité étant toujours accompagnée de l'efficace du Saint-Esprit, est toujours féconde pour sanctifier le nombre des auditeurs et des pasteurs mêmes connu de Dieu [3]. La réponse ne pouvoit pas être ni plus courte, ni plus certaine, ni plus décisive : « Ma parole qui sort de ma bouche, dit le Seigneur, ne reviendra pas à moi sans fruit, mais elle aura tout l'effet pour

LIV. Erreur du ministre, qui ne veut pas voir que la foi de l'Eglise induit nécessairement l'esprit de sainteté dans sa communion.

[1] Tom. II, p. 659. — [2] P. 632. — [3] Ci-dessus, n. 7, 30, 32.

lequel elle est envoyée¹. » Dire donc qu'on ne gagne rien « pour la sanctification par l'infaillibilité de la foy, » c'est une ignorance grossière et une erreur pitoyable contraire au fondement du christianisme.

<small>LV.
Le ministre trouve la doctrine de Jésus-Christ trop miraculeuse pour être crue, et admet lui-même un prodige étonnant et faux.</small>

Mais c'est là, répond le ministre, un miracle trop continu qu'on ne doit pas admettre. C'est ce qu'il répète à toutes les pages², et c'est là un de ses grands argumens ; mais qu'il est foible ! Le miracle que le ministre refuse de croire, c'est celui que Jésus-Christ a reconnu en disant : « Faites ce qu'ils disent, mais ne faites pas ce qu'ils font³. » Le ministre change la sentence, et il veut que les élus se conservent sous un ministère, dont il faudra dire : Ni ne croyez ce qu'ils disent, ni ne pratiquez ce qu'ils font. Lequel est le plus naturel, ou de dire que pour convertir les cœurs des élus, Dieu conserve dans le ministère la vérité de la parole qui les sanctifie malgré les mauvaises mœurs de ceux qui l'annoncent ; ou de dire qu'en laissant éteindre à la fois dans la succession des pasteurs et la vérité et les bonnes mœurs, il ne continue pas moins à conserver les élus ? Le premier plan est celui des catholiques : le second est celui des protestans. Parlons mieux : le premier est en termes formels celui de Jésus-Christ, et le second est celui que les hommes ont imaginé : le premier, dis-je, est celui que Jésus-Christ a reconnu jusqu'à la fin dans l'Eglise judaïque, en disant : « Faites ce qu'ils disent, » etc., et le second est celui que les protestans envient à l'Eglise chrétienne. Où est ici le miracle le plus incroyable, ou celui qui attache la conversion des enfans de Dieu à un certain ordre commun de la prédication de la vérité, ou celui qui supprimant la vérité dans la prédication des pasteurs, établit contre l'Apôtre et contre Jésus-Christ même qu'elle sera entendue sans être prêchée ? Souffrirez-vous, mes chers Frères, qu'on vous annonce des absurdités si manifestes ?

<small>LVI.
Que la conversion des pécheurs est toujours miracu-</small>

Après tout j'avouerai bien à votre ministre que la conversion des pécheurs, soit qu'elle se fasse par des saints, soit qu'elle se fasse par le ministère même des pasteurs ou corrompus ou scandaleux, est un miracle continuel : mais c'est un miracle qu'il faut

---

¹ *Isa.*, LIV, 11. — ² P. 630, 631, etc. — ³ *Matth.*, XXIII, 1.

bien admettre, si l'on ne veut être manifestement pélagien, et *leuse en un sens, et que la doctrine catholique met l'Eglise dans un état naturel.* qu'aussi votre ministre n'oseroit nier. C'est un miracle qui présuppose l'ordre naturel, et qu'on soit du moins bien enseigné ; mais que l'on conserve les élus, en leur ôtant la vérité dans la prédication de leurs pasteurs, c'est un miracle que nous laissons aux protestans.

Ne laissez donc point soustraire à vos yeux la lumière toujours présente et toujours visible de la vérité dans la prédication successive et perpétuelle des prêtres ou des pasteurs, soit de ceux qui sont venus après Moïse, soit de ceux qui ont enseigné après les apôtres, puisque c'est le seul moyen ordinaire établi de Dieu par toutes les Ecritures de l'Ancien et du Nouveau Testament pour la sanctification des élus. Lorsqu'on tâche de vous faire perdre de vue la suite continuelle de l'Eglise de Jésus-Christ dans les successeurs des apôtres, on ne cherche qu'à vous tirer du grand chemin battu par nos pères, pour vous jeter dans les voies obliques et détournées de la séparation et du schisme. Ce n'est pas ici une conséquence que je tire de la doctrine des ministres; c'est leur thèse, c'est leur sentiment exprès. Oui, mes Frères, le schisme est un crime dont on ne veut pas connoître le venin parmi vous, et on ne tâche au contraire qu'à vous ôter la juste horreur qu'en ont tous les chrétiens. Il faut donc encore vous faire voir que votre ministre s'emporte jusqu'à dire que le schisme, même celui où la foi et la religion sont intéressées, n'empêche pas le salut ; et ce qui jusqu'ici étoit inouï, qu'on peut être ensemble et saint et schismatique : vous serez trop ennemis de vous-mêmes, si vous refusez un peu d'attention à une vérité que je vais rendre aussi claire qu'elle est importante.

LVII. Conclusion du précédent discours, où l'on entre dans la découverte des nouvelles erreurs du ministre, principalement sur le schisme.

REMARQUES

Sur le Traité du ministre, et premièrement sur ce qu'il autorise le schisme.

J'ai consommé mon ouvrage : la promesse de Jésus-Christ est entendue, et on a vu qu'on ne lui oppose que de manifestes chicaneries. Il est temps de passer plus avant, et de découvrir dans l'écrit du ministre d'insupportables erreurs.

LVIII. De la nature du schisme que le ministre autorise.

Je commence par ce qu'il enseigne sur le schisme, et je distingue avant toutes choses le schisme où la foi est intéressée d'avec les schismes où l'on tombe innocemment sur de purs faits; comme quand on voit par une élection partagée deux évêques dans la même église, sans qu'on puisse discerner lequel des deux est bien ordonné : c'est alors une erreur de simple fait, où la foi n'est point engagée, ni souvent même la charité. Quand l'esprit de dissension ne s'y trouve pas, et qu'on est trompé seulement par l'ignorance d'un fait, ce n'est pas un vrai schisme qui désunisse les cœurs, puisqu'on y voit, comme dit saint Paul, « un seul Christ, une seule foi, un seul baptême, un seul Dieu et Père de tous, avec un seul corps (de l'Eglise) et un seul esprit [1], » et on n'est point schismatique : mais ce que je veux remarquer dans les écrits de votre ministre, c'est qu'il enseigne positivement qu'on est ensemble et fidèle et schismatique même dans la foi.

LIX.
Principes erronés du ministre sur l'unité des églises chrétiennes, et fausse peinture qu'il en fait.

Pour parvenir à cette fin, voici par où l'on vous mène, et l'on jette de loin ces faux principes : « L'unité de l'Eglise tant vantée ne fut point le premier objet des soins et des travaux des apostres. Ils ne travaillèrent point à la former par des loix et des réglemens qui deussent estre observez par l'Eglise universelle jusqu'à la fin des siècles... Chaque apostre allant de lieu en lieu, selon que le Saint-Esprit le poussoit, ou que la Providence luy en fournissoit les moyens, enseignoit la vérité évangélique et formoit un troupeau... Chaque église particulière que les apostres fondoient, vivoit sous la conduite de son pasteur, et s'assembloit secrétement dans une chambre. Elle formoit sa discipline selon ses besoins et selon la circonstance des lieux et des temps. Il n'y avoit point alors de Symbole commun : c'est une chimère de s'imaginer que les apostres en ayent dressé un, ou l'ayent envoyé à toutes les églises... On savoit en Orient que l'Occident avoit receu le christianisme un peu plus tard (qu'en Orient) : mais l'union de ces églises, la pluspart inconnues et cachées les unes aux autres, ne pouvoit estre ni générale, ni publique, ni sensible. Toutes ces églises particulières ne pouvoient estre unies que par l'union intérieure, parce qu'elles avoient la mesme foy et la mesme espé-

[1] *Ephes.*, IV, 3-6.

rance, et que Jésus-Christ estoit le chef intérieur et commun à tous les chrétiens... Les églises naissantes estoient précisément dans le mesme état que celles de la Réforme, à qui les vaudois, dispersez en divers lieux et cachez dans leurs montagnes, n'estoient pas connus. Concluons de là que l'union extérieure de toutes les églises les unes avec les autres, ou avec le chef résidant à Rome, n'estoit ni nécessaire ni possible dans les deux premiers siécles de l'Eglise [1]. » Le ministre parle à peu près dans le même sens en d'autres endroits [2] : mais je me contente de ce seul passage que j'ai rapporté exprès tout entier, à la réserve de ce qui pourroit regarder d'autres questions que celle où nous sommes de l'union des églises.

S'il ne falloit que de beaux discours et des tours ingénieux pour établir la vérité, j'aurois ici tout à craindre. Mais pour peu qu'on veuille pénétrer le fond, il n'y a personne qui ne trouve étrange cette impossibilité de l'union extérieure des églises, et le peu d'attention qu'on donne aux apôtres, pour assembler leurs disciples dans une même communion.

LX. Étrange doctrine que l'union des églises n'est pas du premier dessein de Jésus-Christ : parole expresse du Sauveur.

Le ministre n'ose pousser cette prétendue impossibilité plus avant que les deux premiers siècles, et dès là on doit tenir pour certain que s'il nous abandonne les siècles suivans, c'est qu'il y a trouvé l'union si clairement établie, qu'il n'a pas vu de jour à la nier.

Confessons donc avant toutes choses, du consentement du ministre, que l'union intérieure et extérieure des églises chrétiennes a un titre assez authentique, puisqu'il a quinze cents ans d'antiquité, et qu'il a été arrosé du sang des martyrs durant tout le troisième siècle. C'est cependant cette antiquité qu'on vous apprend à mépriser ; au lieu que la raison seule vous doit apprendre, non-seulement qu'une telle antiquité est digne de toute créance, mais encore que ce qu'on trouve si solidement et si universellement établi dans un siècle si voisin des apôtres, ne peut manquer de venir de plus haut.

C'est donc en vain qu'on nous veut cacher cette union des églises dans le second siècle. Car encore qu'il nous en reste à

[1] Tom. I, liv. I, chap. IV, n. 4, p. 34, 35. — [2] Tom. II, p. 551.

peine cinq ou six écrits, il y en auroit pourtant assez dans ce petit nombre pour convaincre le ministre ; et si je n'avois voulu dans cette *Instruction* me renfermer précisément dans l'Evangile, la preuve en seroit aisée : mais pour aller à la source, comment a-t-on pu penser que l'union des églises n'étoit pas du premier dessein du Fils de Dieu, puisque c'est lui-même qui, formant le plan de son Eglise, a donné à ses apôtres, comme la marque à laquelle « on reconnoîtroit ses disciples, de s'aimer les uns les autres : » et encore : « Mon Père, qu'ils soient un en nous, afin que le monde croie que vous m'avez envoyé [1]. » Ainsi l'union même extérieure, et qui se feroit sentir à tout le monde, devoit être une des marques du christianisme.

LXI. Preuve par saint Paul que les églises chrétiennes étoient établies pour ne faire ensemble au dedans et au dehors qu'une seule Eglise catholique.

Mais peut-être que Jésus-Christ ne vouloit pas dire que cette union s'entretînt d'église à église, et ne la vouloit établir que de particulier à particulier dans chaque église chrétienne. A Dieu ne plaise : au contraire il paroît que, de toutes les églises, il en a voulu faire une seule Eglise, une seule Epouse ; qu'il a voulu à la vérité sanctifier au dedans par la foi qu'elle a dans le cœur, mais qu'il a voulu « en même temps purifier à l'extérieur par le baptême de l'eau et par la parole de la prédication [2]. » C'est ainsi que parle saint Paul. C'est cette Eglise que dès l'origine on appela *catholique* ; ce terme fut mis d'abord dans le Symbole commun des chrétiens ; et sans entrer avec le ministre dans la question inutile, si les apôtres ont arrangé ce sacré Symbole comme nous l'avons, il suffit qu'on ne nie pas et qu'on ne puisse nier que la substance et le fond n'en fût de ces hommes divins, puisque tout l'univers l'a reçu comme de leur main et sous leur nom. On a donc toujours eu une foi commune ; une commune profession de la même foi ; une seule et même Eglise universelle composée en unité parfaite de toutes les églises particulières, où aussi on établissoit *la communion* tant intérieure qu'extérieure *des saints*, qu'on nous donne maintenant comme impossible.

LXII. Uniformité de la discipline des églises.

« Les apostres, dit le ministre, n'ont point travaillé à former la discipline par des loix qui deussent estre perpétuelles et universelles [3]. » Mais sous prétexte qu'ils laissoient une sainte liberté

---

[1] *Joan.*, XIII, 35 ; XVII, 21. — [2] *Ephes.*, V, 26, 27. — [3] Tom. I, 35, 36.

dans les cérémonies indifférentes, la vouloir pousser plus avant, ou dire que ces saints hommes ne s'étudioient pas à rendre commune la profession de la foi, le fond de la discipline et la substance des sacremens, c'est ignorer les faits les plus avérés, et vouloir ôter au christianisme la gloire de cette sainte uniformité que le monde même y admiroit.

Ce n'est pas une moindre erreur de dire « que les églises estoient pour la plupart inconnuës les unes aux autres, » et s'assembloient secrètement *dans une chambre*, sans se soucier de leur mutuelle communication. Car au contraire, dès l'origine les églises ont toutes tendu à s'unir et à se faire mutuellement connoître. Tout est plein dans les écrits des apôtres du salut réciproque qu'elles se donnoient en la charité du Seigneur; l'église de Babylone qu'elle qu'elle fût, constamment bien éloignée, saluoit celles de Bithynie et du Pont, d'Asie, de Cappadoce et de Galatie [1]. La gravité des églises ne permet pas de prendre ce salut, qu'on trouve en tant de lettres des apôtres, pour un simple compliment : c'étoit la marque sensible de la sainte confédération et communion des églises dans la créance et dans les sacremens, conformément à cette parole : « Si quelqu'un vient à vous, » de quelque côté qu'il y arrive, « et n'y apporte pas la saine doctrine, ne le recevez pas dans votre maison, et ne lui dites pas bonjour [2] : » ne lui donnez pas le salut. La première *Epître* de saint Jean, selon l'ancienne tradition, se trouve adressée aux Parthes; et de l'Asie mineure où il demeuroit, cet apôtre enseignoit les peuples si éloignés des pays dont il prenoit soin et de l'Empire romain. Les apôtres n'écrivoient pas seulement à des églises particulières, mais en nom commun « à toutes les tribus dispersées [3], et à tous ceux qui se conservoient en Dieu et en Jésus-Christ [4]. » Tout l'univers savoit « la foi, l'obéissance des Romains [5]; » et réciproquement on savoit à Rome « ce que c'étoit que toute l'église des Gentils (en nom collectif et en nombre singulier) : et qui étoient ceux à qui elle étoit redevable [6]. » Qu'importe donc qu'on s'assemblât « ou dans une chambre » ou ailleurs, puisque l'on se

---

[1] I *Petr.*, I, 1; v, 13. — [2] II *Joan.*, 10. — [3] *Jacob.*, I, 1. — [4] *Jud.*, I. — [5] *Rom.*, I, 8; XVI, 19. — [6] *Ibid.*, 4.

communiquoit même des prisons, d'où l'Evangile couroit, comme dit saint Paul [1], sans pouvoir être lié?

Au surplus si on eût tenu pour indifférent d'être uni ou ne l'être pas dans la doctrine une fois reçue, saint Paul n'auroit pas donné aux Romains ce précepte essentiel : « Prenez garde à ceux qui causent des dissensions et des scandales parmi vous contre la doctrine que vous avez reçue, et retirez-vous de leur compagnie[2]. » Est-ce peut-être qu'on observoit ceux qui causoient des divisions contre la doctrine reçue dans les églises particulières, et qu'on laissoit impuni le scandale qu'auroient pu causer les églises mêmes? Ce seroit une absurdité trop insupportable.

Mais si l'autorité de l'Eglise nommée en commun étoit de si peu de poids sur chaque église particulière, d'où vient que saint Paul prenoit tant de soin de faire remarquer aux Corinthiens ce qu'il enseignoit à tout l'univers : « leur envoyant exprès Timothée, pour les instruire des voies qu'il tenoit partout et en toute l'Eglise[3]; » et encore : « C'est ce que j'enseigne dans toutes les Eglises[4]; » sur ce fondement : « Dieu n'est pas un Dieu de dissension, mais de paix; » comme s'il eût dit qu'il unissoit non-seulement les particuliers, mais encore toutes les Eglises entre elles : ce qui lui faisoit ajouter contre les auteurs des divisions et des scandales : « Est-ce de vous qu'est sortie la parole de Dieu, ou bien êtes-vous les seuls à qui elle est parvenue[5] ? » leur montrant par cette doctrine combien ils devoient déférer au commun sentiment des églises, et surtout de celles d'où la parole de Dieu leur étoit venue. Voilà ces églises « qui ne se connoissoient pas, pour la pluspart, » et qui avoient si peu d'égard pour la doctrine et les sentimens les unes des autres.

LXIV. Illusion du ministre, qui compare l'ancienne Eglise à la Réforme prétendue et aux vaudois;

Quand le ministre veut imaginer que les églises chrétiennes ressembloient « à la Réforme qui, lorsqu'elle vint, ne connoissoit pas les vaudois, » il devoit donc faire voir par quelque exemple de l'Ecriture, ou du moins de l'antiquité ecclésiastique, qu'il s'étoit formé des églises, comme la Réforme, qui ne tinssent rien de celles qui étoient auparavant, et même n'en connussent au-

---

[1] II Thess., III, 1; II Timoth., II, 9. — [2] Rom., XVI, 17. — [3] I Cor., IV, 17. — [4] Ibid., XIV, 33. — [5] Ibid., 36.

cune de leur créance : c'est ce qu'il ne montrera jamais ; toutes les églises naissantes venoient de la tige commune des apôtres, ou de ceux que les apôtres avoient envoyés, et en tiroient leurs pasteurs avec la doctrine.

<small>démonstration du contraire par un fait constant.</small>

Le ministre n'auroit pas fait agir les pasteurs si fort indépendamment les uns des autres et sans aucun mutuel concert, s'il avoit songé que saint Paul même ne dédaigna pas « de venir à Jérusalem exprès pour visiter Pierre, de demeurer avec lui quinze jours ; » et encore quatorze ans après, « de conférer avec les principaux apôtres sur l'Evangile qu'il prêchoit aux Gentils, pour ne point perdre le fruit de sa prédication[1]. » Ces hommes inspirés de Dieu n'avoient pas besoin de ce secours ; mais Dieu même « leur révéloit » cette conduite, comme saint Paul le marque expressément[2], afin de donner l'exemple à leurs successeurs, et les avertir de prendre garde dans la fondation des églises à poser toujours, « comme de sages architectes, le même fondement qui est Jésus-Christ, et à observer en même temps ce qu'ils bâtissoient dessus[3]. »

<small>LXV. Saint concert entre les apôtres</small>

Cependant à la faveur de ces beaux récits, et du tour ingénieux qu'on y donne à l'état des deux premiers siècles, on insinue le schisme : on dégoûte insensiblement les fidèles du lien de la communion des églises : elle n'étoit pas, dit-on, du « premier dessein, » et c'est une invention du troisième siècle : quelque établie qu'on la voie depuis ce temps, c'est assez qu'elle ne soit pas de l'institution primitive, et l'on veut désaccoutumer les églises de faire leur règle de la foi commune.

<small>LXVI. Que la doctrine du ministre insinue le schisme.</small>

Après avoir ainsi préparé de loin la voie à ne plus craindre le schisme même dans la foi, et à tenir toute communion pour indifférente, on en vient à dire tout ouvertement que le schisme dont nous parlons n'empêche pas le salut.

Le sentiment du ministre n'est pas obscur : « Les sept mille réservez de Dieu » dans le royaume d'Israël, qui « n'avoient point courbé le genou devant Baal, » étoient schismatiques, séparés de l'église primitive de Jérusalem, « damnez » par conséquent, dit votre ministre, « au jugement de messieurs

<small>LXVII. Que le ministre prêche ouvertement le schisme, en disant que les sept mille que Dieu sauvoit dans le royaume d'Israël étoient de vrais schismatiques.</small>

[1] *Galat.*, I, 18 ; II, 2. — [2] *Ibid.* — [3] *I Cor.*, III, 10.

les prélats; et cependant, continue-t-il, Dieu les absout [1]. »

Ces sept mille, ajoute-t-il, « estoient l'Eglise de Dieu, quoiqu'ils n'eussent ni étenduë, ni visibilité, ni union avec l'Eglise de Jérusalem, ni la succession des prestres : ils ne périssoient donc pas [2]. »

LXVIII. Elie, Elisée et les autres prophètes d'Israël étoient schismatiques, selon le ministre et toutefois sauvés et saints.

Un abîme en appelle un autre. « Dieu avoit là (dans le schisme d'Israël) une suite de prophétes nez et vivans dans le schisme : » c'est-à-dire, comme il vient de l'expliquer, « séparez de la succession des prestres et de l'Eglise primitive de Jérusalem [3]. » Les prophètes dont il veut parler, sont ceux qui prophétisoient en Israël avec Elie et Elisée : donc Elie et Elisée, avec tous les saints prophètes qui leur étoient unis, selon le ministre, étoient schismatiques : « Et cependant, poursuit-il, ces prophétes schismatiques, » Elie, Elisée et les autres, « estoient-ils damnez à cause de leur séparation, à cause que la succession leur manquoit? » Point du tout, dit-il; cela n'est rien selon les ministres; le titre de *schismatique* devient beau dans leur bouche, et la nouvelle Réforme le donne aux prophètes les plus saints.

LXIX. Que le schisme des dix tribus et de Samarie est approuvé par le ministre, et en même temps très-expressément condamnée par la loi de Moïse.

Tout cela est avancé pour sauver le schisme; la Réforme prend soin de le défendre. « Il y a du plaisir, dit le ministre, à entendre là-dessus M. de Meaux, qui entesté de l'unité de son Eglise et de la succession des pasteurs, rejette les Samaritains, comme autant de schismatiques perdus, parce qu'ils n'estoient pas unis à la source de la religion, et que la succession d'Aaron leur manquoit [4]. »

Ainsi ce n'étoit pas Dieu qui avoit commandé à tout son peuple et aux dix tribus, comme aux autres, de demeurer unis et soumis aux seuls prêtres de la famille d'Aaron : ce n'étoit pas Dieu qui avoit prescrit au même peuple par la bouche de Moïse de « reconnoître le lieu que le Seigneur choisiroit, » avec expresses défenses « d'offrir en tous lieux qui se pourroient présenter à la vue [5] : » le temple de Jérusalem n'étoit pas ce lieu expressément désigné de Dieu sous David et sous Salomon, et unanimement reconnu par toutes les douze tribus. Malgré des commandemens

---

[1] Tom. II, chap. VII, n. 30, p. 661; III *Reg.*, XIX, XX. — [2] P. 653. — [3] *Ibid.* — [4] Tom. II, p. 661, 662. — [5] *Deuter.*, XII, 5, 11, 13, etc.

si précis de Dieu et de la loi, il n'y avoit aucune obligation de s'unir à la succession du sacerdoce d'Aaron ni à « l'Eglise primitive » de Jérusalem ; ce sont là des entêtemens de M. de Meaux, et non pas des témoignages exprès de la loi de Dieu.

Mais ce qui m'étonne le plus, c'est le peu d'attention qu'on fait parmi vous à l'expresse condamnation du schisme de Samarie, prononcée par Jésus-Christ même, lorsqu'il dit aux Samaritains : « Vous adorez ce que vous ne connoissez pas ; et nous, nous adorons ce que nous connoissons, parce que le salut vient des Juifs[1]. » Il les sépare manifestement de sa compagnie, lorsqu'il dit : *Vous et nous :* il les sépare conséquemment *du salut*, qui ne peut être qu'avec lui : et il ne reste plus qu'à examiner s'il les condamne pour l'idolâtrie, ou seulement pour le schisme.

lxx. Que Jésus-Christ a expressément condamné le schisme de Samarie.

Le ministre abuse manifestement de cette parole de Jésus-Christ : « Vous adorez ce que vous ne connoissez pas : » « Ce qui fait voir, nous dit-il, que les Samaritains estoient condamnez à cause de leur ignorance, ou des dieux inconnus qu'ils adoroient ; et non pas à cause du schisme, ou parce que la succession du sacerdoce d'Aaron leur manquoit[2]. » C'est ainsi qu'il combat toujours en faveur du schisme, et ne veut pas que Jésus-Christ l'ait pu condamner : mais il se trompe manifestement, quand il rejette la condamnation sur l'idolâtrie des Samaritains. C'est un fait constant et avoué, qu'il y avoit plusieurs siècles que les Samaritains n'avoient plus d'idoles ; et qu'attachés uniquement, comme ils sont encore, à l'adoration du vrai Dieu, toute leur question avec les Juifs ne regardoit que le lieu où il falloit adorer. Sans avoir besoin d'ouvrir les histoires pour voir cette vérité, le seul Evangile nous suffit, puisque la Samaritaine y parle au Sauveur en ces termes[3] : « Nos pères ont adoré sur cette montagne, et vous dites que c'est à Jérusalem qu'il faut adorer ; *nos pères,* » c'étoit-à-dire Jacob et les patriarches, n'adoroient point les idoles : ce n'étoit donc point les idoles que la Samaritaine vouloit adorer, et la dispute ne regardoit pas l'objet, mais le seul lieu de l'adoration : en un mot toute la question entre les Juifs et les Samaritains étoit à savoir si Dieu vouloit qu'on le servît ou dans le

lxxi. On prouve contre le ministre que Samarie est condamnée par Jésus-Christ pour son schisme.

---

[1] *Joan.*, IV, 22. — [2] Tom. II, p. 664. — [3] *Joan.*, IV, 20.

temple de Jérusalem avec la Judée, ou dans celui de Garizim avec Samarie. Cela posé, il est manifeste que la condamnation de Jésus-Christ tombe précisément sur le schisme ; et s'il reproche aux Samaritains de ne pas connoître Dieu, c'est comme je l'avois expliqué [1], au sens où l'on dit que l'on ne connoît pas Dieu, quand on méprise ses commandemens, ses promesses, la source de l'unité, le fondement de l'alliance, et le reste de même nature que Samarie avoit rejeté.

LXXII. Autres preuves par d'autres paroles de Jésus-Christ.
Si comme le ministre l'insinue trop ouvertement, c'étoit une chose indifférente de reconnoître ou ne reconnoître pas les prêtres successeurs d'Aaron, et que les Samaritains fussent excusables de n'y avoir pas recours selon l'ordonnance expresse de la loi, Jésus-Christ n'y auroit pas renvoyé avec les autres lépreux celui qui étoit Samaritain [2]. J'ai rapporté ce passage dans ma première *Instruction pastorale* [3] : le ministre y devoit répondre, ou convenir avec moi après Tertullien, que Jésus-Christ apprenoit par là aux Samaritains à reconnoître le temple et les prêtres enfans d'Aaron comme la tige du sacerdoce et la source de la religion et des sacremens.

LXXIII. Que le schisme de Jéroboam et des dix tribus a été réprouvé de Dieu, et pourquoi.
Après cela quand on attribue, non-seulement aux vrais fidèles, mais encore aux saints prophètes du Seigneur, le schisme des dix tribus, et que l'on compte pour rien de les désunir de la suite du sacerdoce et de celle du peuple de Dieu, c'est vouloir induire sur eux le péché de « Jéroboam qui pécha et qui fit pécher Israël [4]. » C'est le caractère perpétuel qui est donné à ce roi impie dans tout le *Livre des Rois* [5]. Mais il faut en même temps se souvenir que c'étoit une partie principale du péché tant reproché à Jéroboam, d'avoir établi « des prêtres qui n'étoient point enfans de Lévi, ni du sang d'Aaron [6], » et d'avoir rejeté ceux que Dieu avoit institués dans ces races consacrées. L'érection des veaux d'or de Jéroboam ne fut que la suite de cette ordonnance schismatique : « Ne montez plus en Jérusalem (ni au lieu que le Seigneur a choisi) : voilà tes dieux, Israël, qui t'ont tiré de la terre d'Egypte [7]. » Ainsi la source du crime dans Jéroboam, c'est « d'a-

---

[1] Ire *Inst.*, n. 17. — [2] *Luc.*, XVII, 13-15. — [3] N. 17. — [4] III *Reg.*, XIV, 16, etc. — [5] IV *Reg.*, X, 31, etc. — [6] III *Reg.*, XII, 31 ; II *Paral.*, XIII, 5. — [7] III *Reg.*, XII, 28.

voir séparé Israël d'avec le Seigneur, » comme porte expressément le *Livre des Rois*[1], et son plus mauvais caractère est celui de séparateur. Ce fut en haine de l'ordonnance qui séparoit le peuple de Dieu de sa tige, que non-seulement les lévites, mais encore tous ceux d'Israël « qui avoient mis leur cœur à chercher Dieu[2] » abandonnèrent le schisme auquel on veut maintenant faire adhérer les prophètes.

Il est vrai qu'en mémoire d'Abraham, d'Isaac et de Jacob, Dieu voulut laisser dans les dix tribus un grand nombre de saints prophètes qui attachèrent une partie considérable du peuple au culte du Dieu de leurs pères : mais, après tout, ce fut à la fin pour le péché de Jéroboam qu'il livra les Israélites à leurs ennemis[3] : la source de tous les malheurs, marquée au *Livre des Rois*, est toujours cette première séparation, où Jéroboam « divisa » le peuple et « le sépara du Seigneur[4]. » Aussi Dieu avoit-il maudit l'autel schismatique dès son origine, en lui faisant annoncer sa future extermination sous le saint roi Josias, par des prophètes envoyés exprès[5]. Si cependant par violence et par voies de fait les vrais Israélites avec leurs prophètes étoient empêchés de monter effectivement en Jérusalem, et d'y reconnoître le seul sacerdoce légitime qui fût alors, ils n'en pouvoient jamais être désunis de cœur, et sans manquer de fidélité aux rois d'Israël que Dieu avoit dans la suite rendus légitimes, Elisée sut bien reconnoître la prérogative que Dieu avoit conservée aux rois de Juda par rapport à la religion, lorsqu'il parla ainsi à Achab, roi d'Israël, qui l'interrogeoit sur les volontés du Seigneur : « Qu'y a-t-il entre vous et moi, roi d'Israël ? Allez aux prophètes de votre père et de votre mère. Vive le Seigneur ! si je n'avois respecté la présence de Josaphat, roi de Juda, je ne vous aurois pas seulement regardé[6]. » Josaphat de son côté, au seul nom d'Elie et d'Elisée, reconnut d'abord qu'ils étoient de véritables prophètes, et tout le monde savoit que tous les saints du royaume d'Israël étoient de même religion, et dans le cœur autant qu'ils pouvoient, de même culte que ceux de Juda.

LXXIV. Autre démonstration, par l'Ecriture, que les vrais Israélites étoient pour la religion en communion avec ceux de Juda.

[1] IV *Reg.*, XVII, 21. — [2] II *Paral.*, XI, 13, 16. — [3] III *Reg.*, XIV, 16. — [4] IV *Reg.*, XVII, 21. — [5] III *Reg.*, XIII, 1, 2. — [6] IV *Reg.*, III, 13, 14.

C'étoit pour établir cette vérité qu'Elie dans ce mémorable sacrifice, où le feu du ciel descendit à sa prière pour consumer l'holocauste en présence des dix tribus assemblées, redressa un des autels du Seigneur, et pour le construire, « prit douze pierres selon le nombre des douze tribus des enfans de Jacob, à qui le Seigneur avoit dit : Israël sera ton nom [1] : » par où il vouloit montrer qu'Israël dans son origine n'étoit pas un nom de séparation, comme il l'étoit devenu depuis ; mais qu'au contraire c'étoit en matière de religion et de sacrifice un nom de communion, et que les douze tribus étoient faites pour adorer au même autel le Dieu de leurs pères.

Aussi le même prophète l'invoqua-t-il en cette occasion à haute voix, « sous le nom de Dieu d'Abraham, d'Isaac et d'Israël [2], » en lui disant : « Montrez, Seigneur, que vous êtes le Dieu d'Israël, » et que les douze tribus « dont vous voulez aujourd'hui de nouveau convertir les cœurs, » ne sont qu'un seul peuple à votre autel. Telle étoit l'union qu'Elie reconnoissoit entre tous les vrais Israélites dans ce sacrifice commun.

Jonas, qui prophétisoit parmi les tribus séparées dont il étoit, ainsi qu'on le trouve au *Livre des Rois* [3], ne s'étoit point pour cela séparé du temple de Jérusalem, puisque jusque dans le ventre de la baleine qui l'avoit englouti, il se consoloit en criant : « Seigneur, quoique rejeté de devant vos yeux, je reverrai votre saint temple [4] : » par où il marquoit tout ensemble, et qu'il avoit accoutumé de le visiter, et qu'il espéroit encore d'y rendre à Dieu ses adorations.

Un autre prophète d'Israël, ce fut Osée, en prédisant aux dix tribus séparées leur heureux retour, leur annonce « qu'ils reviendroient au Seigneur leur Dieu et à David leur roi [5], » pour les ramener par ces paroles au temps qui avoit précédé le schisme de Jéroboam, et leur rappeler le souvenir de cette parole du roi Abiam : « Ecoutez, Jéroboam et tout Israël : ignorez-vous que le Seigneur a donné à David le règne sur tout Israël pour tout jamais [6] ? »

[1] III *Reg.*, XVIII, 30-32. — [2] *Ibid.*, 36, 37. — [3] IV *Reg.*, XIV, 25. — [4] *Jon.*, II, 5. — [5] *Ose.*, III, 4, 5. — [6] II *Paral.*, XIII, 5.

Ains: tout vrai fidèle est frappé d'horreur, quand il entend dire que les sept mille que Dieu réservoit, et que les prophètes du Seigneur qui enseignoient les dix tribus étoient schismatiques, jusqu'à celui que son zèle ardent fit enlever dans le ciel dans un chariot de feu.

LXXV.
Suite de la même preuve.

Et il ne faut pas s'imaginer que la partie de l'Eglise qui se conservoit dans le royaume d'Israël demeurât sans culte. Car ce n'étoit pas en vain que Dieu leur envoyoit tant de saints prophètes avec tant de miracles éclatants pour les empêcher d'oublier la loi de Moïse. Ils en gardoient ce qu'ils pouvoient, en s'assemblant | « avec les prophètes au premier jour du mois et tous les jours du Sabbat [1], » c'est-à-dire aux jours ordinaires marqués par la loi, comme il est écrit expressément au *Livre des Rois*. Il y avoit même parmi eux des autels de Dieu; et s'ils en eussent été privés, Elie n'auroit pas dit au même temps que les sept mille lui furent montrés en esprit : « Seigneur, les enfans d'Israël ont abandonné votre alliance : ils ont abattu vos autels et massacré vos prophètes [2]. » Ils persistoient donc dans l'alliance, et en avoient pour marques sensibles les prophètes sous la conduite desquels ils servoient Dieu, et les autels qu'ils élevoient au nom du Seigneur. Ce pouvoient être des autels semblables à celui qu'érigèrent ceux de Ruben et de Gad avec la demi-tribu de Manassés [3], non point pour se séparer de l'autel du Seigneur, mais au contraire comme un mémorial de la part qu'ils se réservoient aux sacrifices communs. Mais enfin quels que fussent ces autels et quel qu'ait été le culte que Dieu y établissoit, selon la condition de ces temps, par le ministère extraordinaire et miraculeux des prophètes, toujours est-il bien certain que ce n'étoit pas l'autel de Bethel ni les autres de Jéroboam que Dieu avoit en horreur, comme on a vu.

Par conséquent cette Eglise, que Dieu réservoit en Israël, se rendoit visible autant qu'elle le pouvoit dans une si cruelle persécution; et quand elle fut réduite à se cacher tellement dans le royaume des dix tribus séparées, qu'Elie ne l'y voyoit plus, deux raisons empêchent que cela ne nuise à tout le corps de l'E-

LXXVI.
Visibilité de la partie de l'Eglise judaïque qui restoit en Israël.

[1] IV *Reg.*, IV, 23. — [2] III *Reg.*, XIX, 24. — [3] *Jos.*, XXII, 27.

glise : l'une, que cet état ne dura pas, comme le reste de l'histoire d'Elie et toute celle d'Elisée le fait paroître ; et l'autre, qui est l'essentielle, que c'est un fait avéré dans le même temps, que l'Eglise et la religion éclatoient en Judée sous Josaphat et les autres rois.

LXXVII. *Que tout ce qu'on nous objecte ne fait rien contre nous.*

Ainsi on ne fait ici que vous amuser : on vous fait prendre le change, et on met la difficulté où elle n'est pas. Cette dispute sur les sept mille qui est votre unique refuge, ne sert de rien à la question, et ne nuit en aucune sorte à la doctrine que j'ai établie touchant la promesse de l'Evangile. Les catholiques ne prétendent pas que la foi ne puisse jamais être cachée en des endroits particuliers, puisque même nous confessons qu'elle y pourroit être tout à fait éteinte. Le fondement que nous posons, c'est que la succession des pasteurs qui remontent jusqu'aux apôtres, sans que la descendance en puisse être interrompue ni niée, est incontestable : que ceux qui chercheront Dieu, verront toujours une Eglise où on le pourra trouver : une Eglise qui soit toujours « le soutien et la colonne de la vérité [1] ; » une Eglise à qui l'on dira jusqu'à la fin de l'univers : « Dites-le à l'Eglise ; et s'il n'écoute pas l'Eglise, qu'il vous soit comme un gentil et un publicain [2] : » une Eglise enfin plus immuable que le roc, dont la foi toujours connue et victorieuse verra toutes les erreurs tomber à ses pieds, et contre laquelle l'enfer ne prévaudra pas. Que cette Eglise ait quelque part des membres cachés : qu'elle s'obscurcisse, qu'elle périsse même quelque part, sa perpétuelle universalité ne laissera pas de subsister : la promesse ne sera pas anéantie pour cela ; et une marque que les objections qu'on vient d'entendre n'appartiennent seulement pas à la question que nous traitons, c'est qu'on peut vous accorder tout ce que vous dites sur les fidèles cachés, sans que notre doctrine ait reçu la moindre atteinte.

LXXVIII. *Réflexion sur les sept mille.*

Les sept mille vous servent si peu, que même vous ne sauriez vous mettre à leur place. Si la messe ou toute autre chose que vous voudrez imaginer, est le Baal devant lequel les sept mille n'avoient pas fléchi le genou, quand Luther ou Zuingle ou Œco-

[1] I *Timoth.*, III, 15. — [2] *Matth.*, XVIII, 17.

lampade ou Bucer ou Calvin ont éclaté, « les sept mille » qui croyoient comme eux secrètement, ont dû venir leur déclarer cette secrète créance, et leur dire : Nous étions déjà dans ces sentimens; vous n'avez fait que nous rallier et nous donner la hardiesse de nous découvrir. Mais loin d'en trouver sept mille qui leur tinssent ce langage, nous avons pressé vos ministres d'en nommer un seul. J'en ai moi-même interpellé M. Claude, et il a dit : « M. de Meaux croit-il que tout soit écrit? » Je l'ai demandé à M. Jurieu, et il a répondu : « Que nous importe? » J'ai mis ce fait sous les yeux de tous les lecteurs de mon *Troisième Avertissement* contre M. Jurieu [1]. Sans vous obliger à recourir à ce livre, et pour renfermer dans ce seul écrit toute la force de ma preuve, interrogez-vous vous-mêmes si jamais on vous a nommé, non pas sept mille hommes et un nombre considérable, mais deux ou trois hommes, mais un seul homme qui ait déclaré aux réformateurs qu'il n'avoit jamais été d'une autre créance que de celle qu'ils leur annonçoient : pressez de nouveau vos ministres les plus curieux, les plus savans, les plus sincères, de vous éclaircir d'un fait si essentiel à la décision de cette cause : si vous ne voyez clairement leur embarras; si loin de vous montrer un seul homme qui avant Luther ou Œcolampade, ait cru comme Luther et Œcolampade, ils ne sont à la fin contraints à vous avouer de bonne foi que Luther même et Œcolampade, Bucer et Zuingle s'étoient faits prêtres ou même religieux de bonne foi, et qu'ils avoient innové non-seulement sur les pasteurs précédens, mais encore sur eux-mêmes, je ne veux plus mériter de vous aucune créance. Ils n'avoient donc pour eux ni les visibles ni les invisibles, ni les connus ni les inconnus; et il faut que vous confessiez qu'en cela semblables à tous les hérésiarques qui furent jamais, vos auteurs, quand ils ont paru, n'ont rien trouvé sur la terre qui pensât comme eux.

Dès là donc pour justifier le schisme qu'ils avoient fait avec tous leurs prédécesseurs et avec tous les vivans, il a fallu s'intéresser pour le schisme même et en adoucir l'horreur : par ce moyen les sept mille sont devenus schismatiques sans péril de

LXXIX. Le schisme de la nouvelle Réforme la contraint à défendre

[1] III *Avert.*, n. 30-32.

leur salut : les saints prophètes étoient séparés de la suite du sacerdoce et de l'Eglise, sans scrupule et sans aucune diminution de leur sainteté : il a fallu faire voir qu'il n'y avoit nulle nécessité que les églises fussent si unies : chaque église se doit former par elle-même : des églises on en viendra aux particuliers : nul ne doit régler sa foi sur son prochain non plus que sur les églises, pas même sur celle où l'on est, chacun n'a à consulter que son cœur et sa conscience : vous voyez par expérience où l'on va par ce chemin ; et si la suite inévitable n'en est pas toujours la religion arbitraire ou l'indifférence des religions, sans en excepter le socinianisme ni le déisme.

<small>le schisme en général et à tomber dans l'indifférence des religions.</small>

REMARQUES

SUR LE FAIT DE PASCHASE RADBERT,

Où le ministre tâche de marquer une innovation positive.

<small>LXXX. Inutilité des faits infinis que le ministre rapporte : il n'y a en cette matière que deux faits importans pour le salut.</small>

Pour détourner vos oreilles d'une doctrine si simple, on vous accable de faits inutiles. Mais il n'y a que deux faits qui servent à votre salut, et ils sont constans : l'un est que vos prétendus réformateurs ont établi vos églises en se séparant de la communion de ceux qui les avoient baptisés et ordonnés, et en rejetant à l'exemple de toutes les hérésies la doctrine de tous les pasteurs qui étoient en place lorsqu'ils ont paru[1] : l'autre, que l'Eglise catholique n'a jamais rien fait de semblable. Il falloit donc écarter tous les autres faits qui ne servent qu'à détourner la question, et ensuite n'étourdir le monde ni des Chinois, ni des Grecs, ni de Claude de Turin, ni de la morale sévère, ni de la morale relâchée, ni des maximes du clergé de France, ni des jansénistes, ni des quiétistes, ni du cardinal Sfondrate et de ses nouveautés sur le péché originel ou sur les autres matières semblables, ni même des albigeois ni des vaudois, que la Réforme confesse elle-même, comme on vient de voir, qu'elle ne connoissoit pas quand elle est venue, et qui d'ailleurs ne se trouvoient pas moins embarrassés que vous à nommer leurs prédécesseurs. Il falloit donc,

[1] 1re *Inst.*, n. 12, etc.

ou nommer la suite des vôtres sans interruption, ce que vous n'entreprenez seulement pas ; ou pour convaincre par un fait certain l'Eglise romaine de rupture avec ses auteurs, y marquer dans toute sa suite un point fixe et déterminé où l'on se soit vu contraint, pour soutenir sa doctrine, de renoncer à la leur. Voilà, dis-je, précisément ce qu'il falloit avoir prouvé ; sinon l'on dispute en l'air, et l'Eglise subsiste toujours sans pouvoir être troublée dans son état.

Votre ministre a senti ce qui manquoit à sa preuve ; et je vous prie, mes chers Frères, de bien entendre ses paroles, qui vous mettront dans la voie de votre salut, si vous les voulez comprendre. Les voici de mot à mot.

« M. de Meaux soutient mal à propos qu'on ne peut marquer à la vraye Eglise, c'est-à-dire à l'Eglise romaine, son commencement par aucun fait positif, qu'en remontant aux apostres, à saint Pierre et à Jésus-Christ : et si cela estoit vray, il auroit raison[1]. » Pesez bien encore une fois que s'il y a une Eglise à laquelle on ne puisse montrer son innovation par aucun fait positif, ce sera la véritable Eglise. Le ministre en est convenu, et il ne se sauve qu'en niant que cet avantage appartienne à l'Eglise catholique ; il se sent donc obligé à donner des dates précises de chaque dogme de l'Eglise : « Oui, poursuit-il, on marque précisément les innovations, le commencement et le progrès des erreurs, des faux cultes et de l'idolâtrie par laquelle l'Eglise romaine se distingue de la Réforme. » Si c'étoit assez de le dire, il seroit trop aisé de gagner sa cause : mais ouvrez son livre : lisez la page citée, où il promet d'établir ces dates ; considérez le texte et la marge ; ni dans le texte ni dans la marge vous ne trouverez aucune preuve, je ne dis pas établie, mais indiquée : il confond le vrai, le faux, le douteux, ce qui est de foi et de discipline, c'est-à-dire ce qui peut changer et ce qui est invariable : et au lieu de montrer la rupture qu'il pose en fait, sans raisonner il suppose que nous avons tort : est-ce ainsi qu'on établit les faits comme constans, comme positifs, comme avérés ? Il sent donc qu'il n'a rien à dire, puisque entreprenant de

[1] Tom. II, lib. IV, cap. IV, n. 15, p. 598.

marquer ces faits, il demeure court dans la preuve. Lisez vous-mêmes et jugez.

LXXXII. *On examine ce que dit le ministre sur le fait de Paschase Radbert.*

Le fait qu'il articule le plus nettement, c'est la prétendue innovation de Paschase Radbert. « On montre, dit-il, le point fixe où une parcelle se séparoit de la tige sur l'Eucharistie, lorsque Paschase estoit presque le seul au neuvième siècle qui enseignoit la présence réelle[1]. » S'il vouloit montrer ce point fixe de séparation, il devoit donc dire de qui Paschase s'étoit séparé, qui lui avoit dit anathème, qui avoit fait alors un corps à part : il n'en dit mot, parce qu'il sait bien en sa conscience qu'il n'y eut rien de semblable, et qu'au contraire Paschase avançoit positivement à la face de toute l'Eglise, sans être repris par qui que ce soit, « qu'encore que quelques-uns (remarquez ce mot) errassent par ignorance sur cette matière de la présence réelle, néanmoins il ne s'étoit encore trouvé personne qui osât ouvertement contredire ce qui étoit cru et confessé par tout l'univers[2]. » Voilà ce qu'écrit Paschase, sans crainte d'être démenti ; et en effet il resta si bien dans la communion de toute l'Eglise, que ni sa doctrine, ni ses livres, ni sa mémoire n'ont jamais été notés d'aucune censure. Au lieu de trouver Paschase d'un côté, et comme le ministre l'avoit promis, *presque* tout le monde de l'autre, il trouve Paschase avec tout le monde, et de l'autre *quelques-uns*. Voilà ce point fixe de séparation, où le ministre avoit mis son espérance.

LXXXIII. *Seconde et troisième tentative du ministre, également inutiles sur le même fait de Paschase Radbert.*

Il y revient encore une fois, et encore une fois il ne dit rien. « Avant Paschase, dit-il, la transsubstantiation estoit inconnue[3]. » Si elle eût été inconnue, tout le monde se seroit donc élevé contre, comme on a fait contre toutes les autres nouveautés : on nommeroit ou le pape ou le concile qui auroit condamné le novateur. Mais non ; on ne dit rien de tout cela, et l'on n'y songe même pas. Il est vrai que le ministre dit bien qu'on cria : Paschase au neuvième siècle « parut avec son dogme de la présence réelle, et alors on cria fort contre la nouveauté de sa doctrine[4]. » Il le dit ; mais du moins rapportera-t-il quelque acte authentique, comme il falloit faire pour marquer « ce point fixe de la séparation » qu'il

---

[1] Tom. II, p. 599. — [2] *Epist. ad Fruct.*, p. 1634. — [3] Tom. II, p. 635. — [4] P. 641.

avoit promis? Non; et voici tout ce qu'il en sait : « l'Eglise gallicane, poursuit-il, avoit toujours esté dans une créance tres-differente de l'Eucharistie. » On attendoit sur cette matière quelque décret authentique d'une Eglise si éclairée : mais le ministre tourne tout court pour nous dire en l'air : « Tout ce qu'il y avoit de grands hommes en ce temps-là, quoique divisez sur la grace, se réunirent pour deffendre l'ancienne doctrine sur l'Eucharistie. » Mais que firent-ils? Tout se va réduire au seul livre de Ratramne qu'on n'ose nommer, parce que son autorité n'est pas assez grande pour montrer un consentement décisif, et que d'ailleurs on n'est pas d'accord de son sentiment, ni du sujet du livre ambigu qu'il fit par ordre de Charles le Chauve. Le ministre n'ignore pas les disputes entre les savans sur le sujet de ce livre, et dit seulement : « Charles le Chauve entra dans cette dispute : ce fut par son ordre qu'on écrivit : et ceux qu'il avoit chargez de cette commission combattirent la presence réelle contre Paschase[1]. » C'est la question que l'auteur suppose sans preuve décidée en sa faveur : « Ce qui achève, conclut-il, de faire voir que c'estoit là le parti le plus autorisé et le plus nombreux. » C'est tout ce qu'il a pu dire de ce point fixe de séparation qu'on lui demandoit, et qu'il entreprenoit de montrer; comme si un ordre d'écrire donné par un empereur, sur une matière de foi, étoit une approbation de ce prince; ou que cette approbation, quand elle seroit véritable, fût un acte authentique de l'Eglise. Quoi qu'il en soit, le ministre n'en a pas su davantage. C'est en vain que j'entrerois dans un fait avancé en l'air et dans les autres jetés à la traverse : il faut abréger les voies du salut, et ne pas faire dépendre votre instruction d'une critique inutile, où quand j'aurai l'avantage qui suit toujours la bonne cause, je n'aurai fait que perdre le temps. Il suffit qu'il soit véritable que si l'on avoit une fois trouvé dans le fait ce moment d'interruption, la mémoire ne s'en seroit jamais effacée parmi les hommes; et l'Eglise catholique, ou si l'on veut l'Eglise romaine, porteroit empreinte sur le front la date de sa nouveauté et de son schisme, au lieu qu'elle y porte le témoignage immémorial de sa perpétuelle et invariable succession.

[1] Tom. II, p. 641 et 642.

REMARQUES

SUR LE FAIT DES GRECS.

LXXXIV. *Que le ministre convient de ce qu'il y a d'essentiel dans le fait des Grecs.* — La même raison m'empêche d'entrer plus avant dans ce qui regarde les Grecs. J'en ai dit assez sur ce sujet dans la précédente *Instruction pastorale*, et je veux seulement vous faire observer que votre ministre n'a pu ni osé le contredire.

Il a cité l'endroit de cette *Instruction*[1], où je reproche justement aux Grecs de n'avoir « plus voulu dire comme ils faisoient » dans les conciles généraux qu'ils ont tenus avec nous : « Pierre a parlé par Léon[2] : Pierre a parlé par Agathon : Léon nous présidoit » à Chalcédoine, « comme le chef préside à ses membres : les saints canons et les lettres de notre saint Père et Conserviteur Célestin nous ont forcés à prononcer cette sentence[3]. » C'est celle où Nestorius fut déposé à Ephèse, dans le troisième concile œcuménique et dans l'action principale pour laquelle il étoit assemblé.

Le ministre a vu toutes ces paroles, même celles où le concile d'Ephèse a prononcé qu'il « étoit contraint (à déposer l'hérétique) par les saints canons et par les lettres » émanées canoniquement de la chaire de saint Pierre. Que demandons-nous davantage aux Grecs, et de quoi les accusons-nous, sinon d'avoir renoncé au sentiment où nous étions tous dans les premiers conciles généraux, que constamment nous avons tenus ensemble ?

Voilà ce que je disois, ce que votre ministre a vu et cité : écoutez ce qu'il y répond. Lisez seulement le titre qui est à la marge, vous y trouverez ces mots : « Primauté de saint Pierre reconnue ; » et dans le corps du discours : « Les Grecs reconnoissent la primauté de saint Pierre[4]. »

LXXXV. *Autre passage du ministre sur la primauté divine des* — Mais peut-être qu'en reconnoissant « la primauté de saint Pierre, » qui ne peut venir que de Jésus-Christ, ils ne reconnoissoient pas également qu'elle eût passé à ses successeurs, évêques de Rome. Lisez encore dans le livre de votre ministre, à

---

[1] *Inst. past.*, n. 32 ; *Réponse*, tom. II, liv. IV, chap. II, n. 6, etc. — [2] *Epist. Conc. Chalced. ad Leon.* — [3] *Conc. Ephes.*, act. 1. — [4] Tom. II, n. 6, p. 562.

la marge : « Sentiment des Grecs ; » et dans le corps ces paroles : « Que M. de Meaux n'allègue pas les acclamations des Grecs au concile de Chalcédoine, en faveur de saint Pierre et de Léon le Grand : les Grecs ne contestoient pas à saint Pierre sa primatie, ni à l'évesque de Rome le premier rang dans les conciles où il estoit present [1]. » Ne nous arrêtons pas à ce qu'il voudroit insinuer sur la présence du pape. Il n'étoit présent que par ses légats ni à Ephèse ni à Chalcédoine, où le concile disoit qu'il présidoit « comme chef » aux évêques qui étoient « ses membres, » et qu'il étoit « contraint par ses lettres » à prononcer la sentence. Mais enfin il est donc certain, de l'aveu de votre ministre, que les Grecs reconnoissoient dans le pape une primauté venue de saint Pierre, et par conséquent d'institution divine. Si donc ils ont changé de ton et n'ont plus voulu la reconnoître dans la suite, j'ai eu raison de leur reprocher que c'est eux qui ont innové, et qui ont laissé tomber une institution qu'ils reconnoissoient auparavant, non-seulement comme ecclésiastique, mais encore comme divine et venue de Jésus-Christ même.

papes, comme successeurs de saint Pierre.

Mais allons encore plus avant, et voyons à quoi le ministre veut réduire la foi des Grecs. C'est qu'en leur faisant avouer la primauté divine de saint Pierre et de ses successeurs, ils nient seulement « qu'on doive leur estre soumis ou communier avec les évesques romains pour estre l'Eglise [2] ; » et un peu après : « Ils ont toujours soutenu (les Grecs) que cette primauté de saint Pierre n'emporte ni soumission de la part des apostres à saint Pierre, ni obeissance de la part des évesques au pape : et les actes des conciles, les registres publics de l'Eglise (ce sont ici mes paroles qu'il rapporte) en font foi [3]. » Il devoit donc réfuter ou nier du moins ce que j'ai tiré de ces registres et de la propre sentence que le concile d'Ephèse a prononcée contre Nestorius : « Contraint par les saints canons et par les lettres de saint Célestin. » Il n'a pu ni osé nier que ces paroles ne se lisent effectivement dans ces registres authentiques de l'Eglise, que les Grecs ont dressés conjointement avec nous. Il y avoit donc, de l'aveu commun de l'Orient et de l'Occident unis alors et assemblés dans un concile

LXXXVI. Que la soumission des Grecs au pape étoit renfermée dans les actes des premiers conciles généraux avoués par le ministre

---

[1] Tom. II, n. 7, p. 563. — [2] *Ibid.*, n. 6, p. 562. — [3] *Ibid.*, n. 7, p. 563.

général pour condamner l'hérésie de Nestorius ; il y avoit, dis-je, dans les lettres du pape quelque chose qui, joint aux canons, contraint les esprits ; c'est-à-dire manifestement quelque chose qui a force et autorité dans les jugemens de la foi que rendent les plus grands conciles ; et il ne reste plus de ressource à votre ministre qu'en disant que cette contrainte canonique n'imposoit ni déférence ni soumission à ceux qui la reconnoissoient.

LXXXVII. *La communion avec le Pape, nécessaire selon ces actes avoués.* Mais le ministre produit encore « les séparations fréquentes des deux patriarchats (d'Orient et d'Occident), pour prouver que les Grecs ne croyoient pas que la primauté de saint Pierre et de sa chaire fust si nécessaire qu'on y doive communier pour estre l'Eglise [1] : » de sorte qu'il faudroit croire, si l'on ajoutoit foi à son discours, que les Grecs ne vouloient pas croire qu'il fallût, pour « estre l'Eglise, » demeurer dans un état qu'eux-mêmes ils reconnoissoient établis par Jésus-Christ, et qu'on pouvoit renoncer à ses institutions : absurdité si visible qu'elle tombe par elle-même en la récitant.

LXXXVIII *Aveu considérable du ministre sur les Grecs.* Il ne faut donc pas tirer avantage des séparations des Grecs, puisque s'ils se sont quelquefois séparés, ils sont aussi retournés à leur devoir, et ne se sont jamais rendus plus évidemment condamnables que lorsqu'ils ont semblé vouloir oublier à jamais l'état où ils étoient avec nous, et changer par un fait certain et positif la doctrine perpétuelle dans laquelle leurs pères avoient été élevés jusqu'au jour de leur rupture.

Voilà où votre ministre a réduit les Grecs, et c'est sur ce fondement qu'il leur accorde sans peine « la succession apostolique et la presence miraculeuse de Jésus-Christ, si elle est promise aux pasteurs qui ont pris la place des apostres [2]. » A la bonne heure ; ils ont donc pris la place des apôtres, et n'en ont point interrompu la succession : votre ministre le veut lui-même ainsi. Commencez donc par avouer que cette succession leur étoit nécessaire, et laissez là vos églises à qui elle manque si visiblement.

LXXXIX. *Que je n'ai rien dit sur la primauté du pape.* Quand donc en expliquant la promesse : « Je suis avec vous, » j'ai dit que saint Pierre y étoit compris avec la prérogative de sa primauté [3], le ministre ne devoit pas dire que « cette lumière ne

[1] Tom. II, cap. II, n. 7, p. 563. — [2] *Ibid.* — [3] I *Inst. past.*, n. 32.

sort pas de l'oracle ni de la promesse de Jésus-Christ, mais de l'esprit subtil de M. de Meaux ¹, » puisqu'il fait lui-même convenir les Grecs de la primauté divine de saint Pierre passée à ses successeurs et si certaine d'ailleurs, que ses plus grands adversaires ne peuvent la désavouer. *que le ministre n'avoue dans le fond.*

Je n'ai donc rien pris dans mon esprit, et je n'ai fait qu'expliquer l'Evangile par l'Evangile, et une vérité par une autre qui n'est pas moins assurée; et si vous le permettez, j'ajouterai, mes chers Frères, ce seul mot, que des deux causes principales que les Grecs allèguent pour sauver leur rupture avec Rome, la première étant la procession du Saint-Esprit, et la seconde la primauté de saint Pierre passée à ses successeurs; dans la première, vous êtes des nôtres par votre propre Confession de foi, puisqu'elle porte en termes formels que « le Saint-Esprit procède éternellement du Père et du Fils ²; » et pour la seconde qui regarde la primauté de saint Pierre, votre ministre vous vient d'avouer non-seulement qu'on la trouve dans les registres publics des conciles œcuméniques, mais encore que les Grecs en étoient d'accord. Il sait bien en sa conscience que je pourrois soutenir cet aveu des Grecs par cent actes aussi positifs que ceux qu'on a rapportés : mais je me suis renfermé exprès dans ceux qui sont avoués par votre ministre. Pourquoi donc en appeler sans cesse aux Grecs, si ce n'est pour vous détourner du vrai état de la question par des faits où il se trouve après tout, sans consulter autre chose que l'Evangile et l'aveu de votre ministre, que la vérité est pour nous? *XC. Que de l'aveu de la nouvelle Réforme, les Grecs ont tort contre les Latins.*

REMARQUES

SUR L'HISTOIRE DE L'ARIANISME.

J'ai réservé à la fin de cette *Instruction* le grand argument du ministre qu'il a répandu dans tout son livre : c'est celui qu'il tire de l'oppression de l'Eglise, sous les règnes de Constance et de Valens : « On marquoit, dit-il, alors le point fixe où une parcelle combattoit contre le tout; » à quoi il ajoute : « Ce point fixe estoit *XCI. Premier aveu du ministre, que tout s'est fait sans règle et par violence sous*

¹ I *Inst. past.*, n. 5, p. 81. — ² Art. 6.

l'empereur Constance. l'année de la mort de Constance : l'Eglise étendue et visible changea la doctrine dont elle faisoit profession le jour précédent ¹. » C'est-à-dire, selon le ministre, que d'arienne qu'elle étoit hier sous ce prince, dès le lendemain sans plus tarder, elle redevint catholique : et il ne veut pas seulement songer qu'un changement si subit ne sert qu'à faire sentir qu'il ne se fit rien dans les formes ni par raison sous ce prince, mais que l'injustice et la force ouverte y régnoient toujours.

Il est fâcheux, je l'avoue, d'avoir à repasser sur des faits si souvent éclaircis par nos docteurs ; mais la charité nous y force, puisque l'aveu du ministre et les tours qu'il donne à ces faits vont mettre la vérité dans un si grand jour, qu'il n'y aura qu'à ouvrir les yeux pour l'apercevoir.

XCII. La persécution de Valens est alléguée mal à propos, et ne fait rien à la succession. D'abord donc lorsqu'il joint la persécution de Valens avec celle de Constance, il veut grossir les objets : l'Eglise fut tourmentée d'une cruelle manière sous l'empereur Valens, arien qui régnoit en Orient : mais sans aucun péril pour la succession, puisque dans le même temps tout étoit paisible en Occident sous Valentinien, son frère aîné. Et même du côté de l'Orient, les grands évêques de cet empire, un Athanase, un Basile, les Grégoire de Nazianze et de Nysse, un Eusèbe de Samosate et tant d'autres qui sont connus, illustroient la foi par leur doctrine et par leurs souffrances. Les évêques catholiques chassés de leurs églises, ne faisoient que porter la foi du lieu de leur résidence à celui de leur exil. Le ministre dit quelquefois que l'Eglise perdoit alors « de son étendue et de sa visibilité : » ce n'est rien dire, on sait ce qu'opéroit la persécution : le sang des fidèles, que versoient les empereurs chrétiens, n'étoit pas moins fécond que celui des autres martyrs ; et quoi qu'il en soit, il ne s'agit pas de savoir si l'Eglise peut devenir ou plus ou moins étendue, ni éclater davantage en un temps qu'en un autre ; mais si elle peut cesser d'être étendue et visible, malgré la protection de celui qui a promis d'être tous les jours avec elle.

XCIII. On se réduit à Constance et Laissant donc les temps de Valens, arrêtons-nous à Constance, sous qui la confusion parut plus grande ; et puisqu'il faut ici éta-

¹ Tom. II, p. 598. — ² *Ibid.*, p. 580, 691, 692, 665.

blir des faits, faisons si bien que nous ne posions que ceux qui seront constans et même avoués par le ministre.

aux faits avoués au fond par le ministre

La déduction en sera courte, puisque je les réduis à deux seulement, mais qui seront décisifs. Le premier est ainsi posé dans ma *Première Instruction pastorale :* « Que quelques progrès qu'ait pu faire l'arianisme, on ne cessoit de le ramener au temps du prêtre Arius, où l'on comptoit par leur nom le petit nombre de ses sectateurs ; c'est-à-dire huit ou neuf diacres, trois ou quatre évêques, en tout treize ou quatorze personnes qui s'élevèrent contre la doctrine qu'ils avoient apprise et professée dans l'Eglise sous leur évêque Alexandre, qui joint avec cent évêques de Libye, leur dénonçoit un anathème éternel adressé à tous les évêques du monde, de qui il étoit reçu[1]. » C'est donc à ce temps précis et marqué qu'on ramenoit les ariens, et il suffit pour les mettre au rang de ceux qui, contre le précepte de saint Jude et de saint Paul, se séparent et se condamnent eux-mêmes[2], en condamnant la doctrine qu'ils avoient reçue à leur baptême et à leur sacre.

XCIV. Les deux faits où nous nous réduisons sont constans et décisifs. Premier fait : le point de la rupture d'Arius.

Voilà le fait précis et constant de la rupture d'Arius, à quoi il faut attacher un fait de même nature et aussi certain qu'est celui du concile de Nicée, qui sept ans après opposa à cinq ou six évêques seulement de la faction d'Arius la condamnation de trois cent dix-huit évêques, avec qui tout l'univers communiquoit dans la foi, et qui aussi étoit reconnu par toute la terre pour universel ; en sorte qu'il n'y avoit rien de plus constant que le point de la séparation d'Arius et des ariens.

C'est ce point qu'on ne perdit jamais de vue ; et pour montrer que l'Eglise malgré la persécution de Constance et le concile de Rimini, où le ministre prétend que la succession fut interrompue, étoit demeurée en état, je pose ce second fait également incontestable : que deux ou trois ans après ce concile et la mort de cet empereur, saint Athanase écrivoit encore à l'empereur Jovien : « C'est cette foi (de Nicée que nous confessons) qui a été de tout temps, » et c'est pourquoi, continue-t-il, « toutes les Eglises la suivent (en commençant par les plus éloignées), celles d'Espagne, de la Grande-Bretagne, de la Gaule, de l'Italie, de la Dal-

XCV. Second fait : après la persécution, l'Eglise se trouve encore par toute la terre. Lettre de saint Athanase, qui rend ce fait incontestable.

---
[1] I *Instruct. past.* n. 14, p. 94. — [2] *Ibid.*

matie, Dacie, Mysie, Macédoine; celles de toute la Grèce, de toute l'Afrique, des îles de Sardaigne, de Chypre, de Crète : la Pamphylie, la Lycie, l Isaurie, l'Egypte, la Libye, le Pont, la Cappadoce : les églises voisines ont la même foi, et toutes celles d'Orient (c'est-à-dire de la Syrie et les autres du patriarchat d'Antioche), à la réserve d'un très-petit nombre : les peuples les plus éloignés pensent de même [1]; » c'étoit-à-dire, non-seulement tout l'empire romain, mais encore tout l'univers jusqu'aux peuples les plus barbares. Voilà l'état où étoit l'Eglise sous l'empereur Jovien, trois ans après la mort de Constance et le concile de Rimini : ainsi ni ce concile, ni les longues et cruelles persécutions de l'empereur, ni le support violent qu'il donna vingt-cinq ans aux ariens, ne purent leur faire perdre le caractère de la parcelle séparée du tout. « Tout l'univers, poursuit saint Athanase, embrasse la foi catholique, et il n'y a qu'un très-petit nombre qui la combatte. »

XCVI.
Importance de ces deux faits comparés ensemble.

Cela veut dire qu'après la rupture, qui montre à l'hérésie son innovation contre les prédécesseurs immédiats et les met visiblement au rang de ceux qui se séparent eux-mêmes, Dieu permet bien des tentations, des scandales, des ébranlemens et même des chutes affreuses dans les colonnes de l'Eglise, qui causent durant un temps quelque sorte d'obscurité ; mais, comme j'ai déjà dit, on ne perd jamais le point de vue qui met toujours manifestement les hérétiques au rang de ceux qui se séparent eux-mêmes. Il n'y a donc qu'à comparer l'un avec l'autre ces deux faits toujours constans, l'un de la rupture précise et de l'innovation dans les hérésies, et l'autre de la consistance et succession perpétuelle de l'Eglise, pour voir sans discussion et sans embarras, d'un côté la vérité catholique et universelle, et de l'autre la partialité et le schisme.

XCVII.
Aveu et réponse du ministre.

Le fait de la rupture posé de la manière qu'on vient d'entendre dans la précédente *Lettre pastorale*, a été vu et avoué par mon adversaire ; mais voici ce qu'il y répond : « Renvoyer les artisans, les laboureurs, les soldats et les femmes chercher dans les archives de l'église d'Alexandrie, si Arius n'avoit que treize ou

[1] *Epist. Athan. ad Jov. Imp.*

quatorze sectateurs, c'estoit jeter les simples dans les embarras d'un examen plus difficile que celuy de la vérité par l'Ecriture[1]. » C'est toute la réponse du ministre, où l'on voit qu'il avoue le fait, que personne aussi ne peut nier, et se contente de dire qu'il ne peut être connu des simples.

Je vous plains en vérité, mes chers Frères, si ceux qui se chargent de votre instruction sont assez aveugles pour croire ce qu'ils vous disent; et je vous plains encore davantage, si ne pouvant croire des faussetés si visibles, ils osent vous les proposer sérieusement. Je vous demande : Est-ce à présent un embarras de savoir qu'avant Luther, avant Zuingle, avant Calvin, il n'y avoit point de Confession d'Augsbourg, ni d'églises protestantes; et les catholiques ont-ils jamais été obligés à prouver ce fait? Point du tout : il a passé pour constant; et jusqu'ici, je ne dirai pas que personne ne s'est avisé de le nier, mais je dirai que personne ne s'est avisé de dire qu'il n'en savoit rien. Si ce fait demeure pour constant deux cents ans après, et le sera éternellement sans pouvoir être nié, à plus forte raison du temps d'Arius et du concile de Nicée, le fait dont il s'agit fut connu et avoué par toute la terre. Il ne falloit pas aller feuilleter les registres de l'église d'Alexandrie : les lettres d'Alexandre évêque d'Alexandrie, et les décrets de Nicée étoient entre les mains de tout le monde : mais ces faits une fois posés ne se peuvent jamais effacer. Il en est de même de toutes les autres hérésies : on les sait dans le temps : c'est l'affaire du jour, qu'on apprend à coup sûr du premier venu : ainsi, comme je l'ai dit, le point de la rupture est toujours marqué et sanglant : chaque secte porte sur le front le caractère de son innovation : le nom même des hérésies ne le laisse pas ignorer, et c'est trop vouloir abuser le monde que de proposer une discussion où il n'y a qu'à ouvrir les yeux, et où jamais on ne trouvera la moindre dispute.

XCVIII. Réplique, où l'on démontre l'évidence et la notoriété du fait de la rupture d'Arius.

Le fait de la rupture d'Arius étant ainsi avéré du consentement du ministre, et la conséquence étant assurée par la foiblesse visible de sa réponse, il faudroit peut-être voir encore ce qu'il dit sur l'état de l'Eglise après la mort de l'empereur Constance. Mais

XCIX. Le fait de l'état de l'Eglise après la persécution n'est

[1] Tom. II, p. 617, 618.

pas moins nous l'avons déjà vu dans ces paroles : « On marquoit alors (après
constant. la mort du persécuteur) le point fixe où la parcelle combattoit
contre le tout ; ce temps fixe estoit l'année de la mort de Constance : l'Eglise étendue et visible (qu'il suppose avoir été arienne
sous ce prince, changea la doctrine dont elle-mesme faisoit profession le jour précédent[1] : » il ne fallut, ni effort, ni violence :
toute l'Eglise par elle-même se trouva catholique, c'est-à-dire
qu'elle se trouva dans son naturel ; et cependant ce ministre veut
imaginer qu'elle avoit perdu sa succession.

C. Mais, dit-il, « les ariens avoient vanté la constante et paisible
Erreur du
ministre, possession de leurs dogmes, criant à Libérius : Vous estes le seul :
qui sou-
tient que pourquoi ne communiez-vous pas avec toute la terre[2] ? »
dès le
temps de Encore un coup, mes chers Frères, on vous doit plaindre si
Libérius
les ariens vous êtes capables de croire qu'au temps que les ariens parloient
se van-
toient de ainsi à Libérius, ils pussent se vanter de la constante et paisible
leur pos-
session possession de leurs dogmes : c'étoit en l'an 355 que ce pape eut
constante.
CI. avec l'empereur l'entretien célèbre où votre ministre leur fait te-
Impossibi-
lité de ce nir ce discours ; il n'y avoit pas encore trente ans que le concile
fait.
de Nicée avoit été célébré ; car il le fut, comme on sait, en 325 :
la foi de Nicée vivoit par toute l'Eglise : il n'y avoit pas douze ans
que le grand concile de Sardique, comme l'appeloit saint Athanase, en avoit renouvelé les décrets : ce concile étoit vénérable
pour avoir rassemblé trente-cinq provinces d'Orient et d'Occident, le pape à la tête par ses légats, avec les saints confesseurs
qui avoient déjà été l'ornement du concile de Nicée. Le scandale
de Rimini, où les ministres veulent croire que tout fut perdu et
que l'Eglise visible fut ensevelie, n'étoit pas encore arrivé, et ce
concile ne fut tenu que douze ans après, l'an 359, et l'année qui
précéda la mort de Constance. Cependant on voudroit vous faire
accroire que les ariens se glorifioient dès lors d'une « constante
et tranquille possession » de leurs dogmes, pendant que la résistance des orthodoxes sous la conduite de saint Athanase et des
autres étoit la plus vive.

CII. Mais ils ne portoient pas si loin leur témérité ; et voici ce qu'on
Que dans
les paroles objectoit à Libérius : « Je souhaite, » c'est Constance qui lui parle

[1] Tom. II, p. 598. — [2] Ibid.

ainsi, « que vous rejetiez la communion de l'impie Athanase, puisque tout l'univers après le concile (de Tyr) le croit condamnable[1]; » et un peu après : « Tout l'univers a prononcé cette sentence, » et ainsi du reste. Il s'agit donc simplement du fait de saint Athanase, et encore que ce fût en un certain sens attaquer la foi que d'en condamner le grand défenseur à ce seul titre, il y a une distance infinie entre cette affaire et la tranquille possession des dogmes de l'arianisme.

de Constance à Libérius, il ne s'agissoit que du fait de saint Athanase, et non pas du dogme d'Arius.

Mais étoit-il vrai du moins que tout l'univers eût condamné saint Athanase ? Point du tout. Constance abusant des termes et tirant tout à son avantage, veut appeler *tout le monde* tout ce qui cédoit à ses violences : il veut compter pour tout l'univers le seul concile de Tyr, où il avoit ramassé les ennemis déclarés de saint Athanase. Mais Libérius au contraire lui demande un jugement légitime où Athanase soit ouï avec ses accusateurs ; et bien éloigné de croire que tout le monde l'ait condamné, il se promet la victoire dans ce jugement. Il n'y a donc rien de plus captieux, ni visiblement de plus faux, que cette tranquille possession du dogme arien.

CIII. Qu'il n'est pas vrai que tout l'univers eût condamné saint Athanase.

Mais que dirons-nous de la chute de Libérius et de la prévarication du concile de Rimini ? L'Eglise conserva-t-elle sa succession, lorsqu'un pape rejeta la communion d'Athanase, communia avec les ariens, et souscrivit à une confession de foi, quelle qu'elle soit, où la foi de Nicée étoit supprimée.

CIV. Objection tirée de la chute de Libérius.

Pouvez-vous croire, mes Frères, que la succession de l'Eglise soit interrompue par la chute d'un seul pape, quelque affreuse qu'elle soit, quand il est certain dans le fait que lui-même il n'a cédé qu'à la force ouverte, et que de lui-même aussi il est retourné à son devoir ? Voilà deux faits importans qu'il ne faut pas dissimuler, puisqu'ils lèvent entièrement la difficulté. Le ministre répond sur le premier que la violence qu'il souffrit fut légère; et tout ce qu'il en remarque, c'est qu'il ne put supporter la privation des honneurs et des délices de Rome[2]. Il fait un semblable reproche aux évêques de Rimini[3] : mais falloit-il taire les rigueurs d'un empereur cruel et dont les menaces traînoient après

CV. Deux faits sur Libérius : le premier, qu'il n'a cédé qu'à la violence.

[1] Theod., *Hist. eccl.*, lib. II, cap. XVI. — [2] Tom. II, p. 696. — [3] P. 698.

elles, non-seulement des exils, mais encore des tourmens et des morts? On sait par le témoignage constant de saint Athanase [1] et de tous les auteurs du temps, que Constance répandit beaucoup de sang, et que ceux qui résistoient à ses volontés sur le sujet de l'arianisme, avoient tout à craindre de sa colère : tant il étoit entêté de cette hérésie. Je ne le dis pas pour excuser Libérius, mais afin qu'on sache que tout acte qui est extorqué par la force ouverte est nul de tout droit et réclame contre lui-même.

CVI. *Le second fait sur Libérius, qui est celui de son retour à son devoir, est omis par le ministre.*

Mais si le ministre déguise le fait de la cruauté de Constance, il se tait entièrement du retour de Libérius à son devoir. Il est certain que ce pape après un égarement de quelques mois, rentra dans ses premiers sentimens, et acheva son pontificat, qui fut long, lié de communion avec les plus saints évêques de l'Eglise, avec un saint Athanase, avec un saint Basile et les autres de pareil mérite et de même réputation. On sait qu'il est loué par saint Epiphane [2], et par saint Ambroise, qui l'appelle par deux fois *le pape Libérius de sainte mémoire* [3] et insère dans un de ses livres avec cet éloge un sermon entier de ce pape, où il célèbre hautement l'éternité, la toute-puissance, en un mot la divinité du Fils de Dieu, et sa parfaite égalité avec son Père. L'empereur savoit si bien qu'il étoit rentré dans la profession publique de la foi de Nicée, qu'il ne voulut pas l'appeler au concile de Rimini, et craignit de pousser deux fois un personnage de cette autorité, et qu'il n'avoit pu abattre qu'avec tant d'efforts.

CVII. *Le ministre a déguisé trois faits essentiels du concile de Rimini, quoiqu'avoués dans le fond.*

Le ministre n'altère pas moins le concile de Rimini : il convient qu'il n'a été composé que des évêques d'Occident [4]. C'est donc d'abord un fait avoué, qu'il n'étoit pas œcuménique : mais il ne falloit pas oublier qu'il ne fut pas même de l'Occident tout entier, puisque l'on convient que le pape qui en est le chef particulier, pour ne point parler des autres évêques, n'y fut pas même appelé [5]. Le second fait avoué, c'est que le premier décret de ce concile fut un renouvellement du concile de Nicée et de la condamnation des ariens : le ministre passe en un mot sur un fait si essentiel, mais

---

[1] *Apol., ad Const.*, etc. — [2] Epiph., hær. LXXV; Bas., epist. LXXIV. — [3] Ambr., *de Virg.*, lib. III, cap. I, n. 2, 3. — [4] Tom. II, p. 697, etc. — [5] Sozom., lib. IV, cap. XVII, XVIII; Theod., lib. II, cap. XXII.

enfin il en convient[1] : il ne falloit pas oublier la vive exhortation
que le concile fait à l'empereur de ne plus troubler la foi de l'E-
glise, ni affoiblir le concile de Nicée qui avoit été assemblé par
le grand Constantin son père. Le ministre semble avoir peine à
faire voir la sainte disposition du concile, tant qu'il agit naturellement et en liberté. Après vinrent les menaces et les fraudes :
à la faveur des proclamations, où l'on déclaroit « la génération
éternelle du Fils de Dieu, non pas du néant, mais de son Père à
qui il étoit coéternel, et né avant tous les siècles et tous les temps, »
on coula la trompeuse proposition, « qu'il n'étoit pas créature,
comme les autres créatures[2]. » Les évêques que l'on pressoit
avec violence, à la réserve d'un petit nombre, ne furent pas attentifs au venin caché sous ces paroles, dont la malignité sembloit
effacée par le dogme précédent. Le ministre déguise ce fait, et
semble ne vouloir pas le recevoir ; mais il est constant, et nous
verrons ailleurs ce qu'il en dit. Ce qu'il falloit le moins oublier,
c'est que les évêques retournèrent dans leurs siéges, où réveillés
par le triomphe des hérétiques, qui se vantoient par toute la
terre d'avoir enfin rangé le Fils de Dieu au nombre des créatures,
en lui laissant seulement une foible distinction, ils gémirent d'a-
voir donné lieu par surprise et sans y penser à ce triomphe de l'a-
rianisme ; et c'est ce que saint Jérôme vouloit exprimer par cette
parole célèbre, « que le monde avoit gémi d'être arien : » c'étoit-
à-dire que tout s'étoit fait par surprise et non de dessein. Quoi
qu'il en soit, ils revinrent tous à la profession de la foi catholique,
qu'ils avoient déclarée d'abord et qu'ils portoient dans le cœur.
Ce changement, qui est appelé par saint Ambroise leur « seconde
correction[3], » fut aussi prompt qu'il étoit heureux ; et ce Père
dit expressément qu'ils « révoquèrent aussitôt ce qu'ils avoient
fait contre l'ordre, *statim*[4] : ce fait n'est pas contesté. Votre ministre avoue bien que les évêques revinrent manifestement et
bientôt[5] ; mais il passe trop légèrement sur les circonstances :
il ne devoit pas taire que ce fut alors une question dans l'Eglise,

---

[1] P. 698, hic. — [2] Hier., *Dial. adv. Lucif.*, cap. VII. — [3] Ambr., lib. I *de Fid.*,
cap. XVIII, n. 122. — [4] *Idem*, *Epist.* lib. I, epist. XXI, n. 15. — [5] Tom. II,
p. 697.

non pas si ces évêques étoient ariens, car tout le monde savoit qu'ils ne l'étoient pas ; mais si on les laisseroit dans l'épiscopat, ou si en les dégradant on les mettroit au rang des pénitens [1]. Mais les peuples ne voulurent point souffrir qu'on leur ôtât leurs évêques, dont ils connoissoient la foi opposée à l'arianisme, et firent pencher l'Eglise au sentiment le plus doux. Le seul Lucifer, évêque de Cagliari en Sardaigne, se sépara de l'Eglise par un zèle outré, à cause qu'elle conservoit dans leurs siéges les évêques qui se repentoient de s'être laissé surprendre, et on l'accusa d'avoir renfermé toute l'Eglise dans son île. C'est tout ce que lui reprochèrent les orthodoxes par la bouche de saint Jérôme [2]. Mais qu'eût nui ce reproche à Lucifer, s'il étoit vrai que l'Eglise pût perdre sa visibilité et son étendue ? On présupposa le contraire dans toute l'Eglise, lorsqu'on y condamna le schisme des lucifériens, et il n'y eut de rupture que par cet endroit. Jusqu'ici le fait est constant ; et encore que le ministre en ait tu ou dissimulé les plus avantageuses circonstances, il n'en a pu nier le fond, qui consiste en ces quatre mots : D'abord naturellement les Pères de Rimini soutinrent la foi de Nicée : ils l'affoiblirent par force et par surprise : ils s'y réunirent d'eux-mêmes peu de temps après, et l'Eglise se retrouva comme auparavant avec la même étendue que saint Athanase a représentée. Est-ce là ce qu'on appelle une interruption de la foi ou de la succession apostolique ?

CVIII. Que la succession des évêques n'a point été interrompue par le concile de Rimini, et que le ministre ne prouve rien.

Qu'a donc enfin prouvé le ministre par tout son discours et par tant de faits inutiles qu'il a encore altérés en tant de manières ? Qu'a-t-il, dis-je, prouvé par tous ces faits ? Quoi ? Qu'il y a eu de grands scandales ? C'étoit là un fait inutile ; nous n'en doutons pas : nous ne prétendons affranchir l'Eglise que des maux dont Jésus-Christ a promis de la garantir ; et loin de la garantir « des scandales, » il a prédit au contraire que, « jusqu'à la fin, » il en paroîtroit « dans son royaume [3]. » Ce qu'il a promis d'empêcher, c'est l'interruption dans la succession des pasteurs, puisqu'il a promis malgré les scandales qu'il sera toujours avec eux. Mais puisqu'en cette occasion il ne s'agit en façon quelconque de la succession, et que toute l'Eglise catholique à la réserve des seuls

[1] Hier., adv. Lucif., cap. VII. — [2] Hier., ibid. — [3] Matth., XIII, 41.

lucifériens jugea que les évêques de Rimini trop visiblement surpris et violentés, après la déclaration de leur foi demeureroient dans leurs places, il faut avouer que tant de longues dissertations sur ce concile ne touchent pas seulement la question que nous traitons.

En un mot nous avouons les scandales, et nous en attendons de plus grands encore en ce dernier temps, où nous savons qu'il doit arriver « que les élus mêmes, s'il étoit possible, soient déçus¹. » Mais nous nions que tous les scandales qui pourront jamais arriver soient capables de donner atteinte à la succession des ministres des sacremens et de la parole, avec qui Jésus-Christ promet d'être tous les jours, et aussi ne voyons-nous pas dans ces faits tant exagérés sur Libérius et sur le concile de Rimini, qu'il y ait l'ombre seulement d'une interruption semblable.

Les autres faits sont bien moins relevans, et le ministre en a rempli le récit de faussetés manifestes. Il prouve que tous les peuples, dont les évêques étoient hérétiques, devoient être ariens, sur ce principe général qu'il nous attribue, « que les peuples sont obligez de soumettre leur foi à celle de leur évesque². » C'est nous imposer. On ne doit rien à des évêques intrus, à des évêques mis par violence en chassant les légitimes pasteurs, à des évêques dont la succession n'est pas constante, ou qui s'arrachent de l'unité par une rupture. « Il y eut, dit-il, des éveschez où plusieurs prélats se succédèrent l'un à l'autre également hérétiques. » Que veut-il conclure de là, puisque leur succession n'est qu'une continuation de la violence ? Le bannissement d'un Athanase, d'un Hilaire, d'un Eusèbe de Verceil et de Samosate, d'un Paulin de Trêves, d'un Lucius de Mayence et de tant d'autres illustres exilés, ne leur ôtoit pas leurs siéges et ne donnoit point d'autorité à ceux qui les usurpoient. Le peuple tenoit par la foi à ses légitimes pasteurs, à quelque extrémité du monde qu'ils fussent chassés. Ainsi la succession subsistoit toujours, et même d'une manière très-éclatante. Quelle difficulté y peut-on trouver ? On objecte les dix provinces d'Asie qui étoient pleines, disoit saint Hilaire, « de blasphémateurs⁴. » Sans doute elles étoient pleines

CIX.
Le ministre nous impute une erreur sur l'autorité des évêques introduits par violence et intrusion.

---
¹ *Matth.*, XXIV, 24. — ² Tom. II, p. 616, 618. — ³ P. 616. — ⁴ P. 618, 671, 673.

de ces blasphémateurs que Constance avoit établis par la force, et dont le titre emportoit leur condamnation. Que nuit à la succession une pareille violence ?

CX. Que les marques de la violence sont certaines en ces temps.

Au reste il ne faut point chicaner sur la violence, ni insinuer qu'on ne voit pas dans les cœurs pour discerner ceux qui dissimulent d'avec ceux qui croient de bonne foi : la violence paroît assez quand on ne change que par force, et qu'on revient à son naturel aussitôt qu'on est en sa liberté; c'est ce qui arriva du temps de Constance. Le ministre en est d'accord, et il répète par deux fois qu'on changea d'un moment à l'autre par la seule mort de l'empereur [1]. On ne peut donc pas douter de l'état violent où tout étoit.

CXI. Objections du ministre sur la surprise faite aux catholiques, réfutées par les auteurs du temps : passages de saint Augustin, de saint Hilaire et de saint Jérôme.

On ne veut pas croire la surprise. « L'arianisme, dit-on, estoit trop connu pour s'y laisser tromper [2]. » Cependant le fait est constant. Dans le temps que les donatistes objectoient à l'Eglise l'obscurcissement qui arriva sous Constance : « Qui ne sait, leur répondit saint Augustin, qu'en ce temps plusieurs hommes de petit sens furent trompés par des paroles obscures, en sorte qu'ils croyoient que les ariens (qui affectoient de parler comme eux) étoient aussi de même créance [3] ? »

Saint Hilaire explique plus amplement ce mystère d'iniquité, et il disoit aux ariens : « Pourquoi imposez-vous à l'empereur, aux comtes (et aux officiers de l'empire), et pourquoi circonvenez-vous l'Eglise de Dieu par les artifices de Satan? Que ne parlez-vous franchement? Ou avouez ouvertement ce que vous voulez avouer, ou niez ouvertement ce que vous voulez nier [4]. »

En général tout novateur est artificieux ; et pour ôter au peuple l'idée de son innovation odieuse, il tâche de faire passer ses dogmes sous la figure et l'expression des dogmes anciens. C'est la pratique ordinaire de tous les hérétiques, qui savent si bien se cacher, que les plus fins y sont pris, et dans les innovations du seizième siècle les équivoques de Bucer sur la présence réelle en pourroient être un exemple : quoi qu'il en soit, c'est ainsi que furent déçus les évêques de Rimini. Il ne faut pas dire que l'aria-

---

[1] Tom. II, p. 698, 699. — [2] *Ibid.*, 699. — [3] Epist. XCIII, al. XLVIII, *ad Vincent.*, n. 31. — [4] *Epist. ad Aux.*

nisme étoit trop connu ; les ariens, et entre les autres Ursace et Valens, qui avoient fait plus d'une fois une feinte abjuration de l'arianisme, et dont le dernier la renouvela solennellement dans le concile de Rimini, étoient de si subtils dissimulateurs et si féconds en expressions trompeuses, que les évêques trop simples, « hérétiques sans le savoir, *sine conscientiâ hæretici,* tombèrent, dit saint Jérôme [1], dans leurs nouveaux piéges, *Ariminensibus dolis irretiti;* » et ce Père après avoir raconté « qu'ils appeloient à témoin le corps du Seigneur et tout ce qu'il y a de saint dans l'Eglise, » qu'ils n'avoient rien soupçonné qui fût douteux dans la foi de ceux qui les avoient engagés à souscrire, les fait parler en cette sorte : « Nous pensions que leur sens s'accordoit avec leurs paroles : nous n'avons pu croire que dans l'Eglise de Dieu, où règne la bonne foi et la pure confession de la vérité, on cachât dans le cœur autre chose que ce qu'on avoit dans la bouche : nous avons été trompés par la trop bonne opinion que nous avons eue des méchans : *Decepit nos bona de malis existimatio :* nous n'avons pu croire que des ministres de Jésus-Christ s'élevassent contre lui-même. » Voilà dans le fait ce que disoient ces évêques; et si j'ajoute un seul mot à leurs discours, le ministre peut me convaincre à l'ouverture du livre : ce que j'ose bien assurer qu'il n'entreprendra pas.

Mais, dit-il, « pourquoi alléguer la violence, » si c'est une affaire de surprise? Comme si l'on n'eût pas pu mêler ensemble ces deux injustes moyens, et faire servir les menaces à rendre les esprits moins attentifs à l'artifice : quoi qu'il en soit, le fait est positif, et il n'est pas permis d'y opposer de si vaines conjectures.

Mais encore, poursuit le ministre, « des évêques si aisez à surprendre estoient-ils fort propres à assurer la foi des peuples? » Sans doute dans ce moment ils manquèrent à leur devoir d'une manière déplorable : mais peu de temps auparavant et tant qu'ils furent en liberté, ils avoient si bien enseigné la foi de Nicée, à laquelle aussi ils revinrent aussitôt après, que les peuples savoient à quoi s'en tenir, et que la foi de leurs évêques leur étoit connue. Je pourrois en confirmation vous alléguer d'autres faits

CXII.
Que Dieu pourvoyoit à ce que la saine doctrine ne pût être ignorée.

[1] Hier., *adv. Luc.,* cap. VII.

aussi constans, et je suis certain que personne n'osera soutenir que je raconte autre chose que ce qu'on trouve dans saint Athanase, dans saint Hilaire, dans saint Jérôme, dans saint Augustin et dans tous les auteurs du temps, sans en excepter un seul.

<small>CXIII. Le ministre oppose à saint Augustin, saint Athanase, saint Hilaire et saint Grégoire de Nazianze.</small>
Mais voici le dernier effort des objections du ministre : « La maxime (que l'Eglise ne peut jamais perdre sa visibilité ni son étendue) est de saint Augustin; » ce sont ses paroles, et de son aveu nous avons déjà pour nous un si grand homme : mais, ajoute-t-il, elle est évidemment fausse, à cause « qu'elle est contraire à saint Grégoire de Nazianze ; » ce qu'il appuie en ces termes : « Que Messieurs les prelats se déterminent entre ces deux Péres, ils seront assez embarrassez : » il nomme dans la même cause « saint Hilaire et saint Athanase [1]. »

<small>CXIV. Que les passages des Pères n'ont rien de contraire.</small>
Vous le voyez, mes chers Frères : toute l'adresse de vos ministres n'est qu'à mettre aux mains les saints docteurs les uns contre les autres sur des articles capitaux. Ils ne veulent trouver dans leur doctrine que doutes et incertitudes, notamment sur les promesses de Jésus-Christ : c'est aussi ce que doivent faire ceux qui n'y croient pas, et qui veulent en éluder l'évidence : mais il n'y a là aucun embarras : car que dit saint Augustin, et que disent ces autres Pères? Saint Augustin dit que si la visibilité et l'étendue de l'Eglise étoit éteinte par toute la terre avant saint Cyprien et Donat, il n'y auroit plus d'Eglise qui eût pu enfanter saint Cyprien, et de qui Donat ait pu naître : *Donatus undè ortus est? Cyprianum quæ peperit?* Et encore, pour faire voir que la succession n'a pu manquer : « Il y avoit, dit-il, sans doute une Eglise qui pût enfanter saint Cyprien : » *Erat Ecclesia quæ pareret Cyprianum*[2], et ainsi du reste. Si cette doctrine est douteuse, ce n'est pas au seul saint Augustin qu'il s'en faut prendre : saint Jérôme disoit comme lui aux luciferiens avec tous les orthodoxes : « Si l'Eglise n'est plus qu'en Sardaigne, d'où espérez-vous comme un nouveau Deucalion retirer le monde abîmé [3]? » Tous les Pères grecs et latins ont raisonné de la même sorte; et on a pu voir dans l'*Instruction précédente* [4] leur doctrine, que le ministre laisse

---

[1] Tom. II, 667, 668, 671, 672. — [2] Epist. XCIII, *ad Vinc.*, n. 37, etc. — [3] Hier., *Dial. adv. Luc.*, cap. I. — [4] I *Instr. past.*, n. 20, p. 99 et suiv.

en son entier, sans même songer à y répondre. Voyons si saint Athanase, si saint Grégoire de Nazianze, si saint Hilaire ont dit ou pu dire que la succession ait manqué de leur temps. Mais au contraire nous venons d'ouïr saint Athanase, qui trois ans après l'affaire de Rimini, nous fait voir l'Eglise étendue par toute la terre, et les ariens toujours réduits au petit nombre.

Mais il a blâmé les ariens, qui se vantoient de la multitude de leurs peuples, de leurs évêques et de leurs temples : oui, dans quelques endroits de l'Orient il a vu des peuples entièrement oppressés, des évêques intrus, des temples et des églises arrachés par force aux catholiques, dont les fondateurs témoignoient la foi des ancêtres. Il ne veut point qu'on se vante de tels temples; des trous, des cavernes leur sont préférables; et il vaut mieux être seul, comme un Noé, comme un Lot, que d'être avec une telle multitude. C'est ce que dit saint Athanase ; c'est ce que dit saint Hilaire; c'est ce que dit saint Grégoire de Nazianze : veulent-ils dire par là qu'en effet on demeure seul? Et qu'a tout cela de contraire à la doctrine de saint Augustin sur la perpétuité et l'étendue de l'Eglise?

Il ne faut pas croire pour cela que les saints évêques abandonnassent les églises, ni qu'ils en tinssent la possession pour indifférente; au contraire ils la regardoient comme des titres de l'antiquité de la foi. On sait les combats de saint Ambroise, pour ne point livrer les catholiques que les ariens vouloient lui ôter par l'autorité de l'impératrice Justine. « Qu'on nous les enlève par force, répondoit-il ; je ne résisterai pas ; mais je ne les livrerai jamais; je ne livrerai pas l'héritage de Jésus-Christ...; je ne livrerai pas l'héritage de nos pères ; l'héritage de Denys qui est mort en exil pour la cause de la foi; l'héritage d'Eustorge le Confesseur ; l'héritage de Mirocles et des autres évêques fidèles mes prédécesseurs [1]. » Ils conservoient donc autant qu'ils pouvoient les temples sacrés que leurs prédécesseurs avoient bâtis, et comme nous ils prouvoient par ces monumens l'antiquité de la foi catholique. Quand ils leur étoient ravis par force, ils se contentoient de garder la foi, qui ne laissoit pas néanmoins de demeurer éta-

[1] Ambr., *Epits.*, lib. I, epist. XXI, n. 18.

blie par ces temples mêmes, quoiqu'entre les mains des hérétiques, parce que tout le monde savoit qu'ils n'avoient point été dressés pour eux. C'est ce que nous disons encore, et nous employons ces témoignages dans le même esprit que les Pères.

<small>CXV.
Inutilité des faits historiques qu'on oppose à la promesse, et que la seule foi suffît.</small>
J'ai donc achevé l'ouvrage que la charité m'imposoit pour le salut de nos Frères réunis, et il ne me reste qu'à prier Dieu, comme j'ai fait au commencement, qu'il leur donne des yeux qui voient et des oreilles qui écoutent. Pour peu qu'ils les ouvrent et qu'ils se rendent attentifs à la vérité, elle ne leur sera pas longtemps cachée : les promesses de l'Evangile, que je les prie de considérer, sont courtes, claires, précises : on a vu qu'elles ne demandent aucun examen pénible ; et si j'ai voulu entrer dans quelques faits qui dépendent de l'histoire ecclésiastique, comme ils sont connus, incontestables et dans le fond avoués par le ministre, ils ne peuvent plus causer aucun embarras.

En effet considérons encore une fois devant Dieu et en éloignant l'esprit de dispute, ce qu'on a prouvé par tant de faits, tirés par exemple de l'histoire de l'arianisme. Quoi ? Qu'il y aura eu des tentations, des scandales, des chutes affreuses, de longues persécutions, sous prétexte de piété, et par de faux frères soutenus de l'autorité de quelques rois chrétiens ? Nous le savons ; nous avons été avertis que nous avions tout à craindre, même « de nos pères, de nos mères, de nos frères, et des domestiques de la foi [1]. » C'est pourquoi s'il s'est trouvé parmi les persécuteurs des Nérons, des Domitiens ouvertement infidèles ; s'il s'y est trouvé des apostats et des déserteurs de la foi, il s'y est aussi trouvé, et bientôt après, des Constances, des Valens, des Anastases, qui ont affligé l'Eglise sous l'apparence d'un christianisme trompeur, et nous avons déjà remarqué que nous attendions encore à la fin des siècles quelque chose de plus séduisant : mais que l'on puisse perdre pour cela la trace de la succession apostolique, loin de nous l'avoir prédit, Jésus-Christ nous a promis le contraire, et l'expérience du temps passé aide encore à nous confirmer pour l'avenir.

Ainsi l'on n'est pas même obligé à savoir ces faits qu'on exagère si fort ; les promesses fondamentales de l'Evangile sur la durée

[1] *Matth.*, x, 35, 36.

de l'Eglise étant, comme on a vu, très-intelligibles par elles-mêmes, il ne faut pour toute réponse à ceux qui cherchent des difficultés dans leur accomplissement, que l'exemple d'Abraham qui, comme disoit saint Paul, « n'a point vacillé dans la foi, mais au contraire s'y est affermi, donnant gloire à Dieu et demeurant pleinement persuadé qu'il étoit assez puissant pour accomplir (à la lettre) tout ce qu'il avoit promis [1]. »

Si donc on a peine à croire qu'au milieu de tant de traverses et de changemens qui arrivent sous le soleil, Dieu conserve sans interruption la succession des apôtres et la suite du ministère ecclésiastique, en sorte que toute rupture et toute innovation soit une conviction d'erreur et de schisme, sans même avoir besoin de remonter jamais plus haut : si, dis-je, on a peine à croire que cela se puisse exécuter et qu'on y cherche des difficultés ou des embarras, il n'y a qu'à se souvenir que Jésus-Christ nous a donné « sa toute-puissance » pour garant d'une promesse si merveilleuse, et conclure avec Abraham selon saint Paul, « qu'il est puissant pour accomplir ce qu'il a promis. »

Pour éluder un raisonnement si pressant, votre ministre propose cette trompeuse maxime : « L'événement est interprète de la promesse [2]. » On voit bien où ces Messieurs en veulent venir. C'est à éluder l'effet évident et le sens certain de la promesse de Jésus-Christ, en alléguant des interruptions telles qu'on voudra, en inventant des innovations sur la doctrine et en attribuant à l'Eglise des idolâtries qu'elle n'eut jamais. Mais si l'on veut, par exemple, lui imputer à idolâtrie l'honneur qu'elle rend aux Saints, à leurs reliques et à leurs images, il faudra comprendre non-seulement l'Eglise romaine, mais encore l'Eglise grecque dans cette accusation, puisque c'est elle qui a célébré avec Rome même, et qui compte encore aujourd'hui parmi ses conciles le concile de Nicée, où tout cela est contenu. Qu'étoit donc devenue alors la promesse de Jésus-Christ ? Pour soutenir ces idolâtries prétendues universelles dans l'Eglise, il faudroit dire de deux choses l'une, ou que Jésus-Christ auroit été « tous les jours » avec une église idolâtre, ou que ce mot : *Tous les jours,* n'exclut pas toute inter-

CXVI. Maxime trompeuse du ministre, que les promesses s'expliquent par l'événement.

[1] *Rom.*, IV, 20, 21. — [2] Tom. II, p. 563, 683.

ruption, et que Jésus-Christ, ce qu'à Dieu ne plaise, a jeté en l'air de grands mots qui n'ont point de sens.

On me fait accroire que j'entreprends de donner des bornes à la promesse de Jésus-Christ par rapport aux Grecs, et on croit avoir droit, à mon exemple, de lui en donner par rapport aux Latins. Mais c'est là une pure chicanerie, et j'ai déjà dit que la promesse de Jésus-Christ n'est astreinte par elle-même, ni aux Grecs, ni aux Latins, ni à aucune nation particulière; mais qu'il suffit, pour la vérifier, que la succession des apôtres subsiste toujours par toute la terre, en quelque peuple que ce soit. Si on prétend que l'événement démente cette promesse, on argumente contre Jésus-Christ, et on change le sens naturel de ses paroles.

Laissons donc là ce commentaire par l'événement. J'avouerai peut-être que l'événement pourra, en second, servir d'interprète à des prophéties obscures et paraboliques. Mais pour la promesse fondamentale de l'Evangile, qui est conçue en termes si clairs, elle s'interprète elle-même; et pour toute interprétation il n'y a qu'à dire : Jésus-Christ « est assez puissant pour faire tout ce qu'il a promis : » et la restreindre par l'événement, c'est la démentir.

La promesse de Dieu à Abraham : « Je multiplierai ta postérité, » étoit absolue, et Dieu avoit déterminé « que cette postérité lui seroit donnée par Isaac[1] : » le cas arriva qu'Abraham l'alloit immoler par ordre de Dieu ; mais ce terrible événement ne fit chercher à Abraham aucune restriction à la promesse : il n'en crut pas moins « que sa race lui seroit comptée dans cet Isaac » qu'il étoit prêt d'égorger; à cause « qu'il crut, dit saint Paul, que Dieu le pouvoit ressusciter[2]. » C'est-à-dire qu'il faut croire tout ce qu'il y a de plus incroyable, plutôt que d'affoiblir des promesses claires contre leur sens manifeste. « Toute puissance m'est donnée : » allez donc avec assurance : et sans vous jeter dans la recherche des faits particuliers, croyez d'une ferme foi que votre ouvrage n'aura ni fin ni interruption, puisque c'est moi qui le dis.

CXVII. Absurdité

Contre la simplicité, la précision, la clarté de ces paroles, on

[1] *Genes.*, XXI, 12; *Rom.*, IX, 7. — [2] *Hebr.*, XXI, 19.

n'allègue que chicanerie, illusion, dissimulation : on appelle au secours la Synagogue, avec laquelle en ce point l'Eglise chrétienne n'a rien de commun : on critique chaque parole, et visiblement on ne dit rien : et il demeure si clair par la promesse de Jésus-Christ que tout ce qui rompt la chaîne, tout ce qui s'écarte de la ligne de la succession, est schismatique, qu'il a fallu en venir enfin à défendre ouvertement le schisme, à le trouver digne des saints et des prophètes, et à séparer ces grands hommes de la société du peuple de Dieu et du sacerdoce institué par Moïse. Jugez maintenant, mes Frères, qui sont les vrais défenseurs de la promesse de Jésus-Christ, ou ceux qui la prennent comme nous dans toute son étendue, ou ceux qui contraints d'en déguiser ou violenter toutes les paroles, après y avoir cherché toute sorte d'inconvéniens, à la fin se laissent forcer à trouver la sainteté dans les schismatiques. *où l'on tombe par la doctrine des ministres.*

Au contraire la gloire de l'Eglise ne lui peut être ôtée. Luther et les novateurs du seizième siècle savent bien, en leur conscience, qu'ils l'ont trouvée en pleine possession lorsqu'ils s'en sont séparés, et que d'abord ils avoient été nourris dans son sein. J'en dis autant des vicléfites, des bohémiens, des vaudois, des albigeois, de Bérenger et des autres. Si nous remontons aux Grecs, le ministre n'a pu nier que nous n'ayons vécu ensemble, et reconnu d'un commun accord la chaire de saint Pierre : ils so sont donc faits en la quittant novateurs comme les autres, et leur défection est notée. Nous sommes à couvert de tels reproches, et l'Eglise catholique se peut glorifier d'être la seule société sur la terre, à qui parmi tant de sectes on ne peut jamais montrer, en quelque point que ce soit, par aucun fait positif, qu'elle se soit détachée des pasteurs qui étoient en place, ou du corps du christianisme qu'elle a trouvé établi. Elle est donc la seule qui n'est point sortie de la suite promise par Jésus-Christ, et qui par la succession écoute encore dans les derniers temps ceux qui ont ouï les apôtres et Jésus-Christ même. Quelle plus belle distinction peut-on trouver dans le monde? Quelle plus grande autorité? Mais les errans la craignent, parce qu'elle est trop contraignante pour leurs esprits licencieux. *CXVIII. La gloire de l'Eglise catholique*

RÉPONSE

A diverses calomnies qu'on nous fait sur l'Ecriture et sur d'autres points.

CXIX. Reproches du ministre.

Après de si grands éclaircissemens sur la promesse de Jésus-Christ, vous offenserai-je, mes Frères, si je vous conjure de vous y rendre attentifs? Donnez encore deux heures de temps à relire notre *Première instruction pastorale* : vous aurez honte des chicanes dont on s'est servi pour y répondre, et des minuties où l'on a réduit le mystère du salut. Surtout vous y trouverez en quatre ou cinq pages la résolution manifeste de la difficulté où votre ministre vous jette d'abord [1]. Il vous fait craindre, mes Frères, de prendre à la lettre et dans toute son étendue la promesse de Jésus-Christ; et il tâche de vous faire accroire que nous ne la proposons que dans le dessein « de jeter les hommes dans l'ignorance, » et de leur rendre l'Ecriture sainte non-seulement « inutile, » mais encore « dangereuse [2] : » il conclut, sur ce fondement, que nous « inspirons le mépris de l'Ecriture [3]; » et ce n'est pas là, poursuit-il, « une illusion [4], » une conséquence qu'on nous attribue : « M. de Meaux l'enseigne précisément et nettement. » A cela que répondrai-je? Me plaindrai-je de la calomnie? En demanderai-je réparation? Cela seroit juste : mais le salut de mes Frères m'inspire quelque chose de meilleur. Je demande, en un mot, par quel endroit prétendent-ils que nous voulons introduire l'ignorance? Est-ce à cause que nous disons que la science du salut ne s'éteint jamais dans l'Eglise? Est-ce induire à mépriser cette science que de montrer où elle est toujours?

CXX. C'est une vérité constante, que le chrétien n'a jamais à chercher sa foi dans les Ecritures.

Mais vous dites qu'on n'a pas besoin de chercher sa foi dans les Ecritures? Le catholique répond : Il est vrai, je n'ai pas besoin de la chercher, parce qu'elle est d'abord toute trouvée. J'ai dit mon *Credo* avant que d'ouvrir l'Ecriture : vaut-il mieux en commencer la lecture dans un esprit de vacillation et d'incertitude, que dans la plénitude de la foi?

CXXI. Utilité de

Mais, poursuit-on, l'Ecriture est donc inutile, si on a déjà la foi

---

[1] Ire *Instr. sur les Prom. de l'Eglise*, n. 37, 43, 46. — [2] Tom. II, liv. IV, chap. I, n. 10, etc., p. 544, 546, 547, 553, etc. — [3] P. 546. — [4] P. 548.

sans elle? N'est-ce donc rien de la confirmer, de l'animer, de la rendre agissante par l'amour; d'en peser toutes les promesses, tous les préceptes, tous les conseils; de s'en servir pour mieux entendre ce qu'on croit déjà, et dans l'occasion pour convaincre l'hérétique et l'opiniâtre qui ne veut pas croire à l'Eglise? Mon *Instruction* précédente a reconnu ces utilités dans l'Ecriture : et vous nous faites accroire que nous croyons inutile ce qui produit de si grands fruits.

l'Ecriture très-bien connue par l'Eglise catholique.

La calomnie est bien plus étrange de nous faire dire que nous la trouvons « dangereuse. » Mais qui jamais parmi nous a proféré ce blasphème? Sous prétexte qu'il est dangereux de vouloir interpréter l'Ecriture par son propre esprit, et qu'il n'y a de salut que de l'entendre humblement comme elle a toujours été entendue, on nous fera dire que nous la trouvons dangereuse? Seigneur, jugez-nous, et inspirez à nos Frères des sentimens plus équitables.

CXXII. *On repousse la calomnie, qui nous impose de rendre l'Ecriture dangereuse ou inutile.*

Nous méprisons les saints Livres : le peut-on seulement penser? Est-ce mépriser l'Ecriture que de dire qu'elle a son sens simple et naturel, qui a frappé d'abord les esprits des fidèles? Lorsqu'ils écoutoient, « qu'au commencement le Verbe étoit, et qu'il étoit en Dieu, et qu'il étoit Dieu[1], » ils ont entendu qu'il étoit *Dieu*, non point en figure, mais naturellement et proprement : et c'est pourquoi l'Evangéliste ajoute après, non pas qu'il a été fait Verbe ou qu'il a été fait Dieu, mais « qu'étant Verbe et étant Dieu » devant tous les temps, il a encore dans le temps « été fait homme : » est-ce mépriser l'Ecriture de dire que ce vrai sens a fait impression sur les fidèles; qu'on se l'est transmis les uns aux autres; et qu'Arius, qui l'a rejeté, l'a trouvé établi dans l'Eglise? J'en dis autant des autres dogmes révélés de Dieu et nécessaires au salut : le vrai chrétien n'en a jamais pu douter; et sans aucun examen, sa foi est formée. Est-ce donc là ce qu'on appelle mépriser l'Ecriture? N'est-ce pas plutôt l'honorer, et sans crainte de s'égarer y trouver la vie éternelle?

Mais vous avez dit, m'objecte-t-on[2], qu'on avoit instruit des peuples entiers sans leur faire chercher leur foi dans les Ecri-

CXXIII. *Passage exprès de*

[1] Joan., I, 1. — [2] Tom. II, p. 550.

tures, et qu'en effet « la charité ne permettoit pas d'attendre à prêcher la foi jusqu'à ce qu'on sût assez des langues barbares pour y faire une traduction aussi difficile et aussi importante que celle des Livres divins, ou bien d'en faire dépendre le salut des peuples¹. » Il est vrai, je reconnois mes paroles : mais le ministre, qui me les reproche, ne devoit pas oublier que c'est là un fait incontestable, et le sentiment exprès de saint Irénée, évêque de Lyon, que j'ai marqué en ces termes, comme connu de tout le monde : « Saint Irénée et les autres Pères en ont fait la remarque dès leur temps². » Le passage de ce saint martyr n'est ignoré de personne ; le ministre l'a vu marqué dans ma précédente *Instruction*, et n'a pu le nier. Lisez-le, mes Frères, comme un témoignage authentique de la foi de nos ancêtres, puisque c'est la foi d'un saint qui a conversé avec les disciples des apôtres, et qui a illustré le second siècle par sa doctrine et par son martyre : l'Eglise gallicane a eu l'avantage particulier de l'avoir pour évêque dans une de ses plus anciennes et principales églises, et ce nous doit être une singulière consolation de trouver dans ses écrits un monument domestique de notre foi ; voici ses paroles : « Si les apôtres, dit-il, ne nous avoient pas laissé les Ecritures, ne falloit-il pas suivre la tradition qu'ils laissoient à ceux à qui ils confioient les Eglises ? Ordre qui se justifie par plusieurs nations barbares qui croient en Jésus-Christ, sans caractère et sans encre, ayant la loi du salut écrite dans leurs cœurs par le Saint-Esprit, et gardant avec soin la foi d'un seul Dieu créateur du ciel et de la terre, et de tout ce qu'ils contiennent, par Jésus-Christ Fils de Dieu³, » et le reste qu'il est inutile de rapporter. Il suffit de remarquer seulement qu'il détaille et spécifie tous les articles qu'on apprend sans les Ecritures, et voilà en termes très-clairs la foi salutaire sans le secours de ces Livres divins.

Votre ministre s'élève ici contre moi sur ce que je dis, que ces peuples étoient sauvés sans « qu'on leur portast autre chose que le sommaire de la foy dans le Symbole des apostres⁴, » et il ne veut pas qu'on lui en parle. Mais qu'il l'appelle comme il voudra :

---

1 Ire *Instr. past.*, n. 43. — ² *Ibid.* — ³ Iren., *adv. hær.*, lib. III, cap. IV. — ⁴ Ire *Instr. past.*, n. 43 ; *Rép. du min.*, p. 551.

il faut bien avouer au fond qu'il y avoit un sommaire de la foi semblable à celui que nous avons : qu'on l'appelle, ou comme parloit dans un autre endroit le même saint Irénée, « la règle immobile de la vérité qu'on recevoit dans le baptême [1], » ou avec toute l'antiquité le Symbole des apôtres : toujours est-il bien certain que la doctrine n'en pouvoit venir que de ces hommes divins qui ont fondé les églises. Ne vous lassez point, mes chers Frères, et écoutez la suite du passage de saint Irénée, que nous avons commencé : « Ceux, dit-il, qui ont reçu cette foi sans les Ecritures, selon notre langage sont barbares ; mais pour ce qui regarde le sens, les pratiques et la conversation selon la foi, ils sont extrêmement sages, marchant devant Dieu en toute justice, chasteté et sagesse ; et si quelqu'un leur annonce la doctrine des hérétiques, on les verra fermer leurs oreilles et prendre la fuite le plus loin qu'il leur sera possible, ne pouvant seulement souffrir ces blasphèmes ni ces prodiges, à cause, répondront-ils, que ce n'est pas là ce qu'on leur a enseigné d'abord [2]. » Vous le voyez, mes chers Frères, ces barbares si bien instruits sans les Ecritures n'étoient pas de foibles chrétiens, mais très-fermes dans la foi et dans les œuvres, et très-pleinement instruits contre la doctrine des hérétiques. Si c'étoit moi qui parlasse ainsi, combien votre ministre se récrieroit-il que je méprise les Ecritures en les déclarant inutiles? Mais les Saints, de qui nous avons reçu les Livres divins, ne craignent point ce reproche. Car ils savoient que l'Ecriture viendroit en confirmation de la foi, qu'ils avoient reçue sans elle ; et louant la bonté de Dieu, qui pour s'opposer davantage à l'oubli des hommes, avoit rédigé la foi dans les écrits des apôtres, ils ne laissoient pas de bien entendre qu'on pouvoit être parfait chrétien sans les avoir.

Vous voyez maintenant la cause du silence de votre ministre sur le passage de saint Irénée : c'est qu'il a senti qu'il ne laissoit point de réplique, et il a seulement tenté de lui opposer un endroit de saint Chrysostome, « où il assure positivement que les Barbares, Syriens, Egyptiens, Indiens, Perses, Ethiopiens avoient appris à philosopher en traduisant chacun dans sa langue l'Evan-

CXXIV. Passage de saint Chrysostome mal objecté par le ministre.

---

[1] Lib. I, cap. I. — [2] Lib. III, cap. IV.

gile de saint Jean [1]. » Il triomphe de cette parole en disant : « Que M. de Meaux démente s'il veut saint Chrysostome. » Mais je ne veux non plus démentir saint Chrysostome que saint Irénée. Il ne convient qu'aux ennemis de la vérité de chercher à commettre entre eux ses défenseurs plutôt que de les concilier ensemble, comme il est aisé en cette occasion.

Il n'y a pas ombre d'opposition entre saint Irénée, qui assure que de son temps il y avoit des peuples entiers qu'on regardoit dans toute l'Eglise comme parfaits chrétiens, sans qu'ils eussent l'Ecriture sainte, et saint Chrysostome qui dit deux cents ans après qu'elle se trouve chez les peuples qu'on lui vient d'entendre nommer. Car d'abord il est bien certain que dès le temps de saint Irénée des peuples entiers, que saint Chrysostome n'a pas nommés, avoient reçu la foi. Saint Justin qui a souffert le martyre un peu devant saint Irénée, compte parmi ceux où la foi avoit pénétré jusqu'à ces Scythes vagabonds et presque sauvages, qui traînoient sur des chariots leurs familles toujours ambulantes [2]. Qu'on ait traduit l'Ecriture dans leur langue, ni saint Chrysostome ne le dit, ni il n'en reste aucune mémoire dans toute la tradition ecclésiastique ; et quand il seroit certain, ce qui n'est pas, que les peuples dont saint Chrysostome a parlé comme ayant traduit l'Ecriture, seroient les mêmes dont saint Irénée a si positivement assuré qu'ils ne l'avoient pas de son temps, notre cause n'en seroit pas moins en sûreté, et il demeureroit toujours pour également incontestable qu'on peut être parfaitement chrétien sans l'Ecriture par la seule autorité de la tradition, comme a parlé saint Irénée.

Il sera donc véritable qu'on doit, à la vérité, donner l'Ecriture le plus tôt qu'on peut à tous les peuples chrétiens ; mais sans discuter davantage ni saint Justin, ni saint Irénée, ni saint Chrysostome, il n'y a point de protestant si déraisonnable pour laisser périr quelques peuples dans leur ignorance, sous prétexte qu'on n'auroit encore pu traduire en leur langue les Livres sacrés.

CXXV.
C'est une vérité con-

Sans parler des peuples barbares qu'on auroit sauvés par la foi avant même qu'ils pussent avoir les Ecritures, il est bien certain

---

[1] Tom. II, p. 551; Chrysost. hom. I *in Joan.* — [2] *Apol.* II, et *adv. Tryph.*

que la méthode commune de tous les chrétiens est de faire dire *Credo* à ceux qu'on instruit, grands et petits, dès qu'on leur présente l'Ecriture sainte et avant qu'ils l'aient ouverte : qu'on dise tout ce qu'on voudra du Symbole des apôtres, ce sera toujours un fait véritable qu'il est reçu et pratiqué par tout ce qui porte le nom de chrétien : et que pour en suivre la méthode, il faudra toujours faire connoître aux fidèles l'Eglise catholique, avant qu'on leur ait nommé l'Ecriture sainte, dont le Symbole ne fait aucune mention ; c'est-à-dire que les apôtres, dont le Symbole a pris tout l'esprit, ont reconnu dans l'Eglise catholique la source primitive de la foi et du salut.

C'est là que tout hérétique demeurera court ; et encore que le nom même de l'Eglise catholique ne se trouve pas dans l'Ecriture, ce sera toujours sous l'autorité de ce nom que les fidèles seront élevés dans la vraie foi. Quand ensuite ils liront l'Ecriture sainte, et que toujours sous l'instruction de l'Eglise catholique ils y trouveront la même foi qu'on leur avoit annoncée, ils y seront confirmés, leur cœur sera consolé : mais la foi reçue de main en main par les successeurs des apôtres, sera toujours leur première règle.

Quand le ministre trouve ridicule et même impossible, que les pasteurs de l'Eglise reçoivent la foy les uns des autres, à cause, dit-il, « que la foi de l'évesque mourant s'éteint avec luy, sans qu'il la puisse laisser à son successeur qu'il ne connoist pas [1], » il montre par ce mauvais discours qu'il ignore parfaitement l'état de la question. Quand on dit qu'on reçoit la foi de son prédécesseur, on ne veut dire autre chose, sinon qu'on se fait une règle inviolable de croire et de prêcher dans l'Eglise ce qu'on y a cru et prêché devant nous. Tant qu'on persévérera dans cette résolution, on n'enseignera jamais d'erreur, on ne sera jamais dans le schisme et dans la rupture. Si quelque évêque rompt la chaîne de la tradition, le reste de l'Eglise réclamera contre : le novateur sera noté éternellement ; et quand il entraîneroit son peuple avec lui, son peuple devra sentir dans sa conscience par la seule innovation de son pasteur, qu'il ne peut plus se sauver sous sa conduite.

Tom. II, p. 610-612, etc.

CXXVII.
Comment les peuples écoutent les premiers évêques, en écoutant ceux qu'on trouve en place.

Le ministre met donc tout en confusion, et ne s'entend pas lui-même, lorsqu'il demande si l'évêque « qui meurt laisse sa foy sur son siége, ou s'il peut la laisser de main en main, comme une chose matérielle [1]. » Voici le nœud et la chaîne qui captive tous les esprits. L'Eglise catholique a toujours pensé dès son origine que sa foi ne changeroit jamais, et ne devoit ni ne pouvoit jamais changer. Anssitôt donc qu'on sent quelque changement dans un corps constitué de cette sorte, en quelque temps que ce soit, on se souvient de la promesse : on rappelle dans son esprit la règle de ne changer point et de n'avoir jamais besoin de changer : l'innovation est remarquée et en même temps détestée avec ses auteurs, et la foi demeure immuable dans sa succession.

C'est la consolation des catholiques toutes les fois qu'ils voient le corps de leurs pasteurs tenir toujours le même langage, et prêcher la même foi; dans les derniers qui sont en place, ils entendent tous leurs prédécesseurs, et remontent par les apôtres jusqu'à Jésus-Christ.

CXXVIII.
Vaine exclamation du ministre sur l'ignorance qu'il veut nous imputer.

Quand on s'écrie après cela : « Pauvre Ecriture, comment Dieu vous a-t-il dictée ? Que vous devenez inutile ! Il n'y a qu'à montrer l'Eglise [2] : » encore un coup, on ne s'entend pas. Heureux celui qui, né et instruit dans le sein maternel de l'Eglise et dans la foi des promesses, n'a jamais besoin de disputer ! S'il s'est écarté de cette voie, on travaille à le ramener par les Ecritures ; s'il n'y a jamais été et qu'il soit encore infidèle, on lui lira les prophéties dont l'Ecriture est pleine, et on tâchera de lui en marquer les autres caractères divins. Mais il y aura toujours grande différence entre celui qui cherche, et celui qui bien instruit par l'Eglise aura tout trouvé dès le premier pas.

CXXIX.
Vaine science des hérétiques, causée par le mépris de la foi de l'Eglise.

L'exemple des hérésies lui fera sentir la sûreté où il faut marcher. Cette voie, nous a-t-on dit, *mène à l'ignorance* [3] : voyons donc ce qu'ont appris ceux qui l'ont quittée, et qui ont voulu être plus sages que l'Eglise catholique. C'est par là que les marcionites et les manichéens ont appris que l'Eglise précédente avoit falsifié les Ecritures canoniques, et qu'il y avoit deux premiers principes, dont l'un étoit la cause du péché. Les ariens ont appris

[1] Tom. II, p. 610-612, etc. — [2] P. 547-549, etc. — [3] P. 546, 553.

que le Fils de Dieu étoit une créature, et ne pouvoit être appelé *Dieu* qu'improprement. Les pélagiens ont appris qu'il n'y avoit que les simples et les ignorans qui pussent croire qu'on fût pécheur par le péché de son père, ou que l'on eût besoin de la grace à chaque acte de piété que produisoit le libre arbitre. Viclef a appris qu'il n'y a point de libre arbitre, et que Dieu étoit auteur du péché : Luther, Melanchthon, Calvin et Bèze, avec les autres réformateurs du seizième siècle, ont succédé à cette science : les luthériens en particulier ont appris à sauver la réalité par leur ubiquité ; et les calvinistes, à mettre au rang des Saints et à recevoir aux mystères ceux qui tiennent ce prodige de doctrine, aussi bien que le semi-pélagianisme, dont les mêmes luthériens sont convaincus. Les calvinistes ont pour leur compte particulier l'inamissibilité de la justice, et la sanctification de tous les enfans des fidèles dans le sein de leurs mères. Ces deux dogmes sont définis dans le synode de Dordrecht : la chose n'est pas douteuse parmi les gens de bonne foi : la suite de ces deux dogmes, c'est que jusqu'à la fin du monde la grace ne peut sortir d'une famille où elle est entrée une fois, et que David dans ses deux crimes, Salomon dans ses idolâtries, et saint Pierre dans son reniement, n'ont point perdu la justice.

C'est ainsi que se sont rendus savans ceux qui ont renoncé à la foi de l'Eglise : tous ces faits que j'ai posés sont demeurés et demeureront éternellement sans réplique. Les catholiques évitent par leur soumission ces sciences « faussement nommées[1], » et ils éprouvent heureusement que c'est tout savoir que de n'en pas vouloir savoir plus que l'Eglise, c'est-à-dire, de ne vouloir pas être « savans plus qu'il ne faut[2]. »

Mais on doit bien se garder de croire que sous ce prétexte nous négligions d'enseigner au peuple les vérités de la religion. Il n'y a qu'à lire nos catéchismes ; et puisque c'est moi qu'on prend à partie et qu'on accuse de vouloir introduire l'ignorance sous prétexte de faire valoir la promesse de Jésus-Christ, il vous est aisé de connoître la calomnie. Car puisqu'on vient de parler de catéchisme, si vous voulez jeter les yeux seulement sur celui

CXXX. Preuve par expérience que la foi des promesses de l'Eglise s'accorde parfaitement avec l'instruction.

---

[1] *Timoth.*, VI, 20. — [2] *Rom.*, XII, 3.

que j'ai mis en main au peuple que je sers (et chaque évêque vous en dit autant dans les diocèses où vous êtes, avec encore plus de confiance), vous verrez qu'à l'exemple de saint Paul, « nous ne leur avons rien soustrait de ce qui est utile à leur salut ; et que nous leur annonçons » en toute vérité et pureté, « la connoissance de Dieu et la foi en Jésus-Christ Notre-Seigneur [1]. »

Dites-nous donc, mes Frères, en quoi nous entretenons l'ignorance. Vos ministres voudroient bien qu'on crût que nous n'instruisons pas assez notre peuple sur la connoissance de Dieu et contre l'idolâtrie. Mais ils savent bien le contraire : ils savent bien, dis-je, que nous enseignons parfaitement que Dieu est seul, et que seul il a tout tiré du néant. Le reproche d'idolâtrie tombe visiblement par ce seul dogme : aussi vos ministres ne nous le font plus que par coutume ou par engagement ; et leur conscience les dément, comme la nôtre nous fait mépriser de vains reproches, où nous ne sommes touchés que de l'injustice de ceux qui osent encore les renouveler.

Si par là ils sont contraints d'avouer qu'avec un tel sentiment il est impossibe qu'on soit idolâtre dans son cœur, et qu'ils tâchent de trouver notre idolâtrie dans notre culte extérieur, ils n'entendent pas la nature de ce culte, qui ne pouvant être autre chose que la démonstration des sentimens intérieurs, ne permet en aucune sorte qu'on soupçonne d'idolâtrie ceux qui connoissent Dieu en vérité, et l'adorent seul au dedans.

Mais si nous enseignons très-purement la connoissance de Dieu, nous ne sommes pas moins soigneux de faire connoître Jésus-Christ. Peut-on nous reprocher avec la moindre vraisemblance que nous taisions à nos peuples qu'étant Dieu et Homme, la satisfaction qu'il a offerte pour nous à la croix est infinie et surabondante ; en sorte qu'il n'y manque rien, et qu'il ne reste autre chose à faire au chrétien que de s'en appliquer la vertu par une foi vive ? En quelle conscience pourroit-on dire que nous laissons ignorer cette foi, ni que nous puissions après cela égaler le fini à l'infini, et comparer aucune intercession ou des hommes ou des anges à celle du Sauveur ?

[1] *Act.*, xx, 20, 21.

On nous objecte des conséquences qu'on tire de notre doctrine : mais outre qu'elles sont fausses, du moins ne peut-on nier dans le fait qu'elles ne soient désavouées par cent actes authentiques, et que nous ne détestions toute doctrine qui déroge aux grands principes qu'on vient de poser.

Nous enseignons parfaitement la sainte et sévère jalousie de Dieu et de Jésus-Christ, mais de le rendre jaloux de ses ouvrages connus comme tels, qui sont ses Saints, ou de lui-même dans l'Eucharistie, ou des choses que l'on ne conserve dans les églises que pour exciter le souvenir de ses mystères et de ses graces, et les porter jusqu'aux yeux les plus ignorans, c'est une délicatesse indigne de sa bonté et de sa grandeur.

C'est du cœur qu'il est jaloux ; et pour ne le point irriter, on ne doit non plus partager son culte que son amour : mais quoi? n'enseignons-nous pas que le vrai culte de Dieu est de l'aimer de tout son cœur et plus que soi-même, et son prochain comme soi-même pour l'amour de lui? Quelle partie de ces deux préceptes laissons-nous ignorer à nos peuples : et ne leur apprenons-nous pas en même temps que tout ce qu'ils font pour accomplir ces deux préceptes, autant qu'il se peut en cette vie infirme et mortelle, est donné d'en haut par une pure miséricorde à cause de Jésus-Christ; en sorte qu'il n'y a point de mérite qui ne soit un don spécial de Dieu, et qu'en couronnant nos bonnes œuvres il ne couronne que ses propres libéralités? Où est donc l'ignorance qu'on nous reproche d'affecter ou d'introduire? Avouez qu'on ne sait où la trouver, et que les ministres ne peuvent ici nous l'objecter qu'en supposant sans raison tout ce qu'il leur plaît.

Il n'est ni nécessaire ni possible d'entrer maintenant dans un plus grand détail. On n'a pas besoin de boire toute l'eau de la mer pour savoir qu'elle est amère, ni de rapporter au long toutes les calomnies qu'on nous fait pour faire sentir toute l'amertume qu'on a contre nous.

CONCLUSION

ET ABRÉGÉ DE TOUT CE DISCOURS.

CXXXI.   J'ose donc vous conjurer encore une fois de lire cette *Instruction* et l'*Instruction* précédente. Vous y trouverez la voie du salut et le repos de vos ames dans les promesses de Jésus-Christ et de l'Evangile. Elles n'ont aucun embarras : tout y est clair, ou par les textes exprès de l'Ecriture, ou par la seule exposition de notre doctrine, ou par l'aveu du ministre qui a voulu me combattre.

Puisqu'il est écrit que pour éprouver la foi des chrétiens, « il faut qu'il y ait des hérésies [1]; » puisque dès que Jésus-Christ a paru dans le monde, il a été dit de lui « qu'il étoit mis pour être en butte aux contradictions [2], » et que l'homme ingénieux contre soi-même devoit épuiser la subtilité de son esprit à pervertir en toutes manières les voies droites du Seigneur : avouez qu'il étoit de sa sagesse comme de sa puissance de préparer un remède aisé, par lequel sans dispute et sans embarras tout esprit droit pût connoître les schismes futurs. Le voilà dans la promesse de l'Evangile qui exclut toute interruption dans la succession apostolique et dans l'extérieur de son Eglise : par là l'intérieur est à couvert, puisque la prédication toujours véritable, et qui jusqu'à la fin des siècles ne cessera de passer de main en main et de bouche en bouche, aura toujours son effet au dehors par l'assistance de Jésus-Christ toujours présente. Voilà un caractère certain, qui jusqu'à la fin du monde notera les contredisans et les hérétiques.

Vous répondez : « On a tout, quand on a la vérité : le salut est infaillible à ceux qui la possédent; mais on n'a rien avec l'ancienneté, la succession et l'étenduë, lorsque la vérité manque; il faut donc chercher l'une et se mettre peu en peine de l'autre [3]. » Vous ne songez pas que Jésus-Christ a voulu mettre expressément la vérité à couvert par l'assistance qu'il promet à la succession; de sorte que quand vous dites : « Il faut chercher l'une et se mettre peu en peine de l'autre, » c'est de même que si vous

---

[1] *I Cor.*, XI, 19. — [2] *Luc.*, II, 34. — [3] Tom. II, p. 542.

disiez : Il faut chercher la fin, et se « mettre peu en peine » des moyens donnés de Dieu pour y parvenir.

Mais, dites-vous, ce remède est foible ; l'autorité ne remédie point aux erreurs : il y a eu des divisions dès le temps des apôtres : « Si leur autorité échoua dés le premier schisme, que fera celle des papes et des évesques ? Arius malgré le concile qui luy denonça un anathéme éternel, grossit son parti [1] : » il en est de même des autres ; comme qui diroit : La sévérité des lois n'empêche pas qu'il n'y ait des vols et des massacres, donc ce remède est peu efficace : que ferez-vous donc ? Abandonnez tout ; et parce qu'il y a des esprits superbes et contentieux qui résistent à tous les remèdes, cessez de les proposer aux simples et aux droits de cœur.

Mais, poursuit-on, les apôtres n'avoient donc qu'à aller par toute la terre y faire lire dans le Symbole l'article de l'Eglise catholique, « dont le nom mesme ne se trouve pas dans les Ecrits sacrez [2], » et ils se sont tourmentés en vain à rechercher les prophéties : comme si chaque chose n'avoit pas son temps, ou qu'il n'eût pas fallu établir l'Eglise catholique avant que d'en employer l'autorité.

C'est en vain qu'on tâche de l'affoiblir, en disant que « le nom ne s'en trouve pas dans les Ecrits sacrez : » quoi qu'il en soit, il est gravé dans le cœur de tous les chrétiens, et les protestans eux-mêmes n'ont pu s'empêcher de professer, comme nous, la foi de l'Eglise catholique avant toute discussion et tout examen.

On trouve de l'ostentation dans les « évesques et dans les curez, qui se voyent les maistres uniques de la religion ; qui, dit-on, s'élévent fort au-dessus du reste des hommes, et qui veulent qu'on les écoute comme autant d'apostres infaillibles, dés le moment qu'ils portent le nom de pasteurs [3]. » Il est vrai, il y auroit là une ostentation énorme ; mais par malheur pour les protestans, elle n'est que dans leurs discours. Les évêques ne se croient maîtres ni auteurs de rien : toute leur gloire est d'enseigner ce qu'ils ont reçu de ceux qui les précédoient : on n'a jamais besoin d'aller bien loin pour trouver le novateur : c'est un fait toujours constant : nous

---

[1] Tom. II, 734-738. — [2] P. 551, etc. — [3] P. 557.

avons dit plusieurs fois[1] que dans l'Eglise catholique, nul ne se montre soi-même en particulier, ni ne veut donner son nom à son troupeau : tous montrent l'Eglise et les promesses qu'elle a reçues en corps; ce n'est pas présumer de soi ni s'attirer une gloire vaine, que de mettre sa confiance aux promesses de Jésus-Christ, et il est visible par le discours du ministre qu'il n'a pu nous imputer de l'ostentation qu'en altérant tous nos sentimens.

Si l'on étoit demeuré dans cette règle : si tout le monde avoit noté ceux qui sont sortis de la ligne de la succession, il faut avouer qu'il n'y auroit eu ni schisme ni hérésie, dont la source de tout le mal sera éternellement qu'il y a eu et qu'il y aura des esprits superbes, qui veulent se faire un nom, qui adorent les inventions de leur esprit et se séparent eux-mêmes.

[1] Ci-dessus, n. 127.

FIN DE LA SECONDE INSTRUCTION PASTORALE SUR LES PROMESSES DE L'ÉGLISE.

LETTRE PASTORALE

DE

MGR L'ÉVÊQUE DE MEAUX,

AUX NOUVEAUX CATHOLIQUES DE SON DIOCÈSE,

Pour les exhorter à faire leurs Pâques, et leur donner des avertissemens nécessaires contre les fausses *Lettres pastorales* des ministres.

Jacques-Bénigne par la permission divine Evêque de Meaux : Aux nouveaux catholiques de notre diocèse, *salut et bénédiction en Notre-Seigneur*.

A l'approche du saint jour de Pâques, vous devez être touchés d'un saint désir de communier avec vos frères. C'est Jésus-Christ même qui vous invite à ce banquet de paix ; et vous devez croire qu'il vous dit par ma bouche : « J'ai désiré d'un grand désir de manger cette pâque avec vous [1]. » Car encore qu'il désire toujours de faire la pâque avec ses disciples ; que le cénacle et la grande salle où il veut faire ce festin soit toujours prête, l'église toujours ouverte, et la table toujours dressée : c'est néanmoins principalement dans ces saints jours qu'il appelle ses enfans à son banquet ; et vous êtes, mes chers Frères, de tous ses enfans ceux qu'il désire le plus de voir à sa table, puisque c'est là que vous donnerez la dernière marque de votre sincère union avec son Eglise.

1. Qu'il faut venir faire la Pâque dans l'Eglise catholique.

Souvenez-vous du saint roi Ezéchias et de la pâque solennelle qu'il célébra dans Jérusalem [2]. Il ne se contenta pas d'y appeler tous ceux de Juda, c'est-à-dire ceux qui étoient toujours demeurés dans l'unité du peuple de Dieu, dans le culte du sanctuaire, et dans la soumission au vrai sacerdoce que Dieu avoit établi par Moïse. Il résolut, de concert avec le conseil et tout le peuple de

[1] *Luc.*, XXII, 15. — [2] II *Paral*, XXX.

Jérusalem, d'envoyer ses messagers aux dix tribus schismatiques, qui dès le temps de Roboam, s'étoient séparées d'avec Juda et d'avec le temple, et « il leur adressa des lettres, afin que, convertis de tout leur cœur au Dieu de leurs pères [1], » ils vinssent avec leurs frères, dont ils avoient abandonné la communion, célébrer la pâque au lieu que le Seigneur avoit choisi.

Pendant que les envoyés de ce pieux prince *alloient en diligence de ville en ville, plusieurs se moquoient d'eux, et quelques-uns acquiesçant aux conseils d'Ezéchias* et à la douce invitation de leurs frères, *venoient* célébrer la pâque *dans Jérusalem*[2], au lieu d'unité et de paix. C'est, mes Frères, le traitement qu'éprouve l'Eglise. Depuis cette malheureuse défection du siècle passé, depuis cette funeste apostasie qui a arraché à l'Eglise des nations entières, et qui sembloit préparer les voies au règne de l'Antechrist, selon la prédiction de l'Apôtre [3], nous n'avons cessé de rappeler dans la mémoire de nos Frères errans, ces bienheureux jours où nos pères mangeoient ensemble le pain de la vie, et gardoient, selon le précepte de saint Paul, le sacré lien de la fraternité chrétienne. Mais plusieurs, prévenus de la haine aveugle que leurs ministres leur inspiroient, se moquoient de nous ; et quelques-uns se ressouvenant de notre ancienne unité dont ils portent l'impression dans le sein par le Baptême, sont revenus à Jérusalem, c'est-à-dire à l'Eglise catholique, où Dieu a établi pour jamais son nom et la profession du christianisme.

Enfin la grace de Dieu s'est déclarée abondamment en nos jours. Un roi, aussi religieux et aussi victorieux qu'Ezéchias, a invité les prévaricateurs d'Israël à revenir à l'unité de Juda, c'est-à-dire les errans et les schismatiques à revenir aux pacifiques et aux orthodoxes ; et nous avons vu quelque chose de ce qui est écrit dans le saint prophète Osée : « En ce temps, les enfans de Juda et les enfans d'Israël s'assembleront et établiront sur eux un même chef [4] : » c'est-à-dire que les catholiques et les schismatiques reconnoîtront, d'un commun accord, le chef que Dieu leur a donné, Jésus-Christ dans le ciel, et sur la terre saint Pierre, qui vit dans ses successeurs pour gouverner le peuple de Dieu

---

[1] II *Paral.*, xxx 5, 6 et seq. — [2] *Ibid.*, 10, 11. — [3] II *Thess.*, II, 3. — [4] *Osée*, I, 11.

suivant sa parole. Ainsi les séparés dont il étoit dit : « Appelez-les, ceux pour qui il n'y a point de miséricorde, » sont venus « en aussi grand nombre que le sable de la mer, » afin de recevoir la miséricorde : « et au lieu qu'on leur disoit : Vous n'êtes pas mon peuple, on les nomme les enfans du Dieu vivant [1]. »

Je ne m'étonne pas, mes très-chers Frères, que vous soyez revenus en foule et avec tant de facilité à l'Eglise où vos ancêtres ont servi Dieu. Le fond même du christianisme, et comme je l'ai déjà dit, le caractère du Baptême vous y rappeloit secrètement : aucun de vous n'a souffert de violence, ni dans sa personne ni dans ses biens. Qu'on ne vous apporte point ces lettres trompeuses, que des étrangers travestis en pasteurs, adressent sous le titre de *Lettres pastorales aux Protestans de France qui sont tombés par la force des tourmens.* Outre qu'elles sont faites par des gens qui n'ont jamais pu prouver leur mission, ces lettres ne vous regardent pas : loin d'avoir souffert des tourmens, vous n'en avez pas seulement entendu parler. J'entends dire la même chose aux autres évêques : mais pour vous, mes Frères, je ne vous dis rien que vous ne disiez tous aussi bien que moi. Vous êtes revenus paisiblement à nous, vous le savez. Quand j'ai prêché la sainte parole, le Saint-Esprit vous a fait ressentir que j'étois votre pasteur. Je vous ai vus autour de la chaire avec le même empressement que le reste du troupeau : la saine doctrine entroit dans votre cœur à mesure qu'on vous l'exposoit telle qu'elle est ; et les doutes que l'habitude plutôt que la raison élevoit encore dans vos esprits, cédoient peu à peu à la vérité. Vous n'avez pu vous empêcher de reconnoître que j'étois à la place de ceux qui ont planté l'Evangile dans ces contrées : vous les avez révérés en ma personne, quoique indigne. Je ne vous ai point annoncé d'autre doctrine que celle que j'ai reçue de mes saints prédécesseurs : comme chacun d'eux a suivi ceux qui les ont devancés, j'ai fait de même. Regardez tout ce que nous sommes d'évêques autour de vous, et dans toute l'étendue de ce royaume : nous avons tous la même gloire, que nous ne laisserons pas affoiblir. Dans cette succession, on n'a jamais entendu un double langage.

II. Que les pasteurs de l'Eglise catholique sont les seuls véritables pasteurs.

[1] *Osée,* I, 6, 10.

Les évêques séparés de notre unité, tels que sont ceux d'Angleterre, de Suède et de Danemark, au moment de leur séparation, ont manifestement renoncé à la doctrine de ceux qui les avoient consacrés. Il n'en est pas ainsi parmi nous : toujours unis à la chaire de saint Pierre, où dès l'origine du christianisme on a reconnu la tige de l'unité ecclésiastique, nous n'avons jamais condamné nos prédécesseurs, et nous laissons la foi des Eglises telle que nous l'avons trouvée. Nous pouvons dire sans crainte d'être repris, que jamais on ne montrera dans l'Eglise catholique aucun changement que dans des choses de cérémonie et de discipline, qui dès les premiers siècles ont été tenues pour indifférentes. Pour ces changemens insensibles qu'on nous accuse d'avoir introduits dans la doctrine, dès qu'on les appelle insensibles, c'en est assez pour vous convaincre qu'il n'y en a point de marqués, et qu'on ne peut nous montrer d'innovation par aucun fait positif. Mais ce qu'on ne peut nous montrer, nous le montrons à tous ceux qui nous ont quittés : en quelque partie du monde chrétien qu'il y ait eu de l'interruption dans la doctrine ancienne, elle est connue; la date de l'innovation et de la séparation n'est ignorée de personne. S'il y avoit eu de tels changemens parmi nous, les auteurs en seroient nommés; l'esprit de vérité qui est dans l'Eglise les auroit notés, et le nom en seroit infâme, comme celui des Arius, des Nestorius, des Pélages, des Dioscores et des Bérengers. Ainsi tout ce qu'on vous a dit de ces insensibles changemens dans la doctrine dont jamais on n'a produit aucun exemple dans l'Eglise chrétienne, n'est qu'une accusation en l'air, qui ne se trouve soutenue par aucun fait; et lorsque vous entendez la doctrine que je vous annonce et celle que vous annoncent les autres évêques catholiques, vous ne devez nullement douter que vous n'entendiez dans nos discours ceux qui nous ont les premiers prêché l'Evangile, et dans ceux-là les apôtres, et dans les apôtres celui qui a dit : *Allez, enseignez, et baptisez ; et voilà, je suis avec vous jusqu'à la consommation des siècles*[1].

Ainsi quand les ministres vous disoient que vous n'aviez point à vous mettre en peine de la succession des chaires et des pasteurs,

[1] *Matth.*, xxviii, 19, 20.

pourvu que vous eussiez la bonne doctrine et la véritable intelligence de l'Ecriture, ils séparoient ce que Jésus-Christ a voulu rendre inséparable : et c'est en vain qu'ils se glorifioient de l'intelligence des Ecritures, en rejetant les moyens par où il a plu à Dieu de la transmettre. Il a voulu qu'elle vînt à nous de pasteur en pasteur et de main en main, sans que jamais on aperçût d'innovation. C'est par là qu'on reconnoît ce qui a toujours été cru, et par conséquent ce que l'on doit toujours croire : c'est pour ainsi dire dans ce *toujours* que paroît la force de la vérité et de la promesse ; et on le perd tout entier dès qu'on trouve de l'interruption en un seul endroit. « Ce que je vous ai enseigné, dit saint Paul [1], laissez-le comme en dépôt à des gens fidèles, qui puissent eux-mêmes en instruire d'autres. » Séparer la saine doctrine d'avec cette chaîne de la succession, c'est séparer le ruisseau d'avec le canal : et se vanter de l'intelligence de l'Ecriture, quand on reconnoît qu'on a perdu la suite de la tradition dans les pasteurs, c'est se vanter d'avoir conservé les eaux après que les tuyaux sont rompus.

N'écoutez donc pas, mes bien-aimés, les paroles de mensonge, et ne vous laissez pas séduire à ces prétendues *Lettres pastorales* qu'on vous adresse de tant d'endroits et en tant de formes différentes. Celle qui a pour titre : *Lettre pastorale aux Protestans de France, qui sont tombés par les tourmens*, n'est pas meilleure pour être pleine des paroles que ce grand évêque et ce grand martyr saint Cyprien adressoit aux fidèles de Carthage, pour les exhorter à la pénitence et au martyre. Ceux qui osent imiter les vrais pasteurs, et qui tiennent le langage de saint Cyprien, devroient considérer s'ils peuvent, à aussi bon titre, s'attribuer l'autorité pastorale. Qu'ils consultent ce saint martyr : il leur apprendra que « l'Eglise est une ; que l'épiscopat est un ; » que pour le posséder légitimement, il faut pouvoir remonter par une succession continuelle « jusqu'à la source de l'unité [2], » c'est-à-dire jusqu'aux apôtres et jusqu'à celui à qui Jésus-Christ a dit *uniquement* pour fonder son Eglise sur l'unité : « Tu es Pierre, et sur cette pierre je bâtirai mon Eglise, et les portes d'enfer ne prévau-

III. Que l'auteur de la fausse lettre pastorale à ceux qui sont tombés, imite en vain le langage de saint Cyprien, dont la doctrine le condamne comme un faux pasteur.

---

[1] II *Timoth.*, II, 2. — [2] Cypr., lib. *de Un. Eccles.*, p. 195.

dront point contre elle ; et je te donnerai les clefs du royaume des cieux [1], » etc. et encore après sa résurrection : « Pais mes brebis [2]. » Le même saint Cyprien leur apprendra que de cette source des apôtres consommés dans une parfaite unité, sont sortis tous les pasteurs : que c'est par là que l'épiscopat est un, non-seulement dans tous les lieux, mais encore dans tous les temps : que l'Eglise comme un soleil porte ses rayons par tout l'univers, mais que c'est la même lumière qui se répand de tous côtés ; qu'elle étend ses branches et fait couler ses ruisseaux par toute la terre, mais qu'il n'y « a qu'une source, un chef, un commun principe, une même souche, et enfin une même mère, riche dans les fruits qu'elle pousse de son sein fécond. » De peur qu'on ne s'imagine qu'il puisse arriver des cas où il soit permis de se séparer de l'unité de l'Eglise, ou de réformer sa doctrine, il ajoute ces belles paroles, que je vous prie, mes Frères, de considérer : « L'Epouse de Jésus-Christ ne peut jamais être adultère, elle ne peut être corrompue, et sa pudeur est inviolable. Celui qui se sépare de l'Eglise pour se joindre à une adultère, » c'est ainsi qu'il traite les sectes séparées de l'unité de l'Eglise, « n'a point de part aux promesses de Jésus-Christ ; c'est un étranger, c'est un profane, c'est un ennemi. Il ne peut avoir Dieu pour Père, puisqu'il n'a pas l'Eglise pour mère. » C'est en vain qu'il en prétend dissiper l'unité sainte : elle est fondée sur l'unité du Père, du Fils et du Saint-Esprit. « Et on croira, poursuit-il, que l'unité, qui est appuyée sur un si ferme fondement, se puisse dissoudre ? Celui qui ne tient pas à cette unité de l'Eglise, ne tient pas à la loi de Dieu ; il n'a pas la foi du Père et du Fils, il n'a pas la vie et le salut. »

Ne sentez-vous pas, mes Frères, combien la méthode dont on se servoit dans vos églises prétendues, est opposée à celle de saint Cyprien ? Vos ministres vous disoient sans cesse que croire l'Eglise sans examiner, c'est sans examiner croire des hommes sujets à faillir ; et que pour connoître la vraie Eglise à qui l'on peut croire, il faut par la discussion des questions particulières connoître auparavant la vraie foi enseignée par les Ecritures. Mais vous voyez que saint Cyprien prend bien une autre méthode.

[1] *Matth.*, XVI, 18, 19. — [2] *Joan.*, XXI, 17.

Pour confondre « par un argument facile et abrégé [1], » comme il se l'étoit proposé, les hérésies et les schismes, il allègue l'autorité de l'Eglise : il ne connoît rien de plus manifeste ; et loin de permettre d'examiner l'Eglise par l'examen de ses dogmes, il veut qu'on la connoisse d'abord, et qu'on tienne pour assuré qu'on n'a ni la loi de Dieu, ni la foi, ni le salut, ni la vie, quand on n'est pas dans son unité.

Ce grand homme a toujours suivi la même méthode. Lorsqu'Antonien, un de ses confrères dans l'épiscopat, hésitoit à condamner Novatien, et vouloit auparavant être informé de sa doctrine, saint Cyprien lui fit cette grave réponse [2] : « Quant à ce qui regarde la personne de Novatien, puisque vous désirez qu'on vous apprenne quelle hérésie il a introduite, vous devez savoir, mon cher Frère, avant toutes choses, que nous n'avons pas besoin de rechercher curieusement ce qu'il enseigne, puisqu'il enseigne hors de l'Eglise : quel qu'il soit, il n'est pas chrétien, puisqu'il n'est pas dans l'Eglise de Jésus-Christ. »

Ainsi quand on se sépare de l'unité, et qu'à l'exemple de Novatien, on « envoie de nouveaux apôtres pour établir ses nouvelles institutions [3] » et ses nouveaux dogmes, en un mot pour dresser une nouvelle Eglise : quoiqu'on se vante comme lui de réformer l'Eglise, et de la réduire à une doctrine plus pure aussi bien qu'à une discipline plus régulière, loin d'être admis à prouver qu'on est dans la vraie Eglise à cause de la vraie doctrine qu'on prétend enseigner, on est convaincu au contraire qu'on ne peut pas avoir la vraie doctrine quand on n'est pas dans l'Eglise, et qu'on en veut dresser une nouvelle.

Que ces faux pasteurs, qui se sont vantés « d'être extraordinairement envoyés pour dresser de nouveau l'Eglise tombée en ruine et désolation [4], » écoutent saint Cyprien : qu'ils reconnoissent sur quelles maximes il fondoit son épiscopat : et puisqu'ils ne peuvent pas nous montrer une mission semblable à la sienne, qu'ils cessent d'imiter le langage d'un si grand évêque et de s'en attribuer l'autorité.

---

[1] Cypr., lib. *de Un. Eccl.*, p. 194. — [2] Epist. LII, *ad Anton*. — [3] *Ibid.* — [4] *Conf. de foi*, art. XXXI.

IV.
Combien les hérétiques abusent de ce passage de l'Evangile: « Si deux ou trois s'assemblent en mon nom, je suis au milieu d'eux. »
Explication de ce passage par saint Cyprien, et conviction des pasteurs sans mission.

Vous leur avez souvent ouï dire que nous n'avions pas besoin de vous mettre en peine où étoit l'Eglise, puisque Jésus-Christ avoit prononcé « qu'en quelque lieu que se trouvent deux ou trois personnes assemblées en son nom, il y est au milieu d'eux [1]. » Il y a longtemps que les hérétiques et les schismatiques abusent de ce passage; ils s'en servoient dès le temps de saint Cyprien, pour autoriser les assemblées qu'ils tenoient à part. Mais ce saint martyr les confond par les paroles précédentes, où Jésus-Christ parle en cette manière : « Si deux d'entre vous s'unissent ensemble sur la terre, mon Père qui est dans le ciel leur accordera tout ce qu'ils demanderont; » où ce qui paroit d'abord, c'est que ces deux qui s'accordent doivent être dans le corps, dans l'unité chrétienne, dans la commune fraternité. « Si deux, dit-il, d'entre vous, » c'est-à-dire, comme l'entend saint Cyprien [2], si deux ou trois enfans de l'Eglise, ou deux ou trois qui soient ensemble dans la communion, s'assemblent au nom de Jésus-Christ, il sera au milieu d'eux et écoutera leurs prières. Secondement, dit ce saint docteur, il est nécessaire que ces deux ou trois s'unissent. « Et, poursuit saint Cyprien, comment peut-on s'unir avec quelqu'un, quand on n'est pas uni avec le corps de l'Eglise et avec toute la fraternité ? Comment peuvent deux ou trois être assemblés au nom de Jésus-Christ, s'il est constant dans le même temps qu'ils sont séparés de Jésus-Christ et de son Evangile? *Car ce n'est pas nous qui nous sommes séparés d'avec eux, mais c'est eux qui se sont séparés d'avec nous :* et puisque les hérésies et les schismes sont toujours postérieurs à l'Eglise, pendant qu'ils se sont formés des conventicules différens et de diverses assemblées, ils ont quitté le Chef et l'origine de la vérité. » Prêtez l'oreille, mes Frères, à cette décision de saint Cyprien : c'est ceux qui viennent après, c'est ceux qui se séparent de l'Eglise qu'ils trouvent établie, c'est ceux qui se font de nouvelles assemblées, qui dès là sont incapables de s'assembler au nom de Jésus-Christ; et loin qu'il leur soit permis de justifier leur séparation et leurs nouvelles assemblées en soutenant qu'ils y enseignent l'Evangile, et que Jésus-Christ est avec eux, « il est constant » au contraire, selon la doctrine de saint

[1] *Matth.*, XVIII, 19. — [2] Cypr., *de Un. Eccles.*, p. 198.

Cyprien, qu'ils sont séparés de Jésus-Christ et de l'Evangile, dès qu'ils se séparent de l'Eglise et qu'ils se reconnoissent obligés à en dresser une nouvelle.

Et afin qu'on entende mieux de quelle Eglise ce saint martyr a voulu parler, c'est de l'Eglise qui reconnoît à Rome le chef de sa communion, et dans « la place de Pierre » l'éminent « degré de la chaire sacerdotale[1], » qui y reconnoît « la chaire de Pierre et l'Eglise principale, d'où l'unité sacerdotale a tiré son origine[2] : » enfin qui y reconnoît un pontife d'un sacerdoce si éminent, que l'empereur, qui portoit parmi ses titres celui de souverain pontife, « le souffroit dans Rome avec plus d'impatience qu'il ne souffroit dans les armées un César qui lui disputoit l'empire[3]. »

Que ces faiseurs de *Lettres pastorales,* qui se parent des lambeaux de saint Cyprien, ne prennent-ils sa doctrine toute entière ? Puisqu'ils se servent des paroles de ce saint martyr pour vous exhorter au martyre, que ne vous disent-ils avec lui[4] : « Qu'il ne peut y avoir de martyrs que dans l'Eglise ; que, lorsqu'on est séparé de son unité, c'est en vain qu'on répand son sang pour la confession du nom de Jésus-Christ ; que la tache du schisme ne peut être lavée par le sang, ni ce crime expié par le martyre ; » que la charité ne peut être hors de l'Eglise, et qu'ainsi quelques tourmens qu'on endure hors de son sein, on est de ceux dont saint Paul a dit : « Quand je livrerois mon corps jusqu'à brûler, si je n'ai pas la charité, tout cela ne me sert de rien[5]. » Si donc ces prétendus pasteurs veulent parler le langage et s'attribuer l'autorité des véritables pasteurs, qu'ils nous montrent l'origine de leur ministère ; et que, comme saint Cyprien et les autres évêques orthodoxes, ils nous fassent voir qu'ils sont descendus de quelque apôtre : qu'ils nous fassent voir parmi eux la chaire éminente, où toutes les Eglises gardent l'unité, où reluit principalement la concorde et la succession de l'épiscopat. Ouvrez vous-mêmes, mes Frères, les livres que vous appeliez votre *Histoire ecclésiastique :* c'est Bèze qui l'a composée. Ouvrez l'histoire de ces faux martyrs

---

[1] Epist. LII, *ad Anton.*, p. 68. — [2] Epist. LIV, nunc LV, *ad Corn.*, p. 86. — [3] Epist. LII, *ad Anton.*, p. 69. — [4] Lib. *de Un. Eccles.*, p. 198 et seq. — [5] *I Cor.*, XIII, 3.

dont on voudroit vous faire augmenter le malheureux nombre : vous trouverez que les premiers qui ont dressé en France les églises que vous appeliez *réformées*, étoient des laïques établis pasteurs par des laïques, et par conséquent toujours laïques, qui ont osé toutefois prendre la loi de Dieu en leur bouche et administrer sans pouvoir les saints sacremens. Souvenez-vous de Pierre le Clerc, cardeur de laine. Je ne le dis pas par mépris de la profession, ni pour ravilir un travail honnête : mais pour taxer l'ignorance, la présomption et le schisme d'un homme, qui sans avoir de prédécesseur ou de pasteur qui l'ordonne, sort tout à coup de la boutique pour présider dans l'Eglise. C'est lui qui a dressé l'église prétendue réformée de Meaux, la première formée dans ce royaume en l'an 1546. C'est lui qui a érigé une chaire profane et sacrilége contre le successeur de saint Faron et de saint Sainctin. Ceux qui ont fondé les autres églises, n'ont rien de plus relevé : tous laïques créés pasteurs par des laïques contre tous les exemples de l'antiquité, contre la pratique universelle de l'Eglise chrétienne, où jamais on n'a vu de pasteur qui ne fût ordonné par d'autres pasteurs ; contre l'autorité de l'Ecriture, où le Saint-Esprit ne nous prescrit ni ne nous montre que ce moyen de perpétuer le ministère ecclésiastique. Voilà, mes Frères, l'origine du ministère sous lequel vous étiez. Que si un Luther, un Bucer, un Zuingle, un Pierre Martyr, si d'autres prêtres et d'autres religieux légitimement ordonnés dans l'Eglise catholique se sont faits ministres des troupeaux errans, sans parler des autres raisons qui condamnent leur témérité, il a fallu pour exercer ce ministère nouveau apostasier de la foi de ceux qui les avoient consacrés. On les avoit faits prêtres, en leur disant qu'on leur donnoit le pouvoir de « transformer par leur sainte bénédiction le pain et le vin au corps et au sang de Jésus-Christ, et de les offrir en sacrifice pour les vivans et pour les morts [1] ; » ils avoient été consacrés dans cette foi : mais il a fallu y renoncer pour exercer ce nouveau ministère. Ainsi ils portent sur leur front la marque d'innovation : et les troupeaux séparés reconnoissent si peu l'ordination et la mission qu'ils avoient reçue dans l'Eglise, que cet

---

[1] *Pontif. de Ord. Sacerd.*

imbécile évêque de Troyes[1] (je ne le nomme pas ainsi de moi-même, c'est l'*Histoire ecclésiastique* de Bèze qui nous en donne cette idée[2]) après avoir embrassé la réformation prétendue, n'obtint qu'avec peine et avec beaucoup de prières qu'on lui permît d'être ministre : tant on croyoit inutile tout ce qu'on avoit reçu auparavant. Ainsi tous ces fondateurs des églises prétendues sont des gens sans autorité et sans mission. C'est de là que sont descendus ceux qui composent ces *Lettres pastorales* : et cependant, si Dieu le permet, ils feront les Cypriens et les Athanases. Mais leur erreur est manifeste : et quoiqu'ils tâchent de contrefaire le langage des saints évêques, puisqu'ils n'en ont ni la succession, ni l'autorité, ni la doctrine, vous ne les pouvez regarder que « comme de faux apôtres et des ouvriers trompeurs, transformés, » comme dit saint Paul, « en apôtres de Jésus-Christ [3]. »

Aussi ne voyez-vous dans les écrits qu'ils vous adressent qu'un zèle amer, des sentimens outrés et un abus manifeste de la parole de Dieu. L'auteur de la *Lettre aux Protestans tombés par la crainte des tourmens* traite ceux qui « se sont rendus, » comme il parle, « avant le combat, » c'est-à-dire sans être tourmentés, comme des gens pour qui il n'y a point de miséricorde; et leur appliquant un passage de saint Paul par où il ne leur laisse que le désespoir, il ne daigne même pas les exhorter à la pénitence.

V. Que les prétendues Lettres pastorales sont pleines d'excès et d'une rigueur insupportable contre nous. Emportement de la lettre qui a pour titre :

Un autre imprime une lettre avec ce titre : *A nos Frères, qui gémissent sous la captivité de Babylone,* et renouvelle par ce seul titre toutes les applications aussi vaines qu'injurieuses de l'*Apocalypse,* qu'on n'a cessé de vous faire pour vous rendre l'Eglise odieuse. Tout y est digne d'un commencement si emporté. Il ne vous parle que « de l'horreur que vous devez avoir pour le papisme : » afin de « vous conserver, » comme il parle, « dans cette juste horreur pour le papisme, et telle qu'il mérite, n'oubliez pas, poursuit-il, à vous en mettre continuellement dans l'esprit toutes les laideurs ; et ne les regardez pas à travers ces adoucissemens, comme les docteurs du mensonge les font regarder aujourd'huy. » Vous entendez bien ce langage. Vous reconnoissez ce même es-

A ceux qui gémissent sous la captivité de Babylone. Calomnie insupportable sur les litanies et la prière des Saints.

---

[1] Antoine Carracciol. — [2] *Hist. Ecclés.* de Bèze, liv. II et VI. — [3] II *Cor.,* XI, 13.

prit qui a fait dire aux ministres que l'*Exposition de la doctrine catholique*, que j'ai publiée, encore qu'elle soit tirée mot à mot du saint concile de Trente et que pour cette raison tant d'évêques, tant de cardinaux, tant de docteurs, tout le clergé de France, le Pape même et enfin toute l'Eglise l'ait approuvée, n'étoit pas notre doctrine véritable, mais un adoucissement trompeur, où toute l'Eglise et le Pape même étoit entré de concert avec moi pour vous surprendre. Quel prodige ne peut-on pas croire, quand on croit de telles choses ? Mais ceux qui vous séduisoient n'avoient que ce moyen de conserver l'horreur qu'ils vous inspiroient pour nous dès le commencement de la réformation prétendue. S'ils ne vous eussent déguisé nos sentimens, il n'y eût pas eu moyen de pousser jusqu'au schisme « cette horreur » qu'ils vous donnoient de l'Eglise. Une haine si violente ne peut être entretenue qu'en continuant les mêmes calomnies ; et quand ils vous exhortent à rejeter « les adoucissemens » du papisme pour en considérer sans cesse « toutes les laideurs, » si vous entendez leur langage, c'est-à-dire qu'il faut juger de nos sentimens, non par la profession publique que nous faisons, mais par ce que nos ennemis déclarés nous imputent, et ne connoître notre religion que dans leurs calomnies. Sans cela ne voyez-vous pas qu'ils n'oseroient dire, comme fait cet auteur emporté, que notre religion « fut la religion du démon ; » une religion « de brutaux, » toute pleine « d'idolâtrie et de cérémonies judaïques et païennes. »

Ouvrez les yeux, mes chers Frères : reconnoissez la malignité et le zèle amer de ceux qui dès le commencement vous ont voulu faire les martyrs du schisme. Je ne prétends pas ici entrer dans des controverses : mais en quelle conscience peut-on vous écrire « qu'on vous fait dire dans une langue barbare des litanies à l'honneur des créatures et au déshonneur du Créateur ? » Lisez-les ces litanies, puisque vous les avez entre les mains, non-seulement dans la langue latine, que ces emportés veulent appeler *barbare*, mais encore dans la langue françoise. Est-ce dire des litanies « au déshonneur du Créateur, » que de dire d'abord : « Seigneur, ayez pitié de nous : Christ, ayez pitié de nous : Christ, écoutez-nous : Christ, exaucez-nous : Père éternel, qui êtes Dieu ; Fils rédempteur du monde, qui êtes Dieu ; Saint-Esprit, qui êtes Dieu, ayez pitié de nous : Sainte Trinité, qui êtes un seul Dieu, ayez pitié de nous ? » Après avoir posé ce fondement de notre espérance, est-ce parler « à l'honneur de la créature et au déshonneur du Créateur, » que de dire : « Sainte Marie, priez pour nous : Sainte Mère de Dieu, priez pour nous : Saints Anges, priez pour nous : Saint Pierre, priez pour nous ; » et le reste ? Cette manière de nommer les Saints dans les litanies, ne les met-elle pas visiblement, comme l'ont enseigné tous nos docteurs, plutôt au rang de ceux qui prient qu'au rang de ceux qui sont priés ? Mais quelque utiles que nous paroissent leurs prières, ce n'est pas là que s'arrêtent nos dévotions. Nous revenons aussitôt après à Jésus-Christ, que nous conjurons par tous ses mystères, et par tous les noms qu'il a pris pour nous assurer de ses bontés, et nous délivrer de tous les maux, dont le plus grand et le plus terrible est la mort dans le péché. Nous continuons la litanie en priant Dieu de bénir tous les enfans de l'Eglise, et de les combler de ses graces, dont on fait un pieux dénombrement. Enfin on invoque par trois fois l'Agneau qui ôte les péchés du monde ; et après un psaume admirable et plusieurs autres prières adressées à Dieu, le pontife lui expose les vœux de son peuple, qu'il le prie d'écouter favorablement pour l'amour de son Fils Jésus-Christ Notre-Seigneur. Voilà ces litanies qu'on chante « à l'honneur des créatures et au déshonneur du Créateur. » Est-ce donc s'éloigner de Dieu, est-ce faire injure au Créateur, que de commencer par lui, de finir par lui, et au milieu de se joindre à la troupe de ses amis, afin de le prier en leur compagnie ? Qu'a-t-on à dire après tout contre cette prière : « Priez pour nous ? » N'est-elle pas de mot à mot de saint Paul [1] en plusieurs endroits ? En est-elle plus injurieuse envers le Créateur, quand on l'adresse dans le même esprit aux Saints qui vivent avec lui ? Laissons à part cette chicane, s'ils nous entendent ou non : chicane, dis-je encore une fois, puisqu'on ne peut pas dire des saints anges qu'ils ne nous entendent pas, eux dont il est écrit expressément qu'ils présentent à Dieu nos prières [2]. Cette raison n'empêche donc pas qu'on ne leur dise : « Anges saints, priez pour nous ; » et il en faudroit

[1] I *Thessal.*, V, 25. — [2] *Apoc.*, VIII, 3-5.

venir à cette chicane de distinguer les ames bienheureuses d'avec les saints anges, avec lesquels elles sont unies par les mêmes lumières, par les mêmes graces et par une éternelle société. Mais laissons encore une fois cette chicane : pour décider la question si nos litanies sont au déshonneur du Créateur, n'est-ce pas assez qu'il soit clairement révélé de Dieu que cette prière : « Priez Dieu pour nous, » n'éloigne pas de Dieu ? Mais la chose n'est-elle pas évidente par elle-même ? A-t-on le cœur éloigné de Dieu, où met-on sa dernière fin, où met-on son cœur et sa confiance, quand on dit : « Priez Dieu pour nous, » si ce n'est en Dieu ? Mais par qui demandons-nous que les saints prient, si ce n'est par Jésus-Christ ? Le concile de Trente et toutes les prières de l'Eglise ne font-elles pas foi que les Saints mêmes ne sont écoutés, et ne peuvent rien obtenir pour nous que par Jésus-Christ ? Ainsi démonstrativement la prière que nous leur faisons de prier pour nous, loin d'affoiblir notre confiance envers Dieu et envers le Sauveur, la présuppose toute entière, autant qu'une semblable invitation que nous faisons à nos frères qui sont sur la terre.

<small>VI. Calomnie du même auteur sur les images. Que les accusations qu'on nous fait sur ce sujet viennent d'ignorance et d'une crainte superstitieuse.</small>

Mais on veut que nos images et l'honneur que nous leur rendons fasse horreur. Encore une fois, mes Frères, ne disputons pas : ne nous jetons pas sur la controverse. Mais permettez que je parle en simplicité et avec une cordialité fraternelle et paternelle, à ceux qui n'ont pas encore eu la force de sortir de leurs vains scrupules. Croiriez-vous faire injure à Dieu de baiser, comme nous le faisons, le livre de l'Evangile, de vous lever par honneur quand on le porte en cérémonie, et d'incliner la tête devant ? Les ministres, direz-vous, ne nous ont point appris cela : je le sais et la sécheresse de leurs dévotions ne porte pas à ces actions tendres et affectueuses, encore qu'elles témoignent et qu'elles excitent la dévotion et la ferveur intérieure. Mais cela, reprendrez-vous, n'est pas écrit. Quelle erreur que de vouloir que tout soit écrit jusque dans le moindre détail ! N'est-ce pas assez pour la perfection de l'Ecriture sainte, que les fondemens le soient ; et l'Eglise, fidèle interprète des fondemens de la foi que l'Ecriture contient, ne peut-elle pas être une garantie suffisante de tout le reste ? Mais, mes Frères, sans disputer, je vous demande : est-il écrit quelque part qu'il soit bon de jurer sur l'Evangile? En faisoit-on difficulté dans la nouvelle Réforme? Et en même temps, est-ce par l'encre, ou par le papier, ou par les lettres et les caractères qu'on jure? N'est-ce pas par la vérité éternelle que ces choses représentent? Comment traiteriez-vous ceux qui craindroient de faire ce serment, et comment appelleriez-vous ce vain scrupule? Ne le traiteriez-vous pas de foiblesse et de crainte superstitieuse? Mais qu'est-ce que l'image de la croix, si ce n'est une autre manière d'écrire ce qui est écrit dans l'Evangile et ce qui en est l'abrégé, que Jésus-Christ est notre Sauveur par la croix? Si cela n'est pas véritable, s'il n'est pas vrai que Jésus-Christ nous ait rachetés par la croix, qu'on cesse, comme disoit un saint pape, de le prêcher et de l'écrire. Que si c'est véritablement un mystère de foi et de piété, pourquoi ne le pas écrire en toutes les manières dont il le peut être? Et pourquoi cette écriture des images ne seroit-elle pas aussi vénérable, que celle qu'on fait sur le papier? Le papier et les caractères ne sont-ils pas, aussi bien que les traits de la sculpture et de la peinture, des ouvrages de main d'homme? Mais qui ne voit qu'on regarde en toutes ces choses, non ce qu'elles sont, mais ce qu'elles signifient; et que ce n'est pas une moindre erreur et une moindre superstition de craindre que l'honneur qu'on rend à l'image se termine au marbre ou au métal, que de craindre qu'on s'arrête au papier et à l'encre, quand on touche l'Evangile pour jurer dessus?

Vous vous étonnerez, mes Frères : je parle encore aux infirmes qui conservent de malheureux restes de leurs anciennes erreurs : vous vous étonnerez, dis-je, qu'on puisse vous traiter de superstitieux, et vous répondrez que du moins ce n'est pas là votre vice. Mais, dites-moi cependant, quelle est la crainte qui vous empêche de faire votre prière à Jésus-Christ à genoux devant son image, aussitôt que devant un pilier ou une muraille? Car enfin vous serez toujours devant quelque chose. Pourquoi donc ne pas choisir aussitôt une image de Jésus-Christ qu'une paroi blanche? Cette image est-elle devenue incompatible avec nos dévotions, à cause qu'elle nous en représente le plus cher objet? Mais je vois, mes bien-aimés, ce que vous craignez : vous craignez que votre génuflexion, au lieu d'aller à Jésus, n'aille au bois ou à l'ivoire ; comme si cette génuflexion alloit par elle même à quelque chose, et que ce ne fût pas votre intention qui la dirigeât où elle va. Mais ne savez-vous pas bien que votre intention est d'adresser vos vœux à Jésus-Christ même ? Ou craignez-vous que Jésus-Christ ne le sache pas ? Ou craignez-vous que ce langage du corps ne lui signifie autre chose, que ce que toute l'Eglise et vous-mêmes qui vous conformez à ses intentions, avez dessein de signifier et de faire ? Reconnoissez donc une bonne fois que c'est une grossière ignorance, une pitoyable foiblesse et une véritable superstition, que de craindre d'honorer en effet le bois, quand vous avez intention d'honorer Jésus-Christ.

Mais vous craignez, dites-vous de ne prendre pas assez à la lettre la défense du Décalogue : à la bonne heure. Prenez-la donc entièrement à la lettre, et dites qu'il est aussi peu permis de faire des images, parce qu'il est écrit : « Tu n'en feras pas [1], » que de se prosterner devant, à cause qu'il est écrit : « Tu ne te prosterneras point devant elles [2]. » Entendez donc, mes chers Frères, qu'il est défendu de faire des images et de se prosterner devant elles dans l'esprit des païens, en croyant qu'elles sont remplies d'une vertu divine, ou que la divinité s'incorpore en elles, comme les païens le croyoient ; en un mot dans le dessein de les servir, d'y mettre comme eux sa confiance, et de leur dire avec eux : « Délivrez-moi, parce que vous êtes mon Dieu [3] : » car c'étoit là le vrai caractère et le fond de l'idolâtrie, comme Isaïe nous l'apprend en ce lieu, et comme toute l'Ecriture nous l'enseigne. Et ne dites pas que si les païens eussent cru ces choses, ils auroient été grossiers au delà de toute mesure ; car c'est aussi ce qu'ils étoient : et ce n'est pas en vain que ce saint prophète ajoute dans le passage que je viens de citer : « Ils ne savent pas, ils n'entendent pas, ils n'ont point d'yeux, ils n'ont point de sens ni d'intelligence ; ils ne font point de réflexion dans leur cœur, et ils ne connoissent ni ne sentent rien [4]. » En est-ce assez pour vous faire voir que la grossièreté de l'idolâtrie alloit en effet au delà de toutes bornes et jusqu'à incorporer la divinité, qu'elle croyoit corporelle, dans la matière ?

[1] *Exod.*, XX, 4. — [2] *Ibid.*, 5. — [3] *Isa.*, XLIV, 17. — [4] *Ibid.*, 18, 19.

Lorsque dans la suite des temps les philosophes se sont élevés au-dessus de cette commune erreur du genre humain, il me seroit aisé de vous faire voir qu'ils y retomboient toujours par quelque endroit; et qu'en tous cas, comme l'Apôtre les en convainc [1], ils confirmoient l'impiété du culte public en y adhérant. Mais sans entrer dans ces discussions et pour nous tenir à l'Ecriture, vous voyez ce qu'elle condamne, quand elle défend les images. Le *Catéchisme* de la nouvelle Réforme en demeure d'accord [2] : il dit, comme je l'ai remarqué ailleurs [3], et il ne m'est point pénible de le répéter, puisqu'il vous est nécessaire de l'entendre; il vous dit, ce *Catéchisme*, que les images que Dieu défend dans le Décalogue, c'est celles où l'on croit représenter la divinité, comme si elle étoit corporelle, et celles que l'on regarde « comme si Dieu s'y démontroit à nous. » On ne peut dire que nous ayons cette croyance, sans une insupportable calomnie. On avoue que nous croyons de la nature divine et de la création, tout ce qu'on en peut croire de plus pur : avec cette croyance il est impossible que nous soyons idolâtres. Nous ne servons pas les images, mais nous nous servons des images pour nous rendre plus attentifs aux pieux objets qui excitent notre foi. Quand vous dites que le peuple y attache sa confiance, vous jugez témérairement votre frère : il est soumis à l'Eglise, qui démêle si exactement ce qui appartient à l'original d'avec ce qui appartient à la représentation; et puisqu'il est soumis à ses décrets, pourquoi ne vouloir pas croire qu'il y conforme ses intentions et ses sentimens? Si vous voyez quelquefois un cierge allumé devant l'image d'un Saint, vous voulez croire que c'est pour servir l'image. Vous vous trompez : c'est pour dire que ce Saint est la lumière du monde, et qu'il en faut ou suivre la doctrine, ou imiter les vertus. S'il arrive qu'on jette de l'encens devant des reliques, ou si vous voulez devant quelque image, c'est pour dire que la doctrine et les exemples des Saints sont la bonne odeur de Jésus-Christ, et qu'il faut qu'à leur exemple nous répandions devant Dieu et dans l'Eglise un parfum semblable. Lorsque vous en jugez autrement, vous jugez le serviteur d'autrui contre le précepte de

---

[1] *Rom.*, I, 32. — [2] *Cat. des P. R.*, dim. 23. — [3] *Avert. de l'Exposit.*

l'Apôtre[1] ; mais vous ne persuaderez jamais, ni à un François que son langage vulgaire puisse signifier autre chose que ce que l'usage a voulu, ni aux enfans de l'Église que le langage des cérémonies puisse avoir une autre signification que celle que les décrets et l'usage de l'Église y ont attachée. Et quand des particuliers n'auroient pas des intentions assez épurées, l'infirmité de l'un ne fait pas de préjudice à la foi de l'autre : et quand il y auroit de l'abus dans la pratique de ces particuliers, n'est-ce pas assez que l'Eglise les en reprenne? Et quand on ne les reprendroit pas assez fortement, autre chose est ce qu'on approuve, autre chose ce qu'on tolère : et quand on auroit tort de tolérer cet abus, je ne romprai pas l'unité pour cela ; et pour m'éloigner d'une chose qui ne me peut faire aucun mal, je ne m'irai pas plonger dans l'abîme du schisme où je périrois. Saint Augustin avoue qu'il voyoit beaucoup de pratiques superstitieuses qu'il ne pouvoit approuver, « et qu'il n'osoit pas toujours reprendre avec une entière liberté, pour ne point scandaliser des personnes ou pieuses ou emportées et turbulentes[2]. » Il ne laissoit pas d'être pur de ce qu'il y avoit d'iniquité dans ces pratiques. L'Eglise, poursuit le même Père, « au milieu de la paille et de l'ivraie où elle se trouve, tolère beaucoup de choses : mais ni elle n'approuve, ni elle ne fait ce qui est contre la foi et les bonnes mœurs. » Ce que l'Eglise tolère n'est pas notre règle, mais ce qu'elle approuve ; et ceux qui se servent de semblables choses pour vous aigrir contre nous et empêcher un aussi grand bien que celui de la réunion, sont maudits de Dieu.

VII. Injustes reproches sur les cérémonies, sur le service en langue latine, et sur l'adoration de Jésus-Christ dans l'Eucharistie. Que c'est

Pour ce qui est des « cérémonies païennes et judaïques, » dont cette *Lettre* emportée dit que notre culte est rempli, où sont-elles ? Est-ce le signe de la croix ? L'avons-nous pris des Juifs et des païens, à qui la croix est folie et scandale ? Est-ce l'huile que nous employons dans les sacremens, selon le précepte de saint Jacques[3] ? Est-ce l'eau bénite que nous prenons en mémoire de notre baptême, ou le pain bénit, reste précieux des agapes ou festins de charité des chrétiens et symbole de notre union ? Quand

---

[1] *Rom.*, XIV, 4. — [2] August., *Epist.* LV, al. CXIX, *ad Jan.*, cap. XIX, n. 34. — [3] *Jacob.*, V, 14, 15.

on auroit appliqué à de saints usages quelques-unes des cérémonies indifférentes ou des Juifs ou des païens, pour attacher les esprits à de plus saints objets, seroit-ce un crime ? Mais peut-être que vous vous plaignez de ce que le prêtre paroît à la messe, tantôt les mains élevées au ciel, selon que l'Apôtre le prescrit [1], tantôt les mains jointes, pour témoigner plus d'ardeur quand les choses le demandent ; ou de ce que toutes les fois qu'il commence une nouvelle action, il se tourne vers le peuple pour lui donner et en recevoir le salut en signe de communion. Les ministres sont-ils choqués des habits sacrés que leurs frères les protestans d'Allemagne, et leurs frères, encore plus chers, les protestans d'Angleterre, ont retenus aussi bien que la plupart des cérémonies ; et veulent-ils que ces choses, qui vous paroissent ou utiles ou indifférentes dans les pays étrangers, ne vous inspirent de l'horreur, que lorsque vous les verrez pratiquer par vos concitoyens et dans l'Eglise catholique ?

les prétendus réformés qui sont charnels et grossiers, et non pas nous, comme ils nous en accusent.

Ils ne songent en effet qu'à répandre du venin sur tout ce que nous faisons. J'aurai d'autres occasions de vous instruire du service en langue vulgaire, et je l'ai déjà fait souvent de vive voix. Mais que veut dire cet emporté ministre par ces paroles : « Ne vous accoustumez jamais à ce langage barbare, qui dérobe aux oreilles du peuple la religion, et qui ne laisse plus rien que pour les yeux ? » N'est-ce pas une visible calomnie d'imputer à l'Eglise catholique qu'elle veuille cacher au peuple les mystères, après que le concile de Trente a fait ce décret : « Que de peur que les brebis ne demeurent sans nourriture, et qu'il ne se trouve personne pour rompre aux petits le pain qu'ils demandent, les pasteurs leur expliqueront dans la célébration de la messe, principalement les dimanches et fêtes, quelque chose de ce qu'on y lit et quelqu'un des mystères de ce très-saint sacrifice [2] ? » Ce n'est donc pas l'intention de l'Eglise de vous cacher les mystères ; mais au contraire de vous en exposer tous les jours quelque partie avec tant de soin, qu'ils vous deviennent connus et familiers. Les livres qu'on vous a mis entre les mains vous expliquent tout ; et ceux qui vous persuadent qu'on vous veut ôter la connoissance des

---

[1] 1 *Timoth.*, II, 8. — [2] *Conc. Trid.*, sess. XXII, cap. VIII.

adorables secrets de la religion, ne songent qu'à vous remplir d'aigreur et d'amertume contre vos frères.

Mais voici la grande plainte : c'est qu'on vous fait adorer du pain. Je vous ai déjà déclaré que je n'entre point dans les controverses : mais je vous dirai seulement que ce reproche est semblable à celui que nous font les sociniens, et que nous faisoient autrefois les disciples de Paul de Samosate. En niant la divinité de Jésus-Christ, ils nous accusent d'être idolâtres, et s'imaginent avoir un culte plus pur que le nôtre, à cause qu'ils ne rendent pas les honneurs suprêmes à un homme. Mais pendant qu'ils se glorifient d'être plus spirituels que nous, et de rendre à la Divinité une adoration plus pure, ils sont en effet charnels et grossiers, parce qu'ils ne suivent que leurs sens et un raisonnement humain qui leur persuade qu'un homme ne peut pas être Dieu. On vous veut rendre spirituels de la même sorte : on se vante de purifier votre culte, en vous obligeant à croire qu'il n'y a sur la sainte table que le pain que vous y voyez, et que le corps de Jésus-Christ, que vous n'y voyez pas, n'y est pas aussi et n'y peut pas être. En cela que faites-vous autre chose que de suivre la chair et le sang ? Que si, à l'exemple du catholique, vous vous éleviez au-dessus ; si vous vous rendiez capables de croire que Jésus-Christ a pu se cacher lui-même sous la figure du pain, pour exercer notre foi : qui vous pourroit empêcher d'entendre aussi simplement ces paroles : « Ceci est mon corps [1], » que ces paroles : « Le Verbe étoit Dieu, et le Verbe a été fait chair [2] ? » On vous prêchoit autrefois que c'étoit une action inhumaine et contraire à la piété, que de manger par la bouche du corps, de la chair humaine, et encore la chair de son père. Ce titre d'*anthropophages* et de *mangeurs de chair humaine* que les ministres nous donnoient, nous faisoient passer pour des brutaux dans l'esprit de leurs aveugles sectateurs ; il n'y avoit violence qu'ils ne se crussent obligés de faire aux paroles de Jésus-Christ plutôt que d'y reconnoître un sens si barbare. Maintenant qu'on s'est radouci, et qu'en faveur des luthériens on est demeuré d'accord que cette manducation de la chair de Notre-Seigneur, qu'on trouvoit si odieuse,

[1] *Matth.*, XXVI, 26. — [2] *Joan.*, I, 1, 14.

n'a aucun venin; qu'elle n'a rien qui répugne à la piété, ni à l'honneur de Dieu, ni au bien des hommes, en sorte que les luthériens qui la croient et la pratiquent aussi bien que nous, sont dignes de la sainte table et vrais membres de Jésus-Christ : qui vous oblige à violenter les paroles de Jésus-Christ, et d'y introduire par force une figure dont on ne trouve dans l'Ecriture aucun exemple? Mais si nous sommes des idolâtres, à cause que nous adorons Jésus-Christ dans l'Eucharistie, que seront les luthériens? Il n'est pas vrai, quoi que l'on vous dise, qu'ils n'adorent pas Jésus-Christ dans le sacrement de la Cène. Si vous les consultez, ils vous diront que n'y croyant Jésus-Christ que dans l'usage, ils ne l'y adorent aussi que dans l'usage, et que c'est pour l'y adorer dans l'usage qu'ils reçoivent à genoux ce saint sacrement. Mais quand ils ne lui rendroient aucune adoration extérieure, qui ne sait que ce n'est pas dans cet extérieur que consiste le service? L'acte de foi, d'espérance et de charité rapporté à Jésus-Christ comme présent, n'est-ce pas une parfaite adoration qu'on lui rend? Et si c'est une idolâtrie que d'adorer Jésus-Christ dans le sacrement de la Cène, celui qui l'y adore intérieurement peut-il s'exempter d'être idolâtre? Comment donc peut-il avoir part à la table de Jésus-Christ et à l'héritage céleste? Pesez, mes Frères, pesez un raisonnement si solide et tout ensemble si intelligible : vous verrez qu'on pardonne tout aux luthériens; qu'on outre tout contre nous, et qu'on ne tâche qu'à vous inspirer une horreur injuste contre notre culte.

Enfin si c'est une idolâtrie que d'adorer Jésus-Christ dans le très-saint Sacrement, où sont les vrais adorateurs depuis tant de siècles? Ne vous y trompez pas, mes Frères, l'adoration de Jésus-Christ dans l'Eucharistie est aussi ancienne que l'Eglise. Mais pour ne vous dire que les choses dont on convient parmi vous, elle y est du moins établie et constamment décidée depuis Béranger, c'est-à-dire il y a plus de six cents ans. L'enfer a-t-il prévalu durant tant de siècles? Et ce qui devoit toujours subsister jusqu'à la fin du monde, selon la parole de Jésus-Christ, a-t-il souffert une interruption si considérable?

VIII. Qu'on ne peut nous accuser d'idolâtrie, sans blasphémer contre Jésus-Christ et contre les promesses données à l'Eglise. Passage remarquable de M. Claude.

Et de peur que vous ne croyiez que je vous veuille jeter dans une importune discussion de l'histoire des siècles passés, où étoient les vrais adorateurs quand Zuingle et Calvin sont venus au monde? Car pour Luther, il est constant que s'il a changé quelque chose dans l'adoration, ce n'a été que bien tard. En tout cas où étoient-ils ces adorateurs véritables, dans les commencemens de Luther et du nouvel évangile? Vous en revenez à ces sept mille inconnus au prophète Elie, qui n'avoient point fléchi le genou devant Baal. Mais enfin ces sept mille se seront du moins déclarés, quand ils auront vu paroître les réformateurs. J'ai pressé M. Claude d'en nommer un seul qui se joignant à ces réformateurs prétendus, leur ait dit : J'ai toujours cru comme vous : jamais je n'ai adhéré à la foi romaine, ni à la messe, ni à la présence réelle, ni à l'adoration de Jésus-Christ dans l'Eucharistie [1]. A cette demande si précise, à ce fait si clairement posé, qu'a répondu ce ministre si fécond en subtilités? « M. de Meaux, dit-il, s'imagine-t-il que les disciples de Luther et de Zuingle deussent faire des déclarations formelles de tout ce qu'ils avoient pensé avant la réformation, et qu'on deust insérer ces déclarations dans les livres [2]? » Vous voyez qu'il n'a eu personne à nommer; et cette réponse peut passer pour un aveu solennel, qu'en effet il ne sait personne qui ait fait une semblable déclaration. De dire que cela ne s'écrive pas; et que pendant qu'on objectoit de tous côtés et dans tous les livres aux réformateurs prétendus que la doctrine qu'ils enseignoient étoit inconnue quand ils sont venus, ils ne se soient jamais avisés de dire qu'un très-grand nombre de ceux qui les suivoient avoient toujours cru comme eux : c'est une illusion manifeste. Cependant quoiqu'ils aient rempli l'univers de lettres, d'histoires, de traités, et que mille et mille fois ils se soient mis en devoir de satisfaire le monde sur la nouveauté qu'on leur objectoit, jamais ils n'ont nommé ces partisans qu'on suppose qu'ils avoient parmi nous; et encore à présent M. Claude ne les peut trouver, quoiqu'on le presse d'en nommer du moins quelques-uns. Mais au lieu de nous contenter sur cette demande, il nous allègue le progrès soudain de la réformation, « qui marque,

---

[1] *Conf., Réflex.* XIII, tom.' XIII, p. 622. — [2] *Rép. au Disc. de M. de Condom*, p. 362.

dit-il, que la matière estoit extrémement disposée ¹. » Comme si le désir de s'affranchir des vœux, des jeûnes, de la continence, de la confession, des mystères qui passoient les sens, de la sujétion des évêques qui étoient en tant de lieux princes temporels; la jouissance des biens d'église; le dégoût des ecclésiastiques trop ignorans, hélas! et trop scandaleux; le charme trompeur des plaisanteries et des invectives, et celui d'une éloquence emportée et séditieuse; le pouvoir accordé aux princes et aux magistrats de décider des affaires de la religion, et à tous les hommes de se rendre les arbitres de leur foi et de n'en plus croire que leur propre sens; enfin la nouveauté même, n'avoient pas été l'attrait qui jetoit en foule dans la nouvelle Réforme les villes, les princes, les peuples, et jusques aux prêtres et aux moines apostats. Pendant que les catholiques alléguoient aux réformateurs et à leurs disciples ces causes de leur révolte, c'étoit le temps de répondre que ce n'étoit pas d'aujourd'hui qu'ils avoient eu ces pensées; ils auroient dû même s'en expliquer auparavant. Car enfin on a supposé dans les nouvelles *Lettres pastorales* que selon la doctrine de saint Paul, « ce n'est pas assez de croire de cœur à justice : mais qu'il faut encore confesser de bouche à salut, et glorifier Dieu du corps et de l'esprit, puisqu'il est le rédempteur de l'un et de l'autre ². » C'est ainsi que parle la *Lettre* adressée *aux tombés*; et celle qui est écrite *aux oppressés de Babylone,* ne s'explique pas en termes moins formels : « Sçachez que ce n'est pas assez de détester toutes ces choses de cœur, il faut les condamner de bouche. » Pourquoi donc ne pas déclarer ceux qu'on suppose avoir confessé avant la Réforme la doctrine qu'elle enseignoit? Cependant on n'en rapporte aucun : tant il est vrai qu'il n'y en avoit point du tout. Et il paroît au contraire que les premiers réformateurs, prêtres et moines pour la plupart, avoient été consacrés dans la foi que nous professons, comme nous l'avons déjà vu; et ceux qu'ils ont entraînés dans leur rébellion les ont regardés comme des hommes extraordinaires, qui leur apprenoient une nouvelle doctrine. Où étoient donc au nom de Dieu ceux qui croyoient bien, pendant que tout le monde, et aussi bien les ré-

---

¹ *Rép. au Disc. de M. de Condom*, p. 362. — ² *Rom.*, x, 10.

formateurs que ceux qui les ont suivis, croyoient comme nous?

Gardez-vous bien, mes chers Frères, de regarder cette question comme une question inutile ou curieuse. Il s'agit de vérifier les promesses de l'Evangile. M. Claude demeure d'accord qu'en vertu de ces promesses de Jésus-Christ : « Enseignez et baptisez, je serai toujours avec vous [1], » il faut entendre : Je serai toujours avec vous enseignant et baptisant. D'où il s'ensuit de son aveu que Jésus-Christ « promet à son Eglise d'estre avec elle et d'enseigner avec elle sans interruption jusqu'à la fin du monde [2]. » Et encore : « Il y aura toujours une Eglise, et Jésus-Christ sera toujours au milieu d'elle, baptisant avec elle et enseignant avec elle [3]. » Sans doute c'est par les pasteurs qu'il exercera ce ministère : c'est donc avec les pasteurs qu'il a promis de baptiser et d'enseigner. Qu'on nous explique comment peuvent mal baptiser et mal enseigner ceux avec qui Jésus-Christ baptise et avec qui Jésus-Christ enseigne.

M. Claude nous oppose l'expérience ; et pour montrer que cette force invincible que nous attribuons au ministère ecclésiastique en vertu des promesses de Jésus-Christ, ne lui convient pas, il nous rapporte beaucoup de passages d'Hérivé, de saint Bernard, d'Alvare Pélage [4], et des autres qui dans les siècles précédens ont déploré les désordres du clergé, et en ont désiré la réformation. Je n'entreprends pas ici d'examiner ces passages : vous les pouvez lire ; et si vous en trouvez un seul où ces auteurs se soient plaints de la transsubstantiation, ou du sacrifice, ou de l'adoration de l'Eucharistie, ou enfin d'aucun des points de doctrine sur lesquels Luther et Calvin ont fait rouler leur réformation, je veux bien abandonner la cause. Mais si au contraire parmi tant de passages ambitieusement rapportés, il ne s'en trouve pas un seul qui regarde le moins du monde ces choses, avouez que les prétendus réformateurs n'ont pris de ces hommes vénérables que le nom de *réformation*, et n'ont fait qu'abuser le monde par un titre spécieux.

IX.
Blasphèmes des

N'écoutez donc plus leurs dangereux discours. N'appelez plus réformation un schisme affreux qui a désolé la chrétienté ; et

[1] *Matth.*, XXVIII, 19, 20. — [2] *Rép. au disc. de M. de Condom*, p. 106. — [3] *Ibid.*, p. 109, 333, etc. — [4] *Ibid.*, p. 315 et suiv.

tournez contre les ennemis de la réunion l'horreur qu'ils tâchent de vous inspirer pour nous. Car y a-t-il rien de plus digne d'horreur que de vous faire haïr l'Eglise, que de vous représenter comme Babylone celle qui porte sur le front le nom de Jésus-Christ, et qui met en lui seul sa confiance, que de faire la mère des idolâtries et des prostitutions, celle qui dès l'origine du christianisme jusqu'à nos jours ne cesse d'envoyer ses enfans par toute la terre et jusque dans les régions les plus inconnues, pour y faire adorer le seul et vrai Dieu, Père, Fils et Saint-Esprit? Ce n'est donc pas nous, mes Frères, qui méritons cette juste horreur qu'on a pour l'idolâtrie; c'est ceux qui nous accusent faussement. Ceux qui portent contre un innocent un témoignage faux et calomnieux, sont punis du même supplice que mériteroit le crime dont ils ont porté le témoignage, s'il avoit été avéré : ainsi ceux qui nous accusent d'idolâtrie, pendant que nous confessons avec tant de pureté le nom de Dieu, méritent devant les hommes l'horreur qui est due à l'idolâtrie, et en recevront devant Dieu le juste supplice. *prétendues Lettres pastorales contre l'Eglise catholique, et même contre l'Eglise ancienne.*

Mais surtout de quelle horreur sont dignes ceux qui font tomber cette accusation sur toute l'Eglise, et encore sur l'Eglise des premiers siècles? Il y a longtemps, mes Frères, que c'est une chose avouée parmi les ministres, que dès le quatrième siècle l'Eglise demandoit les prières des martyrs et en honoroit les reliques; et Vigilance s'étant opposé à cette pratique ancienne et universelle, fut tellement réprimé par les écrits de saint Jérôme, qu'il demeura seul dans son sentiment. Si c'est donc une idolâtrie de demander les prières des Saints et d'en honorer les reliques, cet illustre quatrième siècle : oui, ce siècle où les prophéties du règne de Jésus-Christ se sont accomplies plus manifestement que jamais, où les rois de la terre persécuteurs jusqu'alors du nom de Jésus, selon les anciens oracles, en sont devenus les adorateurs : ce siècle, dis-je, servoit la créature; les prophéties du règne de Jésus-Christ étendu sur les idolâtres s'y sont accomplies en les amenant dans une nouvelle idolâtrie; les Ambroises, les Augustins, les Jérômes, les Grégoires de Nazianze, les Basiles, et les Chrysostomes, que tous les chrétiens ont respectés jusqu'ici comme les docteurs de la vérité, ne sont pas seulement les sectateurs, mais encore les docteurs et les maîtres d'un culte impie, dont le seul Vigilance s'est conservé pur : tant le christianisme étoit mal fondé, tant le nom d'Eglise de Jésus-Christ est peu de chose dès les premiers siècles !

Pouvez-vous, mes Frères, souffrir des ministres qui déshonorent par de tels opprobres la religion chrétienne ? Ce n'est pas le seul outrage qu'ils font à l'Eglise; et sans sortir de la prétendue *Lettre pastorale à ceux qui sont tombez par les tourmens,* vous y trouverez ce blasphème : « Ainsi vit-on dans les premiers siècles l'Eglise tomber dans une apostasie semblable à la vostre, après avoir gousté les douceurs mortelles du règne du grand Constantin. » O prodige inouï parmi les chrétiens ! les saints Pères ont reproché aux hérétiques qu'ils apostasioient en se séparant de l'Eglise : mais que l'Eglise elle-même ait apostasié, qui l'entend sans horreur n'est pas chrétien; et vous ne pouvez regarder comme des pasteurs ceux qui ont proféré un tel blasphème. Mais ce blasphème est inséparable de la réformation prétendue. Pour pouvoir dire avec quelque couleur qu'il faut sortir de l'Eglise comme d'une Babylone, il faut dire qu'auparavant l'Eglise elle-même avoit apostasié. Si on lui eût reproché de moindres crimes que l'idolâtrie, on n'auroit pas pu arracher du cœur des fidèles la vénération qu'ils avoient pour elle; et ce n'étoit que par de tels excès qu'on en pouvoit venir à la rupture.

x. Exhortation aux nouveaux convertis, pour les inviter aux sacremens et surtout à la sainte Eucharistie. Que la communion sous une espèce est suffisante. Témoignage de M. Claude et des

Détestez-la donc, mes Frères, et venez de tout votre cœur à notre unité. Commencez par la confession de vos péchés pour en recevoir la pénitence et l'absolution, conformément à cette parole : « Recevez le Saint-Esprit; ceux dont vous remettrez les péchés, ils leur seront remis; et ceux dont vous retiendrez les péchés, ils leur seront retenus [1]. » Ne croyez pas qu'il suffise, pour accomplir cette parole, de vous annoncer en général la rémission des péchés, comme faisoient les ministres, puisque Jésus-Christ n'a pas dit : Annoncez; mais *Remettez;* et qu'il ne s'agit pas de prononcer seulement en général, puisqu'il est ordonné d'user de discernement, et de retenir aussi bien que de remettre. Mais il ne faut pas

[1] *Joan.,* XX, 22, 23.

s'étonner que de faux pasteurs n'osent pas agir suivant les termes de la commission que Jésus-Christ a donnée à ses véritables ministres. Reconnoissez, mes chers Frères, quelle est la réformation, où l'on réforme la commission donnée par Jésus-Christ même, et où l'on ôte avec la confession et le jugement des prêtres, le nerf de la discipline et le frein de la licence. *autres ministres.*

Ce n'est pas un moindre attentat d'avoir retranché de l'Eglise l'imposition des mains, par laquelle on donne le Saint-Esprit aux fidèles. Ce sacrement est prouvé par ces paroles expresses des *Actes :* « Quand les apôtres qui étoient à Jérusalem eurent appris que ceux de Samarie avoient reçu la parole de Dieu, ils leur envoyèrent Pierre et Jean, qui étant venus, firent des prières pour eux, afin qu'ils reçussent le Saint-Esprit. Car il n'étoit point encore descendu sur eux, et ils avoient seulement été baptisés au nom du Seigneur Jésus. Mais alors ils leur imposèrent les mains, et ils reçurent le Saint-Esprit [1]. » Il a plu aux nouveaux réformateurs de décider de leur autorité et sans aucun témoignage de l'Ecriture, que ce sacrement, quoique administré dans tous les siècles et réservé selon la pratique des apôtres aux évêques leurs successeurs, n'étoit dans l'Eglise que pour un temps. Sous prétexte que le Saint-Esprit ne descend plus visiblement, ils ont prétendu qu'il ne descendoit plus du tout, et que cette cérémonie étoit inutile. Ils auroient pu prétendre avec autant de raison, qu'à cause que Satan n'afflige plus comme autrefois visiblement en leur chair ceux que l'Eglise lui livre [2], elle a perdu le pouvoir de les lui livrer par ses censures. Ne le croyez pas, mes Frères, et ne soyez pas plus sages que toute l'antiquité. Apprenez soigneusement de vos pasteurs quel est l'effet de ce sacrement, et du saint chrême que nous bénissons à l'exemple de nos pères dès l'origine du christianisme. Vous devriez déjà nous avoir demandé avec ardeur un sacrement qui vous est si nécessaire pour fortifier votre foi naissante. Venez, mes Frères, venez le recevoir de nos mains ; venez, vous qui êtes proche : désirez, vous qui êtes loin, et j'irai vous porter ce don céleste.

Mais surtout préparez-vous à faire la pâque, et à manger la

[1] *Act.*, VIII, 14-17. — [2] 1 *Cor.*, V, 4, 5.

chair adorable de l'*Agneau* sans tache, *qui ôte le péché du monde*. Qu'y a-t-il de plus désirable que d'exercer le droit de l'Epouse, de jouir du corps sacré de l'Epoux céleste; de lui livrer le sien, afin qu'il le sanctifie; et de s'unir à lui corps à corps, cœur à cœur, esprit à esprit, afin d'être « consommé en un » avec lui [1], d'être « os de ses os et chair de sa chair [2], » et enfin « deux dans une même chair, » et tout ensemble dans « un même esprit » avec Jésus-Christ [3]? Ce n'est pas seulement l'esprit, c'est le corps qu'il faut préparer au corps de Jésus. Car depuis que le Verbe a été fait chair, le corps qu'il a pris est le moyen de nous unir à sa divinité; et pour consommer le mystère, c'est aussi en s'unissant à nos corps que le Fils de Dieu fait passer sa grace et sa vertu dans nos ames. Courez donc avidement au corps du Sauveur: qu'aurez-vous à désirer davantage, quand vous y aurez trouvé avec la divinité et toute la personne de Jésus-Christ, la source de la grace et de la vie?

Il a dit : « Qui me mange, vivra pour moi. » Il a dit : « Qui mangera de ce pain, aura la vie éternelle. » Il a dit : « Le pain que je donnerai, c'est ma chair que je donnerai pour la vie du monde [4]. » Quelle autre grace recevroit-on avec le sang précieux ? Et qui ne voit que l'un et l'autre, et les deux ensemble, ont une seule et même vertu? Ne devez-vous pas être contents de communier comme la pieuse antiquité communioit les malades, comme saint Ambroise a communié en mourant, comme saint Cyprien et les autres Saints ont communié les enfants, comme les martyrs ont communié dans leurs maisons et les solitaires dans leurs retraites; comme plusieurs Saints ont entendu que Jésus-Christ avoit communié les deux disciples d'Emmaüs; comme les adversaires eux-mêmes communient ceux qui ont répugnance au vin, et ne croient pas les priver du sacrement de Jésus-Christ, encore qu'ils en fassent consister toute la vertu dans les espèces? Combien plus doit-on être content d'une seule espèce dans l'Eglise catholique, où la force du sacrement est mise en Jésus-Christ même? Croyez-vous que l'Eglise, cette bonne Mère, voulût priver

---

[1] *Joan.*, XVII, 23. — [2] *Ephes.*, V, 30. — [3] I *Cor.*, VI, 16, 17. — [4] *Joan.*, VI, 52, 58, 59.

ses enfans de la grace d'un sacrement dont elle connoît si bien les douceurs et la vertu? Ou que Jésus-Christ, qui lui a promis d'être toujours avec elle, l'eût permis? Sur la foi de cette promesse, M. Claude demeure d'accord qu'il y a toujours « une Eglise qui publie la foy, une Eglise à qui Jésus-Christ a donné un ministére extérieur, et par conséquent une Eglise qui a un extérieur et une visibilité [1]. » Il avoue qu'il faut reconnoître en vertu de cette promesse, « une subsistance perpétuelle du ministére dans un estat suffisant pour le salut des élus de Dieu [2], pour édifier le corps de Christ et pour amener tous ses élus et ses vrais fidèles à la perfection [3]. » S'il leur manque quelque chose d'essentiel à un aussi grand sacrement que celui de la communion, le ministère est-il suffisant au salut et à la perfection des fidèles? Est-ce être dans cet état, que de ne recevoir un tel sacrement qu'en violant le commandement de Jésus-Christ? C'est une vérité constante entre nous et les ministres, que l'Eglise ne peut pas être où les sacremens ne sont pas. Si donc les deux espèces sont absolument nécessaires à chaque fidèle, si le sacrement ne subsiste que dans la distribution de toutes les deux, les ministres devroient dire que tant qu'on n'a donné qu'une seule espèce, l'Eglise a été sans le sacrement de la Cène. Ils n'osent le dire néanmoins : ils sont forcés d'avouer qu'on se sauvoit parmi nous du moins avant leur réformation, et que la vraie Eglise y étoit. Il faut donc qu'ils avouent nécessairement que le sacrement de la Cène y étoit aussi, et par conséquent qu'il subsiste dans toute sa perfection en ne distribuant qu'une seule espèce.

C'est aussi ce que M. Claude reconnoît d'une manière à ne laisser aucun doute à ceux qui le voudront lire attentivement. Voici comme il définit l'Eglise : « L'Eglise et les vrais fidèles qui font profession de la vérité et de la piété chrestienne, et d'une véritable sainteté, sous un ministére qui luy fournit les alimens nécessaires pour la vie spirituelle, *sans luy en soustraire aucun* [5]. » Il n'y a rien de plus essentiel à l'Eglise que ce qui entre dans

---

[1] Voy. le *Traité de la Commun. sous les deux espèces*. — [2] *Rép. au disc. de M. de Cond.*, quest. IV, p. 102. — [3] *Ibid.*, p. 105. — [4] *Ibid.*, p. 109. — [5] *Ibid.*, p. 129.

sa définition. Il entre dans la définition de l'Eglise qu'elle soit *sous un ministère*, c'est-à-dire sous des pasteurs qui lui fournissent tous les alimens nécessaires pour la vie spirituelle, *sans lui en soustraire aucun*. Ce ministre convient sur ce fondement[1], et tous les ministres en sont d'accord, qu'au moins jusqu'à la réformation prétendue, on faisoit son salut sous le ministère des pasteurs latins et de l'Eglise romaine, et que la véritable Eglise y étoit encore. Elle étoit donc *sous un ministère* qui lui fournissoit tous les alimens nécessaires, *sans lui en soustraire aucun*, lors même qu'on avoit cessé de donner la coupe, et la coupe ne peut pas être comptée parmi ces alimens nécessaires à la vie spirituelle.

Venez donc, mes chers Frères, venez au banquet sacré de l'Eglise; et n'en faites pas consister la perfection dans les deux espèces, puisque les ministres mêmes sont forcés à reconnoître qu'on vous donne sous une seule tout l'aliment nécessaire à la vie spirituelle, sans vous en soustraire aucun. En effet quel sujet auriez-vous de douter? Sur la foi de l'Eglise vous vous contentez de votre baptême, encore que vous l'ayez reçu dans l'enfance sans l'autorité de l'Ecriture, et d'une manière, à ne regarder que la lettre, si différente de celle que Jésus-Christ a ordonnée, qu'il a lui-même observée le premier, et où ses apôtres ont mis la mystérieuse représentation de notre sépulture aussi bien que notre résurrection avec Jésus-Christ. Vous entendez bien que je parle de l'immersion pratiquée dans le baptême durant tant de siècles, et comprise dans ces paroles de Notre-Seigneur : *Baptisez*, c'est-à-dire plongez, et mettez entièrement sous les eaux. Si sur la foi de l'Eglise vous êtes en repos de votre baptême, reposez-vous sur la même foi de votre communion, et ne vous privez pas de tout le sacrement sous prétexte d'en désirer une partie. C'est le comble de mes vœux de vous voir à la sainte table consommer le mystère de votre paix et de votre réconciliation avec l'Eglise. Mais de peur que vous n'y mangiez votre jugement, et que faute de discerner le corps du Seigneur vous ne vous en rendiez coupables, nous désirons, autant qu'il sera possible, de vous prépa-

[1] *Rép. au disc. de M. de Cond.*, quest. IV, p. 130 et suiv.

rer nous-même à ce céleste banquet ; et nous irons de paroisse en paroisse vous donner les instructions et les conseils nécessaires. Au reste nous ne demandons pas des perfections extraordinaires. Pourvu qu'on apporte à l'Eucharistie une ferme foi, une conscience innocente et une sainte ferveur, nous supporterons les restes de l'infirmité, nous souvenant de cette pâque d'Ezéchias, dont nous vous avons parlé au commencement de cette *Instruction*. Plusieurs de ceux qui étoient revenus du schisme, n'avoient pas été sanctifiés autant qu'il étoit requis pour faire la pâque : mais Ezéchias pria pour eux, en disant : « Le Seigneur, qui est bon, aura pitié de ceux qui recherchent de tout leur cœur le Dieu de leurs pères, et ne leur imputera pas de ce qu'ils ne sont pas assez purifiés : et le Seigneur l'écouta, et il s'apaisa sur le peuple [1]. » Pourvu donc que revenus à Dieu de tout votre cœur, vous le serviez dans le même esprit que vos pères dans l'Eglise où ils l'ont servi, ce qui manque à votre foi encore infirme sera suppléé par la médiation de Jésus-Christ, dont Ezéchias étoit la figure ; et la sainte Eucharistie sera votre force.

En attendant, mes chers Frères, fréquentez les instructions et les catéchismes : envoyez-y vos enfans. Que je n'entende plus dire qu'il y en ait parmi vous qui s'en éloignent, « de peur, comme dit l'Apôtre, que ne vous trouvant pas tels que je vous souhaite, vous ne me trouviez pas aussi tel que vous souhaitez [2]. » Répondez-moi, mes Frères : « Lequel des deux voulez-vous, que j'aille à vous avec la verge ou avec l'esprit de douceur [3] ? S'il vous reste quelque scrupule, venez à nous avec confiance : à toute heure nous serons prêts à vous écouter, « et à vous donner non-seulement l'Evangile, mais encore notre propre vie, parce que vous nous êtes devenus très-chers [4]. » Ainsi vous serez sur la terre ma consolation et ma joie, et vous serez ma couronne au jour de Notre-Seigneur [5]. Je sais que quelques esprits artificieux tâchent secrètement de vous inspirer la dissension, et vous annoncent des changemens et des victoires imaginaires de la religion que vous avez quittée. Au défaut de toute apparence, l'*Apocalypse* ne leur

---

[1] II *Paral.*, xxx, 18, 19. — [2] II *Cor.*, xii, 20. — [3] I *Cor.*, iv, 21. — [4] I *Thessal.*, ii, 8. — [5] *Ibid.*, 19, 20.

manque pas, et ils font trouver tout ce qu'ils veulent aux esprits crédules dans ses obscurités. Mais sans vouloir faire le prophète, j'ose bien vous dire avec confiance qu'un changement si inespéré arrivé dans tout le royaume, ressent trop visiblement la main de Dieu pour n'être pas soutenu, et que la piété du roi, visiblement protégé de Dieu, mettra fin à ce grand ouvrage. L'œuvre de la réunion s'achèvera, œuvre de charité et de paix, « qui tournera le cœur des pères vers les enfans, et le cœur des enfans vers les pères[1], » c'est-à-dire qui fera revivre la foi de nos pères dans leurs enfans longtemps séparés de leur unité, et ramènera les enfans à l'Eglise où leurs pères ont servi Dieu, où leurs os reposent en paix, et où ils attendent la résurrection des justes.

Donné à Claye, le dimanche vingt-quatrième jour du mois de mars, mil six cent quatre-vingt-six.

† J. BÉNIGNE, E. de Meaux.

Par monseigneur,

Ledieu.

[1] *Malach.*, IV, 6.

FIN DE LA LETTRE PASTORALE SUR LA COMMUNION PASCALE.

LETTRE

DE MGR L'ÉVÊQUE DE MEAUX

A FRÈRE N. MOINE DE L'ABBAYE DE N.

CONVERTI DE LA RELIGION PROTESTANTE A LA RELIGION CATHOLIQUE,

SUR L'ADORATION DE LA CROIX.

AVERTISSEMENT.

Cette *Lettre sur l'Adoration de la Croix* n'a été écrite au solitaire à qui elle s'adresse, que parce qu'il souhaitoit de la communiquer à des personnes à la conversion desquelles il étoit indispensablement obligé de prendre part; quant à lui, il avoit peu besoin de cet écrit pour s'instruire de la manière que les catholiques honorent la Croix : Dieu a éclairci toutes ses difficultés sur la Religion au moment qu'il la lui a fait embrasser. Et tout ce qui lui a fait de la peine dans l'état où il a été appelé d'une manière fort extraordinaire, c'est que sa reconnoissance envers Jésus-Christ ne peut égaler ses souhaits non plus que ses obligations.

Ceux entre les mains de qui cette lettre est tombée ne la donnent au public, que parce qu'ils sont persuadés que bien des nouveaux convertis ne peuvent s'accoutumer à l'Adoration de la Croix, faute de savoir ce que signifie cette adoration. Cette lettre qui a été écrite par un Prélat également religieux et savant, l'explique d'une manière admirable; et tous ceux qui la verront n'auront plus de la peine à se prosterner devant le signe de notre Rédemption.

J'ai trop tardé, mon très-cher Frère, à faire réponse à vos deux lettres et à votre écrit. La volonté pourtant ne m'a pas manqué, et je vous ai eu continuellement présent; mais je n'ai trouvé qu'à présent le loisir où j'eusse l'esprit tout à fait libre pour vous répondre. Je commencerai par vous dire que l'ardeur que vous ressentez pour le martyre est un grand don de Dieu; mais ne s'en présentant point d'occasion, il ne faut pas tant s'occuper de cette pensée, qui pourroit faire une diversion aux occupations véritables que votre état demande de vous. Songez que la paix de l'Eglise a son martyre. La vie que vous menez vous donnera un rang honorable parmi ceux qui ont combattu pour le nom de Jésus-Christ; et tout ce que vous aurez souffert dans les exercices de la pénitence, vous prépare une couronne qui approche fort de celle du martyre. Saint Paul vous a marqué quelque chose de plus excellent que le martyre même, lorsqu'il a fait voir en effet quelque chose de plus grand dans la charité. Je vous montrerai, dit-il [1], une voie plus excellente; c'est celle de la charité, dont vous tirerez plus de fruit que vous n'en auriez quand vous auriez livré tous vos membres les uns après les autres à un feu consumant. Prenez donc cette couronne, mon cher Frère, et consolez-vous en goûtant les merveilles et les excellences de la charité, comme elles sont expliquées dans cet endroit de saint Paul.

Je n'ai su que par votre lettre la disposition que votre saint abbé a faite de votre personne pour vous envoyer à l'abbaye de F. Ce qui me console le plus dans cet emploi, c'est l'attrait que je vois subsister dans votre cœur pour votre chère retraite, où Dieu vous a conduit par des voies si admirables : c'est là votre repos et votre demeure : c'est là que vous trouverez la manne cachée et la véritable consolation de votre ame dans le désert : il n'y a pas de lieu sur la terre qui soit plus cher aux enfans de Dieu.

Votre grand écrit me fait voir la continuation de votre zèle pour la foi catholique, et la sainte horreur que Dieu vous inspire des conduites de l'hérésie; elle se sera beaucoup augmentée depuis que vous aurez su tout ce qui se passe dans les pays qui se glorifient du titre de réformés. Je ne doute point, mon cher Frère, qu'en voyant l'orgueil des méchans, vous n'attendiez avec foi ce jour affreux où « Dieu anéantira dans sa cité cette image » fragile

---

[1] I *Cor.*, XIII.

du bonheur qui les éblouit¹, et que vous ne disiez souvent en vous-même : « Que sert à l'homme de gagner » ou de conquérir, non pas un royaume, mais « l'univers, s'il perd son ame, et qu'est-ce qu'il donnera en échange pour son ame²? » La belle conquête, mon cher Frère, que de se gagner soi-même pour se donner à Dieu tout entier !

Pour venir maintenant à la manière que vous désirez que je traite, qui est celle de l'adoration de la croix, la difficulté ne peut être que dans la chose ou dans les termes. Dans la chose, il n'y en a point : on se prosterne devant les rois, devant les prophètes, devant son aîné, comme fit Jacob devant Esaü, devant les anges, devant les apôtres. S'ils refusent quelquefois cet honneur, les saints ne laissent pas de continuer à le leur rendre ; et il n'y a rien de mieux établi dans l'Ecriture que cette sorte de culte.

Si on dit qu'on ne se prosterne pas de même devant les choses inanimées, cela est manifestement combattu par tous les endroits où il paroît qu'on se prosternoit devant l'arche³, comme devant le mémorial de Dieu. Daniel en lui faisant sa prière, se tournoit vers le lieu où avoit été le temple⁴. La croix de Jésus-Christ est bien un autre mémorial, puisqu'elle est le glorieux trophée de la plus insigne victoire qui fût jamais. Quand Jésus-Christ a parlé de la croix, en disant qu'il la faut porter⁵, il renferme sous ce nom toutes les pratiques de la pénitence chrétienne, c'est-à-dire de toute la vie du chrétien, puisque la vie chrétienne n'est qu'une continuelle pénitence. Quand saint Paul dit qu'il ne veut « se glorifier que dans la croix de Jésus-Christ⁶, » il a aussi compris sous ce nom toutes les merveilles du Sauveur, dont la croix est l'abrégé mystérieux. A la vue de tant de merveilles ramassées dans le sacré symbole de la croix, tous les sentimens de piété et de foi se réveillent : on est attendri, on est humilié, et ces sentimens de tendresse et de soumission portent naturellement à en donner toutes les marques à la vue de ce sacré mémorial : on le baise par amour et par tendresse ; on se prosterne devant par une humble recon-

---

[1] *Psal.* LXXII, 20. — [2] *Matth.*, XVI, 26. — [3] *Jos.*, VII, 6, etc, — [4] *Dan.*, VI, 10. — [5] *Matth.*, XVI, 24. — [6] *Galat.*, VI, 14.

noissance de la Majesté du Sauveur, dont la gloire étoit attachée à sa croix.

Lorsque dans mon *Exposition* j'ai parlé de s'incliner devant la croix [1], j'ai compris sous ce seul mot toutes les autres marques de respect ; et j'ai voulu confondre les hérétiques, qui n'oseront imputer à idolâtrie cette humble marque de soumission envers le Sauveur, à la vue du sacré signal où se renferme l'idée et la représentation de toutes ses merveilles. Ce seroit un trop grand aveuglement de supprimer devant la croix tous les témoignages des sentimens qu'elle fait naître dans les cœurs ; mais si l'on a raison d'en faire paroître quelques-uns, on ne sauroit porter trop loin cette démonstration de son respect. De sorte que, d'un côté, c'est une extrême folie de n'oser s'incliner la tête devant ce précieux monument de la gloire de Jésus-Christ ; et de l'autre, ce n'en est pas une moindre de n'oser porter son respect jusqu'à la génuflexion et au prosternement, puisque Jésus-Christ à qui se terminent ces actes de soumission, mérite jusqu'aux plus grands.

On ne pouvoit choisir un jour plus propre à lui rendre ces honneurs que celui du Vendredi saint : tout l'appareil de ce jour-là ne tend qu'à faire sentir aux fidèles les merveilles de la mort de Jésus-Christ ; l'Eglise les ramasse toutes en montrant la croix, où comme dans un langage abrégé elle nous dit tout ce que le Sauveur a fait pour nous : on les voit toutes dans ce seul signal, et comme d'un coup d'œil : et de même que ce sacré caractère nous dit comme de la part de Jésus-Christ tout ce qu'il a fait pour nous, nous lui disons de notre côté par les actes simples de prosternement et du saint baiser, tout ce que nous sentons pour lui : des volumes entiers ne rempliroient pas ce qui est exprimé par ces deux signes : par celui de la croix, qui nous dit tout ce que nous devons à notre Sauveur, et par celui de nos soumissions, qui expriment au dehors tout ce que nous sentons pour lui.

J'ai souvent représenté à ces aveugles chicaneurs, l'honneur que nous rendons en particulier et en public au livre de l'Evangile : on porte les cierges devant, on se lève par honneur quand

[1] *Expos.*, art. 5.

on le porte au lieu d'où on le fait entendre à tout le peuple ; on l'encense, on se tient debout en signe de joie et d'obéissance pendant qu'on en fait la lecture ; on le donne à baiser, et on témoigne par tout cela son attachement, non pas à l'encre et au papier, mais à la vérité éternelle qui nous y est représentée. Je n'en ai encore trouvé aucun assez insensé pour accuser ces pratiques d'idolâtrie. Je leur dis ensuite : Qu'est-ce donc que la croix à votre avis, sinon l'abrégé de l'Evangile, tout l'Evangile dans un seul signal et dans un seul caractère? Pourquoi donc ne la baisera-t-on pas? et si on lui rend cette sorte d'honneur, pourquoi non les autres? Pourquoi n'ira-t-on pas jusqu'à la génuflexion, jusqu'au prosternement entier? « Je ne sais que Jésus, et Jésus crucifié[1], » disoit saint Paul : voilà donc tout ce que je sais ramassé et parfaitement exprimé dans la croix comme par une seule lettre : tous les sentimens de piété se réveillant au dedans, me sera-t-il défendu de les produire au dehors dans toute l'étendue que je les ressens, et par tous les signes dont on se sert pour les exprimer? En vérité, mon cher Frère, c'est être bien aveugle que de chicaner sur tout cela ; il ne faut qu'une seule chose pour confondre ces esprits contentieux ; c'est que le culte extérieur n'est qu'un langage pour signifier ce qu'on ressent au dedans. Si donc à la vue de la croix tout ce que je sens pour Jésus-Christ se réveille, pourquoi à la vue de la croix ne donnerois-je pas toutes les marques extérieures de mes sentimens? Et cela, qu'est-ce autre chose que d'honorer la croix comme elle peut être honorée, c'est-à-dire par rapport et en mémoire de Jésus-Christ crucifié?

Mais de tous les actes extérieurs qu'on fait en présence d'un si saint objet, celui qui convient le mieux, c'est la génuflexion et le prosternement : car la croix nous faisant souvenir de cette profonde humiliation de Jésus-Christ jusqu'à la mort, et à la mort de la croix, que pouvons-nous employer de plus convenable à la commémoration d'un tel mystère, que la marque la plus sensible d'un profond respect? et n'est-il pas juste que « tout genou fléchisse » au signal comme « au nom de Jésus, et dans les cieux,

---

[1] I *Cor.*, II, 2.

et sur la terre, et jusque dans les enfers; » et non-seulemet « que toute langue confesse » en parlant, mais que tout homme en se prosternant, reconnoisse par le langage de tout son corps « que le Seigneur Jésus est dans la gloire de Dieu son Père[1]? »

Voilà, mon cher Frère, ce qu'on fait quand on se prosterne devant la croix. La vraie croix où le Sauveur a été attaché et celles que nous faisons pour nous en conserver le souvenir, attirent les mêmes respects, comme elles excitent les mêmes sentimens : et il n'y a de différence que dans les degrés, c'est-à-dire du plus au moins, étant naturel à l'homme d'augmenter les marques de son respect et de son amour, selon qu'il est plus ou moins touché au dedans, et que les objets qui se présentent à ses sens sont plus propres à lui réveiller le souvenir de ce qu'il aime.

Les protestans demandent qui est-ce qui a requis ces choses de nos mains, et traitent ce culte de superstitieux, parce qu'il n'est pas commandé : et ils sont si grossiers, qu'ils ne songent pas que le fond de ces sentimens étant commandé, les marques si convenables que nous employons non-seulement pour les exprimer, mais encore pour les exciter, ne peuvent être que louables et agréables à Dieu et aux hommes. Qui est-ce qui nous a ordonné de célébrer la Pâque en mémoire de la résurrection de Notre Sauveur, la Pentecôte en mémoire de la descente du Saint-Esprit et de la naissance de l'Eglise, la Nativité de Notre-Seigneur et les autres fêtes tant de Jésus-Christ que de ses Saints? Il n'y en a rien d'écrit. Hommes grossiers et charnels, qui n'avez que le nom de la piété, appellerez-vous du nom de superstition une si belle partie du culte des chrétiens, sous prétexte qu'elle n'est pas ordonnée dans l'Ecriture? Le fond en est ordonné : il est ordonné de se souvenir des mystères de Jésus-Christ, et par la même raison de conserver la mémoire des vertus de ses serviteurs, comme d'autant de merveilles de sa grace et d'exemples pour exciter notre piété. Le fond étant ordonné, qu'y avoit-il de plus convenable que d'établir de certains jours, qui par eux-mêmes et sans qu'il soit besoin de parler, excitassent les fidèles à se souvenir de choses si mémorables? La chose étant si bonne, les signes qu'on

[1] *Philip.*, II, 10, 11.

institue pour en perpétuer et renouveler le souvenir ne peuvent être que très-bons. Appliquez ceci à la croix et aux saintes cérémonies par lesquelles nous l'honorons, vous y trouverez la même chose, parce que vous n'y trouverez que des moyens non-seulement très-innocens, mais encore très-convenables pour réveiller le souvenir de la mort salutaire de Jésus-Christ, avec tous les sentimens qu'elle doit exciter.

Voilà pour ce qui regarde les choses : après quoi c'est une trop basse chicane de disputer des mots : en particulier celui d'adorer a une si grande étendue, qu'il est ridicule de le condamner, sans en avoir auparavant déterminé tous les sens. On adore le Roi [1] : on *adore l'escabeau des pieds* du Seigneur [2], c'est-à-dire l'arche : on *adore la poussière* que les pieds des Saints ont foulée, et *les vestiges de leurs pas* [3] : on se prosterne devant lui; on les *lèche* pour ainsi dire ; et *Jacob adora le sommet du bâton* de commandement de Joseph, comme saint Paul l'interprète [4]. Voilà pour les expressions de l'Ecriture : en les suivant, les Pères ont dit, qu'on adore la crèche, le sépulcre, la croix du Sauveur, les clous qui l'ont percé, les reliques des martyrs et les gouttes de leur sang, leurs images et les autres choses animées et inanimées. Avant que de condamner ces expressions, il faut distribuer le terme d'adoration à chaque chose selon le sens qui lui convient; et c'est ce que fait l'Eglise en distinguant l'adoration souveraine d'avec l'inférieure, et la relative d'avec l'absolue, avec une précision que les adversaires eux-mêmes, et entre autres le ministre Aubertin, sont obligés de reconnoître. Personne n'ignore le passage des anciens, où il est expressément porté qu'on adore l'Eucharistie ; ces Messieurs l'expliquent d'une adoration respective qu'on lui rendoit, selon eux, comme étant représentative de Jésus-Christ, en quoi certainement ils se trompent, puisque s'il étoit ici question de rapporter ces passages, on y verroit clairement qu'on adore l'Eucharistie de l'adoration qui est due à la personne de Jésus-Christ qu'on y reconnoît présente. Mais quoi qu'il en soit, il est certain que la moindre adoration qu'on lui pût rendre étoit la relative, qui par conséquent demeure incontestable.

[1] 1 *Reg.*, XXIV, 9. — [2] *Psal.* XCVIII, 5. — [3] *Isa.*, XLIX, 23; LX, 14. — [4] *Hebr.*, XI, 21.

Selon cette distinction, l'on doit dire que Dieu seul est adorable, parce qu'il l'est avec une excellence qui ne peut convenir qu'à lui : on dit dans le même sens qu'il est seul digne de louange, seul aimable, seul immortel, seul sage, parce qu'encore que ses créatures participent en quelque façon à toutes ces choses, ce n'est qu'en lui, ce n'est que par lui, ce n'est que par rapport à lui : il faut donc s'expliquer avant que de condamner, et ne pas chicaner sur les mots.

C'est ce qui fait l'explication du passage de saint Ambroise que vous alléguez, et le parfait dénouement de tous les passages qui semblent contraires en cette matière. Ce grand docteur en parlant de sainte Hélène, mère de Constantin, dit qu'ayant trouvé la vraie croix où Jésus-Christ avoit été attaché, elle adora le Roi, et non pas le bois : il a raison : personne n'adore le bois : sa figure est ce qui le rend digne de respect, non à cause de ce qu'il est, mais à cause de ce qu'il rappelle à la mémoire. Le même saint Ambroise n'a pas laissé de dire ailleurs qu'on adore dans les rois la croix de Jésus-Christ; on adore donc la croix, et on ne l'adore pas à divers égards : on l'adore, car c'est devant elle qu'on fait un acte extérieur d'adoration quand on se prosterne. On ne l'adore pas : car l'intention et les mouvemens intérieurs, qui sont le vrai culte, vont plus loin, et se terminent à Jésus-Christ même.

Saint Thomas attribue à la croix le culte de latrie, qui est le culte suprême : mais il s'explique en disant que c'est une latrie respective, qui dès là en elle-même n'est plus suprême, et ne le devient que parce qu'elle se rapporte à Jésus-Christ. Le fondement de ce saint docteur, c'est que le mouvement qui porte à l'image est le même que celui qui porte à l'original, et qu'on unit ensemble l'un à l'autre. Qui peut blâmer ce sens ? Personne sans doute : si l'expression déplaît il n'y a qu'à la laisser là, comme a fait le P. Pétau; car l'Eglise n'a pas adopté cette expression de saint Thomas : mais on seroit bien foible et bien vain, si on est étonné de choses qui ont un sens si raisonnable. En vérité, cela fait pitié, et quand on songe que ces chicanes sont poussées jusqu'à rompre l'unité, cela fait horreur.

Ceux qui vous ont dit qu'on devoit honorer ou adorer tout ce qui sortoit du corps de Jésus-Christ, n'ont pas pris de justes idées de ce qu'on honore, d'où il faut exclure tout ce qui a certaines indécences : mais qu'on ne doive honorer tout ce qui seroit sorti du corps du Sauveur pour l'amour qu'il avoit pour nous, et qui serviroit par conséquent à nous faire souvenir de cet amour, comme les larmes et le sang qu'il a versés pour nos péchés, comme les sueurs que ses saints et continuels travaux lui ont causées, et les autres choses de cette nature, on ne le peut nier sans être insensible à ses bontés. Savoir s'il reste quelque part ou de ce sang, ou de ces larmes, c'est ce que l'Eglise ne décide pas : elle tolère même sur ce sujet-là les traditions de certaines églises, sans qu'on doive se trop soucier de remonter à la source : tout cela est indifférent, et ne regarde pas le fond de la religion. Je dois seulement vous avertir que le sang et les larmes qu'on garde comme étant sortis de Jésus-Christ, ordinairement ne sont que des larmes et du sang qu'on prétend sortis de certains crucifix dans des occasions particulières, et que quelques églises ont conservés en mémoire du miracle : pensées pieuses, mais que l'Eglise laisse pour telles qu'elles sont, et qui ne font ni ne peuvent faire l'objet de la foi.

Je suis bien aise, mon cher Frère, que vous receviez cette lettre avant le Vendredi saint, non que je croie que vous hésitiez sur l'adoration de la croix : vous êtes en trop bonne école pour cela : mais afin que vous la pratiquiez avec de plus tendres sentimens, en regardant tout le mystère de Jésus-Christ ramassé dans la seule croix, et tous les sentimens de la piété ramassés dans l'honneur que vous lui rendez,

C'est là, mon cher Frère, que vous puiserez un invincible courage pour souffrir jusqu'à la fin le martyre où vous engage votre profession, vous contentant de la part que Jésus-Christ vous veut donner à ses souffrances et à sa couronne,

C'est là que vous formerez une sainte résolution de porter votre croix tous les jours ; et ce joug que votre Sauveur a mis sur vos épaules vous sera doux.

C'est là enfin que vous serez embrasé d'un saint et immuable amour pour Jésus-Christ qui a porté vos péchés sur le bois, qui vous a aimé et qui a donné sa vie pour vous : et vous lui rendrez d'autant plus d'honneur, que l'état où vous le verrez sera plus humiliant.

Demandez à votre cher Père ma *Lettre pastorale aux fidèles de mon diocèse :* vous y trouverez beaucoup de difficultés sur le culte extérieur résolues, si je ne me trompe, assez nettement. J'aurai soin de vous envoyer tous mes Ouvrages aussitôt qu'on le pourra, puisque vous le souhaitez.

J'adresse cette réponse au monastère de N., où je présume que vous pourrez être de retour, et d'où en tout cas votre cher Père voudra bien vous l'envoyer. Rendez-vous digne de porter son nom, et de la tendre amitié dont il vous honore : quand il trouvera à propos de vous élever aux Ordres, nonobstant votre répugnance, je lui offre de bon cœur ma main, et je réglerai volontiers sur cela les voyages que je ferai à N., qui est assurément le lieu du monde où je m'aime le mieux après celui auquel Dieu m'a attaché. A vous de tout mon cœur et sans réserve, mon cher Frère et fidèle ami.

† J. BÉNIGNE, E. de Meaux.

A Versailles, le 17 mars 1691.

FIN DE LA LETTRE SUR L'ADORATION DE LA CROIX.

RÈGLEMENT

DU SÉMINAIRE

DES FILLES DE LA PROPAGATION DE LA FOI,

ETABLIES EN LA VILLE DE METZ.

PRÉFACE.

L'esprit du monde est un esprit de confusion, parce que le monde marche dans les ténèbres, et il ne sait où il va, comme dit le Sauveur dans l'Evangile[1]. Au contraire l'Esprit de Dieu est un esprit d'ordre; et les chrétiens étant enfans de lumière, doivent marcher honnêtement et selon la règle qui leur est donnée. Or cette honnêteté des mœurs chrétiennes consiste principalement dans l'ordre, selon ce que dit l'apôtre saint Paul : « Toutes choses se fassent parmi vous honnêtement et selon l'ordre[2]. » Et de là vient que ce même Apôtre écrivant aux Colossiens, se réjouit particulièrement de l'ordre qu'il voit observé entre eux[3], apprenant par cette parole à toutes les congrégations chrétiennes qu'elles n'ont rien de plus beau ni de plus nécessaire que l'ordre, qui en est l'ame et l'unique fondement. Suivant ces saintes instructions, les filles du séminaire de la Propagation de la Foi, établies en cette ville de Metz, sont exhortées en Notre-Seigneur de méditer souvent en leur cœur ces règlemens qui leur sont donnés par l'autorité de monseigneur l'évêque. Que si elles sont fidèles à les garder, elles seront véritablement filles d'ordre : ainsi elles vivront en paix, et le Dieu de paix sera avec elles.

[1] *Joan.*, XIII, 35. — [2] 1 *Cor.*, XIV, 40. — [3] *Coloss.*, II, 5.

RÈGLEMENT

POUR

LES FILLES DE LA PROPAGATION DE LA FOI.

CHAPITRE PREMIER.

Quel est l'établissement de ce séminaire, et des personnes qui doivent y être reçues.

ARTICLE PREMIER.

Elles doivent considérer avant toutes choses pourquoi elles sont assemblées; elles sont appelées par la Providence divine à coopérer au salut des ames en travaillant selon leur pouvoir à ramener à l'unité de l'Eglise celles que l'erreur en a séparées, et en servant de refuge aux filles juives et hérétiques qui se jetteront entre leurs bras pour être instruites dans la doctrine de vérité et dans une piété vraiment chrétienne.

II.

Pour exécuter un si grand dessein et se rendre dignes d'une vocation si sainte, elles doivent être animées de zèle, détachées de l'amour des choses présentes, abandonnées à la vie apostolique, ne cherchant que Jésus-Christ seul et les ames pour lesquelles il a donné son sang. On examinera soigneusement si les filles qui seront présentées sont en disposition de vivre dans cet esprit.

III.

Le séminaire ne pourra être composé que de douze sœurs, parmi lesquelles il est à propos qu'il y en ait quelques-unes (qui ne pourront excéder le nombre de sept) qui soient obligées à la maison par un vœu de stabilité relatif au présent règlement, lequel, pour éviter tout scrupule, déclare que ce vœu n'empêchera pas qu'elles ne puissent sortir, et être quelque temps hors de la maison avec licence, et pour bonnes causes approuvées par Monseigneur l'évêque ou ses grands vicaires, supérieurs de cette maison.

Pourra même ledit Seigneur évêque ou ses grands vicaires susdits, du consentement desdites filles, les exempter tout à fait de l'obligation portée par ce vœu : auquel cas elles demeureront libres, l'intention de cette règle n'étant pas de les obliger autrement que sous cette condition ; ce qui toutefois ne se fera pas aisément, ni sans bonne considération, au jugement desdits supérieurs ; mais on ne pourra mettre hors les filles ainsi obligées, à moins qu'elles n'aient commis quelque faute notable, ou que l'on n'y remarque quelque défaut incorrigible tendant au renversement de la discipline et de l'ordre, et ce sur les plaintes de la communauté et avec l'information et autres formalités en tels cas requises, y gardant toujours néanmoins toutes les voies de charité et de douceur possibles.

IV.

Pour ce qui regarde les sœurs qui ne feront point de pareils vœux, elles ne laisseront pas d'être obligées à tous les mêmes exercices tant qu'elles seront dans le séminaire ; et les sept sœurs attachées à la maison en la manière ci-dessus expliquée, venant à vaquer quelque place entre elles, subrogeront par élection celle d'entre les autres qu'elles trouveront la plus propre. En attendant ce temps-là, elles tâcheront de s'avancer à la perfection par les pratiques de charité, dans lesquelles elles seront exercées.

V.

Toutes les sœurs qui se présenteront à la maison, après que l'on aura examiné de quel esprit elles sont poussées, ainsi qu'il a déjà été dit, y demeureront l'espace d'un an pour être éprouvées ; elles feront neuf jours de retraite pour considérer leur vocation ; et cependant l'une des douze sœurs du séminaire les instruira soigneusement pour faire une confession générale, par laquelle elles se prépareront à la sainte communion. Ensuite si elles persévèrent dans leur bon dessein, elles seront reçues avec prières et actions de graces par les voix et agrément des sœurs.

VI.

On recevra parmi les douze sœurs du séminaire les nouvelles catholiques, après qu'elles auront persévéré deux années constamment dans la profession de la foi et dans la pratique de la piété, et en cas que l'on voie qu'elles aient grace particulière pour coopérer au salut des ames dans l'esprit de cette maison.

VII.

On ne recevra aucune fille, parmi les sœurs, qui ait de notables défectuosités de corps, ou des maladies invétérées, ou dont la race soit notée d'infamie.

VIII.

La maison étant établie pour les ames converties à la foi, on y recevra autant de nouvelles catholiques qu'elle en pourra porter, lesquelles demeureront jusqu'à ce que, par les soins que l'on prendra d'elles, elles soient rendues capables d'entrer en quelque honnête condition, et qu'on les y ait placées.

IX.

Aussitôt que quelque fille entrera en la maison pour se convertir, on la mènera au chœur pour l'offrir à Dieu, et le prier d'achever son œuvre. Les sœurs lui chanteront en action de grace le psaume *Laudate Dominum, omnes gentes*, et la fille qui sera convertie glorifiera avec elles sa grande et infinie miséricorde.

X.

On ne permettra pas qu'elles parlent à leurs parens qu'après qu'elles auront été soigneusement instruites et confirmées en la foi par l'espace de quinze jours. On les empêchera de converser familièrement avec ceux de la religion prétendue réformée, jusqu'à ce que l'on les voie entièrement confirmées. Elles seront soigneusement averties de ne les fréquenter qu'avec beaucoup de réserve et de retenue.

XI.

Elles seront six mois en la maison : que si on les trouvoit confirmées en la religion catholique avant ce temps-là, on leur cherchera condition au plus tôt : si elles sortent de leur condition par la volonté de leur maître ou maîtresse, ou par maladie, la maison leur sera ouverte et leur servira de refuge. Que si elles sont chassées par leur faute, on ne les recevra point ; mais on priera quelques personnes vertueuses de les recevoir, et on tâchera de les nourrir jusqu'à ce qu'elles soient entrées en quelque autre condition.

XII.

Ne pourra cette maison, pour quelque considération que ce soit, être changée en monastère et religion. Si quelque sœur le propose, après avoir été avertie, elle sera obligée de se retirer, en lui rendant les biens qu'elle pourroit avoir apportés, et payant de sa part pour le temps qu'elle aura demeuré dans la maison.

CHAPITRE II.

Des vertus principales qui doivent être pratiquées dans le séminaire.

I.

La première et la principale, c'est la charité fraternelle qui doit être l'ame de ce séminaire, comme elle l'est de toute l'Eglise. Les sœurs la garderont entre elles par une sainte unité de cœur, « ayant toutes les mêmes sentimens [1], » conspirant unanimement à la même fin, c'est-à-dire au salut des ames ; « se supportant les unes les autres, soigneuses de conserver l'unité d'esprit par le lien de paix [2]. »

II.

Le principal soin de la supérieure sera d'empêcher les murmures et les premiers commencemens de division. Elle avertira en esprit de paix, et reprendra (s'il le faut) avec une sainte vi-

---
[1] *Philip.*, II, 2. — [2] *Ephes.*, IV, 2, 3.

gueur celles qui apporteront quelque trouble : « Qu'elles demeurent donc saintement unies, pour ne point donner lieu au diable [1], » et de peur de scandaliser par [leurs dissensions les consciences encore infirmes de ces nouvelles plantes de Jésus-Christ, que sa providence leur a confiées.

III.

Elles auront pour les nouvelles catholiques une affection de mère, s'accommodant à leurs foiblesses, « et se faisant tout à toutes, afin de les gagner toutes [2]. » Elles les instruiront avec patience et avec une charité sincère, « désirant, comme dit saint Paul [3], de leur donner non-seulement l'Evangile, mais encore leurs propres ames. »

IV.

Elles s'humilieront avec elles, considérant attentivement que la miséricorde qui les a tirées de l'abîme les a empêchées elles-mêmes d'y tomber ; et qu'elles seroient dans les ténèbres, si la grace ne les avoit prévenues.

V.

Elles s'affectionneront à la sainte pauvreté, se souvenant du Fils éternel de Dieu, « qui étant si riche par sa nature, s'est fait pauvre pour l'amour de nous [4]. » Elles se garderont bien d'avoir rien de propre, si ce n'est ce qui ne pourra servir aux autres, comme les habits.

VI.

L'amour de la sainte pauvreté paroîtra, non-seulement dans les particulières, mais encore dans toute la maison, en laquelle il n'y aura rien qui ne sente la pauvreté de Jésus. Elles se contenteront d'avoir à la sacristie un calice et une patène d'argent, et un ciboire pour garder le saint Sacrement. Tout le reste des vaisseaux et ornements n'auront ni or ni argent, excepté le tabernacle qui pourra être de bois doré. Elles attendront tout de Dieu et de sa providence paternelle, sans avoir d'avidité pour les biens du monde, ni s'empresser pour en acquérir à la maison. « Elles se

---

[1] *Ephes.*, IV, 27. — [2] I *Cor.*, IX, 22. — [3] I *Thessal.*, II, 8. — [4] II *Cor.*, VIII, 9.

tiendront toujours plus heureuses, selon la parole du Fils de Dieu, de donner que de recevoir [1].

VII.

Elles joindront la pauvreté d'esprit, c'est-à-dire la simplicité, à la pauvreté extérieure. Elles éloigneront bien loin d'elles tout ce qui ressentira la pompe du siècle : leurs habits seront propres, mais simples, et n'auront rien d'extraordinaire. Elles converseront sans affectation. Enfin, elles vivront de sorte, que « leur modestie soit connue à tous [2]. »

VIII.

Surtout il est nécessaire qu'elles se préparent aux souffrances; qu'elles songent qu'il a été dit à l'enfant Jésus, pour lequel Dieu leur a donné une dévotion particulière, « qu'il seroit un signe auquel on contrediroit [3]; » et qu'elles apprennent par cet exemple, que c'est au milieu des contradictions qu'on travaille utilement au salut des ames.

IX.

Pour acquérir toutes ces vertus, et obtenir de Dieu la bénédicdiction de leurs soins dans la conversion des ames, elles prieront sans relâche, selon le précepte de l'Apôtre [4]. Elles seront toujours recueillies, et feront soigneusement l'oraison aux heures qui seront marquées dans les constitutions particulières.

CHAPITRE III.

Pratiques de dévotion, et occupations de charité ordinaires dans la maison.

I.

Leur principale pratique de dévotion sera d'honorer humblement les mystères de notre Dieu et unique Sauveur Jésus-Christ, lequel leur ayant donné par son Saint-Esprit un sentiment particulier de dévotion pour les mystères de son enfance, elles les célébreront avec une sainte allégresse, et la fête de la maison sera

---

[1] *Act.*, xx, 35. — [2] *Philip.*, iv, 5. — [3] *Luc.*, ii, 34. — [4] I *Thessal.*, v, 17.

la Nativité de Notre-Seigneur. Elles adoreront la charité qui l'a fait sortir du sein de son Père ; elles apprendront de ce Dieu enfant à vivre elles-mêmes en Jésus-Christ « comme des enfans nouvellement nés, » en simplicité et en innocence, « désirant, comme dit saint Pierre [1], le lait raisonnable et sans fraude » de la charité et de la sincérité chrétienne. Elles nourriront dans cet esprit les ames tendres et nouvelles, que la grace aura engendrées en Jésus-Christ en les rappelant à l'Eglise.

II.

La très-sainte Mère de Dieu sera leur patronne spéciale : elles réciteront tous les jours son office, aux heures qui seront marquées : elles auront aussi pour patrons les saints apôtres : elles solenniseront leurs fêtes avec jeûnes ; elles demanderont leur esprit, leur dégagement et leur zèle.

III.

Elles entendront tous les jours la sainte messe avec les nouvelles catholiques : celles qui n'auront pas fait leur abjuration y seront seulement jusqu'à l'offertoire.

IV.

Le dimanche quelques-unes des sœurs iront à la messe paroissiale, et y conduiront quelques converties, pour rendre leur devoir à l'église, en laquelle est établi le lieu d'assemblée des fidèles, et en donner l'exemple aux autres : elles y iront par tour, suivant le nombre des filles qui seront dans la maison, et l'ordre qui leur sera donné par la supérieure.

V.

Elles observeront le même ordre pour assister aux prédications et controverses qui se font en la grande église, aux processions et autres dévotions publiques. Elles se montreront en toutes choses humbles filles de l'Eglise : elles révéreront les curés et pasteurs ordinaires, et tout l'ordre hiérarchique.

[1] 1 *Petr.*, II, 2.

VI.

Il est à propos, pour plusieurs raisons, que par permission de Monseigneur l'évêque, elles lisent la sainte Ecriture, particulièrement l'Evangile et les livres du Nouveau Testament. Elles liront donc attentivement et en toute humilité et respect les endroits des Ecritures divines qui leur seront marqués par leurs directeurs : et pour éclaircir les difficultés, elles prendront soin de se procurer quelques instructions et conférences de personnes intelligentes, mais qui aient beaucoup plus soin de les édifier à la piété, que de les éclairer par la connoissance.

VII.

Les autres livres spirituels seront l'*Imitation de Jésus*, les *OEuvres de Grenade*, et de Monsieur de Genève, les *Epîtres spirituelles d'Avila*, et autres que leurs directeurs leur enseigneront.

VIII.

Elles feront tous les jours, soir et matin, des prières particulières pour la conversion des pécheurs, des hérétiques et des Juifs, pour les pasteurs et prédicateurs, et pour tous ceux que le Saint-Eprit emploie au ministère du salut des ames.

IX.

Une des sœurs fera certain jour de la semaine un catéchisme et instruction familière dans une salle : les personnes de dehors y seront admises en petit nombre, et les sœurs se garderont de se jeter sur les grandes disputes et sur les questions de controverse; elles expliqueront seulement le *Symbole*, l'*Oraison Dominicale* et le *Catéchisme*. Elles auront des classes où les jeunes filles de la ville seront reçues en certain nombre pour apprendre à travailler, afin que celles qui seront pauvres puissent gagner leur vie ; elles les élèveront dans la piété et crainte de Dieu ; elles les prendront au sortir des écoles, afin qu'elles sachent lire et qu'elles aient plus de temps pour apprendre à travailler.

X.

Leur occupation ordinaire sera auprès des nouvelles catholiques : elles leur apprendront à lire et à écrire : elles leur donneront leur travail à chacune selon sa portée : elles leur parleront souvent de cette grande miséricorde par laquelle « Dieu les a appelées des ténèbres en son admirable lumière [1]. » Elles prendront soin de les élever dans une dévotion solide, appuyée sur le bon fondement, c'est-à-dire sur Jésus-Christ, « qui nous a aimés et s'est donné à la mort pour nous [2]. »

XI.

Afin que leur charité soit plus étendue, elles contribueront selon leur pouvoir au soulagement des malades, pour lesquels elles seront obligées de faire des sirops, onguents, huiles et confitures, que l'on viendra quérir dans la maison, et on ne chargera pas les filles de les porter dehors.

XII.

Etant, comme elles sont, par la nécessité de leur emploi, fort occupées au dehors, pour s'entretenir et renouveler dans l'esprit de recueillement, il est absolument nécessaire de leur ordonner quelques retraites ; elles en feront une par an de dix jours, pendant lequel temps leur récréation sera une heure de conversation avec une nouvelle catholique : une des sœurs s'entretiendra aussi quelque peu de temps avec celle qui sera retirée sur le sujet de ses exercices, et dira l'office avec elle. On recevra les filles et femmes du dehors à faire les exercices dans la maison.

CHAPITRE IV.

Du gouvernement du séminaire, et de la police qui y sera gardée.

I.

Le supérieur du séminaire sera monseigneur l'Evêque, et toutes les sœurs choisiront un ecclésiastique capable et de bonnes

---

[1] I *Petr.*, II, 21. — [2] *Galat.*, II, 20.

mœurs, qu'elles lui présenteront pour être leur directeur, sous son autorité et avec son agrément. Son soin sera de veiller à ce que les règlemens soient bien observés, et toutes choses bien ordonnées pour le spirituel et le temporel. Ne pourra la supérieure, ni la communauté, intenter procès, acquérir héritage, emprunter argent, ou rembourser et payer ceux auxquels il en est dû, ni entreprendre aucune affaire de conséquence, sans lui en donner communication, afin que sur toutes les choses il reçoive l'ordre dudit seigneur Evêque. Son administration durera trois ans, et il pourra être continué, s'il est utile pour la maison et si Monseigneur l'évêque le juge à propos.

II.

Mondit seigneur l'Evêque sera très-humblement supplié de faire la visite dans le séminaire une ou deux fois l'année, principalement dans ces commencemens, afin que les choses soient bien établies. On retiendra par écrit, sur un livre dressé pour cela, tout le résultat de la visite.

III.

Il sera aussi supplié d'entendre tous les ans les comptes de la maison, ou de les faire entendre par le directeur et quelques autres ecclésiastiques, et de se faire exactement informer de l'état où elle sera.

IV.

Elles choisiront leurs confesseurs avec l'agrément des supérieurs. On leur en donnera d'extraordinaires, dans les temps marqués pour les maisons religieuses.

V.

Il y aura une supérieure et une assistante, qui seront élues par toutes les sœurs : mais elles ne pourront choisir que des sept qui seront liées à la maison à la manière qui a été dite : l'élection s'en fera toutes les années le samedi des quatre-temps de l'Avent, afin qu'elles y soient préparées par le jeûne : elles y joindront l'oraison et la sainte communion, pour implorer la grace du

Saint-Esprit. La supérieure pourra être continuée jusqu'à trois ans, et toutes les sœurs lui obéiront exactement et fidèlement.

VI.

Toutes les autres officières de la maison seront changées dans le même temps, et toutes les sœurs pourront être élues.

VII.

Tous les vendredis à neuf heures il se tiendra une assemblée de toutes les sœurs pour les affaires ordinaires de la maison, à laquelle on se préparera par un quart d'heure d'oraison et de recueillement intérieur. A la fin de cette assemblée elles s'accuseront de leurs fautes ; et s'il se trouvoit quelqu'une des sœurs qui eût mérité répréhension, la supérieure lui fera la correction ; elle en usera doucement, et avec plus de modération que de rigueur.

VIII.

Il ne sera point permis d'envoyer ou de recevoir des lettres sans les avoir montrées à la supérieure : on lui demandera congé de sortir, et on lui rendra compte de la visite.

IX.

Il y aura deux coffres, l'un pour l'argent, et l'autre pour les papiers de la maison, desquels il y aura trois clefs pour la supérieure et les deux anciennes du séminaire.

X.

La supérieure ne permettra pas que les nouvelles catholiques sortent, ni qu'elles parlent à personne, principalement à ceux de la religion prétendue réformée, sans avoir avec elles une des sœurs du séminaire. Les sœurs ne sortiront point sans être accompagnées de quelqu'une de la maison ou des nouvelles catholiques : elles demanderont pour toutes ces choses le congé de la supérieure.

XI.

Les sœurs du séminaire conduiront les nouvelles catholiques avec une autorité douce et modérée, accommodée à leur âge et à leur esprit; et pour leur imprimer le respect, elles prendront garde soigneusement de traiter civilement et respectueusement les unes avec les autres, particulièrement en leur présence.

XII.

On lira tous les premiers lundis du mois, à une heure devant le travail, le présent règlement. Chaque sœur s'examinera elle-même sur les manquemens qu'elle y fait, et fera réflexion sur ceux qu'elle remarquera dans la maison, pour en avertir la supérieure en esprit de charité et de paix, laquelle y apportera le remède avec toute la diligence possible.

CHAPITRE V.

Du travail, ensemble du silence et de l'amour de la retraite.

I.

C'est une vertu apostolique de travailler pour vivre; les sœurs la pratiqueront exactement, et ne craindront rien tant que l'oisiveté. Elles accoutumeront les nouvelles catholiques à être appliquées au ménage et au travail, pour les rendre capables de gagner leur vie, soit dans le service, soit dans le mariage, selon que Dieu les appellera. Enfin elles seront persuadées que l'application au travail est comme le fondement de cette maison, et elles auront soin de ne l'interrompre jamais que pour les autres exercices nécessaires qui leur seront prescrits.

II.

Le travail se commencera et se finira par une courte prière, par laquelle on rapportera tout à Dieu : quelque partie du temps qu'on y emploiera sera donnée à la lecture, que chacune écoutera attentivement. Toutes les filles feront leur travail en esprit de pénitence, se souvenant de cette ancienne malédiction par laquelle l'homme pécheur fut justement condamné à gagner son pain à la sueur de son visage [1]. Elles s'accoutumeront en toutes

---

[1] *Genes.*, III, 17.

choses à joindre à la vie agissante les sentimens « de la piété, » qui, selon l'Apôtre [1], « est utile à tout. »

III.

Comme celles qui parlent beaucoup aiment ordinairement la fainéantise [2], les sœurs et les nouvelles catholiques joindront le silence au travail. Elles ne parleront donc en travaillant que de choses qui regarderont leur ouvrage, si ce n'est que la supérieure juge à propos de mettre en avant quelque histoire pieuse, ou quelques discours tendant à l'édification, ou de faire chanter quelquefois quelque cantique spirituel et quelque air de dévotion. Les sœurs donneront aux nouvelles catholiques une honnête liberté d'esprit pendant le travail.

IV.

Toutes les sœurs aimeront la retraite, et observeront autant qu'il se pourra le silence, qui est comme le gardien de l'ame, et qui empêche que la dévotion ne se dissipe; il ne leur sera pas permis de faire aucunes visites inutiles, mais seulement celles qui seront de nécessité ou de charité. Elles se mettront à genoux devant l'image du Fils de Dieu, pour se recueillir en lui avant que de sortir : elles ne mangeront pas dehors, et ne s'attacheront point au monde par des amitiés particulières.

V.

Les hommes n'entreront point communément dans la maison; on admettra plus facilement les femmes dont la conversation sera honnête, et qu'on saura ne devoir point troubler le silence ni le repos.

VI.

Quand les sœurs iront au parloir, elles porteront en mains leur ouvrage, et n'interrompront point le travail : elles ne pourront y être qu'une heure ou environ avec la même personne, et ne chercheront pas de longs entretiens avec leurs directeurs et confesseurs.

---

[1] 1 *Timoth.*, IV, 8. — [2] *Ibid.*, V, 13.

CHAPITRE VI.

Des lieux réguliers et des officières de la maison.

I.

Il y aura premièrement une église, où l'on accommodera un chœur pour les sœurs, avec des grilles qui regarderont sur l'autel. On disposera autour du chœur, s'il se peut commodément, quelques cellules pour celles qui seront en retraite.

II.

La sacristine aura soin de la netteté de l'église, des vaisseaux et des linges destinés au saint sacrifice : elle aura un inventaire de tout ce qui appartiendra à l'église, elle en mettra un double entre les mains de la supérieure, et en rendra compte en sortant de charge. Il sera de son soin particulier d'empêcher que les nouvelles catholiques ne parlent à l'église. Elle donnera ordre que ceux qui doivent servir se rencontrent à point nommé, et disposera toutes les choses qui regarderont le service ponctuellement et à l'heure.

III.

L'infirmerie sera disposée au lieu le plus tranquille et le plus dégagé de la maison. On aura grande douceur et complaisance pour les malades, auxquelles l'infirmière aura soin de donner ce qui sera nécessaire, et d'avertir la supérieure de tous leurs besoins spirituels et corporels : elle les tiendra proprement, et leur donnera avec affection ce que les médecins auront ordonné. Il y aura un coffre pour y enfermer tous les linges de l'infirmerie, et des armoires pour y mettre les médicamens. On prendra un soin particulier d'entretenir les malades dans un saint abandonnement à la Providence divine, et de leur faire administrer les saints sacremens, et même celui de l'Extrême-Onction de bonne heure et avant que le jugement soit troublé.

IV.

Le dortoir sera commun aux filles du séminaire avec les nouvelles catholiques. Les lits seront disposés de sorte qu'il y ait quelque sœur mêlée parmi elles pour avoir l'œil à leur conduite, la nuit aussi bien que le jour. Les lits seront de même parure; chacune des filles couchera à part.

V.

Il y aura dans le réfectoire une table qui ira d'un bout à l'autre, où après la bénédiction ordinaire, les filles se rangeront avec modestie : elles auront toutes les mêmes viandes, excepté les infirmes.

VI.

On disposera des armoires attachées aux tables, où les filles enfermeront leurs serviettes, couteaux, cuillères et fourchettes : la moitié de leurs serviettes servira de nappes : elles mangeront seulement pour vivre, et pour être capables de soutenir le travail : elles se croiront assez riches, pourvu qu'elles puissent apprendre à se contenter de peu [1].

VII.

Il y aura des grilles au parloir, qui fermera par le dedans. La supérieure en aura les clefs, et l'on n'y pourra aller sans son ordre : il ne sera pas permis d'y aller aux heures de communauté, ni à celles qui sont destinées au service divin.

VIII.

Quoique ce soit la charge de la supérieure de veiller principalement sur les nouvelles catholiques, il sera à propos qu'il y ait une maîtresse qui en ait un soin particulier; et ce pourra être elle qui fera ordinairement le catéchisme, dont il a été parlé ci-dessus.

IX.

La portière sera vigilante et affable à ceux qui viendront à la maison; elle rendra réponse avec diligence de ce que l'on demandera; elle avertira la supérieure avant que de parler à la fille que l'on sera venu visiter; elle sera obligée de visiter au soir avec

---

[1] I *Timoth.*, VI, 6.

soin toutes les portes de la maison, et ensuite de porter les clefs à la supérieure.

X.

Il y aura une procureuse, à laquelle la supérieure donnera de l'argent pour faire les provisions de la maison, et elle lui en rendra compte à la fin de la semaine : elle veillera à ce que toutes choses se fassent dans le temps : elle aura l'inventaire de tous les meubles et vaisselles de la maison, et prendra garde que rien ne se perde. Elle recevra aussi des mains de la maîtresse des nouvelles catholiques le mémoire de toutes les hardes qu'elles auront apportées dans la maison, afin de les leur rendre en sortant, à la réserve de ce qu'elles auront usé. Elle écrira dans les livres préparés pour cet effet les noms des sœurs et des nouvelles catholiques, dès le jour de leur réception, et aussi les noms des bienfaiteurs et bienfaitrices de la maison. Elle aura soin aussi des choses concernant l'apothicairerie, comme des eaux, sirops, confitures, onguents, etc., et généralement de tout ce qui appartient à la maison.

XI.

Elle aura sous elle une servante qui fera par son ordre les gros ouvrages de la maison, auxquels elle emploiera aussi les plus grandes des nouvelles catholiques, afin de les accoutumer à servir, sans néanmoins qu'on leur ôte rien du temps destiné pour leur instruction.

CHAPITRE VII ET DERNIER.

Distribution des heures du jour, suivant le précédent Règlement.

I.

Le réveil sonnera à cinq heures; et alors les filles du séminaire étant éveillées élèveront leur esprit et leur cœur au ciel. Après qu'elles se seront vêtues, elles se mettront à genoux pour faire leur acte d'adoration et d'oblation.

II.

A cinq heures et demie l'on sonnera l'*Angelus;* les sœurs du séminaire se rendront au chœur pour y faire l'oraison pendant une demi-heure : cependant les nouvelles catholiques seront éveillées, et se lèveront à six heures précisément. Pour cela une des sœurs demeurera auprès d'elles, laquelle depuis cinq heures et demie jusqu'à six heures, aura soin de donner les ordres qui seront nécessaires, et de faire ce qui aura été avisé par la supérieure : s'il reste quelque temps au delà, elle le donnera à la lecture.

III.

A six heures et demie, au retour de l'oraison, on fera la prière de la communauté, où assisteront toutes les sœurs et toutes les filles qui seront dans la maison : après, chacune fera son lit ; on fera ranger toutes choses, balayer les chambres et mettre tout proprement ; les nouvelles catholiques qui en auront la force y seront employées, chacune selon ce qu'elle pourra : s'il y en a quelques-unes qui ne puissent pas y être occupées, une des sœurs les entretiendra de quelques discours de dévotion, ou les interrogera sur quelque partie de leur catéchisme jusques à sept heures et demie : les sœurs qui ne seront pas occupées feront une lecture spirituelle en particulier.

IV.

A sept heures les sœurs se rendront au chœur pour dire prime, tierce, sexte et none : celle qui aura eu l'ordre de faire lever les nouvelles catholiques en sera l'une : après, elles retourneront pour faire ainsi que les autres, comme dessus, en attendant l'heure de la messe.

V.

A sept heures et demie l'on dira la messe, où toutes les filles se rendront au son de la cloche, qui sera sonnée par la sacristine.

VI.

Après la messe on déjeunera, pour aller ensuite au travail : celle qui sera restée auprès des nouvelles catholiques fera son oraison jusques à neuf heures : les autres qui auront quelques offices feront leur ouvrage particulier, puis toutes retourneront au travail, qui durera jusques à onze heures.

VII.

A onze heures on sonnera le dîner; toutes les filles se rendront au chœur pour faire l'examen particulier, par une sérieuse réflexion sur les vices auxquels on est sujet, et les vertus dont on a besoin, et particulièrement sur les fautes qu'on aura commises ce jour-là.

VIII.

Pendant le dîner on fera faire la lecture par quelqu'une des nouvelles catholiques, pour les façonner à lire. Après l'action de graces on ira au chœur pour remercier Dieu et adorer le saint Sacrement; on dira *Miserere* pour demander pardon des péchés de la communauté, et *De profundis* pour les trépassés, particulièrement pour les bienfaiteurs : après on sonnera l'*Angelus*.

IX.

On juge à propos, pour plusieurs bonnes considérations, de donner à toutes les sœurs après le dîner, une demi-heure de récréation; on avertira les nouvelles catholiques que devant gagner leur vie par leur travail, leur récréation ordinaire doit être leur besogne; mais qu'à cause de leur recueillement et application perpétuelle, on leur accorde cette demi-heure de relâchement.

X.

A midi et demi on ira au travail, on lira et on s'entretiendra, comme il a été dit ci-dessus, et on demandera compte aux nouvelles catholiques de ce qui aura été dit et lu.

XI.

A deux heures le travail cessera : on fera quelque lecture particulière aux nouvelles catholiques : on les instruira pour la confession et communion : on leur apprendra leur catéchisme, et ce qui sera nécessaire pour une vie chrétienne dans les occupations du ménage : on prendra le temps du travail pour apprendre à lire et à écrire à celles qui ne le sauront pas.

XII.

A trois heures, six sœurs iront dire vêpres, et les autres, qui seront au travail avec les nouvelles catholiques, diront le chapelet en travaillant : on travaillera jusques à cinq heures.

XIII.

A cinq heures elles iront dire les litanies de Jésus. Les sœurs demeureront en oraison jusques à six heures : quelques-unes entretiendront les nouvelles converties, ainsi qu'il a déjà été dit, art. II.

XIV.

A six heures on soupera, où l'on fera la lecture, et ensuite l'action de graces et la prière au chœur, de même qu'après le dîner.

XV.

Après le souper les sœurs auront soin que leur ouvrage soit achevé : après, elles fileront jusques à huit heures. Quatre sœurs iront dire matines, et les autres travailleront jusques au signal, qui sonnera à neuf heures.

XVI.

Après neuf heures elles feront la prière et l'examen général de toute la journée; elles diront les litanies de la sainte Vierge pour obtenir la grace de bien mourir. A la fin de la prière, on lira hautement et distinctement le sujet de la méditation du jour suivant. A dix heures toutes les filles seront couchées.

XVII.

Les sœurs sanctifieront les fêtes par un saint redoublement de prières : toutes assisteront à l'office de la maison : elles se partageront à la manière qui a été dite pour entendre la messe paroissiale et les prédications : elles prieront aussi quelque pieux ecclésiastique de leur faire quelque exhortation : elles s'appliqueront à la lecture au lieu du travail des autres jours. Enfin elles vivront de sorte, que le repos qu'elles prendront ces saints jours soit pour s'occuper saintement en Dieu, et méditer les douceurs de son repos éternel.

Arrêté et statué à Metz, le cinquième novembre mil six cent cinquante-huit. Ainsi signé à l'original.

P. BEDACIER, *Evêque d'Auguste.*

Par mandement de Mgr. l'Evêque d'Auguste,

Signé F. François.

Quand on recevra quelque sœur dans le séminaire, une année de probation achevée, on dira premièrement la messe à cette intention : puis les sœurs diront *Veni, Creator*, après quoi celle qui sera reçue fera sa déclaration en ces mots :

Je propose, avec la grace de Dieu, en présence de vous, Monseigneur (si c'est l'évêque), ou de vous, Monsieur (si c'est quelque autre ecclésiastique), de vivre dans cette maison au service des nouvelles catholiques, suivant les ordres prescrits par les règlemens. Je prie Notre-Seigneur Jésus-Christ, par les mérites de son enfance, à l'honneur de laquelle cette famille est dédiée, de bénir mes intentions dans ce bon dessein : et la sainte Vierge Marie, saint Joseph, sainte Anne, les saints apôtres et les autres saints patrons de cette maison, de m'y assister par leurs prières. Ainsi soit-il.

Si c'est pour faire le vœu dont il est parlé dans la règle, chapitre Ier, article III, la fille qui sera admise dira ainsi :

Je voue et promets à Dieu tout-puissant, et à vous, Monseigneur (ou à vous, Monsieur), de demeurer stable dans cette maison au service des nouvelles catholiques, selon les ordres prescrits par le règlement, par lequel vœu j'entends m'obliger aux termes et conditions énoncés au chapitre Ier dudit règlement, article III. Je prie Notre-Seigneur Jésus-Christ, par les mérites de son enfance, à laquelle cette famille est dédiée, de bénir mes intentions dans ce bon dessein; et la sainte Vierge Marie, saint

Joseph, sainte Anne, les saints apôtres, et les autres saints patrons de cette maison, de m'y assister par leurs prières. Ainsi soit-il.

INSTRUCTION

Aux filles du séminaire pour rendre compte de leur conscience et intérieur au confesseur.

1. Si elle est contente en son état et vocation.
2. De l'obéissance, chasteté, pauvreté, et des autres vertus.
3. Si elle a des troubles d'esprit ou tentations, de la facilité ou difficulté et manière d'y résister, et à quelles passions et péchés elle se sent plus encline.
4. Du zèle qu'elle sent en soi pour le salut des ames.
5. Quel goût elle trouve aux choses spirituelles de l'oraison mentale et vocale, et à laquelle elle s'applique davantage.
6. Des distractions, aridités, sécheresses, et comme elle se comporte en tout cela.
7. Quel fruit elle aperçoit en elle des sacremens de communion et confession, et examen, et autres exercices.
8. De la fidélité aux règle et constitution.
9. Des pénitences, mortifications, amour des souffrances.
10. Comme elle se comporte à l'égard des supérieures, qui lui tiennent la place de Dieu, et envers ses sœurs et autres.

FIN DU RÈGLEMENT POUR LES FILLES DE LA PROPAGATION DE LA FOI.

RECUEIL
DE LETTRES ET DE PIÈCES

CONCERNANT

UN PROJET DE RÉUNION DES PROTESTANS DE FRANCE

A L'ÉGLISE CATHOLIQUE.

LETTRE PREMIÈRE.

BOSSUET A FERRY.

Metz, 1666.

MONSIEUR,

J'envoie apprendre des nouvelles de votre santé, et vous supplier de me mander quel jour nous pourrons conférer ensemble. Ce sera dès aujourd'hui, si votre commodité le permet, sinon le jour que vous en aurez le loisir. Je me rendrai chez vous et en votre bibliothèque, vous suppliant seulement que nous soyons seuls et en liberté. Songez à votre santé, et croyez que je suis très-parfaitement à vous.

BOSSUET, grand doyen de Metz.

LETTRE II.

BOSSUET A FERRY.

Sans date.

Je vous envoie, Monsieur, par écrit ce que j'eus l'honneur de vous dire dernièrement. Je l'aurois fait plus tôt, si j'en eusse eu le loisir. Je vous prie de me mander si je pourrai avoir l'honneur de vous entretenir jeudi matin, et de me croire à jamais,

Votre très-humble et très-obéissant serviteur,
BOSSUET.

LETTRE III.

BOSSUET A FERRY.

Explication de différens points de controverse.

8 juillet 1666.

DU MÉRITE DES ŒUVRES.

Sur le mérite des œuvres, l'Eglise catholique croit que la vie éternelle doit être proposée aux enfans de Dieu, et comme une grace qui leur est miséricordieusement promise par Notre-Seigneur Jésus-Christ, et comme une récompense qui leur est fidèlement rendue en vertu de cette promesse [1].

Elle croit que le mérite des œuvres chrétiennes provient de la grace sanctifiante qui nous est donnée gratuitement par Jésus-Christ, et que c'est un effet de l'influence continuelle de ce divin chef sur ses membres.

Comme c'est le Saint-Esprit qui fait en nous par sa grace tout ce que nous faisons de bien, l'Eglise catholique ne peut croire que les bonnes œuvres des fidèles ne soient très-agréables à Dieu et de grande considération devant lui; et elle se sert du mot de *mérite* pour signifier la valeur, le prix et la dignité de ces œuvres, que nous faisons par la grace du Saint-Esprit. Mais comme toute leur sainteté vient de Dieu qui fait les bonnes œuvres en nous, elle enseigne qu'en couronnant les mérites de ses serviteurs, il couronne ses dons [2].

Enfin elle enseigne que nous qui ne pouvons rien de nous-mêmes, pouvons tout avec celui qui nous fortifie; en telle sorte que l'homme n'a rien de quoi se glorifier ni de quoi se confier en lui-même, mais que toute sa confiance et toute sa gloire est en Jésus-Christ, en qui nous vivons, en qui nous méritons, en qui nous satisfaisons, faisant des fruits dignes de pénitence, qui ont

---

[1] Ce sont les propres paroles du concile de Trente, sess. V, cap. XVI. —
[2] Absit ut christianus homo in se ipso vel confidat vel glorietur, et non in Domino, cujus tanta est erga omnes homines bonitas, ut eorum velit esse merita quæ sunt ipsius dona. *Ibid.*

de lui toute leur force, par lui sont offerts au Père, et en lui sont acceptés par le Père[1]. C'est pourquoi nous demandons tout, nous espérons tout, nous rendons graces de tout par Notre-Seigneur Jésus-Christ, etc. Nous ne comprenons pas qu'on puisse nous attribuer une autre pensée.

DE L'EUCHARISTIE ET DU SACRIFICE.

Sur la sainte Eucharistie, l'Eglise distingue deux choses, savoir : la consécration et la manducation ou participation actuelle de cette viande céleste.

Par la consécration, nous croyons que le pain et le vin sont changés réellement au corps et au sang de Jésus-Christ.

Par la manducation, nous croyons recevoir ce corps et ce sang aussi réellement et aussi substantiellement qu'ils ont été donnés pour nous à la croix.

Nous croyons que ces deux actions distinctes, c'est-à-dire tant la consécration que la manducation, sont très-agréables à Dieu.

C'est en la consécration que consiste principalement l'action du sacrifice que nous reconnoissons dans l'Eucharistie, en tant que la mort de Jésus-Christ y est représentée, et que son corps et son sang y sont mystiquement séparés par ces divines paroles : « Ceci est mon corps ; ceci est mon sang. »

Nous croyons donc que par ces paroles, non-seulement Jésus-Christ se met lui-même actuellement sur la sainte table, mais encore qu'il s'y met revêtu des signes représentatifs de sa mort. Ce qui nous fait voir que son intention est de s'y mettre comme immolé ; et c'est pourquoi nous disons que cette table est aussi un autel.

Nous croyons que cette action par laquelle le Fils de Dieu est posé sur la sainte table sous les signes représentatifs de sa mort, c'est-à-dire la consécration, porte avec soi la reconnoissance de

---

[1] Nam qui ex nobis tanquam ex nobis nihil possumus, eo cooperante qui nos confortat omnia possumus : ita non habet homo undè glorietur; sed omnis gloriatio nostra in Christo est, in quo vivimus, in quo meremur, in quo satisfacimus, facientes fructus dignos pœnitentiæ, qui ex illo vim habent, ab illo offeruntur Patri, per illum acceptantur à Patre. Sess. XIV, cap. VIII.

la haute souveraineté de Dieu, en tant que Jésus-Christ présent y renouvelle la mémoire de son obéissance jusqu'à la mort de la croix, et l'y perpétue en quelque sorte.

Nous croyons aussi que cette même action nous rend Dieu propice, parce qu'elle lui remet devant les yeux la mort volontaire de son Fils pour les pécheurs, ou plutôt son Fils même revêtu, comme il a été dit, des signes représentatifs de cette mort par laquelle il a été apaisé.

C'est pour cela que nous disons que Jésus-Christ s'offre encore dans l'Eucharistie : car s'étant une fois dévoué pour être notre victime, il ne cesse de se présenter pour nous à son Père, selon ce que dit l'Apôtre, qu'il paroît pour nous devant la face de Dieu[1].

Il ne faut point disputer du mot. Si l'on entend par *offrir* l'oblation qui se fait par la mort de la victime, il est vrai que Jésus-Christ ne s'offre plus. Mais il s'offre en tant qu'il paroît pour nous, qu'il se présente pour nous à Dieu, qu'il lui remet devant les yeux sa mort et son obéissance, en la manière qui est expliquée ici.

Nous croyons donc que sa présence sur les saints autels, en cette figure de mort, est une oblation continuée qu'il fait de lui-même, et de sa mort et de ses mérites pour le genre humain. Nous nous unissons à lui en cet état, et nous l'offrons ainsi qu'il s'offre lui-même, protestant que nous n'avons rien à présenter à Dieu que son Fils et ses mérites. Si bien que le voyant par la foi présent sur l'autel, nous le présentons à Dieu comme notre unique propitiateur par son sang; et tout ensemble nous nous offrons avec lui, comme hosties vivantes, à la majesté divine.

Ce n'est pas bien raisonner que de dire que l'oblation de la croix n'est pas suffisante, supposé que Jésus-Christ s'offre encore dans l'Eucharistie; de même qu'il ne s'ensuit pas qu'à cause qu'il continue d'intercéder pour nous dans le ciel, son intercession sur la croix soit imparfaite et insuffisante pour notre salut.

Tout cela n'empêche donc pas qu'il ne soit très-véritable que Jésus-Christ n'est offert qu'une fois parce que encore qu'il se soit

[1] *Hebr.*, IX, 24.

offert en entrant au monde pour être notre victime, ainsi que l'Apôtre le remarque [1] ; encore que nous croyions qu'il ne cesse de se présenter pour nous à Dieu, non-seulement dans le ciel, mais encore sur la sainte table, néanmoins tout se rapporte à cette grande oblation par laquelle il s'est offert une fois à la croix, pour être mis en notre place et souffrir la mort qui nous étoit due. Et nous savons que tout le mérite de notre rédemption est tellement attaché à ce grand sacrifice de la croix, qu'il ne nous reste plus rien à faire dans celui de l'Eucharistie que d'en célébrer la mémoire et de nous en appliquer la vertu.

Aussi ne pensons-nous pas que la victime que nous présentons dans l'Eucharistie y doive être de nouveau effectivement détruite, parce que le Fils de Dieu a satisfait une fois très-abondamment à cette obligation par le sacrifice de la croix, comme l'apôtre saint Paul le prouve divinement dans son *Epître aux Hébreux* [2]. Tellement que le sacrifice de l'Eucharistie étant établi en commémoration, il n'y faut chercher qu'une mort et une destruction mystique, en laquelle la mort effective que le Fils de Dieu a soufferte une fois pour nous soit représentée.

Tel est le sacrifice de l'Eglise : sacrifice spirituel, où le sang n'est répandu qu'en mystère, où la mort n'intervient que par représentation; sacrifice néanmoins très-véritable, en ce que Jésus-Christ qui en est l'hostie, y est réellement contenu sous cette figure de mort ; mais sacrifice commémoratif, qui ne subsiste que par sa relation au sacrifice de la croix [3], et en tire toute sa vertu.

DU CULTE DES SAINTS.

Sur le culte religieux, l'Eglise catholique enseigne qu'il se doit rapporter à Dieu comme à sa fin nécessaire; et c'est pourquoi l'honneur qu'elle rend à la sainte Vierge et aux Saints fait partie de la religion, à cause qu'elle leur rend cet honneur par relation et pour l'amour de Dieu seul.

---

[1] *Hebr.*, X, 5. — [2] *Ibid.*, VII, 27. — [3] Ut relinqueret sacrificium, quo cruentum illud semel in cruce peragendum repræsentaretur, ejusque memoria in finem usque sæculi permaneret, atque illius salutaris virtus in remissionem eorum, quæ à nobis quotidie committuntur, peccatorum applicaretur. *Conc. Trid.*, sess. XXII, cap. I.

Elle défend expressément de croire aucune divinité ou vertu et efficace, dans les images, pour laquelle elles doivent être révérées, ni d'y mettre et attacher sa confiance, et veut que tout l'honneur se rapporte aux prototypes qu'elles représentent [1].

On peut connoître en quel esprit elle honore les images, par proportion de l'honneur qu'elle rend à la croix et au livre de l'Evangile. Tout le monde voit bien que dans la croix elle adore le crucifié; et que si ses enfans inclinent la tête devant le livre de l'Evangile et le baisent, tout cet honneur se termine à la vérité éternelle qui nous y est proposée.

L'Eglise catholique nous apprend à prier les Saints de se rendre nos intercesseurs, dans le même esprit de charité et de société fraternelle que nous en prions les fidèles qui sont sur la terre, avec cette différence qu'elle croit les prières de ceux-là sans comparaison plus efficaces, à cause de l'état de gloire où ils sont. Néanmoins elle n'impose aucune obligation aux particuliers de s'adresser à eux, et leur conseille seulement cette pratique comme très-sainte et très-profitable.

Elle croit avec toute l'antiquité chrétienne, que plusieurs des fidèles trépassés sont en état d'être soulagés par les prières et les sacrifices des vivans; mais elle ne détermine pas en quel lieu ils sont détenus, ni quelle est la nature et la matière de leurs peines.

Elle honore l'Eglise romaine comme la Mère et la Maîtresse de toutes les Eglises, *Matrem ac Magistram;* et croit que l'apôtre saint Pierre et ses successeurs ont reçu de Jésus-Christ l'autorité principale pour régir le peuple de Dieu, entretenir l'unité du corps et conserver le sacré dépôt de la foi; mais elle n'oblige pas à reconnoître l'infaillibilité dans la doctrine ailleurs que dans tout le corps de l'Eglise catholique.

Si Messieurs de la religion prétendue réformée n'ont pas encore

[1] Non quòd credatur inesse aliqua in iis divinitas vel virtus, proter quam sint colendæ..., vel quòd fiducia in imaginibus sit figenda, etc. Sed quoniam honos qui eis exhibetur refertur ad prototypa...; ità ut per imagines quas osculamur..., Christum adoremus, et sanctos quorum similitudinem gerunt veneremur. *Conc. Trid.*, sess. XXV, cap. *de Invocatione*, etc.

les yeux ouverts pour connoître la vérité des articles ci-dessus, tous ceux qui sont éclairés ne peuvent refuser d'avouer du moins, selon leurs principes, qu'ils ne contiennent rien qui renverse les fondemens du salut.

J. B. Bossuet, grand doyen de Metz.

LETTRE IV.

BOSSUET A FERRY.

Nouvelle explication sur le sacrifice de l'Eucharistie.

A Metz, le 15 juillet 1666.

L'essence du sacrifice de l'Eucharistie, consiste précisément dans la consécration, par laquelle en vertu des paroles de Jésus-Christ, son corps et son sang précieux sont mis réellement sur la sainte table, mystiquement séparés sous les espèces du pain et du vin.

Par cette action précisément prise, et sans qu'il y soit rien ajouté de la part du prêtre, Jésus-Christ est offert réellement à son Père, en tant que son corps et son sang sont posés devant lui, actuellement revêtus des signes représentatifs de sa mort.

Comme cette consécration se fait au nom, en la personne et par les paroles de Jésus-Christ, c'est lui véritablement et qui consacre et qui offre, et les prêtres ne sont que simples ministres.

La prière qui accompagne la consécration, par laquelle l'Eglise déclare qu'elle offre Jésus-Christ à Dieu par ces mots : *Offerimus*, et autres semblables, n'est point de l'essence du sacrifice, qui peut absolument subsister sans cette prière.

L'Eglise explique seulement par cette prière qu'elle s'unit à Jésus-Christ qui continue à s'offrir pour elle, et qu'elle s'offre elle-même à Dieu avec lui; et en cela le prêtre ne fait rien de particulier que tout le peuple ne fasse conjointement, avec cette seule différence, que le prêtre le fait comme ministre public et au nom de toute l'Eglise.

Cela étant bien entendu, il paroît que cette oblation réelle du corps et du sang de Jésus-Christ est une suite de la doctrine de la réalité, et qu'il ne faut point demander à l'Eglise autre commission pour offrir que celle qui lui est donnée pour consacrer, puisque l'oblation en son essence c'est la consécration elle-même.

Je ne dis plus rien du rapport de cette oblation avec celle de la croix, parce que je crois l'avoir assez expliquée dans mon écrit précédent. Seulement il faut prendre garde d'éviter l'équivoque du mot d'*offrir*, ainsi que cet écrit le remarque, et tenir pour très-assuré qu'on ne peut pas s'éloigner davantage de l'intention de l'Eglise, que de croire qu'elle cherche dans le sacrifice de l'Eucharistie quelque chose qui doive suppléer à quelque défaut du sacrifice de la croix, qu'elle sait être d'un mérite, d'une perfection et d'une vertu infinis; si bien que tout ce qui se fait ensuite ne tend qu'à nous l'appliquer.

Lorsque l'Eglise catholique dit ces mots : *Offerimus* et autres semblables, dans sa liturgie, et qu'elle offre Jésus-Christ présent sur la sainte table à son Père par ces paroles, elle ne prétend point par cette oblation présenter à Dieu ni lui faire un nouveau paiement du prix de son salut, mais seulement employer les mérites et l'intercession de Jésus-Christ auprès de lui, et le prix qu'il a payé une fois pour nous en la croix.

J. B. Bossuet, doyen de l'Eglise de Metz.

LETTRE V.

BOSSUET A FERRY.

Sans date.

Monsieur,

Vous m'obligerez beaucoup de m'envoyer présentement, par ce porteur, les Actes du colloque de Poissy, dont vous venez de me parler, et de marquer les endroits que vous estimez considérables. Je les parcourrai avant mon départ, et donnerai bon ordre que le livre vous soit soigneusement rendu. Je suis très-parfaitement à vous,

Bossuet.

LETTRE VI.

BOSSUET A FERRY.

Sans date.

Monsieur,

Je crois avoir déjà fait quelques avances très-considérables pour l'affaire que vous m'avez recommandée. J'espère qu'elle sera trouvée juste et raisonnable en votre personne : et comme je n'ai pu encore aller à la Cour tant qu'elle a été à Fontainebleau, à cause des occupations qui m'ont arrêté ici : à présent qu'elle est à Vincennes, je prétends que dans peu de temps je pourrai vous en donner des nouvelles assurées, et telles que vous les souhaitez.

Cependant je vous supplie de voir le récit que j'ai dressé le plus simplement que j'ai pu des choses que nous avons traitées, et d'avoir la bonté de dire à mon père ce que vous en jugerez, et s'il y a eu quelque chose de plus ou de moins. Je vous garderai sur ce sujet et sur toutes choses tel secret que vous prescrirez ; et de mon côté je n'empêche pas que vous ne communiquiez tout ce que je vous ai donné par écrit, à ceux à qui vous le jugerez à propos.

Permettez que je vous conjure de nouveau de vous appliquer à la grande et importante affaire dont nous avons parlé, et croyez que c'est de très-bonne foi et sans avoir dessein de tromper ni de violenter personne, que l'on y veut travailler. Au reste je ne puis assez vous dire combien je vous suis acquis, ni l'extrême désir que j'ai de vous faire connoître que je suis de cœur, Monsieur, votre très-humble et obéissant serviteur.

Bossuet, grand doyen de Metz.

LETTRE VII.

BOSSUET A SON PÈRE.
(EXTRAIT.)

Le 20 août 1666.

Je pense à M. Ferry, et verrai avant mon départ tout ce qui se pourra faire pour lui. La Cour est un peu difficile pour les moindres graces qui ont quelque apparence de suite. J'y agis comme pour moi-même.....

LETTRE VIII.

BOSSUET A SON PÈRE.
(EXTRAIT.)

Le 21 août 1666.

Je vous prie de rendre en main propre à M. Ferry, cette lettre ou mémoire (*a*), et de lui dire que j'espère faire, à son contentement, l'affaire qu'il m'a recommandée, et de le prier de vous dire ce qu'il pense de ce mémoire...

LETTRE IX.

BOSSUET A SON PÈRE.
(EXTRAIT.)

Le 1er septembre 1666.

Je vous prie de dire à M. Ferry que j'ai parlé au Roi avec tous les témoignages d'estime dus à son mérite. Il me reste à instruire M. le Tellier, que je n'ai pu encore voir. Je puis bien lui dire néanmoins que l'affaire semble prendre un bon train. Les PP. Jésuites, nommément le P. Annat, prennent fort bien la chose et entrent dans nos sentimens...

(*a*) La lettre III et la lettre IV renferment l'*Explication de différens points de controverse*.

LETTRE X.

BOSSUET A SON PÈRE.
(EXTRAIT.)

Le 14 septembre 1666.

Sur le sujet de M. Ferry, j'ai parlé de son affaire au Roi et à M. le Tellier, avec tout le bon témoignage que j'ai pu rendre de sa personne et de son mérite. On paroît disposé à l'obliger : on désire savoir les termes du règlement, en vertu duquel on prétend l'exclure du droit de faire fonction après qu'il aura un successeur, et les raisons particulières qu'il a contre. Je suis instruit de ce dernier, il faut avoir les termes du règlement. Vous pouvez l'assurer que je n'omettrai rien de ce qui dépendra de moi pour son service.

Il est vrai que plusieurs théologiens d'importance confèrent ici des moyens de terminer les controverses avec Messieurs de la religion prétendue réformée, et de nous réunir tous ensemble. Il y a quelques ministres convertis, fort capables, qui donnent des ouvertures qui sont bien écoutées : ils procèdent sans passion et avec beaucoup de charité pour le parti qu'ils ont quitté ; c'est ce que vous pouvez dire à M. Ferry, et que très-assurément on veut procéder chrétiennement et de bonne foi.

LETTRE XI.

BOSSUET A SON PÈRE.
(EXTRAIT.)

Le 20 septembre 1666.

Je fais un voyage de huit ou dix jours ; à mon retour je ferai plus ample réponse à M. Ferry. Je vous supplie de lui dire en attendant, que pour son affaire particulière on n'omettra rien ; pour la générale, dont nous avons parlé ensemble, qu'on est persuadé qu'il y peut beaucoup et qu'il a bonne intention. Il a bien pris mes pensées, et plût à Dieu que tous eussent ses lumières et sa droiture.

LETTRE XII.

BOSSUET PÈRE A FERRY.

Sans date.

Voilà, Monsieur, les extraits au vrai, que vous avez désirés de moi, des lettres de mon fils. Je vous demande pour moi la satisfaction qu'il vous a plu me promettre de l'honneur de votre conférence sur les points portés dans le mémoire que je vous ai mis en main de la part de mon fils, de l'affection cordiale duquel je vous assure comme de la mienne. Je suis, Monsieur, votre, etc.

BOSSUET.

Faites-moi savoir quand il vous plaira que je vous voie et chez vous et à votre loisir, sans incommodité, dès aujourd'hui ou demain, pourvu que ce ne soit pas demain matin.

LETTRE XIII.

FERRY A...

Le 8 février 1667.

La dernière lettre que M. Bossuet père m'a communiquée de M. son fils, ne portoit autre chose, sinon ces mots : « Je pense ou je crois qu'à force de tourner l'affaire de M. Ferry, nous en tirerons quelque chose de favorable. » Et parce que je n'avois rien répondu en la mienne du 2 décembre 1666, à ce qu'il m'avoit écrit dans sa précédente, touchant l'invocation des Saints, parce que je voyois bien que nous ne tomberions pas d'accord facilement sur cet article, qu'il vouloit être laissé dans le culte public, il ajoutoit à son père qu'il reconnoissoit bien que ces matières ne se pouvoient traiter commodément, que dans des entretiens familiers et en présence.

LETTRE XIV.

BOSSUET A...

Récit de ce qui avoit été traité entre le ministre Ferry et l'abbé Bossuet, dans plusieurs conférences particulières qu'ils avoient eues ensemble.

Le 24 août 1666.

Nous sommes demeurés d'accord que nous étions obligés de part et d'autre de travailler de tout notre pouvoir à remédier au schisme qui nous sépare, et fermer une si grande plaie.

Je lui ai dit que, de notre part, la disposition étoit plus grande que jamais pour s'y appliquer et en chercher les moyens :

Que le plus nécessaire de tous étoit de nous expliquer amiablement, et que le temps et l'expérience ayant montré qu'il y avoit beaucoup de malentendu et de disputes de mots dans nos controverses, on a sujet d'espérer que par ces éclaircissemens elles seront ou terminées tout à fait, ou diminuées considérablement :

Que pour cette raison, un grand nombre de nos théologiens étoient résolus de chercher les occasions de conférer de ces matières avec les ministres que l'on croiroit les plus doctes, les plus raisonnables et les plus enclins à la paix; et que l'ayant toujours cru tel, j'aurois grande joie que nous puissions nous ouvrir à fond, comme aussi lui de son côté en a témoigné beaucoup.

Il nous a semblé à tous deux qu'un siècle et demi de disputes devoit avoir éclairci beaucoup de choses, qu'on devoit être revenu des extrémités, et qu'il étoit temps plus que jamais de voir de quoi nous pouvions convenir.

Il a trouvé bon et nécessaire d'examiner les causes principales qui ont éloigné de nous ceux de sa communion, et de considérer ce qui seroit à expliquer de leur part ou de la nôtre, pour faire qu'ils pussent ou revenir tout à fait à nous, ou du moins se rapprocher.

Nous sommes convenus que la question préalable et qu'il falloit poser pour fondement, étoit de savoir si les dogmes pour lesquels ils nous ont quittés, détruisoient selon leurs principes les fondemens du salut.

Etant entrés dans le détail, il a accordé que l'article de la réalité dans l'Eucharistie ne détruisoit pas ce fondement, vu que ni nous ni les luthériens ne dénions point la présence de Jésus-Christ dans le ciel en la manière ordinaire des corps.

Quant à la transsubstantiation, il a reconnu que les siens soutenoient aux luthériens que nous raisonnions en cela plus conséquemment qu'ils ne font, et que c'étoit un des argumens dont ils se servoient contre eux.

Et pour l'adoration, il a dit qu'il ne pourroit ni l'improuver ni la condamner en ceux qui croient en la présence de Jésus-Christ dans le saint Sacrement.

Sur le sacrifice de l'Eucharistie, après les explications que je lui ai données par écrit, il est demeuré d'accord qu'il n'y avoit plus de difficulté. Et toutefois je n'ai rien avancé qui ne soit approuvé universellement parmi les nôtres; et très-assurément l'Eglise se contentera que nos adversaires en conviennent : ce qui doit donner grande espérance de s'accorder dans les autres points, pourvu qu'on veuille s'entendre, puisqu'on a pu convenir de celui-ci, sur lequel lui-même avoit cru qu'il y auroit le plus de peine.

A l'égard de la justification, il est aussi convenu d'abord qu'en nous entendant bien, toute la question se résoudroit ou à des disputes de mots ou à des choses très-peu nécessaires; en telle sorte qu'il n'y auroit pas de difficulté pour cet article, qui est néanmoins le principal et le plus essentiel de tous.

Au sujet des prières adressées aux Saints, je l'ai fait souvenir qu'il avoit écrit et enseigné formellement dans son *Catéchisme*, qu'elles n'avoient pas empêché nos pères d'être sauvés, pourvu qu'ils aient mis toute leur confiance en Jésus-Christ ; et il est demeuré d'accord de l'avoir ainsi enseigné.

Après que je lui eus exposé ce que dit le concile de Trente[1], qu'il ne faut point attacher sa confiance aux images, ni croire en elles aucune vertu pour laquelle elles doivent être honorées, mais

[1] Sess. XXV.

qu'on ne leur rend aucun honneur qu'en mémoire et par relation à ceux qu'elles représentent, il n'y fit pas, la première fois que nous en parlâmes, beaucoup de difficulté ; mais une seconde fois il s'y arrêta un peu davantage, me faisant néanmoins connoître que l'on pourroit convenir en cet article et en celui de la prière des Saints, à cause que nous ne reconnoissons aucune obligation aux particuliers de pratiquer ces choses.

En effet, de là on peut voir que nous sommes bien éloignés de mettre l'essentiel de la religion dans ces pratiques, qui ne font partie du culte religieux qu'autant qu'elles se rapportent à Dieu, qui en est la fin essentielle et dernière.

Nous parlâmes peu du purgatoire et de la prière pour les morts, mais lui ayant récité mot à mot les passages de saint Augustin dans le *Manuel à Laurent*[1], et dans les *Sermons* XVII[2] et XXXII[3] *des Paroles de l'Apôtre*, où il distingue nettement trois sortes de morts, dont les uns sont très-bons et n'ont pas besoin de nos prières, les autres très-mauvais, et ne peuvent en être soulagés, les troisièmes comme entre deux et reçoivent un grand secours par les vœux et les sacrifices de l'Eglise, ce qui est en termes formels la doctrine que nous professons, il n'approuva pas cette créance ; mais lui ayant demandé s'il se seroit séparé pour cela de la communion de saint Augustin, il me répondit que non.

Nous n'avons parlé que de ces articles ; et en les traitant nous ne sommes pas entrés dans la question, savoir s'il les faut croire ou non, mais seulement dans celle s'ils renversent le fondement du salut ; et cela m'ayant donné sujet de lui demander quel étoit ce fondement du salut, il a décidé nettement, ainsi qu'il l'avoit déjà fait dans ses écrits, que c'étoit celui de la justification et de la confiance en Dieu par Jésus-Christ seul, qu'il a appelé le sommaire de la religion chrétienne, et sur lequel nous avons reconnu plusieurs fois que nous conviendrions très-facilement, pourvu que nous voulussions nous entendre.

Je lui ai rapporté sur ce sujet quelques endroits du concile de Trente, où il est déclaré que le chrétien n'a de « confiance qu'en

---

[1] *Enchirid.* cap. CIX et CX, n. 29. — [2] Cap. I, nunc serm. CLIX, n. 1. — [3] Cap. II, nunc serm. CLXXII, n. 2.

Jésus-Christ ; » et la prière que nous faisons tous les jours dans le sacrifice de la messe en ces mots : *Nobis quoque peccatoribus, de multitudine miserationum tuarum sperantibus, partem aliquam et societatem donare digneris cum beatis apostolis tuis et martyribus, intra quorum nos consortium non æstimator meriti, sed veniæ quæsumus largitor admitte, per Christum Dominum nostrum.*

Ainsi puisqu'il est constant qu'on ne peut nous accuser *de nier ce fondement du salut*, je crois qu'il est impossible de n'avouer pas que notre doctrine ne renverse point ce principe essentiel de la foi et de l'espérance du chrétien.

Sur cela m'ayant demandé si, quand lui et les siens seroient demeurés d'accord que notre doctrine ne détruit pas les fondemens du salut, nous croirions les pouvoir obliger par là à la professer, et par conséquent à embrasser notre communion : je lui ai répondu nettement que ce n'étoit pas ma pensée, et ai reconnu que c'étoient deux choses à examiner avec eux séparément, savoir si une doctrine étoit véritable ou fausse, et savoir si elle renverseroit le fondement du salut ou non ; que l'aveu de ce dernier ne tiroit point à conséquence pour l'autre, et qu'il ne pouvoit les engager à autre chose qu'à confesser que de tels dogmes devoient être supportés, mais non pour cela avoués ni professés.

J'ai ajouté toutefois que ce seroit toujours une grande avance de convenir de ce point, si nous pouvions ; que c'étoit par celui-là qu'il falloit commencer de traiter de la réunion et le poser pour fondement ; que quand nous ne pourrions pas aller plus avant quant à présent, ce seroit toujours beaucoup d'avoir levé un si grand obstacle ; que si lui ou les siens pouvoient être persuadés de ce point, ils étoient obligés en conscience de rendre ce témoignage à la vérité, surtout s'ils en étoient requis ; que l'obligation de remédier au schisme étoit telle, qu'il n'y avoit point de salut pour celui qui refuseroit non-seulement de conclure, mais même d'acheminer cette affaire par toutes les voies raisonnables ; et que quand nous ne pourrions pas tout terminer d'abord, la charité chrétienne nous obligeoit indispensablement de donner toutes les ouvertures possibles à ceux qui travailleront après nous.

à un ouvrage si nécessaire, et de diminuer autant qu'il se pourroit nos disputes et nos controverses ; et tous ces articles ont passé entre nous comme indubitables.

M. Ferry m'ayant dit que c'étoit une entreprise digne du Roi, de travailler à un si grand œuvre, j'ai répondu que cette affaire regardant la religion et la conscience, devoit être premièrement traitée entre les théologiens, pour voir jusqu'à quel point elle pourroit être acheminée ; mais qu'il ne falloit nullement douter que la piété du Roi ne l'engageât à faire tout ce qui se pourroit pour un ouvrage de cette importance, sans violenter en rien la conscience des uns ni des autres, de quoi on savoit que Sa Majesté étoit entièrement éloignée.

BOSSUET, grand doyen de l'église de Metz.

LETTRE XV.

MAIMBOURG [1] A FERRY.

A Paris, ce 8 septembre 1666.

J'ai reçu vos deux lettres, qui me furent rendues avant-hier au matin par notre correspondant, bien fermées et en fort bon état. Je ne saurois vous exprimer la joie et la consolation qu'elles m'ont données, à cela près que j'ai quelque déplaisir de ce qu'il semble que ma paresse vous ait donné sujet de croire pour quelque temps, que j'eusse oublié la personne du monde pour qui j'ai le

---

[1] Théodore Maimbourg quitta le parti de l'Eglise catholique, et embrassa celui de la religion prétendue réformée. Pour justifier son apostasie, il écrivit une lettre à son frère, qui fut imprimée en 1659. On a de lui une *Réponse sommaire* à la *Méthode* du cardinal de Richelieu, qu'il dédia à madame de Turenne, et dont il est parlé dans cette lettre. Il y prit le nom de *la Ruelle*, et envoya le manuscrit à Samuel Desmarets, qui le publia à Groningue l'an 1664 ; édition dont il se plaignoit beaucoup, comme on le verra par cette lettre. Quelque éloigné qu'il parût de l'Eglise catholique, il ne laissa pas d'y rentrer en 1664, et il y étoit lorsque le livre de l'*Exposition de la Foi catholique*, de M. Bossuet, parut ; mais peu après il l'abandonna une seconde fois, et se retira en Angleterre, où il fut chargé de l'éducation d'un fils naturel de Charles II. Ce fut là qu'il publia une fort méchante Réponse à l'*Exposition*, en 1688. Il l'avoit annoncée à ses amis avant que de lever le masque, et c'est ce qui donna lieu à la Bastide, protestant, de dire qu'un catholique écrivoit contre l'*Exposition*... Il mourut à Londres vers l'an 1693. (Edit. de Déforis.)

plus de vénération, d'estime et de tendresse; mais Dieu soit loué de ce que ma dernière m'a justifié dans votre esprit, et a effacé ces fâcheuses impressions, comme vous me faites la grace de m'en assurer.

Pour ma réponse au livre de M. le cardinal de Richelieu, les reproches que vous me faites sur ce sujet me font trop d'honneur. Cet ouvrage, Monsieur, dans l'état où il est, n'est pas assurément digne de vous; et les choses qu'on y a fourrées en plus de deux cents endroits, me font tant de honte, que j'avois résolu de le désavouer absolument. Ceux qui avoient pris le soin de l'impression n'ont pas eu celui de m'en faire donner quelques exemplaires; néanmoins il faut tâcher d'en recouvrer quelqu'un pour vous satisfaire, et c'est une commission que je donnerai à Varenne, parce que j'en ai cherché inutilement jusqu'ici.

Venons, s'il vous plaît, à ce qu'il y a d'essentiel dans notre commerce; et commençant par M. Daillé, je vous dirai, Monsieur, que je n'ai pas cru qu'il fût à propos de lui communiquer vos deux premières lettres, ne sachant pas s'il trouvera bon que je vous eusse écrit sans sa participation ce qu'il m'a confié. Il seroit, ce me semble, plus à propos que vous prissiez la peine de m'en écrire une où il ne fût parlé en aucune façon de l'avis que j'ai pris la liberté de vous donner, mais seulement du désir que vous avez de vous expliquer nettement, et à lui et à moi, des choses que vous craignez qu'on n'ait prises tout au rebours de votre pensée et de la sincérité de vos intentions, comme quelques-uns semblent déjà l'avoir fait sans désigner pourtant personne. J'enverrois cette lettre à M. Daillé avec une autre de ma façon, pour appuyer de mon petit raisonnement ce que vous auriez avancé pour l'accomplissement d'un dessein aussi juste et aussi salutaire que celui qui vous est proposé, et sur la réponse qu'il me feroit, vous verriez quelles mesures il y a à prendre et à garder avec lui.

Pour les assemblées dont on vous a parlé, je vous dirai aussi que je sais très-certainement qu'il s'en tient ici entre des personnes très-habiles, où l'on traite des moyens de ramener les esprits. Je sais de plus avec la même certitude, qu'il y a des personnes d'autorité qui ont bon ordre de tout écouter. A la vérité, je vois bien qu'on ne veut pas sonner le tambour, de peur d'effaroucher les esprits ; mais je crois savoir par des voies aussi certaines, que l'autorité se déclarera quand il faudra, et que ce ne sont pas les voies violentes, mais plutôt celles de la douceur qu'on veut tenter. Il est bien vrai néanmoins que la disposition est plus éloignée que jamais de favoriser nos églises, ni de faire aucune grace au général ; mais on favorisera sans doute, et de la bonne manière, le dessein de la réunion en général.

J'ai eu l'honneur de voir M. l'abbé Bossuet, selon que vous me l'aviez prescrit. Je vous assure qu'il a pour votre chère personne tous les sentimens d'estime et d'amitié qu'on peut avoir pour un des plus grands hommes, des plus sages et des mieux intentionnés de notre siècle. C'est ainsi qu'il parle de vous, avec épanchement de cœur ; et il est difficile de l'entendre sur ce chapitre, sans ajouter encore quelque chose aux sentimens les plus avantageux qu'on auroit déjà conçus de votre mérite.

Il est vrai qu'il a eu la bonté de m'expliquer les choses avec tant de netteté et d'équité, et qu'il les met dans un si beau jour, qu'il ne me reste plus de difficulté sur les matières que vous avez déjà examinées ensemble. Après lui avoir fait voir tous les articles de votre lettre qui le regardoient, il m'a montré tous les écrits qu'il vous avoit envoyés, tant à Metz qu'ici. Je ne m'étonne pas, après des éclaircissemens si considérables, que vous vous sentiez obligé d'approfondir ces matières selon toutes les ouvertures que l'on vous donnera, et je trouve en effet que l'on ne s'est jamais expliqué si clairement.

Je lui ai témoigné là-dessus que je doutois fort qu'il fût avoué de ces choses ; mais il s'est moqué de ma crainte, et m'a demandé en riant si je le croyois homme à vouloir s'exposer à un désaveu ; puis reprenant sérieusement, il m'a dit qu'il n'avançoit rien de lui-même ; qu'à la vérité tous n'expliquoient pas les choses avec une égale netteté, mais que tous convenoient de ce fond ; et que plût à Dieu qu'il ne tînt plus qu'à l'aveu ; que pour lui il n'avoit jamais enseigné, ni été enseigné, ni cru autrement : qu'au reste il était bien certain que sa doctrine étoit conforme au concile de Trente et aux théologiens de sa communion : mais qu'il n'étoit pas nécessaire d'entrer avec nous dans cette discussion, qu'il falloit voir si nous pourrions convenir, indépendamment de tout cela, et s'attacher au fond des choses. Il a persisté dans tout ce qu'il vous a écrit sur le sacrifice, sur la justification et les autres points. Il m'a souvent interpellé moi-même si j'avois été enseigné d'une autre manière, lorsque j'étois dans leur communion ; et il est vrai que mes notions étoient fort semblables ou fort approchantes, que ceux qui s'expliquoient bien et qui étoient les plus habiles tenoient un même langage. Il parle d'une manière à bien soutenir ses sentimens parmi les siens, et à y faire venir beaucoup d'autres. Et ce qui m'a le plus satisfait, c'est que je suis convaincu pleinement de sa sincérité, que je puis vous répondre de toutes les paroles qu'il vous a données et qu'il vous donnera à l'avenir. Je vous supplie, Monsieur, de faire fondement là-dessus, et d'être bien persuadé, comme je le suis, qu'il ne permettra jamais que sur les avances que vous vous serez faites l'un à l'autre, on vous pousse plus loin que vous ne voudriez aller. Il m'a répété plusieurs fois que s'il reconnoissoit que l'on ne procédât pas de bonne foi, aucune considération ne pourroit l'empêcher de se retirer de la chose et d'en avertir ses amis, étant très-persuadé que Dieu ne veut pas être servi par de mauvaises voies, et qu'il faut poser pour un fondement inébranlable la sincérité et la droiture en toutes sortes de négociations, mais particulièrement en celle-ci.

Je ne dois pas vous omettre qu'en parlant du sacrifice de la messe, il ne m'a pas dit précisément que tout ce que le prêtre dit après ces paroles : *Hoc est, etc.*, fût inutile ; mais bien que ce n'étoit point en cela qu'étoit l'essence de l'action du sacrifice, et que très-certainement tous les théologiens catholiques en étoient d'accord, même qu'absolument le sacrifice pouvoit être accompli en son essence sans ces prières ; ce qui est la même chose que ce qu'il vous a donné par écrit.

Il m'a bien dit en passant, qu'il y a de vieux préjugés dont nous aurions peine, et vous en particulier, à revenir ; mais il ne laisse pas d'être fort satisfait de votre conférence : il dit que vous entrez dans le fond mieux que personne; que vous êtes solidement docte, d'un esprit doux, paisible et parfaitement bien tourné. Vous pouvez juger, Monsieur, si j'ai fait un écho aux plus justes louanges et aux plus véritables qui aient jamais été données.

J'ai cru aussi que, pour satisfaire à vos intentions qui m'étoient marquées par votre lettre, je devois m'informer pour quelle raison on s'étoit adressé particulièrement à vous; et il m'a dit qu'il ne savoit pas quelles pouvoient être les pensées des autres là-dessus; mais qu'il présumoit bien que ce ne pouvoit être que votre grande réputation, votre capacité et votre manière d'agir si civile et si raisonnable, qui fait qu'on a mieux aimé entrer en commerce avec vous qu'avec d'autres qui n'ont pas les mêmes qualités, mais que pour lui outre cela il avoit ses raisons particulières : que monsieur son père et lui avoient toujours été liés d'amitié avec vous; que s'il avoit eu les mêmes liaisons avec vos autres confrères, il leur auroit parlé sans difficulté et leur auroit dit les mêmes choses, même à M. Daillé, s'il le connoissoit ; qu'il en chercheroit les occasions, et n'en perdroit aucune de s'expliquer de la même sorte avec tous ceux qui voudroient y entendre.

Enfin, Monsieur, il a traité avec moi d'une manière qui me fait trop voir que l'on y peut prendre une entière confiance. Mais, sans cela, je puis vous dire que j'ai trop bien éprouvé sa sincérité, sa fidélité et son zèle, même à bien servir ses amis, depuis plus de douze ans que j'ai l'honneur de le connoître, pour en douter aucunement.

Je sais de plus par l'organe du Père Maimbourg, mon cousin, que les Jésuites de Metz ont écrit de vous fort avantageusement et en termes pleins d'estime au Père Annat; que cette compagnie entre fort dans le dessein de la réunion en général; et puisque ceux-là y entendent, il juge qu'il faut de nécessité que le concours soit universel, et que les dispositions y soient très-grandes.

A Dieu ne plaise donc, Monsieur, que nous apportions de notre côté quelque obstacle à une œuvre si désirée, et que la Providence semble déjà avoir si fort avancée; et puisque vous m'ordonnez de dire mon sentiment sur votre procédé en cette rencontre, je ne puis que louer infiniment votre inclination pour la paix, et pour entendre les explications et ouvertures qui y conduisent, particulièrement dans un temps où nous sommes menacés de la dernière désolation, si nous ne prenons comme il faut et comme vous faites, ce seul expédient qui nous est offert pour nous sauver.

Je suis à la source des choses; j'ai des habitudes et des connoissances assez considérables pour pénétrer assez avant dans l'état de nos affaires; et pour vous dire beaucoup de choses en un mot, il est temps de penser sérieusement à la paix, et je serois fâché que les premières ouvertures vous en ayant été faites, vous n'eussiez pas la gloire toute entière de sa conclusion, pour couronner une aussi belle vie que la vôtre. De tous côtés on nous quitte, et ministres et gens de condition; car je dis qu'on nous quitte, quand je sais qu'on est sur le point de nous quitter, et qu'on ne fait autre chose que chercher une belle porte pour sortir et pour se retirer.

Je suis persuadé, aussi bien que vous, que l'accord n'est pas impossible; et le vrai, le sûr et l'infaillible moyen est de faire ce que vous avez fait, qui ne peut réussir qu'à la gloire de Dieu, et au repos universel de son Eglise et de son royaume. Surtout il n'y a rien de plus nécessaire ni de plus juste que la résolution que vous avez prise de répondre en sincérité, quand vous vous serez enquis de quelque chose, et d'aider à la réduire au dernier point où elle pourra être mise, par les éclaircissemens que vous pourrez y donner. Si tout le monde agissoit de cette manière, on iroit bien loin. Il ne faut point feindre de dire nettement ce qu'on pense, quand on ne pense que bien, que paix et que réunion. A la vérité les esprits mal faits en tirent quelquefois de mauvaises conséquences, auxquelles il faut obvier autant qu'on peut; mais aussi faut-il avouer de bonne foi tout ce qui est véritable, et diminuer par ce moyen, autant qu'on le peut, les controverses qui nous séparent.

J'ai trouvé très-raisonnable ce que M. l'abbé Bossuet vous a écrit là-dessus; et y ayant fait réflexion, j'ai pensé que c'étoit cette raison-là, de dire la vérité tout simplement, qui avoit dû obliger M. Daillé et le synode de Charenton de dire ce qu'ils ont dit sur le sacrement de la Cène, sans se mettre en peine des avantages que l'on en voudroit tirer, nonobstant lesquels ils ont bien fait d'enseigner la vérité : et ce seroit bien fait aussi de faire de même, dans tous les autres points où l'on pourroit s'accorder. Je ne vois donc pas qu'il faille écouter ici les sentimens de réserve que quelques-uns proposent. On se défendra toujours bien des mauvaises conséquences, des abus et des surprises ; et il ne faut jamais craindre d'avouer et de déclarer ce qui sera trouvé véritable.

Vous avez grande raison d'appréhender les syncrétismes et accords qui ne subsistent que dans des paroles ambiguës et équivoques. Mais de la manière dont vous traitez les choses, on viendra au dernier point d'éclaircissement, on verra à pur et à plein de quoi on pourra convenir, et ce qui se pourra faire pour mettre en repos la conscience d'un chacun. Le premier bien qui pourroit revenir d'une réunion seroit celui-ci, qu'entrant dans une même communion sous des explications raisonnables, on banniroit en peu de temps tous les abus grossiers qui se sont glissés depuis quelques siècles dans la religion chrétienne. Je vous supplie de peser bien ceci : *Intelligenti pauca*.

Les affaires de la maison où je suis engagé m'obligent à partir demain pour y retourner, chargé des ordres et des arrêts nécessaires pour arrêter le cours des vexations que nous souffrions depuis quatre mois par la chicane d'un curé et d'un chapitre de chanoines, nos voisins, qui croyoient se prévaloir du temps. Mais, Monsieur, si nous pouvons lier un commerce entre nous trois, je veux dire M. de Bossuet, vous et moi, le chemin seroit bien plus court, en lui adressant tout droit les lettres que vous me ferez l'honneur de m'écrire sur cette matière, vous réservant toujours pourtant la liberté de m'écrire tout ce qu'il vous plaira par la voie de M. Gamart, qui me fera tenir vos lettres en toute sûreté ; et je vous assure que cette correspondance entre nous trois est, si je ne me trompe, très-conforme à la sincérité de nos intentions. Toutefois, Monsieur, je soumets cela à votre prudence et discrétion. Envoyez-moi le chiffre, s'il vous plait, mais qu'il soit le moins embrouillé et le moins difficile qu'il se pourra ; et surtout informez-moi bien de votre santé si précieuse en ce temps-ci. Je vous embrasse du plus tendre de mon cœur, et suis au delà de tout ce que je puis dire, Monsieur, votre très, etc.

DE PLERVILLE (a).

J'oubliois à vous dire que je me suis rencontré avec un nommé M. de la Parc, ci-devant ministre de Montpellier et maintenant catholique romain. C'est un de ceux qui s'appliquent le plus à proposer les ouvertures de réunion, et le fait dans des sentimens assez équitables, à ce qui paroît. C'est un homme savant et modéré, et qui a ici des entrées, des habitudes et même de la créance qui peuvent beaucoup avancer les choses. Mais je ne me suis expliqué de rien à lui, ne le connoissant pas assez ; car je crois qu'il est toujours bon de se tenir un peu sur ses gardes, mais non pas toutefois jusqu'au point que nous fermions la bouche et que nous ôtions les moyens à ceux qui travaillent à un si grand bien. Mandez-moi, Monsieur, de quelle sorte vous voulez que je me conduise en de pareilles rencontres, et avec des personnes qui sont dans cette disposition ; car je vous assure qu'il s'en trouve beaucoup tous les jours, et au dedans et au dehors.

LETTRE XVI.

FERRY A BOSSUET.

A Metz, le 15 septembre 1666.

MONSIEUR,

Au même temps que monsieur votre père m'eut fait l'honneur de me rendre votre chère lettre et le Mémoire dont il vous a plu l'accompagner, il me remit à vous faire réponse quand il seroit de retour d'un petit voyage de huit ou dix jours, dont il n'est revenu que depuis deux ou trois seulement. Pendant cela je me suis tiré des bains, et ai mis fin à l'usage des remèdes pour au-

---

(a) Il prenoit ici ce nom factice, mais son vrai nom étoit Maimbourg, tel qu'il le signera dans la lettre qui suivra. (Édit. de Déforis.)

tant de temps qu'il plaira à Dieu. Je n'ai pas laissé d'être entièrement inutile au dessein que vous me recommandiez. J'ai reçu avis de Paris qu'on m'y avoit rendu de mauvais offices, et n'ai pas laissé de convaincre l'auteur, sans l'en accuser, que j'avois raison d'en user comme j'ai fait, et qu'il ne se pouvoit pas mieux autrement. Par là je l'ai rendu susceptible d'un meilleur sentiment. J'espère même d'y faire entrer ceux de ce même rang, en les y attirant sans qu'ils s'aperçoivent que l'on en soit empressé.

J'ai dit, comme vous m'avez ordonné, à monsieur votre père quelques petites remarques de mémoire sur quelques articles de notre histoire que vous avez pris la peine de mettre par ordre ; mais ce sont choses qu'il faut traiter en personne, et pour cela j'attends la vôtre précieuse, le temps approchant auquel vous me l'avez fait espérer, et je souhaite que l'accommodement qu'on vous propose soit digne de votre approbation. Alors, Monsieur, nous pourrons nous faire entendre à loisir l'un à l'autre sur les choses déjà traitées et sur celles qui restent encore à l'être.

Sur le général, vous m'avez tant dit et tant fait dire, et tant écrit de si bonnes choses, que je commence à mieux espérer, et à me sentir vous être plus obligé que je n'aurois cru, pour l'honneur que vous m'avez fait de me donner la première part à cette communication. Celui qui a eu l'honneur de vous voir (*a*) à ma prière, en est si bien persuadé, qu'il n'a pas fait moins d'efforts sur moi pour cela, qu'il en faudroit pour convertir une multitude d'incrédules. Mais, Monsieur, les grands biens que vous lui avez dits de moi, où je pense reconnoître votre style, me mettent et me tiennent en une confusion agréable : car ne pouvant douter sans crime de la pureté de votre âme, et ne pouvant pas croire ce qu'il m'en a écrit sans perdre le reste de ma modestie et sans me mettre en danger d'être pris pour un autre, je vois en cela un malentendu de votre part qui m'est si avantageux, que quand tous les avis seroient éclaircis, je dois désirer que celui-là ne le soit jamais. Croyez donc, Monsieur, s'il vous plaît, que c'est le seul

(*a*) Théodore Maimbourg, le même qui a écrit la lettre qui précède celle-ci Déforis.)

que je prendrai à tâche de faire durer, et que je ferai tout ce qui me sera possible pour vous y entretenir, en continuant d'agir de la manière que j'ai commencé, et que vous approuvez, et que je ne m'en cacherai à personne, parce qu'il n'y a rien que de salutaire et que d'honorable.

Je ne sais maintenant comment passer d'un si bel endroit des choses que vous lui avez dites de moi, à ceux de deux ou trois de vos lettres, où monsieur votre incomparable père a pris la peine de me lire deux ou trois fois les favorables témoignages que vous avez eu la bonté de hasarder de moi en de si grands lieux, que je n'ose pas même prononcer après vous, parce que ce n'est pas à moi que vous les avez nommés, et que je ne les lui ai pas osé seulement demander par extrait. Et c'est, Monsieur, m'engager avec vous d'une manière bien rare et bien extraordinaire. Vous n'avez pourtant rien obligé qui ne soit à vous, et dont vous ne puissiez toujours répondre. J'ai seulement à pourvoir qu'on ne vous puisse reprocher en ce sujet le défaut des grands hommes, d'avoir volontiers trop bonne opinion de ce qu'ils aiment, parce qu'ils le veulent aimer. C'est aussi sans doute ce que je tâcherai au moins de faire de bonne foi, quelque succès que Dieu veuille donner à l'affaire que vous conduisez si bien, qui me sera toujours glorieuse d'avoir été portée si haut, et de n'y avoir pas été trouvé indigne de votre protection. Cependant, Monsieur, pour n'y défaillir point de ma part en ce que je puis faire, je vous envoie, comme vous m'avez ordonné, un gros paquet des choses qui la concernent : car j'ai cru ne pouvoir point vous représenter mieux au naturel les termes du règlement que vous désirez, que par les pièces entières. Vous y verrez, Monsieur, celle de M. le lieutenant-général et les deux sur lesquelles il l'a appuyée : la première qui est un arrêt du 2 de mai 1631, détruite expressément par la bouche sacrée du Roi, parlant deux ans après, mise en un autre arrêt contradictoire du 22 septembre 1633 avec ample connoissance de cause ; et l'autre qui est l'apostille en réponse à l'article de Messieurs de votre clergé, laquelle ne casse point le prétendu intrus, ne nous réduit point au nombre de quatre, ne défend point de prêcher, sinon sans permission, mais seulement de ne pas augmenter notre nombre, ce qu'aussi nous n'avions point fait. Mais, Monsieur, ces pièces n'ont servi que de prétexte : car je sais de la propre bouche de l'original que le vrai motif a été de me réduire à quitter tout à fait la chaire à mon gendre, comme on croyoit et qu'il y avoit apparence de croire, en l'état où j'étois alors, que je le ferois plutôt que de laisser partir mes enfans d'avec moi ; de sorte que m'étant résolu au contraire, il est avenu contre l'intention de ceux qui m'ont procuré ce déplaisir, que je la remplis toute entière, et prêche deux fois plus que je n'aurois fait.

J'ai encore, Monsieur, à vous faire une très-humble prière, qui est de vous souvenir de cette attache qui m'est de la dernière importance, et qui doit me servir pour le rang après tout le reste. Pour cela il me seroit nécessaire de l'avoir par devers moi par forme de brevet, et même qu'on n'en sût rien à présent, afin qu'il ne semble point à personne que je l'eusse obtenue par quelque engagement, qui seroit un soupçon fort aisé à prendre et bien contraire à mes intentions. Mais enfin je m'aperçois, Monsieur, que c'est faire une trop longue lettre, à un homme de votre dignité, de mes affaires particulières qui ne vaudront jamais la peine que vous avez eue de la lire, et encore moins celle que vous avez prise d'en tant parler, ni la hardiesse que j'ai eue de les mettre entre vos mains, où je vous supplie pourtant me permettre que je les laisse, comme je fais aussi en celles de Dieu, auquel je recommande aussi les vôtres de tout mon cœur, dont il sait toutes les intentions, qui sont assurément celles que je vous ai protesté d'avoir, et entre autres, celle de vivre et de mourir votre, etc.

LETTRE XVII.

FERRY A MAIMBOURG.

A Metz, le 18 septembre 1666.

Monsieur,

Je crois qu'il seroit superflu que je misse beaucoup de temps à vous assurer que votre lettre du 8 m'a bien apporté de consolation.

Outre la qualité naturelle que votre style a de plaire, cette dernière est si bonne à vous exprimer sur les choses qui me touchent, et si riche en particularités de l'affaire dont vous parlez, que j'en suis comblé; et à chaque fois de plusieurs que je l'ai lue, j'y ai toujours trouvé quelque nouvelle bonté et quelque richesse cachée, tellement que ma joie s'en accumule tous les jours. Et quoique je n'aie pas dû différer à vous en rendre toutes les graces que j'en puis concevoir, je ne pense pas être encore au bout de bien savoir ce que je vous en dois. Je l'ai lue presque toute entière au Père de Rhodès, jésuite et procureur du collége, qui l'a admirée en toutes ses clauses et en tout son contexte : c'est celui de la maison avec lequel j'ai lié plus d'amitié. Il a pris grand soin de moi durant mes longues et âpres douleurs; m'a amené un de sa robe qui se tient au Pont-à-Mousson, et qui fait la médecine avec grande réputation, et est souvent venu demander des nouvelles à ma porte, sans entrer, pour ne donner lieu à aucun soupçon, ni ne me causer le scandale que le génie qui en a écrit par-delà n'a pu éviter, ou qu'il n'a pas été marri de trouver.

Je vous dirai ici en passant, puisque j'y suis tombé, que j'aurai bien de la peine à me résoudre de vous écrire une nouvelle lettre sur le gros de l'affaire, puisque celui qui vous en a parlé ne l'a pas fait à dessein que je le susse, et ne vous a pas considéré assez mon ami pour croire que vous m'en dussiez rien apprendre, et ni moi le sien pour vouloir que je fusse informé d'une chose dont il a dû croire que je devois être averti. Il suffira, s'il vous plaît, quand vous le verrez, de lui faire à fond cette histoire, je veux dire celle de la proposition qui m'a été faite, et de la manière que je m'y suis conduit jusqu'à présent.

Après ces parenthèses et retournant au principal sujet de nos lettres, je vous dirai, Monsieur, que j'ai eu une raison particulière de communiquer une partie de votre dernière à ce personnage; c'est qu'il me dit, il y a quelque temps, qu'il avoit écrit de moi au Père Annat, et lui avoit répondu de ma sincérité, autant qu'il désiroit qu'il fût assuré de la sienne : et une personne d'honneur, qui a vu sa lettre, m'assura encore hier qu'elle portoit que je suis un homme incorruptible et non intéressé, et lui en donnoit quelques marques que je crois qu'il n'ignoroit pas : de sorte qu'ayant trouvé en la vôtre ce que le Père Maimbourg votre cousin vous en a dit, j'ai été bien aise de lui donner le contentement qu'il m'a témoigné recevoir de cette preuve que j'avois de la vérité de son dire, et de prendre cette occasion, en le remerciant, de l'assurer que j'en veux toujours être persuadé. C'est le premier qui m'a fait l'ouverture de ce grand dessein, et me la fit d'une manière sérieuse et si franche, et avec une telle avance d'abord, que je crus ne devoir pas, comme vous dites, Monsieur, lui fermer la bouche sur une chose que j'ai désirée toute ma vie, et dont j'ai fait plus d'une fois déclaration et où je n'ai trouvé personne qui m'ait contredit.

J'ai écrit amplement à M. l'abbé Bossuet par le courrier précédent; c'est une personne d'un vrai honneur, en qui j'ai confiance entière, et qui m'oblige d'une haute manière et en des lieux où je ne croyois pas que mon nom dût jamais être porté, comme j'ai appris par ce que monsieur son père m'a fait l'honneur de me lire de ses lettres; et s'il réussit, comme il le désire et comme je l'espère, il aura plus fait seul que tout le monde. Je ne m'explique pas à lui sur le dernier Mémoire qu'il m'a envoyé, parce que nous voilà bien près du temps qu'il m'a fait espérer son retour, étant des choses qui ne peuvent être si bien traitées qu'en présence.

Si je vous ai dit le mot d'*inutile*, j'ai peut-être passé son expression, mais non pas son sens; car j'ai pris ce mot au regard du sacrifice : or il avoue que tout ce qui suit la consécration n'y sert de rien, et par conséquent y est inutile, je veux dire, au sacrifice, qui est de quoi nous convenons; tellement que sa pensée doit être, et est aussi en effet, que tout ce que le prêtre a intention de faire, est de rendre la victime déjà sacrifiée présente (*a*); et tout ce que Jésus-Christ y veut faire, présupposé qu'il y soit présent, est, non pas de se sacrifier de nouveau, mais de se montrer et exhiber à Dieu, déjà sacrifié en la croix, et rien davantage. C'est ce que nous appelons son intercession, et ce que nous exprimons en l'une de nos prières publiques, que je lui ai lue

---

(*a*) Ces paroles ne reproduisent pas toute la doctrine de Bossuet : on le verra tout à l'heure, dans la lettre XVII.

et dont il s'est contenté. Tout le différend qui reste, est qu'il croit que cette exhibition se fait à l'autel de leurs temples, et nous en celui du sanctuaire céleste, comme dit l'Apôtre ; de sorte que tout est réduit à la présence réelle : c'est aussi l'explication de ces deux messieurs de la société, lesquels m'ont parlé. Et cela étant réglé de la sorte, tous les argumens que nous avons tant faits contre la vocation des prêtres à sacrifier, nous deviennent inutiles, et une grande controverse est mise à fin.

Mais assurément, Monsieur, ce n'est pas la théologie ancienne de l'Eglise romaine; et quoique Bellarmin et Suarez que je vous ai nommés, et plusieurs autres qui ont commencé à la raffiner, aient beaucoup attribué et quelquefois tout le sacrifice à l'acte de consacrer, néanmoins ils veulent qu'il y entre aussi de la part du ministre public un acte d'offrir, bien qu'ils avouent que l'Ecriture n'en dit rien, parce qu'il n'y a point de sacrifice sans oblation, c'est-à-dire sans intention actuelle ou habituelle d'offrir et de présenter quelque chose à Dieu. Mais j'ai posé en fait, et nous avons promis de part et d'autre de ne regarder point à la manière dont personne se seroit exprimé ci-devant, mais d'aller droit au fond; et comme il vous a dit à vous, Monsieur, indépendamment d'aucune autorité que de la parole de Dieu. Et plût à Dieu que nous en fussions quittes pour dire qu'ils ne se sont pas assez bien expliqués, et que nous ne les avons pas assez bien entendus, bien que quelqu'un m'ait écrit sur cela d'une manière un peu rude et avec un dilemme atroce, pour réfuter cette manière de nous rapprocher.

On m'avoit déjà parlé de M. Daillé, et j'ai deux collègues qui l'ont connu, M. Ancillon et M. de Combles, particulièrement ce dernier qui l'a précédé ou qui l'a suivi en une même église. Ils m'ont fait une partie de son histoire, mais ils ne nient pas qu'il ne soit savant. J'en ai plus appris de M. de B..... Je n'ai rien à vous dire de la manière dont vous aurez à user de moi avec lui ou avec d'autres. En celle dont j'agis, je ne crois pas avoir raison de me cacher à personne ; mais vous avez tant d'amitié pour moi et vous êtes si sage partout, que je me dois entièrement négliger entre vos mains. Il me suffira bien, quand il s'en présentera des occasions, que mes intentions vous sont bien connues et que vous les approuvez; car vous les saurez bien expliquer.

Au surplus, Monsieur, vous m'avez offert, vos amis et vos connoissances à Paris, la source des choses; et puis vous m'écrivez que vous en partez le lendemain, sans me dire où vous allez et si vous reviendrez, et quand : vous pouvez penser que vous me laissez bien embarrassé. Je vous écris néanmoins par l'adresse que vous m'avez prescrite, et vous envoie un chiffre dont j'ai gardé le double, comme vous l'avez désiré et sauf à y ajouter.

J'oubliais de vous dire que l'on a voulu me persuader que le Roi a déjà un mémoire signé de dix-huit ou vingt pasteurs, qui reconnoissent qu'on se peut sauver en l'Eglise romaine. J'ai répondu que si cela est, il faut que ce soit des gens qui y sont déjà ou qui y doivent entrer, comme j'ai dit à ceux qui m'ont parlé ci-devant de le signer. Après tout, Monsieur, il ne nous faut pas laisser surprendre par ces exemples. J'avoue que ce sont des achoppemens aux foibles, mais il ne le faut pas être; et quoique je croie qu'il y a beaucoup de choses qu'on peut supporter, je n'estime pas pardonnable à ceux qui les improuvent de retourner à les faire, et moins d'en croire d'autres qui ne doivent pas être dissimulées; car il vaudroit beaucoup mieux n'avoir jamais connu la voie de justice, etc.; mais c'est assez à un homme si intelligent.

Pour la fin, mandez-moi, s'il vous plaît, où est votre séjour plus ordinaire; comment se porte Mademoiselle et quelle famille vous avez, et quand vous espérez retourner à Paris, et si vous aurez reçu cette lettre bien conditionnée. Adieu cependant, mon cher Monsieur; et priez toujours Dieu pour moi, comme je fais pour vous, singulièrement à ce qu'il nous fasse la grace de lui demeurer fidèles, et de nous revoir ensemble avec les véritables bienheureux. C'est en sa grace et en cette espérance que je vous embrasse de tout mon cœur, que je vous remercie humblement de tout le bien que vous dites de moi et que vous me faites, et que je veux être à vivre et à mourir, Monsieur, votre, etc.

FERRY.

Je vous supplie très-humblement, Monsieur, de conserver cette lettre, pour me la renvoyer un jour si j'en ai besoin, pour montrer la pureté de mes intentions en la profession de la vérité; et pour cette fin je vous prie d'y noter quelque part, quel jour vous l'aurez reçue.

LETTRE XVIII.

MAIMBOURG A FERRY.

Coullonges, le 23 octobre 1666.

Monsieur,

J'aurois bien de la confusion de toutes les louanges que vous me faites la grace de me donner par votre dernière, du 18 de septembre, si je ne savois de quelle source elles partent, et que ce seroit une vanité dont je ne suis pas capable par la grace de Dieu, que d'attribuer à mon mérite ce que je tiens de votre pure bonté et de celle de vos amis. Tout ce que je puis m'attribuer avec justice, c'est, Monsieur, une passion sincère, vive et constante à vous honorer comme mon père et comme un des plus grands hommes de notre siècle; et je vous avoue qu'il me fâcheroit que vous n'eussiez pas toute la gloire d'une paix tant désirée, si c'est le bon plaisir de Dieu de la faire éclore en nos jours.

Peut-être, Monsieur, que le procédé de M. Daillé, tout grand homme qu'il est, n'est pas exempt de quelque jalousie qu'il n'ait pas été le premier à qui l'on ait fait les premières ouvertures de ce dessein. Quoi qu'il en soit, je ne désespère point, malgré les difficultés que j'y prévois, d'en voir une heureuse conclusion, puisque Dieu vous a, ce semble, choisi entre tous pour une œuvre de cette importance, et qu'il a voulu qu'une réputation aussi belle et aussi pure que la vôtre fût comme le principal fondement et le principal appui de tout ce grand édifice.

Le point du sacrifice est assurément un des plus difficiles à ajuster; mais je suis persuadé qu'il n'est pas impossible de s'approcher et de s'entendre là-dessus, comme sur la plupart de nos autres controverses; et que dans les conférences que vous aurez avec notre illustre abbé et ces autres amis que vous me marquez, vous ne puissiez enfin trouver des éclaircissemens et des biais qui pourront satisfaire les plus délicats, sans blesser leur conscience ni la vérité.

Je voudrois bien être assez heureux pour me trouver à des entretiens où il y aura tant à profiter ; et le zèle de la paix, plutôt qu'aucune opinion que j'aie de ma petite capacité, me fait presque croire que je pourrois bien n'y être pas absolument inutile. Mais le moyen de rompre les liens qui m'attachent ici, sans le secours de ceux entre les mains de qui Dieu a mis toutes les choses qui me manquent? Je suis comme ce pauvre paralytique de l'Evangile : *Hominem non habeo ;* cependant je fais ce que je puis par-deçà, et peut-être que mes efforts ne seroient pas sans quelque succès, si cette malheureuse passion, je veux dire la jalousie, ne se mêloit pas d'interpréter nos intentions contre toute la netteté de mon procédé et de mes paroles. Il ne faut pas pourtant que cela nous rebute, Monsieur, ni oublier que nous ne sommes pas responsables des événemens qui dépendent de Dieu seul, mais seulement des choses qu'il a mises en notre pouvoir. Après tout, *in magnis voluisse sat est,* et comme dit Cicéron, *Turpe est quærendo defatigari, cùm id quod quæritur sit pulcherrimum.*

On me mande de Paris que M. de Bossuet est allé à la campagne, et que notre correspondant en devoit partir le 15 du courant pour un voyage de deux ou trois mois. Ainsi je vous supplie, Monsieur, de prendre maintenant l'adresse de vos lettres chez M. de Combel, secrétaire du Roi, rue des Fossés-Montmartre, en mettant mon nom, et non pas celui de Plerville qui lui seroit inconnu.

Votre chère lettre m'a été bien et fidèlement rendue le 19 du courant; j'ai marqué ce jour au haut de la lettre, comme vous l'avez désiré, et je la garderai soigneusement, afin de vous la renvoyer, lorsque vous le désirerez.

La longueur de ma dernière, et la hâte que j'avois à la veille de mon départ, me firent oublier de vous dire que je partois pour retourner ici, chargé des ordres du Roi, et pour arrêter les persécutions d'un curé et de quelques mauvais voisins, qui menaçoient cette maison d'une désolation entière. Mais l'envie que j'avois de me rendre en diligence dans la province avec des ordres si favorables, ne m'empêcha pas de quitter la route ordinaire, pour prendre celle de Saumur et de là par Thouars, afin d'avoir l'honneur d'y voir les personnes qui vous touchent de si près, et de conférer avec M. Baucelin de toutes les choses que vous m'aviez fait l'honneur de m'écrire; mais par malheur ils étoient à une journée de là, et le guide que j'avois pris à Saumur et qui m'avoit loué un cheval, ne voulut jamais consentir à ce petit détour, parce qu'il dit que nous manquerions à Blaye l'occasion qui l'avoit fait résoudre à ce voyage, ce qui étoit véritable.

Vous me faites trop de graces, Monsieur, des soins que vous avez la bonté de prendre de ma petite famille. Elle consiste en deux enfans, un petit garçon de six ans et une fille qui entre dans la douzième. Ils sont ici tous deux avec leur mère, logés dans le château même, qui est un des plus beaux et des plus magnifiques de la Guyenne. Je suis, avec toute la tendresse et tout le respect possibles, Monsieur, votre très-humble, etc.,

Maimbourg.

LETTRE XIX.

BOSSUET A FERRY.

A Gassicourt, le 28 octobre 1666.

Depuis la très-obligeante lettre que vous m'avez fait l'honneur de m'écrire, Monsieur, j'ai presque toujours été comme errant en divers endroits; et une personne puissante et très-bien intentionnée pour l'affaire qui vous touche, ayant été aussi toujours absente pendant ces vacations, je n'ai pu faire encore le dernier effort que je prétends faire par son entremise, pour vous faire accorder la grace que vous désirez. J'ai laissé néanmoins à Paris des gens très-bien instruits de la chose, et en résolution de vous y servir dans l'occasion. Je n'en ai rien appris depuis, à cause des petites courses que j'ai faites en divers lieux.

Voici le temps qui approche que tout le monde se rassemblera, et que nous pourrons tout réunir pour obtenir ce que nous souhaitons, et surmonter les difficultés que nous avons trouvées plus grandes que nous ne pensions dans l'esprit du maître, parce qu'à ne vous rien dissimuler, il nous a paru peu disposé à faire des choses qui peuvent être tirées à conséquence par d'autres ; si bien que ceux qui traitoient la chose avec une très-favorable intention pour vous, ont jugé à propos de ne presser pas dans le temps que j'ai été à la Cour, et je n'ai point appris qu'ils aient réussi, ni même rien tenté depuis pour les raisons que j'ai marquées.

Quoi qu'il en arrive, Monsieur, vous pouvez tenir pour certain que je n'omettrai rien en cette rencontre de ce que je croirai pouvoir être utile à votre dessein. J'ai préparé, autant qu'il a été en moi les esprits ; et le témoignage que j'ai rendu de votre personne a été assurément tel que votre mérite extraordinaire me l'a inspiré. J'ajouterai envers tout le monde et dans toutes les occasions, ce que je croirai pouvoir servir, et du moins j'aurai la joie de pouvoir parler de vous avec l'honneur qui est dû à un homme de votre force.

Au reste il faut avouer que votre zèle et votre prudence ne peuvent être assez loués dans la conduite que vous tenez avec vos messieurs. C'est un pas important que de disposer à entendre, et votre science, votre autorité, votre poids, votre singulière modération nous y sont absolument nécessaires. Je vous assure qu'on a dessein de procéder de très-bonne foi, et je puis vous le dire avec certitude, parce que je suis instruit à fond de l'affaire, et je vous confesserai en confiance que j'y suis un peu écouté.

A l'égard des explications que je vous ai données, ne soyez en aucun doute, s'il vous plaît, qu'elles ne soient très-constantes parmi les nôtres ; tellement que si vos messieurs les reçoivent aussi bien que vous avez fait, il n'y aura rien à désirer sur ces articles.

Je ne feins point de vous dire, encore une fois, que l'essence du sacrifice de l'Eucharistie consiste précisément dans la consécration, c'est-à-dire dans l'action par laquelle le ministre, ou plutôt Jésus-Christ même, rend son corps et son sang présens sur la sainte table par l'efficace de ses paroles, et que Jésus-Christ n'y est offert mystiquement, qu'en tant que par cette action il se représente lui-même à son Père, revêtu des signes de mort, et comme ayant été immolé par une mort effective.

Les prières qui se font devant et après ne sont en aucune sorte nécessaires pour l'essence de ce sacrifice, et c'est le commun avis de nos plus grands théologiens ; ce qui n'empêche pas que nous ne les tenions très-saintes, très-vénérables pour leur antiquité, que nous voyons témoignée presque de mot à mot par les Pères, et pleines d'un esprit apostolique qui se fait sentir à tous ceux à qui Dieu ouvre le cœur pour les bien entendre. Mais enfin nous enseignons constamment que le sacrifice peut subsister sans ces prières, à la manière que je vous ai exposée ; et en un mot je ne doute pas qu'il ne soit renfermé tout entier dans la seule consécration.

Il ne faut pas taire toutefois que le cardinal Bellarmin y ajoute quelque chose. Car c'est son opinion, que pour la vérité de ce sacrifice il désire quelque manière de destruction réelle qu'il établit dans la consomption des espèces, dans laquelle tous ceux qui croient la réalité sont obligés de reconnoître qu'il arrive une cessation de l'être que Jésus-Christ acquiert dans ce sacrement ; et cette cessation n'est toujours qu'une mort mystique, puisque la personne de Jésus-Christ demeure toujours inviolable en elle-même. Mais quoiqu'il soit véritable que tous ceux qui posent la réalité doivent aussi confesser par une suite nécesaire cette cessation d'être dans la consomption des espèces consacrées, toutefois ni les plus doctes théologiens, ni même Suarez et Vasquez n'accordent pas à Bellarmin qu'elle puisse être essentielle à l'action du sacrifice, puisque la consomption le suppose déjà fait, et que c'est là qu'on y participe.

Vous remarquerez, s'il vous plaît, que ces deux façons d'expliquer le sacrifice de l'Eucharistie ne mettent rien, quant au fond, que ce qui suit nécessairement de l'institution de Jésus-Christ, supposé la réalité. Il est permis aux docteurs de proposer chacun leurs pensées pour exposer les mystères ; et pourvu que le fond demeure entier, la théologie peut s'exercer à satisfaire la variété des esprits par diverses explications.

Mais je tiens que l'un des moyens qu'il faut prendre et retenir avec plus de soin dans le dessein d'accommoder nos controverses, c'est de s'arrêter aux expositions les plus simples et les moins embarrassées, qui sont aussi ordinairement les plus véritables. Et c'est pourquoi, Monsieur, j'ai choisi celle que vous avez approuvée et de laquelle il est certain que tous nos théologiens seront très-contens, et qu'aucun n'en demandera davantage pour l'intégrité de la foi, personne n'étant astreint à suivre les sentimens particuliers du cardinal Bellarmin.

Je fais cette lettre plus longue que je n'avois médité, afin de répondre exactement à un article de la vôtre. Mais puisque j'ai commencé une fois de me jeter sur la controverse, sans controverse néanmoins autant que je puis, puisque mon intention est plutôt de concilier que de disputer, et de proposer des explications dans lesquelles on puisse convenir que de traiter des questions sur lesquelles on chicaneroit sans fin : il faut encore que je vous dise ma pensée sur un mot que vous avez dit à mon père.

Il m'a écrit, Monsieur, que vous lui aviez témoigné que vous souffriez beaucoup de difficulté touchant l'invocation des Saints. Si c'est touchant la question au fond, savoir si la doctrine que nous tenons sur ce sujet est bonne ou mauvaise, je sais assez les raisons que les vôtres ont accoutumé de nous opposer. Mais ce n'est pas en cette manière que nous avons considéré ces choses. Nous sommes convenus de peser d'abord, non ce qu'elles sont en elles-mêmes, mais le rapport qu'elles ont avec le fondement du salut ; et en cette sorte j'avoue, vu les grandes et pénétrantes lumières que Dieu vous a données sur ce sujet-là, que je ne puis m'imaginer en façon quelconque ce qui peut arrêter en ce point.

Est-il possible que vous croyiez que nous invoquions les Saints comme Dieu? Et n'avons-nous pas dit assez clair, que nous ne les appelions à notre secours que comme nos conservateurs, et dans le même esprit de communion qui fait que nous prions tous nos frères d'offrir pour nous leurs oraisons, c'est-à-dire tous nos membres à concourir avec nous à notre commune félicité?

Peut-être que vous direz que nous attribuons aux Saints qui sont avec Dieu quelque manière de science divine, en croyant qu'ils pénètrent le secret des cœurs, entendant les prières qu'on leur adresse. Mais vous savez, Monsieur, que nous sommes bien éloignés de ce sentiment. Lorsque le Fils de Dieu nous a enseigné que l'on se réjouit au ciel, devant Dieu, de la conversion des pécheurs, il ne présuppose pas dans les habitans de cette région céleste une science universelle des secrets mouvemens des cœurs, ni de ce qui se passe en ce bas monde. Nous entendons aisément que les esprits bienheureux se réjouissent de ces miraculeux événemens, autant qu'il plaît à Dieu leur en donner la connoissance; et de même, quand on dira que les Saints qui sont dans la gloire peuvent connoître nos prières, ou par le ministère des anges qui sont établis par ordre de Dieu esprits administrateurs pour concourir à l'ouvrage de notre salut, ou par quelque autre manière de révélation divine, jamais votre bonne foi ni votre sincérité ne vous permettront de penser que ce soit élever les Saints à la science ni à la puissance divine.

Quand donc vous ne voudriez pas demeurer d'accord qu'ils connoissent en cette sorte les prières qu'on leur fait, tout ce que vous pourriez conclure de plus fort, c'est qu'elles sont inutiles; mais qu'elles aillent à renverser cet unique fondement du salut dont nous avons tant de fois parlé, c'est-à-dire la confiance en Jésus-Christ seul, c'est ce que je ne puis entendre. Jésus-Christ est jaloux; mais c'est mal interpréter sa jalousie, que de penser qu'elle s'offense que nous croyions que ses serviteurs puissent obtenir en son nom beaucoup de graces à leurs frères, ni que nous nous adressions à eux pour cela, ni que nous espérions quelque avantage plus grand du concours de leurs prières que nous ne ferions des nôtres seules. Est-ce s'éloigner de Jésus-Christ que de prier ses serviteurs et ses membres, et ses membres unis avec lui, non-seulement par la grace, mais par la société de la même gloire, de prier pour nous par Jésus-Christ même? N'est-ce pas pour cela et dans cette vue que vous-même avez prêché et écrit que la prière des Saints n'empêchoit pas le salut de nos ancêtres, parce qu'elle présupposoit le fondement essentiel, c'est-à-dire l'espérance en Jésus-Christ seul?

Je ne sais pas, Monsieur, ce que vous avez découvert depuis, qui vous fait trouver tant de difficulté dans cette prière. Mais je suis très-assuré que, pour peu qu'il vous plaise de vous élever au-dessus des vieux préjugés, et de suivre les lumières qui vous sont données, vous verrez que ce n'est non plus renverser le fondement du salut, de prier saint Pierre vivant avec Dieu, que de le prier vivant avec nous.

Mais il faut considérer ici que les plus grands hommes ne voient pas tout; et que si Dieu n'étend leurs vues, elles demeureront toujours trop bornées. C'est donc de lui et du temps qu'il faut tout attendre ; et c'est pourquoi je ne cesse de le prier qu'il vous fasse voir combien il est véritable que l'Église catholique a retenu constamment le fondement du salut, et que de là vous entendiez combien donc elle a été protégée d'en haut.

Peut-être que vous verrez dans une vérité si manifeste, qu'il ne falloit point s'en séparer, et qu'il n'est rien de plus nécessaire que d'y retourner bientôt. Mais, Monsieur, vous êtes déjà très-déterminé à en chercher les moyens. Je vous en pourrois proposer beaucoup qui me semblent très-efficaces et très-bien fondés, mais desquels nous ne conviendrions peut-être pas. Reste donc que nous cherchions ceux dont nous pourrons convenir, ou pour achever tout à fait, ou du moins pour avancer un si grand ouvrage.

Je travaillerai avec diligence à terminer mes affaires, pour m'en retourner au plus tôt ; et je vous assure en vérité que ce qui me presse le plus, c'est le désir de continuer nos conférences. J'en espère de grands progrès pour le bien que nous souhaitons, et on peut tout espérer d'une intention aussi pure et d'une charité aussi patiente qu'est celle que vous témoignez, plus encore par vos œuvres que par vos paroles. Les grandes lumières, la sincérité, la modération, tout concourt en vous à me faire désirer de traiter la chose avec vous plutôt qu'avec aucun autre, quoique selon mon désir je voudrois parler à tous ; mais il faut suivre les conseils de Dieu, qui paroissent dans les ouvertures qu'il nous donne par sa Providence.

J'apprends que vous avez fait votre semaine. Que je crains pour votre santé, et que je désire avec ardeur que nous puissions vous procurer un repos honnête et avec les circonstances que vous avez raison de souhaiter! Je me sens bien obligé à M. Maimbourg, notre ami commun, qui vous a si bien expliqué les sentimens d'estime et d'affection que j'ai pour vous. Vous me l'avez enlevé, et qui sait si ce ne seroit point pour travailler à nous réunir tous en Jésus-Christ? C'est un homme très-capable de tout bien. Mais il s'en est allé bien loin de nous. Dieu est puissant pour ramasser quand il lui plaira, par les voies qu'il sait, tous ceux qu'il veut employer à son œuvre. Je suis, Monsieur, votre très-humble et très-obéissant serviteur.

Bossuet.

Pardonnez la mauvaise écriture et les fautes de ce volume que je ne puis pas relire.

LETTRE XX.

BEGNEGGHER, DE STRASBOURG, A BACHELLÉ, PASTEUR.

27 janvier 1667.

Me trouvant, il y a deux ans, à Ratisbonne, je rencontrai à la Cour de Sa Majesté impériale deux religieux espagnols qui y négocioient des affaires secrètes, lesquels parloient de cette réunion (des religions) comme d'une affaire fort aisée, et à laquelle le Roi leur maître avoit une inclination très-forte, et même leur avoit donné commission d'en conférer avec les nôtres. A moins que Dieu ne fasse des miracles, ces choses ne me semblent désormais que de beaux songes. Et quelquefois la peau de lion ne servant plus de rien, on prend celle du renard.

LETTRE XXI.

BEGNEGGHER A BACHELLÉ.

3 février 1667.

Depuis que j'ai su qu'un des piliers de la religion protestante s'est amusé d'entretenir, plus de deux ans, un de ses ministres à la Cour de Rome pour la flatter, je ne m'étonne plus de ce qu'il vous a plu me mander dernièrement d'une nouvelle espèce de syncrétisme.

Les grands se moquent de Dieu, qui se moquera d'eux; à quoi il a ajouté ces paroles, ou semblables : mais bien que les choses changeroient en pis, je ne changerai en rien la résolution que j'ai faite de demeurer (a)...

RÉCIT

FAIT PAR LE MINISTRE FERRY,

De ce qui s'est passé au sujet du Projet de réunion.

Le dimanche 9 janvier 1667, sur le soir, MM. de Dampierre et de Batilly vinrent me trouver chez moi pour me dire, comme ils firent, que M. le lieutenant-général avoit été chercher M. de Dampierre chez lui; et qu'ayant appris de madame sa femme qu'il étoit au catéchisme, il l'avoit priée d'envoyer un laquais le prier de sa part, lorsqu'il en sortiroit, de prendre avec lui M. de Batilly, et de le venir trouver pour quelque chose importante qu'il avoit à leur communiquer. Eux étant arrivés, il leur avoit dit avoir charge de ne leur parler qu'en présence de M. de la Voitgarde; qu'étant allés ensemble chez lui et l'y ayant trouvé, il leur avoit alors déclaré qu'il avoit ordre, et faisoit sourdement entendre que c'étoit du Roi, de leur faire entendre que Sa Majesté désiroit

(a) M. Ferry a ajouté de sa main, à cet extrait, l'observation suivante : « Peut-être qu'il entend parler de M. Spanheim, qui a bien été en ce temps-là à Rome connu de tous pour caresser les grands, et où il a composé et fait imprimer un livre de médailles. »

passionnément de voir tous ses sujets réunis en une même créance, que ce seroit une couronne ajoutée à la sienne ; qu'ils en communiquassent donc avec les quatre pasteurs, et eux avec peu d'autres. Et au cas qu'ils y trouvassent les esprits disposés, on choisiroit de part et d'autre, en pareil nombre, gens paisibles qui conféreroient ensemble sans dispute des moyens de s'accorder. Sur lequel récit que ces Messieurs me firent, je leur fis connoître que je trouvois cette proposition étrange, qu'assurément il n'y avoit point d'ordre du Roi, et je leur en dis mes raisons ; et même que le sentiment de ceux qui m'avoient parlé étoit que cela ne se fît qu'en une assemblée générale du royaume, mais qu'auparavant il y auroit bien des préparations à faire ; et je leur dis que j'en parlerois le mercredi suivant, après le prêche, à mes collègues, lesquels ayant tous prié de monter en notre chambre, M. de Batilly présent, nous trouvâmes bon d'un commun accord d'en parler à quelques autres que nous appellerions avec nous. Mais parce que M. de Comble, qui étoit de semaine, ne put être induit à s'y trouver qu'après sa semaine, nous remîmes à nous assembler le lundi suivant ; et parce que ce jour-là les diacres rendoient leurs comptes en la chambre ordinaire du conseil, je proposai que ce fût chez M. du Bac, fort contraire à cette proposition comme sa femme, le plus âgé, et qui avoit sa maison au milieu de la ville et à deux issues, et fut prise l'heure à trois après midi ; et proposai d'y appeler M. Bachellé, le ministre, à cause de la matière, à qui fut aussi ajouté M. Jennet, s'il étoit en ville, avec mesdits sieurs Dampierre et Batilly, M. du Chat, conseiller, qui fut contre, M. Persod, conseiller, MM. Duclos, frères, M. Ancillon ; tous lesquels étant assemblés ledit jour, à ladite heure, excepté MM. Jennet et du Chat, la proposition étant ouverte par lesdits deux Messieurs, et moi voulant prendre les voix comme étant de semaine, je fus prié par MM. mes collègues, les du Bac et autres de la compagnie, de commencer à opiner, à cause de l'importance de la matière : à quoi je crus ne devoir pas résister ; et après avoir témoigné ma surprise de cette proposition, dit les raisons que je croyois avoir de ne croire pas que le Roi eût donné charge de la faire, fait un succinct récit de ce que M. de Bossuet et les Jésuites avouoient, les avances qu'ils avoient faites, le sujet qu'il y avoit de louer Dieu, de les voir nous avouer des articles pour lesquels on nous avoit autrefois persécutés, que cela pouvoit servir à faire voir aux raisonnables qu'il n'y avoit pas tant de sujet de nous haïr qu'ils avoient cru; je dis pourtant que je ne voyois pas grande espérance qu'ils fussent avoués, en tout cas que ce n'étoit pas à nous à entrer en ces discussions, que nous n'étions qu'une église particulière et hors du royaume, qui avons pourtant une même confession de foi et même discipline signées avec les églises de France, sans lesquelles nous ne devions rien faire de cette nature; mais qu'il falloit faire une réponse honnête et modeste, parce que le Roi en pourroit être averti. Toute la compagnie ayant été de mon avis, je proposai, et M. du Bac aussi, de le mettre par écrit, ce qui fut trouvé bon, et du papier et de l'encre apportés à l'instant. Sur quoi je lus à la compagnie la minute que j'en avois toute dressée, laquelle sembla un peu trop longue; et après que la manière d'en faire une autre eut été fort contestée, que M. du Bac et MM. du Clos et Ancillon, avocats, se furent joints ensemble pour en faire une autre et l'eurent lue, elle fut encore plus débattue : enfin il fallut se rapprocher de la mienne; et après que j'eus fort insisté à ce qu'on y mît quelques offres d'y apporter en temps et lieu tout ce que nous pourrions, selon que la vérité et la conscience pourroient permettre, enfin toute la compagnie s'y réunit, l'ayant trouvée raisonnable, sans péril et sans conséquence, et qui pourroit satisfaire Sa Majesté, aussi bien que tous les autres qui la pourroient voir, et qu'il en falloit instruire. Et étant enfin dressée comme elle est ici, je proposai de la signer; mais je fus suivi de peu. Les ayant remis au retour des deux Messieurs, qui furent priés de la porter à M. le lieutenant-général; ce qu'ils firent dès le lendemain, car il étoit six heures et demie quand nous sortîmes; et les ayant ledit M. le lieutenant-général menés chez M. de la Voitgarde, là ils lui firent la réponse verbale, et enfin la lui laissèrent copiée; et parce qu'ils lui refusèrent de la signer avec lui, il refusa de leur donner copie de la proposition qu'il en avoit faite, comme il avoit offert. Ce que M. de Batilly ayant rapporté à la même compagnie le mardi 25, chez

M. du Bac, excepté M. de Dampierre, et M. Fibiel appelé, qui n'y avoit pu être la première fois, il fut dit qu'on en demeureroit là; et M. du Clos fut prier M. de Dampierre de dire à M. le lieutenant-général, s'il le trouvoit à la rencontre, et s'il lui en tenoit encore quelques propos, que la compagnie n'avoit point trouvé devoir rien faire davantage, et de mettre entre les mains de M. Ancillon ledit avis.

RÉPONSE

Donnée par les ministres de Metz, sur la proposition qui leur avoit été faite de travailler à la réunion.

Messieurs, nous avons fait rapport à Messieurs nos ministres et autres assemblés avec eux, de votre proposition touchant la réunion. Ils nous ont dit que c'est une chose que tous les bons François doivent désirer de tout leur cœur, pour la gloire de Dieu et le salut des ames. Mais comme notre église est unie en une même confession de foi et de discipline avec les autres du royaume, et qu'elle n'est que particulière, elle n'a point de droit, et ne peut délibérer sur cette proposition que conjointement avec les autres églises de France; étant prêts en ce cas de contribuer en une si bonne œuvre tout ce que la vérité et leur conscience peuvent permettre.

RELATION

Faite par le ministre Ferry, de différens faits, qui ont rapport au Projet de réunion.

Le samedi 5 février 1667, le Père de Rhodès m'étant venu voir, après m'avoir déjà cherché deux fois, je lui demandai des nouvelles de la proposition qui nous avoit été faite par M. le lieutenant-général, qu'il me témoigna savoir bien, mais non notre réponse par écrit et surtout la clause, que nous étions prêts de contribuer conjointement avec les églises de France ce que la conscience et la vérité pourroient permettre, et en somme protesta ne rien savoir du second voyage de MM. de Dampierre et de Batilly vers lui. De cela nous passâmes au gros de l'affaire, et ensuite je lui dis que nul de nous n'avoit cru qu'il en eût eu aucun ordre du Roi ; que les uns disoient qu'il n'avoit aucun ordre que du Père Annat ou conseil de conscience, et les autres que c'étoit un concert fait avec le Père Adam et la congrégation des Jésuites.

Sur quoi il m'avoua ingénument, sous le secret pourtant, qu'il n'avoit eu nul ordre pour cela, mais que le Père Adam étant sur son adieu, M. le lieutenant-général lui demanda et à lui de Rhodès, s'il y auroit du mal qu'il nous fît cette proposition ; à quoi ils ne s'opposèrent point, pourvu qu'il y eût apparence qu'elle dût être bien reçue et approuvée à la Cour ; et ensuite me dit que le Père Adam en avoit donné avis au Père Annat, et que lui Père de Rhodès lui en avoit écrit au long, à quoi le premier s'en étoit remis, mais qu'il n'avoit eu aucune réponse.

Sur quoi je lui dis que cette proposition avoit bien été faite à contre-temps, qu'elle m'avoit causé de la peine et du déplaisir ; lui en fis un récit sommaire ; et ajoutai que le jeudi précédent, 3 de ce mois, M. du Chat, conseiller, m'étoit venu montrer une lettre qu'il avoit reçue de M. Conrard, son beau-frère, où j'étois maltraité, quoique non nommé, à l'occasion de mes éloges qu'on publioit partout de pacifiques, et comme si je donnois les mains ou traitois déjà des moyens de la réunion. Je le fis souvenir que je leur avois toujours dit que je ne me séparerois jamais de mes frères et collègues ; que je ne quitterois jamais rien de la vérité ; que tout ce que je leur avois promis étoit d'ouïr les adoucissemens ou éclaircissemens qu'ils me voudroient donner sur les controverses et explications du malentendu, et de leur en dire mon sentiment en bonne conscience et autant que la vérité le pourroit permettre, et sans aucun engagement ; et que j'avois toujours dit que cette affaire n'étoit pas pour être traitée à part, mais en une grande assemblée du clergé avec les ministres de France, convoquée avec l'avis d'un synode national ; que c'étoit l'ouvrage d'un grand Roi qui n'avoit plus rien à faire à Paris sous ses yeux ; et cela, disois-je, pour m'en détourner, comme n'étant pas du royaume, ni membre de synodes, afin de détourner aussi ce qu'on me disoit que le Roi m'appelleroit : ce qu'il reconnut être entièrement véritable.

Et pour la fin, sur ce qu'il me faisoit les recommandations du Père Adam, dont il disoit être chargé par trois lettres, et qu'il seroit bientôt ici pour se préparer au Carême, de le conjurer et le prier à son arrivée de se passer de prendre la peine de me venir voir : ce qu'il me promit, en me disant qu'il voyoit que je souffrois dedans et dehors.

Sur la proposition qui nous a été faite par MM. de Dampierre et de Batilly, de la part de M. de la Voitgarde, lieutenant de Roi en cette ville et gouvernement, et de M. le lieutenant-général au bailliage et siège royal de cette dite ville, et par ordre, comme ils ont dit, de penser aux moyens de parvenir à la réunion des religions d'entre ceux de la religion catholique romaine et nous, et d'en conférer entre nous et après avec ceux d'entre eux qui nous seront proposés de leur part en tel nombre qu'il sera avisé de part et d'autre : répondons avec tout le respect qu'il appartient que la désunion qui y est survenue au siècle passé ayant été une extrémité à laquelle les nôtres n'ont cru se devoir réduire que pour le repos de leurs consciences et pour pouvoir servir Dieu sans l'offenser, il ne nous sauroit rien être présenté de plus agréable que la proposition et les moyens de pouvoir retourner à le servir ensemble comme il le veut être ; mais que ne nous étant rien proposé de particulier, nous n'avons aussi rien à répondre de plus exprès quant à présent ; étant prêts, s'il nous en est fait ci-après quelque ouverture, d'en dire nos sentimens, après que nous aurons pourtant communiqué le tout à nos Frères du royaume, avec lesquels nous avons signé une même Confession de foi et avons une même discipline, auxquels cette affaire doit être commune avec nous, et en la communion desquels nous faisons profession de vouloir demeurer; promettant néanmoins d'apporter de notre part aux occasions toute la disposition possible, et qui doit être attendue de bons sujets et de bons citoyens, et autant que la matière et la conscience le pourront permettre.

PROJET DE RÉUNION

DES DEUX RELIGIONS,

PAR LE MINISTRE DU BOURDIEU (a).

Nous, ministres soussignés, ayant dessein de porter notre obéissance aux ordres de Sa Majesté aussi loin que les grands intérêts de notre conscience pourront nous le permettre, et espérant de sa bonté royale que, voyant les avances que nous voulons faire vers la religion qu'il professe, il ordonnera qu'on nous laissera en repos, et que toutes nos affaires seront en assurance ; nous promettons de contribuer de notre pouvoir au religieux dessein qu'il a de ranger tous ses sujets sous le même ministère, et pour cet effet de nous réunir à l'église gallicane, si elle veut nous accorder les articles suivans, selon la promesse solennelle qu'elle a faite dans l'*Avis pastoral,* de relâcher de ses droits en faveur de la paix, et de rectifier les choses qui auront besoin de remède, si la plaie du schisme est une fois fermée. Voici les articles :

I. Qu'il n'y aura point d'obligation de croire le purgatoire; qu'on ne disputera point de part ni d'autre sur cet article, et qu'on parlera avec une grande retenue de l'état où sont les ames incontinent après la mort.

II. Que l'on ôtera des temples les images de la très-sainte Trinité; que les autres, que l'on trouvera à propos d'y laisser, ne resteront que pour servir d'ornement à l'église ou pour une simple

---

(a) L'abbé Millot dit dans ses *Mémoires politiques et littéraires :* « Le duc de Noailles, commandant de Languedoc, soupiroit pour l'exécution d'un projet formé depuis longtemps, auquel plusieurs savans théologiens avoient travaillé, mais qu'on ne verra jamais réalisé sans une espèce de miracle. C'étoit de réunir les protestans à l'Eglise catholique. Bourdieu, ancien ministre de Montpellier, lui envoya un Mémoire, pour être présenté au Roi, sur un objet si désirable. Après l'avoir examiné et fait examiner avec soin, le duc resta persuadé que ce Mémoire tendoit à rendre les catholiques huguenots, et non les huguenots catholiques. Il ne le présenta point; mais il le communiqua au célèbre Bossuet, l'oracle de l'Eglise de France et le plus redoutable adversaire des novateurs. »

Après cette citation, Déforis ajoute : « Nous ignorons la date précise de ce Projet de réunion, qui n'est pas marquée dans la copie qui nous en a été confiée avec les originaux des autres Pièces qui précèdent. Mais il paroît par les Mémoires de l'abbé Millot, qu'il est de 1684.

instruction historique ; et que les pasteurs avertiront soigneusement les peuples d'éviter sur ce point les abus, qui ne sont que trop communs parmi les personnes mal instruites.

III. Que les reliques et les autres dépouilles des Saints, de la vérité desquelles on n'aura pas raison de douter, seront conservées avec grand respect ; mais qu'elles n'entreront point dans le service de la religion, et qu'on ne nous obligera pas de leur rendre aucun culte.

IV. Que l'on n'envisagera que Dieu, seul objet de notre adoration et de notre culte, qu'on instruira le peuple de prendre bien garde de ne rien attribuer aux créatures, pour si éminentes qu'elles soient, qui soit propre ni particulier à Dieu ; mais que cependant, puisque les Saints s'intéressent dans nos misères, on peut prier Dieu d'accorder aux prières de l'Eglise triomphante les graces que l'indifférence de nos oraisons n'obtiendroit jamais de lui.

V. Qu'entre les cérémonies de l'Eglise chrétienne, le baptême et l'Eucharistie sont les plus augustes, et que l'on ne donnera aux autres le nom de sacrement que dans un sens large et étendu.

VI. Que sur la nécessité du baptême on s'en tiendra particulièrement au canon du concile de Trente, sans lui donner autre forme ou étendue que celle que ces paroles renferment : *Si quis dixerit baptismum liberum esse, hoc est non necessarium esse ad salutem, anathema sit.* C'est pourquoi on ne donnera aucune modification au canon x du chapitre précédent, qui déclare qu'il n'est pas permis à toutes personnes d'administrer les sacremens, ce droit n'appartenant qu'aux ministres de l'Eglise, qui ont reçu de Jésus-Christ le pouvoir de les conférer.

VII. Que Jésus-Christ est réellement présent dans le sacrement de l'Eucharistie, quoique les voies de sa présence soient incompréhensibles à l'esprit humain ; et par conséquent on n'obligera personne à définir la manière de sa présence, ni on n'en disputera point, puisqu'elle passe notre intelligence et que Dieu ne nous l'a pas révélée.

VIII. Que quand on communiera, on sera dans une posture d'adoration : les communians rendront alors à Jésus-Christ les honneurs suprêmes qui ne sont dus qu'à Dieu, sans exiger autre chose de personne, pour les espèces de la matière de ce sacrement, que cette vénération profonde qu'on doit aux choses saintes.

IX. Qu'il sera permis au peuple de lire les Ecritures saintes, et que l'on les lira publiquement dans l'église; que le service se fera en langue vulgaire; que la coupe sera administrée au peuple; que l'on ne reconnoîtra point d'autre sacrifice proprement dit que celui de la croix. Les pasteurs enseigneront aux fidèles que l'Eglise chrétienne n'a qu'une seule victime, qui s'est une seule fois immolée; et que l'Eucharistie est un sacrifice de commémoration, ou la présentation que le chrétien fait à Dieu du sacrifice de la croix; qu'avant de nous obliger à recevoir l'usage de la confession, on corrigera les abus qui s'y sont glissés, et l'on y apportera les modifications nécessaires pour le repos des consciences.

X. Qu'on ne regardera les jeûnes et toutes les mortifications que comme des aides à la piété, et les moyens pour se conserver en l'état de la grace.

XI. Qu'on réformera les maisons des religieux, et surtout celle des mendians, ne conservant sur pied que les sociétés anciennes, comme celles de Saint-Benoît, des Jésuites, des Pères de l'Oratoire; mais les soumettant toutes uniquement à l'inspection et à l'autorité des évêques.

XII. Que les ministres seront conservés dans l'état ecclésiastique, et qu'ils tiendront un rang distingué dans l'Eglise, excepté les bigames, auxquels on aura égard de quelque autre manière.

XIII. Que Jésus-Christ ayant confié gratuitement à ses ministres les sacremens et les choses saintes, ils les dispenseront aussi gratuitement, sans les vendre, comme on a fait jusqu'ici.

XIV. Qu'on déchargera le peuple de ce grand nombre de fêtes qui les accablent, ne conservant que celles des mystères de la rédemption, celles des apôtres, des Saints et Saintes du premier siècle.

XV. Que les bornes que la dernière assemblée de France a données à l'autorité du Pape, seront inviolables; et que, pour le rang qu'il doit tenir avec les évêques de la chrétienté, il ne sera regardé tout au plus que comme *primus inter pares*.

XVI. Que les pratiques et les cérémonies qui ne conviendront pas à la majesté de la religion, et dont on ne trouve point les traces dans la plus pure antiquité, seront abolies.

XVII. Que sur les questions du mérite des œuvres et de la grace, on s'en tiendra à la doctrine de saint Augustin et à l'*Exposition* de M. de Meaux.

Signé du Bourdieu, la Coste.

Dieu veuille répandre de plus en plus son esprit sur les hommes, afin qu'ils ne soient qu'un cœur et qu'une ame, et que nous puissions voir en nos jours cette bienheureuse réunion, selon les vœux et les prières de tous les gens de bien de l'une et de l'autre communion, à laquelle tous ceux qui ont du talent doivent travailler, soit de parole, soit par écrit. *Amen.*

LETTRE XXII.

BOSSUET AU DUC DE NOAILLES (a).

23 octobre 1683.

Je ne m'étonne pas, non plus que vous, qu'on ait deviné une chose si grossière touchant la proposition de s'en tenir aux canons. Celui qui la fait n'est pas loin du royaume de Dieu : mais il faut savoir de lui,

1° Dans quel siècle il se borne.

2° S'il n'entend pas joindre aux canons les Actes que nous avons très-entiers des conciles qui les ont faits.

3° Si dans les canons des conciles, dont nous n'avons pas

(a) Déforis cite de nouveau l'abbé Millot : « Cependant le duc de Noailles écrivit à Bourdieu, en lui adressant un autre Projet de réunion, qu'il l'exhortoit, lui et ses confrères, à y concourir avec un esprit de paix et de vérité ; qu'alors il seroit en état de faire valoir auprès du Roi ses bonnes intentions ; qu'il n'oublieroit rien pour en procurer le succès, et qu'il donneroit volontiers sa vie pour un si grand bien. Bourdieu lui envoya ses réflexions sur le projet, et sur les moyens de l'exécuter, et proposa de s'en tenir aux canons par rapport aux points dont on ne pourroit convenir. Le duc consulta Bossuet, dont il reçut cette réponse.

d'autres actes que les canons mêmes, il n'entend pas que l'on supplée à ce manquement par les auteurs de ce même siècle.

4° S'il croit avoir quelques bonnes raisons pour s'empêcher de recevoir la doctrine établie par le commun consentement des Pères qui ont été dans le même temps.

5° S'il peut croire de bonne foi que tout se trouve dans les canons, qui constamment n'ont été faits que sur les matières incidentes, et très-rarement sur les dogmes.

Une réponse précise sur ces cinq demandes, nous donnera le moyen de l'éclaircir davantage, pour peu qu'il le veuille et qu'il aime la paix autant qu'il veut le paroître.

Qu'il ne dise pas que c'est une chose immense que d'examiner la doctrine par le commun consentement des Pères, qui ont vécu du temps des conciles dont il prend les canons pour juges ; car on pourroit en cela lui faire voir, en moins de deux heures, des choses plus concluantes qu'il ne croit. Un petit extrait de cette lettre, et des réponses aussi précises que sont ces demandes, nous donneront de grandes ouvertures.

Je suis à vous de tout mon cœur, et prie Dieu qu'il vous conserve, et toute la famille, que je respecte au dernier point.

RECUEIL
DE DISSERTATIONS ET DE LETTRES

CONCERNANT

UN PROJET DE RÉUNION DES PROTESTANS D'ALLEMAGNE,

DE LA CONFESSION D'AUGSBOURG,

A L'ÉGLISE CATHOLIQUE.

PREMIÈRE PARTIE,

QUI CONTIENT LES DISSERTATIONS.

COPIE DU PLEIN POUVOIR

Donné par l'empereur Léopold, à M. l'évêque de Neustadt en Autriche, pour travailler à la réunion des protestans d'Allemagne (a).

Léopold par la grace de Dieu empereur des Romains, etc., à tous les fidèles de notre royaume de Hongrie et de Transilvanie, Etats ou autres, de quelque condition, dignité ou religion qu'ils soient, qui verront, liront ou entendront lire ceci, salut et notre grace.

Toutes les lois divines et humaines contenant une obligation formelle, et les conclusions des diètes de l'Empire, aussi bien que les lettres de fraîche date de la plus grande partie des protestans, qui depuis peu sont entrés en conférence avec notre féal et bienamé le très-révérend Christophe, évêque de Neustadt, marquant la grande nécessité qu'il y a que nous aspirions à ce que dans les royaumes et provinces des chrétiens, tant dedans que dehors de l'Empire, il y ait une parfaite union, non-seulement à l'égard du temporel, mais encore à l'égard du spirituel, autant qu'il con-

---

(a) Nous n'avons pas trouvé dans les papiers de Bossuet l'original latin de cet acte. (Edit. de Déforis.)

cerne la foi orthodoxe et le véritable culte d'un même Dieu ; et que sinon toutes (comme la sainte Ecriture et la raison nous font pourtant espérer avec l'aide de Dieu) au moins les essentielles controverses, difformités et méfiances soient levées ou diminuées, d'autant qu'il paroît à plusieurs et se trouve ainsi en effet en grande partie, que les diversités de sentimens sur les points principaux viennent du défaut de la charité mutuelle et de la patience nécessaire pour bien entendre et expliquer sincèrement le vrai sens et opinion d'un chacun, et les significations différentes qu'on donne aux termes ou mots qu'on emploie : et ayant de plus considéré avec combien de succès et d'utilité ledit évêque a travaillé dans la diète de l'Empire et ailleurs, tant sur cette matière sainte qu'à l'égard de la conservation de notre dit royaume de Hongrie.

A ces causes, nous avons jugé à propos de lui donner par la présente plein pouvoir, en tout ce qui regarde notre autorité et protection royale, et une commission générale de notre part, de traiter avec tous les Etats, communautés, ou même particuliers de la religion protestante dans tous nos royaumes et pays, mais particulièrement avec ceux de Hongrie et de Transilvanie, touchant ladite réunion en matière de foi et extinction ou diminution des controverses non nécessaires, soit immédiament ou par députés ou lettres; et de faire partout avec eux, bien que sous ratification ultérieure, pontificale et royale, tout ce qu'il jugera le plus convenable et utile à gagner les esprits, et à obtenir cette sainte fin de la réunion qu'on se propose. Et en ce point, nous donnons aussi à tous susdits protestans nos sujets de Hongrie et de Transilvanie, y compris encore leurs ministres ou prédicateurs, une pleine faculté de venir trouver ledit évêque au lieu où il pourra être, et d'envoyer à lui publiquement ou secrètement.

Mandons sérieusement et sévèrement, en vertu de celle-ci, sous grièves peines à tous ceux que leur charge oblige d'avoir égard à ces choses, de ne faire ni laisser faire aucun empêchement à ceux qui viendront ou enverront audit évêque, sur l'invitation qu'il leur aura faite pour la sainte fin susdite; mais de leur faire toutes sortes de faveurs : comme aussi nous assurons ledit évêque de notre très-clémente protection pour tous les cas et lieux où besoin sera, et particulièrement à l'égard de cette sainte occupation et de la sollicitation qu'il pourra faire touchant l'exercice de religion, ou tolérance, ou autres matières appartenantes : le tout en vertu et témoignage de nos présentes lettres-patentes, en forme de sauf-conduit et plein pouvoir. Donné en notre cité de Vienne en Autriche, le 20 du mois de mars de l'an 1691.

(L. S.)   *Signé* LEOPOLDUS.

BLASIUS JACHLIN. E. L. Nitrensis.

JOHANNES MAHOLANUS.

REGULÆ

CIRCA CHRISTIANORUM OMNIUM

ECCLESIASTICAM REUNIONEM,

Tam à sacrâ Scripturâ, quàm ab universali Ecclesiâ, et Augustanâ Confessione præscriptæ, et à nonnullis, iisque professoribus, zelo pacis collectæ, cunctorumque Christianorum correctioni ac pietati subjectæ. 1691. (a).

REGULA PRIMA.

Hæc omnium reunio est possibilis, ac per se cuilibet statui ac personæ temporaliter ac spiritualiter utilis, ejusdemque procuratio à Deo, à naturâ, à recessibus Imperii, juxta cujusvis vires et occasionem, ac pro quovis tempore, cuilibet christiano ita præcepta, ut, qui contrarium dixerit, meritò ut seditiosus et hæreticus sit habendus.

Hæc nullus doctus et discretus ignorat aut negabit.

REGULA SECUNDA.

Non est licitum, ut ad hanc obtinendam ulla prorsùs veritas

(a) *A nonnullis professoribus,* scilicet Hanovriæ.

negetur, ejusque investigatio negligatur : « Pacem et veritatem diligite [1], » ait Dominus omnipotens.

REGULA TERTIA.

Ad hanc tamen non requiritur, imò subindè non expedit, neque licitum est, alteri dissentienti parti veritates omnes manifestare, et ab eâ petere ut errores omnes, explicitè saltem et expressè deponat. Imò, si hoc ab ullius partis ecclesiasticis ministris, saltem pro hoc rerum statu exigas, et his apud plebem suam creditum in minimo diminuas, radicem totam reunionis evellis.

Quia apostoli, Judæos et Gentiles in unâ Christi Ecclesiâ uniendo, errores omnes ipsis etiam Judæis manifestare minimè sunt ausi; nam, verbi gratiâ, sciebant esse errorem sibi persuadere quòd in novâ lege ab esu sanguinis et suffocato esset abstinendum; hunc tamen ipsis detegere non audebant : nam videbant, quòd hi potiùs totam fidem Christi essent derelicturi, quàm hanc à sanguine et suffocato abstinentiam. Undè ob hoc et ob necessariam uniformitatem, aliis quoque christianis eamdem expressè injunxerunt ut necessariam.

Quia imprimis, dùm Ecclesia latina et græca sese in conciliis Lugdunensi et Florentino reunierunt, id nunquàm ita factum est, ut episcopi ullius partis errorem pristinum circa fidei doctrinam expressè et publicè confiterentur; sed sese in aliquo utrinquè acceptabili sensu explicarunt : talisque explicatio, apud prudentes, idem fuit ac honesta quædam revocatio. Ratio verò hujusmodi agendi est, quia, si pastores publicè et expressè errores suos, quibus populos sibi commissos deceperunt, profiterentur; hi, ob communem plebis simplicitatem, in mentis confusionem et in atheismi periculum inciderent. Cùm enim erga alterius partis pastores necdùm habeant fiduciam et notitiam, et proprii erronei esse confiteantur, qui illis hactenùs, verbum Dei allegando, adeò firmiter impresserunt, quò se vertant subitò, nescient, facilèque hos confessores lapidabunt.

[1] *Zachar.*, VIII, 19.

REGULA QUARTA.

Ad hanc requiritur, ut partes conveniant implicitè circa omnia omninò revelata et definita; id est, ut conveniant circa easdem fidei regulas, eumdemque ultimum judicem controversiarum.

Quia perpauci sunt christiani, qui sciant expressè et explicitè omnes fidei doctrinas à Deo veterique et modernâ Ecclesiâ definitas. Per hoc tamen benè informatis in omnibus sufficienter uniti censentur, quòd expressè iisdem sese fidei regulis eidemque ultimato judici subjiciant. Quænam illæ? quis iste? Respondeo : Spiritus sanctus primo loco dirigit et definit ad intus, verbum verò Dei ad extra : secundum locum obtinet interpretatio illius verbi data per Ecclesiam universalem. Vide infrà [1].

REGULA QUINTA.

Requiritur ut conveniant explicitè circa illa, quæ à doctrinâ et moribus tollunt omnem omninò idololatriam et hujus apparentiam vel suspicionem, omnem summum à creaturis cultum, fiduciam et amorem soli Deo debitum, omnem omninò derogationem meriti Christi ac sacrificii crucis.

Quia non est licitum in unionem christianam tales admittere, sed rumpendum cum omnibus istis, qui per aliquid honorem Dei tollunt vel diminuunt.

Regula autem generalis ac prima circa hæc, est, quam in decreto apud Daillæum *de Apologiâ* anni 1633, capite VII, pag. 35. dant ministri Charentonenses, agendo de tolerantiâ diversarum doctrinarum circa præsentiam Christi in Eucharistiâ, ubi generaliter docent non esse errores substantiales, sed tolerabiles, qui Christo, formaliter, directè et immediatè non tollunt, nec substantiam suam, nec proprietates suas, neque opponuntur pietati, seu charitati, seu honori Dei.

Regula secunda est, ut dùm circa doctrinam, vel ritum aliquem, est idololatriæ vel ullius divinæ injuriæ apparentia, illa per publicam declarationem subitò tollatur. Ita enim practicare coguntur, tam romanenses, quàm protestantes, uti mox videbitur.

[1] *Reg.* IX.

Regula tertia, ut dùm una pars orthodoxorum, cum quibus communionem in sacris et sacramentis prætendis, doctrinam aliquam practicat, vel ut tolerabilem habet, tunc et ut illam toleres. Si enim illa alios sic docentes ad communionem ecclesiasticam ac sacramentorum admittit et tolerat, et tu eosdem in conscientiâ vitandos credis, tunc ob hoc, à confratrum tuorum ecclesiâ abstinere cogeris; aliàs, ibi cum his, quos in conscientiâ excommunicas, concurreres et communicares.

Regula quarta : duplex est cultus religiosus : unus est summus, seu ex supremâ æstimatione pendens, qui soli Deo debetur; et alius, qui ob Deum suis servis rebusque sacris defertur. Ita docent Grotius, Amesius et Daillæus, et cum aliis Lutherus, dicens : « Rex, doctor, concionator, etc., sunt personæ, quas Deus vult religiosè coli; non tamen eis tribuimus divinitatem. » Huic conformiter Calvinus, *Glossa Heidelbergensis*, et *Belgica*, necnon et alii. Verbi gratiâ, super illud Psalmi xcviii : « Adorate scabellum pedum ejus, » per scabellum adorandum, seu religiosè colendum, intelligunt arcam Dei, et quòd hæc fuerit imago Dei, quòdque hæc et quævis instrumenta sacra, verbi gratiâ, liber sacer, calix, etc., debeant cum veneratione tractari; non tamen cum illo romanensium excessu, de quo vide specialiùs Daillæum suprà.

Ex his inferuntur sequentes viæ pacis universalis. 1° Plurimi solidiores protestantes admittunt vel tolerant doctrinam quæ habet, quòd licet respectu justificationis, gratiæ et substantiæ gloriæ cœlestis non detur meritum, datur tamen respectu accidentis vel augmenti; seu uti dicunt, respectu secundi gradùs hujus gloriæ, vocando scilicet *meritum* latiùs dictum, omne illud opus, quod per gratiam Spiritùs sancti ab homine justificato producitur; et licèt nullam prorsùs habeat intrinsecam dignitatem et proportionem ad præmium, vel gloriam æternam, illi tamen misericorditer promittitur, illudque verè ac propriè consequitur. Tu Romanæ Ecclesiæ, protestare te in hâc materiâ nihil aliud crediturum, et toleraberis, eritque quæstio de nomine ad scholas remittenda, circa quam tamen protestantes semper credent à voce *meriti* congruentiùs abstinendum.

2° Protestantes in Angliâ, protestantes omnes etiam *Helveticæ Confessionis*, in Poloniâ, ac alibi genibus flexis Eucharistiam sumunt : genua, inquam, flectunt in præsentiâ panis eucharistici, per quod ab idololatriâ universaliter excusantur ac tolerantur. Ratio est scilicet, quòd ubivis protestentur sese cultum hunc summum, non ad panem, sed ad solum Christum dirigere. Tu, Romane, dic, scribe ac canta idem ubivis, et æquè à cunctis es excusandus ac tolerandus. Nec tibi obstat, quòd diutiùs, vel sæpiùs Eucharistiam sic colas; quia plus aut minùs speciem non variant. Si dicto enim modo idololatriæ notam, juxta aliorum præfatorum protestantium exemplum repellas; tunc error tuus de permanentiâ Christi in Eucharistiâ ad minùs æquè erit tolerabilis, quàm ille de permanentiâ Christi in omni re, qui fraternè in ubiquistis toleratur.

3° Errant romanenses, quòd doceant transsubstantiationem, manereque accidentia sine substantiâ; sed, si dicto modo idololatriam repellant, erit error tolerabilis, tùm juxta adductam regulam superiorem, tùm etiam juxta tertiam. Nam Lutherus errorem hunc ut tolerabilem passim declarat, dicitque solùm esse quæstionem sophisticam.

4° Circa imagines tolerantur lutherani. Quare? Quia ubivis docent, sese illis imaginibus nullam attribuere virtutem; sed illis uti, ut excitent ad spiritualia quæ repræsentant; et tu, Romane, dic et fac ubivis idem, et æquè eris tolerandus.

5° Tolerantur Patres veteres, hodierni Græci et alii orthodoxi, qui, uti alibi ostenditur, orarunt pro mortuis ac etiam sanctos mortuos coluerunt. Quare? Quia, in materiâ purgatorii, sustulerunt venenum hoc, quasi sacrificium crucis non planè satisfecisset : circa Sanctos verò, protestati sunt contra summum cultum et fiduciam. Fac tu idem, et excusaberis. Tollunt dicti confratres ubiquistæ irreverentias erga Christum, asserendo, quòd solùm spirituali modo sit præsens. Tu, Romane, dic idem et idem tolles, eodemque modo excusaberis.

Deniquè excusantur et tolerantur lutheranorum nuncupatæ Missæ, licèt cum paramentis et iisdem quasi orationibus et cæremoniis romanensium fiant. Quare? Quia scilicet 1° ipsi non credunt, ibi verè, realiter seu physicè sacrificari, seu occidi, aut separari vitam ac sanguinem à Christo. 2° Neque Christum aliquid de novo sibi, vel ulli, sive vivo, sive mortuo mereri, aut satisfacere pro ullo peccato ; quia hæc unicè ac integrè præstitit ac præstat sacrificium crucis ; nihil verò aliud in hâc cœnâ fieri, nisi quòd, 1° verè ac propriè ibi Christus ponatur præsens, ad hoc ut verè ac propriè sumatur; et hoc quidem, in memoriam et repræsentationem ac gratiarum actionem pro sacrificio crucis : 2° quòd sicut Christus ubivis Patrem interpellat pro nobis, sic, hîc specialiùs pro illis qui ipsum hîc fide vivâ sumunt, et invocant pro peccatis propriis et alienis, Patri passionis suæ merita exhibet ad hoc, ut hæc his et his applicentur : 3° quòd sacerdos huic Christi speciali benignitati fide vivâ innixus, ibidem pro se et suis populoque specialiter Deo merita passionis proponat. Si tu, Romane, credas et ubivis protesteris, te per tuam Missam nihil aliud crèdere ac facere, æquè sanè Missa tua coràm Deo erit toleranda.

REGULA SEXTA.

Necesse est ut conveniant explicitè circa ordinariorum sacramentorum, ordinariique officii usum et assistentiam, et consequenter, circa doctrinas, quæ hunc usum et assistentiam licitam declarent; quia non habetur sufficienter reunio, quandò partes sese adhuc publicè excommunicant. Quænam verò evidentior excommunicatio, quàm dùm communionem in sacramentis et sacris sub pœnâ peccati mortalis et damnationis æternæ sibi mutuò illicitam declarant? Ergò circa doctrinam licitè in omnibus communicandi necessaria est uniformis et expressa instructio. Vide de hoc plura infrà.

REGULA SEPTIMA.

Explicitè convenire tenentur circa unam aliquam saltem generalem regiminis ecclesiastici formam et circa unum modum, ut hîc absit tyrannisatio conscientiæ ac corporis. Quia cùm Christus, diffusâ per totum orbem fide suâ, unionem et uniformitatem cum omnibus præceperit, et ad hanc, sub tot quotidianis ingeniorum humanorum quæstionibus et differentiis introducendam, tam romani quàm protestantes, uti infrà ostenditur, concilia generalia necessaria agnoscunt.

Hæc verò præsertim nunc, ubi christianitas tot diversis ac innumeris principibus subest, vel congregare, vel solidè dirigere absque aliquâ saltem generali circa regimen ecclesiasticum uniformitate et subordinatione est impossibile ; quia neque episcopi Hispani vel Galli per principes Germanos, vel vice versâ, alii per reges Hispaniæ aut Galliæ sese congregari patientur; imò cuncta romanensium regna, juxta sua principia, in conscientiâ credere tenentur, quòd concilia absque Papæ auctoritate sint nulla, episcoporum ad ipsum subordinatio jure divino illi competat, absque hâc ergò omnia hæc regna concilia et pacis media rejicient.

2°. Regimen per christianitatem uniformiter introductum est, ut pastores ordinarii subsint episcopis, hi archiepiscopis, illi patriarchis; horum sunt quinque, scilicet Romanus, Constantinopolitanus, Antiochenus, Alexandrinus et Hierosolymitanus, et inter hos supremus vel primus, jure tamen humano, Romanus.

3°. Hunc *Augustana Confessio*, aut ejus *Apologia* et professores Smalcaldici nunquàm rejecerunt : imò, ob dictum christianitatis statum, amore pacis universalis, tolerandum declararunt : solam ipsius in conscientias et corpora tyrannidem sunt detestati. Hæc verò tolletur, si dicta et dicenda observentur. In hoc verò casu, licèt illi infallibilitas non attribuatur, in iis tamen, quæ nec Scriptura nec Ecclesia definiit, sententia ipsius (prout superioribus debetur) privatorum quorumcumque sententiæ aut dictamini præferetur, illique in iisdem pia credulitas, et in cunctis spiritualibus ac licitis obsequium præstabitur; nulla tamen illius decreta, absque localis principis consensu, publicare licebit.

REGULA OCTAVA.

Debent convenire explicitè circa illos ecclesiarum mores et ritus, qui absque populi christiani cujusvis, vel etiam unius partis omnimodâ conturbatione, omitti vel introduci non possunt, et per consequens etiam circa doctrinas, quæ horum rituum vel morum usum, aut tolerantiam, vel omissionem, licitam declarant.

Quia, sicut suprà visum est de Judæis ratione abstinentiæ à sanguine, quòd Apostoli hunc morem, tunc superstitiosum, tollere non sunt ausi, imò uniformitatem aliis quoque in hoc præceperunt; deindè, sicut ob ejusdem plebis Judaïcæ fragilitatem, Timotheum suum Paulus circumcisionem coràm Deo jam abrogatam, et mox publicè abrogandam, suscipere jussit : sic quoque modò multa talia sunt, quæ, sine protestantis et romanensis plebis conturbatione, saltem extra concilii alicujus generalis adminiculum et auctoritatem, omitti aut introduci non possunt.

Lepidum est quod circa hæc, priori sæculo, in quodam Carjnthiæ territorio contigit. Introduxerat illius dominus ministrum Helveticæ Confessionis, qui juxta illam subditos informaret : persuaserat autem illis plura substantialia fidei romanæ opposita se traditurum. Ubi occurrit dies solitæ alicujus ad distantem ecclesiam peregrinationis et processionis, et hujus quoque abrogationem persuadere tentasset, adeò in eum excanduerunt, ut mortem ipsi quoque domino minati sint, nisi presbyterum talem adduceret, qui servaret processiones; sicque, ob nudum accidens, totam substantiam reformationis usque in hunc diem rejecerunt.

Nota, quòd puncta hujusmodi extremæ apprehensionis apud clerum plebemque protestantium essent, verbi gratià, subtractio calicis et obligatio ad cælibatum, ritusque quos hucusque pro idololatricis habuit : ex parte verò populi romanensis, reformatio subita omnium solitarum precum, signorum sacrorum ac cæremoniarum, necnon obligatio ad susceptionem sacramenti, extra assecurationem ordinationis illius qui illud administrat. Nunquàm enim reunio vel introducetur, vel persistet, nisi pastores utriusque partis circa modum licitum et honestum, nulliusque honori aut conscientiæ præjudiciosum, hæc populis utriusque partis, vel expressè concedendi, vel discretione apostolicà condescendendi, dissimulandi aut tolerandi inter se fraternè conveniant. Hoc verò fieri posse, tam ex dictis quàm ex mox dicendis, sufficienter infertur.

REGULA NONA.

Requiritur ut conveniant explicitè circa unum eumdemque modum in publico abstinendi, tolerandi, et ad dictum eumdem divinum judicem remittendi omnes omninò reliquas fidei controversias, quæ à dictis doctrinis distinguuntur, et amicabiliter necdùm sunt compositæ, vel ante præfati judicis decisionem difficulter componentur, quæque absque alicujus partis gravi scandalo, ex eo scilicet quòd hujusmodi materias, ut articulos fidei jam definierit et habeat, coràm plebe distinctiùs ventilari nequeunt.

Quia, 1°. sicuti romanenses transsubstantiationem, præsentiam Christi permanentem, communionem sub unâ specie, Tridentini concilii infallibilitatem et Papæ supremam jure divino auctoritatem, pro articulis fidei et pro pupillâ oculi habent, et extra concilium difficulter componentur; nihilominùs, pro amore pacis, hæc singula et alia quævis, quæ protestantes dubia solemnia movent et movebunt, novi concilii disputationi et decisioni subjicere cogentur: sic vice versâ, et haud dubiè etiam protestantes, amore pacis et unionis, sese, tam circa hæc quàm circa quævis alia (à quorum apprehensione, etiam romani extra concilium sese liberare non possunt), concilio subjicere tenebuntur.

2° Sicuti romani debent, intuitu tam suprà explicatæ discretæ subjectionis ad Papam, quàm etiam ad hoc concilium, deinceps ab omni excommunicatione et schismatis censurâ, circa illos protestantes, qui ad eam parati fuerint, sanctè abstinere, sic et protestantes ab omni censurâ idololatriæ, hæreseos et erroris substantialis pariter abstinebunt. Sic quoque necesse omninò erit, ut dictas controversias, ante vel extra concilium et extra discretorum privata legitimè instituta colloquia coràm populis non ventilent. Cùm enim hæ controversiæ, pro unâ parte numero articulorum fidei jam sint insertæ, ventilatio esset articulos fidei, ac consequenter errorem substantialem sibi mutuò ac publicè objicere; quod unioni substantiali directè opponitur.

Aliud est aliis quibusvis quæstionibus etiam gravissimis, quæ non solùm intra et contra protestantes, sed etiam inter ipsos romanos in dies in scholis acerrimè objiciuntur. Hæ enim à totâ illorum vel aliorum Ecclesiâ pro fidei articulis non sunt declaratæ.

Ne tamen, ob hoc dictum futurum in ecclesiis silentiam, plebs alteræ alteriusque partis credat pastores suos circa fidei articulos vel cessisse, vel dubitare, illi, præsertim sub unionis initium, inculcandum est, quòd quidem partes sese in illis necdùm explicitè componere potuerint; pro pace tamen omnia illa resolvisse, quæ in talibus, ipsi apostoli et tota christianitas semper practicarunt, remittendo scilicet ultimatam decisionem concilio, et quòd sese ad interim, in omnibus ac quantùm veritas in conscientiâ patitur et quotidiana praxis exigit, pro pace mutuò accommodent. Hinc, Sedes romana plebi reddat usum calicis, principibus jura et presbyteris relinquat uxores; iisdem pristinas confirmet ordinationes: protestantes verò, vice versâ, ad Ecclesiæ suæ latinæ et pristini patriarchæ unionem et obedientiam, salvâ libertate evangelicâ suprà explicatâ, revertantur.

Deniquè, quòd licèt partes suprà tactos articulos sese concilio subjiciant, non tamen ac si de iis actu dubitent, sed ut concordia christiana, ad quam Deus obligat, per viam concilii à Deo ordinatam introducatur, et pars non errans in veritate confirmetur, errans verò dictâ viâ Dei instruatur.

REGULA DECIMA.

Ad hanc necesse omninò est, cujusvis partis sive principibus ecclesiasticis, sive temporalibus, sive ecclesiæ pastoribus, sive nobilibus laicis, sive plebeis et rusticis, omnes omninò illas præeminentias, jura et emolumenta, quæ hactenùs et in hodiernum diem possederunt et possident, intacta relinquere, quæ salvo jure divino salvâque conscientiâ ipsis relinqui, quibusve ipsi licitè uti possunt et volunt; imò ut singula singulis per reunionem potiùs augeantur, modis omnibus est laborandum : idque fieri posse ac infallibiliter futurum, certis rationibus et indiciis convincitur.

Ratio est, quia hi omnes, saltem consensu, ad rem concurrere debent, et absque his omnes non facilè concurrent; probanturque verò dictæ utilitates; quia

1° Populus utriusque partis fruetur plenâ pace cum omnibus

patriotis, qui hucusque ob ecclesiarum schisma sese sæpè dilacerarunt, et exteris in prædam dederunt.

2° Nobilitas protestans habilitabitur ad tot præbendas, necnon ad tot ecclesiasticos principatus.

3° Clerus protestans non solùm retinebit præsentia, sed etiam hâc viâ cum prolibus suis juvabitur ad innumera beneficia et prælaturas, etiam in distantiâ perfruendas, necnon ad ipsos quoque episcopatus.

4° Romanenses quidem temporalibus diminuentur (dùm scilicet circa dicta beneficia et principatus, quos nunc soli possident, cum protestantibus dividere cogentur), illorum autem patriarcha à pristinis filiis suum recuperabit honorem.

Deniquè principes protestantes, imprimis hâc unicâ viâ, de cunctis principatibus ecclesiasticis quos nunc possident, eo modo quo factum est regi Galliæ circa Metas, Tullum et Verdunum, assecurabuntur. Absque hâc verò, facilè aliquis invenietur, qui ut prætextum habeat Germaniam invadendi, habeat Papam de illis ablatis ubivis protestantem ; necnon reliquos reges et principes romanos, de talibus alias non nihil cogitantes; necnon anteà memoratam Majestatem christianissimam excitabit, quæ olim in hoc non concurrit, nunc verò protestantes egregiè inter se dividere sciet.

Deindè, circa merè spiritualia, substantiam eorum quam ipsi nunc prætendunt, ut scilicet absque illorum voluntate et concursu nullus ad ea adhibeatur, vel nihil in iis novi introducatur, retinebunt. Prætereà circa temporalia, ipsi et ipsorum hæredes, cunctæque proles pro viribus et occasione à Sede romanâ ad dignitates, imperialem, electoratum ac ad alios suis potentiores principatus ecclesiasticos adjuvabuntur.

Deniquè, ipsi sibi et suis coràm Deo et hominibus, gloriam parient infinitam : quòd scilicet auctoritate, consilio, exemploque suo inter christianos, præsertim Germanos et Hungaros, schisma tollendo, christianitatem totam ab hodierno extremo periculo liberaverint.

Nihil ergò nunc restat, quàm ut fundamenta fidei inter partes uniformiter intelligantur.

Quæres ergò quænam sint fundamentales fidei regulæ.

Respondeo juxta suprà dicta[1], etiam extra controversiam esse, quòd qui interiùs principaliter dirigit sit Spiritus sanctus, exteriùs verò ac fundamentaliter verbum Dei. Hæ ergò sunt duæ unicæ fundamentales regulæ.

Regula autem secundaria et his subserviens, est interpretatio Scripturæ, quæ habetur communi consensu aut praxi, tùm Ecclesiæ primitivæ et veteris, tùm totius christianitatis hodiernæ (quæ sub his quinque Patriarchis, Romano scilicet, Constantinopolitano, Antiocheno, Alexandrino et Hierosolymitano comprehenditur), tum aliùs novi et œcumenici legitimique ac liberi concilii.

In sequentibus nimirum omnes christiani conveniunt, 1° quòd concilia quædam non sint per se ac semper necessaria, sed solùm subindè per accidens; dùm nimirùm publica ecclesiarum seditio aliis viis tolli non potest.

Conveniunt 2° quòd, saltem in foro externo, Scripturæ interpretatio à concilio data, sit præferenda propriæ ac privatæ; nam, ob id *Augustana Confessio* tale concilium pro medio ultimato et antiquo pacis ecclesiasticæ declarat et postulat. Synodus Dordracana et aliæ omnes utriusque partis, ac etiam ipsorum apostolorum idem confirmant. Confirmat deniquè idem, sat pulchrè, Synodus Charentonensis, dicens, quòd, « si cuilibet privatæ interpretationi adhærere liceret, tot essent religiones quot parochiæ. »

Conveniunt 3° quòd concilia œcumenica sæpiùs erraverint, neque unquàm ipsis Spiritus sanctus seu infallibilitas, etiam pro foro interno, singulos scilicet ad assensum internum obligans, attribuatur ratione suî, sed ratione supervenientis consensûs majoris partis totius christianitatis; cui scilicet Spiritùs sancti promissio est facta : tunc verò supponi posse ac debere hunc consensum majoris partis (omnium enim assensum nullum concilium exigit, aut unquàm obtinuit, ut infrà declaratur), dùm concilium legitimè processit; quia tunc singuli boni christiani, hoc internum conscientiæ dictamen sibi formare tenentur : verum quidem est pastores posse errare, sed etiam ego errare valeo;

[1] *Reg.* v.

quia verò in rebus salutis et veritatis æternæ tutiorem partem eligere debeo, tutior verò est interpretatio congregatorum meorum pastorum, quàm mea sola : tùm quia sese promisit Christus illis, qui in suo nomine congregantur; tùm quia dicit per Apostolum quod « dederit pastores, ut non circumferamur omni vento doctrinæ, in circumventionem erroris[1]; » tùm quia ipsemet ob id utique ait, quòd « qui Ecclesiam non audierit, sit tibi sicut ethnicus et publicanus[2]. »

Confirmatur hæc veritas, quia si quilibet ad hoc internum dictamen tunc non obligaretur, impium esset excommunicare illum, qui concilio non credit, impiumque esset cogere, ut quivis juxta concilium ad extra prædicet : impium est enim, ut quis ad extra prædicet id quod ad intus non agnoscit ut verius : ad hæc verò quemvis cogunt omnia prorsùs concilia vetera et nova : ergò agnoscunt quemvis ad dictum assensum internum obligari, quandò concilium legitimè processit.

Conveniunt 4° quòd non sit pacem quærere et Ecclesiam ad statum Ecclesiæ veteris reducere, sed lites Ecclesiæ ampliare, si quis pro legitimo concilio, novas aliasque quærat conditiones, quàm illas quas hucusque, ac in quatuor notis primis veteribus generalibusque conciliis receptis, christianitas servavit. Hæ verò non fuerunt aliæ quàm sequentes.

1° Omnes christianitatis episcopi fuerunt citati, et hi soli, necnon alii ipsis quasi similes, vel accedentes (quales utiquè erunt præcipui protestantium theologi, qui reunionem promoverint) fuerunt judices votantes. Vide acta concilii Chalcedonensis, ubi præter hos reliqui superflui declarantur.

Ad disputandum quidem ac ad consulendum, quivis dictus fuit assumptus; sed quia officium talis judicis, cujus sententia totam christianitatem obliget, est supremæ dignitatis, et non solùm doctrinam, sed etiam experientiam et prudentiam in gubernandis ecclesiis exigit, quæ in solis dictis prælatis supponitur, sanè si præter hos quilibet christianitatis doctor ad id culmen et munus assumi debuisset, concilia generalia infinitam generarent confusionem et prætentionem : et quis omnes has evitare poterit?

[1] *Ephes.*, IV, 14. — [2] *Matth.*, XVIII, 17.

2° Non attenderunt ad numerum vel nationem episcoporum advenientium; nam in Nicæno primo perpauci Latini adfuerunt, illudque tamen pro generali habetur : ergò ad hoc sufficit, ut omnes citentur et admittantur, dictaque et mox dicenda serventur.

Deindè, cùm omnes citari debeant nationes et episcopi, in nullius sanè est manu hujus vel illius nationis numerum limitare, præferre, aut æquare, vel aliquos præsules legitimos rejiciendo diminuere. Æqualitas numeri solùm circa illos, qui utrâque parte publicè disputarunt, fuit servata.

Attenderunt itaque ac unicè, circa antistites et judices, ut singuli suprà dictæ fidei articulos accuratè observarent, ut singuli plenè audirentur et intelligerentur, singulique juxta dictas regulas liberè votarent; sed hæc infrà confirmantur.

3° Licèt veriùs dictum unius solius plurimorum sit opinioni præferendum; an verò hic vel ille veriùs diceret, hoc fuit non unius vel alterius, sed majoris partis judicare; et generaliter pro sententiâ conclusâ totius concilii habitum fuit id, quod per præsidem, consentiente majore parte concilii, determinatum et publicatum fuit.

4° Illi, qui sententiæ hoc ordine prolatæ resistere voluerunt, pro hæreticis sunt declarati, et excommunicati. Ita in quâvis synodo ac tribunali, à cunctis practicatur christianis. Vide acta et modum synodi Dordracanæ, quam omnes alii reformati approbarunt, ubi, dùm remonstrantes protestarentur, quòd major pars pastorum ibi judicantium ipsis semper fuisset contraria, replicavit synodus, quòd contra præceptum et leges non datur exceptio : deindè quòd Christus promiserit adsistentiam, et supponendum quòd non permittet, ut pastores congregati aliquid doceant, quod oviculas seducat, etc.

Nota pro nostro casu, qualiter (uti infrà referetur) sese subindè omnes episcopi monarchiæ Hispaniæ, Papæ Romano opposuerint. Vidimus quid nuper fecerint Galli; notumque est quot et quàm sanctissimi viri per totam christianitatem reperiantur, qui sese sanè ab agnitâ ex verbo Dei veritate avelli non patientur, ac pro veritate morientur.

Singuli etiam, si placet, faciant juramentum sinceritatis et libertatis. Assistent quoque ut judices permulti protestantes promoti : concilium non cessabit, nisi dùm, jam factà in substantialibus reunione, omnis omninò diffidentia substantialis evanuerit.

Tota insuper christianitas pro concilio orabit. Tota fiducia infallibilitatis non super industrià vel numero horum vel illorum, sed super assistentià Christi fundatur. Leges sanctas, stylum pristinum, continuum, universalem, et juxta dicta omninò necessarium, ob unius solius partis gustum, tota christianitas undequaquè accurrens sibi tolli non patietur, unamque solam nationem aliis omnibus christianis in numero et pondere æquare tyrannicum esset et impium, nunquàmque in orbe visum. Cuilibet enim citato judici relinquenda libertas : et juxta majora in cunctis tribunalibus procedere natura, ratio et praxis docet universalis.

Conveniunt 5° quod illi, qui concilio non interfuerint, per hoc de dictarum conditionum observatione assecurent, quòd id nimirùm attestetur major pars dictorum judicum, qui interfuerunt. Ubi verò hi obierint, attenditur ad id, quod horum pars major in suis synodis, catechismis, libris aut academiis de hoc attestatum reliquerunt. Alia sanè circa distantia aut præterita non datur via solidior, uti dixi semper; quia, quidquid pars major, ut omnes præsertim illi antistites qui condemnati sunt, uniformiter in et extra ac de concilio loquantur, neque requiritur, neque naturaliter est possibile. De quatuor etiam primis et sacrosanctis conciliis ariani et alii ibi condemnati usque in hodiernum diem pessimè loquuntur.

RÈGLES

TOUCHANT LA RÉUNION GÉNÉRALE
DES CHRÉTIENS,

Prescrites tant par la sainte Ecriture que par l'Eglise universelle et par la *Confession d'Augsbourg*, que quelques théologiens de la même Confession, animés d'un saint zèle pour la paix, ont recueillies et qu'ils soumettent à l'examen et proposent à la piété de tous les chrétiens. 1691. (a)

PREMIÈRE RÈGLE.

Cette réunion générale est possible; et considérée en elle-même, elle sera pour tous les Etats et pour chaque particulier une source d'avantages spirituels et temporels. Tout chrétien est donc étroitement obligé, conformément aux lois divines et humaines et à celles des diètes de l'Empire, de contribuer, autant qu'il le peut, selon les temps et les occasions, à procurer cette réunion; et l'on doit traiter d'hérétique et de séditieux quiconque diroit le contraire.

Cette règle n'est ignorée ou contredite par aucun homme sage et savant.

SECONDE RÈGLE.

Il n'est pas permis, pour parvenir à cette réunion, ou de nier quelques vérités, ou de négliger les moyens de les découvrir. « Aimez la paix et la vérité, » dit le Seigneur tout-puissant [1].

---

[1] *Zachar.*, VIII, 19.

(a) Cet écrit fut composé par les théologiens protestans d'Hanôvre, et remis entre les mains de l'évêque de Neustadt. Il en est parlé dans plusieurs lettres de Leibnitz, qu'on trouvera dans la seconde partie de ce Recueil. J'ai cru faire plaisir au public de mettre cet ouvrage à la tête de ce Recueil, parce qu'il a été l'occasion de tout ce que Bossuet et ses célèbres adversaires ont écrit depuis sur le Projet de la réunion, et que d'ailleurs l'abbé Molanus suit pied à pied dans ses *Cogitationes privatæ* les principes posés dans cet écrit, dont il paroit même être l'auteur. (Edit. de Leroi.)

TROISIÈME RÈGLE.

Néanmoins il n'est pas nécessaire, ou même expédient ou permis de découvrir toutes les vérités à ceux du parti opposé, et de les obliger à renoncer explicitement et expressément à toute erreur. Dans la situation où sont les choses, on ne peut rien exiger de semblable des ministres ecclésiastiques des deux partis, sans les décréditer considérablement, pour ne rien dire de plus, dans l'esprit de leurs peuples ; ce qui seroit saper par les fondemens le projet de la réunion. La conduite des apôtres est décisive à cet égard. Ils travailloient à réunir les Juifs et les Gentils dans la seule Eglise de Jésus-Christ ; mais, en y travaillant, ils n'osèrent découvrir aux Juifs mêmes toutes leurs erreurs. Ils savoient, par exemple, que c'étoit une erreur judaïque de croire que dans la nouvelle loi, on devoit s'abstenir de manger du sang et des viandes étouffées. Cependant, comme ils étoient convaincus que les Juifs renonceroient plutôt à la foi de Jésus-Christ qu'à cette pratique, ils en firent une loi générale et expresse pour les autres chrétiens, parce qu'il leur parut nécessaire d'établir l'uniformité dans les pratiques extérieures.

Nous avons encore les exemples des conciles de Lyon et de Florence, dans lesquels la réunion des deux églises grecque et latine fut faite, sans qu'on exigeât des évêques de l'une et de l'autre Eglise un aveu public et précis de leurs anciennes erreurs sur la doctrine de la foi. On se contenta d'explications qui fussent au goût des deux partis ; et ces explications parurent aux gens sensés n'être rien autre chose au fond qu'une honnête rétractation. La raison de cette conduite est que si les pasteurs étoient obligés d'articuler publiquement les erreurs par lesquelles ils ont séduit les peuples confiés à leurs soins, un tel aveu n'aboutiroit qu'à les faire regarder par le peuple, naturellement simple, comme des hommes qui n'ont rien de fixe dans l'esprit sur la doctrine, et qui sont en danger d'aboutir au pur athéisme. D'ailleurs le peuple ne pouvant encore donner sa confiance aux pasteurs du parti opposé, qu'il ne connoît pas, et voyant ses propres pasteurs avouer que la doctrine qu'ils lui ont fortement inculquée comme étant la pure parole de Dieu, est pourtant erronée ; le peuple, dis-je, ne sauroit plus à quoi s'en tenir, et se porteroit peut-être aux dernières violences contre ceux qui lui feroient cet aveu.

QUATRIÈME RÈGLE.

Pour parvenir à la réunion, il faut que les deux partis s'accordent implicitement sur tous les articles révélés et définis ; c'est-à-dire qu'ils conviennent expressément de se soumettre aux mêmes règles de la foi, et au même juge final des controverses.

Peu de chrétiens sont assez instruits pour connoître bien clairement et bien expressément tous les points de la doctrine de la foi révélés de Dieu, ou définis par l'Eglise ancienne et moderne ; ce qui n'empêche pas qu'on ne les croie suffisamment unis avec ceux qui sont parfaitement instruits, parce qu'ils se soumettent expressément aux mêmes règles de la foi et au même juge final des controverses.

Si l'on demande quelles sont ces règles, et quel est ce juge, je réponds que la direction et la décision intérieure du Saint-Esprit et la parole extérieure de Dieu, sont la première règle, et que la seconde est l'interprétation de cette même parole donnée par l'Eglise universelle. Voyez ce que nous dirons ci-dessous sur ce sujet [1].

CINQUIÈME RÈGLE.

Il faut convenir expressément des points de doctrine et de morale, qui suppriment tout ce qui seroit ou qui pourroit paroître idolâtrique : je veux dire tout culte souverain rendu aux créatures, toute confiance souveraine en elles et tout amour souverain, qui ne sont dus qu'à Dieu : en un mot, tout ce qui pourroit déroger aux mérites de Jésus-Christ et du sacrifice de la croix.

Car des chrétiens doivent rompre ouvertement, bien loin de s'unir de communion avec ceux qui ravissent à Dieu l'honneur qu'on lui doit, ou qui y portent quelque atteinte.

La première règle générale qu'il faut suivre à cet égard, est celle du décret des ministres de Charenton [2], rapportée par Daillé

---

[1] Vide inf., *Reg.* IX. — [2] An. 1633.

dans son *Apologie de la Réforme*[1]. Ces ministres examinant au sujet de la question de la présence de Jésus-Christ dans l'Eucharistie, quels sont les différens sentimens qu'on peut tolérer, décident qu'en général il ne faut pas regarder comme des erreurs capitales celles qui n'attaquent pas formellement, directement et immédiatement, ni la substance de Jésus-Christ, ni ses propriétés ; et que ces erreurs n'étant point opposées à la piété, à la charité et à l'honneur qu'on doit à Dieu, elles méritent d'être tolérées.

Seconde règle. Dès qu'une doctrine ou une pratique paroît idolâtrique, ou déroger en quelque sorte à ce qu'on doit à Dieu, il faut l'abroger aussitôt par une déclaration publique. Les catholiques romains ne sont pas moins obligés que les protestans de suivre cette règle, comme nous le montrerons bientôt.

Troisième règle. Lorsqu'une partie des orthodoxes avec lesquels vous prétendez communiquer dans le culte extérieur et dans les sacremens, admet ou tolère une certaine doctrine, vous devez aussi la tolérer. Car si vous croyez en conscience devoir vous séparer de ceux qui enseignent cette certaine doctrine, quoiqu'ils soient tolérés et admis à la communion et à la participation des sacremens par une partie de ceux avec qui vous communiquez, il est clair qu'il faut, bon gré malgré, que vous vous sépariez des membres de votre propre Eglise, puisqu'autrement vous communiqueriez avec ceux dont vous croyez en conscience devoir vous séparer.

Quatrième règle. Il y a deux sortes de culte religieux : l'un souverain, qui n'est dû qu'à Dieu ; l'autre qu'on rend à cause de Dieu, à ses serviteurs et aux choses sacrées. C'est ce qu'enseignent Grotius, Amésius, Daillé, et singulièrement Luther, qui s'explique en ces termes : « Un roi, un docteur, un prédicateur sont des hommes auxquels Dieu veut qu'on rende un culte religieux, quoiqu'on ne leur attribue pas la divinité. » Calvin, les *Gloses de Belgique et d'Heidelberg*, et d'autres auteurs disent la même chose. Par exemple, en expliquant ces paroles du Psaume xcviii : « Adorez l'escabeau de ses pieds, » ils entendent par cet *escabeau* qu'on doit *adorer*, ou honorer d'un culte religieux, l'arche d'al-

[1] *Apol.*, cap. vii, p. 35.

liance, parce qu'elle étoit une image de la majesté divine. En conséquence, on ne devoit la toucher qu'avec respect. Je dis la même chose de tout ce qui sert à l'appareil extérieur de la religion, comme sont les Livres saints, un calice, etc. Cependant il ne faut pas, sur ce point, être aussi superstitieux que le sont les catholiques romains. Voyez ce que Daillé dit spécialement sur ce point, dans l'endroit cité ci-dessus.

Ces principes aplanissent les voies qui mènent à la paix générale.

Premièrement, le grand nombre et les plus judicieux d'entre les protestans, admettent ou tolèrent ceux qui enseignent que, quoique l'homme n'ait aucun mérite propre dans l'ouvrage de la justification, de la grace et de la gloire céleste, cependant il mérite en quelque sorte l'accroissement, ou pour me servir de leur expression, le second degré de la gloire. On prend dans un sens plus étendu le mot de *mérite*, qu'on applique aux bonnes œuvres que le Saint-Esprit produit par sa grace dans l'homme justifié. Car quoiqu'il n'y ait nulle condignité ou proportion entre ces bonnes œuvres et la gloire éternelle, il est pourtant vrai de dire que cette gloire leur est promise par miséricorde, et qu'elles l'obtiennent véritablement et proprement. Si les catholiques romains déclarent qu'ils pensent ainsi sur cette matière, ils seront tolérés, et l'on regardera désormais la question comme une pure dispute de mots, qu'on laissera débattre dans les écoles; ce qui n'empêchera pas les protestans de croire qu'il vaut encore mieux s'abstenir du mot de *mérite*.

Secondement les protestans anglois, et tous ceux de Pologne et d'autres pays, qui suivent la *Confession helvétique*, se mettent à genoux devant le pain eucharistique, et le reçoivent en cette posture. Or on les tolère malgré cette pratique, et personne ne les accuse d'idolâtrie, parce qu'ils protestent en toute occasion que leur culte souverain s'adresse à Jésus-Christ seul, et non au pain. Si les catholiques romains veulent dire la même chose, on les tolérera de la même manière. Peu importe au fond que les catholiques romains rendent plus fréquemment et plus souvent cet hommage extérieur à l'Eucharistie. Le plus ou le moins ne change pas l'espèce des choses. L'on exige seulement de ces catholiques romains, qu'à l'exemple des protestans dont on vient de parler, ils évitent tout soupçon d'idolâtrie. Alors leur erreur sur la *permanence* de Jésus-Christ dans l'Eucharistie méritera au moins autant d'être tolérée que celle de nos frères les ubiquitaires, qui croient que le corps de Jésus-Christ est présent partout.

Troisièmement les autres erreurs des catholiques romains sur la transsubstantiation et sur les accidens eucharistiques, qu'ils disent subsister sans substance, mériteront aussi d'être tolérées suivant les règles posées ci-dessus, pourvu qu'ils rejettent l'idolâtrie, de la manière qu'on vient de le dire : car Luther lui-même croit que ces erreurs sont tolérables, et il dit que les questions agitées à ce sujet sont purement sophistiques.

Quatrièmement on passe aux luthériens leurs images, parce qu'ils déclarent hautement qu'ils ne leur attribuent aucune vertu, et qu'ils s'en servent uniquement pour s'élever aux choses spirituelles représentées par ces images. Si les catholiques romains s'expliquent aussi clairement, on leur passera de même leurs images.

Cinquièmement on tolère dans les Pères anciens, dans les Grecs modernes et dans d'autres orthodoxes, comme on le prouve ailleurs, la prière pour les morts et l'invocation des Saints après leur mort. Pourquoi cela, sinon parce qu'en parlant du purgatoire, ils ont évité l'erreur, qui consiste à dire que le sacrifice de la croix n'a pas pleinement satisfait; et qu'en parlant des Saints, ils ont déclaré qu'ils ne leur rendoient pas un culte souverain, et qu'ils ne mettoient pas finalement en eux leur confiance? Si les catholiques romains font la même déclaration, on tolérera leur doctrine. On accuse nos frères les ubiquitaires d'irrévérence par rapport à Jésus-Christ; mais ils s'en lavent, en disant qu'il n'est présent partout que d'une manière spirituelle. Si les catholiques romains disent la même chose, il n'y aura plus d'irrévérence dans leur culte, et leurs erreurs mériteront d'être excusées. Enfin l'on excuse et l'on tolère les messes en usage parmi les luthériens, quoiqu'ils se servent des mêmes ornemens, récitent presque les mêmes prières et observent les mêmes cérémonies que l'Eglise romaine ; et cela pour deux raisons : la première, parce qu'ils ne croient pas que Jésus-Christ y soit véritablement, réellement et physiquement immolé ou mis à mort, par une séparation actuelle de son corps et de son sang : la seconde, parce qu'ils enseignent que Jésus-Christ ne mérite rien de nouveau, ni pour lui-même, ni pour les autres hommes, vivans ou morts ; et qu'il ne satisfait plus pour aucun péché, ayant pleinement satisfait par le sacrifice unique de la croix. Ils ajoutent que, dans la Cène, il ne s'opère rien autre chose, sinon premièrement la présence de Jésus-Christ, afin qu'on l'y mange véritablement et réellement, en mémoire du sacrifice de la croix qu'elle représente et en action de grace de ce même sacrifice : secondement que, quoique Jésus-Christ prie partout son Père pour nous, il est vrai de dire qu'il le prie plus particulièrement encore pour ceux qui le reçoivent dans la cène avec une foi vive, et qui lui demandent l'absolution de leurs péchés et de ceux de leurs frères, parce que Jésus-Christ présente alors à son Père les mérites de sa passion, afin qu'ils soient appliqués à ceux-ci et à ceux-là : troisièmement, que le prêtre qui met toute sa confiance avec une foi vive dans la miséricorde spéciale de Jésus-Christ, présente singulièrement à Dieu, en offrant les saints mystères, tant pour lui que pour tout le peuple, les mérites du sacrifice de son Fils. Si les catholiques romains déclarent qu'en célébrant leur messe, ils ne croient et ne font rien autre chose, on tolérera devant Dieu leur usage de la célébrer.

SIXIÈME RÈGLE.

Il est nécessaire de convenir expressément sur l'usage ordinaire des sacremens et sur l'assistance aux offices divins, et de déclarer par conséquent quels sont les cas dans lesquels cet usage et cette assistance sont licites. En effet il ne peut y avoir de réunion solide, tandis que de part et d'autre on s'excommunie. Or c'est clairement s'excommunier que de dire qu'on ne peut, sans péché mortel et sans courir risque de la damnation éternelle, participer avec quelqu'un aux sacremens, ou assister avec lui aux offices divins. Il est donc indispensablement nécessaire de donner une instruction uniforme et précise, pour faire voir que les deux partis peuvent licitement communiquer l'un avec l'autre en toutes choses. Voyez ce que nous disons à ce sujet ci-dessous.

SEPTIÈME RÈGLE.

Il faut encore convenir d'une certaine forme générale du gouvernement ecclésiastique, et l'établir de façon qu'on en bannisse tout ce qui pourroit tyranniser ou les consciences, ou les personnes. Lorsque Jésus-Christ répandit sa foi dans tout l'univers, il ordonna l'union avec tout le monde et l'uniformité ; mais les catholiques romains, comme on le fera voir dans la suite, s'accordent en ce point avec les protestans, que les conciles généraux sont nécessaires pour procurer cette uniformité, parce que la diversité des esprits ne peut manquer de faire naître chaque jour de nouvelles questions.

Cependant les Etats chrétiens se trouvant aujourd'hui partagés entre une infinité de différens souverains, il est impossible d'assembler un concile général, ou d'en diriger solidement les démarches, si l'on n'établit préalablement, au sujet du gouvernement ecclésiastique, au moins en général une sorte d'uniformité et de subordination.

Car premièrement, les évêques de France et d'Espagne ne se rendroient pas à la convocation d'un concile, qui seroit faite par les princes d'Allemagne, ni les évêques d'Allemagne à celle que feroient les rois de France et d'Espagne. Bien plus, on a pour principe dans les Etats de la communion romaine, que tout concile assemblé sans l'autorité du Pape, est nul, et que tous les évêques sont subordonnés de droit divin au Pontife romain ; d'où il s'ensuit que les Etats catholiques romains rejetteront le concile et les voies de conciliation qu'on voudroit tenter sans l'intervention du Pape.

Secondement, voici la forme du gouvernement ecclésiastique reçue partout uniformément : les pasteurs ordinaires sont soumis aux évêques, les évêques aux archevêques, et les archevêques aux cinq patriarches de Rome, de Constantinople, d'Alexandrie, d'Antioche et de Jérusalem. Parmi ces patriarches, celui de Rome est le supérieur ou premier, quoiqu'il n'ait pourtant cette prérogative que de droit humain.

Troisièmement, on n'a jamais rejeté cette primauté du Pape, ni dans la *Confession d'Augsbourg* et dans son *Apologie,* ni dans les *articles de Smalcalde.* Au contraire on y déclare qu'à cause de l'état actuel de la société chrétienne, il faut pour le bien général de la paix, tolérer cette primauté, et l'on n'en déteste que l'abus ; je veux dire la tyrannie sur les consciences et sur les personnes. Cette tyrannie cessera, si l'on veut se conformer à ce qu'on a dit jusqu'ici et à ce qu'on dira dans la suite. Quoique dans le cas présent on n'attribue pas au Pape l'infaillibilité, néanmoins son sentiment, sur les points non décidés par l'Ecriture ou par l'Eglise, doit être préféré à cause de sa qualité de supérieur, à celui de quelque docteur particulier que ce soit : on doit, dis-je, à son sentiment une pieuse croyance, et lui obéir dans les matières spirituelles et licites. Cependant on ne peut publier ses décrets dans les différents Etats, sans le consentement des princes.

HUITIÈME RÈGLE.

On doit convenir expressément au sujet des coutumes et des pratiques ecclésiastiques, qui ne peuvent être ou omises, ou introduites, sans troubler considérablement la paix de toute ou d'une partie de la société chrétienne. Il faut, par conséquent, déclarer licite d'un commun accord l'usage, la tolérance, ou l'omission de ces coutumes et de ces pratiques.

Car, comme nous l'avons déjà observé, les apôtres n'osèrent abolir l'usage judaïque, quoiqu'alors superstitieux, de s'abstenir de manger du sang, et firent même de cet usage une loi générale et uniforme.

D'ailleurs saint Paul, pour ménager la foiblesse des Juifs, fit recevoir à son disciple Timothée la circoncision, quoiqu'abrogée déjà devant Dieu et devant bientôt l'être publiquement. Il en est de même de beaucoup de pratiques, qu'on ne pourroit ou abroger ou mettre en usage, soit chez les catholiques romains, soit chez les protestans, sans jeter le peuple dans le trouble, à moins que l'autorité d'un concile général n'intervînt.

Un fait assez plaisant, arrivé au dernier siècle dans un certain canton de la Carinthie, est la preuve de ce que je viens de dire. Le seigneur du lieu y avoit établi un ministre de la *Confession helvétique*, pour en instruire ses vassaux. Déjà ce ministre leur avoit persuadé qu'il leur prouveroit que l'Eglise romaine étoit dans l'erreur sur plusieurs points essentiels. Mais par malheur il survint un jour que le village avoit coutume d'aller en procession à une église un peu éloignée. Le ministre fit tout ce qu'il put pour engager le peuple à abolir cette procession ; mais son discours ne servit qu'à le mettre dans une telle fureur, qu'il menaça même de tuer le seigneur, s'il ne lui donnoit un autre prêtre, qui fût exact observateur des processions ; et ce petit contre-temps a fait rejeter jusqu'à présent par ces villageois tout le fond de la Réforme.

Observez que les ministres et les peuples des églises protestantes ne verroient pas, sans de grandes alarmes, abroger l'usage de la coupe, établir la loi du célibat, et obliger à certaines pratiques qui leur ont toujours paru idolâtriques. D'un autre côté, les catholiques romains ne souffriroient pas qu'on abolît tout à coup leurs formules de prières, leur liturgie et leurs cérémonies, ni qu'on leur imposât l'obligation de recevoir les sacremens des mains d'un prêtre, dont l'ordination leur paroîtroit douteuse.

On ne parviendra donc jamais à une réunion vraie et durable, si les ministres de part et d'autre ne conviennent à l'amiable d'employer un moyen licite, et qui n'intéresse ni l'honneur ni la conscience de personne. Ce moyen consiste, ou à permettre absolument aux peuples des deux partis leurs différens usages, ou au moins à user de condescendance à l'exemple des apôtres, en dissimulant et en tolérant les abus. Ce que nous avons déjà dit et ce qui nous reste à dire, prouve autant qu'il le faut la possibilité de ce moyen.

NEUVIÈME RÈGLE.

Il faut encore convenir expressément sur un autre point, qu'on doit observer de part et d'autre, et qui consiste à s'abstenir d'agiter en public, à tolérer et à renvoyer au même juge d'une autorité divine, dont on vient de parler, tous les autres points de foi controversés, sur lesquels on n'aura pu se concilier amiablement, ou qui paroîtront trop difficiles à concilier avant la décision de ce juge. Ces points sont ceux que l'un des deux partis a déjà définis comme articles de foi, et tient pour tels. On ne pourroit les discuter ouvertement devant le peuple, sans scandaliser beaucoup l'un des partis.

Car premièrement, il seroit infiniment difficile de se concilier sans le concile sur plusieurs articles que les catholiques romains croient être de la foi et d'une extrême importance; tels que sont ceux de la transsubstantiation, de la présence permanente de Jésus-Christ dans l'Eucharistie, de la communion sous une seule espèce, de l'infaillibilité du concile de Trente, de la suprême autorité du Pape de droit divin, et d'autres sur lesquels les protestans ont déjà proposé publiquement et proposent encore des difficultés. Il faudra donc que les catholiques romains consentent, par esprit de paix, à remettre tous ces points à la discussion et à l'examen d'un nouveau concile; et que les protestans de leur côté, animés pareillement d'un esprit de paix et de réunion, s'en rapportent sur tous ces points, et sur les autres dont les catholiques romains ne croient pas pouvoir se départir sans l'autorité du concile, à la décision qui sera faite par ce même concile.

Secondement : dès que les protestans sont disposés à rendre au Pape et au concile une obéissance raisonnable, telle que nous l'avons expliquée, les catholiques romains doivent de leur côté ne les plus traiter d'excommuniés et de schismatiques. J'en dis autant des protestans, qui doivent s'abstenir de taxer les catholiques romains d'idolâtrie, d'hérésie et d'erreurs capitales. Une précaution nécessaire à prendre, est de ne point produire devant le peuple ces sortes de questions avant la tenue du concile, et de ne les discuter que dans le concile même, ou dans des conférences légitimes tenues entre des personnes sages et judicieuses. Car dès que ces points sont mis par l'un des partis au nombre des articles de la foi, il est clair qu'en les discutant devant le peuple, on s'exposera de part et d'autre à s'entendre reprocher qu'on combat des articles de foi, et qu'on adopte des erreurs capitales:

ce qui seroit diamétralement opposé au projet qu'on forme de se réunir.

Je ne prétends pas qu'il faille agir de la même manière au sujet de plusieurs questions qui sont la matière de disputes fort vives entre les protestans, ou contre eux, ou qui même s'agitent tous les jours avec chaleur dans les écoles des catholiques romains. On peut laisser débattre ces questions, qui ne sont point décidées comme articles de foi, par l'une ou par l'autre des deux églises.

Cependant, afin qu'on ne conclue pas du silence des pasteurs sur plusieurs points, qu'ils abandonnent des articles de foi, ou qu'ils en doutent, il sera nécessaire, surtout quand on entamera la conciliation, de faire entendre aux peuples qu'on n'a pas pu venir encore à bout de se concilier pleinement sur ces points; mais qu'on s'est déterminé par amour de la paix, à faire ce que les apôtres et l'Eglise universelle ont toujours fait en pareil cas : savoir, de remettre au concile la décision finale et dans la vue de parvenir enfin à la paix, de se supporter en attendant les uns les autres en toutes choses, autant que la vérité peut le permettre en conscience, et que l'exigent les devoirs qu'on se doit réciproquement.

Il faut en conséquence que Rome rende au peuple l'usage du calice, laisse aux princes leurs droits, aux prêtres leurs femmes, et confirme leurs ordinations; et que les protestans, de leur côté, reviennent à l'Eglise latine qu'ils ont quittée, se réunissent et se soumettent à leur ancien patriarche, sans pourtant se départir de la liberté évangélique que nous avons expliquée plus haut.

Enfin de ce que les deux partis se soumettent à la décision du concile sur les points qu'on vient de toucher, il n'en faudra pas conclure qu'ils doutent sur ces points ; mais seulement qu'ils agissent ainsi, afin d'arriver par l'autorité du concile à la concorde chrétienne à laquelle Dieu les oblige, afin, dis-je, que ceux qui ont la vérité de leur côté y soient confirmés, et que les errans soient instruits par cette voie vraiment divine.

DIXIÈME RÈGLE.

Il est d'une nécessité absolue de laisser aux princes ecclésiastiques et séculiers des deux partis, aux pasteurs de l'Eglise, aux nobles, en un mot aux laïques de quelque état et condition qu'ils soient, les prééminences, droits et rétributions dont ils ont joui par le passé et dont ils sont encore en possession, pourvu que ces choses ne soient pas contraires au droit divin, qu'on puisse les leur conserver en conscience, et qu'ils paroissent dans la disposition d'en user licitement. On doit même employer tous les moyens imaginables pour que la réunion procure à chacun de nouveaux avantages. Or nous avons des raisons solides et des indices certains qui nous convainquent, non-seulement que la chose est possible, mais même qu'elle arrivera infailliblement.

En effet tous doivent concourir à la réunion, au moins en y donnant leur consentement. Or tous n'y concourront pas volontiers, s'ils n'y trouvent leurs avantages. Je dis qu'ils les y trouveront : en voici la preuve. Premièrement, les peuples des deux partis jouiront d'une pleine paix avec leurs concitoyens ; au lieu que jusqu'à présent le schisme des églises a souvent été cause qu'après s'être déchirés les uns les autres, ils se sont livrés en proie à des étrangers. Secondement, la noblesse protestante sera déclarée habile à posséder beaucoup de prébendes et de principautés ecclésiastiques. Troisièmement, les ministres protestans, non-seulement conserveront les bénéfices dont ils sont pourvus, mais encore la réunion leur ouvrira la porte, et à leurs enfans, à des bénéfices sans nombre, à des prélatures dont ils pourront jouir sans être obligés de résider sur les lieux et même à des évêchés. Quatrièmement, les catholiques romains perdront, je l'avoue, une partie de leurs biens temporels, puisqu'ils seront obligés de partager avec les protestans les bénéfices et les principautés ecclésiastiques qu'ils possèdent seuls aujourd'hui ; mais en récompense leur patriarche recouvrera son ancienne autorité, par la soumission de ceux qui étoient autrefois ses enfans.

Enfin c'est le seul moyen d'assurer aux princes protestans la paisible possession des principautés ecclésiastiques dont ils jouissent.

Ces principautés seront réunies à leurs domaines, de la même manière que Metz, Toul et Verdun ont été réunies à la couronne de France. Sans cela on aura toujours à craindre qu'un prince, pour avoir un prétexte d'envahir l'Allemagne, ne fasse faire au Pape des protestations, qu'il fait toujours volontiers, sur l'ancien enlèvement de ces principautés, ne remue les rois et les autres princes de la communion romaine, qui pourroient d'ailleurs songer à s'en emparer eux-mêmes, et ne fasse entrer dans ses intérêts le Roi très-chrétien, qui dira qu'il n'a jamais consenti que ces biens fussent enlevés à l'Eglise, et qui saura bien trouver le secret de jeter la division dans le parti protestant.

Par rapport aux choses purement spirituelles, les princes protestans conserveront le fond de ce qu'ils prétendent leur appartenir : savoir, qu'on ne puisse établir des ministres, ou introduire rien de nouveau sans leur consentement.

Quant au temporel, le Siége de Rome appuiera de tout son pouvoir dans l'occasion les mêmes princes protestans, leurs héritiers et descendans, pour les aider à parvenir aux dignités impériale ou électorale, ou à des principautés ecclésiastiques plus considérables que celles dont ils sont en possession.

Ces princes et leur postérité acquerront une gloire infinie devant Dieu et devant les hommes, pour avoir délivré tout le monde chrétien du péril extrême auquel il est exposé, en éteignant par leur autorité, par leur conseil et par leur exemple le schisme affreux qui le déchire, surtout en Allemagne et en Hongrie.

Il ne reste plus maintenant qu'à convenir de part et d'autre des règles fondamentales de la foi.

Quelles sont, me direz-vous, les règles fondamentales de la foi ?

Je réponds, comme ci-dessus [1], qu'il est sans difficulté que l'Esprit-Saint est celui qui dirige principalement les fidèles au dedans d'eux-mêmes, et que quant à l'extérieur la parole de Dieu est l'unique fondement des décisions. Voilà les deux seules règles que nous nommons fondamentales.

J'en ajoute une troisième d'un ordre inférieur, et qui est en quelque sorte subordonnée aux deux premières : savoir, l'inter-

[1] Règl. v.

prétation de l'Ecriture adoptée d'un consentement commun, ou autorisée par la pratique de l'Eglise ancienne et moderne, comprise sous les cinq patriarcats de Rome, de Constantinople, d'Antioche, d'Alexandrie et de Jérusalem, ou qui sera approuvée par un nouveau concile œcuménique, tenu légitimement et librement.

Tous les chrétiens sont d'accord sur les points suivans. En premier lieu, que tels ou tels conciles ne sont pas par eux-mêmes et toujours nécessaires, mais seulement à cause de certaines circonstances, comme quand on ne peut autrement apaiser les troubles de l'Eglise.

On est d'accord en second lieu, que l'interprétation de l'Ecriture donnée par les conciles doit être préférée, au moins extérieurement, à celle de tout particulier. C'est pour cela que la *Confession d'Augsbourg* déclare qu'un concile général est le moyen final pratiqué par l'antiquité pour procurer la paix de l'Eglise, et demande qu'on l'emploie. Le synode de Dordrecht, tous les conciles tenus dans les deux partis, et même celui des apôtres, confirment la même chose. Enfin, on en trouve encore une confirmation bien précise dans les *Actes* du synode de Charenton, où il est dit que s'il étoit permis à tous et à chacun de s'en tenir à des interprétations particulières, il y auroit autant de religions que de paroisses.

En troisième lieu, l'on est encore d'accord que les conciles œcuméniques ont très-souvent erré; et que quand on leur attribue l'assistance du Saint-Esprit, ou cette infaillibilité à laquelle tous les chrétiens doivent une soumission intérieure, on n'a jamais prétendu que l'infaillibilité leur appartînt précisément parce qu'ils sont conciles, mais à cause du consentement subséquent de la plus grande partie de l'Eglise, à laquelle l'assistance du Saint-Esprit est promise.

Lorsque le concile a procédé légitimement, on peut, et l'on doit même supposer qu'il a le consentement de la plus grande partie : je dis de la plus grande partie; car jamais aucun concile n'a cru la parfaite unanimité nécessaire et n'y est parvenu. Tout bon chrétien doit donc se dire à lui-même, après la décision du concile : Il est vrai que mes pasteurs peuvent se tromper, mais je puis aussi me tromper ; et puisque dans les choses qui concernent le salut et la vérité éternelle, il vaut mieux suivre le parti le plus sûr, je dois par conséquent m'en rapporter plutôt à l'interprétation de mes pasteurs assemblés qu'à la mienne, tant parce que Jésus-Christ a promis de se trouver au milieu de ceux qui s'assembleroient en son nom, que parce qu'il nous dit par son saint Apôtre [1], « qu'il a donné des pasteurs, afin que nous ne soyons pas emportés à tout vent de doctrine et engagés dans des erreurs artificieuses, » et qu'enfin il ordonne lui-même « de regarder ceux qui n'écoutent point l'Eglise, comme des païens et des publicains [2]. »

J'ajoute une nouvelle preuve pour confirmer cette vérité: savoir, que si tout le monde n'étoit pas obligé de se soumettre intérieurement au concile, ce seroit une espèce d'impiété que d'excommunier ceux qui ne voudroient pas s'en rapporter à ses décisions, et d'imposer à chacun l'obligation d'y conformer sa prédication extérieure. Car c'est être impie que de prêcher le contraire de ce qu'on croit intérieurement conforme à la vérité : or tous les conciles anciens et modernes ordonnent de conformer la prédication publique à leurs décisions : donc ils reconnoissent qu'un chacun est obligé d'y adhérer intérieurement, dès que la procédure du concile a été légitime.

On est d'accord en quatrième lieu, que si l'on exigeoit pour la légitimité d'un concile des conditions nouvelles et différentes de celles que l'Eglise a suivies jusqu'à présent, et qu'on trouve observées dans les quatre premiers conciles généraux, ce ne seroit pas chercher la paix et travailler à rétablir l'Eglise dans son état primitif, mais plutôt augmenter les troubles et les divisions. Voici les conditions qui seules ont toujours paru nécessaires.

Premièrement, tous les évêques du monde chrétien furent convoqués, et prononcèrent seuls avec l'autorité de juges. Je m'explique : On trouve parmi les juges d'autres personnes d'un rang à peu près égal à celui des évêques (a), tels que seront sans doute

[1] *Ephes.*, IV, 14. — [2] *Matth.*, XVIII, 17.

(a) L'auteur veut apparemment parler des chorévêques, qui n'étoient que de simples prêtres, subordonnés aux évêques, quoique d'une dignité supérieure à celle des autres prêtres, et telle à peu près qu'est aujourd'hui celle des doyens les principaux théologiens protestans, qui auront travaillé efficacement à l'ouvrage de la réunion. Voyez les Actes du concile de Chalcédoine, dans lesquels on déclare que les seuls évêques, à l'exclusion de tous autres, sont membres du concile.

Les autres y furent admis indistinctement, pour débattre les matières et donner des conseils. Car comme la charge d'un juge, aux décrets duquel tous les chrétiens sont obligés de se soumettre, est d'un ordre prodigieusement élevé, et demande dans celui qui l'exerce, non-seulement un grand fonds de doctrine, mais encore une prudence consommée et une longue expérience du gouvernement des églises, qualités qu'on suppose être dans les seuls évêques, il s'ensuit que, s'il falloit mettre tous les docteurs au rang supérieur des juges, les conciles généraux produiroient une horrible confusion et engendreroient de nouvelles disputes. Ce sont là des inconvéniens qu'il ne seroit pas possible d'éviter entièrement.

Secondement, l'on ne fit attention, ni au nombre des évêques qui se rendoient au concile, ni à leur nation. En effet il ne se trouva qu'un petit nombre d'évêques latins dans le premier concile de Nicée, ce qui n'empêche pas qu'on ne le regarde comme général. Il suffit donc, pour l'œcuménicité d'un concile, que tous les évêques y soient convoqués et admis, et qu'on suive les règles déjà posées, et celles qui restent encore à poser. D'ailleurs puisque toutes les nations et tous les évêques doivent être convoqués, il paroît clair que personne n'a droit d'ordonner que les évêques de telle ou de telle nation soient en tel ou tel nombre, de préférer certains évêques aux autres, d'admettre les évêques de chaque nation en nombre égal, et d'exclure du concile quelques évêques légitimes, pour parvenir à cette égalité. Les anciens conciles n'ont fait attention à l'égalité du nombre, que par rapport aux tenans respectifs de la dispute.

ruraux. Le ministre de Laroque et les autres protestans font tout ce qu'ils peuvent pour élever les chorévêques presque au rang des évêques ; mais ces chorévêques n'eurent jamais voix délibérative dans les conciles, à moins qu'ils ne tinssent la place de quelque évêque, quoiqu'ils y eussent séance immédiatement après les évêques et avant les prêtres. Voyez ce que dit Bossuet dans sa réponse aux *Cogitationes privatæ*, pour prouver que les ministres protestans ne peuvent avoir voix délibérative dans le concile. (*Edit. de Paris.*)

Les conciles portèrent donc uniquement leur attention sur les évêques, qui seuls étoient juges, afin que chacun se conformât exactement dans la décision des points de foi aux règles posées ci-dessus, afin qu'on les écoutât paisiblement, et qu'on les laissât s'expliquer jusqu'à ce qu'on eût compris leur pensée; enfin afin qu'ils donnassent librement leurs suffrages conformément aux règles qu'on vient de voir. Tout ceci sera fortifié dans la suite par de nouvelles preuves.

Troisièmement, quoiqu'on doive préférer le sentiment d'un seul homme, quand il est le plus vrai, à l'opinion moins certaine de plusieurs, cependant on s'en est toujours rapporté au jugement du grand nombre, et non à celui de quelques particuliers, pour savoir si le sentiment de celui-ci ou de celui-là étoit le plus vrai. En général on a toujours regardé comme la définition de tout le concile, les décrets proposés et publiés par le président, du consentement de la plus grande partie des Pères assemblés.

Quatrièmement, ceux qui s'opposoient à des décisions publiées dans cette forme, étoient déclarés hérétiques et excommuniés; et jamais on n'a agi autrement dans aucun concile ou tribunal ecclésiastique. Voyez les Actes et la procédure du synode de Dordrecht, qui est approuvé par presque toutes les églises réformées. Les remontrans ayant fait dans ce synode une protestation, sur ce que la plus grande partie des pasteurs, qui y avoient séance en qualité de juges, s'étoient toujours déclarés contre eux, le synode répliqua qu'on ne peut alléguer d'exception, dès que le précepte et les lois sont clairement notifiées, et que d'ailleurs Jésus-Christ ayant promis son assistance à ceux qui s'assembleroient en son nom, on devoit supposer qu'il ne permettroit pas que les pasteurs assemblés enseignassent une doctrine propre à séduire leurs ouailles.

Remarquez pour le cas présent que tous les évêques d'Espagne, comme nous l'observerons plus bas (a), s'opposèrent au Pontife romain. Nous avons vu ce que les François ont fait depuis peu;

(a) On dit plusieurs fois dans cet écrit qu'on prouvera plus bas des points dont il n'est plus parlé dans la suite; ce qui me fait juger, ou qu'on vouloit faire quelque autre écrit, ou qu'on avoit en vue celui de l'abbé Molanus, que nous donnerons à la suite de celui-ci. (*Edit. de Paris.*)

et l'on sait assez qu'il se trouve encore un grand nombre de gens de bien dans le monde chrétien, disposés à souffrir la mort plutôt que de renoncer à des vérités connues et conformes à la parole de Dieu.

Chacun de ceux qui composeront le concile feront serment, si cela paroît à propos, de dire sincèrement leur avis et avec une sainte liberté. Beaucoup d'entre les protestans, c'est-à-dire ceux d'entre eux qui sont élevés aux dignités de leurs églises, auront séance dans le concile en qualité de juges, et le concile ne se séparera pas que la réunion ne soit consommée sur les principaux articles, de sorte que de part et d'autre on ne se soupçonne plus d'enseigner des erreurs capitales.

Cependant on fera dans toute l'Eglise des prières pour le concile, parce qu'on sera bien convaincu que ce n'est pas la science ou le grand nombre de ceux qui le composent qui le rendent infaillible, mais l'assistance de Jésus-Christ. Certainement tout le monde chrétien, qui s'empressera de venir à cette sainte assemblée, ne se laissera pas enlever, pour complaire à l'un des partis, ses lois saintes, ses formes de procédure anciennes, dont on s'est servi dans tous les temps et dans tous les lieux et qui sont, comme on l'a fait voir, d'une nécessité indispensable.

Ce seroit exercer une tyrannie criante, et dont l'antiquité ne fournit point d'exemple, que de vouloir qu'une seule nation fût égale en nombre et en autorité à toutes les autres nations chrétiennes. Les lois de la nature, la raison et la pratique constante et générale nous apprennent qu'on doit laisser à tous les juges convoqués une pleine liberté, et suivre dans la procédure les lois que tous les tribunaux regardent comme essentielles et capitales.

On est d'accord, en cinquième lieu, que ceux qui n'auront point assisté au concile devront s'assurer, par le témoignage du plus grand nombre des évêques qui s'y seront trouvés, qu'on a suivi les règles dont nous venons de parler. Si ces évêques sont morts, il faudra recourir aux actes que la plupart auront laissés sur ce sujet dans leurs synodes particuliers, dans leurs catéchismes, dans leurs livres et dans les registres des académies établies dans leurs diocèses. Car, comme je l'ai toujours dit, c'est le plus sûr moyen de vérifier des faits qui se sont passés dans des temps ou dans des lieux éloignés.

On ne doit pas exiger (car cela est naturellement impossible), que tous les évêques sans exception, et singulièrement ceux que le concile a condamnés, aient, soit pendant sa tenue, soit après, un langage uniforme avec le plus grand nombre des juges. Les ariens et les autres hérétiques condamnés dans les quatre premiers conciles, ont toujours mal parlé de ces saintes assemblées, et leurs partisans en parlent mal encore aujourd'hui.

COGITATIONES PRIVATÆ

DE METHODO REUNIONIS

ECCLESIÆ PROTESTANTIUM

CUM ECCLESIA ROMANO-CATHOLICA,

A theologo quodam Augustanæ Confessioni sincerè addicto, citra cujusvis præjudicium in chartam conjectæ, et superiorum suorum consensu privatim communicatæ cum Illustrissimo ac Reverendissimo DD. Jacobo Benigno S. R. E. Meldensi Episcopo longè dignissimo, Prælato non minùs eruditionis quàm moderationis laude conspicuo; hoc fine ut in timore Dei examinentur, publici autem juris nondùm fiant (a).

THEOREMA.

Reunio ecclesiæ protestantium cum Ecclesiâ Romano-Catholicâ non solùm est possibilis, sed et utilitate suâ, sive temporale commodum respicias, sive æternum, usque adeò se omnibus et singulis christianis commendat, ut ad illam veluti jure divino, naturali et positivo in recessibus Imperii expresso, præceptam, unusquisque pro virili portione symbolam suam, dummodò occasio se obtulerit, quovis loco ac tempore conferre teneatur.

(a) *A theologo quodam*, nempè Molano.

EXPLICATIO.

Loquor de tali reunione, quæ fit salvâ utriusque partis conscientiâ, salvâ utriusque partis existimatione, salvis utriusque ecclesiæ principiis et hypothesibus. Quoniam enim in Scripturis jubemur *pacem et veritatem* [1], hoc est talem pacem quæ veritati non præjudicet, diligere ac sectari, absit ut pro obtinendâ pace et concordiâ ecclesiasticâ, una vel altera pars statuat quidpiam aut admittat conscientiæ suæ adversum, et *lucem vocet tenebras aut tenebras lucem* [2], sed veritati litet potiùs in omnibus, et quod errori censeat affine, cunctis modis à se amoliatur. Hæc autem sive veritatis professio, sive agnitio erroris, prudentiæ regulis et apostolorum praxi conformiter, ita erit instituenda, ut nec scandalum, multò minùs religionis vilipendium, indè redundet in infirmos, nec existimationi, honori, aut auctoritati antistitum, ac doctorum Ecclesiæ ullum creetur præjudicium; id quod fieret, si una aut altera pars prætensos errores suos revocare, aut, in reconciliationis methodo, in se quippiam admittere cogeretur, quod Ecclesiæ suæ receptis hypothesibus fuerit adversum. Quin potiùs res ipsa loquitur, nihil ab unâ parte tanquàm utrinquè concessum, supponendum esse, quod altera negat; de pædagogicâ illâ prætensione revocationis errorum ne cogitandum esse quidem; quia potiùs res ita instituenda, ut in dogmatum controversorum explicatione dilucidâ, declaratione commodâ, mitigatione moderatâ, aut si omnia absint, nec locum in hâc vel illâ controversiâ fortè inveniant, in suspensione decisionum, intermissione mutuarum condemnationum et invectivarum, ac remissione ad legitimum concilium labor omnis occupetur. Hinc sequitur non solùm expedire, sed et suo modo esse licitum, ut errores fundamentum fidei directè non evertentes, si tolli commodè ac sine strepitu nequeant, dissimulentur potiùs initio, et in infirmis fratribus ex charitatis christianæ legibus mutuò tolerentur. Atque hoc, apostolorum exemplo, qui etiamsi satis compertum haberent erroneam esse Judæorum recens ad christianismum conversorum sententiam, statuentium, etiam sub novâ lege ab esu

[1] *Zachar.*, VIII, 19. — [2] *Isa.*, v, 20.

sanguinis et suffocati abstinendum esse, nihilò tamen seciùs cùm præviderent apostoli Judæos quidvis potiùs initio quàm hoc facturos, non solùm à manifestatione hujus erroris abstinuerunt providè, sed et propter uniformitatem, quantùm ejus fieri possit, introducendam, lege Hierosolymitano concilio latâ [1] auctores fuerunt Gentilibus, ut et ipsi cum Judæis paria facerent. Sed nec exigendum à partibus, ut factâ quamvis in substantialibus reunione præliminari, una pars subitò alterius partis opinationibus per omnia subscribat. Plebem enim, sive nostram, sive catholicam ab uno extremo ad aliud de repentè ac velut in momento trahi, nec possibile forsitan fuerit, nec simpliciter etiam necessarium; cùm Christus et apostoli, ut ex evangelicâ historiâ et *Apostolorum Actibus* patet, doctrinas suas, non simul et semel, sed successivè demùm introduxerint.

POSTULATA.

Fine itaque, quem præ oculis habemus, obtinendo, præmittenda sunt sex duntaxat postulata, quorum nullum ita comparatum est, quin id Ecclesia Romana, tanquàm blanda mater, pristinis filiis suis gratiosè largiri queat.

Primum est : Velit summus Pontifex protestantes, qui sub æquis conditionibus infrà fusiùs exponendis, parati sunt se submittere hierarchiæ ecclesiasticæ et legitimo concilio, pro veris Ecclesiæ christianæ membris habere, non obstante quòd persuasi sunt communionem sub utrâque specie semper et in perpetuum à suis esse celebrandam.

Ut summa et inevitabilis necessitas hujus postulati eò clariùs ob oculos ponatur, videantque romano-catholici, non temerè à protestantibus urgeri communionem sub utrâque specie, sed et postulatum hoc cum possibilitate reunionis esse compatibile, probandum.

1° Quàm insuperabili argumento simus persuasi, nos, salvâ conscientiâ, sub unâ specie communicare non posse.

2° Quomodò, non obstante hâc protestantium opinatione, summus Pontifex, salvis Ecclesiæ suæ hypothesibus, illos in Ecclesiæ

[1] *Act.*, xv, 20.

Romanæ gremium recipere, ac in suâ consuetudine sub utrâque specie communicandi relinquere possit.

Primum ita ostenditur. Quicumque sunt persuasi etiam calicis usum à Christo esse præceptum, illi si communicare et contra conscientiam peccare nolint, tenentur utiquè communicare sub utrâque specie : atqui protestantes sunt persuasi etiam calicis usum à Christo esse præceptum : ergò protestantes, si communicare et contra conscientiam peccare nolint, tenentur utiquè communicare sub utrâque specie.

Antequàm ad probationem minoris accedatur, pro statu quæstionis rectè formando, præmittendum est vocem *præcepti* accipi dupliciter : 1° prout rem ipsam secundùm se et in suâ substantiâ sancit, præscribendo qualiter res sancita, sive actus ille, qui legis vel præcepti objectum est, fieri debeat, quandò in rem confertur. Scholastici dicunt talia præcepta *specificationem actûs* concernere. In his est, verbi gratiâ, lex de contrahendo matrimonio, cujus vi duæ personæ indissolubiliter conjunguntur in carnem unam. Hæc lex matrimonium simpliciter non jubet (aliàs citra peccatum nemo vivere posset in cælibatu); sed sancit matrimonium secundùm se et in suâ substantiâ, præscribendo qualiter copulari debeant mas et fœmina, quandò matrimonium inire velint. Uxorem igitur ducere res libera est, nec lex matrimonii omnes homines obligat; præcipit tamen, si quis uxorem ducere velit, ut hoc et non alio modo progrediatur, hoc est, ut unam uxorem ducat et non plures, sive quemadmodùm Scriptura loquitur, ut « duo sint una caro [1], » cum uxore semel ductâ nexu indissolubili sit et maneat una caro, atque adeò extra casum adulterii primam repudiare, et aliam uxorem ducere nequeat, etc.

Talis lex est juris civilis de septem testibus, reliquisque solemnitatibus ad valorem testamenti requisitis, per quam nemo testamentum facere jubetur; sed præscribitur duntaxat quomodò comparatum esse oporteat testamentum, quod pro rato validoque debeat censeri.

2° Prout simpliciter actum aliquem fieri jubet, aut non fieri prohibet, atque adeò pro objecto non habet actum ipsum, sed actûs

[1] *Genes.*, II, 24; *Matth.*, XIX, 4, 5.

duntaxat exercitium ; quo sensu scholastici dicunt hæc præcepta non specificationem actûs, sed *exercitium actûs* concernere. Talia sunt præcepta : « Non occides ; Non mœchaberis ; Furtum ne facias, » etc.

Distinctionem hanc præceptorum inculcat Suares his verbis[1] : « Considerandum est aliquandò dari legem de exercitio actûs, et tunc obligare ad illum actum, ut est, verbi gratiâ, lex faciendi eleemosynam ; aliquandò verò dari legem solùm de specificatione seu modo actûs, quæ licèt non obliget ad actum exercendum, obligat tamen, ut si actus fiat, talis modus servetur, qualis est, verbi gratiâ, lex orandi, quæ licèt non obligat ad omni tempore orandum, obligat tamen, ut si oratio fiat, cum attentione fiat. »

Ex quibus patet, quandò inter nos et Romanos quæritur, utrùm communio sub utrâque specie à Christo sit præcepta, quæstionem illam intelligendam esse, non de præcepto secundùm exercitium, sed specificationem actûs.

Sciendum porrò, ad præceptum, quoad specificationem actûs, duo requiri. 1° Ad determinationem, sive sanctionem rei ipsius secundùm se et ratione suæ substantiæ consideratæ. Ita, in jure civili, ad legem de testamento condendo, quod validum et ratum esse debeat, requiritur determinatio numeri testium, et reliquarum solemnitatum quæ ad substantiam validi testamenti pertinent.

2° Requiritur ut determinatio illa fiat ex arbitrio superioris quod agentem obligat, ut, si rem à lege constitutam velit in actum deducere, resque illa debeat esse valida, faciat id legi à superiore latæ conformiter. Ita quandò quis testamentum condere habet in animo, si quidem id pro valido debeat censeri, obligatur utiquè ad determinatum numerum testium et solemnitates reliquas præscriptas, quibus non observatis, vel insuper habitis aut neglectis, testamentum erit irritum. Ratio autem obligationem illam inducens, est arbitrium superioris, à quo solemnitates istæ hoc fini, ut in testamento observentur, sunt præscriptæ.

Præter hæc duo ad præceptum de specificatione actûs plura requiri à nemine scholasticorum hactenùs est observatum. His

[1] Lib. I, *de Leg.*, cap. I.

præmissis, pro minoris suprà positæ probatione, protestantes urgent verba imperativa Christi : « Accipite, edite, hoc est corpus meum quod pro vobis traditur : Accipite, bibite, hic est sanguis meus qui pro vobis effunditur. » Negativam tuentur romani-catholici, et ad probationem nostram minoris regerunt, communionem quidem sub utrâque specie à Christo esse institutam, non verò præceptam; ubi quidem negare non possumus, inter præceptum quoad exercitium actùs et institutionem aliquod esse discrimen. Alia autem ratio est de præcepto quoad specificationem actùs. Nobis itaque probandum incumbit inter præceptum quoad specificationem actùs, hoc est, quòd tantùm præscribit, qualiter aliquid fieri oporteat, et inter institutionem nihil intercedere discriminis; quod ita demonstratur.

Quod habet omnia requisita essentialia præcepti considerati in ordine ad specificationem actùs, illud, vel est tale præceptum, vel tali præcepto æquipollet : atqui institutio habet omnia requisita essentialia præcepti considerati in ordine ad specificationem actùs : ergò institutio, vel est tale præceptum, vel tali præcepto æquipollet.

Major ex terminis patet.

Minor probatur ex definitione, et requisitis præcepti in ordine ad specificationem actùs considerati.

Tale enim præceptum, ex definitione suprà allatâ, rem ipsam secundùm se et in substantiâ sancit, præscribendo qualiter res sancita fieri debeat, si in rem conferatur. Idem facit quævis institutio.

Ad tale præceptum requiritur, 1° determinatio sive sanctio rei ipsius, secundùm se et ratione suæ substantiæ consideratæ. Idem requiritur ad quamvis institutionem.

Ad præceptum requiritur, 2° ut determinatio illa fiat ex voluntate superioris, quæ agentem obliget, ut si rem à lege constitutam velit in actum deducere, resque illa debeat esse valida, faciat id legi à superiore latæ conformiter. Idem requiritur ad quamvis institutionem.

Patet hoc inductione omnium exemplorum; ita ut aliud exemplum nec extet in rerum naturâ, nec extare possit : hoc est, cum omni institutione ita comparatum est, ut quandò res instituta in actum deduci debet, oportet actum illum institutioni esse conformem, aut si institutioni conformis non sit, etiam si eâ de re nullum aliud extet præceptum, actus ille duntaxat, per hoc quòd institutioni sit difformis, pro vitioso habeatur et culpabili ; quod vel Christi exemplo probari potest, qui ad quæstionem Pharisæorum responsurus, an liceat marito ex quâcumque causâ repudiare uxorem, ad institutionem conjugii provocat, et id minimè licere probat, ex eo quòd Deus conjugium ita instituit, ut sint « duo in carne unâ; » indèque colligit Judæorum consuetudinem uxores pro lubitu repudiandi, non solùm esse illicitam, sed adulterium committere, qui extra stupri casum uxorem repudiaverit, alteramque duxerit [1]. Hæc argumentatio autem Christi fuisset lubrica, si institutio non haberet vim præcepti, secundùm specificationem actùs considerati, et ad id obligaret, ut qui re institutâ verbi gratiâ, matrimonium contrahere velit, faciat id institutioni conformiter, cumque uxore semel ductâ, sit maneatque una caro, nexu nonnisi per mortem aut in casu adulterii solubili.

Ita, si quis suscipere munus pastoris, et in Ecclesiâ verbum Dei docere, ac sacramenta administrare præsumit, illum oportet munus illud in se suscipere et administrare institutioni Servatoris nostri conformiter. Qui magistratum vult suscipere et officio illo fungi, debet id facere conformiter institutioni ; et sic se res habet in quâvis institutione, ita ut contrarium exemplum hactenùs non sit allatum, nec ullum per rei naturam afferri possit.

Sequitur ergò omnem institutionem importare præceptum, vel, quoad rem, æquipollere aut æquivalere præcepto de specificatione actùs, quo res instituta in actum confertur, vel in usu constituitur. Cujus quidem veritatis tanta vis est, ut Franciscum Suarez jesuitam doctissimum in suas partes traxerit, qui operosè probat [2] « omnem Christi institutionem habere rationem præcepti non solùm affirmativi, ut qui facere vult quod institutum est, institutioni id faciat conformiter, sed etiam negativi, ut, si fieri illud non potest sicut est præscriptum, omittatur potiùs quàm alio modo fiat. »

[1] *Matth.*, xix, 9. — [2] In III part. D. Thom., disp. XLIII, sect. iv, concl. iv.

Hinc jam pro præcepto communionis sub utrâque specie ita argumentatur :

Quibuscumque à Christo præceptum est ut sacramento Cœnæ institutioni suæ conformiter utantur, iis etiam præceptum est ut sub utrâque specie communicent : atqui omnibus et singulis communicaturis à Christo præceptum est, ut sacramento Cœnæ institutioni suæ conformiter utantur : ergò omnibus et singulis communicaturis etiam est præceptum, ut sub utrâque specie communicent.

Probatâ jam inevitabili hujus postulati necessitate, probandum venit secundùm postulatum hoc cum reunionis possibilitate esse compatibile, nec quicquam peti à Sede apostolicâ, quod vires et potestatem ejus excedat, hoc est, posse Pontificem protestantes, salvis Ecclesiæ suæ principiis ac hypothesibus, relinquere in consuetudine suâ communicandi sub utrâque specie. Utrinquè enim in confesso est posse Pontificem ex reservatâ sibi per concilium Tridentinum auctoritate [1], etiam extra concilium, calicis usum perpetuò et irrevocabiliter cuicumque placuerit concedere, dummodò dispensatio illa vergat in christianæ religionis emolumentùm. Id quod ipsâ quoque re jam tùm præstitum est à Romano Pontifice, quandò is Bohemis, quondàm super hâc quæstione tumultuantibus, usum calicis haud gravatim indulsit.

Secundum est : velit Pontifex Missas privatas, sive concommunicantibus destitutas ecclesiis protestantium non obtrudere.

. Quod quidem non proptereà petitur, quasi protestantes talem communicandi methodum habeant pro simpliciter illicitâ, cùm intra suas quoque ecclesias in necessitatis casu pastores sibi ipsis sacram Cœnam, nemine ampliùs præsente, interdùm exhibeant; aut quasi suos, post unionem præliminarem, sint prohibituri ne privatis illis catholicorum Missis intersint; sed ex sequentibus tribus rationibus : 1° Quia persuasi sunt Eucharistiam, quantùm ejus fieri potest, ordinariè (casu necessitatis semper excepto) ita celebrari debere, quemadmodùm Christus illam instituit, et in Evangelio describitur; hoc est, ut præter sacerdotem adsint, quibus unà cum pane et vino benedicto corpus et sanguis Christi

[1] *Conc. Trid.*, sess. XXI, can. 4; et sess. XXII, in fin.

possint exhiberi; 2° quia notum est occasione harum privatarum Missarum magnos in Ecclesiâ abusus fuisse invectos, de quibus sub reformationis initium in centum suis gravaminibus haud perfunctoriè conquerebantur ex Germanis, non protestantes duntaxat, sed et multi romano-catholici; 3° quia in protestantium plerisque ecclesiis nec vestigium superest, nec nota altarium in privatos hosce usus destinatorum, tantùm abest ut fundationes, sive commendæ, piorum Christi fidelium, in hos usus erogatæ, Harpygiarum manus potuerint effugere, omnibus illis bonis in præsentiâ, vel dilapidatis vel in alios, partim sacros, partim profanos usus conversis.

Tertium est: velit Pontifex doctrinam de justificatione hominis peccatoris coràm Deo, sæpiùs memoratis ecclesiis intactam illibatamque relinquere, quandò docent hominem adultum, qui gratiæ divinæ, remissionis peccatorum et æternæ salutis particeps esse vult, peccata sua agnoscere, seriò de illis dolere, nullis suis meritis, sed soli morti et merito Christi cum fiduciâ et spe consequendæ remissionis peccatorum æternæque salutis inniti, et deinceps peccato operam non dare, sed « sanctimoniæ, » hoc est, bonis operibus studere debere, « sine quâ nemo videbit Deum[1]. »

Quod cur nostris concedere non possit summus Pontifex causa nulla est, postquàm præsertim, post sesqui-sæcularem disceptationem, tandem deprehenderint utriusque partis oculatiores, Andabatarum (a) more pugnatum esse hactenùs, nec quicquam inter utramque sententiam, quod ipsam rem attinet, superesse discriminis; sed in modum loquendi omnia recidere; hoc est, non de re, sed de variâ terminorum acceptione contentionis serram reciprocari. Verum est catholicos communiter formalem rationem justificationis collocare in infusione gratiæ justificantis, cùm è contrario protestantes contendant justificationis vocabulum capiendum esse in sensu forensi, nec aliud significare quàm non imputationem peccatorum, factam propter Christi meritum. Quæ sententiarum discrepantia quantas in Ecclesiâ turbas excitaverit, notius est quàm ut referri mereatur. Ast dudùm observa-

[1] *Hebr.*, XII, 14.
(a) Andabatæ erant gladiatores qui clausis oculis digladiabantur. (Cicer.)

runt ex Helmstadiensibus theologis, Calixtus et Horneius, ac post illos, fratres quos vocant Waldburgenses; deniquè P. Dionysius Werlensis capucinus, in suâ Via pacis, superiorum consensu et approbatione, ante lustrum editâ, litem illam dextrâ vocabulorum explicatione sopiri posse.

Nam si terminus *justificationis* capiatur tam latè, ut sanctificationem sive renovationem sub se comprehendat, factâ à potiori, nempè renovationis actu denominatione, justificationis tam latè sumptæ formaliter rationem collocari posse in infusione gratiæ justificantis : quòd si autem *justificatio* sumatur strictè, pro justificatione duntaxat, in quantum illa ab actu renovationis (quocum aliàs tempore simul est), in signo rationis est distincta, illam non in dictâ infusione, sed in solâ non imputatione peccatorum consistere.

Quartum est : velit Pontifex protestantium pastoribus non conjugium duntaxat absolutè, sed et, mortuis uxoribus, iteratum, usque ad concilii decisionem, quantùm posteriorem casum concernit, permittere, et contracta hactenùs à clericis matrimonia pro legitimis habere. Quâ iterùm in re nihil petitur à summo Pontifice quod is largiri nequeat. Est enim, ex communi sententiâ, clericorum cælibatus, non positivi divini sed humani juris, adeòque ab iis qui legem hanc tulere, ut ita loquar, iterùm abrogabilis. Accedit Florentini concilii auctoritas, per quam, inter Græcos unitos, etiam presbyteris licet esse uxoratis.

Quintum est : velit Pontifex ordinationes à protestantibus hactenùs factas, modo utrinquè acceptabili, et qui neutri parti præjudicet populosque circa sacramentorum usum, quantùm ejus fieri poterit, quietos reddat, confirmare ac ratas habere. De futuris enim, quæ, factâ unione præliminari, ab episcopis more Romano fieri debebunt, nulla erit quæstio. Ubi probè notandum nos ordinationum nostrarum confirmatione non propter nostros, quorum de illis dubitat nemo, sed propter romano-catholicos indigere, qui absque dictâ confirmatione de valore sacramentorum, quæ post unionem præliminarem à nostrâ manu acceperint, essent dubitaturi : ex quo patet etiam articuli hujus determinationem ad futurum concilium differri non posse.

Sextum est : velit summus Pontifex cum protestantium electoribus, principibus, comitibus et reliquis Imperii Romani Statibus super jure et auctoritate, quam ipsi, vigore transactionis Passaviensis ac instrumenti pacis Westphalicæ, in clerum et res sacras, vel habent, vel habere se prætendunt, ita transigere, ut dicti terrarum domini religiosis hisce conatibus irenicis se non opponant ; sed ad promovendum potiùs tam salutare propositum suaviter inducantur. Posse autem talia, imò majora summum Pontificem ex concordatis Ecclesiæ Romanæ cum Gallicanâ et iis quæ hodiè domini doctores Sorbonici, ac inter hos dominus Ludovicus Elias Dupin, in dissertationibus suis historicis de antiquâ Ecclesiæ disciplinâ, eruditè non minùs quàm cordatè disputat, satis evidenter liquet.

Quod si facere dignatus Papa fuerit Romanus, protestantes, qui paria nobiscum sentiunt, Sanctitati Suæ vicissim promittent :
1° Sicut Romanus Episcopus inter omnes christiani orbis episcopos, adeòque in omni universali Ecclesiâ primum locum seu primatum ordinis et dignitatis, in Occidentali verò seu Latinâ primatum et jura patriarchalia jure ecclesiastico obtinet, ita habituros se summum Pontificem et veneraturos, pro supremo patriarchâ, seu primo totius Ecclesiæ Episcopo, eique debitum in spiritualibus præstituros obsequium.

2° Se romano-catholicos pro fratribus habituros esse in Christo, non obstante communione sub unâ specie, aliisque articulis usque ad decisionem *legitimi concilii* hactenùs controversis.

3° Presbyteros suis episcopis, episcopos archiepiscopis, et sic porrò secundùm receptam Catholicæ Ecclesiæ hierarchiam fore subjectos ; sed et salvâ conscientiâ pro fratribus haberi posse catholicos sub unâ duntaxat specie communicantes, non obstante quòd protestantes «credant communionem sub utrâque specie à Christo esse præceptam ; » quod ostenditur duobus argumentis.

1° Quia error romano-catholicorum circa hunc articulum supponitur esse hactenùs involuntarius ac insuperabilis, qualis quandò pro objecto habeat articulum fidei non fundamentalem, damnabilis censeri nullâ rationé potest, quod ita probatur.

Cujuscumque totius involuntaria privatio non damnat, circa illius quoque partem involuntarius et hactenùs insuperabilis error non damnat : atqui totius sacramenti eucharistici involuntaria privatio non damnat : ergò circa sacramenti eucharistici partem, involuntarius et hactenùs insuperabilis error non damnat. Quicumque autem error non damnat, ille pro objecto non habet articulum fidei fundamentalem : atqui, etc.; ergò, etc.

2° Quia in omni casu, quandò duo præcepta divina concurrunt, quorum unum sine violatione alterius observari non potest, sufficit, si id observetur, quod est præstantius et observatu magis necessarium ; verbi gratiâ, celebratio sabbati, in cujus locum, tempore Novi Testamenti successit dies Dominicus, in Decalogo est præcepta, violatio ejus prohibita. Sed et charitatis opera erga proximum, non divino solùm, sed et naturali jure præcepta nobis esse constat. Pone jam proximum meum in summâ calamitate constitutum, liberandum esse à me die Dominico, perque itinera huic fini facienda et neglectum sacrorum, violandum esse sabbatum : dico in tali occasione violationem alterius præcepti non esse peccatum; cùm charitas proximo debita opus sit præstantissimum, et lex charitatem illam præcipiens observatu magis necessaria. Ut hæc applicentur ad præsens negotium, supponitur ex protestantium sententiâ, communionem sub utràque specie à Deo esse præceptam : præcepta pariter, ex utriusque partis sententiâ, est unitas fidei, et concordia ecclesiastica, prohibitumque schisma, tanquàm summum malum charitati christianæ adversum. Potest quidem Pontifex, ex hypothesi quòd in Ecclesiæ arbitrio situm sit sub unâ vel sub utràque specie communicare, protestantibus indulgere communionem sub utràque specie : potest eamdem licentiam dare catholicis in eâdem regione nobiscum habitantibus, ut et ipsi communicent sub utràque ; atque adeò actualis unio utriusque partis inchoari. In Hispaniâ autem, verbi gratiâ, Portugalliâ et Italiâ, ex sonticis et integram religionem christianam turbantibus causis, introducere dictam communionem Pontifex non potest.

Quæritur itaque quid à parte protestantium fieri hîc deceat? Faciendumne aut fovendum porrò schisma, aut pro fratribus in Christo habendos romano-catholicos, ut maximè communionem à Christo præceptam sub utràque esse negent, nec introducere illam possit Pontifex in omnes christianæ religionis provincias?

Dico faciendum esse posterius; quia conservatio unitatis in Ecclesiâ et schismatis averruncatio est quidem à Christo præcepta, idque cum communione sub utràque ex nostrâ sententiâ habet commune. Negari interim non potest præceptum hoc de unitate servandà esse præstantius, et si utrumque per impossibile servari simul nequeat, id observari debere, errore circa alterum præceptum tolerato, cujus observatio est magis necessaria. Quantæ autem necesitatis sit observatio christianæ charitatis, cui è diametro adversatur schisma, docet sanctus Paulus, I *Corinth.*, XIII, per integrum ferè caput.

MODUS AGENDI.

Fide utrinquè sincerè ac secretò datà atque acceptâ, ab Imperatorè Romano sollicitandi erunt electores, duces, principes, et reliqui Status Imperii Germanici, tam romanenses quàm protestantes, ut quisque doctorem unum vel alterum, non minùs moderatione quàm eruditione spectabilem, mittat ad conventum, qui de unione ecclesiasticâ conferant consilia. Ubi res ipsa loquitur, nullos à terrarum dominis ad dictum conventum mitti debere, nisi qui, de hoc agendi modo fuerint secretò concordes, aut cum concordibus paria sentiant.

In hoc conventu sive colloquio, exceptis sex suprà positis præliminariter postulatis et secretò concordatis, examinandæ erunt illæ quæstiones, de quibus inter partes dissidentes vel planè vel plenè nondùm convenerit, apparebitque illas non esse unius generis; multò minùs unius momenti; sed commodè in tres quasi classes posse distingui.

PRIMA CLASSIS.

Ubi quidem ad primam classem pertinebunt illæ controversiæ, quæ in æquivocatione seu diversâ terminorum acceptione consistunt; verbi gratiâ: *Sitne sacramentum altaris, sive Eucharistia sacrificium?* pro cujus decisione notandum, inter nos et romano-catholicos in quæstionem non venire, an Eucharistia appellari possit sacrificium, quod utrinquè conceditur; sed an sit sacrificium propriè vel impropriè dictum; quæ controversia, quemadmodùm ex terminis patet, recidit in modum loquendi; cùm utraque pars peculiarem sacrificii definitionem pro sententiæ suæ fundamento supponat. Protestantibus, imò ipsi cardinali Bellarmino *sacrificium rei viventis propriè dictum est*, secundùm phrasiológiam Veteris Testamenti, undè sacrificiorum doctrina utiquè petenda, « quandò animal sive substantia animata occisione destruitur in honorem Dei ex præcepto divino ; » quo sensu Eucharistiam esse sacrificium simpliciter negat Romana Ecclesia, utpotè nobiscum rectissimè persuasa, sacrificium illud de quo agitur, sine iteratâ profusione sanguinis novâque occisione absolvi : uno verbo, eoque ecclesiastico, esse sacrificium incruentum; tantùm abest, ut secundùm nostram ac Bellarmini definitionem statuere velit, Eucharistiam esse sacrificium propriè et in rigore sic dictum. Quandò autem Romani Eucharistiam vocant sacrificium propriè sic dictum, tunc vocem illi capiunt, vel in oppositione ad sacrificia magis adhuc impropriè dicta, putà labiorum, cordis, hostiæ, vociferationis, etc., vel habito respectu ad materiale sacrificii propriè dicti, quod nempè in Eucharistiâ idem illud numero sacrificium quod pro nobis traditum est, idem ille numero sanguis, qui in arâ crucis pro nobis effusus est, realiter, imò realissimè præsens sistatur, et à communicantibus non per fidem duntaxat, sed et ore corporis, non quidem carnali et capharnaitico modo, propriè tamen edatur et bibatur, atque adeò, vel hoc nomine, Sacramentum altaris *sacrificium propriè dictum* mereatur appellari. Secundùm hanc ergò romanensium definitionem, concedere poterunt protestantes Eucharistiam esse sacrificium propriè dictum. Ex quibus luce meridianâ clarius est litem hanc non esse de re ipsâ, sed de solis duntaxat vocabulis, et in eo convenire partes; Christum de novo in Eucharistiâ non occidi, præsentem tamen esse, et corpus ejus verè manducari, ac per hoc, memorationem sive repræsentationem institui sacrificii semel pro nobis in cruce oblati, et hoc modo initerabilis, idque pro diversâ termini acceptione vel propriè vel impropriè sit dictum. Benè Matthæus Galenus, scriptor catholicus, *Catechesi* XIII, pag. 422, editionis Lugdunensis : « Possemus deniquè fateri sacrificium nostrum non esse quidem sacrificium propriè et in rigore dictum, nomen tamen *sacrificii* omninò mereri, quòd sit imitatio, sive repræsentatio primi illius sacrificii quod Jesus Christus Patri suo obtulit. » Addam ex abundanti, sed sine cujusquam præjudicio ac salvis semper doctiorum arbitriis, quoniam sancti Patres passim, et in his Cyrillus Hierosolymitanus Eucharistiam *verissimum et singulare sacrificium* [1], sanctus Cyprianus, *Deo plenum, verendum, tremendum, et sacrosanctum sacrificium* [2], appellare non dubitarunt.

Concedi forsitan posset ulteriùs, quòd Eucharistia non solùm sit sacrificium memorativum sacrificii illius cruenti, quo se Christus semel in cruce pro nobis Deo Patri obtulit, atque hoc sensu, secundùm protestantium definitionem, sacrificium impropriè dictum ; sed etiam incomprehensibilis quædam oblatio corporis Christi semel pro nobis in mortem traditi ; atque hoc sensu verum, aut, si ita loqui cupias, quodammodò propriè dictum sacrificium. Gregorius Nyssenus expressè, orat. I, *de Resurrectione Christi :* « Arcano sacrificii genere, quod ab hominibus cerni non poterat, seipsum pro nobis hostiam offert, et victimam immolat, sacerdos simul existens, et Agnus ille Dei qui mundi peccata tollit. Quandò autem id præstitit? Cùm corpus suum discipulis congregatis edendum et sanguinem bibendum præbuit, tunc apertè declaravit agni sacrificium jam esse perfectum : nam victimæ corpus non est ad edendum idoneum, si animatum sit. Quare, cùm corpus edendum et sanguinem bibendum discipulis exhibuit, jam arcanâ et non spectabili ratione corpus erat immolatum ut sacrificia in ipsius mysterium peragentis potestati collibuerit. » Sanctus Irenæus : « Ecclesiæ oblatio, quam Dominus docuit offerri in universo mundo, purum sacrificium reputatum est apud Deum et acceptum est ei. Oblationes autem et illic, oblationes autem et hîc, sacrificia in populo, in Ecclesiâ; sed species immutata est tantùm ; quippe cùm jam non à servis, sed à liberis offeratur [3]. »

Sanctus Augustinus : « Pro omnibus sacrificiis et oblationibus »

[1] *Catech.* XXIII, p. 327, 328. — [2] Epist. LXIII. — [3] S. Iræn., lib. IV, cap. XXXIV.

(intellige Veteris Testamenti) jam in Novo Testamento « corpus ejus offertur et participantibus ministratur [1]. »

Concilium Nicænum : « Nusquàm Dominus vel apostoli dixerunt imaginem sacrificium incruentum, sed ipsum corpus, ipsum sanguinem [2]. »

Nicolaus Cabasilas in *Expositione Liturgiæ* : « Non figura sacrificii, neque sanguinis imago, sed verè est mactatio et sacrificium [3]. »

Si protestantibus placuerit ita in posterum de sacrificio loqui cum sanctis Patribus, nihil video superesse, quod pacem quantùm ad hoc morari ampliùs possit.

ALIUD EXEMPLUM.

Quæritur inter romano-catholicos et protestantes : *An ad valorem sacramentorum requiratur intentio ministri ?* Sub anathemate affirmativam præcipiunt Tridentini, quibus ab initio reformationis usque ad hæc tempora, vehementer contradixere protestantes. Meo qualicumque judicio, lis erit composita, si termini explicentur probè et controversiæ status rectè formetur. Dico ergò cum Becano, intentionem ministri circa sacramentum posse esse triplicem : 1° proferendi verba institutionis et faciendi actionem externam : 2° intentionem faciendi sacramenti, vel saltem intentionem confusam faciendi id quod Ecclesia sive facit, sive intendit. Hanc autem intentionem rectè docet Becanus unam esse *actualem*, quandò quis sacrmentum conficiens, eo tempore actu cogitat de sacramento conficiendo; aliam *habitualem*, hoc est promptitudinem ad sacramentum conficiendum crebris actibus comparatam, qualis et dormientibus inesse queat; tertiam *virtualem*, quandò actualis intentio propter evagationem intellectûs, non adest; adfuit tamen, et in ejus virtute fit operatio : 3° intentionem conferendi fructum sive effectum sacramenti; et concludit Becanus, inter nos et romanenses non esse quæstionem de tertiâ intentionis specie; hoc est, de intentione conferendi fructum et effectum, sed de primis duabus; et ex his præsuppositis laudatus Jesuita rectè concludit :

[1] *De Civit. Dei*, lib. XVII, cap. xx. — [2] Act. vi. — [3] Cap. xxxii.

1° Ad valorem sacramenti non sufficere intentionem habitualem, nec tamen necessariò requiri actualem, sed requiri et minimùm sufficere in ministro intentionem virtualem, non solùm faciendi actum externum, sed et faciendi sacramentum, aut saltem confusè faciendi id quod Ecclesia facit aut Christus instituit.

2° Ad valorem sacramenti non requiri expressam intentionem conferendi fructum et effectum sacramenti; quibus ita explicatis, patet litem fuisse non de re ipsâ, sel solùm de vocabulo, ac protestantes intentionem ministri ad valorem sacramentorum negantes, oculum intendisse ad intentionem conferendi fructum et effectum, quam requiri ex doctrinâ Becani nobiscum negant romano-catholici : hos autem, ad valorem sacramentorum exigentes ministri intentionem, locutos fuisse de intentione, si non semper actuali, saltem virtuali faciendi actum externum, sive faciendi id quod in tali casu Ecclesia facit. Qualem intentionem, ad valorem sacramentorum requiri, protestantes Ecclesiæ Romanæ utrâque manu largiuntur.

ALIUD EXEMPLUM.

Quæritur inter nos : *An duo sint, an verò septem Novi Testamenti sacramenta?* Dico litem esse de vocabulo, sive variâ de sacramenti in genere definitione.

Si sacramentum est quælibet res sacra in honorem Dei instituta, ex mente beati Augustini, jam non septem, sed sexcenta fuerint forsitan sacramenta. Si sacramenti vocabulum adhuc aliquandò strictiùs, nondùm tamen ut in sacramentis baptismi et Eucharistiæ fieri consuevit, strictissimè sumatur, dubium non est quin et quinque illa reliqua, sacramenta rectè appellentur. Quæstio igitur inter nos non est, an quinque illa, quæ binario sacramentorum nostrorum numero adjecere romano-catholici, sacramenta possint appellari; quis enim hoc neget pro diverso definientium arbitrio? sed hoc quæritur, an sint sacramenta, voce hâc strictissimè sumptâ, hoc est, an sint talia sacramenta, qualia sunt Baptismus et Eucharistia, vel, uti clariùs loquar, an omnia illa, quæ ad essentiam Baptismi et Eucharistiæ requiruntur, locum etiam habeant in sacramentis Matrimonii, Ordinis, Extremæ-Unctionis, etc. Requiritur autem tam ad Baptismum quàm ad sacramentum altaris, 1° verbum institutionis ; hoc est, ut tempore Novi Testamenti à Christo sit institutum; 2° verbum promissionis; hoc est, ut habeat promissionem annexæ gratiæ justificantis ; 3° ut habeat symbolum sive elementum externum ; quod sanè catholicorum nemo dixerit requiri, verbi gratiâ, ad Matrimonium, utpotè quod non tempore primùm Novi Testamenti, sed cum mundo cœpit, nec præcisè à Christo secundâ Divinitatis personâ, sed à Deo, essentialiter sumpto vocabulo, est institutum, sed nec elementum habet externum, multò minùs promissionem annexam gratiæ justificantis.

ALIUD EXEMPLUM.

Quæritur inter partes : *An per justificationem peccata verè tollantur?* Lis compositu facilis est, si status quæstionis rectè formetur, et explicentur termini in hâc quæstione locum habentes. Apparebit enim, in peccato aliquid esse, quod per justificationem tollatur, consentientibus catholicis; id verò quod protestantes hîc seorsùm credere dicuntur, eos minimè credere. Quod uti distinctiùs intelligatur, sciendum est peccata esse vel *actualia* vel *habitualia*, et in utrisque spectari duo, *materiale* unum et alterum *formale*.

Actualium peccatorum materiale consistit in actu peccandi præterito, sive in præteritâ omissione actûs alicujus lege præcepti : actualium peccatorum formale est reatus culpæ et pœnæ, qui ex actu peccandi præterito aut ex omissione actûs lege præcepti resultat, hominemque peccatorem culpæ et pœnæ coràm Deo reum constituit.

Habitualia peccata sunt peccatum originis et habitus vitiosi malè agendo contracti, quorum materiale est ipsa habitualis propensio in malum ; formale, ut supra, est reatus culpæ et pœnæ ex eo resultans.

Quæstio igitur, an verè tollantur peccata per justificationem, intelligatur vel de formali peccatorum vel de materiali. Si de materiali intelligatur quæstio, protestantes ejus partem negativam amplectuntur. Et quidem quod attinet ad peccata actualia, clarum est illorum materiale non tolli per justificationem. Consistit enim, uti dicitur, in actu peccandi præterito, vel in præteritâ omissione actûs lege præcepti, in quo duo spectanda veniunt : unum, ipse actus contra legem admissus vel omissus : alterum, respectus ejus ad peccantem, quo eum peccasse denominat. Si igitur peccata actualia per justificationem tolluntur quoad materiale, vel tollitur ipse actus peccandi præteritus, vel tollitur respectus hujus actûs ad peccantem; ita ut is qui peccavit, peccasse ampliùs non dicatur. Sed neutrum dici potest; non prius, quia actus peccandi præteritus, hoc ipso quo præteritus est, esse desiit, ac proindè nullum ampliùs habet esse reale, quod per justificationem tolli queat. Omissio autem actûs præteriti non est ens positivum, sed negatio, cujus, cùm esse reale nullum sit, nec per justificationem tolli poterit. Sed et posterius dici nequit; si enim respectus ille actûs peccandi ad peccatorem tolleretur per justificationem, fieret per eum, ut qui peccavit non peccaverit, atque sic factum redderetur infectum : qui, verbi gratiâ, scortatus sit, non scortatus fuerit, quæ est manifesta contradictio; atque in hoc romano-catholici nobiscum, credo, consentient.

Quod ad peccatum habituale attinet, materiale ejus, habitualis scilicet propensio ad malum, frangitur quidem, crucifigitur, mortificatur et subigitur in homine justificato, ita ut in ejus mortali corpore peccatum ampliùs dominari non possit; interim in hâc mortali vitâ, penitùs non tollitur, non extirpatur, sed manet quadantenùs post justificationem; quo pertinet quòd sanctus Paulus[1], quamlibet justificatus, tantoperè conqueratur de peccato in se inhabitante.

Quandò autem propensio illa ad malum in homine frangitur et imminuitur, hoc non fit per justificationem, sed per regenerationem et renovationem.

Hactenùs igitur quod materiale peccatorum catholici cum protestantibus planè consentiunt. Si de formali peccati, hoc est, de reatu culpæ et pœnæ intelligitur quæstio, sensus ejus hic est : an in justificatione reatus culpæ et pœnæ tollatur ab homine justifi-

[1] *Rom.*, VII, 17 et seq.

cato, sive an eum coràm Deo non ampliùs culpæ et pœnæ reum constituat ?

In quæstione sic formatâ, nos unâ cum catholicis affirmationem amplectimur, statuimusque peccata tam actualia quàm habitualia, quoad formale, sive reatum culpæ et pœnæ, tolli in justificatione verè et totaliter, per remissionem, condonationem, non imputationem. Hactenùs ergò iterùm inter partes consensus est. Quod autem nonnulli protestantium theologorum dixerunt, peccatum in justificatione non tolli, sed manere, id intelligunt de peccato originis, et specialiter de pravâ concupiscentiâ, quam in renatis manere contendunt, non quoad formale, sed quoad materiale; nempè quoad habitualem in malum propensionem, absque tamen dominio.

ALIUD EXEMPLUM.

Notum est, quantas in Ecclesiâ tragœdias excitaverit Lutheri nostri in Scripturas sacras illata propositio : *Sola fides justificat;* cùm tamen illa ne propria quidem sit, atque adeò res ipsa doceri potuisset phrasibus aliis ex Scripturâ petitis et in Ecclesiâ receptis. *Justificamur* quidem, dicente Scripturâ, *ex fide, per fidem.* Propriè autem non fides, sed Deus est qui nos justificat. Habet autem is, hujus suæ justificationis unam causam impulsivam, internam nempe gratiam ejus et misericordiam, unam causam impulsivam externam principalem, nempe Christi meritum, et unam causam impulsivam externam minùs principalem, nempe fidem. Quando ergo dicitur : *Fides justificat,* sensus hujus propositionis hic est : A parte hominis fides est causa impulsiva externa, minùs principalis, Deum movens ad nostram justificationem. An autem sola fides hoc sensu justificet, quæritur inter partes. Credo, si dicamus per vocem *sola* non excludi reliquas justificationis causas impulsivas, puta gratiam Dei et meritum Christi ; si dicamus porrò vocem *sola* non capi pro *solitaria*, nempè pro fide mortuâ, sive bonis operibus, aut minimùm proposito benè operandi destitutâ, credo, inquam, litem fore maximam partem compositam. Sensus enim illius hùc denique redibit : à parte Dei gratia et meritum Christi sunt causæ impulsivæ justificationis nostræ ; à parte autem hominis, non spes, non charitas, aut alia quævis bona opera proximè et immediatè justificationem inferunt ; sed hoc sensu *sola*, non tamen *solitaria* fides, quæ scilicet per charitatem operatur, est causa impulsiva externa nostræ justificationis ; illa nimirùm fides, quâ quis credit Christum pro suis et totius mundi peccatis patiendo et moriendo plenissimam satisfactionem præstitisse, cum fiduciâ apud Deum impetrandæ gratiæ ac remissionis peccatorum, propter ejus satisfactionem, quæque fides insuper non mortua sit, sed viva, et per charitatem sese exerat, datâque operandi occasione, actu operetur.

ALIUD EXEMPLUM.

Quæritur : *An quis possit esse certus de suâ justificatione et perseverantiâ ad salutem ?* Utrumque affirmant protestantes, nec id puto negatum iri à romano-catholicis, dummodò quæstiones illæ, pro eo ac decet, explicentur. Extra controversiam utrinquè est, nos justificari per fidem. Qui igitur credit et scit se credere, is potest absolutè certus esse de suâ fide, et consequenter de suâ salute. Interim nemo nostrorum docet, hominem de perseverantiâ et salute suâ tam certum esse posse, quàm de suâ justificatione. De hâc enim certi sumus absolutè, de perseverantiâ autem et salute duntaxat conditionaliter; si nimirùm homo mediis perseverantiæ in fide rectè utitur, ea non aspernatur, deniquè assistentiam Dei devotis precibus jugiter expetit, quod in virtute gratiæ sibi collatæ facere potest ; tunc conditionaliter certus est de suâ perseverantiâ. Quòd si illa perseverantia ad finem usque vitæ duret, tunc certus insuper est de suâ salute itidem conditionaliter. Conatus jam est ante hos centum et viginti annos Martinus Eisengrinius, sacræ theologiæ licentiatus et præpositus Altenotingensis, scriptor catholicus et moderatus, canonem concilii Tridentini XIII sextæ sessionis hùc pertinentem, peculiari ac grandi libello suo germanico, mitigare, cui titulus : *Modesta et pro statu temporis præsentis necessaria declaratio trium articulorum christianæ fidei,* qui Ingolstadii impressus est anno 1568; ubi inter alia, paragrapho v, ita infit auctor : « Dico claris et germanicis verbis : scio etiam vera esse quæ dico, bonisque fundamentis inniti. Sanè canon XIII Tridentini, sessionis VI, in auribus tuis quomodolibet; illius tamen sensus non est, concilii sententia hæc non est, universalis Ecclesiæ doctrina hæc non est, nec unquàm fuit, christianum nunquàm de salute et justificatione suâ certum esse posse, etc. »

ALIUD EXEMPLUM.

De possibilitate implendæ legis Decalogo contentæ, acriter diù pugnatum; quæstio autem non re ipsà, sed in modo duntaxat loquendi est controversa, adeòque nullo negotio facilè conciliabilis. Protestantium enim sententia, si rectè explicetur, hæc est : Pactorum quæ Deus cum hominibus iniit, unum est legale, alterum evangelicum. Vi pacti legalis, tenebantur primi homines, imagine divinâ præditi, implere leges Decalogi perfectissimè; hoc est non solùm tenebantur abstinere ab omnibus peccatis contra conscientiam admissis, sed et sibi cavere à quâvis concupiscentiâ in actu primo, sive ab omnibus motibus pravis indeliberatis, quæ à scholasticis dicuntur *primo-primi*. Vi pacti evangelici, cùm homo post lapsum imagine divinâ destitutus, legem hoc modo implere non posset, nihil ampliùs ab ipso requirit Deus, nisi ut in Christum verâ ac vivâ fide credat, et à peccatis mortalibus, sive contra conscientiam admissis abstineat. Quod verò attinet ad peccata venialia, sive concupiscentiam in actu primo consideratam, aut alios motus pravos indeliberatos, illos Deus, homini renato, vi pacti evangelici, se non imputaturum esse promisit, dummodò quotidiè peccatorum illorum remissionem à Deo petat, etc. Quandò jam quæritur an homo renatus possit et debeat implere legem Dei, respondeo in tali perfectione, quâ legem tenebantur implere primi homines vi pacti legalis, nemo post lapsum ampliùs legem implere potest, aut tenetur; et si Decalogus ad rigorem hunc pacti legalis exigatur, dico ad ejus observationem tanquàm ad rem impossibilem neminem obligari. Eatenùs autem quilibet renatus legem implere debet, quatenùs à nobis exigitur vi pacti evangelici; et eatenùs etiam homo renatus, dummodò omnem diligentiam adhibeat, per auxilium gratiæ leges Decalogi implere potest. Si ita explicetur quæstio, non apparet quid ulteriùs Romana Ecclesia in protestantium declaratione desiderare queat. Rectè Pater Dionysius in suâ Via pacis : « De possibilitate legis implendæ, nulla quoad rem ipsam ac secundùm veritatem (inter catholicos et protestantes) discordia est. Quandoquidem protestantes docent quòd homo justus per justitiam inhærentem, accedentibus divinæ gratiæ auxiliis, eò usque possit servare et implere Dei mandata, ut non perdat gratiam et amicitiam ejusdem, nec consummet peccatum ad quod à concupiscentiâ inclinatur : non tamen ita perfectè et exactè ut sit ab omni peccato immunis, sive ut evitet omnia peccata venialia. Agnoscunt pariter catholici debitum quidem nostrum esse, ut servemus Dei mandata absque omni peccato ; verùm id in totâ vitâ, vel ad longum tempus, secluso privilegio, non esse possibile [1]. » Vide divum Thomam prima secundæ, quæst. xix, art. 8. Imò concilium Tridentinum, sess. VI, canone xxiii, « anathemate ferit eum qui dicit hominem justificatum posse in totâ vitâ peccata omnia etiam venialia vitare, nisi ex speciali Dei privilegio. Sufficit itaque protestantibus, quòd catholici docent non posse justum tam accuratè servare mandata ut eadem non sæpiùs venialiter peccando aliquatenùs transgrediatur, et sufficit catholicis, quòd protestantes hoc tantùm sensu dicunt hominem justum non posse mandata Dei servare. » Hactenùs ille.

ALIUD EXEMPLUM.

Quæritur : *An motus primo-primi, concupiscentia in actu primo, aliaque peccata, quæ nobis venialia dicuntur, sint contra legem Dei?* Litem hanc composuit dictus Capucinus, cujus verba adscribimus : « Quidam catholici dicunt peccata venialia non esse contra legem, eò quòd non sint contra omnem latitudinem legis : non enim sunt contra legem, quatenùs obligat sub pœnâ perdendæ gratiæ et amicitiæ Dei, ac incurrendæ ejusdem iræ exterminantis ; atque hæc est prima et magna latitudo legis. Sunt verò contra legem, quatenùs etiam sic obligat, ut minima quoque Dei offensa, ejusdemque ira correptiva vitetur, quæ est latitudo secunda : item quatenùs tam exactè servanda foret, ut Deo pla-

[1] P. 377.

ceremus, omnia et singula ex puro ejus amore agendo et patiendo, quæ est latitudo tertia. Et in primâ quidem latitudine per Dei gratiam sine transgressione potest ambulare quilibet homo justus : in secundâ verò et tertiâ nemo, quantumcumquè justus, nisi ex speciali omnipotentis Dei privilegio sic ambulare potest, ut non sæpè obliquiùs incedendo transgrediatur, pergens nihilominùs ambulare in latitudine primâ; adeòque non simpliciter, sed tantummodò secundùm quid ambulans et faciens contra legem. Primam ergò latitudinem respiciunt negantes venialia esse contra legem ; secundam, id affirmantes ; et quia de re constat, inquit Gerson, tractatu *de Vitâ spirituali animæ*, lect. v, discolum est pertinaci animositate de verbis contendere [1]. » Hactenùs ille.

ALIUD EXEMPLUM.

Quæritur inter partes : *An justorum bona opera in se perfectè bona, et ab omni labe peccati pura sint?* Negant hoc protestantes ; et si rectè res explicetur, forsitan et ipsi catholici. Imperfecta enim dicuntur bona justificatorum opera in ordine ad imperfectam legis impletionem. Postquàm enim post lapsum, nemo tam perfectè, proùt requirebatur vi pacti legalis, legem implere potest, res ipsa loquitur, justorum bona opera ita esse comparata, ut illis semper aliquid perfectionis desit. Qui autem indè colligunt bona justorum opera, ex mente protestantium, meras iniquitates esse ac peccata, illi sciant tales propositiones à nobis haberi pro falsissimis, utut forsitan protestantium aliqui, sentientes rectiùs quàm loquentes, illis propositionibus aliquandò fuerint usi.

ALIUD EXEMPLUM.

Quæritur : *An renatorum opera Deo placeant?* Quâ quidem in re, iterùm, quoad rem, non sumus discordes. Quod ut ostendatur, sciendum est quæstionem propositam intelligi posse dupliciter : 1° an renatorum bona opera in se spectata Deo placeant? 2° An cum connotatâ operantium fide, seu ratione omnium circumstantiarum spectatâ, Deo placeant?

Ad quæstionem priori sensu intellectam, respondendum est

[1] P. 379.

renatorum bona opera placere Deo, non absolutè et simpliciter, quia non sunt absolutè et simpliciter bona, sed habent suas imperfectiones annexas : placere tamen Deo in quantum legi sunt conformia. Quod enim legi divinæ est conforme illud est bonum, et quidquid est bonum illud Deo placet. Si verò posteriori sensu intelligatur quæstio, respondendum est renatorum opera placere Deo absolutè et simpliciter. Quamvis enim in se spectata sint imperfecta, et imperfectiones illæ adhærentes Deo placere non possint, quia tamen ex fide in Christum procedunt, et ab iis fiunt qui sunt in Christo Jesu, et in quibus non est condemnatio, imperfectiones illæ adhærentes condonantur operantibus propter Christum, ejusque meritum fide apprehensum, et proindè opera illorum Deo placent simpliciter et absolutè, ac si prorsùs et omnibus modis essent perfecta, propter Christi meritum verâ fide apprehensum. Possent talium controversiarum plures allegari; sed pauca hæc speciminis loco sufficiant. Pro harum autem conciliatione non opus est novo, sive generali, sive provinciali concilio; sed à paucis utriusque partis doctoribus moderatis, ac à partium studio alienis examinari; visâque variâ terminorum acceptione, in eodem, quem dicere occupavimus, conventu, facili negotio poterunt terminari.

SECUNDA CLASSIS.

Ad secundam classem pertinent quæstiones, in se quidem controversæ, ità tamen comparatæ, ut in alterutrâ ecclesiâ quæstionum illarum et affirmativa et negativa toleretur. In tali casu, amore pacis, utrinquè amplectenda esset illa sententia, quam una ecclesia integra et alterius ecclesiæ pars probat.

EXEMPLI GRATIA.

Ecclesia Romana integra probat orationes pro mortuis, pars ecclesiæ protestantium, *Apologiæ Confessionis Augustanæ* ductum secuta, statuit orationes illas esse licitas : pars pro mortuis reverâ orat : quibusdam protestantium intercessio illa pro defunctis nondùm probatur. Pro pace igitur redintegrandâ, in dicto conventu rogandi sunt protestantes, ut integra ipsorum ecclesia orationem pro mortuis approbare velit.

ALIUD EXEMPLUM.

Pars Ecclesiæ Romanæ probat immaculatam beatæ Mariæ Virginis conceptionem, pars improbat : tota ecclesia protestantium statuit beatam Mariam, sanctissimam quamlibet et gratiâ plenissimam, cum peccato tamen originis esse conceptam. Pro pace ergò et concordiâ rogandi sunt in dicto conventu catholici, ut integra ipsorum Ecclesia posteriori sententiæ calculum adjicere dignetur.

ALIUD EXEMPLUM.

De merito bonorum operum duæ sunt in Romanâ Ecclesiâ celebres sententiæ : una Vasquesii et qui hunc sequuntur : altera Scoti et omnium scotistarum. Docet Scotus, doctor subtilis, opera renatorum ex se et suâ intrinsecâ ratione non esse meritoria; sed quòd meritoria sint, id totum habere ex acceptatione divinâ, sive ordinatione illorum ad præmium. Vasquez, et qui hunc sequuntur, contendit bona justorum opera, ex se ipsis, absque ullo pacto aut acceptationis favore, condignè mereri vitam æternam, neque illis ullam accessionem dignitatis provenire ex meritis aut personâ Christi, quam aliàs non haberent ex hoc, quia per gratiam Dei facta sunt; imò quamvis *operibus justorum divina promissio accesserit,* eam tamen aut ullum aliud pactum, sive favorem ad rationem ipsius meriti nullo modo pertinere. Pro stabiliendâ inter partes concordiâ, rogandi sunt romano-catholici ut scotistarum (at quantæ inter illos scholæ ! quàm numerosæ ! quàm celebres !) sententiam amplectantur, quæ, quoad rem, cum protestantium opinione coincidit. Negat enim Scotus, et qui illum sequuntur, opera bona, propriè et de condigno esse meritoria ; et contrà, eo tantùm sensu meritoria esse statuit, quo meritorium dicitur latè et impropriè, prout nempè mereri dicitur, quicumque aliquid ab aliquo, licet gratìs, et ex merâ liberalitate aut gratuitâ remissione tamen consequitur. Quo sensu sancti Patres bona opera meritoria esse docuerunt, et meritoria esse eadem protestantes ultro largiuntur ; quod bene observavit Vasquez, qui alicubi scribit, « Scotum et cæteros qui sententiam ejus sequuntur consentire cum lutheranis, in eo quòd ante promissionem et acceptationem divinam opera nostra nullam habeant dignitatem vitæ æternæ; quòd scotistæ cum lutheranis, bonis operibus secundùm se, dignitatem nostrorum operum referant in Dei favorem et acceptationem per Christi merita : item quòd veram et perfectam rationem meriti nostris operibus derogent, totamque vim meriti solis Christi operibus adscribant. » Conferantur quæ capitis secundi articulis 2, 3, 4, 5, 6, præclarè docet Pater Dionysius Capucinus in *Viâ* suâ *pacis* aliquoties laudatâ, pag. 328 et sequentibus; ipsâque re apparebit, inter catholicos et protestantes, quoad controversiam de meritis operum, nihil ferè superesse discriminis. Articulus secundus dicti auctoris hanc habet inscriptionem : *Protestantes docent quòd bona opera verè mereantur gratiæ actualis auxilia et habitualis augmentum;* articulus tertius : *Protestantes docent quòd bona opera verè mereantur cœlestis gloriæ gradus;* articulus quartus : *Protestantes docent quòd ex bonis operibus fiduciam aliquam liceat concipere;* articulus quintus : *Non est improbabile quòd primus gloriæ gradus non cadat sub meritum;* articulus sextus : *Bona justorum opera non sunt meritoria per et propter se de exactâ condignitate et stricto jure.* Fratrum Walenburgensium doctrina de meritis operum hùc deniquè redit : « Quòd licèt respectu justificationis gratiæ et substantiæ gloriæ cœlestis meritum non detur, detur tamen respectu accidentis sive augmenti, vel uti loquuntur, respectu secundi gradûs hujus gloriæ, vocando scilicet meritum latiùs dictum, omne illud opus quod per gratiam Spiritûs sancti ab homine justificato producitur; cuique, licet nullam prorsùs habeat intrinsecam dignitatem et proportionem ad præmium vel gloriam æternam, illi tamen misericorditer promittitur, illudque verè et propriè consequitur. »

ALIUD EXEMPLUM.

Tota Ecclesia Romana docet *bona opera esse necessaria ad salutem :* inter protestantes aliqui hoc docent, aliqui negant. Qui negant subverentur ne bonis operibus in articulo de justificatione tribuatur nimiùm : qui affirmant illorum sententia hùc redit : *Bona opera non ratione efficientiæ,* sed ratione *præsentiæ ad salutem* esse necessaria, non ut causa salutis propriè dicta, sive principalis, sive instrumentalis, sed ut conditio sine quâ non. Expressè enim sanctus Paulus : « Sine sanctimoniâ, » hoc est, sine bonis operibus « nemo videbit Deum [1] : » ex quo sequitur :

Sine quocumque nemo videbit Deum, hoc est, sine quo nemo salvabitur, illud ad videndum Deum, hoc est, ad consequendam salutem æternam aliquo certè modo est necessarium : atqui sine bonis operibus nemo videbit Deum : ergò, etc.

Confer dictum Capucinum, loco citato, articulo primo, pag. 321. Rogandi ergò protestantes ut inter se concorditer paria statuant cum catholicis.

ALIUD EXEMPLUM.

Tota ecclesia protestantium aversatur *adorationem hostiæ* propter metum idololatriæ, non quidem formalis, sed tamen materialis : in Romanâ Ecclesiâ quidam docent terminari adorationem in Eucharistiâ ad Christum præsentem, quidam ad hostiam præsentem. Rogandi itaque sunt in conventu imperatorio catholici, ut unanimiter nobiscum docere ne graventur adorationem illam nonnisi ad Christum præsentem terminari debere.

ALIUD EXEMPLUM.

Dogma ubiquitatis corporis Christi negat Ecclesia Romana, cum plurimis protestantibus ; idem probant protestantium nonnulli. Rogandi itaque hi fuerint in conventu, ut, amore pacis, ubiquitatem illam missam facere, et cum confessionis suæ sociis quàm plurimis, totâque Ecclesiâ Romanâ paria statuere velint.

ALIUD EXEMPLUM.

Versionem Vulgatam pro authenticâ obtrudi sibi noluit ecclesia protestantium : idem improbant et concilii Tridentini canonem hùc pertinentem : mitiùs exponunt Andradius, dicti concilii celebris interpres, Salmeron, Serrarius, Simeon Demuis, Contius, Julius, Rugerius aliique.

[1] *Hebr.*, XII, 14.

Simeon Demuis, lib. *de Hebræis editionibus,* pag. 41, ita infit : « Hebraicæ editioni non derogat sancta synodus Tridentina, sessione quartâ, dùm veterem et Vulgatam editionem pro authenticâ habendam esse decernit; ibi enim editionem Vulgatam cum aliis editionibus latinis, non cum hebraicâ editione confert. »

Andradius, libro IV *Defensionis fidei Tridentinæ,* docet « nihil aliud Patres Tridentinos, cùm Vulgatam editionem authenticam pronuntiarent, significare voluisse, quàm nullo eam errore defœdatam existere, ex quâ perniciosum aliquod dogma in fide et moribus colligi posset; non autem eam ità in singulis approbasse, ut non liceat unquàm hæsitare aut dubitare, ne fortè interpres non rectè Scripturam verterit; » ac testatur *se hæc habuisse ab Andreâ Vegâ cardinali sanctæ Crucis,* qui posteà factus Pontifex dicebatur Marcellus, et concilio interfuit.

Contius, libro V *Polit.*, cap. xxiv, propos. 13, ait ex Serrario, « ità probatam esse versionem latinam, ut tamen et græcis et hebræis fontibus maneat sua auctoritas, et auctoritatem quæ Vulgatæ editioni in decreto Tridentino tribuitur, intra solum versionis genus contineri, cumque illis modificationibus, ut sit emendata, vel potiùs emendatissima, et saltem nihil habeat quod veritati et fidei bonisque moribus repugnet. »

Serrarius, in *Proleg.*, cap. xix, quæst. 12 : « Satis, inquit, manifestum est fontem purum, rivo quantùmvis puro, cum prærogativâ quâdam præferendum; nam authenticam versionem esse, est censeri cum originariâ linguâ convenire. »

Julius Rugerius, secretarius apostolicus, libro *de Scripturis canonicis,* cap. xliv : « Cujus, ait, piæ aures ferre poterunt hebraicam editionem à Spiritu sancto iisdem verbis dictatam, à prophetis conscriptam, ab Esdrâ restitutam, à Christo recitatam et explanatam, et à quâ omnes editiones velut à parente et fonte suo fluxerunt, correctiones derivantur, et discrepantiæ librariorum culpâ exortæ, sæpiùs sublatæ sunt, nunc explosam esse? »

Addi possent, talium adhuc quamplurimi, et imprimis Simonius in plurimis locis Criticæ suæ Veteris Testamenti, quibuscum si consentiunt reliqui romano-catholici, jam lis de authentitiâ Vulgatæ omni ex parte erit composita; et tantùm de controversiis classis secundæ in quibus talem, qualis petitur, condescendentiam, ab utriusque partis theologis moderatis et concordiæ ecclesiaticæ desiderio flagrantibus, spe votisque omnibus meritò præsumimus.

TERTIA CLASSIS.

Ad tertiam classem pertinent quæstiones inter nos et catholicos controversæ, nec per evolutionem æquivocationis, nec dictam secundæ classis condescendentiam terminabiles, cùm una earum alteri videatur è diametro adversa. Tales sunt, verbi gratià :

Invocatio Sanctorum :
Cultus imaginum et reliquiarum :
Transsubstantiatio :
Permanentia Sacramenti eucharistici extra usum :
Purgatorium :
Circumgestatio hostiæ :
Enumeratio peccatorum in confessione auriculari :
Numerus Librorum canonicorum :
Integritas Scripturæ sacræ, et hinc pendens dogma de Traditionibus non scriptis :
Judex controversiarum :
Celebratio Missarum in linguâ latinâ :
Primatus Romani Pontificis jure divino :
Notæ Ecclesiæ :
Jejunia hebdomadalia et quadragesimalia :
Vota monastica :
Lectio Scripturæ sacræ in linguis vernaculis :
Indulgentiæ :
Discrimen inter episcopos et presbyteros jure divino, et quod primo loco nominari debuisset, ipsum concilium Tridentinum, et in hoc contenta anathemata; quorum examen, salvâ reunione præliminari, argumento et exemplo Basileensis aliorumque conciliorum, seponatur usque ad iteratam concilii œcumenici decisionem.

Horum similiumque articulorum determinatio, in primis illorum, qui absque alterius partis scandalo aut christianæ rei detrimento, indecisi manere non possunt, aut sine quibus firma et constans unio ecclesiastica obtineri, certè conservari nequit, vel certis utrinquè selectis arbitris, viris eruditione, judicio, pietate et animi moderatione præstantibus, committatur, vel deferatur ad concilium. Hujuscemodi tractatio per arbitros placuit post exhibitam *Augustanam Confessionem* utrique parti, cœptaque illa est Augustæ Vindelicorum anno superioris sæculi trigesimo, ubi magna apparuit de non paucis, neque minimi momenti controversiis concordia; adeò ut de hâc tractatione sive collatione in *Chronico* suo *Saxonico* scripserit David Chytreus, lib. XIII, « ab initio horum certaminum in Germaniâ, nunquàm propiùs hucusque coiisse partes de religione dissidentes, nec unquàm ante extremum diem arctiùs coituras videri; » ubi, quidquid sit de hujus historici sive judicio sive præsagio, certum tamen est, in dicto conventu per arbitros, ex XXI articulis *Augustanæ Confessionis*, exiguo tempore XV fuisse conciliatos, decisionem trium ad generale concilium fuisse suspensam, et in tribus tantummodò manifestum dissensum mansisse reliquum.

Sanè si quis periculum facere velit, quid in uno et altero articulorum tertiæ classis fortè possint arbitri, mihi dubium non est quin eorum magna pars declaratione commodâ terminari queat; et an queat, agite, videamus.

Præcipuum disputationis negotium versabitur, credo, in dogmate purgatorii, de invocatione Sanctorum, cultu imaginum, votis monasticis, traditionibus sacris verbo Dei non scripto, transsubstantiatione, et primatu Pontificis, in quantùm is prætendit sibi talem jurisdictionem divino jure competere, ejusdemque infallibilitate.

Ubi tentandum, sine cujusquam mortalium præjudicio, nùm pars dictarum controversiarum per declarationes commodas extra concilium terminari queat. Dico ergò :

De Transsubstantiatione :

Quæstionem hanc in ordine ad protestantes qui realem Christi præsentiam in sacrâ Cœnâ manducationemque oralem admittunt, de modo præsentiæ non esse magni momenti : à Luthero certè, dummodò periculum idololatriæ abfuerit, pro levi errore habitam, et sophisticis quæstionibus annumeratam. Rem ipsam quod attinet, per consecrationem, in Eucharistiâ elementorum aliquam fieri mutationen concedunt protestantes ; ast communiter contendunt mutationem illam esse duntaxat accidentalem; ità ut per eam non ipsa panis substantia immutetur, sed ex vulgari et usuali pane fiat panis sacer, panis sacratissimo huic usui destinatus, panis qui in usu sit communicatio corporis Christi. Ex protestantibus D. Drejerus, professor Regio-Montanus, admittit certo sensu mutationem substantialem. Ego litem hanc non facio meam; puto tamen contra analogiam fidei me dicturum esse nihil, si supponatur, vi verborum institutionis, in sacrâ Cœnâ fieri immutationem quamdam mysteriosam, per quam modo nobis imperscrutabili verificetur hæc propositio sanctis Patribus frequentissimè usurpata : *Panis est corpus Christi*. Rogandi itaque in illo conventu essent romano-catholici ut, pacis gratiâ, à quæstione de modo illius transsubstantiationis in Eucharistiâ præscindant, nobiscum dixisse contenti, modum illum esse incomprehensibilem et inexplicabilem, ità tamen comparatum, ut interveniente arcanâ et mirabili quâdam mutatione ex pane fiat corpus Christi; sed et rogandi essent protestantes, quibus hoc novum forsitan videri queat, ut primos reformatores suos imitati, à propositionibus illis : *Panis est corpus Christi, vinum est sanguis Christi*, ne abhorreant, sed identidem cogitent, tam universaliter illas olim pro veris fuisse habitas, ut vix quempiam priorum Ecclesiæ Doctorum liceat invenire, qui his aut similibus de Eucharistiâ loquendi modis non fuerit delectatus.

De invocatione Sanctorum.

Sed et de invocatione Sanctorum prætensum à protestantibus periculum cessabit, si romanenses publicè protestentur se nullam erga Sanctos demortuos habere fiduciam, quàm quâ erga viventes, quorum intercessiones implorant, sint affecti : se omnes et singulas ad illos directas preces, quibuscumque etiam verbis aut formulis sint conceptæ, non aliter intelligere quàm intercessionaliter, ut quandò dicunt : « Sancta Maria, libera me in horâ mortis, » sensus sit : « Sancta Maria, intercede pro me apud Filium tuum, ut in horâ mortis me liberet. » Si porrò romanenses suis identidem inculcent, quòd invocatio Sanctorum non sit simpliciter præcepta, sed vi Tridentini concilii in cujusvis arbitrio posita, velitne is preces suas ad Sanctos, aut ipsum Deum dirigere : quòd non temerè et præter necessitatem in omni casu Sanctos invocare oporteat, sed tunc præ primis quandò quis, propter atrox peccatum, iram Dei veritus, ex humilitate oculos attollere, aut ad Deum preces suas immediatè dirigere non ausit : quòd de cætero oratio ad Deum directa longè sit efficacior orationibus illis, quæ ad Sanctos demortuos diriguntur : quòd oratio illa omnium perfectissima, quæ quantùm ejus fieri potest, ab omni creaturâ abstrahit, solisque attributis divinis profundiùs inhæret.

Sanè, si ita res explicetur, non video quid in precibus illis magnoperè desiderari possit, nisi id unum : quòd cùm simus incerti an de nostrâ calamitate in individuo Sanctis omnibus constet, in dubio semper maneat exauditionis certitudo ; quod dubium an per hoc tolli possit, si preces ita concipiantur : « Sancta Maria, sicubi de hâc vel illâ calamitate meâ tibi constiterit, ora pro me. » Videant alii, ego ἐπέχω, *recipio*. Duriores interim formulas compellandi Sanctos moderatioribus catholicis æquè ac nobis invisas, cùm *Psalterio Mariano*, *Noveniis sancti Antonii*, similibusve monachorum expressionibus, omissum iri in posterum spe votisque omnibus præsumimus. Sufficiat hactenùs protestantibus, formulas illas quomodocumquè conceptas, nonnisi intercessionaliter intelligendas. Si quibus autem nostratium in propositione allatâ : « Sancta Maria, libera me in horâ mortis, » hæc interpretatio durior aliquandò fortassis videri queat, illi cogitent, quæso, tales loquendi et explicandi modos in usu quoque communi non adeò esse inusitatos ; verbi gratiâ, quandò fur aut latro in carcerem conjectus, prætereuntem regis aut principis ministrum Status his verbis compellat : « Libera me ex squalore hujus carceris : libera me à sententiâ mortis, » novit sanè dictus sive fur sive latro potestatem vitæ et necis in se non habere talem ministrum, sed regem duntaxat aut principem; atque adeò his suis precibus nihil aliud sibi vult, quàm ut minister apud regem pro se intercedere velit, ut vel liberetur ex carcere, vel capitis periculum effugiat.

De cultu imaginum.

De cultu imaginum facilè itidem concordabitur, dummodò ab excessu, quem in suis etiam moderatiores catholici notant, abstineatur in posterum. Sanè imagines illas nihil intrinsecæ virtutis habere in aperto est, atque adeò nec adorari, nec coràm illis orari debere, nisi in quantùm tanquàm visibile et in oculos incurrens instrumentum adhibeantur, quod Christi aut cœlestium rerum memoriam in nobis excitare possit. In excessu hîc à quibusdam inter romano-catholicos, in Italiâ præsertim, Bavariâ et hæreditariis imperatoris Romani provinciis, circa eas maximè imagines peccari, quæ miraculosæ vulgò creduntur, notius est quàm ut negari posse videatur. Si quis ergò Deum coràm imagine quâdam colere aut invocare studio habuerit, is sanè eo moderamine utatur, quo usi olim Israelitæ, æneum serpentem, fide non in eum, sed in Deum directâ, cum reverentiâ quâdam aspicientes. Absit autem semper cæremoniarum ille excessus, qui, si non viris doctis et prudentibus, saltem simplicioribus opinionem aliquam vel idololatricam, vel idololatriæ affinem, de inexistente quâdam imagini virtute divinâ generare queat.

De purgatorio.

Quid in dicto conventu dici à protestantibus vel possit vel debeat, nihil invenio. Interim, si, quemadmodùm sanctus Augustinus fecit, problematicè in scholis de purgatorio disputetur, nec quisquam ad affirmationem aut negationem illius cogatur, non apparet quid indè in Ecclesiâ detrimenti redundare queat. Ego certè nemini repugnarem, qui dogma hoc pro sententiâ problematicâ cupiat haberi.

De primatu Pontificis jure divino.

Quod primatus Pontifici Romano, in quantùm is ipsi competit

vi canonum sive jure ecclesiastico, factâ reconciliatione præliminari, à protestantibus concedi et possit et debeat, suprà ostensum est. An autem papa sit Ecclesiæ caput jure divino, ac prætereà infallibilis, sive in concilio, sive extra concilium, controversiarumque arbiter, quæstiones sunt altioris indaginis. Sanè, si tam facilè, reliquis in Romano-catholicâ Ecclesiâ doctoribus extra Galliam, quàm protestantibus probare se possent, quæ suprà laudatus auctor Ludovicus Elias Dupin, doctor Sorbonicus, libri jam tùm citati dissertatione IV, V, VI, VII, eruditissimè protulit in medium, dicerem totum negotium esse compositum, aut minimùm cum Ecclesiâ Gallicanâ protestantes per omnia concordare.

De monachatu et votis monasticis.

De monachatu et votis monasticis in dicto conventu facilis est conventio, cùm protestantibus adhuc supersint cœnobia, in quibus cantantur *Horæ canonicæ*, legatur *Breviarium*, verbi gratiâ, ordinis Cisterciensis, exceptis duntaxat Collectis sive oratiunculis quæ ad Sanctos demortuos sunt directæ, jejunia et ciborum discrimen observetur, locum habeat cælibatus, hospitalitas, regula sancti Benedicti, et alia nonnulla primam institutionem redolentia; sed nec votum obedientiæ à quopiam nostrorum jure reprehendi poterit. Paupertatis votum, per quod monachi, sui juris existentes, in nullius tertii præjudicium cuivis proprietati renuntiant, esse de re indifferenti, atque adeò non illicitum palàm est. De solo castitatis voto, cùm ad impossibilia nemo se votis obligare queat, superest disceptatio. Posset sanè, ut in cœnobiis quibusdam protestantium sanctè observatur, non quidem voto, sed jurejurando promitti cælibatus, in sensu tamen composito; ità ut qui monachus sive cœnobii membrum esse velit, in cælibatu vivere teneatur; quòd si ampliùs non possit aut non velit, exeat pro lubitu, et in sæculum periculo suo revertatur.

De traditionibus.

De traditionibus, sive verbo Dei non scripto, quantæ, quæso, in Ecclesiâ lites! sed res compositu facilis, si dicamus statum controversiæ inter nos et catholicos non esse, an dentur traditiones; sed an per traditionem acceperit Ecclesia novum aliquem fidei articulum ad salutem creditu sub æternæ beatitudinis jacturâ necessarium, in Scripturâ, neque totidem verbis, neque per bonam consequentiam extantem. Posterius negant protestantes, non prius, ex quibus moderationes admittunt, non solùm ipsam sacram Scripturam nos traditioni debere, sed in articulis fundamentalibus genuinum et orthodoxum Scripturæ sensum, ut multa alia, nostratium Calixto, verbi gratiâ, Horneio, Chemnitio dudùm memorata, ex traditione duntaxat cognoscibilia taceamus. Sanè qui ex protestantibus post symbola Apostolorum et sancti Athanasii, quinque priora concilia œcumenica cum synodo Arausicanâ et Milevitanâ; consensum itidem primitivæ Ecclesiæ, si non plurium, quinque minimùm priorum sæculorum admittunt, pro theologiæ principio secundario, ità ut articuli fundamentales non aliter quàm illis sæculis unanimi doctorum consensu factum est, explicari debeant, de traditionibus cum Ecclesiâ Romanâ quod disputent, vix habebunt.

Tantùm de his, loco speciminis, ut appareat, quàm facilis futura sit multarum controversiarum per declarationes aut temperamenta inter partes conciliatio, dummodò neutra ex Ecclesiæ suæ sententiâ punctum faciat honoris, aut zelo, qui non est secundùm scientiam, obicem ponat conatibus tam piis.

Concilium.

Quòd si verò quæ supersunt per arbitros componi non poterunt, eatur ad concilium id quod :

1° Legitimè per summum Pontificem debet esse congregatum, et tam generale, quàm pro ratione temporis haberi poterit.

2° Dictum illud concilium non debet provocare ad decreta concilii Tridentini aut aliorum, in quibus protestantium dogmata sub anathemate sunt condemnata : sed nec

3° Congregari debet hoc concilium, nisi factis concordatis, et impletis omnibus quæ in hâc aut simili methodo fieri, impleri et concordari debere præsupponuntur, qualia sunt :

1° Acceptatio postulatorum per laudabilem summi Pontificis συγκατάβασιν, *condescendentiam*, in quâ consistit remotio sex obstaculorum maximi momenti, quibus hactenùs impedita est pax ecclesiasticâ ; et nisi dicto aut simili modo removeantur, eamdem impedient ad finem usque sæculi.

2°. Conventus ab Imperatore indicendus, ejusque felix catastrophe.

3° Receptio protestantium in gremium Ecclesiæ romano-catholicæ, non obstante residuo illorum dissensu circa communionem sub unâ specie, et quæstiones in futuro concilio determinabiles.

4° In dicto concilio secundùm canones agi debebunt omnia, et in specie nemini, nisi episcopo, ibidem suffragium ferre liceat. Ex quo patet ante celebrationem illius, statim post factam reuniónem præliminarem, opus esse, pro omnimodâ cum romanensibus uniformitate, et reconciliationis factæ assecuratione, ut Sua Sanctitas omnes et singulos protestantium superintendentes pro veris episcopis confirmet et agnoscat, qui unà cum Romanæ Ecclesiæ episcopis ad generale hoc concilium citari, et in eodem, non ut pars, sed unà cum romano-catholicis episcopis ut competentes judices sedere et liberum suffragium ferre debebunt.

5° Tale concilium pro fundamento et normâ habeat Scripturam sacram canonicam Veteris et novi Testamenti, consensumque veteris et priscæ Ecclesiæ ad minimum priorum quinque sæculorum, consensum etiam hodiernarum sedium patriarchalium, in quantum is pro temporum ratione haberi jam poterit.

6° In tali concilio disputare debebunt doctores, decisionem facere episcopi per pluralitatem votorum; ità tamen ut præ primis observetur præclarum sancti Augustini monitum, ex ejus libro contra *Epistolam Fundamenti*, cap. 1 : « Ex parte utrâque deponatur omnis arrogantia : nemo dicat se jam invenisse veritatem : sic illa quæratur, quasi nesciatur ab utrisque. Ita enim diligenter et concorditer quæri poterit, si nullâ temerariâ præsumptione inventa et cognita esse credatur. »

7° Finito concilio, post publicatos canones, utraque pars in factis decisionibus acquiescere teneatur : qui secùs faxit, pœnas luat canonibus definitas.

CONCLUSIO.

His præmissis, sequitur demonstratio theorematis initio positi.

Si summus Pontifex protestantibus sex sua postulata præliminariter largiri velit et possit :

Si in conventu imperatorio, primæ classis controversiæ, quæ in modum loquendi recidunt, terminabuntur :

Si in eodem conventu, quoad quæstiones secundæ classis, una ecclesia integra probabit illam sententiam quam alterius ecclesiæ pars amplectitur :

Si quæstiones tertiæ classis, vel adhibitis temperamentis per arbitros, vel per decisionem concilii generalis finem sortiri poterunt :

Sequitur reunionem protestantium cum Ecclesiâ romano-catholicâ, salvis utriusque partis principiis, hypothesibus et existimatione, esse possibilem.

Sed verum est prius per antè probata;

Ergò et posterius : quod erat demonstrandum.

« Deus autem pacis et solatii det nobis idipsum sapere in alterutrum secundùm Jesum Christum, ut unanimes uno ore honorificemus Deum et Patrem Domini nostri Jesu Christi [1]. »

« Idem per Spiritum suum sanctum sanctificet nos in veritate suâ. Sermo illius veritas est. Amen. »

Scriptum Hanov., mense Novembris et Decembris 1694.

[1] *Rom.*, xv.

PROJET DE RÉUNION

Composé en latin par M. MOLANUS, abbé de Lokkum, et traduit en françois par messire JACQUES-BÉNIGNE BOSSUET, évêque de Meaux, en l'abrégeant tant soit peu en quelques endroits, sans rien ôter d'essentiel, sous ce titre : PENSÉES PARTICULIÈRES *sur le moyen de réunir l'église protestante avec l'Eglise catholique romaine, proposées par un théologien sincèrement attaché à la* Confession d'Augsbourg, *sans préjudicier aux sentiments des autres, avec le consentement des supérieurs, et communiquées en particulier à M. l'évêque de Meaux, pour être examinées en la crainte de Dieu, à condition de n'être pas encore publiées.*

CHAPITRE PREMIER.

PROPOSITION.

La réunion de l'église protestante avec l'Eglise Romaine catholique, non-seulement est possible, mais encore recommandable, par son importance, à tous et à un chacun des chrétiens; en sorte que tout chrétien est obligé par le droit divin naturel et positif, expliqué dans les décrets de l'Empire, d'y contribuer en particulier tout ce qu'il pourra dans l'occasion.

CHAPITRE II.

EXPLICATION.

J'entends parler d'une réunion qui se fasse sans blesser la conscience, la réputation et les principes, ou la doctrine et les présuppositions de chacune des deux églises; en sorte que la vérité s'accorde avec la paix, conformément à cette parole de l'Ecriture : « Cherchez la paix et la vérité [1]. » On doit donc dans cet accord laisser un chacun suivre le mouvement de sa conscience, sans contraindre personne « à appeler la lumière ténèbres, ni les ténèbres lumière [2]; » mais avoir égard à la vérité dans toutes choses, et éloigner en toute manière ce qu'on croit être une erreur. Or

---

[1] *Zachar.*, VIII, 19. — [2] *Isa.*, V, 20.

cette profession de la vérité et cette reconnoissance de l'erreur se doivent faire de telle sorte, selon les règles de la prudence et la pratique des apôtres, qu'il n'en arrive aucun scandale, ni rien d'où s'ensuive le mépris de la religion, ou qui porte préjudice ou à la réputation, ou à l'autorité des prélats et des docteurs de l'Eglise; ce qui arriveroit, si l'un ou l'autre parti étoit obligé de révoquer ses prétendues erreurs, ou d'admettre dans cette méthode de réunion quelque chose qui soit contraire à ses présuppositions; et il ne faut pas seulement penser à cette pédantesque prétention de rétractation de prétendues erreurs, ni exiger comme convenu ce qui est nié par l'une des parties : tout devant se faire au contraire par voie d'explication, d'éclaircissement, d'adoucissement modéré; ou si cela ne se peut, ou universellement ou en partie, il faudra du moins suspendre de côté et d'autre les décisions, les condamnations mutuelles et les invectives, et tout renvoyer à un légitime concile ; d'où il s'ensuit qu'il sera utile, et en quelque sorte permis d'user de tolérance et de condescendance dans les erreurs qui ne renverseront point les fondemens de la foi, si l'on ne peut les ôter facilement et sans bruit; ce qui est aussi conforme à l'esprit des apôtres, qui encore qu'ils sussent bien que la doctrine des Juifs nouvellement convertis au christianisme touchant l'obligation de s'abstenir du sang et des choses suffoquées, étoit erronée, néanmoins comme ils prévoyoient que les Juifs ne fléchiroient jamais sur ce point, non-seulement ne voulurent pas expressément déclarer cette erreur; mais obligèrent encore les Gentils, par une loi portée dans le concile de Jérusalem[1], à se conformer aux Juifs, pour garder autant qu'on pourroit l'uniformité.

Il ne faut pas non plus exiger des parties qu'après avoir fait une réunion préliminaire dans les choses essentielles, une des parties soit obligée de souscrire incontinent aux opinions de l'autre; n'étant pas possible que le peuple, soit protestant, soit catholique, passe en un instant d'une extrémité à l'autre; et cela même n'étant pas nécessaire, puisqu'il paroît par l'histoire des Evangiles et des *Actes*, que Jésus-Christ et les apôtres ont introduit successivement leur doctrine, et non pas tout à la fois.

[1] *Act.*, xv, 29.

CHAPITRE III.

DEMANDES.

Pour arriver à la fin que nous nous sommes proposée, nous ferons seulement six demandes, que l'Eglise romaine, comme une bonne mère, peut accorder agréablement à ses anciens enfans.

PREMIÈRE DEMANDE.

Que le Pape reconnoisse pour membres de la vraie Eglise les protestans, qui se trouveront disposés à se soumettre à la hiérarchie ecclésiastique et à un concile légitime, sous les conditions qu'on exposera ci-dessous, encore qu'ils soient persuadés que la communion doit toujours, et à perpétuité, être célébrée par les leurs sous les deux espèces.

La raison de cette demande est premièrement, que les protestans sont invinciblement persuadés qu'ils ne peuvent communier autrement en bonne conscience ; la seconde, que nonobstant cette opinion des protestans, le Pape les peut recevoir à sa communion, sans blesser les sentimens et les présuppositions de son Eglise.

Que les protestans soient invinciblement persuadés qu'ils ne peuvent en conscience communier autrement que sous les deux espèces, cela paroît en ce que c'est une vérité constante, qu'encore que Jésus-Christ n'ait pas absolument commandé de communier, néanmoins supposé que l'on communie, il veut que l'on communie de cette sorte, parce qu'il veut que l'on reçoive la communion, ainsi qu'il l'a instituée : or il l'a instituée sous les deux espèces; il veut donc, si l'on communie, qu'on le fasse sous les deux espèces. Et de même que tout le monde n'est pas obligé de se marier, mais supposé que l'on contracte un mariage, on est obligé de le faire selon que Dieu l'a institué [1] : ainsi quoique Jésus-Christ n'ait pas expressément commandé de communier, néanmoins si l'on communie, on est

[1] *Gen.*, II, 24; *Matth.*, XIX, 4, 5.

obligé de le faire conformément à l'institution qu'il a faite de ce mystère.

Il y a plusieurs exemples semblables. On n'est pas obligé de faire testament ; mais supposé qu'on en fasse un, il le faut faire avec les solennités que la loi prescrit : on n'est pas obligé de prier toujours et à chaque moment ; mais supposé qu'on le fasse, il le faut faire avec l'attention requise. Ainsi sans se tenir obligés à la communion par un commandement exprès et formel, les protestans ont raison, supposé qu'ils communient, de croire qu'on ne le peut faire qu'aux termes de l'institution, et ils ne peuvent agir autrement sans renverser leurs principes et blesser leur conscience.

Mais il n'en est pas ainsi du Pape. Car le concile de Trente, dans la session XXI, ayant remis en son pouvoir d'accorder la communion sous les deux espèces, sans avoir besoin même d'un concile, il est clair qu'il ne fait rien contre ses principes et contre les présuppositions de son Eglise en l'accordant. C'est donc avec raison qu'on lui demande de le faire ; d'autant plus que la religion catholique en doit recevoir un grand avantage, et qu'on ne lui demande rien en cela que ce qui a déjà été accordé autrefois aux Bohémiens en cas pareil.

CHAPITRE IV.

SECONDE DEMANDE.

Que le Pape ne presse pas les protestans à recevoir les messes qu'on nomme privées ou particulières et sans communians.

Ce n'est pas que les protestans tiennent ces messes pour absolument illicites, puisque même il est reçu parmi eux que les pasteurs, dans le cas de nécessité et quand il n'y a point d'assistans, se communient eux-mêmes.

Ils ne prétendent pas non plus, après l'union préliminaire, empêcher les leurs d'assister à de telles messes célébrées par les catholiques. Ainsi, ce qui les oblige à faire cette demande, c'est premièrement, que hors les cas de nécessité, il faut célébrer l'Eucharistie comme Jésus-Christ l'a instituée et qu'elle est décrite dans l'Evangile ; en sorte qu'outre le prêtre, il y ait encore quelqu'un à qui on la donne. Secondement, à cause que les messes privées attirent beaucoup d'abus, dont la nation germanique et plusieurs catholiques romains se sont plaints. Troisièmement, à cause qu'il ne reste dans la plupart des églises protestantes aucun vestige des fondations de ces messes, ni de ce qui est nécessaire pour les célébrer.

CHAPITRE V.

TROISIÈME DEMANDE.

Que le Pape laisse en son entier aux églises protestantes leur doctrine touchant la justification du pécheur devant Dieu, puisque ces églises enseignent que les adultes, c'est-à-dire, ceux qui ont l'âge de discrétion, pour recevoir la rémission de leurs péchés, les doivent connoître, en avoir de la douleur, s'appuyer non sur leurs mérites, mais sur la seule mort et les mérites de Jésus-Christ, pour obtenir le pardon de leurs péchés et le salut éternel, et ensuite ne pécher plus, mais s'appliquer à la sainteté et aux bonnes œuvres, « puisque sans la sainteté personne ne verra Dieu [1]. »

Le reste c'est à savoir si la justification est, comme le veulent les catholiques, l'infusion de la grace justifiante ou, comme le disent les protestans, une simple non-imputation des péchés en vue des mérites de Jésus-Christ, n'étant que dispute de mots, ainsi qu'il a été reconnu d'un côté par les protestans, et surtout par ceux d'Helmstad, et de l'autre par les catholiques, comme par les deux Walembourg et par le Père Denis capucin, dans son livre intitulé : *Via pacis, la Voie de la paix*, cette question se peut terminer par la seule exposition des termes, sans qu'il soit besoin de disputer davantage de part et d'autre.

[1] *Hebr.*, XII, 14.

CHAPITRE VI.

QUATRIÈME DEMANDE.

Que le Pape reconnoisse pour légitimes les mariages contractés et à contracter par les pasteurs protestans, puisqu'il le peut faire sans préjudice de la doctrine de son Eglise; tout le monde étant d'accord que le célibat des prêtres n'est qu'une institution ecclésiastique que l'Eglise peut abroger, et le concile de Florence ayant même permis aux prêtres grecs d'être mariés.

CHAPITRE VII.

CINQUIÈME DEMANDE.

Que le Pape veuille confirmer et ratifier, d'une manière que les deux partis puissent accepter, les ordinations faites jusqu'ici par les protestans; car pour celles qui se feront par les évêques selon le rit romain, après l'union préliminaire, il n'y a nulle difficulté. Mais il faut que les autres, qui sont déjà faites parmi les protestans, soient ratifiées, non pour l'amour d'eux, puisqu'ils n'en révoquent point en doute la validité; mais pour l'amour des catholiques romains, qui recevront les sacremens de la main des ministres protestans après l'union préliminaire, parce qu'autrement, ils seroient toujours dans la crainte; ce qui fait voir que cet article doit être déterminé d'abord, et n'est pas de nature à être renvoyé au concile.

CHAPITRE VIII.

SIXIÈME DEMANDE.

Que sur la jouissance des biens d'Eglise, et le droit que les princes, comtes et autres Etats de l'Empire y ont, ou prétendent y avoir par la transaction de Passau et le traité de paix de Westphalie, le Pape transige avec eux d'une manière qui les rende favorables au saint et salutaire projet de cette réunion. Que le Pape puisse ces choses, et encore de bien plus grandes, les concordats entre l'Eglise romaine et la gallicane le font voir, aussi bien que le sentiment commun des docteurs de Sorbonne, et entre autres de M. Dupin.

Que si le Pape daigne accorder ces choses aux protestans, ceux qui seront de notre avis accorderont de leur part ces trois choses à Sa Sainteté.

CHAPITRE IX.

Première chose accordée au Pape.

De le reconnoître pour le premier de tous les évêques, et en ordre et en dignité par le droit ecclésiastique, pour souverain patriarche, et en particulier pour le patriarche d'Occident, et de lui rendre dans le spirituel toute l'obéissance qui lui est due.

CHAPITRE X.

Seconde chose accordée au Pape.

De tenir pour Frères tous les catholiques romains, nonobstant la communion sous une espèce et les autres articles, jusqu'à la décision d'un légitime concile.

CHAPITRE XI.

Troisième chose accordée au Pape.

Que les prêtres seront soumis aux évêques, les évêques aux archevêques et ainsi du reste, selon l'ordre de la hiérarchie de l'Eglise catholique. Je prouve qu'on peut, sans blesser sa conscience, tenir pour Frères les catholiques, encore qu'ils ne communient que sous une espèce, et que les protestans croient que les deux sont commandées par Jésus-Christ : premièrement, parce que l'erreur des catholiques sur ce point paroît jusqu'ici invincible et involontaire, et que les erreurs de cette sorte ne damnent point : secondement, parce qu'en tout cas, quand le Pape ne pourroit pas introduire cette communion en Espagne, en Portugal et en Italie, le précepte de la charité, qui est le plus important et le plus essentiel de tous, du commun accord de tous les chrétiens, doit prévaloir sur le précepte de la communion sous les deux espèces, qui est moins important, par la même règle qui fait que le précepte de tirer son frère d'un péril extrême, qui est plus essentiel, doit prévaloir le cas arrivant à celui de l'observation du sabbat ou dimanche, qui est de moindre importance; et la raison de tout cela est ce principe certain, que dans le concours de deux préceptes divins, si l'observance de l'un en un certain cas est incompatible avec celle de l'autre, il suffit d'observer celui qui est le plus excellent et le plus nécessaire.

CHAPITRE XII.

Manière d'agir.

Quand on sera sincèrement et secrètement d'accord de ces choses, l'Empereur sollicitera les électeurs, princes et autres États de l'Empire, tant catholiques que protestans, d'envoyer leurs députés à une assemblée, où l'on conférera de la réunion : bien entendu qu'ils n'y enverront que des personnes qui soient d'accord de ce que dessus.

Dans cette assemblée ou dans ce colloque, en présupposant ces demandes préliminaires, on examinera les autres controverses, dont on n'est point du tout, ou dont on n'est pas tout à fait d'accord, et il paroîtra qu'elles se réduisent à trois choses ou à trois ordres.

CHAPITRE XIII.

Premier ordre, ou première classe des controverses.

Elle comprend celles qui consistent dans des équivoques, ou dans des disputes de mots.

PREMIER EXEMPLE.

Si le sacrement de l'autel est un sacrifice. En ce point la dispute ne consiste pas à savoir si l'Eucharistie peut être nommée *sacrifice* ; car tout le monde en est d'accord; mais si c'est un sacrifice proprement appelé ainsi. Or cette question se réduit aux termes, puisque les protestans aussi bien que le cardinal Bellarmin, selon la phrase de l'Ancien Testament prennent le sacrifice proprement dit dans l'occision d'un animal ou d'une substance animée, en l'honneur de Dieu et par son commandement : auquel sens l'Eglise romaine bien persuadée, aussi bien que la protestante, que Jésus-Christ ne meurt plus et ne répand point de nouveau son sang, ne prétend pas que l'Eucharistie soit un sacrifice. Elle veut donc seulement qu'elle soit un sacrifice proprement dit, par opposition aux autres sacrifices, qui sont nommés tels encore plus improprement, comme à celui des lèvres et de la prière, ou à cause que le même sacrifice offert pour nous et le même sang répandu pour nous à la croix, nous est donné très réellement dans l'Eucharistie pour y être pris, non-seulement par la foi, mais encore par la bouche du corps; auquel sens les protestans peuvent accorder que l'Eucharistie est un sacrifice proprement dit; ce qui montre plus clair que le jour que ce n'est ici qu'une dispute de mots, puisque les parties demeurent d'accord que Jésus-Christ ne meurt pas dans l'Eucharistie, que la manière réelle dont il y est présent et mangé, en mémoire et avec représentation du sacrifice une fois offert à la croix, et en ce sens irréitérable, peut être appelé un sacrifice proprement ou improprement dit, selon la diverse acception de ces termes. C'est ce que dit expressément Matthieu Gallien, auteur catholique, dans son Catéchisme, *Catéch.*, XIII, pag. 422, J'ajouterai que saint Cyprien et saint Cyrille appellent l'Eucharistie un « très-véritable et très-singulier sacrifice, « plein de Dieu, très-vénérable, très-redoutable, très-sacré et très-saint[1]. » On pourroit peut-être encore accorder que l'Eucharistie n'est pas seulement un sacrifice commémoratif, et en ce sens improprement appelé tel, selon la définition des protestans ; mais que c'est même une certaine oblation incompréhensible du corps de Jésus-Christ, immolé pour nous à la croix ; et en ce sens un vrai sacrifice, ou si l'on veut, proprement dit d'une certaine manière. Saint Grégoire de Nysse dit expressément « que Jésus-Christ, à la fois sacrificateur et victime, s'est offert pour nous comme une hostie, s'est immolé comme une victime, lorsqu'il nous a donné sa chair et son sang, parce que comme on ne mange point une victime animée, il falloit que son corps et son

[1] Cyril., *Catech.*, XXIII ; Cypr., epist. LXIII.

sang, qu'il donnoit à manger et à boire, fussent immolés auparavant d'une manière secrète et invisible[1]. » Et saint Irénée : « L'oblation de l'Eglise, que Jésus-Christ lui a enseignée, est tenue pour un sacrifice très-pur et très-agréable à Dieu. On fait des oblations dans le Nouveau Testament comme dans l'Ancien, et il n'y a que la forme qui en est changée, parce que l'une de ces oblations est offerte par le peuple esclave, et l'autre par le peuple libre[2]. » Saint Augustin : « Pour tout sacrifice et pour toute oblation, » c'est-à-dire, au lieu de celles l'Ancien Testament, « dans le Nouveau on offre le corps de Jésus-Christ, et on le donne à ceux qui y participent[3]. » Le second concile de Nicée : « Jésus-Christ ni les apôtres n'ont jamais dit que le sacrifice non sanglant fût une image; mais ils ont dit que c'étoit le propre corps et le propre sang[4]. » Nicolas Cabasilas (l'un des plus doctes théologiens de l'Eglise grecque), écrit dans l'*Exposition de la Liturgie* : « Ce n'est point ici la figure d'un sacrifice et l'image du sang, c'est vraiment une immolation et un sacrifice[5]. »

CHAPITRE XIV.

SECOND EXEMPLE.

On dispute entre les catholiques, si l'intention du ministre est requise dans le sacrement; et l'on est d'accord sur ce point, que l'intention habituelle, qui ne consiste que dans une certaine disposition du corps, qui peut être dans ceux qui dorment, ne suffit pas, que l'actuelle n'est pas nécessaire, que la virtuelle suffit, et qu'il n'est pas requis pour la validité du sacrement, que le ministre ait intention d'en conférer le fruit. Becan convient de toutes ces choses; et cela étant, il paroît qu'il n'y a ici de dispute que dans les mots.

---

[1] Orat. I, *De Resurr. Christi.* — [2] Lib. IV, cap. XXXIV. — [3] *De Civit. Dei*, lib. XVII, cap. XX. — [4] *Act.* VI. — [5] Cap. XXXII.

CHAPITRE XV.

TROISIÈME EXEMPLE.

On demande s'il y a sept sacremens ou deux seulement. Ce n'est là qu'une dispute de mots ; car si l'on appelle *sacrement* tout ce qui est institué pour l'honneur de Dieu, selon saint Augustin, il y en a bien plus de sept : si l'on prend ce mot de *sacrement* d'une manière un peu plus étroite, on ne doute point que ces cinq autres sacremens (que reconnoît l'Eglise romaine) ne puissent recevoir ce nom. Ainsi toute la question consiste à savoir si ces sacremens sont sacremens de la même sorte que le baptême et l'Eucharistie ; ou pour parler plus clairement, si tout ce qui est essentiel au baptême et à l'Eucharistie, a lieu dans le sacrement de mariage, de l'ordre, de l'extrême-onction, etc. Or certainement il y faut trois choses : premièrement, la parole de l'institution ; secondement, une promesse de la grace justifiante ; troisièmement, un signe externe, un élément ou, comme on l'appelle, une matière ; ce que les catholiques ne disent pas, par exemple, qui puisse convenir au mariage, puisque, ni il n'est institué par Jésus-Christ dans le Nouveau Testament, mais dès l'origine du monde, ni il n'a aucun élément ou matière, ni aucune promesse de grace qui lui ait été annexée.

CHAPITRE XVI.

QUATRIÈME EXEMPLE.

Si les péchés sont vraiment ôtés par la justification. Question aisée à résoudre par l'explication des termes. Car les péchés sont ou actuels, comme un vol, un homicide ; ou habituels, comme le péché originel, et ses habitudes vicieuses ; et il faut regarder dans tous les deux, ou la matière ou la forme.

Quand on demande si le péché est ôté, ou dans les péchés actuels ou dans les péchés habituels, ou l'on parle du matériel ou du formel du péché. Le matériel du péché actuel est ou l'acte même qui passe, et qui par conséquent n'est point ôté par la justification, ou le rapport de l'acte avec celui qui le commet, ce qui ne peut non plus être ôté, puisque de là, il s'ensuivroit que la justification pourroit opérer que le pécheur n'eût point péché, que celui qui auroit fait un vol ne l'eût point fait ; ce qui ne se peut.

Quant au péché habituel, le matériel est la pente au mal, qui est affoiblie, mortifiée, subjuguée, en sorte que le péché ne domine plus ; mais non pas ôtée tout à fait, tant que nous sommes dans ce corps mortel. Et cet affoiblissement de l'habitude du péché, est l'effet de la régénération et de la sanctification, et non pas de la justification. Les catholiques accordent tout cela aux protestans.

Reste donc à considérer le formel du péché, c'est-à-dire ce qui fait qu'on est coupable et qu'on mérite la peine ; et sur cela les protestans accordent aussi aux catholiques que cela est vraiment et totalement ôté par la rémission, par le pardon, par la non-imputation, qui est ce qu'ils appellent *justification*. Et quand quelques-uns d'eux enseignent que le péché n'est point ôté par la justification, ils l'entendent du péché originel, et en particulier de la convoitise, laquelle demeure dans les baptisés quant à son matériel seulement, mais non pas quant à son formel ; c'est-à-dire quant à la coulpe et au mérite de la peine, parce que l'inclination habituelle au mal demeure toujours dans l'homme, mais elle n'y domine pas.

CHAPITRE XVII.

CINQUIÈME EXEMPLE.

Si la foi seule justifie. On sait le tumulte qu'a excité cette proposition insérée par Luther dans le texte de l'Ecriture ; quoiqu'elle ne soit pas véritable, à la prendre proprement, et que la chose puisse être expliquée par d'autres propositions de l'Ecriture, et très-reçues dans l'Eglise. Car, à proprement parler, c'est Dieu et non pas la foi qui justifie. Lorsque Dieu nous justifie, il n'y a qu'une cause, ou le motif intérieur, qui le pousse à nous accorder ce bienfait, et c'est sa grace et sa miséricorde ; il n'y a non plus qu'un motif extérieur principal, qui est le seul mérite de Jésus-Christ; ni qu'un seul motif extérieur moins principal, qui est la foi. Et quand on dit que la foi seule est ce motif principal, c'est sans exclure les autres motifs qui portent Dieu à nous justifier; c'est-à-dire sa grace, sa bonté et le mérite de Jésus-Christ. Au surplus cette foi, qui justifie seule, n'est pourtant pas seule ou solitaire dans le cœur quand elle nous justifie, puisque la foi qui nous justifie n'est pas la foi morte, destituée de la charité et du bon propos. En disant donc que la foi justifie seule, on veut dire que ni l'espérance, ni la charité, ni quelque bonne œuvre que ce soit, ne sont pas ce qui nous justifie immédiatement; mais que c'est la foi qui croit que Jésus-Christ a satisfait pour nos péchés, avec la confiance que nous avons d'en obtenir la rémission par ses mérites, laquelle foi n'est pas morte, mais vive et efficace par la charité.

CHAPITRE XVIII.

SIXIÈME EXEMPLE.

Si l'on peut être assuré de sa justification ou de sa persévérance. Les catholiques romains ne le nieront pas, si la question est bien expliquée. On ne doute point que nous ne soyons justifiés par la foi. Or celui qui croit, sait qu'il croit: il est donc absolument assuré de sa foi et par conséquent de son salut. Cependant personne n'enseigne parmi nous que l'on soit autant assuré de sa persévérance et de son salut, que de sa justification. Car nous sommes absolument assurés de celle-ci, et de l'autre seulement sous condition, c'est-à-dire si l'on se sert des moyens que la foi prescrit pour persévérer, et si l'on continue à demander cette grace jusqu'à la fin de sa vie, sous laquelle condition l'on est aussi assuré de son salut. Martin Eisengrinius, docteur catholique, enseigne « que ce ne fut jamais le sentiment du concile de Trente, que le chrétien ne puisse en aucun temps être assuré de son salut et de sa justification [1]. »

[1] Lib Germ., cui titul.: *Modesta et pro statu temporis necess. declaratio*, v. Act. fidei, edit. Ingolst., 1568.

CHAPITRE XIX.

SEPTIÈME EXEMPLE.

Sur la possibilité d'accomplir la loi et le Décalogue. Ce n'est encore qu'une question de nom. Dieu a fait deux pactes avec l'homme : selon le pacte de la loi, il oblige les premiers hommes, faits à l'image de Dieu, d'accomplir le Décalogue, jusqu'à s'abstenir de toute concupiscence et de tous les mouvemens qu'on appelle *primo-primi*, qui portent au mal. Mais par le pacte de l'Evangile et après la chute, l'homme ne pouvant plus accomplir la loi en cette rigueur, Dieu ne l'oblige qu'à croire d'une foi vive en Jésus-Christ, et à s'abstenir des péchés mortels et des péchés contre sa conscience. Pour ce qui regarde les péchés véniels, ou la concupiscence dans l'acte premier, ou les autres mauvais mouvemens indélibérés, Dieu promet à l'homme régénéré de ne les lui imputer pas, pourvu que tous les jours il en demande pardon, etc. Selon cette distinction, personne ne pouvant plus accomplir la loi dans cette rigueur, après la chute de l'homme, nul aussi n'y est obligé, parce qu'on seroit obligé à l'impossible, ce qui ne peut être. Mais tout homme régénéré est obligé d'accomplir la loi et le Décalogue, selon que Dieu l'exige de lui par le pacte de l'Evangile ; ce qu'il peut aussi accomplir avec les secours de la grâce, en faisant tous ses efforts pour cela. Cette doctrine est conforme à celle du Père Denis, capucin, qui assure que « c'est aussi le sentiment de saint Thomas et du concile de Trente, puisqu'il anathématise celui qui dit que l'homme peut éviter tous les péchés véniels sans privilége spécial ; ce qui suffit aux protestans [1]. »

CHAPITRE XX.

HUITIÈME EXEMPLE.

Si les premiers mouvemens, la concupiscense en acte premier et les autres péchés qu'on appelle *véniels*, sont contraires à la loi de Dieu. Le même Père Denis a concilié ce différend, en

---

[1] *Via pacis*, p. 377 ; S. Thom., I-II, quæst. XIX, art. 8.

disant « que selon quelques catholiques, les péchés véniels ne sont pas absolument contre la loi, à cause qu'ils ne sont point contre toute son étendue, en tant qu'ils n'obligent pas sous peine de perdre la grace ; mais qu'ils sont néanmoins contre la loi, en tant qu'on est obligé de les éviter, qui est la seconde étendue de la loi, et en tant qu'il faudroit tout faire par le pur amour de Dieu, qui est la troisième étendue de la loi. Au premier sens, l'homme peut vivre sans transgresser la loi : dans le second et dans le troisième, il ne le peut pas sans une grace spéciale ; mais il lui suffit d'accomplir la loi au premier sens : ce qui étant incontestable dans la chose, il seroit contre la raison, comme dit Gerson, de disputer des mots (¹). »

CHAPITRE XXI.

NEUVIÈME EXEMPLE.

On demande si les bonnes œuvres des justes sont parfaites en elles-mêmes, et pures de tout péché. On répond par la distinction précédente, que les bonnes œuvres sont imparfaites par rapport à la perfection du pacte légal, qui ne peut plus être accompli après la chute de l'homme ; et ceux qui concluent de là que les protestans regardent les bonnes œuvres comme n'étant que péché et iniquité, doivent savoir qu'ils rejettent cette proposition, encore peut-être que quelques-uns des leurs, pensant mieux qu'ils ne parloient, l'aient dit ainsi.

CHAPITRE XXII.

DIXIÈME EXEMPLE.

Si les bonnes œuvres des régénérés sont agréables à Dieu. On peut proposer cette question en deux manières : la première, si ces bonnes œuvres plaisent à Dieu en elles-mêmes ; la seconde, si elles lui plaisent dans toutes leurs circonstances. Au premier sens, on répond à la question que les bonnes œuvres plaisent à Dieu, non pas purement et simplement, parce qu'elles ne sont

[1] *Via pacis*, p. 379.

pas purement et simplement bonnes, et au contraire qu'elles ont leur imperfection ; mais qu'elles lui plaisent, en tant qu'elles sont conformes à la loi de Dieu. Au second sens on répond, qu'encore que ces bonnes œuvres aient des imperfections, qui ne peuvent plaire à Dieu, toutefois parce qu'elles viennent de Jésus-Christ par la foi, et que ceux qui les font sont en Jésus-Christ, en sorte qu'il n'y a point pour eux de condamnation, elles plaisent à Dieu purement et simplement, à cause que Dieu pardonne ces imperfections pour l'amour de Jésus-Christ appréhendé par la foi.

On produiroit aisément plusieurs exemples de cette sorte ; mais c'est assez de cet essai pour juger des autres ; et l'on n'a besoin de concile, ni universel ni provincial, pour terminer ces sortes de difficultés, la conciliation s'en pouvant faire par un petit nombre de docteurs non préoccupés, dans l'assemblée dont on a parlé, par la seule intelligence des termes.

CHAPITRE XXIII.

Second ordre ou seconde classe des controverses.

Nous rangerons dans cette classe les questions qui sont sur les choses, et non sur les mots ; mais en telle sorte que l'affirmative et la négative sont tolérées dans l'une des deux églises. En tel cas, il faut préférer, pour le bien de la paix, le sentiment qu'une église entière approuve unanimement, à celui que les uns approuvent et les autres rejettent dans l'autre église.

CHAPITRE XXIV.

PREMIER EXEMPLE.

Toute l'Eglise romaine approuve la prière pour les morts ; une partie de l'église protestante fondée sur l'*Apologie de la Confession d'Augsbourg*, l'approuve aussi. En effet une partie prie pour les morts. Il faut donc prier les protestans dans cette assemblée de se ranger tous au sentiment qui est déjà approuvé par une partie de leur corps, comme il l'est dans tout le corps de l'Eglise romaine.

CHAPITRE XXV.

SECOND EXEMPLE.

Une partie de l'Eglise romaine approuve la conception immaculée de la sainte Vierge, et l'autre l'improuve. Toute l'église protestante la rejette. Il faut donc prier les catholiques d'entrer dans ce dernier sentiment, pour le bien de la paix.

CHAPITRE XXVI.

TROISIÈME EXEMPLE.

Sur le mérite des bonnes œuvres, il y a deux opinions célèbres dans l'Eglise romaine. Scot enseigne que les œuvres des régénérés ne sont point méritoires par elles-mêmes, mais par l'acceptation et la disposition de Dieu, qui les destine à la récompense. Vasquez et ses sectateurs disent au contraire que les bonnes œuvres des justes, sans avoir besoin d'aucun pacte ou acceptation de Dieu, méritent la vie éternelle par un mérite de condignité; et qu'encore qu'il y ait une promesse, elle ne fait rien au mérite. Pour accommoder cette affaire, il faut prier les catholiques romains d'embrasser la doctrine de Scot, qui dans le fond est la même que celle des protestans. Car ils nient dans les bonnes œuvres un mérite de condignité, et ne font point de difficulté d'y reconnoître avec les saints Pères un mérite dans un sens plus étendu et impropre, tel qu'est celui qu'on acquiert par une pure libéralité et rémission gratuite. Au reste Vasquez demeure d'accord que la doctrine de Scot convient dans le fond avec celle des protestans, et le Père Denis, capucin, a remarqué, « que les protestans demeurent d'accord que les bonnes œuvres des justes méritent véritablement les secours de la grace actuelle, et l'augmentation de la grace habituelle, et des degrés de la gloire : qu'on peut concevoir quelque confiance par les bonnes œuvres [1]. » Il

[1] *Via pacis*, p. 328 et seq.

ajoute « qu'on peut soutenir que le premier degré de gloire ne tombe pas sous le mérite, et que les bonnes œuvres ne sont pas méritoires de soi avec une exacte condignité et de droit étroit. » Les Wallembourg enseignent la même doctrine, et ne reconnoissent « de mérite que dans un sens plus étendu et pour l'augmentation, mais non pas dans le premier degré de gloire, sans qu'il y ait dans les bonnes œuvres une condignité proprement dite, ni une entière proportion avec la gloire éternelle, quoiqu'elle leur soit promise par miséricorde et qu'elles l'obtiennent vraiment et proprement. »

CHAPITRE XXVII.

QUATRIÈME EXEMPLE.

Toute l'Eglise romaine enseigne que les bonnes œuvres sont nécessaires au salut. Quelques protestans en conviennent, les autres le nient. Ceux qui le nient ont quelque crainte de trop donner aux bonnes œuvres dans la justification : ceux qui l'accordent entendent que les bonnes œuvres sont nécessaires comme présentes, et non pas comme opérantes la vie éternelle, et qu'elles ne sont ni la cause proprement dite, ni l'instrument du salut, mais seulement une condition sans laquelle on ne le peut obtenir, selon ce que dit saint Paul : « Sans sainteté, » c'est-à-dire, sans les bonnes œuvres, « on ne verra jamais Dieu[1] : » d'où il faut conclure qu'elles sont en quelque façon nécessaires pour le salut. Tout cela donne lieu au Père Denis de dire que les protestans sont d'accord dans le fond avec les catholiques[2].

CHAPITRE XXVIII.

CINQUIÈME EXEMPLE.

Toute l'église protestante a aversion de l'adoration de l'hostie, de peur de tomber, non pas à la vérité dans une idolâtrie formelle, mais dans une idolâtrie matérielle. Dans l'Eglise romaine, quelques-uns enseignent que, dans l'Eucharistie, l'adoration se ter-

---

[1] *Hebr.*, XII, 14. — [2] *Via pacis*, p. 321.

mine à Jésus-Christ présent, et d'autres qu'elle se termine à l'hostie présente. Il faudra donc prier les catholiques de convenir, dans cette assemblée qui sera convoquée par l'Empereur, que l'adoration se termine à Jésus-Christ présent.

CHAPITRE XXIX.

SIXIÈME EXEMPLE.

Toute l'Eglise romaine rejette le dogme de l'ubiquité : quelques protestans approuvent cette partie de sa doctrine. Il faudra donc prier les protestans de convenir sur ce point avec toute l'Eglise romaine, et un grand nombre des leurs.

SEPTIÈME EXEMPLE.

L'Eglise protestante ne veut pas qu'on l'oblige à recevoir la *Vulgate* : plusieurs catholiques romains sont de même avis, et adoucissent par une bénigne interprétation le canon du concile de Trente, qui la reconnoît pour authentique, en disant que le dessein du concile n'a pas été de la préférer à l'original hébreu, mais seulement aux autres versions latines : au reste qu'il a voulu définir qu'il n'y a dans la *Vulgate* aucune erreur contre la foi et les bonnes mœurs, et non pas que la version en soit toujours exacte, encore moins qu'on ne doive plus avoir aucun égard à l'original. Que si tous les catholiques conviennent de cette doctrine, la dispute sur la *Vulgate* sera entièrement terminée.

CHAPITRE XXX.

Troisième ordre ou troisième classe des controverses.

A cette classe se doivent rapporter les controverses qui ne peuvent être terminées par l'explication des termes ambigus ou équivoques, ni par la condescendance marquée dans la deuxième classe, puisqu'il s'agit dans celle-ci d'opinions directement opposées les unes aux autres. Telles sont les questions :

De l'invocation des Saints ;

Du culte des images et des reliques ;

De la transsubstantiation ;
De la permanence du sacrement de l'Eucharistie hors de l'usage ;
Du purgatoire ;
De l'exposition de l'hostie dans les processions ou autrement ;
De l'énumération des péchés dans la confession auriculaire ;
Du nombre des livres canoniques ;
De la perfection de l'Ecriture et des traditions non écrites ;
Du juge des controverses ;
De la messe en langue latine ;
De la primauté du Pape de droit divin ;
Des notes de l'Eglise, ou des marques par lesquelles on la peut connoître ;
Des jeûnes ecclésiastiques, tant du Carême que des autres temps ;
Des vœux monastiques ;
De la lecture de l'Ecriture en langue vulgaire ;
Des Indulgences ;
De la différence des évêques et des prêtres de droit divin ;
Du concile de Trente et de ses anathèmes, dont l'examen doit être renvoyé, à l'exemple du concile de Bâle et autres, jusqu'à la décision réitérée du concile œcuménique, sans préjudice des points accordés par l'union préliminaire.

CHAPITRE XXXI.

De quelle manière on peut traiter ces articles.

La détermination de ces articles et autres, qu'on peut laisser indécis sans de grands inconvéniens, doit être commise, ou à l'arbitrage de gens doctes et modérés, choisis de part et d'autre, comme on l'a souvent pratiqué très-utilement depuis le commencement de la réformation, ou doit être renvoyée à un concile.

Quant à la conciliation amiable, je ne doute en aucune sorte qu'on n'y puisse parvenir par le moyen des arbitres ; et nous en pouvons faire l'épreuve sur les articles suivans, qui sont sans difficulté les plus importans ; à savoir, sur les dogmes du purgatoire, de l'invocation des Saints, du culte des images, des vœux monastiques, des traditions, ou de la parole de Dieu non écrite, de la transsubstantiation, de la primauté du Pape, en tant que cette juridiction lui appartient de droit divin, et de son infaillibilité. Je dis donc que tous ces articles se peuvent concilier : par exemple,

CHAPITRE XXXII.

De la Transsubstantiation.

Cette question est peu importante par rapport aux protestans, qui en admettant la présence réelle du corps de Jésus-Christ, ne se mettent pas beaucoup en peine de la manière. Luther même a tenu cette erreur pour peu importante; et pourvu qu'on ôte le péril de l'adoration matérielle, il la met au rang des questions sophistiques et inutiles. Au fond, les protestans demeurent d'accord que la consécration des élémens y opère quelque changement accidentel : que le pain, sans pourtant être changé dans sa substance, de vulgaire devient un pain sacré, un pain qui est dans l'usage la communion au corps de Jésus-Christ. Drejerus, professeur de Konigsberg, auteur protestant, admet ici en un certain sens un changement substantiel. Je ne me rends point garant de cette doctrine; mais je ne croirai rien dire qui soit opposé à l'analogie de la foi, en supposant que par les paroles de l'institution il se fait dans la sainte Cène, ou dans la consécration, un certain changement mystérieux, par lequel est vérifiée d'une manière impénétrable cette proposition si usitée dans les Pères : « Le pain est le corps de Jésus-Christ. » Il faut donc prier les catholiques que, sans entrer dans la question de la manière dont se fait le changement du pain et du vin dans l'Eucharistie, ils se contentent de dire avec nous que cette manière est incompréhensible et inexplicable; telle toutefois, que par un secret et admirable changement du pain se fait le corps de Jésus-Christ; et il faut aussi prier les protestans, à qui cela pourroit paroître nouveau, de ne se point faire un scrupule de dire, à l'exemple des premiers réformateurs, que « le pain est le corps de Jésus-Christ, et le vin son sang, » puisque ces propositions ont été autrefois si universelles, qu'à peine se trouvera-t-il quelqu'un des anciens qui ne s'en soit servi.

CHAPITRE XXXIII.

De l'Invocation des Saints.

Si les catholiques romains disent publiquement qu'ils n'ont point une autre sorte de confiance aux Saints qu'aux vivans, dont ils demandent les prières : qu'en quelques termes que soient conçues les prières qu'on leur adresse, elles doivent toujours être entendues par manière d'intercession; par exemple, que lorsqu'on dit : « Sainte Marie, délivrez-moi à l'heure de la mort, » le sens est : « Sainte Marie, priez pour moi votre Fils, qu'à l'heure de la mort il me délivre : » si, dis-je, les catholiques s'expliquent ainsi, tout le péril que les protestans trouvent dans ces prières cessera. Il faudra encore ajouter que l'invocation des Saints n'est pas absolument commandée, mais laissée libre aux particuliers par le concile de Trente; et qu'on ne doit pas toujours prier les Saints, mais particulièrement, lorsque dans la crainte de la colère de Dieu on n'ose lever les yeux vers lui, ni s'y adresser directement : qu'au reste la prière adressée à Dieu est de toute autre efficace que celle qu'on adresse aux Saints après leur mort, et que la prière la plus parfaite est celle qui s'élève et s'attache plus intimement aux seuls attributs divins.

La chose étant expliquée ainsi, je ne vois pas qu'on puisse désirer beaucoup davantage, si ce n'est peut-être que, n'étant pas bien certain que les Saints sachent en particulier tous nos besoins, ce seroit peut-être le mieux de prier ainsi : « Sainte Marie, si vous connoissez mes besoins, priez pour moi. » Je m'en rapporte aux autres, et pour moi, je suspens mon jugement. Nous souhaitons au reste qu'on abolisse ces manières plus dures d'invoquer les Saints, qu'on trouve dans le *Psautier de la sainte Vierge*, dans les *Neuvaines de saint Antoine* et autres de cette nature, qui déplaisent aux catholiques modérés aussi bien qu'à nous; mais il doit suffire aux protestans que ces formules soient expliquées par manière d'intercession, au même sens qu'il faudroit entendre la prière d'un criminel, qui demandant sa délivrance au ministre de quelque prince, manifestement ne voudroit dire autre chose, sinon qu'il intercédât pour la lui obtenir du prince même.

CHAPITRE XXXIV.

Du Culte des images.

On conviendra facilement de cet article, en retranchant les excès que les catholiques modérés n'approuvent pas. Il est bien certain qu'il n'y a aucune vertu dans les images ; et ainsi qu'on ne peut ni les adorer ni faire sa prière devant elles, qu'à cause qu'elles sont un moyen visible pour exciter en nous le souvenir de Jésus-Christ et des choses célestes. Que si l'on veut adorer ou invoquer Dieu devant une image, il se faut mettre dans la même disposition où étoient les Israélites devant le serpent d'airain, en le regardant avec respect ; mais en dirigeant leur foi, non au serpent, mais à Dieu. Il faut au reste retrancher les cérémonies qui donnent occasion, non aux gens instruits, mais au peuple, de concevoir quelque vertu dans les images, et de s'y attacher d'une manière qui ressente l'idolâtrie.

CHAPITRE XXXV.

Du Purgatoire.

Je ne vois pas ce que les protestans pourront dire sur cette matière dans l'assemblée. Pour moi, je ne m'opposerois pas à ceux qui tiendroient ce dogme pour problématique, comme a fait saint Augustin.

CHAPITRE XXXVI.

De la primauté du Pape de droit divin.

On a vu qu'on pourroit reconnoître une primauté selon les canons. Si le Pape est chef de l'Eglise de droit divin, et s'il est infaillible, ou dans le concile, ou hors du concile, ce sont des questions plus difficiles. Si M. Dupin, docteur de Sorbonne, pouvoit aussi facilement faire approuver sa doctrine hors de la France, comme elle est bien reçue des protestans, je dirois que cette affaire est accommodée, et que les protestans sont d'accord en tout avec l'Eglise gallicane.

CHAPITRE XXXVII.

Des Vœux monastiques.

Il sera facile de s'accommoder avec les protestans sur l'état monastique et les vœux qu'on y fait, puisqu'il y a parmi eux des couvents, où l'on récite les *Heures canoniques* et le *Bréviaire*, par exemple de l'ordre de Citeaux, à la réserve des Collectes et Oraisons qui sont adressées aux Saints : on y garde les jeûnes et les abstinences, le célibat, l'hospitalité, la règle de Saint-Benoît, et les autres choses qui ressentent l'institution primitive. Le vœu d'obéissance ne peut être blâmé de personne : celui de pauvreté est une chose indifférente : il n'y a que le vœu de chasteté dont on puisse disputer, parce qu'on ne peut pas vouer ce qui est impossible. On pouroit néanmoins s'y obliger, comme on fait dans quelques couvents protestans, non par vœu, mais par serment, en jurant de la garder tant qu'on sera membre de ce monastère, d'où l'on sortiroit quand on voudroit.

CHAPITRE XXXVIII.

Des traditions, ou de la parole non écrite.

Que de procès sur cette matière ! On pourra facilement les accommoder, en disant que la question entre nous et les catholiques n'est pas, s'il y a des traditions, mais s'il y a des articles nécessaires à salut qui ne soient point dans l'Ecriture, ou qui ne s'en puissent pas tirer par de bonnes conséquences. C'est ce dernier que les protestans nient; mais ce qu'il y a parmi eux de gens modérés demeurent d'accord que nous devons à la tradition, non-seulement l'Ecriture, mais encore son sens véritable et orthodoxe dans les articles fondamentaux; pour ne point parler des autres choses que Calixte, Horneius et Chemnicius ont avoué, il y a long temps, qu'on ne peut connoître que par ce moyen. Certainement ceux des protestans qui reçoivent après le Symbole des apôtres et celui de saint Athanase, les cinq premiers conciles généraux, avec les conciles d'Orange et de Milève, avec le consentement du moins des cinq premiers siècles, pour second principe de théologie ; en sorte que les articles fondamentaux ne puissent être expliqués autrement qu'ils ne l'ont été par le consentement unanime des docteurs, n'auront guère de quoi disputer avec l'Eglise romaine.

On voit par cet essai combien il sera facile de terminer beaucoup de controverses par des déclarations ou des tempéramens, pourvu que de part et d'autre on ne se fasse pas un point d'honneur de soutenir son sentiment, ou qu'on ne s'oppose pas à un dessein si pieux par un zèle qui ne seroit pas selon la science.

CHAPITRE XXXIX.

Le Concile.

Que s'il reste encore des articles qu'on ne puisse pas concilier, il faudra en venir au concile, lequel

Premièrement, sera assemblé par le Pape, aussi général que le temps le pourra permettre.

Secondement, ce concile ne s'en rapportera pas aux décrets du concile de Trente, ou de ceux où les dogmes des protestans auront été condamnés.

Troisièmement, on n'assemblera ce concile qu'après avoir accompli ces trois conditions : la première est l'accomplissement de ce qui a été proposé dans cette méthode, ou le sera dans quelque autre de même nature ; comme, par exemple, l'acceptation de nos six demandes par la louable condescendance du souverain Pontife, sans quoi l'on n'ôtera jamais les obstacles qui jusqu'ici ont empêché la réunion et l'empêcheront éternellement, si l'on n'y pourvoit par cette méthode ou quelque autre semblable : la seconde est la tenue de l'assemblée convoquée par l'Empereur et son heureux succès : la troisième est la réception des protestans dans l'unité de l'Eglise romaine, nonobstant le reste de leurs dissensions sur la communion sous les deux espèces, et les questions qui seront terminées dans le concile.

Quatrièmement, on agira dans ce concile selon les canons, et en particulier nul n'y aura voix que les évêques; ce qui fait voir qu'avant la célébration du concile et incontinent après la réunion préliminaire, il faudroit, pour affermir cette union, que le Pape reconnût les Surintendans pour vrais évêques, afin d'être ensuite appelés au concile général, non point comme parties, mais comme juges compétens, et y avoir droit de suffrage avec les évêques catholiques romains.

Cinquièmement, un tel concile aura pour fondement et pour règle la sainte Ecriture et le consentement unanime du moins des cinq premiers siècles, et encore le consentement des siècles patriarcaux d'aujourd'hui, autant qu'il sera possible.

Sixièmement, les docteurs disputeront dans ce concile, et les évêques résoudront à la pluralité des voix; en sorte qu'on se souvienne avant toute chose de cet avertissement de saint Augustin : « Qu'on dépose de part et d'autre toute arrogance : que personne ne dise qu'il a trouvé la vérité, mais qu'on la cherche, comme si les uns ni les autres ne la connoissoient point encore. Car on la pourra chercher avec soin et avec concorde, si l'on ne croit pas avec une téméraire présomption qu'on l'a trouvée et cherchée [1]. »

Septièmement, après la fin du concile et la publication de ses canons, les deux parties seront tenues d'acquiescer à la décision sous les peines portées par les canons.

CHAPITRE XL.

CONCLUSION.

Ces choses ainsi établies, il est aisé de faire la démonstration de la proposition avancée, en cette sorte :

Si le Pape peut et veut accorder aux protestans leurs six demandes préliminaires; si dans l'assemblée convoquée par l'Empereur on termine les controverses de la première classe, qui

[1] *Contr. Ep. fund.*, cap. I.

consistent dans l'ambiguité des mots; si dans la même assemblée on termine les questions de la seconde classe, en préférant ce qui sera tenu par une église entière et par une partie de l'autre, à ce qui ne sera tenu que par une partie de l'une ou de l'autre; si en ce qui regarde les questions de la troisième classe, on prend des tempéramens et qu'on les renvoie pour être réglées au concile général, il s'ensuit que la réunion des deux églises se fera sans préjudice de leurs principes, de leurs présuppositions et de leur réputation;

Or le premier est possible, comme il appert par tout ce que dessus;

Donc l'autre l'est aussi; qui est tout ce que l'on avoit à démontrer.

Dieu veuille nous inspirer cette parfaite concorde dont parle saint Paul (aux *Romains*, xv), et nous sanctifier en vérité. *Amen.*

Ecrit à Hanovre aux mois de novembre et décembre de l'an 1691.

DE SCRIPTO CUI TITULUS :

COGITATIONES PRIVATÆ

De methodo reunionis Ecclesiæ protestantium cum Ecclesiâ romano-catholicâ, à theologo Augustanæ Confessionis ad Jacobum Benignum episcopum Meldensem.

EJUSDEM EPISCOPI MELDENSIS

SENTENTIA.

Favere jubemur pacem annuntiantibus; neque tantùm confectâ re, verùm etiam inchoatâ lætari nos oportet, et gratulari iis qui quæ sunt pacis cogitant. Itaque perlibenti animo legi amplissimi doctissimique viri scriptum de conciliandâ pace. Quanquàm enim, ut candidè mentem aperiam, proposita ratio ineundæ pacis nondùm eò deducta est, ut ad optatum finem statim pervenire posse sperandum sit; haud tamen inanis operæ fuerit complanasse vias, multos eosque longè gravissimos conciliasse articulos, exasperatos animos mitigasse.

Quamobrem si conditiones oblatas, quo quidem loco sunt, haud successuras putem, non ideò alienus esse videar à pacis consiliis. Conducit ad pacem semel decernere quid factu possibile, quid non; ut studiosi pacis, falsis omissis, ad vera media convertantur. Nec si ego incommoda conticescam, ideò sublata putanda sint: nihilò enim seciùs, et causæ visceribus inhærebunt, et ab aliis facilè retegentur. Quare præstabilius est certis limitibus designare quousquè provehi posse videatur catholicæ partis et romani Pontificis condescensus. Est enim quædam linea, quam transilire, prisca et adhuc inconcussa decreta non sinunt. Hìc si gradum figimus, non proptereà conciliationis deposita spes est: imò verò, quod spem exsuperabat omnem, cum viro amplissimo, quantùm in ipso est, transactam rem fere putamus, si *privatæ Cogitationes* vertantur in publicas. Quod ut luculentiùs demonstretur, duo sum præstiturus: primum, ut ad quamcumque scripti partem dem notas difficultatum indices; alterum, ut quid ulteriùs fieri et expectari possit, ipse continuâ oratione prosequar. Pudet prolixitatis; atque omninò decuisset hæc qualiacumque in pauca contrahere, cum eo agentem, cui apprimè erudito res indicari tantùm, non etiam explicari oportebat. Tantâ tamen in re, malim nimius quàm obscurus aut indiligens videri. Utcumquè est, sermonis redundantiam vir optimus pacis studio condonabit. Det autem Deus pacem pacis amatoribus.

PARS PRIMA.

VIRI AMPLISSIMI THEOREMA : EJUS EXPLICATIO.

De theoremate nulla, de explicatione tota est difficultas. Theorematis duæ partes : *Reunionem protestantium cum Romanâ Eccle-*

I.
Theorema viri amplis-

simi ejusque explicatio : exempla duo ex apostolis.

sid esse possibilem. Hàc de re nemo dubitat. Quis enim nesciat, non solùm inter singulos homines, verùm etiam inter ecclesias, quâvis causâ ruptam, redintegrari posse concordiam? Hujus sanè rei exempla dabimus, cùm eum in locum nostra oratio deducetur. Altera pars theorematis æquè certa : *Ejus reunionis tot ac tanta esse et spiritualia et temporalia commoda, ut omnes et singuli christiani jure divino, naturali, positivo, datâ occasione, symbolam suam conferre teneantur*. Ergò de possibili deque utili, imò et necessario in hâc quæstione constat. De conditionibus, quæ explicatione traduntur, tota controversia est. Ea enim conjunctio proponitur, quæ fiat, *salvis utriusque Ecclesiæ principiis et hypothesibus ;* hoc est salvâ utriusque partis doctrinâ et fide : *ac suspensis decisionibus ;* grandis difficultas ! De controversiis ad concilium remittendis, qualeque et quantæ auctoritatis futurum sit illud concilium, alia difficultas. De erroribus non fundamentalibus, quique illi sint et quatenùs dissimulari ac tolerari possint, alia item difficultas longè gravissima. Neque difficultate caret hùc allatum apostolorum exemplum de interdicto esu sanguinis. Neque enim error erat abstinere à sanguine, sed res per se indifferens, ab ipso diluvio jussa Noachidis, atque ad cædium inspiranda odia utilissima, quam proindè apostoli non modò tolerarunt, verùm etiam ad tempus indicendam putarunt, quod profectò non facerent, si inesset error. Alioquin errorem non modò tolerassent, sed etiam approbassent. Neque minor difficultas de alio exemplo repetito ab apostolorum usu : nempè quòd doctrinas suas non simul et semel, sed successivè introduxerint. Certum enim est in catechizandis rudibus necdùm christianis, non omnia omnibus statim propalanda, ac nequidem ea quæ ad fundamentum fidei pertinent, sed in his ut in aliis ad infirmorum captum doctrinam esse temperandam, quod semper factum est ergà catechumenos. Ut autem edito dogmate factoque decreto, res tamen fidelibus adhuc sub dubio relinquatur, nedùm apostoli suo exemplo docuerint, contrà post editum ac pronuntiatum illud : « Visum est Spiritui sancto et nobis, » nihil aliud per civitates traditum præceptumque voluerunt, quàm ut custodirentur dogmata sive decreta quæ Jerosolymis, auctore sancto Spiritu, constituta essent, ut ex *Actibus* patet[1]; quas quidem difficultates quomodò vir doctus expediat, nunc erit pertractandum.

SUMMA SCRIPTI.

Hoc erudito ac pacifico scripto duo aguntur : primum ut fiat *prœliminaris* quædam *unio* certis postulatis et conditionibus; alterum, ut perfecta fiat conjunctio per concilium celebrandum : quæ cujusmodi sint ordine perpendemus; ac primum

DE SEX POSTULATIS.

Postulata ea esse debent, viro amplissimo annuente, quæ integrâ fide, *salvisque principiis atque hypothesibus*, concedantur. Reverà enim iniquissimum postulatum esset, si alter litigantium peteret ab altero, ut ante initam concordiam jure se cecidisse fateretur. Hoc posito, jam singula postulata perpendamus.

Primum postulatum.

Ut Pontifex Romanus protestantes pro veris Ecclesiæ membris habeat, non obstante quòd persuasi sint communionem sub utrâque specie semper et in perpetuum à suis esse celebrandam. Apponitur sanè conditio ut id eis largiatur, *qui certis conditionibus, infrà fusiùs exponendis, parati sunt se submittere hierarchiæ ecclesiasticæ ac legitimo concilio.* Primùm ergò perpendendæ sunt conditiones illæ, æquæne an iniquæ sint, cùm ex iis ipsa ratio postulati pendeat; quâ de re dicendum, ubi ad eas conditiones sermo devenerit : anteà respondere præposterum esset.

Interim tamen quæri potest an summus Pontifex *salvis hypothesibus* id possit concedere. Non posse autem liquet, quandiù protestantes « persuasi erunt communionem sub utrâque specie semper et in perpetuum à suis esse celebrandam, » tanquàm jussam à Domino, atque adeò absolutè necessariam : id enim agit vir doctus. Quod quidem si summus Pontifex concederet, et Ecclesiam cui præest ipse damnaret, et protestantes in errorem in-

[1] *Act.*, xv, 41; xvi, 4.

duceret, ut statim dicetur. Illud ergò salvis hypothesibus facere non potest.

Multis quidem agit vir amplissimus atque eruditissimus, ut res institutæ si fiant, eo modo fiant quo sunt institutæ, ipsaque institutio *quoad specificationem actûs* pro præcepto habeatur ; quod quidem est certissimum ; atque omninò fatemur in celebrandâ cœnâ institutioni Christi derogari non posse. Sed quæstio remanet, quid ad substantiam institutionis pertineat, quid sit accidentale sive accessorium. Exempla hujus rei virum eruditum non latent. Talem enim esse constat in baptismo mersionem ab ipso Christo in Jordane usurpatam, in ipsâ institutione expressam, atque ipso *baptismi*, quod mersionem sonat, nomine commendatam : in Eucharistiâ autem, cœnam ad vesperam, tùm communicantium in communi cœnâ sessionem, eorumque ex uno pane eoque confracto esum, ex uno calice omnibus distributo potum, mutuæ confœderationis testem. Unum est exemplum à clarissimo viro subministratum neque hîc prætermittendum, de licitè participandâ cœnâ à ministris absque communicantibus, etiamsi aliter à Christo institutum celebratumque sit, ut ad secundum postulatum videre erit. Interim illud certum, multa eaque longè maxima ab ipso Christo in instituendis celebrandisque sacramentis facta, quæ non pertineant ad institutionis substantiam, cujus generis esse ambas species, cùm catholici asserant, non possunt concedere, *salvis hypothesibus*, ut pro necessariis atque ad substantialia pertinentibus concedantur.

Sanè in confesso est à concilio Tridentino [1] potestati Pontificis relictam de concedendo calicis usu quæstionem : ac Bohemis quidem, quorum exemplum affert eruditus auctor, à synodo Basileensi nonnisi certis conditionibus concessus est, de quibus infrà dicetur, qui si absolutè nullâque conditione concederetur, quo statu nunc res sunt, Ecclesia communicantes in errorem induceret, tanquàm anteactis sæculis Eucharistia pravo maloque ritu et contra institutum Christi administrata esset. Concessa etiam est Eucharistia post Tridentinum concilium à Pio IV, Austriensibus ac Bavaris ad normam synodi Basileensis ; neque videtur unquàm

---
[1] Sess. XXI, can. 4.

Pontifex ab his exemplis destiturus, ne criminandæ Ecclesiæ atque infirmandæ fidei det locum. Quare postulatum istud, ut quidem nunc se habet, pace eruditi auctoris dixerim, haud concedi potest *salvis hypothesibus,* quod probandum susceperat.

Secundum postulatum.

Ne Pontifex Missas privatas, sive sine cummunicantibus, ecclesiis protestantium obtrudat. Præposterum postulatum; profectò enim nihil obtrudet Pontifex protestantium ecclesiis, nisi anteà secum coaluerint : quod an fieri possit *salvis hypothesibus* sequentia demonstrabunt. Interim notetur illud, de cœnâ privatim à ministris capiendâ, etiam in protestantium ecclesiis approbatum et usurpatum; quod quanti momenti sit, suo dicemus loco. Notetur et hoc, quòd *post unionem prœliminarem factam,* ante compositas, ante decisas de fide controversias, lutherani suos prohibituri non sint quominùs privatis illis catholicorum Missis intersint, quâ de re mox dicemus.

V.
De Missis privatis.

Tertium postulatum.

Istud postulatum, quia vel maximè ad christianæ doctrinæ rationem, atque, ut aiunt, substantiam pertinet, paulò fusiùs persequi oportebit. Sic autem habet : *Ut de justificatione peccatoris doctrina protestantium intacta illibataque relinquatur.* Pace summi viri dixerim : mirum uno postulato transigi tantam rem! At enim pridem constitit de verbis litigari? De hoc mox viderimus ; interim ut nunc se habet *Augustana Confessio,* quinque omninò sunt, quæ *salvis hypothesibus* tolerari nequeant. Primum, illa certitudo de justificatione, si quidem absoluta sit, qualem esse volunt *Augustanæ Confessionis* professores, gravi offendiculo erit fidelibus, datâ securitate ab omni metu tutâ, quæ in superbiam se efferat : quin ipsi lutherani (quâ voce ad compendium utimur, neque ipsi refugiunt) toto animo abhorrent à salutis certitudine quam calvinistæ obtrudunt, ne quis infletur; cùm in justificatione idem sit periculum et æqua utriusque conditio.

VI.
Lutheranæ justificationis incommoda quinque : an pro intactis illibatisque relinqui possint. Primum, de absoluta certitudine.

Alterum incommodum lutheranæ justificationis, est quòd Pau-

VII.
Alterum

incommodum: de bonorum operum. proposito à justificatione secluso; quæque inde consequantur.

lus quidem laudet eam fidem « quæ per charitatem operetur; » hoc est procul dubio, assentiente viro docto (eo loco ubi agit de solà fide), fidem efficacem, vivam, *nec bonorum operum proposito destitutam :* Lutherus autem et *Confessio Augustana* et *Apologia* eam fidem prædicant, quæ sola, prout etiam à charitate distinguitur, peccatorem justificet[1]. Clara quidem sunt verba *Apologiæ* dicentis : « Impossibile est diligere Deum, nisi priùs fide apprehendatur remissio peccatorum, » etc. Quare justificatio ab omni charitatis motu, bonorumque operum proposito absoluta atque independens est : quod etiam clarè sequitur ex ejusdem *Apologiæ* aliorumque decretis; cùm Dei dilectio, ipsis consentientibus, procul omni dubio pertineat ad sanctificationem quæ justificationem præsupponat. Ex quo illud effectum est, ut à lutheranis unanimi consensu in conventu Wormatiensi, auctore Melanchthone, decretum sit, « bona opera non esse necessaria ad salutem[2]. » Quam sanè sententiam *Confessioni Augustanæ* atque *Apologiæ* congruentem, cùm lutheranorum pars maxima retineat, absque gravi Evangelii bonorumque operum injuriâ pro illæsâ illibatâque habere non possumus. Hùc accedunt gravissimæ de bonorum operum meritis ac mercede quæstiones, quæ cùm ad hunc justificationis locum pertineant, neque ut conciliatæ, sed ut conciliandæ ab erudito auctore posteà proponantur, nunc in antecessum pro transactis, imò pro illæsis illibatisque haberi præposterum est, postulatumque istud alium in locum remittendum.

VIII. Tertium incommodum: lutheranâ justificatione non tolli peccata.

Tertium incommodum : hâc quidem justificatione non tolli peccata. Neque enim peccata tolluntur, nisi peccator tam verè justus fiat, quàm verè anteà peccator fuit, dicente Paulo : « Et hæc quidam fuistis[3], » non estis; et iterùm : « Sicut per inobedientiam unius hominis peccatores constituti sunt multi, ita et per unius obedionem, justi constituentur multi[4]. » Undè Augustinus pelagianis Ecclesiæ imputantibus, ejus quidem sententiâ, in baptismo « peccata non auferri, sed radi, » respondit : «Quis

[1] Luther, *advers. execr. Antic., Bull.*, tom. II, edit. Wit., fol. 93, ad prop. VI, disp. 1535, prop. XVI, XVII; *Conf. August.*, art. 5, 20, cap. *de Bon. oper., Apolog.*, in lib. *Concord.*, cap. *de Justif.*, p. 66. — [2] Lib. I, epist. LXX. — [3] *I Cor.*, VI, 11. — [4] *Rom.*, V, 19.

hoc nisi infidelis affirmet[1]? » non sanè ita ut omne peccatum auferatur; sed ut quid quod est ad mortem cum justificatione stare non possit : alioquin à peccato non satis abhorrebimus, quippè cui nimis cum justificatione conveniat.

Quartum : utcumquè de possibili et metaphysicà, ut aiunt, abstractione, peccatorum remissio ab infusione gratiæ distingui possit, tamen Ecclesia catholica nunquàm probatura est, nec probare potest, priscis sæculis inauditum justificationis à sanctificatione discrimen. Nihil enim unquàm per illud *justificari*, intellexit quàm *justum fieri*, sive, ut ait Paulus[2], *constitui*, sicut nihil aliud per illud *sanctificari* quàm *sanctum fieri*. Quantumcumquè enim asserant justificationem naturà tantùm antecedere, haud minùs illud erit consectaneum, ut justificatio etiam pœnitentiam naturà antecedat. Est enim pœnitentia quoddam sanctificationis initium, atque ad regenerationem novi hominis pertinet. Si ergò justificatio sanctificationem ac regenerationem antecedit, profectò antecedet etiam pœnitentiam, consequeturque illud, ut priùs justificemur quàm nos peccati pœniteat; quod quale sit omnes vident.

IX. Quartum incommodum: quòd justificatione à sanctificatione secretà, sequitur ante pœnitentiam bonumque propositum justificari peccatorem.

Ejusdem generis est postremum incommodum. Nihil enim intolerabilius quàm certò et absolutè credi justificatos esse nos, cùm nemo certus esse possit fidei quidem certitudine, cui non possit subesse falsum, utrùm vero sinceroque animo agat pœnitentiam, an falsà pœnitentiæ imagine deludatur. Hæret enim semper penitùsque infixum est, fatente Luthero[3], illud φιλαυτίας animique sibi blandientis vitium, quod nec scire sinat verone bono, an boni specie ducamur; ex quo consequitur ut nec pœnitentia ad justificationem sit necessaria; alioquin de pœnitentià tam certos esse oporteret, quàm de justificatione certos esse volunt.

X Postremum incommodum : de pœnitentià incertos; tamen de justificatione certos esse.

Neque propstereà diffitemur articulum illum, quo quidem nunc res loco sunt, conciliatu facillimum. Quidquid enim inest asperum lutherani recentiores atque ipse vir doctus adeò emollierunt, ut omnis propemodùm ad nudas voculas redacta sit quæstio. Interim ut se habet et apud Lutherum et apud Melanchthonem

[1] *Contra duas Ep. Pelag.*, lib. I, cap. XIII, n. 26. — [2] *Rom.*, v, 19. — [3] Serm. *de Indulg.*, tom. I, p. 59, edit. Wit., disp. 1518, prop. 48, etc.

et in ipsâ *Confessione Augustanâ* ejusque *Apologiâ* atque libris, ut vocant, symbolicis, *salvis hypothesibus*, salvâ pietate, pace docti viri dixerim, tolerari nequit.

XI.
Potiùs agnoscenda esset à protestantibus doctrinæ catholicæ integritas : primùm de justificatione gratuitâ, deinde de bonorum operum meritis.

Æquiùs postulemus, ut ad nostram doctrinam *Confessionis Augustanæ* professores redeant. Quid enim vetat? An quòd existiment nostris meritis imputare nos justificationem nostram? Atqui Tridentina synodus, cum eâque omnes catholici profitentur, « ita nos gratis justificari, ut nihil eorum quæ justificationem præcedunt, sive fides, sive opera, ipsam justificationis gratiam promereri possit[1] : » an quòd post justificationem merita admittamus, sive ad augmentum gratiæ, sive ad ipsam gloriam, saltem quoad gradus? At et ipsi, attestante erudito auctore, ut infrà notabimus, admittunt, idque in ipsâ *Confessione Augustanâ;* nec si ea eraserunt in postremis editionibus, ideò tacenda nobis; atque omninò æquiùs postulemus, ut ad sua primordialia dogmata revertantur, quàm illi à nobis ut à nostris perpetuis intemeratisque decretis recedamus, dùm aliena *pro intactis illibatisque* relinquimus.

XII.
De necessariâ promissione, gratiâ, condonatione, acceptatione per Christum.

An fortè existimant bona opera à nobis sic haberi per se vitæ æternæ meritoria, ut promissione nullâ egeamus, condonatione nullâ, nullâ deniquè gratiâ? Atqui Ecclesia catholica in Tridentinâ synodo confitetur « proponendam esse vitam æternam, et tanquàm gratiam filiis Dei per Jesum Christum misericorditer promissam, et tanquàm mercedem ex ipsius Dei promissione bonis eorum operibus ac meritis reddendam[2]. » Condonationem verò semper esse necessariam, ac semper indigere nos ut dicamus : « Dimitte nobis debita nostra, » eadem synodus clamat[3]. Quomodò autem putemus nos non indigere gratiâ, cùm et ipsa merita dari per gratiam, ac dona Dei esse eadem synodus contestetur[4]? An fortè non egemus Dei acceptatione per Christum? cùm eadem synodus hæc doceat : « Nam qui à nobis tanquàm ex nobismetipsis nihil possumus, eo cooperante qui nos confortat omnia possumus. Ita non habet homo in quo glorietur, sed omnis gloriatio nostra in Christo est, in quo meremur, in quo satisfa-

---
[1] Sess. VI, cap. VIII. — [2] *Ibid.*, cap. XVI. — [3] *Ibid.*, cap. XI, can. 13. — [4] *Ibid.*, cap. XVI.

cimus, facientes fructus dignos pœnitentiæ, qui ex illo vim habent, ab illo offeruntur Patri, per illum acceptantur à Patre [1]. »

At enim non admittimus justificationem per fidem, qui eam non nisi per fidem atque in Christi nomine fieri confitemur? At fortè omittimus specialem illam fidem, hoc est consequendæ veniæ certam in Christo fiduciam? cùm synodus doceat « fideles in spem erigi, fidentes Deum sibi per Christum propitium fore [2]. » At illa fiducia certa non est; imò certa eatenùs ut de impetrandâ veniâ minimè dubitemus, si quidem exsequamur ea quæ Christus postulat. Per se enim ex parte Dei misericordia, ex parte autem Christi merita supereffluunt. At debet illa fiducia absolutè esse certa? Quidni ergò admittitis certam absolutè salutis consequendæ fidem? Cur calvinistas, eam admittentes, ut præfractæ superbiæ duces rejicitis? Fatemini ergò absque absolutâ certitudine veram et ex parte Dei certam nobis inesse posse fiduciam, quâ nos contenti sumus; neque ulteriùs tendimus, ne superbire ac præsumere potiùs, quàm confidere ac sperare videamur. Ecce sublatæ sunt difficultates omnes; neque id à nobis explicandum, sed jam perspicuè dictum explicitumque est. Æquiùs ergò à *Confessionis Augustanæ* professoribus postulemus ut ipsi ad nos veniant quàm ut ad se nos trahant, atque in antecessum tot ac tanta postulent quanta nec fœdere inito impetrare possent.

Quartum postulatum.

Ut protestantium pastoribus conjugium liberum relinquatur : constitutâ quidem fide, non anteà, certis conditionibus concedi potest, de quibus suo agetur loco.

Quintum postulatum.

Ut Pontifex ratas *habeat protestantium ordinationes modo utrinquè acceptabili*. Igitur de illo modo priùs convenire oportet, de quo toto scripto nihil legimus. Constat autem apud nos non esse in potestate Pontificis ut ratas habeat ordinationes à laicis factas; cujus generis esse ordinationes per totum Germaniæ tractum omnes catholici atque ipse Pontifex pro indubitato habet;

[1] Sess. XIV, cap. VIII. — [2] Sess. VI, cap. VI.

cùm constet ab origine non esse ab episcopis factas, sed ad summum à presbyteris, qui nullam ordinandi potestatem acceperant. Notum illud Hieronymi, quàm fieri poterat, faventis presbyteris, et tamen ab eorum muneribus excipientis ordinationem : *Exceptâ ordinatione,* inquit. Neque unquàm aliter factum, ex quo Ecclesia esse cœpit; et tamen ab erudito viro Ecclesia Romana fateri cogitur, ordinationes fieri posse à non episcopis, contra antiquam suam indubitatam fidem, omniumque ecclesiarum et sæculorum usum, nullo uspiùm exemplo; non ergò *salvis hypothesibus.* Nec minùs inauditum omnibus sæculis, ut catholici episcopi pro legitimis pastoribus agnoscant eos qui sibi peculiares cœtus fecerint à gremio veritatis abruptos, sibi liturgiam novam instituerint, quidquid voluerint eraserint, abrogarint, quidquid voluerint introduxerint, se deniquè ipsos pastores fecerint, nihil cooperantibus qui tùm pastorale munus gererent. Ac tametsi eò adduci possent ut etiam consentirent ordinari à nostris, de fide licèt dissentientes, haud minùs absonum videretur, totaque ea ordinatio utrinquè esset ludibrio. Æquiùs postulemus, ut ipsi lutherani omnia priùs restituant in eum quo ante secessionem erant, locum. Quòd si responderint *salvis hypothesibus* id fieri non posse, fateantur oportet haud magis congruere nostris *hypothesibus* id quod postulant. Quare et illa unio præliminaris, quà non modò lutherani, verùm etiam catholici à ministris lutheranis sacramenta accipere docerentur, ipsius Ecclesiæ fundamenta quateret, cùm pro sacrorum administris haberet laicos, eosque nec orthodoxos habitos, uti prædictum est.

Jam ut viro clarissimo hujus postulati sive impossibilitas, sive etiam iniquitas constet, uno verbo rogamus, an uti catholicos ministrorum protestantium, ita etiam protestantes catholicorum sacerdotum manu sacramenta recepturos proponat? Sanè vel postulatum est iniquissimum, vel æqua esse debet partis utriusque conditio. Ergò lutherani nostris peccata confitebuntur, ab iis satisfactionem, absolutionem, ab iis Confirmationem et Extremam Unctionem petent. Jam ergò ista omnia pro decisis habebuntur, neque ulteriore disceptatione opus erit, contra id quod à viro clarissimo toto scripto dictum est.

Sextum postulatum.

De pactis passaviensibus atque instrumentis pacis, ac salute animarum bonis temporalibus ecclesiasticis facilè anteponendâ concedi oportere, ac rem in Romani Pontificis potestate esse, atque ab eodem certis conditionibus ab ipso declarandis impetrari posse credimus. Ac de postulatis hactenùs. Nunc ad ea veniamus quæ à protestantibus conceduntur.

<small>xv. De bonis temporalibus ecclesiasticis.</small>

DE CONCESSIS A PROTESTANTIBUS.

Primum concessum.

Ut Romanus Pontifex pro supremo patriarchâ, seu primo totius Ecclesiæ episcopo habeatur, eique protestantes debitum in spiritalibus obsequium præstent. Quo loco unum rogo, quale ei *præstituri sint in spiritalibus obsequium*, à quo in ipsâ fidei causâ dissentiant? Ait quidem auctor *debitum obsequium præstituros;* sed quid sit illud debitum, apud nos quidem ipsa legitima et consensu mutuo constabilita praxis explicat; apud protestantes autem quid illud futurum sit ne ipsum quidem auctorem perspicuis verbis exponere posse putaverim, neque quidquam remanebit præter inane verbum.

<small>xvi. De agnoscendo primatu Romani Pontificis</small>

Hìc etiam longè gravior emergit difficultas de primatu Pontificis et Ecclesiæ Romanæ : an ei tribuatur ut Petri successori ac tenenti cathedram Petri apostolorum Principis, quod est in Ecclesiâ etiam orientali primisque œcumenicis conciliis pervulgatum. Quòd si protestantes iniquum putaverint, ad illud divinum jus à se toties oppugnatum recognoscendum adigi, quantò erit iniquius eò adigi Pontificem ut ad tantos clamores atque ad supprimendum longè antiquissimum ac maximè authenticum Sedis suæ privilegium ac titulum spontè conniveat, neque quidquam hiscat.

Secundum concessum.

Ut romano-catholici pro fratribus habeantur usque ad decisionem legitimi concilii non obstante communione sub unâ specie et aliis controversiis. Ita sanè habentur pro fratribus, ut statim

<small>xvii. De catholicis habendis pro fratri-</small>

bus et sta-
biliendo
ordine
hierarchi-
co.
declaretur eo loco haberi, quòd in re maximâ, licèt *non funda-*
mentali; nempè circa unam speciem, *involuntario atque insupe-*
rabili errore teneantur; quod quidem, pace summi viri dixerim, ad contumeliam potiùs quàm ad concessum spectet. De
conditione autem *legitimi concilii* dicemus, ubi perpendendum
veniet quale illud futurum sit legitimum concilium.

Tertium concessum.

Ut presbyteri episcopis, episcopi archiepiscopis secundùm re-
ceptam catholicæ Ecclesiæ hierarchiam subjecti maneant.

Quid hîc protestantes concedant catholicis non liquet. An ut
presbyteri catholici suis episcopis, episcopi catholici suis archiepiscopis ac primatibus atque omnes Romano Pontifici subsint?
Id quidem jam obtinemus, nullo cujusquam auxilio. An ergò
pollicentur, qui apud protestantes episcoporum ac presbyterorum
loco sint, Romano Pontifici dicto audientes fore? Id quidem fieri
nequit, nisi priùs de ipsâ fide constet, uti prædiximus. Ita protestantes à Romano Pontifice summa ferent, nihil ipsi largientur,
quod est iniquissimum.

Summa antedictorum.

His quidem postulatis et concessis, vir clarissimus petit ut Romanus Pontifex in suam primæque et apostolicæ atque antiquis-
simæ Sedis, totiusque adeò catholicæ Ecclesiæ communionem
admittat lutheranos, à suo cultu, tanquàm impio, idololatrico,
antichristiano abhorrentes; suamque doctrinam falsam, erroneam, impiam reputantes; neque vel latum unguem ab iis dogmatibus, quorum gratiâ secessionem fecerint, recedentes. Quo
operæ pretio? nempè ut spondeant se ei in spiritualibus parituros
à quo, uti prædiximus, de ipsâ fidei summâ dissentiant, nostros-
que habeant pro fratribus, quos totamque Ecclesiam nostram in
summis fidei capitibus, quale est communio sub unâ specie, insuperabili errore teneri profiteantur. Hoc quidem esset non modò
hypotheses aliquas, aut existimationem, sed etiam totam Ecclesiæ
Romanæ structuram, imò etiam ipsam christianæ sinceritatis ac
pietatis rationem formamque evertere.

Fortassis auctor dixerit per secundum postulatum permitti lutheranis, unione quidem præliminari factà, ut nostris sacris, etiam privatis intersint. At quo animo intererunt? An oblaturi nobiscum pariterque adoraturi consecratum Christi corpus et sanguinem, ac sincerè nostras frequentari Missas ut verum Dei cultum? Jam ergò sacrificium, idque pro mortuis, reliquiarumque atque imaginum cultum, Sanctorum invocationem, omnia deniquè nostra probaverint, quæ Missà contineri non est dubium.

Quò ergò concilia, conventus, instituti arbitri de controversiis? Transacta erunt omnia. An ita intererunt sacris, quæ vocant papisticis, ut corpore adsint, mente abscedant? Ludibrium, hypocrisis, sacrilegium. Jam ergò videat vir clarissimus quàm impossibilia, quàm nulla proponat, fateaturque invertendum agendi ordinem, uti suo loco fusiùs ostendemus. Et tamen cætera hujus scripti prosequamur.

DE MODO AGENDI.

Optimum factu totius Imperii conventum institui, qualis hîc proponitur, si priùs constiterit animos benè utrinquè affectos ad consilia pacis; quod nos docto viro aliisque præstantibus theologis cum Imperatore ac principibus agendum relinquimus.

<small>xviii. Ut conventus Imperii habeatur.</small>

DE TRIBUS CONTROVERSIARUM CLASSIBUS.

Hîc incipit necessaria quæstionum tractatio, eæque in triplicem classem accuratissimè distributæ : quà quidem in re confitemur multos eosque gravissimos articulos, si viro docto creditur, conciliatos videri ; sed non recto ordine. Sumamus, exempli gratiâ, Transsubstantiationis articulum quem omnium gravissimum à viro clarissimo perspicuè ac plenissimè conciliatum credimus. Vel eam conciliationem protestantes, sive eorum pars maxima admissuri sunt, vel non; si nulla spes, quid hîc agimus? Sin autem spes est fore ut admittatur, id quidem tentetur anteà ; sic enim conciliatio procedet faciliùs ; sin minùs, aliæ ex aliis difficultates orientur. Esto aliud exemplum de ubiquitate. Sanè vir clarissimus eam à christianis ecclesiis amovendam censet. Dent

<small>xix. Vir clarissimus conciliationes suas priùs approbet suis quàm nostris proponantur.</small>

igitur operam quibus id cordi est, ut partem lutheranorum longè maximam, eam scilicet in quâ *Concordiæ* liber obtinuit, ad suam sententiam adducant, ne Romanæ Ecclesiæ ab hâc labe usquequaquè puræ, tale quoque portentum, absit verbo injuria, tanquàm indecisum tolerandum proponatur. Ita de cæteris gravissimis articulis, quos viri doctissimi operâ egregiè et catholicè compositos putamus. Quod postquàm de universis præmonuimus, jam descendimus ad singulos.

PRIMA CLASSIS.

De controversiis quæ in æquivocatione seu diversâ terminorum acceptione consistunt, ejusque rei exemplis.

PRIMUM EXEMPLUM.

xx.
De Eucharistiæ sacrificio.
De re compositum ex auctoris mente, si reliqui protestantes consentiant.

Sitne Eucharistia sacrificium? Si cæteri protestantes cum viro docto consentiunt, rem transactam putamus.

ALIUD EXEMPLUM.

De intentione ad valorem sacramentorum.

xxi.
De intentione jam esse compositum.

Ea controversia non modò facilè componi potest, verùm etiam composita jam est; cùm sit communissima sententia inter catholicos, eam intentionem quæ sit necessaria ad valorem sacramenti, eâ in re consistere, ut minister velit actus externos ab Ecclesiâ præscriptos seriò peragere, neque quidquam facere quod contrariam intentionem prodat, quam intentionem nec ipse irritam facere quâcumque secretâ intentione possit. Testatur autem Pallavicinus cardinalis in *Historiâ concilii Tridentini* [1], et alii, sacrum concilium nihil quidquam voluisse definire amplius. Porrò de discrimine actualis, virtualis, habitualis intentionis ab erudito auctore comprobato, nulla controversia est.

[1] Lib. IX, cap. VI, n. 3, 4.

ALIUD EXEMPLUM.

De septem Sacramentis.

An quinque sacramenta, quæ præter baptismum et Eucharistiam Ecclesia Romana profitetur, sacramenta dici possint lato significatu, reverà levissima, seu potiùs nulla est quæstio. An sint sacra signa à Christo instituta cum promissione gratiæ justificantis, sive infundendæ primitùs, sive augendæ, gravissima est neque in ambiguo posita controversia. Facilè tamen componenda ex eruditi auctoris ac lutheranorum communibus decretis, ut infrà ostendetur [1].

XXII. Quæstionem istam non in ambiguo esse positam: singillatim de Matrimonio sancti Augustini locus.

Etsi autem matrimonium non est à Christo primitùs institutum, ab eo tamen instauratum et ad primam formam reductum esse constat, quod sufficit ut inter christiana sacramenta censeatur. Certè Augustinus non modò sacramentum vocat; sed etiam, quo magis sacramenti ratio inesse credatur, baptismo comparat, libro II, *de Nuptiis et concupisc.*, cap. x; de quâ re infrà copiosiùs disseremus [2]; nunc id tantùm agimus, an hæc quæstio in ambiguo sit posita.

ALIUD EXEMPLUM.

An Peccata verè tollantur.

Si protestantes cum erudito auctore consentiunt in remissione peccatorum reverà tolli reatum culpæ et pœnæ, quod est formale peccati, nulla, quantùm ad hoc caput, controversia relinquetur. Remanebit tantùm quæstio, meo sanè judicio facilè componenda, nondùm tamen composita, quid sit peccata tolli; quâ de re jam diximus, et iterùm dicemus loco commodiore [3].

XXIII. Quæstio, quid sit peccata tolli, et solâ fide justificari, facilè componenda.

ALIUD EXEMPLUM.

An sola fides justificet.

De Dei quidem misericordià, deque Christi merito nullum est dubium quin nos verè justificent.

[1] Inf., part. II, n. 82 et seq.— [2] Ibid., n. 85.— [3] Sup., n. 8; cap. I, n. 63.

Quòd autem fides justificet, non nuda, sive *sola aut solitaria ac benè operandi proposito destituta,* ubi lutherani cum amplissimo auctore consenserint, omninò catholicis satisfecerint.

ALIUD EXEMPLUM.

An aliquis possit esse certus de suâ justificatione et perseverantiâ ad salutem.

XXIV.
Non sumus de justificatione quàm de ipsâ salute certiores.

De utroque jam diximus ad postulatum tertium [1]. Quod vir eruditissimus dicit : « Qui credit et scit se credere, is potest absolutè esse certus de suâ fide et consequenter de salute, » ita interpretatur, « ut de salute certi simus duntaxat conditionaliter. » Non videmus autem quare necesse sit, ut de justificatione certiores simus. Imò quod iterùm atque iterùm pro rei gravitate inculcandum ducimus, hanc certitudinem maximè prohibent illi Scripturæ loci, queis constat pœnitentiam veramque conversionem debere præcedere, antequàm nobis peccata remittantur. « Pœnitemini enim et convertimini, ut deleantur peccata vestra [2]. » At de pœnitentiâ et conversione verâ, nec ipsi lutherani certos se esse confidunt, verenturque nobiscum, ne latente aliquo pravæ voluntatis affectu et actu, illa conversio figmentum esse possit animi sibi blandientis. Quâ igitur ratione de sincerâ pœnitentiâ dubitare coguntur, eâdem proffectò ratione de fide suâ dubitaverint, ut præfidentis animi, ipsi quoque Luthero exosa securitas ac superbia retundatur. Undè illud : « Credo, Domine, » apud Marcum, metu incredulitatis addito temperetur : « Adjuva incredulitatem meam [3]. » Quò etiam spectat illud : « Neque meipsum judico [4]; » et illud : « Vosmetipsos tentate, si estis in fide, ipsi vos probate [5]; » quæ ejus profectò sunt, cui de statu suo non liquet, eâ quidem certitudine cui non possit subesse falsum. Atque id viro docto facilè persuasum iri confido, ac per ipsum reliquis *Confessionis Augustanæ* defensoribus. Quod ad Martinum illum Eisengrinium spectat à conciliatore laudatum, neque nos virum novimus, neque ejus dicta probamus ut sonant.

Sup. n. 6, 13. — [2] *Act.*, III, 19. — [3] *Marc.*, IX, 23. — [4] I *Cor.*, IV, 3. — [5] II *Cor.*, XIII, 5.

ALIUD EXEMPLUM.

De possibilitate implendæ legis.

Si protestantes admittant quam eruditus auctor Patris Dionysii in suâ *Viâ pacis* laudat sententiam, nulla erit quæstio, nisi fortè de verbis; quod etiam evicisse me puto ex *Apologiâ Confessionis Augustanæ*[1], ut profectò eâ de re nulla sit difficultas. Scitum etiam illud egregii auctoris ad impossibile neminem obligari, atque à fidelibus impleri legem quantùm evangelico fœdere teneantur.

XXV. Patris Dionysii probatur sententia.

ALIUD EXEMPLUM.

De Concupiscentiâ, etc.

Placet eâ de re ejusdem Capucini hîc relatus locus, hoc tamen addito ad elucidationem; nempè concupiscentiam in actu primo, malam quidem esse per se ac vitiosam, non tamen includere formale peccatum; sed peccatum dici, quòd à peccato orta sit et ad peccatum inclinet, ut sæpè Augustinus; quod eruditi auctoris explicationibus congruit.

XXVI. Idem.

ALIUD EXEMPLUM.

An bona opera justorum in se perfectè bona, et ab omni labe peccati pura.

Aliud est opus perfectum esse, aliud à peccati labe purum. Ac de perfectione quidem, omnes consentiunt in hâc mortali vitâ nunquàm esse absolutam. Cæterùm dari actus ab omni peccati labe puros, divinâ aspirante gratiâ, et Tridentina synodus definivit [2], neque ullus catholicus inficiabitur, neque existimo æquiores protestantes ab eâ sententiâ dissensuros. Certum enim est in visitatione Saxonicâ hanc propositionem esse suppressam : *In omni opere peccamus*, quòd illa à christianis sensibus nimis abhorreret, nec immeritò; cùm enim, verbi gratiâ, dicebat Apostolus : « Quis ergò nos separabit à charitate Christi ? Tribulatio,

XXVII. De re, non de verbis quæstio, sed facilè componenda.

[1] *Hist. des Variat.*, liv. III, n. 30. — [2] Sess. VI, can. 25.

an angustia, an fames [1], etc, » aut illud : « Vivo ego, jam non ego, vivit verò in me Christus [2]; » iis in actibus aliisque christiano spiritu plenis, subesse aliquam peccati labem christianæ aures ferre non possent; idque non ad hominis, sed ad ipsius sancti Spiritùs intùs operantis contumeliam pertineret : nec satis est confiteri « bona justorum opera non esse meras iniquitates ac mera peccata, » quod per se esset absurdissimum, nisi simul fateare per Spiritum sanctum fieri à justis opera ab omni peccato pura, etsi nondùm charitate perfectâ; quâ de re existimamus nullam aut ferè nullam superesse quæstionem, ubi reliqui protestantes viri eruditissimi explicationibus assensum præstiterint.

ALIUD EXEMPLUM.

An renatorum opera Deo placeant.

XXVIII.
Idem quod de præcedenti.

Hùc redit distinctio articuli præcedentis. Si *imperfectiones* ita vir doctus intelligit, ut ad potiora et perfectiora semper enitamur, veramque perfectionem in futurâ vitâ expectemus, eo sensu in quovis actu bono imperfectionem agnoscimus : sin autem imperfectionem intelligat aliquam peccati labem, negamus. Placent ergò Deo bona opera justorum, quòd suo modo perfecta, hoc est, ab omni peccato pura esse possint : placent autem per Christum, quòd et ab ejus Spiritu in membra influente prodeant, et quòd, licet Sancti non in omni actu peccent, non tamen absolutè à peccato liberi, proindèque semper indigent condonatione per Christum, ut ex Tridentinâ synodo suprà retulimus [3], credimusque eam in rem protestantes omnes non contentiosos, facilè consensuros.

[1] *Rom.*, VIII, 35. — [2] *Galat.*, II, 20. — [3] Sup., n. 12.

SECUNDA CLASSIS.

Complectens quæstiones ita comparatas, ut in alterutrâ Ecclesiâ et affirmativa et negativa toleretur.

EXEMPLUM.

De orationibus pro mortuis.

Si pars protestantium eas probat, si cæteri assentiant, si cum erudito auctore fateantur id quod est verissimum, eas in *Apologiâ* comprobari, compositus est articulus ad catholicorum sententiam, ut infrà dicemus [1].

<small>xxix. Articulus iste compositus.</small>

ALIUD EXEMPLUM.

De immaculatâ Conceptione beatæ Virginis.

Non pars Ecclesiæ, sed tota Ecclesia Romana immaculatam beatæ Virginis conceptionem pro re indifferenti habet, neque ad fidem pertinente, quod sufficit.

<small>xxx. Nulla quæstio.</small>

ALIUD EXEMPLUM.

De merito bonorum operum.

Concilii Tridentini verba retulimus : « Quòd proponenda sit vita æterna, et tanquàm gratia per Christum misericorditer promissa, et tanquàm merces ex ipsius Dei promissione reddenda [2]. » Ubi notanda verba : *Ex ipsius promissione,* quæ profectò sufficiunt. Neque Vasquez aliud docet, atque etiamsi doceret, adversùs concilium audiendus non esset.

<small>xxxi. Articulus facilè componendus.</small>

Facile autem esset Vasquezianam, vero sensu intellectam, illæso Christi merito tueri sententiam; verùm id non hîc quæritur. « De scotistarum sententiâ, » pace summi viri, « ea cum communi protestantium opinione non coincidit, » cùm scotistæ admittant, factâ promissione et impletâ conditione, verum ac suo modo propriè dictum meritum, quod nunc plerique omnes protestantes ex *Con-*

---

[1] Inf., n. 40. — [2] Sup. n. 11, 12 ad tertium postul.

fessione Augustanâ erascrunt; quò si redeant, articulus compositus fuerit, ut posteà ostendemus [1].

ALIUD EXEMPLUM.

An bona opera ad salutem necessaria.

XXXII.
Articulus gravissimus : doctrina lutherana ad mentem viri docti necessariò corrigenda

Simpliciter est dicendum ea esse necessaria, ne vel eorum studium relanguescat, vel apertissimis Scripturæ verbis fides detrahatur, quod etiam vir clarissimus confitetur, contra quod à *Confessionis Augustanæ* professoribus auctore Melanchthone pronuntiatum vidimus [2]. Item confitendum est bona opera id esse propriè, quod Deus æternæ vitæ mercede remuneretur, cùm ubiquè inculcetur illud : « Reddet unicuique secundùm opera ejus [3]. » Sanè confitemur ea opera quæ vitæ æternæ remunerationem accipiant in fide fieri oportere; cùm scriptum sit : « Sine fide impossibile est placere Deo [4]; » quo etiam sensu dictum est id quod à viro clarissimo memoratur : « Sine sanctimoniâ, » hoc est, ipso viro clarissimo interprete, sine bonis operibus « nemo videbit Deum [5]. » Quod hîc lutherani distinguunt de necessitate efficientiæ, præsentiæ, causæ sive principalis, sive instrumentalis, conditionis sine quâ non, humana commenta sunt; neque quemquam compellimus ut tribuat operibus efficientiam physicam, aut ut ea instrumenta vocet consequendæ salutis, nec magis quàm ut ipsam fidem. Id volumus clarè et simpliciter fateantur, mercedem illam ubiquè promissam Sanctis verè dari operibus in fide et gratiâ factis, neque dari fidei sine ejusmodi operibus, quod virum clarissimum aliosque cordatos facilè concessuros putamus. Aliorum vitiligationes non sunt tolerandæ; quippe quæ eò spectent ut bonorum operum dignitas aut necessitas infringatur, eludaturque illud : « Venite, possidete, quia [6], etc.; » et illud : « Hoc fac et vives [7]; » et illud : « Momentaneum et leve tribulationis nostræ æternum gloriæ pondus operatur [8]. » et alia sexcenta prophetarum, apostolorum, Christi ipsius dicta.

[1] Infra, n. 66, 67. — [2] Sup. n. 7, ad 3 postul. — [3] *Matth.*, XVI, 27. — [4] *Hebr.*, XI, 6. — [5] *Ibid.*, XII, 14. — [6] *Matth.*, XXV, 34. — [7] *Luc.*, X, 28. — [8] II *Cor.*, IV, 17.

ALIUD EXEMPLUM.

De adoratione.

Fictitia est inter catholicos de Eucharistiæ adoratione dissensio. Omnes enim consentiunt et ipsa synodus Tridentina profitetur, ut posteà videbimus [1], *non nisi ad Christum præsentem terminari cultum;* neque adorari species, nisi merè per accidens, quemadmodùm adorato regò, per accidens quoque ea quà vestitur purpura adoratur. Habet ergo vir clarissimus id quod à catholicis postulat. At ille apud protestantes materialis idololatriæ metus, pace eorum dixerim, utcumquè intelligatur, imbecillis animi est, cùm cultum non solus ritus externus, sed ipsa ei conjuncta adorantis intentio ac directio faciant.

xxxiii. Concedunt catholici quod vir clarissimus postulat.

ALIUD EXEMPLUM.

De ubiquitate.

Aboleatur ergò quamprimùm, viro clarissimo approbante, illa omnibus catholicis et lutheranorum parti, Calixto scilicet et sequacibus atque Academiæ Juliæ exosa ubiquitas, licèt ab ipso Luthero, eodem Calixto teste, profecta, et à longè amplissimâ lutheranorum parte propugnata.

xxxiv. Ubiquitas æternùm aboleatur.

ALIUD EXEMPLUM.

De Vulgatæ auctoritate.

De Scripturæ textu ac versionibus deque Vulgatæ auctoritate, re benè intellectâ, ut profectò à viro clarissimo intelligitur, nullam existimamus inter æquos eruditosque viros futuram controversiam.

xxxvv. Articulus facilè componendus ad viri clarissimi mentem.

TERTIA CLASSIS,

In quâ recensentur novemdecim articuli, partim ab arbitris ex utrâque parte selectis conciliandi, partim ad futuram synodum

xxxvi. De anathematis-

---
[1] Inf., n. 78.

mis Concilii Tridentini in suspenso habendis, atque hujus rei exemplis conquirendis. remittendi. Horum ultimus de concilio Tridentino ejusque anathematismis, argumento et exemplo *Basileensis aliorumque conciliorum seponendis usque ad iteratam [concilii œcumenici decisionem,* longè erit difficillimus, ut infrà dicetur. Quæ hujus rei exempla vir amplissimus memorat infrà perpendemus [1], et si quæ hùc conferunt exempla quæremus, nihilque omittemus quod ad pacem conducere posse speremus.

Jam ad singula circa tertiam partem à clarissimo auctore proposita veniamus. Ac primùm de arbitris ex utrâque parte selectis. Credo virum doctissimum non eos velle arbitros, qui de fide summâ auctoritate decernant. Nihil autem æquius ac præstabilius quàm seligi arbitros hujus generis quos amicabiles competitores vocamus, summos theologos atque moderatos, qui res, ut aiunt, præparent atque inter se prospiciant quousque pars quæquè progredi possit, et, quàm fieri poterit, rationem instituant quâ difficultates pervinci queant.

De articulis per arbitros componendis, ac primùm de transsubstantiatione.

XXXVII. *Lutheri et Apologiæ Augustanæ ac viri clarissimi sententia difficultatem adimunt.* Rectè vir amplissimus Lutheri commemorat sententiam, addemus et *Apologiam.* Quæ autem hîc inducitur ab omnibus agnita protestantibus conversio in pane, ut de communi fiat sacer sacroque usui destinetur, nec zuingliani refugerint; neque erit accidentalis, qualem eam appellat vir doctus, sed metaphorica et figurata mutatio. Meritò ergò addit ea quæ nihil à nostrâ sententiâ distent nisi verbis, ut infrà ostendemus [2].

De invocatione Sanctorum.

XXXVIII. *Compositus ad viri clarissimi mentem.* Hâc de re viri clarissimi postulata jam à concilio Tridentino spontè concessa sunt. Ne autem protestantes dixerint nos parùm Christo mediatori fidere, addi potest catholicos ad Sanctorum preces confugere ex fraternæ charitatis societate non quòd metuant *ad iratum Deum oculos attollere.* Patet enim per Christum accessus; neque tamen diffitemur iræ divinæ metu eò nos provocari, ut vota nostra consociemus Sanctis divinâ jam luce et charitate perfruentibus. Quòd verò oratio ad Deum directa sit

[1] Inf., n. 56, 57, 93 et seq. — [2] Inf., II part., cap. II, n. 76.

efficacior ac perfectior, omitti potest propter ambiguum. Quod enim ait vir doctus, eam orationem esse perfectissimam quæ solis attributis divinis inhæreat, eò trahi posset ut etiam ab homine Christo animum abstrahamus. Videremur etiam agnoscere, quodam modo recedere à Deo atque imperfectiores esse, qui fratrum etiam viventium orationes postulant, cùm id et ipse Paulus fecerit; ac reverà qui dicit : « Orate pro me, fratres, » non à Deo recedat, sed ad eum compellandum se fratribus consociet. De precandi formulis ut *intercessionaliter* intelligantur, verissima sanè est et æquissima viroque pacifico et docto digna, et concilii Tridentini decretis consona catholicæ sententiæ expositio.

De cultu imaginum.

Hic quoque vir doctissimus æquissima postulat : nempè ut in imaginibus nulla alia virtus inesse credatur, *quàm Christi rerumque cœlestium excitandi memoriam*, eòque cultum omnem et cogitationem transferendi, exemplo illius serpentis à Mose erecti, quod etiam conciliis Nicæno II et Tridentino consonum esse constat.

XXXIX.
Idem.

De purgatorio.

Sanè de purgatorio per ignem, problematicè videtur disputasse Augustinus. Interim hæc non habet pro problematicis : « Orationibus sanctæ Ecclesiæ et sacrificio salutari, et eleemosynis quæ pro eorum spiritibus erogantur non est ambigendum mortuos adjuvari, ut cum eis misericordiùs agatur à Domino quàm eorum peccata meruerunt [1]; » disertè enim ait *non esse ambigendum;* subditque : « Hoc enim à Patribus traditum universa observat Ecclesia : » postremò : Non omnino dubitandum est ista prodesse defunctis. » Non ergo privata opinio, sed universalis Ecclesiæ sensus, nec dubium, sed certum fixumque, nec problematicum an à pœnà animæ subleventur, sed à quà et quali pœnà, quod nec Ecclesia catholica definivit; quà de re iterùm dicemus [2].

XL.
Sancti Augustini loci, quid illi problematicum, quid certum.

De primatu Pontificis jure divino.

Primatum Petri ac romanorum Pontificum Petri successorum

XLI.
Ecclesia

[1] Serm. XXXII, *de Verbis Apost.* — [2] Inf., n. 88, vid. sup., n. 29.

Gallicanæ sententia procul à lutheranâ distat.

de jure divino esse, omnes catholici et Ecclesia Gallicana maximè profitetur. Id Alliacensis, Gerson, aliique Parisienses ad unum omnes : id Ecclesiæ Gallicanæ atque Universitatis Parisiensis omnia acta testantur. Scitum illud Facultatis Theologiæ Parisiensis adversùs Lutherum, artic. xxii. « Certum est concilium generale legitimè congregatum universalem Ecclesiam repræsentans, in fidei et morum determinationibus errare non posse; » art. xxiii : « Nec minùs certum unum esse jure divino summum in Ecclesiâ Christi militante Pontificem, cui omnes christiani obedire tenentur. » Romani Pontificis de fide judicium, accedente concilii generalis approbatione aut Ecclesiæ consensu, esse infallibile non modò profitentur, verùm etiam eâ in re summam fidei esse repositam decernunt; neque Ecclesia Gallicana ullam unquàm movit eâ de re controversiam; neque Elias Dupin conciliorum generalium atque Ecclesiæ infallibilitati refragatur. Quod autem de Romani Pontificis primatu minùs plenè ac perspicuè scripsit, nec nostri probant, et ipse sive exponit, sive emendat. Quare ad conciliandum articulum nihil ista proficiunt.

De monachatu.

XLII.
De voto castitatis alibi requirendum.

Summa monachatûs hîc probatur, dempto castitatis voto, de quo infrà agemus [1].

De traditionibus.

XLIII.
Viri clarissimi æqua sententia : circa sextam et secula sæcula quæsitum aliquid.

Si protestantes consentiunt Scripturæ sensum aliaque permulta *Traditione duntaxat esse cognoscibilia,* vix ulla superest difficultas. Quòd autem vir doctissimus consensum *veteris Ecclesiæ,* hoc est, *priorum ad minimum quinque sæculorum atque œcumenicarum quinque synodorum,* imò verò *hodiernarum patriarchalium sedium* tantì facit, quanto ad pacem emolumento futura sint infrà videbimus [2]. Id interim quærimus, an quinque tantùm sæculis et quinque conciliis Christus adfuturum se esse spoponderit? Cur autem sextam synodum sextumque sæculum vir doctissimus omittat mirum nobis videtur, cùm præsertim de septimo sæculo ac septimâ synodo tam benè sentiat, ut hanc

---

[1] Inf., n. 89. — [2] II part., cap. iv, n. 92, 98.

quoque allegaverit de sacrificio antiquæ traditionis testem; nec nocebit definitio de imaginibus; quippe quæ viri docti placitis atque interpretationibus ab omni errore et idololatriâ vindicetur, ut vidimus [1]. Sanè eam à quinque patriarchis fuisse celebratam, totoque Oriente et Occidente pridem invaluisse constat. De aliis conciliis non quæremus : de articulis verò fundamentalibus quòd vir doctus mentionem facit, latissimum æquivocationi, novisque et inextricabilibus concertationibus aperiri campum jam ab initio præmonuimus, et infrà luculentiùs disseremus [2].

De futuri concilii conditionibus à viro amplissimo propositis.

Prima conditio : *Ut legitimè per summum Pontificem congregetur :* recta et pacifico animo constituta conditio.

Secunda conditio : *Ne provocetur ad decreta concilii Tridentini vel aliorum in quibus protestantium dogmata sunt condemnata* : dura conditio, ut non modò concilium Tridentinum celebratum post hoc schisma, verùm etiam superiora concilia ab ipso secundo Nicæno concilio, ab omnibus ecclesiis, etiam inclytâ Germanicâ natione ferente suffragium, celebrata aut recepta, in dubium revocentur, infectaque sint omnia quæ per nongentos eoque ampliùs annos summâ universi orbis consensione de fide transacta confectaque sint. Quà de re duo quærenda mox venient [3] : primò, an id stare possit cum eâ, quam catholici pro fundamento ponunt, de Ecclesiæ catholicæ conciliorumque generalium eam repræsentantium infallibilitate, sententiâ : alterum, si de eâ infallibilitate conclamatum est, qui fieri possit ut nostrum illud concilium cæteris feliciùs firmiùsque habeatur.

Tertia conditio : Ne concilium *congregetur* priùs quàm de his *concordetur* : primùm quidem *de postulatis* à Pontifice *acceptandis,* quà de re jam diximus; secundùm *de conventu ab Imperatore indicendo ejusque felice catastrophe,* rectum ; nec futurum putamus hujus conventûs infelicem eventum, si observentur ea quæ suo loco dicemus : tertiùm : *Ut protestantes recipiantur in gremium Ecclesiæ romano-catholicæ non obstante dissensu circa communionem sub unâ specie et quæstiones in futuro concilio*

[1] Sup. n. 39. — [2] Inf., II part., cap. IV, n. 91. — [3] Inf., n. 50 et seq.

determinabiles: atqui id fieri nequit, nisi priùs etiam de fide decretis, non modò Tridentinis, verùm etiam aliorum conciliorum in suspenso habitis, ut secunda conditio postulabat: quâ de re jam diximus.

Quarta conditio : de superintendentibus in episcoporum loco et ordine agnoscendis, quinto postulato diximus [1]. Hîc addimus quid facto opus, si etiam reformatorum ut vocant ministri per Palatinum atque Hassium aliasque civitates recipi se postulent ; idque serenissimus Elector Brandeburgicus aliique ex iisdem reformatis principes ac civitates cupiant. Sed hæc difficultas fortè præpostera est, cùm hîc tantùm agi videatur de *Confessionis Augustanæ* in inclytâ Germanicâ natione professoribus. Animo tamen providendum est quid hîc responderi à catholicis posset, admissis lutheranorum superintendentibus.

Quinta conditio : Ut tale concilium *pro fundamento ac normâ habeat Scripturam et consensum veteris Ecclesiæ, ad minimum priorum quinque sæculorum atque etiam hodiernorum, quoad fieri poterit, sedium patriarchalium :* recta et maximi momenti conditio.

XLVI.
Sexta et septima : sancti Augustini à viro clarissimo adductus locus, ex aliis ejusdem Patris locis elucidatur.

Sexta conditio : *Ut decisio fiat ab episcopis ad pluralitatem votorum :* nulla est eâ de re dubitatio. Præclarum illud quod ex Augustino refertur : « Ut utrinquè deponatur arrogantia; nemo dicat se jam invenisse veritatem. » Quæ sanè sententia, eodem Augustino teste, locum habet in iis quæ nondùm eliquata, nondùm Ecclesiæ universæ auctoritate firmata sunt, ut assiduè inculcat in libris *de Baptismo* contra donatistas [2]. Sanè audire juvat eumdem Augustinum de parvulorum baptismate decernentem : « Ferendus est disputator errans in aliis quæstionibus nondùm diligenter digestis, nondùm plenâ Ecclesiæ auctoritate discussis ibi ferendus est error : non usque adeò progredi debet ut fundamentum Ecclesiæ quatere moliatur [3]. » *Fundamentum* autem vocat id quod est concordissimâ universæ Ecclesiæ auctoritate firmatum ; quâ nempè autoritate fundatur populi christiani fides. Nemo ergò hîc somniet credendum Ecclesiæ in iis tantùm quos nunc vocant fundamentalibus articulis. Non enim hujus generis

[1] Sup., n. 14. — [2] Lib. II, cap. IV, n. 5. — [3] Serm. XIV, *de Verb. Apost.*

erat quæstio de baptismo parvulorum aut hæreticorum, de quibus his locis agit Augustinus; sed illud intelligamus ab eo pro fundamento esse positum, ut quod ab Ecclesiâ semel fuerit definitum, nunquàm in dubium revocari possit; quod à viro doctissimo pro certo haberi credimus. Addit enim septimam conditionem istam : *Ut utraque pars concilii decisioni acquiescat, secùs pœnas luat canonibus definitas;* quarum ex ipso canonum usu styloque potissima est, ut dissentientes anathemate feriantur.

Ex his ergò liquet nomine lutheranorum non postulari æqua, nec solida ac valitura concedi, nec præliminarem illam unionem *salvis hypothesibus* esse possibilem, neque ad perfectam deveniri posse per tale concilium quale proponitur. Nec mirum non statim omnes difficultates pervinci potuisse, aut primo teli jactu scopum assecutos eos, qui nec usu sciant, quid à Romanâ Ecclesiâ, *salvis* quidem *hypothesibus,* quâ de re agebatur, postulari possint. Nostræ ergò erunt partes ut rem aggrediamur, quod hîc incipimus.

XLVII. Conclusio de notis ad viri clarissimi scriptum.

ALTERA PARS.

Jam ostensuri sumus quid ab Ecclesiâ catholicâ ac Romano Pontifice expectari possit. Esto igitur nostrum fundamenti loco

XLVIII. Unicum postulatum nostrum.

Unicum postulatum.

Ne quid postuletur, ad pacem ineundam, quod pacis ineundæ rationes conturbet. Per se clarum; undè prima consecutio, seu potiùs ejusdem postulati explicatio : ne quid fiat quod ecclesiasticorum decretorum stabilitatem ac firmitudinem infringat; si enim decreta omnia sint instabilia, profectò erit instabile hoc nostrum futurum de pace decretum.

Jam applicatio ad rem nostram tam clara est, ut ipsa per sese occurrat animo. Si enim, ut lutherani postulant, anteactorum conciliarium decretorum nulla jam habetur ratio, nihil erit quod posteritas nostri hujus decreti rationem habeat, nihil cur nos ipsi ei hæreamus, ac pro sacrosancto inviolatoque reputemus, dissentientes pœnis canonicis distringamus, ut septima viri clarissimi conditio exigebat [1].

Esto sanè concesserimus, id quod maximè volunt, ut concilium Tridentinum post secessionem celebratum, toto licèt Oriente atque Occidente receptum, propter quasdam peculiares, ut aiunt, exceptiones, in suspenso sit, quâ de re infrà dicemus, nihil agunt; cùm certum sit ferè omnes, certè præcipuos quosvis articulos in Tridentino concilio definitos ex pristinis conciliis in pace habitis fuisse repetitos; neque de hâc nostrâ novâ synodo major erit consensio quàm de anterioribus fuit. Atque ut rem subjiciamus oculis, Lateranenses, Lugdunenses, Constantiensem, Nicænam etiam secundam, alias ejusmodi synodos quæ Tridentinis definitionibus præluxerunt, irritas aut suspensas haberi volunt, eò quòd iis contradixerint hussitæ, arbitrati magistratus ecclesiasticos atque civiles per peccata mortalia auctoritate cassos; wiclefitæ impii, Deoque et creaturis ad imaginem Dei conditis æquam tàm in bonis quàm in malis, etiam in peccatis, agendi necessitatem injicientes; valdenses ministrorum pietati sacramentorum efficaciam tribuentes; albigenses, manichæi, ipse Berengarius sacramentariæ hæreseos dux et magister; imaginum confractores; stolidissimi æquè ac superstitiosissimi, qui etiam in proscribendis optimis artibus sculpturâ et picturâ partem pietatis ponerent; alii in illis conciliis condemnati. Id si concedimus, nempè eò nobis redibit res, non modò ut infanda proscriptaque nomina reviviscant, verùm etiam ut nihil pro judicato sit, nisi litigantes consenserint; quod unum efficiet, ut omnis judiciorum ecclesiasticorum auctoritas concidat, nostrumque concilium in arenâ et in ipsis aliorum conciliorum ruderibus collocatum facilè collabatur; imò verò nec flat. Quid enim protestantes expectabuntampliùs, posteà quàm, uti prædiximus [2], nostro quoque calculo pro veris Ecclesiæ filiis habebuntur, Ecclesia Romana suam ipsa auctoritatem infregerit, quos heterodoxos hactenùs credidit agnoscet pro orthodoxis, ad communionem suam recipiet qui à se, tan-

[1] Sup., n. 46. — [2] Sup., n. 17.

quàm ab idololatricâ et antichristianâ secesserant, manentibus iisdem secessionis causis; quo uno liquidò constet justas eos habuisse secedendi causas? Quid petent ulteriùs, vel quid opus arbitris, ipsoque concilio? Moras nectent, aliæ ex aliis difficultates orientur, res per se intricata abibit in nihilum, ac si vel maximè concilium celebretur, magno molimine nihil egerimus, redibitque res ad jurgia, neque ullo fructu ullâve spe per tot conciliorum veluti conculcata cadavera gradiemur ad illud triste concilium, parem profectò cum aliis sortem habiturum; neque ulla jam via constabiliendæ pacis, infractâ et collàpsâ per speciem concilii, conciliorum omnium ipsiusque adeò Ecclesiæ auctoritate ac majestate prostratâ. Stet ergò pacis ecclesiasticæ tractatio, habens fundamentum hoc : Nihil esse ab Ecclesiâ catholicâ postulandum, quod concessum pacem ipsam conturbaret.

Neque hîc recurrendum ad fundamentales articulos illos, de quibus longè erit maxima et inextricabilis concertatio, sive ad Scripturam, sive ad apostolicum Symbolum provocemus, ut non modò ratione, sed ipso etiam experimento constat. Quo etiam fiet ut ad nostram pacem nulla christiani nominis secta non se admitti petat. Neque vir clarissimus id agit ut de ejusmodi fundamentalibus paciscamur, de quibus nec litigamus; sed ut de cæteris necessariis articulis, quos primâ, secundâ, tertiâ classe memoravit. Iterùm ergò atque iterùm sit hoc fundamentum : de omnibus ad doctrinam christianam pertinentibus, firma rectaque esse Ecclesiæ judicata.

_{XLIX. Non modò fundamentales, quos vocant, articuli, sed etiam alii omnes ecclesiastico judicio æquè subsunt.}

COROLLARIUM.

In conciliandis circa fidei expositionem quantùmvis amplissimis ac numerosissimis ecclesiis, ne quid præter majorum exempla et instituta fiat : alioquin ipse fidei status ac decretorum de fide robur periclitabitur. Septem autem ejusmodi conciliationum exempla recolimus.

_{L. Exemplis antiquarum conciliationum agendum.}

Primum initio quinti sæculi, cùm Ecclesiæ Orientalis tractus, duce Joanne Antiocheno archiepiscopo ac totius orientalis diœceseos patriarchâ, à synodo Ephesinâ abhorrerent, Nestorio

_{LI. Conciliatio Patrum Orientalis}

488 DISSERT. POUR LA RÉUNION DES PROTEST. D'ALLEMAGNE.

diœceseos cum cæteris episcopis. ibidem condemnato adhærescerent, Cyrilli Alexandrini anathematismos duodecim à synodo comprobatos etiam ut hæreticos improbarent; post unius ferè anni dissidium, id agente Imperatore, res ita composita est, ut Orientales quidem, misso ad Cyrillum Paulo Emiseno episcopo, datisque à Joanne Antiocheno ad eumdem Cyrillum litteris, dederint etiam formulam quâ beatam Virginem Deiparam, personæ Christi unitatem, omniaque alia Ephesinæ fidei consona fatebantur, Nestorium Constantinopolitanum episcopum pro deposito habebant, ejus doctrinam anathematizabant, Maximiani ejus in locum substituti ordinationi consentiebant, eique ac totius orbis episcopis communicabant [1] : rectâ etiam fide coràm universo populo prædicatâ, perscriptisque eam in rem litteris ad Xystum Papam et eosdem Cyrillum et Maximianum, in quibus etiam Ephesinæ synodi sententiæ in Nestorium latæ acquiescebant [2]; deniquè re totâ ab eodem Xysto comprobatâ.

Sanè de duodecim Cyrilli anathematismis, licèt in Ephesinâ synodo confirmatis, tacitum, neque adacti Orientales ut eos admitterent, aut ab eorum condemnatione desisterent, cùm satis constitisset Cyrillum ab Orientalibus verbis potiùs quàm sententiâ discrepare, neque eò minùs à sancto Xysto suscepti sunt, synodoque Ephesinæ sua constitit auctoritas, comprobatâ Nestorii depositione, quam etiam Theodoretus, unus Orientalium Cyrilli anathematismis infensissimus, agnovit his verbis : « Nestorius à sanctis episcopis Ephesi congregatis divino suffragio pontificatu dejectus est [3]. »

LII. Conciliatio sub Hormisdâ. Alterum exemplum in ipso initio sexti sæculi, cùm auctore Acacio Constantinopolitano patriarchâ, omnes ferè per Græciam, Asiam ac totum Orientem Ecclesiæ, de sancti Leonis epistolâ et Chalcedonensi synodo ab Occidentalibus ac Sede apostolicâ, ruptâ etiam communione, diutissimè dissensissent; tandem sub Hormisdâ doctissimo Papâ, præscriptæ ab eo formulæ subscripserunt. Sic autem ea formula inscripta est : *Regula fidei* [4], in quâ sancti

---

[1] *Ephes. Conc.*, III part., cap. XXVIII, XXX; Labb., tom. III, col. 1089 et seq. — [2] *Ibid.*, cap. XLI, XLII, col. 1175 et seq. — [3] *Hæret. fab.*, lib. IV, cap. XII. — [4] Tom. II, *Conc. Binii*. Horm., epist. IX.

Leonis epistolas et Chalcedonensem synodum receperunt, Sedem verò apostolicam agnoverunt his verbis : « Prima salus est regulam veræ fidei custodire, et à constitutis Patrum nullatenùs deviare, et quia non potest Domini nostri Jesu Christi prætermitti sententia dicentis : *Tu es Petrus,* etc. Hæc quæ dicta sunt rerum probantur effectibus, quia in Sede apostolicâ immaculata est semper servata religio; » ac paulò post : « Undè sequentes in omnibus apostolicam Sedem et prædicantes ejus omnia constituta, in quâ est integra et verax christianæ religionis soliditas. » Huic igitur fidei omnes episcopi subscripserunt, Sedisque apostolicæ ut à Petro descendentis, auctoritatem et constituta susceperunt. Quæ formula in toto Oriente solemnis, sæpiùs posteà, ac maximè sub Agapeto Papâ semel et iterùm à Justiniano Imperatore subscripta est [1]; eamque professionem, quâ simul et rectam fidem et Sedis apostolicæ in Petro constitutam auctoritatem agnoscerent, patriarchæ quidem cæteri ipsi Papæ, metropolitani verò patriarchis, et alii suis metropolitanis faciebant, ut in Imperatoris epistolâ luculentè scribitur.

Tertium exemplum sub sancto Gregorio Magno afferri potest istud, cùm de quintâ synodo gravis exorta esset dissensio, ejusque rei gratiâ multæ ecclesiæ, etiam per Italiam, atque ipsa quoque Longobardorum natio ac regina Theodelindis secessisset. Et quidem ipse Gregorius eam synodum quatuor reliquis adjungebat, ut patet professione editâ ad quatuor patriarchas [2], et tamen assentit Constantio episcopo Mediolanensi [3], ut cum Theodelinde « ejusdem synodi (quâ illa offenderetur) nulla memoria fieret; quia quippe, inquit, in eâ de personis tantummodò, non autem de fide aliquid positum est. » Et de fide quidem constat multos egregios canones ab eâdem synodo quintâ fuisse conditos [4]. Quia tamen constabat nihil aliud eisdem canonibus actum quàm ut Ephesina et Chalcedonensis firmaretur fides, meritò Gregorius eam cum Longobardis in suspenso haberi permisit, eò quòd nihil in eâ *specialiter* de fide, sed tantùm de quibusdam

LIII.
Conciliatio cum Longobardis ac reginâ Theodelinde, sub Gregorio Magno.

---

[1] Tom. II, *Conc. Binii.* Horm., Epist. Justin. *ad Agap.*, post Agap., epist. VII, Labb., tom IV, col. 1801. — [2] Lib. I, epist. XXIV. — [3] Lib. III, epist. XXXVII. — — [4] Conc. V, collat. III, Labb., tom. V, col. 435.

personis actum esset, non proindè decreta fidei suspensurus, ut ipsa ejus verba testantur.

LIV.
Conciliatio Græcorum in synodo Lugdunensi secundâ.

Quartum in Lugdunensi concilio II, sub Gregorio Decimo, quo recepti in unionem Græci, sed priùs professi romanam fidem in iis speciatim articulis quorum gratiâ schisma conflatum est. Patet ex epistolâ Michaelis Palæologi Imperatoris, ab universis Orientis episcopis comprobata. Ac licet de sancti quoque Spiritùs à Patre et Filio processione communi decreto consenserint, facilè conceditur, ut eo ritu qui ante schisma obtinuerat, nullâ ejus processionis mentione factâ, Nicænum symbolum recitarent. Et ea quidem unio parum constitit manifestâ culpâ et levitate Græcorum, ut ex eorum quoque historiis liquet; non tamen eò seciùs demonstrat quâ conditione Ecclesiæ coalescant.

LV.
Conciliatio Bohemorum in Basileensi concilio : ejus fœderis præliminaria.

Quintum in synodo Basileensi ad conciliandos Bohemos, propter communionem sub utrâque specie ab Ecclesiâ catholicâ secedentes, concesso calicis usu certis conditionibus. Hæc autem conciliatio nobis diligentissimè perpendenda erit, quòd viri eruditi eam proferant in exemplum synodi generalis in suspenso habitæ propter pacis bonum. Res autem sic habet. Concilium Basileense multas quidem ob causas convocatum ; sed ea erat vel maxima, ut Bohemos ad unitatem Ecclesiæ revocaret. Itaque ubi congregatum formatumque est, ipso initio 15 octobris, anno 1431, Bohemos ad synodum convocavit his verbis : « Adirent, accederent. Hìc quidquid pertinet ad fidei veritatem, quidquid ad pacem et concordiam, ad vitæ puritatem et divinorum mandatorum observantiam, omni cum diligentiâ ac libertate tractabitur ; licebit liberè omnibus exponere quidquid christianæ religioni expedire judicaverit [1]. » Quod quidem eò maximè memoratum, quòd Bohemi negarent usquàm sibi datam audientiam ; imò jactarent catholicos nunquàm contra se æquâ et legitimâ disceptatione consistere potuisse : undè Patres Basileenses sic eos adhortantur : « Audivimus quòd conquesti estis non esse vobis traditam qualem voluissetis liberam audientiam : jam cessabit omnis querelæ occasio ; ecce jam locus et facultas plenæ audientiæ præbetur : jam incitamini ; non coràm paucis, sed universaliter audiemini, quan-

[1] *Inter Ep. et resp. Conc. Basil.*, epist. I ; Labb., tom. XII, col. 670.

tùmlibet audiri volueritis. » En cur vocati sint ; nempè ut audirentur suasque rationes exponerent ; sed illud præcipuum : « Ipse Spiritus sanctus adstabit medius judex et arbiter quid in Ecclesiâ Dei tenendum et agendum sit ; » et iterùm : « Ne differatis accedere, ut unanimiter audiamus verbum hoc quod Spiritus sanctus in Ecclesiâ facturus est. » Multis deindè commendant Spiritûs sancti conciliaribus gestis præsidentis præsentiam, quo testatissimum reliquerunt se à priscis decretis conciliaribus, quæ quidem de fide conscripta essent, minimè recessuros. Quo autem loco haberent Constantiense concilium neminem latet, cùm ad illud assiduè recurrerent, ejusque decreta pro fundamento ponerent. Hùc accedit quòd catholicos quidem bono semini à Patrefamilias seminato ; Bohemorum verò doctrinam tacitè « superseminatis zizaniis compararent, et sperarent quidem apud ipsos multum boni seminis adhuc superesse, nec radicem omninò aruisse, terramque haud penitùs infrugiferam futuram, dummodò paterentur infundi rorem Spiritûs sancti qui illam fœcundet et herbas noxias exurat [1]. » Quo quidem perspicuè, sed tamen quantâ fieri potuit modestiâ, demonstrabant eos et ab unitatis gremio secessisse et in errore versari. Quos autem errores tanquàm herbas noxias tollerent, nisi eas quas Constantiense concilium evellere, datâ sententiâ, voluisset ? Ejusmodi ergò concilii vestigiis insistebant, neque dissimulanter habuere quanti facerent etiam illud de communione, sive usu calicis, speciale decretum. Objectum enim erat illis, quòd vocatis Bohemis tanquàm ad novum examen quæstionis ejus propter quam secesserant, concilii Constantiensis auctoritati derogassent ; at illi sic respondent : « Calumniamur quia vocavimus Bohemos : numquid in decretis concilii Constantiensis scriptum invenitis quòd Ecclesia non debeat eos ad instruendum et informandum convocare [2] ? » En igitur cur eos vocaverint luculenter expressum. Pergunt : « Nec contra leges canonicas aut civiles hujusmodi vocatio facta est, sive asserere velimus eos vocatos ad instruendum, sicut veritas est, sive ad disputandum. Si ad instruendum, nemini dubitum est quin opus sit

---

[1] *Inter Epist. et resp. Conc. Basil.*, epist. 1, Labb., tom. XII, n. 3, col. 688. —
[2] *Resp. Syn.*, etc.; *ibid.*, n. 3, col. 685, 686.

pium ; si ad disputandum, ut errans instruatur et reducatur, cùm eadem ratio sit, similiter erit opus pium et laudabile. » Subdunt : « Pernimiùm periculosum fuisset denegare audientiam Bohemis, quam ubique locorum divulgabant se postulare, et eis non concedi ob hanc causam, quia eorum articuli erant ita manifestè veri, quòd nostri episcopi et sacerdotes non poterant eis respondere, nec cum ipsis conferre audebant propter quòd scrupulus non parvus in animis hominum præsertim simplicium ita audientium exortus erat. » Addunt : « Disputationem de fide, quæ non sit causa perfidiæ seu tumultûs, vel ut in dubium revocet, sed ad instruendum vel clariùs patefaciendum unitatem, vel convincendum, vel confundendum hæreticos, vel confirmandum catholicos, esse licitam, » quod exemplis firmant [1]. Quin etiam disertè profitentur vocatos eos ut « ad unitatem » redirent, ac proindè « errorem recognoscerent, » atque id ex ipsâ invitatione demonstrant : quo quid clarius ? Jam ne quis putaret convocatos Bohemos ut de veritate tanquàm adhùc perplexâ atque ambiguâ quæreretur, Constantiensis concilii decretis in suspenso habitis, de conciliorum auctoritate hæc tradunt : « Blasphemia esset, si quis negaret Spiritum sanctum dictare sententias, canones et decreta conciliorum, cùm dixerint Apostoli : *Visum est Spiritui sancto et nobis* [2]. » Quò etiam referunt illud in invitatoriâ Epistolâ positum et suprà recitatum : « Adstabit Spiritus sanctus medius judex et arbiter ; » quod quidem non est aliud quàm dicere, ipsis Basileensibus interpretibus, « quòd ipsamet synodus erit illa quæ judicabit et arbitrabitur ; neque enim aliud judicare et arbitrari poterit, quàm quod Spiritus sanctus suggeret. » Ac ne de concilio Constantiensi tacuisse viderentur, subdunt atque inferunt, « quòd judicabitur in hoc concilio, prout judicatum est in Constantiâ ; » atque id firmant his verbis : « Nam cùm sententia illa condemnationis hussitarum à Spiritu sancto dictata fuerit, et ipse nesciat variare sententiam veritatis, utiquè cùm idem sit in omnibus conciliis, idipsum hîc veraciter judicabit quod in illo. » Cùm igitur hæc dixerint Patres Basileenses inter ipsa initia, anno scilicet 1432, ante tractatam Bohemorum causam, omnes intelligebant

---

[1] *Resp Syn.*, etc.; *ibid.*, n. 3, col. 687, 688. — [2] *Ibid.*, col. 688.

quâ mente tractarent ; atque id omninò agi, non ut concilii Constantiensis decreta infringerentur, sed ut ad eorum decretorum auctoritatem Bohemi revocarentur.

Neque prætermittenda legatorum concilii Nuremburgæ degentium ad ipsum concilium *Epistola,* quæ sic habet : « Omnium nostrorum una sit et firma sententia, quòd in dubium vocari non debent, quæ solemniter et digestè à sacris conciliis sancita sunt, aut fide sanctorum probata[1] ; » undè inferunt : « Admittantur ergò, illibato fidei nostræ tenore manente, qui vocati sunt, et audiantur : non quòd solidiores hi tanquàm dubii fiant, quibus datum est nosse divina mysteria, sed ut iidem ipsi qui densis errorum involuti sunt tenebris, in claram fidei nostræ cognitionem, si Dominus annuerit, revocentur. 16 Feb., anno 1432. »

His ergò præsuppositis, plana fient ea quæ cum Bohemis de quatuor articulis compactata confecta sunt. Sanè de tribus postremis articulis nulla est difficultas : de communione verò sub utrâque specie, à Philiberto episcopo Constantiensi aliisque legatis, concilii Basileensis auctoritate sic concordatum est : « Quòd dictis Bohemis et Moravis suscipientibus ecclesiasticam unitatem realiter et cum effectu, et tam in omnibus aliis quàm in usu utriusque speciei, fidei et ritui universalis Ecclesiæ conformibus ; illi et illæ qui talem usum habent, communicabunt sub utrâque specie cum auctoritate Domini nostri Jesu Christi, et Ecclesiæ veræ Sponsæ ejus, et articulus ille in sacro concilio discutietur ad plenum quoad materiam de præcepto, et videbitur quid circa illum articulum pro veritate catholicâ sit tenendum et agendum, pro utilitate et salute populi christiani ; et omnibus maturè ac digestè pertractatis, nihilominùs si in desiderio habendi illam communionem sub duplici specie perseveraverint, hoc eorum ambasiatoribus indicantibus, sacrum concilium sacerdotibus dictorum regni et marchionatûs communicandi sub utrâque specie populum, eas videlicet personas quæ in annis discretionis reverenter et devotè postulaverint, pro eorum utilitate et salute in Domino largietur ; hoc semper observato, quòd sacerdotes sic communicantibus semper dicent, quòd ipsi debent firmiter credere quòd

LVI.
Pactum ipsum.

---

[1] *Resp. Syn.,* etc.; *ibid.,* n. 3, col. 688; *Ep. Conc. Basil.,* col. 982.

non sub specie panis caro tantùm, sed sub quâlibet specie est integer et totus Christus. » Additum : « Quòd ambasiatores dicti regni et marchionatûs ad sacrum concilium Deo propitio feliciter dirigendi, et omnes qui de eodem regno et marchionatu dictum sacrum concilium adire voluerint, securè poterunt ordinato et honesto modo proponere quidquid difficultatis occurrat circa materias fidei, sacramentorum, vel rituum Ecclesiæ, vel etiam pro reformatione Ecclesiæ in capite et in membris; et Spiritu sancto dirigente fiet secundùm quod justè et rationabiliter ad Dei gloriam et ecclesiastici status debitam honestatem fuerit faciendum. » Hæc transacta firmataque sunt inter Basileenses legatos totamque Bohemorum gentem anno 1433, ultimo Novembris et 5 Julii 1436; à synodo verò et summo Pontifice posteà comprobata.

<small>LVII.
In pactum
annotata.</small>

In his autem pactis nihil omninò difficultatis supererit, si tantùm antè dictorum meminerimus. Quid enim in suspenso habitum est ? Concilium Constantiense ? Nullum verbum, atque omninò satis demonstravimus, quàm illud sacrosanctum esset Basileensibus Patribus eorumque legatis. At reservatum concilio, « ut discuteretur ad plenum quoad materiam de præcepto, » quod tamen in concilio Constantiensi, sessione XIII, judicatum jam fuerat ; quæ reservatio æquivalet suspensioni decreti. Æquivalet sanè, si ita reservata est illa discussio, ut ipsa res revocaretur *in dubium*, ut de eâ, tanquam ambiguâ, *investigatio* fieret, fatemur. Si tantùm ut instruerentur et informarentur errantes, « ut convincerentur, ut confunderentur, » non quærendæ veritatis tanquàm ambiguæ, sed elucidandæ sive patefaciendæ tanquàm certæ et compertæ, et iterùm confirmandæ gratiâ, negamus. Atqui eam fuisse concilii Basileensis mentem, ut Constantiensis concilii judicata tanquàm Spiritûs sancti dictata haberentur, totaque res ad synodum Basileensem, non ut ambigua et indecisa, sed ut elucidanda confirmandaque ad infirmos instruendos referretur, evicimus; idque non argumentis aut ratiocinationibus, sed ex ipsâ synodo promptis documentis atque actis authenticis demonstravimus ; nulla ergò superest difficultas.

Quid quòd illa ipsa quæstio de præcepto quæ synodo discutienda reservatur, jam in ipsis pactis conventisque, sive, ut aiebant, compactatis decisa erat. Primùm enim ipse calicis usus non omnibus jubebatur, quod fieri oporteret, si à Christo præceptus esset, sed *illis duntaxat qui talem usum haberent.* Non ergò illum usum mandatum à Domino, sed liberum agnoscebant, pactisque ipsis firmabant; tùm ita pacti erant, ut illis etiam qui calice utebantur, ille firmaretur usus, non modò auctoritate Domini nostri Jesu Christi, sed etiam disertè et expressè auctoritate *Ecclesiæ veræ Sponsæ ejus;* ne ita crederetur institutus calix, ut in illo subtrahendo, justis quidem de causis, nulla Ecclesiæ esset auctoritas. Deniquè quid periculi erat decreto Constantiensi, quandò tota illa quæstio ad concilium Basileense *ad plenum discutienda* referretur; hoc est, ut post eam discussionem nullam sibi Bohemi resiliendi facultatem relinquerent, sed in hâc *et aliis difficultatibus, circa materiam fidei, sacramentorum vel rituum*, et ab ipso concilio, Spiritu sancto dirigente, fieret quod *justè et rationabiliter fuerit faciendum.*

His verò ultimis pacti verbis, Bohemi agnoscebant Spiritum sanctum præsidere conciliis, proindèque eorum irrefragabile esse judicium; neque aliam Ecclesiam catholicam agnoscebant, præter eam à quâ secesserant; neque aliud concilium fieri postulabant, quàm illud ipsum in quo soli sederent ejusdem Ecclesiæ à quâ discesserant episcopi; neque ipsi aut eorum presbyteri postulabant ut ipsi quoque judices assiderent; sed tantùm accedebant *ut proponerent, ut audirent, ut ipsi synodo dicto audientes essent;* neque ullum sibi suffugium relinquebant. Quodnam igitur periculum decretis Constantiensibus, cùm ii agnoscerentur judices quorum congregatio omnisque actio, ut notum est, Constantiensi concilio tanquàm œcumenico et irrefragabili niteretur? Quin etiam ipso pacto Bohemi claris verbis profitentur nullis aliis concedi calicis usum, quàm iis « qui in omnibus aliis quàm in illo usu, fidei et ritibus universalis Ecclesiæ conformes essent. » Ergò infallibilitatem Ecclesiæ et conciliorum admittebant, cùm illud ad fidem universalis Ecclesiæ pertinere constaret.

LVIII. Ubique inculcata Bohemis Ecclesiæ Conciliique infallibilitas.

Certè Basileense concilium non modò cam fidem ubique prædicabat, ut ex Actis patet, verùm etiam Bohemis ipsis assiduè inculcabat. Et quidem in ipsâ primâ invitatoriâ *Epistolâ* quid dixerit vidimus, quibusve verbis ad Spiritùs sancti magisterium in sacrâ synodo agnoscendum adegerit. Neque eo contenti, anno 1432, misso salvo conductu, aliam *Epistolam* adhortatoriam ediderunt his verbis : « Potissima medicina talibus dissensionibus subvenire solita, parata est, sacra scilicet præsens synodus, cujus director est Spiritus sanctus, eam deficere aut quoquo modo deviare non permittens, in his præsertim quæ salutem animarum concernunt. » Urgent: « Neque enim fieri potuit, quòd Christi oratio quâ Patrem exoravit, ut Ecclesiæ fides non deficeret, non fuerit exaudita. » Concludunt : « Est itaque (Ecclesia et ipsa synodus) certa regula, indeficiens mensura, cunctos fideles certissimè regulans, quæ credenda aut agenda sint saluberrimè demonstrans [1]. »

Hùc accedit quòd postquàm Bohemi misère oratores, Julianus cardinalis vir maximus, concilii præses, synodum ingressos ad pacem cohortatus est, dicens : « Ecclesiam Christi Sponsam, omnium fidelium matrem, esse candidam, sine rugâ, sine maculâ, in his quæ necessaria ad æternam vitam esse creduntur errare non posse : eam nusquàm meliùs quàm in generali concilio repræsentari, statuta conciliorum Ecclesiæ placita existimari : conciliis non minùs quàm Evangeliis credi oportere, etc. [2]. »

Posteà quàm verò Bohemi oratores eorumque princeps Joannes Rokysanà longam coram synodo disputationem exorsi sunt, Joannes de Ragusio respondendi officio functus hoc fundamentum posuit : « Quia in doctrinâ fidei universalissimum principium et primum est, Ecclesiam catholicam credere à Spiritu sancto dirigi et gubernari, ac per hoc non posse errare in his quæ necessitatis sunt ad salutem, etc. [3]. »

Deniquè cùm in concilio res finiri non potuisset, datique oratores essent qui concilii nomine in ipsâ Bohemiâ transigerent, facta sunt ea pacta quæ mox descripta sunt, neque conventum cum Bohemis, quoad agnoscerent in ipsâ Basileensi synodo Spiritus sancti magisterium, ut vidimus.

LIX.
Rei finis

Atque illis quidem fundamentis pactisque facilè intuentur om-

---

[1] *App. concilii Basil.*, cap. xix, col. 826. — [2] Æneas Sylvius, *Hist. Bohem.*, cap. L. — [3] Joan. de Rag., *Orat. relata post acta concilii Basil.*, tom. XII Conc., col. 1026.

nes nihil aliud evenire potuisse, quàm ut Constantiensia decreta firmarentur, ut etiam factum est. Anno enim 1437, tot adhortationibus, disputationibus, tractationibus habitis pactoque ipso confecto, cùm ejus confirmandi gratiâ iterùm Basileam Bohemi oratores convenissent, edita est ultima ac decretoria concilii sententia [1], quâ de praecepto quoque, praetermisso concilii Constantiensis nomine, Constantientia decreta firmarentur, ac Bohemis posteà multa petentibus nihil aliud responsum esse constat.

et ultimum concilii Basileensis decretum.

Hic igitur fuit nobilis conciliationis finis à synodo praestitutus, in quâ quidem perspicuum est id egisse Patres et legatos, ut quâcumque industriâ Bohemi contumaces ad praesentiam sacrae synodi sisterentur, ejusque conspectu, doctrinâ, auctoritate, paternâ charitate fruerentur, eo tantùm impetrato, ut Constantiensis concilii, quo offendi videbantur, presso nomine, res tamen ipsa à concilio Constantiensi decreta, non modò ubique illaesa remaneret, verùm etiam novo decreto firmata traderetur. Sic illa Ecclesia Romana, quam adeò immitem et inexorabilem fingunt, maternâ charitate victâ, infirmorum filiorum non modò scrupulis, verùm etiam gloriolae serviit, iis tantùm immotis et extra periculum positis, quae fixa in aeternum esse oportet, nempè decretis de fide.

Sextum exemplum. In concilio Florentino, receptis quidem Graecis, atque in publicâ sessione dato de unione et fide communi decreto, posteà quàm tamen Graeci privatis congregationibus ac disputationibus, in universa Ecclesiae Romanae dogmata, quae priùs rejecerant, consensêre. Unionis decretum in omnium est manibus. Id tantùm observamus nullam Graecis litem motam de conjugio à presbyteris retinendo : de utrâque verò specie, etsi apud Latinos Constantiensis concilii canon planè obtinuerat, nihil contendisse Graecos, sed utramque ecclesiam in suo ritu, ut pio ac legitimo pacificè remansisse, neque à Romanis Graecorum, neque à Graecis Romanorum sollicitatam consuetudinem, adeò res pro indifferenti utrinquè est habita.

LX. Concilium Florentinum.

Septimum exemplum, non quidem conciliationis, sed tamen condescensùs adducere possumus istud; nempè, post concilium

LXI. Calix à Pio IV concessus.

[1] *Conc. Basil.*, sess. XXX; *ibid.*, col. 500.

Tridentinum, à Pio IV concessum esse calicem Austriensibus ac Bavaris catholicis æquè ac lutheranis, si tamen hi publicè consentirent in Ecclesiæ fidem, neque communionem sub unâ specie, ut à Christo vetitam accusarent; cujus quidem rei et aliàs mentionem fecimus, et diploma pontificium ex ipsius Calixti scriptis integrum referremus, nisi nuperrimè vir amplissimus ac de Ecclesiâ catholicâ optimè meritus Paulus Pellissonius, et bullam et omnia eam in rem acta ex optimis ac certissimis monumentis diligentissimè transcripsisset.

Ex quibus profectò liquet, nunquàm Ecclesiam catholicam alias ecclesias in sinum recepisse, nisi priùs de fide cautione præstitâ; ac de disciplinâ quidem et ritibus non pauca, de fidei autem decretis nihil penitùs remisisse. Cùm ergò certissimè sciam nullum his contrarium exemplum à tot sæculis in medium adduci potuisse aut posse, pro certo quoque dare non vereor nunquàm omninò futurum, aut Romanus Pontifex Romanave Ecclesia quidquam faciat præter exempla atque instituta majorum, ne tectum aut palliatum potiùs quàm sanatum fœdi schismatis vulnus, non modò acriùs recrudescat, verùm etiam in alia infinita prorumpat.

OBJECTIO.

LXII. Quæstio : An igitur conclamatum de pace.

Ergò, inquies, conclamatum pacis negotium. Si enim nobis fixum in animo est ne à quoquam dogmate discedamus, haud minùs sua dogmata lutheranorum hærent visceribus, frustràque eos adigimus ad retractationem, de quâ ne cogitari quidem volunt.

RESPONSIO.

LXIII. Imò verò hujus spem esse maximam, per viri eruditissimi scriptum.

Respondere tamen possumus (faxit autem Deus ut benignè id audiant quod mitissimo animo promimus!), non æquam utrinquè conditionem videri. Neque enim illi, quos fratres habere optamus, Ecclesiæ infallibilitatem asserunt : hanc autem à nobis propugnari pro fundamentali dogmate non ignorant; idque ab antiquissimis, ne quid hîc dicam ampliùs, temporibus; nec si se à suis decretis tantisper inflecti sinant ideò consequetur, ut pacis rationes penitùs conturbemus, quod liquidò demonstravimus nobis eventurum, si pristina nostra decreta convellimus; adeò ut, nec futuro quod proponunt concilio, sua fides atque auctoritas constet.

Et tamen si asperum illud *Retractationis* aut *ejurationis* vocabulum, non quidem fortioribus animis, sed infirmioribus, certè verecundioribus tanto sit odio; age amplectamur id, viro egregio præeunte[1], quod est mitissimum, ut fidei dogmata in quæ consentiamus explicatione dilucidâ ac declaratione commodâ componamus. Ego verò sic sentio usque adeò totum jam processisse negotium, ut declarationis hujus articulos plurimos eosque gravissimos non aliis quàm viri doctissimi verbis contexturum me spondeam. Adducantur etiam Tridentina synodus, *Augustana Confessio* et *Apologia*, alii lutheranorum libri symbolici, utriusque partis fidei testes : seligantur ea quæ paci viam sternant, in Tridentino concilio; si quid obscuritatis sive difficultatis occurrerit, non reprehensionis sed elucidationis gratiâ proponatur : sic faxo ut pacificè omnia transigantur. Cujus rei experimenta quædam per omnes articulos à viro clarissimo tactos ego quidem statim proferam, rem totam elimandam, atque ad perfectum veluti deducendam eidem relicturus. His ergò præmissis, jam eo auspice qui pacis dator, imò qui et ipse pax nostra est, incipiamus beatum pacis negotium sub hoc ferè titulo.

DECLARATIO FIDEI ORTHODOXÆ

QUAM ROMANO PONTIFICI OFFERRE POSSINT AUGUSTANÆ CONFESSIONIS DEFENSORES.

Omnes controversias ad quatuor veluti capita reducimus : primum de Justificatione, alterum de Sacramentis, tertium de Cultu et Ritibus, postremum de fidei confirmandæ mediis, ubi de Scripturâ, et Ecclesiâ, et Traditionibus.

LXIV. Ad quatuor capita controversiæ reducuntur.

[1] *In explicat. Theorem.*

CAPUT PRIMUM.

De justificatione.

ARTICULUS PRIMUS.

Quòd sit gratuita.

LXV.
Gratuita justificatio, quæ eadem est peccatorum remissio et gratiæ infusio.

In hoc articulo nulla est difficultas. Summa enim spei nostræ ac justificationis hæc est : « Eum qui non noverat peccatum, pro nobis peccatum fecit, ut nos efficeremur justitia Dei in ipso [1]; » neque verò alia esse poterat victima placabilis Domino, aut hostia pro peccatis, nisi Verbum caro factum; quia, ut Apostolus prædixerat, « Deus erat in Christo mundum reconcilians sibi, non reputans ipsis delicta ipsorum [2]. » Neque enim imputat, qui non modò gratis dimittit, verùm etiam justitiam sanctitatemque donat.

Nec Tridentina synodus negat imputari nobis Christi justitiam, aut eâ imputatione ad justificationem opus esse; sed id tantùm, « justificari homines solâ imputatione justitiæ Christi, exclusâ gratiâ [3]; » quâ nos intùs facit justos per Spiritum sanctum, diffusâ in cordibus charitate : quin etiam Christi merita nostra esse per fidem, nec tantùm imputari nobis, sed etiam applicari et *communicari* eadem synodus profitetur [4], quâ communicatione fit non modò ut peccata nostra tollantur, sed etiam à Christo transmissa justitia infundatur. Hæc igitur novi hominis justificatio est.

Neque ab eâ sententiâ deflectit *Augustana Confessio*, quæ sanctum Augustinum laudat [5] Apostoli dicta sic interpretantem : « Qui justificat impium, id est, qui ab injusto facit justum. »

Sanè Augustinus in eâ re totus est : « Legimus in Christo justificari qui credunt in eum, propter multam communicationem et inspirationem gratiæ spiritalis [6] : » nec aliter Apostolus qui justificationem sancto Spiritui intùs regeneranti et renovanti tribuit [7].

---

[1] II *Cor.*, v, 21. — [2] *Ibid.*, 19. — [3] Sess. VI, can. 2. — [4] *Ibid.*, cap. III, VII. — [5] Cap. *de Bonis operib.* — [6] Lib. I, *de Pecc. merit.*, cap. x, n. 11. — [7] I *Cor.*, VI, 11; *Tit.*, III, 5-7.

Quo duce, Milevitana synodus, à viro clarissimo inter authenticas habita, docet « in parvulis regeneratione mundari quod generatione traxerunt [1]; » quo perspicuè attribuit regenerationi remissionem peccatorum. Quid sit autem justificari, eadem synodus Milevitana docet [2]; neque necesse est justificationem à regeneratione et sanctificatione secerni, quas in *Apologiâ* sæpè confundi et ipsi lutherani in libro *Concordiæ* testantur [3]. Certè *Apologia* passim justificationem non meræ et externæ imputationi, sed Spiritui sancto intùs operanti tribuit [4]. Non tamen prohibemus ne sanctificationem, sive regenerationem ac justificationem reipsâ inseparabiles, mente, et, ut aiunt, ratione secernant: quanquàm non placet ad hæc subtilia ac minuta, ad hæc priscis sæculis inaudita, deduci christianæ doctrinæ et gratiæ gravitatem.

Illud autem præcipuum est hujus articuli caput : « Gratis justificari nos, quia nihil eorum quæ justificationem præcedunt, sive fides, sive opera, ipsam justificationis gratiam promerentur. *Si enim gratia est, jam non ex operibus, alioquin gratia jam non est gratia.* » Pergit sancta synodus : « Ac propothereà necessarium est credere neque remitti, neque remissa unquàm fuisse peccata, nisi gratis divinâ misericordiâ propter Christum [5]. » Jam ergò lutheranis gravissimum sublatum est offendiculum, cùm nihil magis catholicis exprobrent, quàm quòd se suis meritis justificari credant [6]. Librum autem *Concordiæ* hîc allegamus, prout est editus Lipsiæ anno 1654.

ARTICULUS II.

De operibus ac meritis justificationem consecutis.

Neque proptereà rejicienda sunt post justificationem bonorum operum merita, quam doctrinam paucissimis verbis complexus Augustinus sic ait : « Nullane ergò sunt bona merita justorum?

LXVI.
Operum merita ex gratiâ : *Confes-*

---

[1] *Syn. Milev.*, II, cap. II; Labb., tom. II, col. 1538. — [2] *Syn. Milev.*, etc., cap. V et seq., col. 1539. — [3] P. 385. — [4] P. 68, 70, etc. — [5] Sess. VI, cap. VIII, IX. — [6] *Confess. August.*, cap. xx; *Apol., Confess. August.*, cap. *de Justificat.*, et *Resp. ad object.*, p. 62, 74, 102, 103, ut est edita à luther. in lib. *Concord.*

sionis Augustanæ et Apologiæ loci: laudatus Augustinus.

Sunt planè, quia justi sunt; sed ut justi essent merita non fuerunt ¹. » Cui doctrinæ attestatur Arausicana secunda synodus, dicens : « Debetur merces bonis operibus si fiant; sed gratia, quæ non debetur, præcedit ut fiant ². » Neque ab eâ fide abludit *Confessio Augustana,* in quâ sanè bonorum operum post justificationem merita ter quaterque inculcantur ³, clarèque docetur quomodò « sint veri cultus ac meritorii, eò quòd mereantur præmia tùm in hâc vitâ, tùm post hanc vitam in vitâ æternâ; præcipuè verò in hâc vitâ mereantur donorum sive gratiæ incrementum juxta illud : *Habenti dabitur;* » laudaturque Augustinus, dicens : *Dilectio meretur incrementum dilectionis.* Rectè ; nam et hunc recolimus sancti Doctoris locum : « Restat ut intelligamus Spiritum sanctum habere qui diligit, et habendo mereri ut plus habeat, et plus habendo plus diligat ⁴. »

Hæc igitur sunt quæ legimus in eâ editione *Confessionis Augustanæ,* quæ ab ipsâ origine, anno 1531 vel 32, Wittembergæ facta est. *Apologia* quoque docet « de merito bonorum operum quòd sint meritoria, non quidem remissionis peccatorum, gratiæ, aut justificationis, sed aliorum præmiorum corporalium et spiritualium et in hâc vitâ et post hanc vitam. Nam, inquit, justitia Evangelii, quæ versatur circa promissionem gratiæ, gratìs accipit justificationem et vivificationem; sed impletio legis, quæ sequitur post fidem, versatur circa legem, in quâ non gratìs, sed pro nostris operibus offertur et debetur merces ; sed qui hæc merentur priùs justificati sunt, quàm legem faciant ⁵. »

Neque lutherani refugiunt quin fideles ipsam vitam æternam promereri possint saltem *quoad gradus,* quod sufficit; cùm in illâ celebri disputatione Lipsiensi, anni 1539, hoc ultrò agnoverint, quòd vita æterna sit illa ipsa merces toties repromissa credentibus : cæterùm ea merita, nedùm excludant gratiam, eam supponunt et ornant : ac præclarè Augustinus : « Vita etiam æterna, quam certum est bonis operibus debitam reddi, ab Apostolo tamen *gratia* nuncupatur; nec ideò quia meritis non datur, sed quia da-

---

¹ Epist. cxciv, al. cv, *ad Sixt.*, n. 6. — ² *Syn. Araus.* II, cap. xviii; Labb., tom. IV, col. 1670. — ³ Art. 6 et cap. *de Bonis oper.* — ⁴ Tract. lxxiv *in Joan.,* n. 2. — ⁵ *Resp. ad object.,* p. 16.

ta sunt ipsa merita quibus datur [1]. » De augmento verò gratiæ : « Ipsa gratia meretur augeri, ut aucta mereatur et perfici [2]. »

ARTICULUS III.

De promissione gratuità, deque perfectione atque acceptatione bonorum operum.

Quantacumque autem sint justificati hominis merita, non tamen eis tanta deberetur merces, nisi ex promissione gratuità : quem ad locum pertinet Tridentinum decretum ex sess. VI, cap. XVI recitatum, cùm de tertio postulato, deque meritis bonorum operum ageremus [3].

LXVII. De legis impletione compositum suprà ex concilio Tridentino.

Neque est omittendum illud quod itidem recitatum est sessionis XIV, cap. VIII, de bonorum operum acceptatione per Christum addendumque illud ex sessione VI, cap. XVI : « Absit ut christianus homo in seipso vel confidat, vel glorietur, et non in Domino, cujus tanta est erga omnes homines bonitas, ut eorum velit esse merita quæ sunt ipsius dona. » Sic non modò retusa, sed etiam radicitùs avulsa superbia est, valetque omninò apostolicum illud : « Quis te discernit ? quid habes quod non accepisti ? » Certè accepisti merita : « Si autem accepisti, quid gloriaris quasi non acceperis [4] ? »

Commemoramus autem Tridentina decreta, ne in conquirendâ singulorum doctorum sententiâ laboremus ; cùm ex ipsâ publicâ fidei declaratione testimonia suppetant.

ARTICULUS IV.

De impletione legis.

Sanè de impletione legis nullam esse difficultatem suprà intelleximus [5]; neque *Confessio Augustana* aut ejus *Apologia* eam unquàm negarunt, ut patet capite *de Dilectione et impletione legis* : alioquin et ipsum negarent Apostolum dicentem : *Plenitudo,* sive impletio *legis est dilectio* [6]. Vivere autem in fidelium

---

[1] Epist. CXCIV, al. CV, n. 19; et *de Corr. et Gratiâ,* cap. XIII, n. 41. — [2] Epist. CLXXXVI, al. CVI, n. 10, — [3] Sup., n. 11, 12, 31. — [4] I *Cor.,* IV, 7. — [5] Sup., n. 25. — [6] *Rom.,* XIII, 10.

cordibus dilectionem, non quidem catenùs ut peccatum in nobis planè non sit, sed certè eatenùs ut in nobis non regnet, idem Apostolus docet clariùs quàm ut quisquam christianus inficiari possit. Potest ergò nostra vera et suo modo, non tamen absolutè perfecta et sine peccato esse justitia. Deniquè in justis ac fidelibus ita pugnat cupiditas ut charitas prævaleat; ac si non omnia peccata absint, absunt tamen ea de quibus ait Joannes : « Omnis qui in eo manet non peccat [1]; » et Paulus : « Qui ea faciunt, regnum Dei non possidebunt [2] : » de peccatis autem sine quibus hîc non vivitur, præclarum illud sancti Augustini : « Qui ea mundare operibus misericordiæ et piis operibus non neglexerit, merebitur hinc exire sine peccato, quamvis, cùm hîc viveret, habuerit nonnulla peccata : quia sicut ista non defuerunt, ita remedia quibus purgarentur, affuerunt [3]. »

ARTICULUS V.

De meritis quæ vocant *ex condigno*.

§ XVIII.
De condignitate meritorum ac satisfactione Christi.

De meritorum autem condignitate, etsi bene intellecta res nihil habet difficultatis, tamen ut vitentur ambigua et aliquos offensura vocabula, cum concilio Tridentino, si libet, taceatur. Meminerimus autem, commonente concilio Tridentino [4], ad præsentis vitæ justitiam pertinere apostolicum illud : « Momentaneum et leve; » ad futuram autem mercedem referri istud ex eodem Apostolo : « Supra modum in sublimitate æternum gloriæ pondus [5]; » neque unquàm excidat omnia merita eorumque mercedem ex gratuitâ promissione pendere, neque ulla opera nostra per sese valere, sed Christi capitis nostri influxu et interventu indesinenter indigere, ut sint, ut perseverent, ut Deo offerantur, ut à Deo acceptentur, ut statim diximus [6]. Sanè memoretur illud, si è re esse putent, potuisse à Deo pleniorem à nobis, imò plenissimam ac perfectissimam, seu strictam exigi justitiam; à quo jure per Novi Testamenti fœdus, propter Christi merita ultrò decesserit. Scitum etiam illud · non nisi à personâ infinitè dignâ,

[1] I *Joan.*, III, 6, 9. — [2] I *Cor.*, VI, 9. — [3] Epist. CLVII, al. LXXXIX, n. 3. —
[4] Sess. VI, cap. XVI. — [5] II *Cor.*, IV, 17. — [6] Sup., art. 3.

qualis erat Unigenitus Deus, dignam pro peccato satisfactionem offerri potuisse, atque hanc satisfactionem sic à Deo bono acceptari, tanquàm à nobis esset exhibita; quæ quidem illa est imputatio quam et illi urgent et nos nulli refugimus, ut suprà memoratum est[1]. Neque verò prohibemus quin etiam illud addant : Deum quidem nemini, etiam justissimo, nedùm peccatori, per se ac stricto jure debere posse quidquam, nisi ultrò spondeat, aut pro bonitate ac sapientiâ suâ ad beneficentiam se inflectat; quæ etsi certissima sunt, ad ea tamen descendi fortè non è re sit. Certè illud inculcandum et pleno ore prædicandum, quod ait Augustinus : « Huic quidem miseræ et egenæ mortalitati congruere, ne superbiamus, ut sub quotidianâ peccatorum remissione vivamus[2], » ut est à Tridentinâ synodo definitum et à nobis relatum.

ARTICULUS VI.

De Fide justificante.

Quòd fides justificet et quomodò id fiat, *Apologia* à sancto Augustino sic tradit; quòd « is clarè dicat per fidem conciliari justificatorem, et justificationem fide impetrari; » subditque ex eodem Apostolo paulò post : « Ex lege speramus in Deum, sed timentibus pœnam absconditur gratia, sub quo timore anima laborans per fidem confugiat ad misericordiam Dei, ut det quod jubet[3]. » « En vis fidei, secundùm *Apologiam*, ut quis confisus gratiâ Domini Jesu, quo, neque alio, salvos esse nos oportet, invocet justitiæ auctorem Deum, » dicente Apostolo : « Quomodò enim invocabunt in quem non crediderunt[4]; » et : « Omnis quicumque invocaverit nomen Domini, salvus erit : » Undè idem Augustinus : « Fide Jesu Christi impetramus salutem, et quantùm à nobis inchoatur in re, et quantùm perficiendo expectatur in spe; » et iterùm : « Per legem cognitio peccati, per fidem impetratio gratiæ contra peccatum, per gratiam sanatio animæ à

LXIX.
Loci Augustini laudati in *Apologiâ* omnem difficultatem adimunt.

---

[1] Sup., n. 65. — [2] Cont. Ep. Pelag., lib. IV, n. 34. — [3] *Apol.*, cap. *Quod remiss. pecc. sola fid.*, etc., p. 80; August., *de Spirit. et litt.*, cap. XXIX, XXX, n. 51, 52. — [4] *Rom.*, X, 13, 14.

morte peccati [1]. » Hæc igitur est doctrina Pauli, Augustino teste, quem ipsa *Apologia* laudat interpretem.

<small>LXX. Justitia legis sive moralis et summa à Christianâ justitiâ quatenus differant.</small>

Hinc discrimen inter justitiam legis sive operum et justitiam christianam, quæ est justitia fidei, « quòd legem justitiæ sectantes ad eam non perveniant, quia non ex fide, sed ex operibus [2]; » hoc est, eodem Augustino interprete, « tanquàm ex semetipsis operantes, non in se credentes operari Deum [3], » christianæ autem justitiæ sectatores, « credant in eum qui justificat impium, utique ex eâ fide quâ credimus justitiam nobis divinitùs dari, non in nobis nostris viribus fieri [4], » ut idem Augustinus docet.

Undè etiam aliud discrimen inter humanam moralemque justitiam, et divinam illam nostram sive christianam, quòd quidem in illâ morali justitiâ, bonis probisque operibus ac moribus consequamur, ut humano more modoque justi simus : at in hâc nostrâ per fidem impetratâ justitiâ priùs justi efficiamur oportet, quàm justè vivamus; undè sanctus Leo : « Nec propriâ quisquam justificatur virtute, quoniam gratia unicuique principium justitiæ, et bonorum fons atque origo meritorum est [5]. » Sanctus quoque Augustinus : « Quis enim potest *justè vivere* nisi fuerit *justificatus* [6], ac sanctè vivere nisi fuerit sanctificatus, aut omninò vivere nisi fuerit vivificatus, sicut scriptum est : « Justus autem ex fide vivit [7]? »

ARTICULUS VII.

De certitudine fidei justificantis.

<small>LXXI. Priorum fiducia anxietatem et fluctuationem excludit.</small>

De ejus autem fidei certitudine docet Paulus : « In repromissione etiam Dei non hæsitavit diffidentiâ, sed confortatus est fide, dans gloriam Deo, plenissimè sciens quia quæcumque promisit potens est et facere [8]; » quæ est illa perfectissima fidei plenitudo, quam idem Apostolus toties commendat. Hinc ingeneratur animis certa fiducia in Deum, quâ « contra spem in spem

---

[1] August., loco mox cit. — [2] Rom., IX, 30. — [3] August., *de Spirit. et litt.*, n. 50. — [4] *Id.*, epist. CLXXXVI, al. CVI, n. 8. — [5] Epist. VI, al. LXXXVI, *ad Aquil. Episc.* — [6] *In Psal.* CIX, n. 1. — [7] *Rom.*, I, 17. — [8] *Ibid.*, IV, 20, 21.

credimus [1] : » atque hunc fidei justificantis motum synodus Tridentina in eo reponit, quòd fideles « credant vera esse quæ divinitùs revelata et promissa sunt [2]; » atque illud imprimis, « à Deo justificari impium per gratiam ejus, per redemptionem quæ est in Christo Jesu; » undè conterriti, Dei urgente judicio, « ejus misericordiâ in spem eriguntur, fidentes Deum propter Christum sibi propitium fore, eumque tanquàm omnis justitiæ fontem, » gratis scilicet justificantem, « diligere incipiunt; » quâ dilectione prioris vitæ delicta detestantur. Quibus sanè verbis egregiè ac plenè traditur fides illa justificans, quâ divina etiam promissa complexi in Deo per Christum toti innitimur.

Usque eò autem spes ista ac fiducia progreditur ut absit anxius timor, absit illa turbulenta trepidantis animi fluctuatio, adsit verò intùs Spiritûs sancti solatium « clamantis : Abba, Pater [3]; » insinuantisque illud : « Quòd si filii et hæredes [4]. » Quo fit ut « spe gaudentes [5] » jam in cœlis conversari nos confidamus [6]. Neque propterea id tam certò credimus ut nos salvos futuros « absque ullâ omninò dubitatione statuamus, » neque id postulamus, ut tam de præsente justitiâ quàm de futurâ gloriâ certiores simus. Id quidem sufficit, ut quantùm ex Deo est, tuti de ejus promissis ac misericordiâ, deque Christi merito, mortis ejus ac resurrectionis efficaciâ nunquàm dubitemus, de nobis autem formidare cogamur; ita quidem ut, licèt non adsit illa fidei *certitudo, cui non possit subesse fatsum*, prævalente tamen fiduciâ, Salvatore Christo fruamur et spe beati simus : quæ summa est doctrinæ à concilio Tridentino traditæ [7], cujus doctrinæ radix articulo sequente panditur.

ARTICULUS VIII.

De Gratiâ et cooperatione liberi arbitrii.

Lutherani existimabant ita defendi à catholicis in rebus divinis liberum arbitrium, ut aliquid per se valeret efficere quod ad salutem conduceret; quod cùm Tridentina synodus, sess. VI,

LXXII.
Confessio Augustana cum catholicis

---

[1] *Rom.*, I, 18. — [2] Sess. VI, cap. VI. — [3] *Rom.*, VIII, 15. — [4] *Ibid.*, 17. — [5] *Ibid.*, XII, 12. — [6] *Phil.*, III, 20. — [7] Sess. VI, cap. IX, can. 13-16.

ac B. Augustino congruit.

c. I, XI, XII, XVI, can. 1, 2, 3, 22, damnaverit, nihil est jam cur liberi arbitrii Deo cooperantis usus et exercitium improbetur. Quin cùm apertè *Confessio Augustana* ejusque *Apologia* agnoscunt, dùm etiam bonis justificati operibus meritum attribuunt ac meritoria esse concedunt, ut suprà memoravimus articulis II, III et sequentibus; placetque iterare illud *Confessionis Augustanæ,* capite *de Bonis operibus :* « Debet autem ad hæc Dei dona accedere exercitatio nostra, quæ et conservet ea et mereatur incrementum, juxta illud : *Habenti dabitur* [1] ; » et Augustinus præclarè dixit : « *Dilectio meretur incrementum dilectionis,* cùm videlicet exercetur. » En igitur sub ipsâ Dei gratiâ nostrum quoque exercitium sive cooperatio; nec mirum, cùm etiam Apostolus dixerit : « Non ego, sed gratia Dei mecum [2]; » quem in locum meritò Augustinus : « Nec gratia Dei sola, nec ipse solus, sed gratia Dei cum illo [3]. » Neque abs re Tridentini Patres statuunt liberum arbitrium ita cooperari, ut etiam dissentire possit, Deique gratiam abjicere [4]. Neque ab eo dogmate *Confessio Augustana* dissentit, « cùm damnet anabaptistas, qui negant semel justificatos iterùm posse amittere Spiritum sanctum [5]; » quem si inhabitantem amittere atque abjicere possumus, quantò magis moventem atque excitantem, neque adhùc animæ insidentem; cui doctrinæ sunt consona quæ in eâdem *Confessione Augustanâ* traduntur [6]. Atque his abundè constat Spiritui et ejus gratiæ ita repugnari posse ut etiam amittantur; quod ne fiat rogandus est Deus, ut voluntatem nostram pro libertate suâ facilè aberrantem regat. Atque hinc illa formido, quam articulo superiore memoravimus, summâ cum fiduciâ atque altissimâ pace conjunctam. De Deo enim fidimus, de nobis metuimus; quod nec protestantes refugiunt, monente Apostolo : « Cum metu et tremore vestram salutem operamini [7]; » ita ut illud simul valeat : « Confidens hoc ipsum, quia qui cœpit in vobis bonum opus, perficiet usque in diem Christi Jesu [8]. »

[1] Sup., n. 66. — [2] I *Cor.*, XV, 10. — [3] *De Grat. et lib. arbit.*, cap. V, n. 12. — [4] Sess. VI, cap. V, can. 4. — [5] *Confess. August.*, art. 11. — [6] *Ibid.*, art. 6 et cap. *de Bonis oper.* — [7] *Phil*, II, 12. — [8] *Ibid.*, I, 6.

ARTICULUS IX.

Cur istius conciliationis ratio placitura videatur.

His quidem existimo futurum ut utrique parti satis fiat, neque enim aut catholici Tridentinam fidem, aut lutherani *Confessionem Augustanam* ejusque *Apologiam* rejecturi sunt. Etsi enim hos quos memoravi locos in *Confessione Augustana* posteà deleverint, inveniuntur tamen in his editionibus quæ Witembergæ quoque sub Luthero et Melanchthone adornatæ sunt, ut jam annotavimus; conventusque Naumbergensis, etsi alias editiones prætulit, non tamen has abjecit, sed suo loco esse voluit, eò quòd in conventibus ac disputationibus publicis, jam indè ab origine adhibitas esse constaret, et quæ in *Confessione* deleta sunt, in *Apologiâ* tamen integra remansere, ut legenti patebit.

Hæc autem credimus moderatioribus lutheranis placitura, quòd sic non sua ejurare, sed interpretari videantur; Tridentina verò admittere, sed cum iis elucidationibus à quibus nemo ac nec ipsa quidem *Confessio Augustana* dissentiat; nec dubito quin cætera quæcumque proponentur, verâ justâque et commodâ declaratione adhùc elucidari possint. Nos hanc rudem tabulam informavimus, cui rudimento, si vir amplissimus suas illas industrias doctasque manus adhibeat, meliorem in formam, et, ut credo, breviorem omnia componentur. Nos enim quæcumque nobis visa sunt ad tollendam offensionem animorum facere congessimus; ille seliget quibus suos adjuvari incitarique meliùs ipse noverit quàm nos longè positi. Sed jam ad alia properamus.

<small>LXXIII. Placitura hæc conciliatio.</small>

CAPUT II.

De Sacramentis.

ARTICULUS PRIMUS.

De Baptismo.

LXXIV.
De efficaciâ sacramentorum ex opere operato · Confessionis Augustanæ consensus.

De Baptismo nulla est controversia; nam et in parvulis esse efficacem et ad salutem necessarium, *Confessio* quoque *Augustana* confitetur articulo IX; quo etiam constat necessariò admittendam illam sacramenti efficaciam quæ per se ac vi suâ actioneque, quod est ex *opere operato*, influat in animos; quæ quidem vis à verbo ac promissione ducatur. Antiqua autem Ecclesia non modò de Baptismo, verùm etiam de Eucharistiâ idem à se credi docuit, dùm eam quoque communicavit parvulis, probo quidem ritu; sed pro temporum ratione posteà immutato. Confirmabant etiam parvulos baptizatos, si episcopus Baptismum administraret. Tradunt quoque antiquæ synodi « sicut Baptisma parvulis, ita pœnitentiæ donum nescientibus illabi, latenter infundi [1], » dato tamen anteà fidei testimonio. Quòd autem *Confessionis Augustanæ* articulo XIII condemnetur pharisaica opinio « quæ fingat homines (etiam adultos) justos esse propter usum sacramentorum ex opere operato, et quidem sine bono motu utentis, nec doceat requiri fidem, » nihil ad catholicos aut Tridentinam fidem, quæ ubique, ac præsertim sessione VI, cap. VI, ac totâ sessione XIV, apertè repugnat; atque id quidem de adultis; de infantibus verò *Confessio Augustana* consentit, ut dictum est.

Sanè catholici confitentur præter et supra bonos motus ac bonas, quæcumque sint, dispositiones, ipsamque adeò fidem, dari aliquid à Deo, ipsam scilicet propter Christi merita sancto Spiritu intùs operante justificationis gratiam; quod nemo diffiteatur, qui non Christi merita obscurare velit; atque hæc illa est efficacia ex *opere operato* tantoperè exagitata à Luthero et lutheranis: quam tamen recto ac vero sensu ab Ecclesiâ intento et ipsi agnoverunt, ut patet.

[1] *Conc. Tolet.* XII, cap. II.

ARTICULUS II.

De Eucharistiâ, ac primùm de reali præsentiâ.

Hîc quoque nulla controversia est, Deoque agendæ gratiæ, quàm fieri possunt maximæ, quòd articulum longè omnium difficillimum, imò solum difficilem, *Confessio Augustana* retinuerit. Eam fidem firmat et illustrat *Apologia,* laudatque Cyrillum dicentem, « Christum corporaliter nobis exhiberi in cœnâ [1], » Christum sanè eumque totum ; neque tantùm corpus aut sanguinem, sed utique totum et animâ et corpore et sanguine, iisque ipsâ semper divinitate conjunctâ ; undè subdit : « Loquimur de præsentiâ vivi Christi : Scimus enim quòd mors ei non dominabitur [2]. »

LXXV. Concomitantia non minùs quàm præsentia realis agnita in *Apologiâ.*

Hæc igitur sufficiunt ad realem præsentiam. Vir autem clarissimus amovet ubiquitatem, quæ catholicis gravissima et intoleranda videretur.

ARTICULUS III.

De transsubstantiatione.

Transsubstantiationis articulum, quantùm in ipso fuit, vir doctissimus plenè composuit ; neque quidquam à lutheranis postulamus, quàm ut admittant illam, « analogiæ fidei » congruentem, ac « vi verborum institutionis in sacrâ Cœnâ factam mutationem mysteriosam, per quam modo nobis imperscrutabili verificetur hæc propositio sanctis Patribus frequentissimè usurpata : *Panis est corpus Christi.* » Prorsùs enim intellexit vir doctus, nonnisi mutatione panis eâque verissimâ, effici posse ut jam sit corpus Christi. Ultrò autem concedimus ut, secundùm ejus vota, « de modo illo quo Deus tantam rem perficit præscindamus, dixisse contenti modum illum esse incomprehensibilem et inexplicabilem ; ita tamen comparatum, ut, interveniente arcanâ et inexplicabili mutatione, ex pane fiat corpus Christi. » Sic enim efficitur, ut quàm verè in illo nuptiali convivio, Christo operante, gustarunt « aquam vinum factam [3], » tam verè in hoc novo Christi convivio, « panem corpus factum, et vinum factum sanguinem » capiamus ;

LXXVI. Articulus conciliatus viri doctissimi verbis : consentit *Apologia,* ipse Lutherus, *Articuli Smalcaldici.*

[1] Art. x, p. 157. — [2] P. 158. — [3] Joan., II, 9.

quo etiam ratum sit illud, mutatione factâ, panem id fieri et esse quod dicitur, nempe Christi corpus ; quæ sanè usque adeò analogiæ fidei Christique verbis congruunt, ut in *Apologiâ* [1], post clarè constabilitam substantialem præsentiam, statim proclivi lapsu ad illam transmutationem fiat transitus. Testis enim adducitur « Canon Missæ Græcorum, in quo apertè orat sacerdos, ut mutato pane ipsum corpus Christi fiat. » Addi potuisset : « Transmutante Spiritu sancto, » quo certior atque, ut ita dicam, realior illa mutatio esse intelligatur, per mirificam scilicet ac potentissimam operationem facta. Atque ibidem laudatur Theophylactus, archiepiscopus Bulgarius, disertè dicens : « Panem non tantùm figuram esse, sed verè in carnem mutari; » quod non unus ille archiepiscopus Bulgarius, verùm etiam alii Patres longè antiquiores unanimi voce dixerunt. Quæ rectè intellecta nihil erunt aliud quàm illa *Transsubstantiatio;* hoc est panis, qui substantia est, in carnem, quæ item substantia est, vera mutatio, nihilque desiderabitur præter solam vocem de quâ litigare non est christianum.

Ergò *Apologia Confessionis Augustanæ* aliquâ suî parte *Transsubstantiationem* laudat perspicuis verbis, nedùm ab eâ penitùs abhorruisse videatur.

Quin ipse Lutherus in *Articulis Smalcaldicis* concilio œcumenico proponendis, totâ sectâ approbante et subscribente dixit, « panem et vinum in cœnâ esse verum corpus et sanguinem [2], » quod nonnisi « mutatione panis in corpus verificari posse, » vir ipse doctissimus confitetur.

Berengarius quoque in hanc consensit formulam : « Corde credo, et ore confiteor panem et vinum quæ ponuntur in altari, per mysterium sacræ orationis et verba nostri Redemptoris, substantialiter converti in veram et propriam et vivificatricem Christi carnem et sanguinem, et post consecrationem esse verum Christi corpus, etc., [3]; quo fit manifestum in exponendo Eucharistiæ articulo, veræ præsentiæ substantiarum conversionem, quâ panis jam sit corpus, semper fuisse conjunctam : undè eam conversio-

---

[1] *Apol.*, cap. XV, — [2] In lib. *Concord.*, art. 6, p. 330. — [3] Vid. *Conc. Rom.* VI; Labb., tom. X, col. 378.

nem contentiosiùs quàm veriùs à Luthero fuisse rejectam vir doctissimus observavit, et ipsa Lutheri verba testantur [1].

ARTICULUS IV.

De præsentiâ extra usum.

Non fuerit difficilior de præsentiâ extra usum litigatio, si res ad originem atque ipsa principia reducatur. Neque enim eam aut *Confessio Augustana*, aut *Apologia*, aut *Articuli Smalcaldici* reprehendunt; neque in primis disputationibus inter catholicos et protestantes habitis, de illâ præsentiâ aut eam consecutâ elevatione ulla legitur unquàm fuisse concertatio.

Præsentia extra usum nullibi rejecta in Confessione Augustanâ, aut in Apologiâ · elevatio diù retenta ac nunquam improbata: antiqui ritus.

Neque lutherani in *Confessione Augustanâ* ejusque *Apologiâ* elevationem memorant inter ritus à se sublatos aut reprehensos: quin potiùs in eâdem *Apologiâ* memorant cum honore Græcorum ritum, in quo fiat consecratio à manducatione distincta [2]: neque Lutherus aut lutherani ab elevatione abhorrebant aut eam sustulerunt, nisi ad annum 1542, 1543, neque tamen improbarunt: imò retineri potuisse fatebantur, ut esset testimonium præsentiæ Christi [3].

Neque eâ de re cum viro doctissimo contendere opus est, postquàm ipse constituit ad institutionis verba *eorumque vi* fieri conversionem panis in corpus: nec immeritò. Non enim dixit Christus: *Hoc erit;* sed: *Hoc est;* aut apostoli manducare jussi ut esset Christi corpus, sed *quia erat;* cujus dicti simplicitas, și semel infringitur, concident universa Lutheri et lutheranorum argumenta περὶ τοῦ ῥητοῦ: zuingliani et calvinistæ eorumque dux Berengarius vicerint. Utcumquè autem rem habeant, sanè attestatur præsentiam Christi ipsa asservatio, quam nemo negaverit in Ecclesiâ fuisse perpetuam; namque ab ipsâ origine domum deportatus, atque ad absentes et ægros delatus, ac diù asservatus sacer iste cibus: attestatur et illud antiquissimum atque apud Græcos celeberrimum quod vocant Præsanctificatorum sacrificium. Non solent autem nunc docti lutherani improbare eos ritus quos anti-

[1] Luther., *de Capt. Babyl.* — [2] *Apolog.*, tit. *de Cœn.* et *de vocab. Miss.*, p. 157, 254. — [3] Vid. Luth., *parv. Conf.*, an. 1544.

quissimos esse constiterit. Neque circumgestatio Christum ex Eucharistiâ depellat, neque ab usu esuque aliena est, cùm et reservata et circumgestata hostia comedi jubeatur; quod sufficit ut tota sacramenti ratio impleatur.

ARTICULUS V.

De Adoratione.

LXXVIII. *Adoratio exhibita Christo: Tridentina synodus: Lutheri sacramentum adorabile.*

Quid in hoc sanctissimo Sacramento adoretur catholica Ecclesia non relinquit obscurum, ipsâ Tridentinâ synodo profitente « in sancto Eucharistiæ sacramento Christum unigenitum Dei Filium esse cultu latriæ etiam externo adorandum [1] : » quo sensu eadem synodus docet « latriæ cultum Sacramento exhibendum, eò quòd illum eumdem Deum præsentem in eo adesse credamus, quem Pater introducens in orbem terrarum dicit : *Et adorent eum omnes Angeli* [2]. » Quo etiam sensu Lutherus ipse, nequicquam frementibus zuinglianis, in ipso vitæ exitu, ne sententiam mutasse videretur, *adorabile Sacramentum* dixit [3].

ARTICULUS VI.

De Sacrificio.

LXXIX. *Iste articulus à vero clarissimo compositus. Græcorum Missa laudata in Apologid: quæ illa maximè improbavit procul sunt à catholicis.*

Laudat vir eruditus Cyprianum et Cyrillum, qui vocant Eucharistiam *verissimum ac singulare Sacrificium, Deo plenum, verendum, et sacrosanctum Sacrificium* : alios in rem sanctorum Patrum locos, oblationem, imò immolationem arcanam et invisibilem professos à visibili manducatione distinctam. Ipse ultrò haud refugit quin admittatur « non modò sacrificium impropriè dictum, sed etiam incomprehensibilis quædam oblatio corporis Christi, semel pro nobis in mortem traditi, atque hoc sensu verum, aut si ita loqui cupias, quodam modo propriè dictum sacrificium. » Neque de *propriè dicto* dubitat, nisi secundùm eam acceptionem quâ *propriè dictum sacrificium* occisionem includit. Atque hæc, si eo modo quo à summo viro dicta sunt proponantur, catholicam doctrinam complectentur integram; quam sanè doctri-

---

[1] Sess. XIII, can. 6. — [2] *Ibid*, cap. v. — [3] Luther., *cont. art. Lovan.*, art. 28.

nam neque *Confessio Augustana* aut *Apologia* refugiant. Id enim vel maximè atque assiduè improbant, Missam esse opus quod homines sanctificet absque bono motu utentis, aut quod actualia peccata dimittat, cùm crucis sacrificio originale deletum sit, aut alia ejusmodi, quæ ne quidem catholici somniarint.

Laudat autem *Apologia* passim [1] Liturgiam græcam, non modò ejusdem cum romanâ sensûs ac spiritûs, verùm etiam iisdem quoad substantialia contextam vocibus.

In utrâque enim ubique inculcatur oblatio victimæ salutaris, corporis scilicet et sanguinis Domini, ut rei præsentis Deoque exhibitæ, cujus etiam societate preces fidelium consecrentur. Quale sacrificium à Patribus agnitum vir clarissimus demonstravit [2] : neque quis meritò refugerit, quin ipsa consecratio etiam à manducatione distincta, præsensque Christi corpus res sit per se Deo grata et acceptabilis; quod quidem nihil est aliud quàm illud ipsum sacrificium ab Ecclesiâ catholicâ celebratum ; ut cœnâ quidem semel positâ, corporisque ac sanguinis creditâ præsentiâ, de sacrificio nullus sit altercandi locus.

ARTICULUS VII.

De Missis privatis.

Sanè fatendum est Missas privatas, sive sine communicantibus, in *Confessione Augustanâ* et *Apologiâ* passim haberi pro impio cultu. Id tamen intelligendum videtur saniore ac temperatiore sensu, propter quasdam circumstantias potiùs quàm propter rem ipsam. Adeò enim abest cruditus auctor ab illis Missis condemnandis, ut secundo postulato non abhorrere se ab iis ultrò fateatur, neque præliminari suâ unione factâ, prohibiturum lutheranos quominùs sacris nostris, privatis, inquam, illis intersint.

LXXX.
Lutheranorum usus : Ecclesiæ mens.

Neque verò id ex suo sensu promit : sed palàm profitetur nec ab ipsis *Confessionis Augustanæ* professoribus Missas illas privatas haberi pro illicitis, cùm « intra suas quoque ecclesias pastores sibi ipsis, nemine ampliùs præsente, sacram Cœnam interdùm

[1] Cap. *de Cœnâ*, p. 157; *de Vocab. Miss.*, p. 274.— [2] Vid. inf., n. 81.

exhibeant; » quod et ab aliis dictum comperimus et ipso usu certum. Necessitatis casum obtendunt ; at si ea erat Christi voluntas et institutio, ut sacramentum non consisteret absque communicantibus, profectò præstabilius erat non communicare pastores quàm communicare præter Christi institutum ; cùm præsertim ex eorum sententiâ, de accipiendâ Cœnâ nullum sit præceptum dominicum, sit autem gravissimum ne præter institutionem accipiant.

Procul ergò abest illa quam fingunt necessitas. Quare dùm solitarias, ut vocant, privatasque Missas illi quoque celebrant et probant, satis profectò intelligunt dominicæ institutioni satisfieri, si apparato Domini convivio fideles invitentur ut et ipsi participent ; quod pio et antiquo more synodus Tridentina præstitit[1] ; nec si assistentes à capiendo sacro cibo abstineant, ideò aut pastores eo privandi, aut magni Patrisfamilias mensa minùs instruenda erit, cùm nec ipsi assistentes contemptu, sed potiùs reverentiâ abstineant, et voto spiritualique desiderio communicent, et interim spectatis mysteriis crucisque ac dominici sacrificii repræsentatione piam mentem pascant : adeòque nec æquum sit Missas eás *privatas* appellare ac *solitarias*, quæ et plebis quoque nomine et causâ, nec sine ejus præsentiâ piisque desideriis celebrentur.

ARTICULUS VIII.

De Communione sub utrâque specie.

LXXXI. Non omnia quæ Christus fecit ad substantiam institutionis pertinent : agnitum à lutheranis : utrâque species Luthero res nihili.

Ex his luce est clarius utramque speciem non pertinere ad institutionis substantiam. Non enim magis ad eam pertinet quàm communicatio circumstantis plebis aut Cœnæ celebratio cum communicantibus. Neque enim Christus solus celebravit, solus accepit : sed cum discipulis, quibus etiam dixit ; « Accipite, comedite, bibite, » et quidem *omnes* quotquot adestis *hoc facite* ; et tamen lutherani quoque probant accipi à ministris alio ritu modoque quàm « Christus instituit atque in Evangelio describitur. » Ipsius eruditi viri in secundo postulato verba transcribimus, in quibus profectò semper agnoscimus pium illud pacis studium,

[1] Sess. XXII, cap. VI.

quod argumento est non quæcumque Christus fecit, dixit, instituit, ad ipsam institutionis substantiam pertinere. Fregit quoque panem, nec sine mysterio, cùm et illud addiderit : « Hoc est corpus meum, quod pro vobis frangitur; » et tamen lutherani non urgent, neque usurpant fractionem illam dominicæ in cruce fractionis ac vulnerationis testem. Quare fixum illud : ad salutem sufficere Cœnam eo modo sumptam quæ ipsam rei substantiam atque institutionis summam complectatur. Substantia autem hujus Sacramenti ipse Christus, sub utrâque specie totus, quod et lutherani fatentur, ut vidimus : summa institutionis est annuntiatio mortis dominicæ ejusque commemoratio, quam in unâquâque specie fieri satis constat, attestante Paulo ad earum quamlibet edixisse Dominum : « Hoc facite in meam commemorationem. » Neque Græci, quibus de commixtis speciebus nullam litem movent, magis annuntiant dominicam mortem corpusque à sanguine separatum quàm nos; neque Ecclesia catholica alterius speciei sumptionem ex contemptu omittit; quippe quam et probat in Græcis sibi communicantibus et Latinis etiam piè atque humili animo petentibus sæpè concessit. Neque statim indixit plebi ut à sacro sanguine abstineret, sed ultrò abstinentem irreverentiæ ac sacri cruoris per populares impetus effundendi metu laudans, ultroneam consuetudinem post aliquot sæcula legis loco esse voluit : quo etiam ritu mersionem in baptismo sublatam neminem eruditum latet. Neque lutherani ab initio rem urgebant, atque omninò constat diutissimè totiusque adeò quindecim vel viginti eoque ampliùs annis post lutheranam reformationem initam, sub unâ specie in eâ communicatum fuisse, neque proptereà quemquam à communione ac sacrâ Christi mensâ fuisse prohibitum. Quin ipse Lutherus communionem sub unâ vel utrâque specie, inter indifferentia, qualis erat sacri cibi per manum tactio; imò verò inter res *nihili* memorabat[1]; quod posteà, exacerbatis animis, plebis potiùs studio quàm magistrorum arbitrio crimini versum fuit. Id ergò vult Ecclesia ut petant, non arripiant, ne piam matrem accusare et Sacramentorum ritus licentiùs quàm religiosiùs mutare sinantur.

[1] Epist. *ad Casp. Gust., Form. Miss.*, an. 1523.

ARTICULUS IX.

De aliis quinque sacramentis, ac primùm de pœnitentiâ et absolutione.

LXXXII. De absolutione privatâ in *Confessione Augustanâ* traditur [1],
Absolutio
verum sa- quòd *retinenda sit* ; et in antiquis editionibus legitur : « Damnant
cramen-
tum; Con- novatianos, qui nolebant absolvere eos qui lapsi post baptismum
fessio Au-
gustana, redeant ad pœnitentiam. » *Apologia* verò : « Absolutio, inquit,
Apologia:
de parti- propriè dici potest sacramentum pœnitentiæ. » Capite verò *de*
bus pœni-
tentiæ ac *numero et usu sacramentorum*, posteà quàm sacramentorum
præsertim
de contri- propriè dictorum definitionem attulit, ut sint *ritus à Deo mandati*
tione nulla
difficultas. *additâ promissione gratiæ*, subdit : « Verè igitur sacramenta
sunt baptismus, Cœna Domini, absolutio, quæ est sacramentum
pœnitentiæ ; nam hi ritus habent mandatum Dei et promissionem gratiæ quæ est propria Novi Testamenti [2], » queis nihil est
clarius. Quin etiam inter errores recensetur, « quòd potestas clavium valeat ad remissionem peccatorum non coràm Deo, sed coràm Ecclesiâ ; quòd potestate clavium non remittantur peccata
coràm Deo [3]. »

Neque refugiunt in eodem pœnitentiæ sacramento tres pœnitentis actus, qui sunt contritio, confessio, satisfactio.

Et contritionem quidem *Confessio Augustana* inter partes pœnitentiæ reponit. Sanè contritionem vocat *terrores conscientiæ
incussos agnito peccato* [4]. Neque quis rejiciat dolorem de peccatis,
cum spe veniæ, bono proposito vitæque anteactæ odio ac detestatione, aut ullum est dubium quin sint actus boni ac necessarii,
dicente Domino : « Pœnitentiam agite ac resipiscat unusquisque
vestrûm. »

LXXXIII. De confessione in *Articulis Smalcaldicis* : « Nequaquàm in
Confessio
et absolu- Ecclesiâ confessio et absolutio abolenda est [5]. » Quòd autem enu-
tio pecca-
torum pro- meratio delictorum in *Confessione Augustanâ* rejici videatur,
bata lu-
theranis. ideò fit, quòd *sit impossibilis juxta Psalmum :* DELICTA QUIS INTELLIGIT [6] ? Sed hunc nodum solvit *Catechismus minor* in *Concordiæ*
libro inter authenticos libros editus, ubi hæc leguntur : « Coràm

---

[1] Art. 11. — [2] P. 200 et seq., cap. *de Pœnit.* — [3] *Ibid.*, p. 164. — [4] Art. 12.
— [5] Art. 8, *de Confess.* — [6] *Confess. August.*, art. 12.

Deo omnium peccatorum reos nos sistere debemus; coràm ministro autem debemus tantùm ea peccata confiteri quæ nobis cognita sunt, et quæ in corde sentimus ¹. » Subdit : « Deniquè interroget confitentem. Nùm meam remissionem credis esse Dei remissionem? affirmanti et credenti dicat : Fiat tibi sicut credis; et ego ex mandato Domini nostri Jesu Christi remitto tibi tua peccata, in nomine Patris, etc. ². »

Certum est protestantes à satisfactionis doctrinâ ideò maximè abhorrere, quia unus Christus pro nobis satisfacere potuit; quod de plenâ et exactâ satisfactione verissimum, neque unquàm à catholicis ignoratum. Non est autem consectaneum ut si Christiani non sunt solvendo pares, ideò nec se teneri putent ut pro suâ facultaculâ Christum imitentur, dentque id quod habeant de ejus largitate, affligentes animas suas, in luctu, in sacco, in cinere ac peccata sua eleemosynis redimentes, offerentes deniquè, more Patrum à primis usque sæculis, qualescumque suas satisfactiones in Christi nomine valituras ac per cum acceptabiles; ut suprà diximus³, ex Tridentinâ synodo, sess. XIV. Quare nec satisfactio rectè intellecta displiceat, cùm dicat *Apologia* : « Opera et afflictiones merentur non justificationem, sed alia præmia ⁴. » *De eleemosynâ verò*, quæ vel præcipua inter illa satisfactoria opera recensetur : « Concedamus et hoc, inquiunt, quòd eleemosynæ mereantur multa beneficia Dei, mitigent poenas, quòd mereantur ut defendamur in periculis peccatorum et mortis⁵; » quæ sanè eò pertinent ut, rejectà *satisfactionis*, quam universa antiquitas admisit, voce, tamen rem ipsam admittant.

LXXXIV. Satisfactio quoque probata.

ARTICULUS X.

De quatuor reliquis sacramentis.

En igitur jam tria sacramenta eaque propriè dicta, baptismus, Cœna, absolutio, *quæ est Pœnitentiæ Sacramentum*. Addatur et quartum : « Si Ordo de ministerio verbi intelligatur, haud gravatim vocaverimus Ordinem sacramentum; nam ministerium

LXXXV Ordo Apologiæ propriè sacramentum, confirmatio, unctio antiqui ritus.

¹ P. 378. — ² P. 380. — ³ N. 12. — ⁴ *Resp. ad arg.*, p. 136. — ⁵ *Ibid.*, p. 117.

verbi habet mandatum Dei, et habet magnificas promissiones [1]. »

De ritu ordinandi nulla erit difficultas, cùm vir clarissimus in quinto postulato, unione quidem præliminari factà, nullam velit esse quæstionem quin ordinationes more romano fieri debeant. Non ergò improbatus ordinandi ritus, quem, factà unione, retinendum censet.

Confirmationem sanè et extremam Unctionem fatentur esse « ritus acceptos à Patribus, non tamen necessarios ad salutem ; quia non habent mandatum, aut claram promissionem gratiæ [2]. » Nemo tamen negaverit sic *acceptos à Patribus*, ut et à Scripturâ deducerent : Confirmationem quidem ab illà apostolicâ manûs impositione, quâ Spiritum 'sanctum traderent; sacram verò Unctionem infirmorum, quam *extremam* vocant, ab ipsis Jacobi verbis [3], qui hujus sacramenti presbyteros assignet ministros, ritum in unctionem cum oratione conjunctam, promissionem autem *remissionem peccatorum,* quæ promissio nonnisi à Christi instituto proficisci queat, Jacobo hujus institutionis ac promissionis tantùm interprete. Sic etiam apostoli impositione manûs nihil aliud tradebant credentibus nisi ipsum à Christo promissum Spiritum, quo ad profitendum Evangelium, virtute ab alto induti, firmarentur.

De matrimonio *Apologia* sic decernit : « Habet mandatum Dei : habet promissiones [4]. » Quod autem attribuit eas promissiones « quæ magis pertineant ad vitam corporalem, » absit ut neget alias potiores ad progignendos educandosque Dei filios et hæredes futuros, ac sanctificandam eam corporum animorumque conjunctionem, quæ in Christo et Ecclesiâ magnum sacramentum sit, à Deo quidem institutum, sed à Christo Dei Filio restitutum ad priorem formam undè etiam inter christiana sacramenta cum baptismo recensitum antiquitas credidit, ut tradit Augustinus [5], sicut prædiximus [6].

LXXXVI.
Sacramenta septem non ejusdem na-

Ergò, enumeratione factà, septem tantùm computamus sacros à Deo Christoque constitutos ritus, et signa divinis firmata promissionibus; neque proptereà necesse est hæc omnia sacramenta

---

[1] *Apol.,* ibid., p. 201. — [2] *Ibid.* — [3] *Jacob.,* v, 14. — [4] *Ibid.,* p. 202. — [5] *De nupt. et concup.,* lib. I, n. 11. — [6] Sup., n. 22.

ejusdem necessitatis esse, cùm nec Eucharistia paris cum baptismo necessitatis habeatur. Omninò enim sufficit divina institutio atque promissio. Neque immeritò vir doctus hanc controversiam inter eas recenset, quæ, verbis intellectis, non modò emolliri, sed etiam conciliari possit. Atque hæc de sacramentis, in quibus pertractandis maximas controversias ex ipsis lutheranorum libris symbolicis compositas videmus.

cessitatis: de hoc sacro septenario ex viro clarissimo facilè componi potest.

CAPUT III.

De cultu et ritibus.

ARTICULUS PRIMUS.

De cultu et invocatione Sanctorum.

De hoc articulo nullam aliam conciliationem quæsiverim quàm eam quæ à viro clarissimo proposita est titulo *De invocatione Sanctorum,* annotatis iis quæ eum in locum observavimus. Cæterùm eâ de re nulla potest esse controversia, postquàm vir doctissimus et lutherani æquiores atque eruditiores in quarti et quinti sæculi doctrinam consenserunt; de quorum sæculorum doctrinâ et praxi circa invocationem Sanctorum et reliquiarum cultum, attestantibus ipsis reformatis quos vocant, Dallæo imprimis libro eam in rem edito, aliis consentientibus, pridem constitit, totque hujus rei in illâ antiquitate exempla suppetunt, ut nulla dubitatio superesse possit.

LXXXVII. *A viro clarissimo compositus: nec nisi spretâ antiquitate rejiciendus.*

ARTICULUS II.

De cultu Imaginum.

Multis rationibus Lutherus lutheranique contra calvinistas evicerunt præceptum illud Decalogi : « Non facies tibi sculptile, » etc., adversùs eos conditum qui ex idolis deos faciunt; undè multi eorum ipsiusque Lutheri libri adversùs imaginum confractores, deque imaginibus etiam in templo retinendis memoriæ causâ, quæ jam pars honoris. Et quidem omnis cultûs ratio

LXXXVIII *De imaginibus Lutheri ac lutheranorum sententia, ac viri clarissimi doctrina septimæ Sy-*

nodo ac Tridentinæ concinens.

indè proficiscitur, quòd imagines, viro docto interprete, « tanquàm visibile et in oculos recurrens instrumentum adhibentur quo Christi aut cœlestium rerum memoriam, » deindè per memoriam pios affectus excitent, qui semel in animo orti, per exteriores actus innoxiè se prodant. Placet ad prohibendos excessus viri docti doctrina, decretis Tridentinis consona, quòd « imaginibus nulla credatur inesse divinitas vel virtus propter quam sint colendæ [1]. » Addatur et illud ex septimâ synodo : « Imaginis honor ad primitivum transit [2], » et illud ex beato Leontio in eâdem synodo [3] : « In quâcumque salutatione vel adoratione intentio exquirenda; cùm ergò videris christianos adorare crucem, scito quòd crucifixo Christo adorationem offerant et non ligno. Deletâ enim figurâ separatisque lignis, projiciunt et incendunt. Itaque ad imaginem quidem corpore inclinamur, in archetypo autem mente et intentione defixi, figuras honoramus, salutamus atque honorificè adoramus, utpotè per picturam suam ad ipsum principale ejusque recordationem attrahere nos valentes. » Quæ et elucidationis gratiâ protulimus, ac ne septima synodus in Oriente juxta atque Occidente suscepta, ex pravo intellectu ampliùs infametur.

ARTICULUS III.

De oratione absque oblatione pro mortuis, et Purgatorio.

LXXXIX.
Viri clarissimi consensus: Apologiæ loci, in quibus Aerii hæresis, Epiphanius et antiquæ liturgiæ laudantur.

Audiatur *Apologia Confessionis Augustanæ* à viro clarissimo citata in testimonium : « Quod allegant Patres de oblatione pro mortuis quam nos non prohibemus [4]; » et infrà Epiphanius citatur memorans « Aerium sensisse quòd orationes pro mortuis sunt inutiles, neque nos Aerio patrocinamur. » Ergò precationes eas fateantur necesse est utiles esse iis pro quibus fiunt; quam utilitatem si negaverint ac rejecerint, profectò contra professionem suam tam claram Aerio patrocinabuntur. Id enim est quod Epiphanius in Aerio reprehendit. Sin autem orationem quidem probemus pro mortuis, oblationem verò improbemus, pars esset er-

---

[1] Sess. XXV, *de Invoc.*, etc. — [2] Act. 7; Labb., tom. VII, col. 555. — [3] Act. 4; ibid., col. 235 et seq. — [4] *Apol.*, cap. *de Vocab. Miss.*, p. 274, 275.

roris Aerii quem *Apologia* cum Epiphanio et antiquis rejicit.
Damnat enim Epiphanius Aerium dicentem : « Quæ ratio est
post obitum mortuorum nomina appellare [1] ? » ubi perspicuum
est allegari ritum, teste Augustino, in universâ Ecclesiâ frequen-
tatum « ut pro mortuis, in sacrificio cùm suo loco commemo-
rantur, oretur, ac pro ipsis quoque id offerri commemoretur [2]. »
Undè idem Augustinus Aerii hæresim ex Epiphanio sic refert :
« Orare vel offerre pro mortuis non oportere [3]. » Addit Epiphanius : « Cæterùm quæ pro mortuis concipiuntur preces ipsis
utiles sunt [4]. » Ne inane suffragium vivisque non mortuis profu-
turum suspicemur, firmat Augustinus eodem loco dicens : « Orationibus verò Ecclesiæ et sacrificio salutari non est ambigendum
mortuos adjuvari : non est dubitandum prodesse defunctis pro
quibus orationes ad Deum non inaniter allegantur. » Favent
Liturgiæ Græcorum in Apologiâ laudatæ [5], ubi hæc leguntur,
fidelium defunctorum nominibus appellatis : « Pro salute et remissione peccatorum servi Dei N., pro requie et remissione animæ
servi tui N. » Favet et Cyrillus, antiquissimus Liturgiæ interpres,
dùm « pro Patribus » quidem, « Prophetis, Apostolis, Martyribus,
hoc est, pro eorum memoriâ offerri testatur, ut eorum, inquit,
precibus Deus preces nostras audiat [6]. » Cæterùm et id addit, esse
alios pro quibus oretur, eò quòd certò credatur eorum animas
plurimùm sublevari factis precationibus in sacrificio quod est super altari, oblatoque Christo ad eis nobisque impetrandam misericordiam. » Favent in Patribus ejusmodi loci innumerabiles
omnibus noti. Hìc autem liturgias commemorari oportebat, eò
quòd in *Apologiâ* laudarentur, cùm certum sit in iis, quotquot
sunt, duplicem institui mortuorum memoriam ; aliorum quorum
adjuvari precibus, aliorum quibus misericordiam impertiri sup-
plicetur, ejusque rei gratiâ offeratur sacrificium, quâ de re jam
diximus [7]. His autem constitutis, vacabit omnis de purgatorio
controversia; de quo quippe Tridentina synodus nihil aliud
edixerit quàm « et illud esse, animasque ibi detentas fidelium

---

[1] Hær. 75. — [2] Serm. XXXII, *De verbis Apost.*, n. 2. — [3] August., hær. 53. —
[4] Epiph., hær. 75. — [5] P. 274. — [6] Cyrill., *Catech.* V *Mystag.*, p. 238. —
[7] Sess. XXV, *decreto de Purgat.*, sup., 1 part., n. 29.

suffragiis, potissimùm verò acceptabili altaris sacrificio, juvari. »

ARTICULUS IV.

De Votis monasticis.

<small>CX.
Apologiæ
insignis
locus.</small>

De his transacta res est, cùm monachatûs summam, dempto castitatis voto vir doctus approbet, et suis probari, imò et usurpari doceat. De castitate autem ex *Apologiâ* nulla difficultas, cùm in eâ laudentur, sanctisque accenseantur, Antonius, Bernardus, Dominicus, Franciscus [1], qui profectò et castitatem voverunt ipsi, et suis ut voverent auctores extiterunt. De Bernardo, Dominico et Francisco constat; Antonii autem et subsecuto tempore, quod nos votum vocamus, illi propositum plerumquè appellabant, à quo resilire, pedemque retrò referre piaculum esset pari omnium sententiâ, ut res ipsa docuit.

Cæterùm cùm sit liberum amplecti monachatum, non est cur quisquam ejus rei gratiâ unitatem abrumpat. Ad eam autem rem probationem requiri magnam, et fortasse majorem quàm adhiberi soleat, ultrò confitemur. Illud etiam observari placet, si ex *Apologiæ* decretis non modò Antonius, verùm etiam Bernardus, Dominicus, Franciscus, pro sanctis viris habeantur, qui et Deiparam Virginem ac Sanctos quotidiè invocabant, et Missam aliaque nostra omnia, ut notum est omnibus, frequentabant, nihil jam causæ superesse quominùs nos quoque eâdem fide cultuque ad sanctitatis præmia vocari intelligamur.

CAPUT IV.

De fidei firmandæ mediis.

ARTICULUS PRIMUS.

De Scriptura et Traditione.

<small>XCI.
Vulgata
cæteris la-</small>

Vulgata versio, sancti Hieronymi nomine commendata, et tot sæculorum usu consecrata, ex viri doctissimi et catholicorum

---

[1] *Resp. ad object.*, et cap. *de vot.*, p. 99, 281.

placitis, imò verò ex concilii Tridentini verbis[1], ita pro authenticâ habetur, cæterisque *latinis quæ circumferuntur editionibus* præfertur, ut nec textui originali nec antiquis versionibus, in Ecclesiâ sive orientali, sive occidentali receptis et usitatis sua detrahatur veritas et auctoritas, sed usus regatur apud nos, certumque omninò sit eâ versione ad fidei morumque doctrinam asserendam, sacri textûs à Deo inspirati repræsentari substantiam et vim, quod sufficit. Neque litigandum videtur de Traditionibus, cùm viros doctissimos juxta atque candidissimos testes habeamus, eam « protestantium moderatiorum esse sententiam, non solùm ipsam sacram Scripturam nos Traditioni debere, sed etiam genuinum et orthodoxum Scripturæ sensum et multa alia ex Traditione duntaxat esse cognoscibilia: » quæ ex sequentibus firmabuntur.

Sanè hîc à viro doctissimo necessariò postulandum, ut explicet restrictionem illam suam *de articulis tantùm fundamentalibus* ex Traditione interpretandis[2]. Quos enim appellaverit fundamentales articulos? An illos duodecim in Symbolo apostolico, sive in tribus quæ vocant Symbolis recensitos? Parùm nostris controversiis terminandis traditio proficeret, cùm de illis articulis nullam litem habeamus. Vult autem vir doctissimus ad nostras quoque controversias terminandas Traditionem adhiberi interpretem et ducem, ut mox videbimus[3]. Non ergò Traditionis auctoritas ad solos illos fundamentales articulos restringenda est.

ARTICULUS II.

De Ecclesiæ et conciliorum generalium infallibilitate.

Ecclesiam esse infallibilem vir doctus agnoscere videtur his verbis. « Tale Concilium, quod ad nostras controversias supremo et irretractabili judicio decidendas convocandum proponitur, pro fundamento et normâ habeat Scripturam sacram canonicam Veteris et Novi Testamenti, consensumque veteris Ecclesiæ, ad minimum quinque priorum sæculorum, consensum etiam hodiernarum sedium patriarchalium, in quantùm is pro ratione

---

[1] Sess. IV. — [2] *Vid.* sup., n. 46. — [3] Art. seq.

temporum haberi poterit¹. » Undè existit argumentatio luce clarior : quod pro normâ fundamentoque decidendarum fidei quæstionum habetur, illud profectò necesse est certæ et infallibilis auctoritatis esse : atqui consensus « Ecclesiæ nec modò veteris, sed etiam hodiernæ ac patriarchalium hodiernarum sedium pro normâ fundamentoque habetur » decidendarum fidei quæstionum : ergò ille consensus certæ atque infallibilis auctoritatis est. Porrò ille consensus *fundamento* ac *normæ* loco ponitur, non solùm ad decidendas quæstiones circa præcipuos illos ac fundamentales articulos, de quibus nulla lis est, verùm etiam ad omnes nostras controversias dirimendas : ergò ille consensus habendus est infallibilis ac certæ auctoritatis, non tantùm circa illos fundamentales articulos, sed etiam circa omnes illos, qui quocumque modo, ad sacramenta, ad cultum, ad veram pietatem salutaremque doctrinam, atque omninò ad salutem pertineant.

XCIV. Conciliorum quoque infallibilitas ex viri clarissimi decretis.

Neque tantùm Ecclesia ipsa eo modo sit infallibilis, sed etiam concilium illam legitimè repræsentans; cùm vir doctissimus tali concilio nostras controversias, quotquot sunt, reservet judicandas, tam certo judicio ut ab ejus judicii auctoritate recedere nemini liceat², et quicumque recesserit canonum ultioni subjaceat; hoc est, sit anathema ac pro ethnico et publicano habeatur, ut suprà diximus³.

XCV. Et de re Confessionis Augustanæ et Apologiæ concors sententia.

Neque verò hæc sunt viri clarissimi, ut modestè profert, *privatæ cogitationes;* verùm etiam ipsius *Confessionis Augustanæ* et *Apologiæ*⁴; cùm assiduè provocent ad veterem Ecclesiam, imò etiam, suâ doctrinâ expositâ, disertè dicant : « Hæc summa sit doctrinæ quæ in Ecclesiis nostris traditur, et consentaneam esse judicamus propheticæ et apostolicæ Scripturæ et catholicæ Ecclesiæ, postremò etiam Ecclesiæ romanæ, quatenùs ex probatis auctoribus nota sit; non enim aspernamur consensum catholicæ Ecclesiæ. » Memorandumque illud imprimis : « Non enim adducti pravâ cupiditate, sed coacti auctoritate verbi Dei et veteris Ecclesiæ, amplexi sumus hanc doctrinam. » Sic *Confessio Augus-*

---

¹ Tit. *Conc.*, condit. 5. — ² *Ibid.* — ³ Sup., n. 46. — ⁴ *Confess. August.*, Conclus.

tana, art. xxi, et luculentissimè in primis editionibus. In libro verò *Concordiæ*, p. 20, nonnulla detracta sunt; illud scilicet « quòd coacti sint auctoritate verbi Dei et veteris Ecclesiæ [1] : » quasi vererentur de Ecclesiâ fortiùs et magnificentiùs dicere quàm par esset. Eamdem de Ecclesiæ certâ auctoritate doctrinam, sanè in responsione ad argumenta, *Apologia* toties inculcat, ut in locis referendis frustrà operam collocemus. Hæc si non inaniter proferuntur, certo documento sunt, viri doctissimi aliorumque moderatiorum ad veterem Ecclesiam provocantium *Cogitationes*, ex intimo *Augustanæ Confessionis* atque *Apologiæ* sensu esse depromptas [2].

ARTICULUS III.

De conciliorum generalium auctoritate speciatim.

Protestantes catholicis vitio solent vertere quòd cùm Ecclesiæ infallibilitatem agnoscant, de hujus infallibilitatis subjecto nihil certi habeant, cùm pars in Papâ etiam solo, pars in conciliis œcumenicis, pars in Ecclesiâ toto orbe diffusâ infallibilitatem collocent. Horum ergò gratiâ nobis fœdum incerti animi vitium atque apertam repugnantiam objiciunt. Neque animadvertere volunt, eas sententias, quas repugnantes putant, communi omnibus dogmate ac veritate niti. Qui enim Papam vel solum putant esse infallibilem, quantò magis cùm synodum consentientem habeat; si verò synodum, quantò magis Ecclesiam, quam ipsa synodus repræsentat? Aperta ergò calumnia sit, quòd nos catholici de infallibilitatis subjecto nihil certi habeamus, cùm pro indubitato apud nos habeatur, et Ecclesiam catholicam, et concilium eam repræsentans infallibilitate gaudere; concilium autem legitimum illud sit, cui tota Ecclesia et pro œcumenico se gerenti communicet, et rebus dijudicatis adhærescendum sentiat; ut concilii auctoritas ipsâ Ecclesiæ universæ auctoritate et consensione constet; imò verò ipsissima sit catholicæ Ecclesiæ auctoritas.

XCVI. Non est incertum infallibilitatis subjectum. Quodnam Concilium pro œcumenico habeatur.

Tale ergò concilium pro infallibili habemus exemplo majorum. Nam, ut ex multis pauca commemoremus, concilium quintum, à

XCVII. De conciliorum

[1] *Resp. ad object.*, p. 171, etc. — [2] *Ibid.*, p. 141, 145, 146, etc.

et Ecclesiæ infallibilitate loci Concilii V, Cœlestini Papæ in concilio III, S. Augustini S. Cypriani, ac denique ipsius Confessionis Augustanæ.

viro clarissimo inter illa recensitum quæ protestantes admittunt, collatione octavâ ad apostolici concilii exemplar, secutorum conciliorum auctoritatem exigit ; et Cœlestinus Papa ad Ephesinam synodum eamdem in sententiam scribit sic [1] : « Spiritûs sancti testatur præsentiam congregatio sacerdotum ; » ac paulò post : « Sanctum namque est pro debitâ sibi veneratione concilium, in quo utique nunc apostolorum frequentissimæ illius quam legimus congregationis aspicienda reverentia sit. » Undè illud existit pro conciliorum auctoritate luculentum : « Nunquàm his defuit magister quem receperunt prædicandum : adfuit his semper Dominus et Magister, sed nec docentes à suo doctore deserti sunt unquàm ; » ac deniquè illud : « Hæc ad omnes in commune Domini sacerdotes mandatæ prædicationis cura pervenit ; » quam Epistolam universa synodus lectam comprobavit. Et ante illam, Augustinus adversùs Cyprianum, quæstione de non rebaptizandis hæreticis pertractatâ : « Nec nos, inquit, tale aliquid auderemus asserere, nisi universæ Ecclesiæ concordissimâ auctoritate firmati, cui ipse (Cyprianus) sine dubio cederet, si jam illo tempore quæstionis hujus veritas eliquata et declarata per plenarium concilium solidaretur [2]. » Neque hæc immeritò de Cypriano præsumpsit, cujus de Novatiano *ad Antonianum* hæc sunt : « Scias nos primùm nec sollicitos esse debere quid doceat, cùm foris doceat : quisquis ille est, et qualiscumque est, Christianus non est, qui in Christi Ecclesiâ non est [3]. » Liceat et illud ejusdem Augustini de Ecclesiâ adscribere : « Extra illam qui est, nec audit, nec videt ; intra eam qui est, nec surdus nec cæcus est [4]. » Quæ nos viro doctissimo, non ut nescienti suggerimus, sed scienti et docto in memoriam reducimus. Atque ille quò est doctior, eò intelligit certiùs eam fuisse semper synodorum generalium reverentiam, ut quæ judicassent, de iis rursùs quærere piaculi instar haberetur, atque omnes catholici prolatam sententiam pro divino testimonio susciperent. Horum igitur exemplo et ipsa *Confessio Augustana* ad œcumenicam synodum appellabat, editâ præfatione ad Cæsa-

---

[1] *Conc. Ephes.*, part. II, act. 2 ; Labbe, tom. III, col. 614 et seq. — [2] Lib. II, *de Bapt.*, cap. IV, n. 5. — [3] Cypr., *Epist.* LII. — [4] *In Psal.* XLVII, n. 7.

rem¹, et altera pars protestantium, quæ *Argentinensem Confessionem* simul edidit et obtulit ad Cæsarem, in suâ peroratione idem professa est². Consentiebant catholici, et nunc vir quoque clarissimus eòdem nos provocat ut proferatur judicium cui utrinquè stetur; ut non jam de ipsius concilii irretractabili auctoritate, sed de ejus constituendi optimâ et legitimâ ratione quæratur.

ARTICULUS IV.

De Romano Pontifice.

Futuram synodum, ad quam provocabat utraque pars protestantium, à Pontifice Romano convocandam facilè assentiebantur. Atque ipse Lutherus, anno 1537, edidit *Articulos Smalcaldicos* exhibendos concilio per Paulum III Mantuæ indicto et quocumque loco et tempore congregando ; « Cùm, inquit, nobis quoque sperandum esset ut ad concilium etiam vocaremur, vel metuendum ne non vocati damnaremur³. » Ergò et hanc synodum agnoscebat Lutherus, in quâ causam diceret, licet à Papâ convocandam et sub eo profectò congregandam. Neque eò minùs in eodem conventu se Papæ infensissimum præbuit : neque tamen ausus esset abesse ab eâ synodo quam Papa congregaret. Sic ergò vir doctissimus nihil agit novi, dùm quam proponit synodum à Papâ convocandam censet. Neque etiam aliquid agit novi, cùm Papam humano saltem et ecclesiastico jure episcoporum principem et antesignanum agnoscit; cùm Philippus Melanchthon, unus lutheranorum doctissimus ac moderatissimus, eum primatum in *Articulis* quoque *Smalcaldicis* suâ subscriptione agnoscendum duxerit⁴. Nos autem à viro docto ampliora speramus. Scit enim primatum eum, aut nullum, aut à Petro venientem agnosci oportere, et in antiquis testimoniis utrumque conjungi. Sanè manifestum est, in sanctâ Chalcedonensi synodo Paschasinum legatum apostolicæ Sedis, rogatum à Patribus, hanc in Dioscorum protulisse sententiam : « Sanctissimus archiepiscopus

XCVIII.
Hic articulus antiquorum Conciliorum auctoritatibus ac vocibus facilè contexendus.

---

¹ Præf. *Conf. August. ad Cæs.* — ² *Conf. quat. civit.* in perorat. *Syntag., Conf.*, I part., p. 199. — ³ In lib. *Concord.*, p. 298; Præf., ad *art. Smalcald.* — ⁴ In *Conc. lib.*, p. 338.

magnæ et senioris Romæ Leo, unà cum beatissimo Petro apostolo, qui est petra et crepido catholicæ Ecclesiæ et rectæ fidei firmamentum, nudavit Dioscorum episcopatùs dignitate [1]. » Atque huic primam Petri nomine ferenti sententiam, sexcentorum episcoporum assensit synodus; datàque Epistolà agnovit Leonem « sibi, ut caput membris, » præfuisse [2]; ei se, « ut capiti, præbuisse consonantiam ; in eo exauditam Petri vocem, ei vincæ custodiam à Salvatore commissam : undè etiam omnium ecclesiarum archiepiscopum » vocitabant. Nos autem, si de primatu nostram sententiam ederemus, non aliis quàm ejus concilii vocibus uteremur. Præcinit Ephesina synodus, cùm in eam formam pronuntiaverit : sancta synodus dixit : « Nos coacti per sacros canones et Epistolam sancti patris nostri et comministri Cœlestini,... ad hanc lugubrem sententiam venimus [3], etc. » Quam sententiam, rogante et applaudente concilio, Philippus presbyter, Sedis apostolicæ legatus, firmavit his verbis : « Nulli dubium quòd sanctus Petrus apostolorum caput et princeps, fideique columna et Ecclesiæ catholicæ fundamentum, à Domino Salvatore claves regni accepit, qui ad hoc usque tempus in suis successoribus vivit et judicium exercet [4]. »

His ergò omnibus constat in œcumenicis conciliis, iisque probatissimis, Romani Pontificis primatum ita recognitum, ut à Petro atque adeò à Christo venientem. Idem in synodis antiquissimis, Carthaginensi, Milevitanà, Arausicanà secundà, inter authenticas à viro clarissimo recensitis; quarum si gesta recoluntur, pro comperto erit horum conciliorum ad Romanum Pontificem acta esse perlata, quæ Petri, id est, suà à Petro deductà et in Petro institutà, auctoritate firmaret. His consona protulimus in ipso initio sexti sæculi Hormisdæ Papæ temporibus gesta [5], Petrique primatum in successoribus eminentem, ubique terrarum, atque ab ipsâ speciatim Ecclesiâ Orientali stabilitum. Addamus corollarii loco Mennæ patriarchæ constantinopolitani in constantinopolitanà Synodo interlocutionem, totum hujus primatùs officium summâ brevitate complexum : « Verè quod suarum erat

---

[1] *Conc. Chalc.*, act. 3, 4; Labb., tom. IV. — [2] Ibid., *Relat. ad Leon.*, col. 833 et seq. — [3] *Conc. Ephes.*, act. 1. — [4] *Ibid.*, act. 3. — [5] Sup., n. 53.

partium apostolica Sedes exequitur, dum Ecclesiarum constituta inviolata servat, quæ rectæ sunt fidei defendit, ac peccantibus veniam tribuit [1]. » En tria primæ Sedis munia eaque in Ecclesiâ græcâ æquè ac in latinâ, exequi canones, tueri fidem, veniam indulgere resipiscentibus. Multa etiam ei Sedi laudabilis ecclesiarum consuetudo detulit, quæ meritò ad illam divinam ac primitivam institutionem accederent.

De infallibilitate autem Romani Pontificis, aliisque ejusmodi etiam inter catholicos controversis, hîc conticescimus, cùm ea non pertinere ad fidei et communionis ecclesiasticæ rationem, ut jam cæteros omittamus, cardinalis Perronius et ipse Duvallius romanæ auctoritatis defensor acerrimus, ac ne Gallos tantùm commemoremus, imprimis Adrianus Florentinus doctor Lovaniensis, mox Adrianus VI, ac fratres Wallenburgici, clarissima inter Germanos atque inter episcopos nomina, demonstrârunt. Stet ergò primatus jure divino constitutus iis auctoritatibus, quas vir amplissimus unà cum moderatioribus lutheranis veneratur.

ARTICULUS V.

Quid ergò agendum ex antecedentibus. Summa dictorum de fide.

Cùm præcedente fidei declaratione constet præcipuas controversias ex concilii Tridentini decretis, *Confessionisque Augustanæ, Apologiæ*, aliisque lutheranorum actis authenticis, et viri clarissimi doctis interpretationibus esse compositas, ex his æstimari potest quid de aliis judicandum. Eumdem ergò virum clarissimum impensè rogatum velim ut, quo est erga pacem studio, hunc adhùc laborem suscipiat, ipse articulos conficiat, quæ à nobis allata sunt ordinet, seligat, contrahat. Summa ergò dictorum hæc erit :

XCIX. Articuli ex Confessione Augustanâ et Apologiâ, viri clarissimi dictis et piæ antiquitatis certissimis placitis compositi memorantur.

I.

Nullum in synodo Tridentinâ nodum, cujus non in eâdem synodo solutionem inveniant : si *Confessio Augustana* ejusque *Apologia* bonâ fide consulantur, difficillima quæque componi, et ea fundamenta poni è quibus nostra dogmata perspicuè deducan-

[1] Vid. hanc Syn.

tur. Nam justificationem Spiritui intùs operanti tribuunt, neque à regeneratione aut sanctificatione distinguunt.

II.

Bonorum operum post justificationem merita probant.

III.

Absolutionem et Ordinationem inter sacramenta habent : ab aliis sacramentis recto intellectu non abhorrent.

IV.

Liturgiam Græcam, in eâque panis et vini veram ac realem in corpus et sanguinem transmutationem laudant, concomitantiam probant : substantialia sacramentorum distinguunt ab accessoriis sive accidentariis; neque oblationem ac sacrificium respuunt : orationes pro mortuis adversùs Aerium ut utiles admittunt, quo purgatorii summa continetur.

V.

Fidei quæstiones ad concilia œcumenica referunt; ab Ecclesiâ vetere, ab Ecclesiâ catholicâ, ab Ecclesiâ Romanâ dissentire nolunt.

VI.

Bernardum, Dominicum, Franciscum, Missam celebrantes, nec modò voventes continentiam, sed etiam omnia nostra sectantes, Sanctorum numero reponunt.

VII.

Si ex viri doctissimi decretis hodiernarum quoque patriarchalium sedium ratio habeatur, secunda Nicæna synodus recipietur, omnes ferè controversias ipsa liturgia decidet, romana Liturgia cum orientalibus Liturgiis genuina restituetur, omnia probabuntur quæ Latinis Græcisque sunt communia.

VIII.

De Papâ fidem nostram, ex conciliorum Ephesini et Chalcedonensis decretis utrique parti communibus, eorumque perspicuis verbis, facilè conteximus. Idem inferimus ex Milevitani et Arausicani concilii probatissimis gestis.

IX.

Si quartum et quintum quoque sæculum veneremur ac pro normâ habeamus, fatentibus protestantibus, de cultu reliquiarum et Sanctorum invocatione constabit : Eucharistiæ sacrificium idque pro mortuis oblatum agnoscemus.

X.

Justificationis doctrinam Tridentinæ conformem dabimus, ex communibus decretis, ex illis scilicet quæ adversùs pelagianos in conciliis Carthaginensi, Milevitano atque item Arausicano II, adversùs pelagianos definita sunt. Fidem nostram ex eorum ac sancti Augustini verbis atque sententiis contextam agnoscent.

His addantur viri clarissimi de Transsubstantiatione, de Sacrificio, de Sanctorum cultu, de imaginibus, aliisque pacificæ ac luculentæ interpretationes : jam si non omnia, certè summa confecta sunt.

Ex his ergò edatur formula : Subscribatur ; jam fide constitutâ, sequentibus postulatis cum Sede apostolicâ pertractandis locus erit, posito' discrimine inter civitates ac regiones in quibus nullus sedet catholicus episcopus, ac sola viget *Augustana Confessio* et aliàs :

c. Quæ à protestantibus postulari, quæ à Romano Pontifice aut à concilio concedi posse videantur.

I.

Ut in illis quidem superintendentes subscriptâ formulâ suisque ad Ecclesiæ communionem adductis, à catholicis episcopis, si idonei reperiantur, ritu catholico in episcopos ordinentur, in aliis pro presbyteris consecrentur et catholico episcopo subsint.

II.

In eodem priore casu, ubi scilicet sola viget *Confessio Augustana* nullique catholici episcopi sedem obtinent, si ipsis ita videatur ac Romano Pontifici, consultis etiam Germanicis ordinibus, novi episcopatus fiant et ab antiquis sedibus distrahantur : ministri item in presbyteratum catholico ritu ordinentur et sub episcopo curati fiant : iidem novi episcopatus catholico archiepiscopo tribuantur.

III.

Novis episcopis ac presbyteris quàm optimè fieri poterit reditus assignentur : sedulò agatur cum Romano Pontifice ut de bonis ecclesiasticis lis nulli moveatur.

IV.

Episcopi *Confessionis Augustanæ*, si qui sunt de quorum successione et ordinatione constiterit, rectam fidem professi, suo loco maneant ; idem de presbyteris esto judicium.

V.

Missæ solemnes ritu catholico, verbi divini prædicatione post lectum Evangelium pro more interjectâ, celebrentur, commendentur, frequententur : in divinis officiis vernaculâ linguâ quædam concinantur, posteà quàm examinata et approbata fuerint : Scriptura in linguam vernaculam versa emendataque, ac detractis additionibus, qualis est vocis illius *sola fides*, etc., in ipso Pauli textu et aliæ ejusmodi, inter manus plebis maneat, publicè etiam legi possit destinatis horis.

VI.

Communicaturi quicumque, ut id faciant in solemni Missâ ac fidelium cœtu sedulò incitentur : de hâc communione sæpè celebrandâ in eamque praxim instituendâ vitâ plebs serio doceatur : si desint communicantes, haud minùs Missæ fiant, ac celebrans ipse communicet ; omnibus presbyteris eo ritu celebrare liceat pietatis studio non quæstu ; neque presbyteri tolerentur quibus victûs ratio in solâ Missarum celebratione sit posita (*a*).

(*a*) In eo loco codicis quem sinceriorem et castigatiorem esse comperimus, illustrissimus Auctor quædam eraserat, et ad marginem hanc notam propriâ manu apposuerat : *Nota ea quæ deleta sunt fuisse missa ad Mol. et Leibn.* Nos verò erasa à viro oculatissimo et prudentissimo, in contextum admittere noluimus, rati nimirùm D. Bossuet in recolendo hoc suo opere, quâ erat moderatione et modestiâ, forsan timuisse ne de gravioris momenti articulis, inconsulto

VII.

Novi episcopatus seu novæ parochiæ ne monachorum ac monialium cœtus cogantur admittere : ad eos amplectendos adhortationibus, castisque et castigatis ad sui instituti originalem ritum moribus, invitentur.

VIII.

A Sanctorum ac reliquiarum atque imaginum cultu, superstitiosa quæque et ad lucrum composita, ex concilii Tridentini placitis [1] atque ibidem traditâ episcopis auctoritate, arceantur.

IX.

Publicæ preces, *Missales*, ac *Rituales* libri, *Breviaria*, Parisiensis, Rhemensis, Viennensis, Rupellensis, atque aliarum nobilissimarum ecclesiarum, Cluniacensis quoque archimonasterii totiusque ejus Ordinis exemplo, meliorem in formam componantur : dubia, suspecta, spuria, superstitiosa tollantur; priscam pietatem omnia redoleant; deniquè, si fieri potest, œcumenicum concilium celebretur reformandis moribus ac reliquis errantibus reducendis : relegantur quæ Tridentino concilio, à Ferdinando Cæsare, et Carolo Nono christianissimo Rege sunt proposita; eorum pro conditione temporum ac locorum ratio habeatur; cætera ad reformationem necessaria maturo consilio digerantur.

---

[1] Sess. XXV, *de Invoc. Sanctorum*, etc.

summo Pontifice, cum lutheranis transigeret. Verumtamen ne quis apud protestantes queri possit mutilatum à nobis fuisse codicem, et ut sciant omnes quantâ fide, quàmque diligenti codicum collatione adhibitâ hanc controversiam ediderimus, erasa verba hic restitui et exhiberi curavimus. Illa autem hæc sunt : « Sacra Eucharistia veram fidem, juxta præcedentes articulos, semel professis, nullâ novâ cautione sub utrâque specie tradatur : sacramenti reverentiæ consulatur.

» Superintendentibus ac ministris in episcopos ac presbyteros ex hujusmodi pacti formulâ ordinatis, quandiù erunt superstites, sua conjugia relinquantur; ubi decesserint, cælibes præficiantur, multâ probatione, ætate maturâ. » (*Edit. Leroi.*)

ARTICULUS VI.

De concilio Tridentino.

<small>CI.
Quod illud concilium quoad ll- dem, ubique et in ipsâ Galliâ sine controversiâ receptum sit.</small>

Operosissimam protestantibus visam quæstionem de recipiendo concilio Tridentino ultimo loco ponimus. Ac primùm certum est eam synodum in fidei rebus ab omnibus catholicis pro œcumenicâ et irretractabili habitam.

Non desunt qui arbitrentur ab eâ sententiâ procul abesse Gallos, sæpè professos eam synodum non esse in regno receptam; sed id intelligendum de solâ disciplinâ, de quâ recipiendâ, propter diversas morum locorumque rationes, illæsâ dogmatum fide, sæpè variari contigit; non autem extendendum ad firmam et irreformabilem fidei regulam. Innumerabilia acta exstant in ipso concilio et post concilium à regni ordinibus singillatim et universim regiâ etiam auctoritate edita, quibus constat intercessiones quæcumque factæ sunt, non spectare fidem, sed disciplinæ ordinem regni prærogativam sive, ut aiunt, *præcedentiam*, libertatem, statum, illæsâ concilii doctrinâ ac fide, cui episcopi gallicani in concilio absolutè subscripserunt, et post concilium adhæserunt adhærentque, summâ scholarum, ordinum, cœtuum, totius deniquè regni consensione; ne quis adversùs concilium regni gallicani auctoritate utatur.

Nihil ergò unquàm fiet aut à Romano Pontifice, aut à quoquam unquàm catholico, quo Tridentina de fide decreta labefactentur. Ne non extingui schisma, sed majore impetu integrari incipiat, ut suprà diximus [1], una restat via, quam vir ipse doctissimus commonstravit, ut declarationis in modum omnia componantur.

<small>CII.
Quomodo Tridentinam synodum admittendam proponamus. Exempla synodorum II, V, VI, VII, genera-</small>

Sanè protestantes moderatiores illos, viroque clarissimo similes, jam synodo placabiliores esse oportet, posteà quàm ejus dogmata recto intellectu antiqua et sana visa sunt, ut coortæ dissensiones non tam in synodum quàm in partium studia, crudis adhùc odiis, conjicienda videantur. Quo loco valeat illud Hilarii à nobis sæpè memoratum : « Potest *homousion* malè intelligi : demus operam ut benè intelligatur [2]. » Deniquè eam synodum,

---
[1] *Suprà*, n. 48, 49. — [2] *De Synod.*, n. 88.

quam à se alienam putant, declarando, intelligendo, approbando suam faciant. lium; Toletanæ XIV

Multis sanè documentis liquet Hispaniarum ecclesias orthodoxas certis impedimentis ad sextam synodum neque convenisse, neque vocatas fuisse. Quid ergò egerunt cùm ad eas à Leone II et Benedicto II illa perlata est? Nempè id, ut ejus synodi « gesta synodica iterùm examinatione decreta vel communi omnium conciliorum (Hispanicorum scilicet) judicio comprobata salubri etiam divulgatione in agnitionem plebium transeant [1]. » Sic synodum quam non noverant, suam esse fecerunt. Quo etiam ritu aliæ synodi ipsaque adeò Constantinopolitana synodus ab Occidentalibus adoptata, in secundi œcumenici nomen ac titulum crevit. Sic quintam synodum, absque Sede apostolicà celebratam, eadem Sedes apostolica probando fecit suam. Septimam quoque synodum ab eâdem Sede apostolicà totâque orientali Ecclesiâ confirmatam, post aliquot difficultates verborum ac disciplinæ, potiùs quàm rerum ac dogmatum, gallicana quæ non interfuerat, et tota occidentalis suscepit Ecclesia, quâ consensione ejus auctoritas ut in Oriente, ita toto in Occidente, eò usque invaluit, ut nunquàm posteà in dubium revocaretur.

Et quidem Tridentina synodus apud æquos judices per sese valitura est. Quod autem passim protestantes objiciunt concilium illud non esse œcumenicum, eò quòd in illo cum catholicis episcopis ipsi non sederint judices, sed ab adversâ parte latum sit judicium : huic profectò querelæ si daretur locus, nulla unquàm concilia extitissent aut extare possent; cùm nec Nicæna synodus novatianos ac donatistas admiserit, neque unquàm hæretici nisi à catholicis judicari queant, neque qui ab Ecclesiâ secesserunt, nisi ab iis qui unitatem servant. Neque lutherani, cùm zuinglianos, factis synodis, condemnarent [2], eos assessores habuere; nec æquitas sinebat à catholicâ Ecclesiâ haberi judices, etiam episcopos, Anglicos, Danicos, Suecicos, aperta odia professos; quippe qui ab Ecclesiâ Romanâ ut impiâ, ut idololatricâ, ut antichristianâ recessissent; nedùm Germaniæ protestantis ministros CIII.
An iniqua synodi sententia, quòd à partibus adversis lata videatur.

[1] Leon II, *Epist.* IV, V; *Conc. Tolet.* XIV, can. 4, 5; Labb., tom VI, col. 1249, etc., 1280, etc. — [2] Vid. lib. *Concord.*, passim.

aut superintendentes, qui ne quidem essent episcopi ; cùm solis episcopis locum in synodo deberi universa antiquitas et vir ipse doctissimus fateatur.

Sed hæc contentiosa omittamus : accedant, discutiant, privatim examinent, æquas et commodas ex ipso concilio repetitas declarationes admittant, acta sua symbolica conferant cum synodi nostræ decretis, pacificum et catholicum induant animum; sic Tridentinam synodum sibi quoque haud ægrè œcumenicam facient (*a*).

CIV.
De ejusdem concilii anathematismis.

Video commoveri quosdam adversùs Tridentinos anathematismos, quasi Augustana aliæque protestantium Confessiones mitiores fuerint, quæ ubique inculcent adversùs anabaptistas, sacramentarios aliasque sectas, atque adversùs Romanam Ecclesiam suum illud : « Damnant, rejiciunt, improbant, tanquàm impium, abominabile, idololatricum, » exprobratâ etiam nobis ubique acerbissimis verbis totius Evangelii Christique adeò ipsius ignorantiâ; quæ quàm immeritò jactata sint æqui vident judices.

CV.
Viri clarissimi Leibnizii quæstio ex antedictis solvitur.

Ex his perspicere potest vir clarissimus Leibniz quàm facilis sit solutio quæstionis, in quâ summam ipsam difficultatis reponit : « Utrùm nempè qui ita sunt affecti, ut Ecclesiæ judicio se submittant, eò sint hæretici, quòd certi cujusdam concilii recusandi idoneas rationes habere se putent : et cùm talis quæstio facti sit, an non eo loco sint apud Deum, et in foro poli, ut aiunt, ac si illa Ecclesiæ definitio non esset edita, quia non sunt pertinaces [1]. » His enim ipse verbis quæstionem proponit, datâ ad clarissimum Pelissonium epistolâ, 3 Julii 1692, subditque : « Patres Basileenses haud alio fundamento impulsos videri, ut ad condescensum suprà memoratum devenirent. » Quæ quidem quæstio

[1] *Lett. de M. Leibniz à M. Peliss. du* 3 *juill.* 1692, inf., part. II.

(*a*) Post hæc verba, in hujus dissertationis codice emendatiore scriptum legimus propriâ episcopi Meldensis manu tale mandatum : *Il ne faut point décrire le reste du cahier*. Neque ille aperit quâ de causâ, quove consilio ita factum esse voluerit. Credimus quidem in animo habuisse virum doctissimum, quæ ad Leibnitium de concilio Tridentino gallico idiomate scripserat, ea omnia facere latina, ut in hâc unâ dissertatione celebriorum protestantium omnes difficultates enodatas haberemus. Sed cùm hanc operam vir illustrissimus sive exsequi supersederit, sive omninò non susceperit, nostri officii esse judicavimus reliquam codicis partem intactam relinquere, quæ summam eorum continet quæ in epistolis ad Leibnitium videre licet, parte secundâ hujus collectionis. (*Edit. Leroi.*)

duas habet partes : altera est, utrùm qui ita affectus est sit pertinax et hæreticus, ad quam affirmativè : altera , utrùm exemplo concilii Basileensis sublevari possit, ad quam negativè respondemus.

Ac primam quidem partem ut demonstremus, statuimus primùm pertinacem haberi eum in negotio fidei, qui suo judicio invincibiliter adhæret, postposito Ecclesiæ universæ judicio : hæreticum verò, qui eo modo sensuque est pertinax. Quo posito, aio eos de quibus agitur, ante omnia esse pertinaces ; quia quanquàm id præferunt, se ita esse comparatos ut ecclesiastico judicio subsint, reverà tamen refragantur.

Nempè eam excusationem obtendunt, non Ecclesiæ quidem universim, sed tantùm certis de causis, certi cujusdam concilii à se detrectari auctoritatem atque sententiam, qui sit error facti. Atqui ea excusatio mera est cavillatio. Quam enim causam adducunt hujus synodi refellendæ, eâ causâ omnem synodum, quamcumque voluerint atque utcumquè voluerint, æquo jure abjicere possent. Nam profectò id obtenderunt hodièque obtendunt, ut vidimus, certam illam synodum simul et judicis et adversarii sustinuisse partes, quòd esset iniquissimum : atqui possibile non est alio jure agi, neque hæreticos ab aliis judicari quàm à catholicis ; hoc est, ab iis quos adversarios habeant : quod quidem si absonum judicatur, nec id fieri potest ut ullum ecclesiasticum judicium valeat, nisi adversâ parte ultrò consentiente ; quo uno, uti prædiximus, omnis Ecclesiæ concidit auctoritas, neque ullus contumax, ullus hæreticus haberi aut decerni possit.

Quare nec id verum est quod eruditus Leibniz profitetur, à se abjici tantùm unam certam synodum. Pari enim jure necesse est abjici omnes synodos, in quibus condemnati sunt illi quorum protestantes sive lutherani tuentur sententiam, neque eorum causa aliter stare possit. Rejectâ enim licèt aut suspensâ ad eorum placitum Tridentinâ synodo, facilè tamen intelligunt ab anteactis synodis constitutam non modò realem illam quam ipsi admittunt præsentiam, sed etiam quam negant transsubstantiationem, sacrificium, idque pro mortuis, Missasque privatas et communionem sub unâ specie, primatum Papæ jure divino, purgatorium, cultumque Sanctorum atque imaginum, bonorumque operum merita, aliaque omnia in quibus nostræ versantur controversiæ. Quare id apertè petunt, non modò ut Tridentina synodus, sed etiam omnes illæ quæ à mille annis habitæ sunt, suspendantur, quantâvis christiani orbis consensione gaudeant : neque aliâ de causâ quàm quòd ab adversariis prolatum sit judicium. Quo admisso, primùm ipse Berengarius reviviscet; neque zuingliani, ut à Luthero lutheranisque factum est, rei judicatæ auctoritate premi possint, còque minùs valitura est apud illos hæreticos Ecclesiæ sententia, quòd in eâ definitam unâ cum reali præsentiâ, transsubstantiationem lutherani rejiciunt, rescisso ex eâ parte ecclesiastico judicio, totius orbis licèt consensione firmato. Neque eo loco res stabunt; semel enim emotâ Ecclesiæ auctoritate, novi pelagiani, novi ariani, novi nestoriani adversùs Ephesinum et Chalcedonense, atque aliud qualecumque judicium pari jure consurgent, omnesque hæretici ab omni condemnatione solventur, si id tantùm edixerint se ab adversariis condemnatos fuisse.

Itaque nec illud valet quod ait clarissimus Leibniz, hanc quidem unius facti esse quæstionem ; cùm enim ex eo facto, quod vocant, omnis ecclesiasticorum judiciorum ratio pendeat, nihil est quod ad constabiliendam fidem pertineat magis. Ac si hæc pro facti quæstione habeatur, erit item facti quæstio utrùm in terris vera aliqua ecclesia sit, aut quænam illa sit; neque enim hoc minùs facti erit, quàm illud quod obtendunt. Tùm si ad evitandam pertinaciæ notam, id sufficere putant, ut universim fateantur se Ecclesiæ esse subjectos, licèt aut quæ illa sit, aut ubi sit nesciant, nempè id superest, ut nullus jam pertinax, nullus hæreticus habeatur, certusque aditus pateat ad eam quam vocant religionum indifferentiam ; quod item efficitur si dixeris : Volo quidem concilio me esse subditum, sed cui non liquet. Construatur enim quàm optimâ videbitur ratione concilium ; tamen nihil vetabit quominùs dicas eorum esse numero quæ certis quidem de causis recusare possis, atque eam meri facti esse quæstionem ; quâ causâ et anteacta et secutura concilia æquè convelluntur, neque ullo loco licebit consistere, cùm, quocùmque hæseris, semper invenias ab adversariis judicatos adversarios, neque rem aliter fieri aut excogitari posse.

Et in anteactis quidem sæculis, si totis mille annis ignoratum est ubi esset Ecclesia, quodve esset legitimum concilium, et an ullum ejusmodi aut fuerit, aut esse potuerit, nihil erit causæ cur non ad altiora tempora procedat fluctuatio, caducaque sint omnia. De secuturis verò conciliis idem erit judicium, cùm nulla unquàm ratio allegari possit, cur illud, cui te vis esse subditum, potiori præ cæteris jure habeatur, aut majori omninò consensione factum. Calvinistæ, anabaptistæ, sociniani, uno verbo, quotquot in concilio non aderunt ut judices, se ab adversariâ parte damnatos vociferabuntur, tamque incertum relinquent posteris hujus concilii statum, quàm anteriorum fuisse protestantes contendunt. Summa : Vel hoc concilium erit infallibile ; cur ergò non eodem jure cætera? Vel non erit ; quæ ergò huic major præ cæteris fides ?

Quamobrem quisquis profitebitur se Ecclesiæ esse subditum, seipsum decipiet quoad eò devenerit, ut certà fide credat unam esse Ecclesiam firmis Christi promissis ab omni errore tutam ; in eâque proindè semper esse pastores, et judices fidei quæstionum, quos haud magis licet habere pro adversariis quam Christum ipsum.

Jam quærimus an clarissimus Leibniz ciquc similes in eâ sint sententiâ, necne? Atqui in eâ quidem esse videntur, profiteri visi universalem synodum, atque adeò illam quæ repræsentet Ecclesiam, esse infallibilem, cujus etiam judicio qualecumque futurum sit, stare se recipiant. Rursùs autem ab eâ sententiâ abhorrere videntur ; quippe qui eam sectentur Ecclesiam quæ dogma contrarium statuat, et concedi sibi velint anteactis sæculis multa inutilia vel falsa de fide edita esse decreta, unâque liturà mille annorum gesta deleri postulent, nullà omninò causâ, cur pluris sit illud quod pro fidei regulà habere velle se fingunt.

Quid enim ? an anteacta concilia labefactari putant, quòd Papâ convocante ac præside gesta sint, nullis vocatis nisi suæ communionis episcopis ? Atqui non aliam novæ synodo conditionem dicunt, neque alios ad eam nisi episcopos, eosque Romano Pontifici reconciliatos convocant. An dicent anteactis synodis non eamdem quam huic præscriptam esse regulam? Atqui non aliam figunt quàm Scripturam, accedente consensu præcedentis Ecclesiæ, neque demonstrare possunt aliam unquàm fuisse propositam. An dicent liberius futurum concilium, eò quòd decisio facienda sit ad pluralitatem votorum? Atqui nunquàm aliter gestum fuisse constat. Itaque id unum erit in novà synodo singulare, quòd ad illud celebrandum apposita sit conditio ut litigantes quoque inter judices sedeant ; quo uno omnis ecclesiastici judicii ratio conturbetur.

Neque melior erit protestantium conditio, si aliud causæ obtenderint, puta istud : in illo concilio quod recusant, omnia pravis malisque coitionibus esse gesta. Eà enim ratione nihil agent, quàm ut, aliis verbis, hæreticis omnibus suas excusationes inviolatas relinquant ; quippe cùm victi nunquàm non vocaturi sint pravorum coitionem aut conjurationem eam quâ condemnati sint, nec dioscoritæ cessabunt catholicos Chalcedonensi synodo addictos, *Melchitas*, hoc est, regiæ factionis sectatores dicere ; nestoriani obtendent adversùs Ephesinam synodum, Cyrilli ac Nestorii, sediumque Alexandrinæ ac Constantinopolitanæ contentiones, Sedem apostolicam in partium studia pertractam ejusque adeò prævaluisse auctoritatem, ut etiam Ephesina synodus edixerit damnatum à se esse nestorium Cœlestini Papæ cogentibus litteris. Quæ si audiantur, verum omninò erit nullum haberi posse legitimum et omni exceptione majus concilium, et credituros omnes quidquid collibuerit.

Atque ut omnia nostra momenta in unum colligamus, simulque secundùm clarissimi Leibnizii vota ad exactissimam normam probationes exigamus ; cùm viderimus concilium quod solum et publicè pro œcumenico se gerat, ita ut ab eo nemo se separet, qui non ab eâ quoque quæ concilium agnoscat, ab eoque agnoscatur, Ecclesia pariter separetur; si quis illud concilium rejicere aut pro suspenso habere quovis quæsito colore præsumat, eâque maximè causâ quòd à separatis pro adversario habeatur, omnia concilia subruuntur, eòque res deducitur, ut ecclesiastica judicia nec sint possibilia, anarchia valeat et quisquis ad libitum fidem suam informet; quâ sententiâ dicimus constare eam, quæ hæresim aut hæreticum constituat, pertinaciam. Si enim, ut ea nota devitetur, dulces sermones ac moderata verba sensaque sufficerent, pertinaces ab aliis, hoc est, hæretici à catholicis nullo certo discrimine haberentur. Sed ut discernatur ille pertinax, qui idem est hæreticus ex apostolico præcepto evitandus [1], hæc ei propria et incommunicabilis adhæret nota, quòd ita sit affectus, ut in suo judicio tantam vim auctoritatemque collocet, quantam nullam in terris superiorem agnoscat, aut simplicioribus verbis, ut suo potiùs sensui quàm Ecclesiæ decretis hæreat. Eò autem devenitur per eam quæ nunc in medium adducitur methodum; ergò eâ methodo nonnisi pertinaces hæreticique fiant; quæ prior pars erat solvendæ quæstionis.

De Basileensium condescensu jam diximus, eaque facilè demonstrarent, nihil eo juvari protestantium postulata. Nam illi quidem concesserunt, ut in suâ synodo discuteretur articulus de quo in Constantiensi synodo decretum factum erat; sed apertè professi eam discussionem non ita institutam quasi de re dubiâ, sed ad elucidationem, ad instruendos imperitos, ad convincendos contumaces, ad infirmos in decretis ac fide Constantiensis concilii confirmandos : protestantes verò de Tridentini aliorumque conciliorum decretis, quasi re integrâ deliberari petunt, nullâ eorum habitâ ratione; quæ quidem quàm immensum discrepent nemo non videt.

CVI. Discrimen condescensûs Patrum basileensium, et ejus quì à protestantibus proponitur

Sanè confitemur Bohemos in communionem admissos, licèt illum articulum nondùm admitterent, neque concilio Constantiensi fidem habere viderentur; sed interim concilio Basileensi sese submittebant, quâ in re à protestantibus mirum in modum dissidebant.

Primùm enim protestantes se quidem concilio submittunt, sed futuro, necdùm convocato nec fortè convocando, sexcentis impedimentis undiquè suborturis; Bohemi verò, concilio inchoato jamque existenti in illustri civitate, ad quod ipsa quæstio continuò deferretur.

Secundò, Bohemi quidem se Basileensi submittunt concilio,

[1] *Tit.*, III, 10.

tanquàm directo à Spiritu sancto adeòque infallibili, atque Ecclesiæ infallibilitatem agnoscunt, ut vidimus; protestantes verò nil tale apertè profitentur; quin potiùs ea fides, illorum decretis à quibus nondùm discesserunt, omninò repugnat; ex quo illud sequitur, Bohemorum quidem causam decreto concilii statim finiendam, protestantium verò alia in dissidia facilè erupturam.

Tertiò, Bohemi Ecclesiam Romanam catholicam pro unà veràque Ecclesià habebant, neque eam aut ejus concilium adversæ partis loco reponebant; imò verò eam, atque ex eà unà congregatam synodum Basileensem pro vero summoque et indubitato judice agnoscebant; quo circa nec pastores suos judicum loco, sed supplicum numero esse postulabant : protestantes verò, secessione factà, eamdem ecclesiam pro parte adversà habent, neque ullam agnoscunt legitimam synodum, cui non litigantes assistant ut judices; quo uno concidere omnem ecclesiasticorum judiciorum rationem, hæresesque et schismata immedicabilia fieri ostendimus, resque ipsa loquitur.

Quartò, Bohemi nihil detrahebant synodorum auctoritati. De unà constantiensi tacere velle videbantur, neque ex causà generali, quæ ad anteacta concilia trahi posset, qualis esset illa : quòd ex parte adversà congregata esset; verùm exceptione quàdam singulari, quòd in eà synodo inauditi damnati essent, quòd, datà audientià à Basileensibus facilè reparari posset : contrà protestantes non id obtendunt quòd inauditi damnati sint; sciunt enim nunquàm negatam esse audientiam, salvosque conductus, quales postulassent, esse concessos; verùm illud objecerunt pastores suos, nullà licèt verà et episcopali ordinatione suffultos, utcumquè securos, non tamen partium loco audiri, sed judicum auctoritate assidere debuisse; alioquin testabantur detrectari à se judicium ut iniquissimum, et ab adversà tantùm parte prolatum; quæ causa cùm ad ante acta concilia traheretur, non uni certo concilio, ut quidem præferunt, certis rationibus auctoritatem detrahunt, sed omnia concilia supra mille annos unâ liturâ obducunt, errantemque et auctoritate cassam per tot sæcula inducunt Ecclesiam; neque ullam pandunt viam, quà anteactis secuturisve sæculis potior aut validior esse videatur, uti prædiximus.

Quintò, Bohemi de uno tantùm articulo contendebant, eoque facilè conciliabili, imò conciliato, si concordati vim rationemque caperent : protestantes verò nihil non commovêre, concussis etiam Ecclesiæ fundamentis, eversis quippe perpetuæ divinæ assistentiæ promissionibus, detractoque Ecclesiæ Spiritùs sancti magisterio; quo fit ut eorum causa, nonnisi refecta totâ semel Ecclesiâ, pro illæsâ atque integrâ haberi queat.

Deniquè etsi cum Bohemis de Constantiensi concilio per œconomiam taceretur, sanè se submittebant ultrò Basileensi concilio, ex capite *Frequens* Constantiensis concilii convocato, ejusque decretis palàm inhærenti, imò apertè professo se ab eorum auctoritate nunquàm recessurum, in eo quoque articulo de quo cum Bohemis agebatur, ut ex Actis ostendimus; quamobrem certo esset futurum, ut Constantiensia decreta firmarentur, quemadmodùm factum est, Bohemique, presso scilicet Constantiensis concilii nomine, in Basileensi, quod æquipolleret, illud agnoscerent. At ab eo concilio quale protestantes postulant, nil nisi odia et schismata expectari possunt; cùm illud coaliturum sit ex partibus de summâ religionis pugnantibus, abolitis etiam quæ à mille annis gesta sunt, tanquàm à tot sæculis nulla christianitas, nulla legitima veraque Ecclesia superesset. Quæ omnia protestantium postulata, cùm à Basileensium condescensu toto cœlo distent, nempè id sequitur, non modò ex eo exemplo nihil eorum sequi quæ nunc postulant, verùm etiam, cùm in eo maternæ Ecclesiæ charitas, ad extremos usque limites processerit, quidquid ultrà petitur absurdum et iniquum videri.

Hùc accedit postremum argumentum, quod nullam protestantibus, in casu à clarissimo Leibniz proposito, excusationem relinquat. Res autem uno verbo transigitur ex epistolâ 13 Julii ad religiosissimam Brinon, datâ 1692, quâ quidem ille questus de fidei definitionibus, ut ipsi quidem videtur, non necessariis, hoc addit : « Si definitiones illæ interpretationibus moderatis salvæ esse possint, benè omnia processura; » atqui ex ejus sententiâ hæ definitiones salvæ esse possunt domini abbatis Molani moderatis interpretationibus in maximis controversiis, ex quibus de reliquis æstimari possit; benè ergò nobis procedunt omnia, nihilque

CVII. Postremum argumentum quo protestantes inexcusabiles habeantur : hujus scripti conclusio.

causæ subest cur amatores pacis ad unitatem non redeant, rei futuri schismatis, nisi redierint.

Quo loco notandum illud, interpretationes eas non ita proponendas tanquàm ab Ecclesiâ romano-catholicâ adhùc reposcendæ videantur; quippe quas ostenderimus claris perspicuisque synodi Tridentinæ decretis ac verbis contineri. Quascumque enim declarationes Abbas doctissimus attulit de justitiâ christianâ, de transsubstantiatione, de sacrificio, de invocatione Sanctorum, de imaginum cultu et aliis ejusmodi, eæ in Tridentinâ synodo, ex eâque relatis decretis facilè reperiuntur; de quibus articulis, si rectè apud nos et inculpatè doceatur, nihil erit cur aliis longè minoris momenti pax ecclesiastica retardari existimetur. Summa ergò rei confecta est, neque remanere in sententiâ, aut à nostro consortio separari licet, nisi eos qui jam in schismate obdurent aut salutem negligant.

Neque respondere oportet ejusdem Abbatis de lutheranis dogmatibus declarationes æquè esse probabiles, adeòque omnia utrinquè æquo jure esse. Primùm enim constat cùm nos ii simus à quibus facta secessio est, eos quoque esse ad quos redeundum, si, salvâ conscientiâ, fieri possit, nostraque doctrina sana et antiqua sit. Atqui talem esse Abbas amplissimus evicit in præcipuis articulis, ex quibus de cæteris æstimari potest, ut diximus; ad nos ergò redeundum, nullaque excusatio superest dissentientibus.

Prætereà liquet interpretationes eas, quibus Abbas doctissimus lutherana dogmata emollit, non esse æquè authenticas ac nostras, cùm hæ Tridenti publicâ, illæ privatâ tantùm clarissimi Abbatis auctoritate constent.

Jam illud certissimum, multa lutherana dogmata, verbi causâ ubiquitatem, atque decretum illud : « Bona opera ad salutem non esse necessaria, » nullâ interpretatione colorari posse ; itaque dominus Abbas ea dogmata procul à christianis auribus amandari sinit. Nihilo tamen seciùs prima illa de ubiquitate tam absona, tam portentosa doctrina, auctore Luthero, totâ ferè sectâ invaluit : altera verò de bonis operibus ad salutem non necessariis publico decreto nusquàm antiquato firmata remanet, atque in protestantium scholis ecclesiisque passim obtinet.

Atque hinc liquidò confirmatur Ecclesiæ catholicæ de suâ infallibilitate suarumque definitionum certâ ac perpetuâ veritate sententia. Nam cùm inter ejusmodi definitiones nullæ sint quæ protestantium judicio tot erroribus scatere videantur ac illæ Tridentinæ, illud tamen efficitur Abbatis doctissimi interpretationibus ex ipso concilio sumptis, plerasque earum et esse inculpatas et antiquæ Ecclesiæ consensione niti ; quod certo argumento est, Christum et Ecclesiæ suæ adfuisse olim, nec postremis quoque temporibus defuisse.

Hinc ergò illud existit, clarissimum Leibniz aliosque quibus placent Abbatis doctissimi conciliationes, absit verbo injuria, non excusari iis à schismate hæresique ac pertinaciâ : primùm quòd exceptiones quas adhibent conciliis, ex eorum sententiâ in suspenso habendis, ejusmodi sint, quibus omnium ecclesiasticorum judiciorum pacisque ipsius christianæ ratio convellatur ; tùm quòd nullum exemplum habeant ejus quem postulant condescensùs, cùm Basileensis ille, quem meritò arbitrentur fuisse vel maximum, nihil proficiat, deniquè quòd Tridentinæ definitiones tot protestantium affectæ probris, benè tamen intellectæ, doctissimi Abbatis sententiâ inculpatæ habeantur ; quo fit ut Abbas doctissimus, rerum agendarum tantùm ordine commutato, suis viam pacis, prout animo conceperat, ac velut salutis portum aperuerit.

Unum corpus et unus Spiritus. Ephes., IV, 4.

Meldis, mensibus aprili, maio, junio et julio an. M. DC. XCII.

RÉFLEXIONS

DE M. L'ÉVÊQUE DE MEAUX,

SUR L'ÉCRIT DE M. L'ABBÉ MOLANUS.

AVANT-PROPOS,

Où l'on explique l'ordre et le dessein de ces Réflexions.

L'écrit de M. l'abbé Molanus est divisé en deux parties. Dans la première, il propose les moyens de parvenir à une réunion, qu'il appelle *préliminaire;* dans la seconde, il entre dans le fond des matières, et après avoir concilié les plus importantes, il renvoie les autres au concile général, dont il marque les conditions.

Je ne vois rien dans cet écrit de plus essentiel, ni qui facilite plus la réunion, que la conciliation de nos controverses les plus importantes faite par l'illustre et savant auteur; et c'est ce qu'il faut poser comme un fondement solide de la réunion; après quoi, l'on considérera ce qui regarde le procédé qu'on devra tenir en tout le reste qui sera jugé nécessaire.

Je commencerai donc par cet endroit-là, et je démontrerai d'abord que si l'on suit les sentimens de M. Molanus, la réunion sera faite ou presque faite; en sorte qu'il ne lui reste plus qu'à faire avouer sa doctrine dans son parti, pour avoir véritablement prouvé que la réunion qu'il propose n'a point de difficulté.

Pour procéder avec ordre et me rendre plus intelligible, je divise nos controverses en quatre chapitres : le premier, de la Justification; le second, des Sacremens; le troisième, du Culte de Dieu et des Rits ou Coutumes ecclésiastiques; le quatrième et dernier, des moyens d'établir et de confirmer la foi, où l'on traitera de l'Ecriture, de l'autorité de l'Eglise et des traditions.

On va voir, dans ces quatre chapitres, les articles les plus essentiels conciliés par M. l'abbé Molanus ; et afin qu'on ne pense pas que les avances que la vérité et la charité lui font faire, viennent en lui d'un esprit particulier, je montrerai en même temps qu'elles sont conformes aux livres symboliques de ceux de la Confession d'Augsbourg, que j'appellerai *Luthériens*, pour abréger le discours, et aussi parce qu'ordinairement ils ne s'offensent pas de ce nom.

Ils appellent livres symboliques ou authentiques, ceux qui tiennent lieu parmi eux de Confession de foi, dans lesquels sont compris la *Confession d'Augsbourg* avec son *Apologie*, écrite par Mélanchthon et souscrite de tout le parti, les *Articles de Smalcalde* pareillement souscrits de tout le parti, Luther étant à la tête, et la petite *Confession* du même Luther, qui est rangée parmi les livres les plus authentiques. Ce sont les Actes que je citerai dans cet écrit pour garants de la doctrine que j'attribuerai aux églises luthériennes.

PREMIÈRE PARTIE,

CONTENANT LES ARTICLES CONCILIÉS.

CHAPITRE PREMIER.

De la Justification.

Sur ce chapitre, je remarquerai en premier lieu, les choses dont nous sommes déjà d'accord, catholiques et luthériens également ; en sorte qu'il n'est pas besoin d'y chercher de conciliation, puisqu'elle est déjà toute faite.

Premièrement donc, nous sommes d'accord qu'en quelque manière qu'il faille prendre la justification, soit comme la prennent les luthériens, pour la non-imputation du péché et l'imputation de la justice de Jésus-Christ qui a satisfait pour nous, soit pour l'infusion de la grace sanctifiante, qui en emportant le péché, rende en même temps l'ame sainte et agréable à Dieu ; nous sommes,

1. De quels points nous sommes d'accord ; et premièrement, que la justification est gratuite.

dis-je, d'accord qu'en quelque façon qu'on la prenne, elle est purement gratuite; et l'on ne peut pas nier que ce ne soit là le sentiment des catholiques, puisque, comme dit le concile de **Trente**, « de toutes les choses qui précèdent la justification, soit la foi ou les bonnes œuvres, aucune ne la peut mériter; autrement la grace ne seroit pas grace; » d'où ce concile conclut « qu'on est obligé de croire que la rémission des péchés n'est accordée, et ne l'a jamais été que gratuitement par la divine miséricorde, à cause de Jésus-Christ [1]. »

Il faut donc que les luthériens cessent de reprocher, comme ils le font aux catholiques [2], qu'ils croient être justifiés et recevoir la rémission de leurs péchés par leurs mérites, puisqu'ils font profession de ne la devoir qu'à la pure bonté de Dieu et aux mérites de Jésus-Christ. Le concile de Trente ne nie pas que les mérites de Jésus-Christ ne soient à nous, puisqu'il confesse au contraire qu'ils nous sont appliqués et *communiqués*, sans quoi il n'y auroit point de salut pour nous. Nous n'avions donc pas besoin de la Réforme luthérienne pour nous apprendre que Jésus-Christ seul a pu satisfaire pour nos péchés, et que par la bonté de Dieu sa satisfaction nous est imputée, comme si nous avions satisfait nous-mêmes. Aussi le concile de Trente n'a-t-il pas nié que, pour être justifiés, nous eussions besoin de l'imputation de la satisfaction et de la justice de Jésus-Christ, mais seulement « que nous fussions justifiés par cette seule imputation, avec exclusion de la grace [3], » par laquelle nous sommes faits justes intérieurement.

Ainsi nous sommes d'accord que c'est purement à cause de Jésus-Christ et de ses mérites, que Dieu cesse de nous traiter comme pécheurs; et si nous disons qu'en nous justifiant, il fait quelque chose de plus que de cesser simplement de nous imputer nos péchés, on voit clairement que cela n'est autre chose qu'une augmentation de son bienfait. C'est ce qu'on expliquera encore plus dans la suite; mais il nous suffit à présent de remarquer que

---

[1] Sess. VI, cap. VIII, IX. — [2] *Confess. d'Augsb.*, chap. XX; *Apolog.*, chap. *de la Justif.*, et *Rép. aux object.*, p. 62, 72, 102, 103, dans le livre *de la Concorde*. — [3] Sess. VI, can. 2.

c'est un point convenu de part et d'autre ; que la rémission des péchés est purement gratuite et accordée aux seuls mérites de Jésus-Christ, qui est le point le plus essentiel dans cette matière.

Quoique la justification soit gratuite, il ne faut pas pour cela rejeter le mérite des bonnes œuvres après que nous sommes justifiés ; ce que saint Augustin a expliqué dans ces termes : « Les justes n'ont-ils donc aucuns mérites ? Ils en ont certainement, parce qu'ils sont justes, mais ils n'en ont eu aucun pour être faits justes [1] ; » et il ne devroit point y avoir de difficulté sur cet article, si l'on s'en tenoit aux termes de la *Confession d'Augsbourg*; où l'on répète trois et quatre fois que « les bonnes œuvres sont de vrais cultes, et qu'elles sont méritoires, parce qu'elles méritent des récompenses et en cette vie et en l'autre, et dans la vie éternelle [2]. » Les catholiques n'en demandent pas davantage ; et parmi les dons que les bonnes œuvres méritent en cette vie, la même *Confession d'Augsbourg* marque expressément l'augmentation de la grace ; et l'on y loue un passage de saint Augustin, où il dit « que la charité mérite l'augmentation de la charité, » ce qui en effet est enseigné par ce saint docteur en ces termes : « Celui qui aime a le Saint-Esprit, et en le possédant il mérite de le posséder davantage, et conséquemment d'aimer davantage [3]. »

Cette doctrine de la *Confession d'Augsbourg* est amplement confirmée dans l'*Apologie*, où il est expressément porté « que les bonnes œuvres sont méritoires, non pas à la vérité de la rémission des péchés, de la grace ou de la justification, mais de beaucoup d'autres récompenses corporelles ou spirituelles, et en cette vie et en l'autre. Car, poursuit-elle, la justice de l'Evangile regarde la promesse de la grace, et reçoit gratuitement la justification et la vie ; mais l'accomplissement de la loi, qui se fait après la foi, regarde la loi ; et à cet égard la récompense nous est offerte et nous est due, non pas gratuitement, mais selon nos œuvres ; à condition toutefois que l'on reconnoisse que ceux qui méritent ces récompenses sont justifiés avant que d'avoir accom-

II. Du mérite des bonnes œuvres.

---

[1] Epist. CXCIV, al. CV, n. 6, ubi sup. — [2] *Confess. d'Augs*, art. 6, et chap. *des Bonnes œuvres*. — [3] Tract. LXXIV *in Joan.*, ubi sup.

pli la loi ¹, » ce qui est très-véritable. Et voilà, dans l'*Apologie de la Confession d'Augsbourg*, qui est reçue comme authentique dans tout le parti, l'expresse doctrine de l'Eglise catholique.

M. l'abbé Molanus reconnoît que ces choses sont contenues dans les écrits authentiques du luthéranisme; et pour les ramasser en peu de mots, on y voit que les bonnes œuvres des hommes justifiés sont méritoires, qu'elles méritent en cette vie l'augmentation de la grace, et en l'autre d'autres récompenses : que ces récompenses leur sont dues et leur sont rendues, non pas *gratuitement*, mais à cause *de leurs bonnes œuvres;* or ces récompenses de l'autre vie, c'est ce qui s'appelle dans l'Ecriture la vie éternelle, laquelle aussi notre auteur avoue qu'on peut mériter, sinon pour le premier degré, du moins quant à l'augmentation; ce qui suffit, selon lui, pour faire dire qu'on mérite la vie éternelle.

Et en effet saint Augustin, si souvent loué dans la *Confession d'Augsbourg* et dans l'*Apologie*, dit sans hésiter que la vie éternelle est due « aux bonnes œuvres des Saints, et qu'elle ne laisse pas d'être appelée grace, parce qu'encore qu'elle soit donnée à nos mérites, ces mérites auxquels on la donne nous sont eux-mêmes donnés ². » Voilà pour la vie éternelle. Et pour l'augmentation de la grace, le même saint enseigne « qu'on mérite par la grace l'accroissement de la grace, afin que par cet accroissement de la grace dans cette vie, on mérite aussi la perfection dans la vie future ³. » Il est aussi décidé dans le concile d'Orange, un de ceux que notre auteur reconnoît pour authentiques, « que la récompense est due aux bonnes œuvres qu'on fait, mais que la grace qui n'est point due, précède afin qu'on les fasse ⁴. »

III.
De l'accomplissement de la loi.

On voit par cette doctrine qu'il n'y a point de difficulté sur l'accomplissement de la loi. Car il y a un chapitre exprès dans l'*Apologie*, où l'on fait voir que le juste accomplit la loi ; et c'est de ce chapitre qu'est tiré le passage qu'on vient de voir sur cet

---

¹ *Rép. aux object.*, dans le liv. *de la Concorde*, p. 16. — ² Epist. CXCIV, al. CV, *de Corr. et gratiâ*, cap. XIII, n. 41, ubi sup. — ³ Epist. CLXXXVI, al. CVI, n. 10, ubi sup. — ⁴ II *Conc. d'Orange*, chap. VIII.

accomplissement. Et en effet, pour le nier, il faudroit nier l'Apôtre même, qui dit : « Que celui qui aime le prochain accomplit la loi ; » et encore : « Que la dilection ou l'amour est l'accomplissement de la loi [1]. » Ce n'est donc point une matière de dispute, si la loi peut être accomplie, puisqu'on est d'accord qu'elle l'est par la charité que le Saint-Esprit a répandue dans les cœurs [2], mais en même temps on est d'accord que cet accomplissement de la loi ne peut être poussé en cette vie jusqu'à l'entière exclusion du péché, quoique cette exclusion puisse être poussée jusqu'à en détruire le règne, selon ce que dit saint Paul : « Que le péché ne règne point en votre corps mortel, en sorte que vous obéissiez à ses désirs [3]. » Ainsi encore que la convoitise ne cesse de combattre en nous l'amour de Dieu, elle n'empêche point qu'il ne prévale, et notre savant auteur le reconnoît avec nous. Il y a donc en nous une véritable justice par le règne de la charité, encore qu'elle ne soit point absolument parfaite à cause de la répugnance et du combat de la convoitise. C'est pourquoi tous les catholiques reconnoissent, dans le concile de Trente, « qu'on ne peut pas vivre sans péché en cette vie, et qu'on y a continuellement besoin de dire : *Pardonnez-nous nos offenses* [4] » ce que Dieu permet, dit saint Augustin, afin que dans ce besoin continuel de demander le pardon de nos fautes, nous n'oubliions jamais notre néant.

Mais encore que notre justice ne soit jamais assez parfaite pour exclure tout péché, M. Molanus demeure d'accord qu'elle exclut les péchés mortels, et ceux qu'il appelle contre la conscience, ceux, en un mot, dont saint Jean dit, « que celui qui demeure en Dieu ne pèche pas [5] ; » et saint Paul, « que celui qui les fait n'entrera jamais dans le royaume de Dieu [6] : » Par là donc, encore un coup, il y a en nous une véritable justice, et même une sorte de perfection convenable à l'état de cette vie ; ce qui fait qu'il est si souvent parlé dans l'Ecriture des parfaits, des œuvres parfaites, de la parfaite charité. Et pour ce qui est de ces péchés, sans lesquels on ne vit point sur la terre, saint Augustin nous

---

[1] *Rom.*, XIII, 8, 10. — [2] *Ibid.*, V, 4. — [3] *Ibid.*, VI, 12. — [4] Sess. VI, cap. XI, can. 23. — [5] I *Joan.*, III, 6, 9. — [6] II *Cor.*, VI, 9.

donne beaucoup de courage pour les combattre et les vaincre, lorsqu'il dit « que celui qui aura soin de les effacer par des aumônes et des bonnes œuvres, méritera de sortir de cette vie sans aucun péché, encore qu'il ne soit pas sans péché durant le cours de cette vie, parce que, comme il n'est pas sans péché, ainsi les remèdes pour les effacer ne lui manquent pas [1]. »

Telle est donc cette perfection à laquelle nous devons tendre en cette vie; et elle est si grande, qu'elle fait dire à saint Paul : « J'ai bien combattu, j'ai achevé ma course, j'ai gardé la foi; du reste la couronne de justice m'est réservée; et le Seigneur, ce juste juge, me la rendra en ce jour [2]; » et encore : « Dieu n'est pas injuste, pour oublier vos bonnes œuvres [3] » ; par où l'on voit que la couronne de justice, c'est-à-dire la vie éternelle, ne nous est pas seulement accordée par miséricorde, mais encore rendue par justice; ce que l'ancienne Eglise, et après elle les luthériens mêmes dans l'*Apologie*, ont appelé une *dette;* et c'est aussi la même chose qu'on a toujours exprimée par le mot de *mérite*.

IV.
De la promesse de l'acceptation et du pardon dont nous avons toujours besoin.

Il ne faut pas croire pour cela que cette dette, cette justice, ce mérite emporte avec soi, du côté de Dieu, une obligation rigoureuse de nous donner son royaume indépendamment de sa promesse. M. Molanus attribue ce sentiment à quelques auteurs catholiques; mais il n'est pas nécessaire d'en discuter ici les sentimens, puisque nous avons une décision expresse du concile de Trente, en ces termes : « Il faut proposer la vie éternelle aux enfans de Dieu, comme une grace qui leur est miséricordieusement promise à cause de Jésus-Christ, et comme une récompense, qui sera rendue à leurs bonnes œuvres et à leurs mérites, en vertu de cette promesse [4]. » Le concile n'a rien oublié, puisqu'il appelle la vie éternelle *une grace,* qu'il ajoute aussi « qu'elle est miséricordieusement promise, » et cela, « par Jésus-Christ et à cause de lui; » et enfin, qu'elle sera rendue aux bonnes œuvres et aux mérites, mais « en vertu de cette promesse » de miséricorde et de grace.

Il ne faut donc pas ici s'imaginer un titre de justice rigoureuse,

---

[1] Epist. CLVII, al. LXXXIX, n. 3, ubi sup. — [2] II *Timoth.,* IV, 7, 8. — [3] *Hebr.,* VI, 10. — [4] Sess. VI, chap. XVI.

qui ne peut jamais se trouver entre le Créateur et la créature surtout après le péché, mais une justice fondée sur une promesse gratuite à cause de Jésus-Christ, ce qui tranche en un mot la difficulté.

Et c'est pourquoi le même concile ajoute, en un autre endroit, « que nous, qui ne pouvons rien par nous-mêmes, nous pouvons tout avec celui qui nous fortifie ; de sorte que l'homme n'a rien de quoi il puisse se glorifier ; mais que toute notre gloire est en Jésus-Christ, en qui nous méritons, en qui nous satisfaisons, faisant de dignes fruits de pénitence, qui tirent leur force de lui, sont offerts par lui à son Père et par lui sont acceptés de son Père [1]. »

Si nous ajoutons à ces choses le pardon, dont le même concile décide, comme on vient de voir, que nous avons toujours besoin dans cette vie [2], il n'y aura plus rien à nous demander pour la gloire de Jésus-Christ, puisque nous n'avons rien à espérer qu'en vertu d'une promesse, d'une acceptation, d'une condonation miséricordieuse, que nous n'avons qu'en lui seul et par ses mérites.

Enfin comment pourroit-on penser que les mérites des justes dérogeassent à la grace, puisqu'ils en sont le fruit, « et que par un effet admirable de la bonté de Dieu, nos mérites mêmes sont ses dons ? » Doctrine que ce concile a encore prise de saint Augustin, pour conclure avec lui « que le chrétien n'a rien du tout par où il puisse, ou se confier, ou se glorifier en lui-même ; mais que toute sa gloire est en Jésus-Christ [3]. »

V. De la foi justifiante.

Tout cela fait voir aussi qu'il n'y a aucune difficulté sur l'efficace de la foi justifiante, qui est établie par le concile de Trente ; premièrement, en ce que « nous croyons que tout ce que Dieu a révélé et promis est très-véritable, » et surtout, « que c'est lui qui justifie gratuitement le pécheur à cause de Jésus-Christ [4]. » Voilà donc avant toutes choses la foi des promesses, et en particulier celle de la gratuite rémission des péchés embrassée par le fidèle. Secondement cette même foi, en nous relevant des terreurs dont la justice de Dieu accable notre conscience criminelle, nous

[1] Sess. XIV, cap. VIII. — [2] Sess. VI, cap. XI, can. 23. — [3] *Ibid.*, cap. XVI. — [4] *Ibid.*, cap. VI.

fait regarder sa miséricorde; ce qui fait qu'en troisième lieu, « nous espérons le pardon, et nous confiant, dit le saint concile, que Dieu nous sera propice à cause de Jésus-Christ, nous commençons à l'aimer comme la source de toute justice ; » c'est-à-dire comme celui qui justifie gratuitement le pécheur; ce qui fait « que nous détestons nos péchés et prenons la résolution de commencer une vie nouvelle [1]. » Voilà donc toute la structure, pour ainsi parler, de la justification uniquement appuyée sur la foi, par laquelle nous embrassons en particulier la promesse de la rémission gratuite de nos péchés à cause de Jésus-Christ, et nous y mettons notre confiance.

L'*Apologie* nous explique comment la foi justifie [2], par les paroles de saint Augustin, qui dit clairement : Que c'est la foi qui « nous concilie celui par qui nous sommes justifiés; que c'est par elle que nous impétrons la justification ; que la grace est cachée à ceux qui sont encore dans la terreur; mais que l'ame accablée de cette crainte a recours par la foi et la miséricorde de Dieu, afin qu'il nous donne la grace d'accomplir ce qu'il commande. » Ainsi l'efficace de la foi consiste dans l'invocation, dont elle est le fondement, conformément à cette parole de saint Paul : « Comment invoqueront-ils celui en qui ils n'ont pas cru? » Et encore : « Tous ceux qui invoquent le nom du Seigneur seront sauvés » [3]; ce qui fait dire à saint Augustin, et cet endroit est cité dans l'*Apologie* : « Par la foi nous connoissons le péché; par la foi nous impétrons la grace contre le péché; par la grace l'ame est guérie de la blessure du péché; » ce qui est précisément ce que nous croyons et ce que l'*Apologie* a pris de saint Paul, selon que saint Augustin l'a interprété; ce qui montre qu'il n'y a entre nous aucune difficulté sur cette matière, puisque l'on convient de part et d'autre que c'est par la foi en Jésus-Christ et par l'interposition de son nom, que nous obtenons toutes les graces, et en particulier celle de la rémission de nos péchés.

VI. Inutilité de la né- On voit par cette doctrine du concile et de toute l'Eglise catholique, quelle illusion Luther et les prétendus réformateurs ont

---

[1] Sess. VI, cap. VI. — [2] *Apol.*, dans le liv. *de la Conc.*, p. 80. — [3] *Rom.*, x, 13, 14.

faite à la chrétienté, lorsqu'ils ont voulu lui faire accroire que *forme lu-thérienne.* c'étoient eux qui venoient leur apprendre de nouveau la doctrine de la justification gratuite, et de la vertu de la foi et de la confiance qu'ils doivent avoir en la pure bonté de Dieu et aux mérites de Jésus-Christ ; et il ne faut pas qu'ils s'imaginent que l'Eglise ait eu besoin de leurs avis pour renouveler cette doctrine dans le concile de Trente ; car on ne sauroit montrer qu'elle l'ait jamais abandonnée ou affoiblie ; au contraire le Père Denis, capucin [1], dont notre savant auteur a souvent rapporté et approuvé la doctrine, a démontré par cent témoignages, non-seulement des auteurs particuliers, mais encore des *Rituels* et des *Catéchismes* publics, que ç'a été la foi constante de toute l'Eglise, et en particulier de l'Allemagne avant Luther, de son temps et après lui, que le chrétien ne devoit mettre son espérance pour la rémission de ses péchés et pour son salut éternel, qu'en la miséricorde de Dieu et dans les mérites de Jésus-Christ : il ne faudroit même pour prouver ce que j'avance, que ce que l'on dit tous les jours dans le sacrifice de la messe : « Nous vous prions, Seigneur, de nous mettre au nombre de vos Saints, non point en ayant égard à nos mérites, mais en nous pardonnant par grace, à cause de Jésus-Christ. »

Voilà le fond de la matière de la justification, où il est aisé de voir que jusqu'ici on est parfaitement d'accord. Ce qui reste de difficulté doit d'autant moins nous arrêter, que M. l'abbé Molanus l'expose d'une manière qui ne nous laisse presque rien à désirer, sinon que tout le parti reçoive ses expositions. Par exemple, ce seroit une difficulté fort essentielle, que la doctrine qui a été embrassée de tout le parti luthérien par une décision expresse, « que les bonnes œuvres ne sont point nécessaires au salut [2] ; » mais notre illustre auteur l'abandonne, et dit même qu'il a pour lui en ce point une partie des docteurs de sa communion, ce qui me donne beaucoup de joie, et je désire avec ardeur de voir le luthéranisme purgé d'une doctrine qui introduit un si pernicieux relâchement dans la pratique de la vertu et des bonnes œuvres. *VII. Doctrine luthérienne, que les bonnes œuvres ne sont pas nécessaires au salut.*

[1] Dans le livre intit. : *Via pacis.* — [2] *Décis. de Wormes* dans Mélanchth., et dans le liv. *de la Concorde.*

Les manières dont notre auteur a rapporté qu'on en expliquoit la nécessité parmi les siens, sont de dire qu'on les reconnoît « nécessaires comme présentes, mais non pas comme opérantes le salut, dont elles ne sont ni la cause efficiente et proprement dite, ni l'instrument, mais une condition sans laquelle on ne le peut obtenir. » Toutes ces expressions, à dire vrai, ne sont que des chicanes et de pures inventions de l'esprit humain, pour affoiblir la dignité ou la nécessité des bonnes œuvres, et pour éluder ce passage : « Venez, possédez, etc., parce que j'ai eu faim, etc.; » et encore : « Faites ceci, et vous vivrez [1]; » et encore : « Ce peu de souffrances que nous endurons en cette vie, produit un poids éternel de gloire [2]; » et cent autres dont l'Ecriture est pleine.

L'*Apologie* a parlé plus franchement quand elle a dit, comme on a vu [3], à la vérité que la rémission des péchés étoit gratuite, mais que « l'accomplissement de la loi, dont elle est suivie, se faisoit selon la foi, et recevoit par conséquent sa récompense, non pas gratuitement, mais comme due et selon les œuvres [4]. Nous ne disons rien de plus fort; et pour ce qui est des expressions de notre auteur, nous ne prétendons obliger personne à dire que les bonnes œuvres, non plus que la foi, soient la cause efficiente, ou même l'instrument du salut, qui sont des termes qu'on ne trouve point dans l'Ecriture, mais simplement à reconnoître ce qu'on y trouve à toutes les pages, que Dieu rend à chacun selon ses œuvres : que ce sont les bonnes œuvres que Dieu récompense, et qu'elles produisent ou opèrent véritablement le salut, puisqu'on vient de voir que saint Paul le dit en termes exprès [5].

<small>VIII. Diverses difficultés importantes de la doctrine luthérienne, levées par M. l'abbé Molanus.</small> Ce seroit aussi une question considérable de savoir si la seule foi justifie; mais M. Molanus la concilie en disant que la foi qui nous justifie n'est pas seule ni destituée de la résolution de bien vivre, et au contraire que cette foi est une foi vive qui opère par la charité, comme dit saint Paul. Le reste n'est que chicane et subtilité, et le savant auteur demeure d'accord qu'il n'y a rien là qui nous doive beaucoup émouvoir de part et d'autre.

Il y auroit plus de difficulté à passer ce que disent les luthé-

---

[1] *Matth.*, XXV; *Luc.*, X, 28. — [2] II *Cor.*, IV, 17. — [3] *Sup.*, n. 2. — [4] Dans le liv. *de la Conc.*, p. 16. — [5] II *Cor.*, IV, 17.

riens, que les péchés ne sont pas ôtés, mais seulement couverts et non imputés par la justification. Car outre que c'est diminuer les bienfaits de Jésus-Christ et le faire agir d'une manière trop humaine, que de dire qu'il n'ôte pas effectivement le péché quand il le pardonne, ce ne seroit pas laisser assez d'incompatibilité entre le péché et la grace; ce qui donneroit lieu aux fidèles de croire qu'en demeurant pécheurs, ils pourroient en même temps être justifiés devant Dieu, et les induiroit à se relâcher dans le soin de purifier leur conscience de ce qui lui déplait. Mais M. l'abbé Molanus demeurant d'accord que ce qu'on appelle *reatus*, c'est-à-dire la tache du péché et ce en quoi il consiste, est véritablement ôté, cette conséquence n'a plus de lieu.

Il est vrai qu'avec tout le reste des protestans, il donne le nom de *péché* à la convoitise, qui demeure véritablement dans les justes; mais comme il reconnoît que la tache ou la coulpe en est ôtée, il n'y a qu'à se bien entendre et à se faire avouer, pour terminer cette question comme beaucoup d'autres, où de vaines subtilités ont jeté les protestans, et que notre auteur a levées en tout ou en partie dans son écrit.

Ce qui reste de plus important dans cette matière, c'est à savoir si nous sommes justifiés par une véritable justice que Dieu forme lui-même dans nos cœurs par son esprit, comme l'enseignent les catholiques, ou par la seule imputation de la justice de Jésus-Christ, comme le veulent les protestans; car il paroît jusqu'ici que c'est là parmi eux un point capital, et que c'est ce qui les oblige à distinguer la grace qui nous justifie d'avec celle qui nous sanctifie ou nous régénère et nous renouvelle. Mais si l'on considère ce que nous accorde le savant auteur, ou de son chef, ou avec le consentement des siens, il n'y aura plus ou presque plus de difficulté. Car premièrement, il nous accorde, et en cela il est approuvé de tout le parti, que Dieu forme dans les fidèles et y fait régner une véritable justice, une véritable sainteté; en sorte que le désordre que met en nous la concupiscence, tant qu'elle y prévaut, est effectivement ôté.

<small>ix. Autres difficultés levées par l'auteur, pourvu qu'on l'en croie dans son parti.</small>

Secondement, il accorde, et ce point est très-important, que le juste accomplit la loi de Dieu, autant qu'il y est obligé par l'Evangile ou par la nouvelle alliance; d'où il résulte en troisième lieu, et il en convient, que les péchés des justes ne leur ôtent pas la charité, qui est la véritable justice; de sorte que l'homme est fait juste, non-seulement par imputation, mais en vérité, selon les propres principes de notre auteur.

Cela étant, on ne comprend pas quelle finesse trouvent à présent les protestans à distinguer la justification de la sanctification, et à nier que nous soyons justifiés par l'infusion que le Saint-Esprit fait en nous de la justice ou, ce qui est la même chose, de la sainteté. Aussi ne paroît-il pas qu'on se soit beaucoup arrêté à cette vaine délicatesse dans l'*Apologie*, ni même dans la *Confession d'Ausgbourg* [1], puisqu'on y approuve la définition de la justification que saint Augustin donne en ces termes : « Justifier le pécheur, dit-il, c'est d'injuste le faire juste, » ce qui est l'expression de l'Apôtre, lorsqu'il dit « que par l'obéissance d'un seul (Jésus-Christ) plusieurs sont rendus justes [2]. » D'où vient que l'*Apologie* attribue perpétuellement la justification au Saint-Esprit [3], comme fait aussi le même Apôtre; ce qui montre que ce n'est pas une imputation au dehors, mais une action et un renouvellement au dedans; et cette distinction de la justification d'avec la sanctification ou la régénération est si peu nécessaire, que ces deux choses sont souvent confondues dans l'*Apologie*, ainsi que les luthériens en corps en sont demeurés d'accord dans leur livre de la *Concorde* [4].

Pour ce qui est des catholiques, ils trouvent ce raffinement de distinguer la grace qui nous justifie d'avec celle qui nous sanctifie et nous régénère, non-seulement inutile, mais encore dangereux pour des raisons que nous serons obligés de toucher en un autre lieu. Il me suffit maintenant de dire que l'auteur ayant remédié à ce mal et à beaucoup d'autres] en cette matière, par l'approbation qu'il donne à la doctrine du Père Denis, capucin, et d'autres auteurs catholiques, nous pouvons croire qu'il aura concilié cet article, quand on se sera déclaré pour ses sentimens.

X.
De la cer-

Il n'y en a qu'un où nous ne pouvons nous accorder avec lui;

---

[1] Chap. *des Bonnes œuvres*. — [2] *Rom.*, v, 19. — [3] *Apol.*, p. 68, 70, etc. — [4] P. 685.

et c'est celui où il soutient avec tous les siens que nous pou- titude de
vons et devons être certains de notre justification et de notre salut la justifi-
éternel. « Car, dit-il, on ne doute pas que nous ne soyons justi- du salut.
fiés par la foi; or celui qui croit sait qu'il croit; il est donc absolument assuré de sa foi et par conséquent de son salut. » A entendre ce raisonnement, on pourroit croire que notre auteur
entre dans le sentiment des calvinistes, qui se tiennent autant
assurés de leur salut à venir que de leur justice présente, et qu'il
combat directement dans ces deux points les catholiques qui les
rejettent tous deux ; mais ce qu'il ajoute donne ouverture à la
conciliation, puisqu'après nous avoir dit « qu'on est assuré absolument et avec une certitude infaillible de sa justification, »
il ajoute « qu'on ne l'est pas de la même sorte de son salut, »
dont, dit-il, on n'est assuré que sous condition, et en cas que
l'on persévère à faire ce que Dieu ordonne. » Mais pourquoi ne
dira-t-on pas qu'on n'a pas plus de certitude de l'un que de l'autre,
puisqu'on n'est pas plus assuré d'avoir fait ce qu'il falloit faire
pour être justifié, que de faire ce qu'il faudra faire pour parvenir
au salut ? Luther même demeure d'accord qu'on n'est jamais assuré d'être sincèrement repentant, et qu'on doit craindre que la
pénitence qu'on croit ressentir ne soit une illusion de notre amour-
propre[1]. Mais si l'on n'est pas assuré de la sincérité de son repentir, comme il l'avoue, et qu'on soit néanmoins assuré de sa
justification, comme il le prétend, il s'ensuit donc que la justification est indépendante de la pénitence, puisque si c'étoient choses
connexes, on seroit également assuré de l'un et de l'autre.

Qui croit, dit notre auteur, *sait qu'il croit*. On pourroit dire
de même : Qui se repent, sait qu'il se repent ; et l'on peut également être déçu dans l'opinion qu'on a de sa foi que dans celle
qu'on a de son repentir. Que si l'on veut que nous soyons toujours assurés de nos dispositions, d'où vient que saint Paul a dit :
« Je ne me juge pas moi-même[2], » et encore : « Examinez-vous
vous-mêmes si vous êtes dans la foi ; éprouvez-vous vous-
mêmes[3] ; » ce qui seroit inutile, si l'on connoissoit si parfaite-

[1] *Tract. de Indulg.*, edit. Witt., tom. I, p. 59, disp. 1518, prop. 48, etc. —
[2] I *Cor.*, IV, 3. — [3] II *Cor.*, XIII, 5.

ment son état, qu'il n'y restât aucun doute. Avouons donc qu'on peut avoir quelque certitude de sa foi, mais non pas une certitude infaillible, ni qui exclue tout doute, et qu'en disant : *Je crois,* avec celui dont parle saint Marc, il faut ajouter aussi bien que lui : *Aidez mon incrédulité*[1].

Si l'on admet cette certitude absolue de sa justification, il faut pousser la chose plus loin, et admettre encore avec les calvinistes la certitude absolue du salut. C'est, dites-vous, détruire la foi et l'invocation que d'établir cette incertitude de sa justification. Nous répondons : C'est donc aussi détruire la foi et l'invocation que d'établir cette incertitude de son salut. Ainsi pour tout concilier, vous n'avez qu'à raisonner conséquemment. Vous vous contentez pour le salut qu'on exclue cette incertitude qui met le trouble et l'anxiété dans les consciences : contentez-vous de la même chose pour la justification, et nous sommes d'accord.

Concluons donc en général qu'il est aisé de convenir sur la matière de la justification, puisqu'on vient de voir qu'on est d'accord de ce qu'il y a de plus important ; et que pour le reste on fait des pas si avantageux pour la paix, qu'il n'y a point d'apparence qu'on puisse s'arrêter en si beau chemin.

CHAPITRE II.

Des Sacremens, et premièrement du Baptême.

1.
Nulle difficulté sur ce point, ni pour l'efficace des sacremens.

Nous n'avons point ici de dispute avec les luthériens, puisqu'ils conviennent avec nous de l'efficace et de la nécessité du baptême, tant à l'égard des petits enfans que des adultes.

Mais cet article nous peut servir à éclaircir le reproche qu'ils nous font d'enseigner une doctrine pharisaïque, en disant qu'on est sauvé par le seul usage des sacremens et, comme on dit, en vertu de leur action, *ex opere operato*, sans qu'il soit besoin d'y apporter aucune disposition, ni d'avoir aucun bon mouvement en les recevant. C'est ce qu'on trouve répété à toutes les pages de la *Confession d'Augsbourg* et de l'*Apologie*[2], avec une exagération surprenante. Cependant nous ne disons rien qu'ils ne soient

[1] *Marc.,* IX, 23. — [2] Art. 13, etc.

obligés de dire avec nous. S'ils disent que les adultes, pour profiter des sacremens, sont obligés d'y apporter la foi et le repentir, tous les docteurs catholiques et le concile de Trente en disent autant pour le baptême, pour la pénitence, pour la messe, pour la communion, pour tous les sacremens en général et en particulier[1]. S'ils veulent que les sacremens produisent en nous quelque chose de surnaturel, qui est au-dessus de tous nos bons mouvemens; et s'ils attribuent ces bons effets à la promesse, à la parole, aux mérites de Jésus-Christ et à l'efficace de sa mort, c'est précisément notre doctrine dans tous les endroits qu'on vient de marquer. Si nous disons que la vertu des sacremens est si grande, que leur effet s'étend jusqu'aux enfans qui n'ont pas l'usage de la raison, on voit que les luthériens en sont d'accord. L'ancienne Eglise montroit bien qu'elle avoit la même opinion de l'Eucharistie, lorsqu'elle l'administroit aux enfans aussi bien que le baptême, par une coutume bonne en elle-même, et qui n'a été changée que par des raisons de discipline. On leur donnoit la Confirmation avec le Baptême, quand l'évêque étoit présent. C'étoit aussi la coutume de donner la pénitence et la réconciliation à ceux qui les avoient demandées; et l'on y reconnoissoit pour eux une grace occulte, encore que dans le temps qu'on les leur donnoit ils fussent sans connoissance. Ainsi tous les sacremens ont leur efficace, non point par les élémens qu'on y emploie; mais comme on l'a déjà dit, en vertu de la parole et des promesses, qui est ce qu'on appelle dans l'Ecole, *ex opere operato*.

Sur l'intention du ministre, notre auteur ne trouve rien à reprendre dans le sentiment de quelques-uns de nos auteurs; et l'on est libre de le suivre, puisqu'il avoue que l'Eglise ne l'a pas improuvé.

<small>II. Nulle difficulté sur l'intention</small>

DE L'EUCHARISTIE,

Et premièrement de la présence réelle.

Il y a beaucoup à louer Dieu de ce que cet article, qui est le plus difficile, et pour mieux dire le seul difficile dans nos controverses, est demeuré inviolable et dans son entier parmi les luthé-

<small>III. Réalité : concomitance; ubiquité.</small>

[1] Sess. VI, XIII, XIV, XXIV.

riens; ce qui montre une providence particulière pour faciliter leur retour. Car quoi qu'on puisse dire, ils croient la réalité comme nous et Jésus-Christ présent tout entier en son corps et en son sang, en son ame et en sa divinité, comme l'explique l'*Apologie* [1]; et c'est pourquoi elle ajoute que la présence qu'elle reconnoît, est la présence « de Jésus-Christ vivant, puisque nous savons, dit-elle, que la mort ne le domine plus; » ce qu'il est bon de remarquer à cause des luthériens, qui ne songeant pas aux décrets publics de leur religion, semblent quelquefois se moquer de ce que nous appelons la *concomitance*.

Pour ce qui est de l'ubiquité, encore qu'elle soit suivie de presque tous les luthériens, le savant auteur nous en délivre avec raison, puisqu'elle ne se trouve point dans la *Confession d'Augsbourg*, dans l'*Apologie* ni dans les *Articles de Smalcalde*; et c'est ôter un grand scandale, que d'exterminer ce prodige de toutes les écoles chrétiennes.

DE LA TRANSSUBSTANTIATION.

IV. M. Molanus la passe, et allègue avec raison Luther et l'*Apologie* à quoi il faut ajouter, selon ses principes, l'article VI de Smalcalde.

Il n'y a plus de difficulté sur cet article, si l'on croit avec notre auteur « qu'il se fait dans l'Eucharistie, par la vertu des paroles de l'institution, un changement mystérieux par lequel se vérifie cette proposition si usitée par les Pères : *Le pain est le corps de Jésus-Christ*; et il remarque très-bien que cette proposition ne peut être « vérifiée que par un changement réel, puisque le pain n'étant pas de soi-même le corps de Jésus-Christ, il ne le peut être sans le devenir » par un changement aussi véritable que celui qui arriva dans les noces de Cana en Galilée, lorsqu'on y but, comme dit saint Jean [2], de *l'eau faite vin*. C'est ainsi que nous mangeons *le pain fait corps*, et que nous buvons *le vin fait sang*. Au reste, nous accordons facilement à l'auteur que « sans entrer dans la manière dont se fait ce changement, nous nous contentions de dire que du pain on fait le corps de Jésus-Christ par un secret et impénétrable changement.

Et il ne faut point que les luthériens reprochent à notre auteur qu'en cela il se soit éloigné des principes de sa religion, puisqu'il

---

[1] *Apol.*, p. 157, 158. — [2] *Joan.*, II, 9.

estvrai, comme il le remarque, que Luther n'a point eu d'aversion de cette doctrine, et qu'en effet il déclare qu'il ne la rejette qu'à cause qu'on le pressoit trop de la recevoir [1]. C'est pourquoi il trouva bon qu'on insérât et qu'on approuvât dans l'*Apologie* [2] le canon de la messe grecque, où celui qui offre le sacrifice prie Dieu en paroles claires, « que du pain changé, il se fasse le corps de Jésus-Christ; » à quoi l'on pouvoit ajouter que ce *changement* est marqué comme *fait par l'opération du Saint-Esprit*, afin qu'il paroisse encore plus réel et plus effectif, étant produit par une action toute-puissante.

On loue encore, dans la même *Apologie* [3], un passage de Théophylacte, archevêque des Bulgares, qui dit en termes exprès « que le pain n'est pas seulement une figure, mais qu'il est vraiment changé en chair. » Tous ces passages, qui marquent un si réel changement du pain au corps, sont rapportés dans l'*Apologie*, à l'occasion de la *Confession d'Augsbourg*, où il s'agissoit de s'expliquer sur la présence réelle; ce qui montre que, pour la bien expliquer, on tombe naturellement dans le changement de substance; et par la même raison, quand Luther voulut expliquer cette présence d'une manière si précise qu'elle ne laissât aucune ambiguïté, il tomba dans cette expression, dont notre auteur vient de dire qu'elle ne se peut vérifier que par un véritable changement : « Dans la Cène, le pain et le vin sont vraiment le corps et le sang de Jésus-Christ [4]; » et c'est ainsi que tout le parti assemblé à Smalcalde avec Luther, dressa l'article de l'Eucharistie, pour le présenter en cette forme au concile qu'on alloit tenir. Ainsi plus on veut parler nettement et précisément sur la présence réelle, plus on tombe dans les expressions qui n'ont de sens qu'en admettant un changement de substance en substance; c'est-à-dire, en d'autres termes, la *transsubstantiation* que nous confessons.

DE LA PRÉSENCE HORS DE L'USAGE.

Nous n'avons point à disputer avec notre auteur de cette pré-

V. Sentiment

---

[1] Luth., *de captiv. Babyl.*, etc. — [2] *Apol.*, n. 15. — [3] *Ibid.* — [4] *Art. Smalc.*, 6, in lib. *Conc.*, p. 330.

*de notre auteur conforme à l'*Apologie *et à la doctrine de Luther : preuve tirée de l'élévation.*

sence, puisque nous venons d'entendre que « par la consécration, et en vertu des paroles de l'institution, le pain est fait le corps de Jésus-Christ. » Il est donc fait tel aussitôt que les paroles sont prononcées; et il ne dit rien en cela de particulier, puisque même ce sentiment est autorisé dans l'*Apologie* par la messe grecque [1], où l'on voit la consécration avec son effet entièrement distinguée de la manducation.

Ce n'est donc pas sans raison que notre auteur a parlé dans le même sens, ni qu'il reconnoît Jésus-Christ présent aussitôt après les paroles, puisque le Sauveur n'a pas dit : *Ceci sera,* mais : *Ceci est ;* et qu'il ne commande pas de manger l'Eucharistie, afin qu'*elle fût son corps*, mais parce qu'*elle l'étoit*. Que si une fois on laisse affoiblir la simplicité de cette parole, tous les argumens de Luther et des luthériens, sur la force de la parole et sur la nécessité de retenir *le sens littéral*, tomberont par terre, et Zuingle, et Œcolampade avec Bérenger, leur premier auteur, gagneront leur cause.

Aussi ne voyons-nous pas que Luther, qui contestoit autant qu'il pouvoit, ait rien contesté sur cela. Il n'a ôté l'élévation qu'en 1542 ou 1543, vingt ans et plus après sa Réforme; et loin de l'avoir ôtée comme une chose mauvaise, il déclare encore dans sa *Petite Confession* en l'an 1544, qu'elle peut être gardée comme un témoignage de la présence de Jésus-Christ. Je passe les témoignages de l'antiquité, la réserve de l'Eucharistie dès les premiers temps, la coutume de la porter aux absens et aux malades, celle du sacrifice des Présanctifiés, ancien et si solennel dans tout l'Orient pour ne rien dire de plus, et beaucoup d'autres exemples, où il paroît qu'on ne croyoit pas que l'Eucharistie réservée perdît sa vertu, ni la présence de Jésus-Christ. On ne voit donc pas pourquoi elle la perdroit, lorsqu'on la porte en cérémonie, puisque même cette hostie qu'on porte doit être mangée selon les lois de l'Eglise; ce qui suffit pour y conserver toute l'essence de ce sacrement.

DE L'ADORATION.

VI. Nulle dif-

Notre auteur a cru voir quelque division entre les catholiques

[1] *Apol.*, ibid.

sur ce qu'ils adorent dans l'Eucharistie, les uns voulant, dit-il, que ce soit l'hostie, et les autres Jésus-Christ présent, à quoi il souhaite que l'on s'accommode. Mais l'accommodement est aisé; et le concile de Trente lui accorde ce qu'il demande, lorsqu'il détermine que l'objet de l'adoration est Jésus-Christ présent et, ce qui est la même chose, « le sacrement, en tant qu'il contient ce même Dieu dont il est écrit : *Que tous les anges l'adorent.* » C'est en ce sens que Luther a nommé le *sacrement adorable* [1] jusqu'à la fin de sa vie, afin qu'on ne soupçonne pas qu'il ait changé. Voilà donc ce qu'on adore parmi nous, et non autre chose; et si quelques-uns ont voulu qu'on adorât les espèces, c'est par accident; de même qu'en se prosternant devant l'Empereur, on se prosternoit par accident devant la pourpre qu'il portoit.

ficulté sur ce point : sacrement adorable selon Luther.

DU SACRIFICE.

L'auteur décide en un mot cette question, lorsqu'il déclare qu'on « pourroit peut-être accorder que l'Eucharistie n'est pas seulement un sacrifice commémoratif et improprement appelé tel, mais encore une certaine oblation incompréhensible du corps de Jésus-Christ, auquel sens c'est un véritable sacrifice, et même proprement dit d'une certaine manière. « Il n'y a là que le *peut-être* à ôter, pour nous accorder ce que nous demandons. Car si l'auteur paroît avoir quelque peine d'avouer sans restriction que c'est ici un sacrifice *proprement dit,* il déclare que c'est par rapport à l'acception du mot de *sacrifice,* selon laquelle il enferme *la mort et l'occision effective de la victime.* Mais au reste, qui peut douter que la présence de Jésus-Christ ne soit par elle-même agréable à Dieu; que le lui rendre présent de cette sorte, ne soit en effet le lui offrir de cette manière incompréhensible que l'auteur admire? De sorte que la doctrine de la présence réelle infère naturellement celle du sacrifice; et si nous considérons tout ce qu'allègue l'auteur pour l'établir, assurément le *peut-être* n'aura plus de lieu, puisqu'il a rapporté huit ou dix passages des Pères les plus anciens, et des églises entières, où le sacrifice de l'Eucharistie est *appelé* « un très-véritable et singulier sacrifice : une immolation invi-

VII. L'auteur y consent : sentiment de l'*Apologie.*

---

[1] *Cont. art. Lovan*, art. 28.

sible du corps de Jésus-Christ, qui en devoit précéder la manducation extérieure et sensible : une oblation qui a succédé à toutes celles de l'ancienne alliance, où la vérité de l'oblation subsiste dans son entier, n'y ayant que la forme qui en soit changée; » et le reste qu'on peut voir dans son savant écrit. Il conclut donc que « si les protestans veulent parler comme les Pères, il n'y aura plus rien ici qui nous arrête. » En effet la force de la vérité a obligé l'*Apologie* à louer en plusieurs endroits la liturgie ou la messe grecque, conçue dans le même esprit aussi bien que dans les mêmes termes que la latine, puisque partout on ne cesse d'y inculquer l'oblation du corps et du sang de Jésus-Christ comme d'une victime salutaire.

DES MESSES PRIVÉES.

VIII.
Sentiment de notre auteur et de tout le parti luthérien.

Quelque aversion que les protestans témoignent pour les messes sans communians, qu'on appelle les *messes privées,* il est certain toutefois qu'ils en ont conservé l'usage. L'auteur a rapporté comme un fait constant et reçu « dans leurs églises, que lorsqu'il n'y a point d'assistans, les pasteurs ne laissent pas de se communier eux-mêmes. »

Il est vrai qu'il allègue ici le cas de nécessité; mais il n'y a personne qui ne voie que si Jésus-Christ avoit défendu de prendre la Cène de cette sorte, il vaudroit mieux ne point communier que de communier contre son précepte, d'autant plus que notre auteur soutient dans son écrit qu'il n'y a point de commandement absolu de communier; mais il y en a un très-exprès, supposé que l'on communie, de le faire selon les termes de l'institution; ce qui montre que dans sa pensée et dans celle des autres protestans, pour sauver le fond de l'institution, il suffit de dresser la table de Notre-Seigneur et d'inviter les fidèles à son festin, comme le concile de Trente l'a pratiqué [1]; n'étant pas juste que la table du grand Père de famille ne se tienne pas ou que les pasteurs cessent d'y participer, sous prétexte que les assistans s'en retirent, ou par respect, ou autrement.

Cette doctrine est confirmée par notre auteur, lorsqu'il dit

[1] Sess. XXII, cap. VI.

qu'après l'union préliminaire qu'il propose, il ne prétend pas qu'on empêche les luthériens d'entendre les messes privées des catholiques : marque certaine qu'on ne les croit pas dans le fond du cœur si mauvaises qu'on le dit; et que l'aversion qu'on en témoigne est attachée, ou à des abus, ou à de fausses interprétations des sentimens de l'Eglise, comme il seroit aisé de le faire voir dans la *Confession d'Augsbourg* et dans l'*Apologie*.

DE LA COMMUNION SOUS LES DEUX ESPÈCES.

Cette pratique des protestans sur les messes sans communians, nous ouvre une voie pour leur faire entendre la foiblesse des raisonnemens dont ils se servent sur la communion sous les deux espèces. Car cette communion n'est pas plus de la substance de l'institution que la communion des assistans, toutes les fois qu'on célèbre. Jésus-Christ n'a pas célébré seul; il n'a pas pris seul le pain céleste, mais il l'a pris avec ses disciples, à qui il a dit : « Prenez, mangez, buvez tous; faites ceci; » et toutefois M. Molanus et avec lui, comme il l'avoue, les églises luthériennes demeurent d'accord que l'on peut célébrer la Cène sans d'autre communiant que le ministre; c'est-à-dire, comme parle notre auteur lui-même, la célébrer d'une autre manière que celle « que Jésus-Christ a instituée, et autrement qu'elle n'est décrite dans l'Evangile » (ce sont ses propres paroles); d'où il résulte qu'il ne s'ensuit pas que tout ce que Jésus-Christ a dit, fait et institué, soit de la substance de l'institution; ce qui se confirme encore par la fraction, qui n'a pas été faite sans mystère, puisque Jésus-Christ a dit : « Ceci est mon corps rompu pour vous; » et néanmoins les luthériens ni ne la pratiquent ni ne la croient nécessaire, et ils retranchent sans scrupule une action qui représente le corps du Sauveur rompu à la croix par ses blesssures. C'est donc, selon eux comme selon nous, un principe incontestable, qu'il n'est pas nécessaire de pratiquer dans la célébration de ce sacrement tout ce que Jésus-Christ y a pratiqué, mais seulement ce qui appartient à la substance : or la substance est Jésus-Christ, qui se trouve avec son corps et son sang, son ame, sa divinité et sa personne toute entière sous chaque espèce, ainsi que nous avons vu que

IX. Conséquence pour la communion sous une espèce : indifférence de Luther sur ce point.

les luthériens en sont d'accord [1]. Le dessein essentiel de l'institution est d'annoncer, comme dit saint Paul [2], la mort de Notre-Seigneur, laquelle selon les paroles de l'institution et le récit que nous en fait le même Apôtre [3], est annoncée et rappelée en notre mémoire à la distribution de chaque espèce. On ne fait point de procès aux Grecs, qui n'annoncent pas la mort de Notre-Seigneur, dans le mélange des deux espèces mieux que nous, qui en donnons séparément une seule. Ce n'est pas aussi par mépris que l'Eglise a réduit le peuple à une seule espèce, puisqu'elle trouve très-bon que ceux des Grecs, qui sont dans sa communion, reçoivent les deux et que souvent elle les accorde à ceux qui les demandent avec humilité. Nous pouvons encore ajouter que la défense de recevoir l'une des espèces ne vient pas directement de l'Eglise ; mais que les peuples s'en étant retirés d'eux-mêmes par la crainte des inconvéniens qui arrivoient tous les jours, l'Eglise a changé en loi une coutume reçue, de la même manière qu'elle a ôté, comme tout le monde sait, l'immersion dans le baptême, qui n'y est pas moins nécessaire que le sont les deux espèces à l'Eucharistie. Aussi est-il bien constant que Luther n'a pas tant pressé d'abord l'obligation de communier sous les deux espèces, puisqu'au contraire il a parlé du rétablissement de la coupe faite d'abord sans son ordre par Carlostad, comme d'une chose indifférente, semblable à celle de prendre *l'hostie de la main* [4] plutôt que de la bouche, et même comme d'une chose de *néant ;* et c'est un fait bien constant, que quinze ou vingt ans après sa Réforme, plusieurs y communioient encore sous une espèce, sans pour cela qu'on les rejetât de la table ou de la communion. En un mot, tout le dessein de l'Eglise en cette matière a toujours été qu'on lui demande plutôt humblement la coupe que de l'arracher par force, de peur aussi que par là on ne paroisse accuser l'Eglise, et changer les coutumes reçues dans l'administration des sacremens, avec plus d'emportement que de piété.

[1] Ci-dessus, n. 3. — [2] I *Cor.,* XI, 26. — [3] *Ibid.,* 24-26. — [4] *Epist. ad Gasp. Gustol.*

DES CINQ AUTRES SACREMENS,

ET PREMIÈREMENT DE LA PÉNITENCE ET DE L'ABSOLUTION.

La *Confession d'Augsbourg* veut que l'on conserve l'absolution privée; et dans les anciennes éditions, on condamne les novatiens, qui ne vouloient pas absoudre ceux qui étoient tombés après le baptême. Conformément à cette doctrine, l'*Apologie* décide que « l'absolution peut proprement être appelée un sacrement [1]. » Elle ajoute « que le baptême, la Cène et l'absolution sont de véritables sacremens, qui sont établis par le commandement de Dieu, avec promesse de la grace propre à la nouvelle alliance; et que c'est une erreur de croire que par la puissance des clefs, les péchés ne soient pas remis devant Dieu, mais seulement devant l'Eglise. » Je ne vois pas ce que l'on pourroit dire davantage.

x. Absolution, véritable sacrement selon l'Apologie, autant que le Baptême et la Cène.

DES TROIS ACTES DU SACREMENT DE PÉNITENCE,

ET PREMIÈREMENT DE LA CONFESSION.

Le concile de Trente et toute l'Eglise catholique établit trois actes du pénitent dans le sacrement de Pénitence, la contrition, la confession et la satisfaction.

xi. Confession et absolution conservées par les luthériens, de même que par les catholiques.

Pour la contrition et la repentance on est d'accord qu'elle est absolument nécessaire pour recevoir l'absolution.

A l'égard de la confession, Luther et tout le parti déclarent, dans les *Articles de Smalcalde*, « qu'il ne la faut point abolir, non plus que l'absolution [2]. » Il est vrai que la *Confession d'Augsbourg* semble rejeter le dénombrement des péchés [3], parce qu'il est impossible, conformément à cette parole : « Qui connoît ses péchés ? » Mais la *Petite Confession* de Luther, qui est reçue dans tout le parti parmi les écrits symboliques, résout la difficulté par ces paroles : « Nous nous devons regarder devant Dieu comme coupables de tous les péchés; mais à l'égard de son ministre, nous

---

[1] In lib. *Conc.*, p. 200 et seq. — [2] *Art. Smalc.* 8. — [3] *Confess. August.*, art. 11.

devons seulement confesser ceux qui nous sont connus et que nous sentons dans notre cœur[1] ; » après quoi on ordonne au confesseur d'interroger le pénitent en cette sorte : « Croyez-vous que mon pardon soit celui de Dieu ? » Et après qu'il a répondu : « Je le crois, » le confesseur lui doit dire : « Qu'il vous soit fait selon votre foi ; et moi, par le commandement de Notre-Seigneur Jésus-Christ, je vous remets vos péchés, au nom du Père, etc. » Les confesseurs catholiques n'en font pas davantage.

DE LA SATISFACTION.

XII.
Que le fond de la satisfaction est approuvé dans l'Apologie.

Il est vrai que la *Confession d'Augsbourg* et l'*Apologie* s'opposent beaucoup à la satisfaction ; mais c'est plutôt au terme qu'à la chose même, puisqu'elle dit « que les bonnes œuvres et les afflictions, » qui sont en d'autres paroles ce que nous appelons les pénitences, « méritent non pas la justification, mais d'autres récompenses[2] ; » et en parlant *des aumônes*, qui sont comptées par les catholiques parmi les œuvres satisfactoires les plus importantes : « Nous accordons, dit l'*Apologie*, qu'elles méritent beaucoup de graces, qu'elles adoucissent les peines, qu'elles nous méritent la grace d'être protégés dans le péril du péché et de la mort[3] ; » ce qui est manifestement dire avec nous en d'autres termes qu'elles apaisent Dieu, et qu'elles satisfont en quelque manière à sa justice.

Quand donc les luthériens trouvent si mauvais que nous croyions pouvoir satisfaire à Dieu, ils l'entendent visiblement d'une satisfaction exacte et complète qui en effet n'appartient qu'à Jésus-Christ, et nous n'avons jamais seulement pensé le contraire ; mais si Jésus-Christ a pu offrir seul une entière satisfaction, il ne s'ensuit pas pour cela que nous ne puissions et ne devions faire par sa grace le peu que nous pouvons pour l'imiter, en nous affligeant par le jeûne dans le sac et la cendre, « et rachetant nos péchés par nos aumônes[4], » comme dit Daniel ; faisant enfin ce que nous pouvons pour contenter Dieu, et lui offrant à l'exemple de l'ancienne Eglise dès les premiers temps, nos telles quelles satisfactions, qui tirent tout leur prix des mérites de

[1] Dans le liv. *de la Conc.*, p. 178. — [2] P. 130. — [3] P. 117. — [4] *Dan.*, IV, 24.

Jésus-Christ et ne sont reçues qu'en son nom, ainsi que nous l'avons dit ¹ avec le concile de Trente ².

DES QUATRE AUTRES SACREMENS.

Nous trouvons donc déjà dans l'*Apologie* trois sacremens proprement dits, le Baptême, la Cène, l'Absolution, *qui est,* dit-elle, *le sacrement de Pénitence.* En voici un quatrième : « Si l'on entend par le mot *Ordre* le ministère de la parole, nous n'aurons point de peine, dit *l'Apologie*, à l'appeler un sacrement, puisqu'il est fondé sur le commandement de Dieu, et qu'il a de magnifiques promesses. ³. »

XIII.
Sentimens de *l'Apologie* et de M. Molanus.

La même *Apologie* reconnoît « la Confirmation et l'Extrême-Onction comme des symboles sacrés, ou de saintes cérémonies qu'on a reçues des saints Pères, encore qu'elles ne soient point nécessaires au salut ⁴. » Mais premièrement, il faut convenir que les Pères, dont on reconnoît que nous les avons reçues, nous les ont données comme tirées de l'Ecriture : savoir la Confirmation, de cette célèbre imposition des mains par laquelle les apôtres donnoient le Saint-Esprit ; et l'Onction des malades, qu'on appelle ordinairement *Extrême-Onction,* des propres paroles de saint Jacques, qui assigne à ce sacrement les prêtres pour ministres; pour l'action extérieure, l'onction avec la prière ; et pour la promesse, celle de la rémission des péchés, qui ne peut venir d'autre que de Jésus-Christ, et dont l'apôtre saint Jacques n'a pu être que l'interprète. Il en est de même des apôtres, lorsqu'ils donnoient le Saint-Esprit. On voit bien qu'ils ne peuvent avoir été les instituteurs ni les auteurs d'un tel don, et qu'ils n'ont fait qu'accomplir la promesse de Jésus-Christ, qui leur avoit si souvent promis cet esprit de force qu'ils reçurent à la Pentecôte, et qu'ils répandirent ensuite par l'imposition de leurs mains. Tout cela manifestement ne peut être qu'une institution divine ; et c'est gratuitement, et contre toute la tradition, qu'on a osé dire qu'elles n'étoient que temporelles ; ce qui aussi ne s'accorde pas avec ce qu'on vient de voir dans l'*Apologie*, qu'elles sont reçues des Pères.

Quant à ce qui est porté dans la même *Apologie*, que ces céré-

¹ Ci-dessus, chap. I, n. 4. — ² Sess. XIV, cap. VIII. — ³ P. 101. — ⁴ *Ibid.*

monies, bien qu'elles soient anciennes, à quoi il falloit ajouter, et prises de l'Ecriture, ne sont pas nécessaires au salut, ce n'est pas assez pour les exclure du nombre des sacremens, puisqu'on est d'accord que l'Eucharistie n'est pas de même nécessité que le Baptême ; et même que les luthériens disent, aussi bien que notre auteur, qu'il n'y a point de commandement absolu et précis de la recevoir. Ainsi ce ne sera pas une raison pour exclure un rit ou une action et cérémonie extérieure du nombre des sacremens, et il suffit qu'on y trouve une institution divine avec la promesse de la grace.

De cette sorte le mariage ne peut être exclu de ce nombre, puisque déjà on ne doute pas que ce ne soit une institution divine, et qu'il ne soit établi comme un sacrement et un mystère de l'union de Jésus-Christ avec son Eglise. Car encore qu'il soit véritable, comme le dit notre auteur, que c'est une institution qui a précédé l'Evangile, et ainsi qui ne peut être attribuée spécialement à Jésus-Christ, il ne laisse pas d'être bien certain que Jésus-Christ l'a rétablie selon sa forme primitive ; ce qui suffit pour en faire un sacrement de la loi de grace.

Pour les *promesses*, l'*Apologie* demeure d'accord qu'il y en a dans le mariage [1] ; et si elle dit qu'elles « sont plutôt temporelles que spirituelles, » ce seroit une étrange erreur de rejeter ces grandes promesses, qui regardent la production et l'éducation des enfans de Dieu et des héritiers de son royaume, et qui sont données pour sanctifier cette admirable union de corps et d'esprit, qui est spécialement établie pour figurer l'union intime de Jésus-Christ avec l'Eglise. C'est pourquoi les anciens docteurs n'ont point hésité à mettre le Mariage parmi les sacremens de l'Eglise, jusque-là, que saint Augustin [2], comme sait très-bien M. Molanus, le compare au Baptême, afin qu'on ne doute pas qu'il ne l'ait tenu pour un sacrement véritable.

Ce n'est donc pas sans raison que ce docte auteur a regardé la controverse des sacremens comme consistant plutôt dans les mots que dans les choses, et pouvant être, non-seulement diminuée, mais encore conciliée tout à fait par l'intelligence des termes ; de

---

[1] P. 202. — [2] August., *de Nupt. et concup.*, lib. I, cap. X, ubi sup.

sorte qu'il ne paroit pas qu'on puisse s'y arrêter, surtout après que l'on a vu les difficultés principales manifestement terminées par les Confessions de foi des luthériens et par leurs écrits authentiques.

CHAPITRE III.

DU CULTE ET DES COUTUMES ECCLÉSIASTIQUES,

ET PREMIÈREMENT DU CULTE ET DE L'INVOCATION DES SAINTS.

Sur cela il ne faut point d'autre conciliation que celle qui est proposée par notre savant auteur, qui est que les catholiques déclarent qu'ils ne prétendent demander aux Saints, qui sont avec Dieu, de prier pour eux qu'au même sens et dans le même esprit qu'ils demandent la même chose aux Saints qui sont sur la terre; et qu'en quelques termes que soit conçue cette prière, elle s'entend toujours par manière d'*intercession;* comme lorsqu'Elie disoit à Elisée : « Demandez-moi ce que vous voudrez, afin que je le fasse avant que d'être séparé de vous ; et Elisée répondit : Que votre esprit soit en moi [1]. » On entend bien que ce n'étoit pas à Elie à disposer de l'esprit qui étoit en lui, qui étoit l'esprit prophétique et l'esprit des miracles, ou de quelque sorte qu'on voudra entendre ce double esprit d'Elie.

I. Le concile de Trente d'accord avec M. Molanus.

Il en est de même des autres graces que nous demandons aux Saints, soit à ceux qui sont avec Dieu, ou à ceux qui sont encore sur la terre. On entend naturellement qu'on ne leur demande rien qu'à cause qu'on sait que Dieu accorde beaucoup à leurs prières ; ce qui nous fait sentir la bonté de Dieu, et ne blesse point sa souveraine grandeur, ni le culte qui lui est dû. Au reste il n'est pas besoin que nous fassions sur cela une nouvelle déclaration, puisqu'elle est déjà toute faite dans le concile de Trente [2]; et que d'ailleurs il ne reste plus aucune difficulté sur cette matière, puisqu'on est d'accord, par l'aveu constant des calvinistes mêmes, qui ont fait des livres exprès sur ce sujet, qu'en ce point et sur celui des reliques, notre pratique étoit établie, pour ne pas ici remonter

[1] IV *Reg.,* XI, 9. — [2] Sess. XXIV, *de Invoc. Sanctorum.*

plus haut, aux quatrième et cinquième siècles, dont les luthériens un peu modérés font profession de révérer la doctrine.

DU CULTE DES IMAGES.

II. Le sentiment de Luther et des luthériens et ceux de M. Molanus, conférés avec les déclarations des conciles de Trente et de Nicée II, ne laissent aucune difficulté.

Luther et les luthériens ont démontré, aussi bien que les catholiques, par des raisonnements invincibles, que ce commandement du Décalogue : « Tu ne te feras point d'images taillées, » etc., ne regardoit que les idoles dont les hommes faisoient des dieux. Par là il est démontré que l'usage que nous faisons des images n'est point marqué ni réprouvé par ce précepte. Par les mêmes raisons, le même Luther et les luthériens ont condamné les brise-images, et ont conservé les images dans les églises comme des monuments pieux, et propres à rafraîchir la mémoire des choses saintes ; et cela même n'est autre chose qu'un commencement du culte que nous leur rendons et le principe certain d'où on le déduit, puisque les images, comme notre auteur en convient, « servent à renouveler le souvenir de Jésus-Christ et des choses célestes et avec le souvenir les pieuses affections et sentimens qui en naissent. » Mais après que ces sentimens sont excités, quel inconvénient peut-on trouver à les exprimer au dehors par des actions convenables, puisque ces actes du dehors ne sont après tout qu'un signe et un témoignage des sentimens intérieurs, et une espèce de langage pour les exprimer ? L'auteur, pour retrancher les abus, empêche qu'on ne croie « dans les images aucune divinité et aucune vertu pour lesquelles on les adore ; » et cela est de mot à mot la même chose que le concile de Trente a enseignée [1]. Ce qu'ajoute judicieusement le même auteur sur le serpent d'airain, est convaincant pour faire voir que les démonstrations extérieures d'attachement et de confiance qu'on fait devant les images, ne s'y terminent pourtant pas, et que les choses sensibles ne font qu'avertir l'esprit de s'élever plus haut. C'est aussi ce qui est porté dans le concile septième, qui est le second de Nicée, « que l'honneur de l'image se rapporte à l'original. » Le même concile transcrit un beau passage de Léonce, où il dit « que les chrétiens font bien voir que leur adoration ne se termine pas à une croix, lors-

[1] Sess. XXV.

qu'ayant séparé les deux bois dont elle est composée, non-seulement ils ne l'adorent plus, mais encore ils les jettent à terre ou les brûlent ; ce qui montre que dans l'honneur qu'ils rendoient auparavant à la croix, ils ne regardoient que la figure, qui les attiroit au-dessus de toutes les choses visibles[1] ; en sorte que leur esprit étoit élevé à Jésus-Christ pendant que leurs yeux sembloient être attachés à cette matière sensible. M. Molanus a très-bien entendu que cette disposition de l'esprit n'a rien de blâmable ; et Luther ayant démontré d'ailleurs, comme on vient de voir, que la défense du Décalogue regarde toute autre chose que cet usage des images, visiblement il ne reste plus aucune difficulté sur cette matière.

L'objection que l'on tire du terme d'*adoration*, est une vieille chicane fondée sur une équivoque ; et les abus qu'on relève tant, encore que je confesse qu'il les faudroit empêcher, ne peuvent être un sujet de séparation, puisqu'après tout il est bien constant que personne n'est tenu de les suivre.

DE LA PRIÈRE ET DE L'OBLATION POUR LES MORTS.

M. Molanus a produit sur ce sujet le témoignage de l'*Apologie*, et il est vrai qu'il est décisif, puisqu'on y voit ces paroles : « Nous n'empêchons pas qu'on ne prie pour les morts ; » et pour montrer dans quel esprit on doit faire cette prière, elle ajoute : « Saint Epiphane rapporte qu'Aérius croyoit inutiles les prières pour les morts ; mais nous ne prétendons point soutenir Aérius en cela. » Ainsi ces prières sont utiles, et le sont aux morts, puisque c'est le contraire de cela que saint Epiphane, dont on loue le témoignage, a blâmé dans Aérius. « Les prières, dit ce Père, qu'on fait pour les morts leur sont utiles[2]. » Saint Augustin prêche aussi à son peuple « qu'il ne faut nullement douter que les prières ne servent aux morts, puisque ce n'est pas en vain qu'on les fait pour eux[3]. » Dans ce même endroit, il fait souvenir « le peuple de la coutume ancienne et universelle de l'Eglise, de faire mention expresse des morts dans le sacrifice, et d'exprimer qu'on l'offre pour eux ; » d'où il conclut que cette oblation « leur est utile,

III
Nulle difficulté sur cette matière après la doctrine de l'*Apologie* et celle de M. Molanus.

---

[1] Act. IV et VII, ubi suprà. — [2] Hær. 75, ubi suprà. — [3] Serm. XXXII, *de Verbis Apost*.

pour être traités de Dieu plus doucement que leurs péchés ne méritent. »

C'est aussi ce qu'exprime saint Epiphane, lorsqu'il condamne Aérius, qui disoit : « Que sert aux morts qu'on récite leurs noms après leur mort? » Où il fait une allusion manifeste à la coutume de les nommer dans le sacrifice, comme on vient de le voir dans saint Augustin; et c'est pourquoi ce même Père, dans l'*Extrait* qu'il fait du livre *des Hérésies* de saint Epiphane[1], rapporte celle d'Aérius, en ces termes : « Il disoit qu'il ne falloit point offrir ni prier pour les morts. »

Les liturgies des Grecs, souvent louées dans l'*Apologie*, confirment cette pratique et cette doctrine, puisqu'on y récite encore aujourd'hui les noms des fidèles trépassés, en disant : « Pour le repos de l'ame d'un tel et d'un tel, et pour la rémission de leurs péchés ; » et saint Cyrille de Jérusalem, le plus savant et le plus ancien interprète de la liturgie, dit « qu'on offre le sacrifice en mémoire des apôtres et des martyrs[2]; » mais qu'il « y a d'autres morts pour qui l'on prie, par la foi certaine qu'on a que leurs ames sont soulagées par le sacrifice qui est sur l'autel, et par l'oblation qu'on y fait pour eux du corps et du sang de Jésus-Christ. »

Il ne reste donc aucun doute qu'on ne priât pour les morts dans le dessein de les soulager, ainsi que nous faisons; et comme les luthériens déclarent en corps dans l'*Apologie* qu'ils ne veulent pas s'opposer à cette pratique, la question est décidée par cet aveu.

Nous sommes bien aises d'apprendre de M. Molanus qu'une partie des luthériens approuve non-seulement cette prière, mais encore la pratique. C'est un reste des sentimens anciens que nous honorons dans le luthéranisme. Mais comme on a vu que l'antiquité, dont on veut suivre ici les sentimens, parle également de la prière et de l'oblation pour les morts, il ne faut pas diviser son témoignage, et l'une et l'autre pratique est également recevable.

---

[1] August., Hær. 53, ubi sup. — [2] Cyril., *Catech. myst.*, v, p. 328.

DU PURGATOIRE.

M. Molanus paroît embarrassé à expliquer ce qu'on pourra faire sur cette matière en faveur des catholiques, et il se réduit à tenir la chose pour problématique, selon le sentiment qu'il attribue à saint Augustin. Mais la chose est maintenant bien facile, puisqu'on a vu dans saint Epiphane et dans les liturgies grecques, dont l'*Apologie* reçoit l'autorité, que les prières et les oblations faites pour les ames des morts sont faites pour leur soulagement. Ces ames sont donc en état d'être soulagées, par conséquent dans un état pénible; et ce n'est pas de quoi a douté Augustin, puisqu'on vient de voir qu'il a dit « qu'il ne faut nullement douter que ces prières et ces oblations ne soulagent les ames des morts; » ce qu'il répète par deux fois, et qu'il inculque jusqu'à dire que c'est la pratique ancienne et universelle de toute l'Eglise. On voit que s'il a douté de quelque chose en cette matière, ce n'est pas du fond des peines dont les ames peuvent être délivrées, mais de la manière dont elles sont affligées, par exemple, si c'est par un feu matériel. C'est de cela seulement que saint Augustin a douté, comme il paroît par les passages qu'on en produit, et l'Eglise n'a rien décidé sur ce sujet.

IV. La doctrine du purgatoire est précisément la même que celle de la prière pour les morts.

DES VŒUX MONASTIQUES.

L'auteur approuve le fond des institutions et observances monastiques, à la réserve du vœu de continence perpétuelle. Mais l'*Apologie* a tranché plus net, puisqu'elle a mis au nombre des saints, saint Antoine, saint Bernard, saint Dominique, saint François, qui certainement ont voué et fait vouer la continence perpétuelle à ceux qui se sont rangés sous leurs instituts.

V. Le témoignage de l'*Apologie* ôte toute difficulté sur cette matière.

On peut aussi remarquer ici que saint Bernard, saint Dominique, saint François, qui constamment ont vécu et cru comme nous, et qui comme nous ont dit et ouï la messe, sont mis au rang des saints dans l'*Apologie*. Il n'y a donc rien, parmi nous, qui exclue de la sainteté et du salut; ce qui tranche tout en un mot.

Au reste l'état monacal n'étant pas de commandement, cet article ne peut donner à personne un légitime sujet de séparation.

CHAPITRE IV.

Des moyens d'établir la foi, et premièrement de l'Ecriture et des traditions non écrites.

1. Notre auteur tranche en un mot la difficulté : il doit pourtant s'expliquer sur la restriction des articles fondamentaux.

La *Vulgate*, à qui le nom de saint Jérôme et l'usage de tant de siècles attire la vénération des fidèles, est reconnue pour authentique dans le concile de Trente d'une manière qui ne blesse point l'illustre auteur, puisqu'il demeure d'accord, et qu'il a solidement prouvé par beaucoup d'auteurs catholiques, que cette authenticité ne tend point à affoiblir l'autorité du texte original, ni des autres anciennes versions qui ont été usitées dans les églises ; mais à la préférer aux autres versions latines qu'on répandoit dans le monde, selon les termes exprès du concile de Trente [1].

Pour ce qui est de la tradition, le même auteur demeure d'accord que nous lui devons « non-seulement l'Ecriture sainte, mais encore la légitime et naturelle interprétation de cette Ecriture, et qu'il y a des vérités que l'on ne peut connoître que par son secours ; » ce qui nous suffit ; en sorte que cet article est pleinement concilié, si l'on en croit ce savant homme.

Quant à la restriction des articles fondamentaux, au discernement desquels il semble réduire l'autorité de la tradition, s'il entend par ces articles ceux qui sont contenus dans les trois Symboles reconnus par les luthériens, c'est en vain qu'il nous propose la tradition comme un moyen pour concilier les différends, puisque nous n'en avons aucun sur ces articles. Il faut donc qu'il reconnoisse la tradition, non-seulement à cet égard, mais encore dans tous les articles révélés de Dieu, et qui regardent la piété et le salut ; ce qui est précisément notre doctrine.

DE L'INFAILLIBILITÉ DE L'ÉGLISE, ET DES CONCILES ŒCUMÉNIQUES.

II. Que l'auteur et les

C'est tenir au fond l'Eglise infaillible, que de dire avec notre auteur, « qu'il se tiendra un concile général, où toutes nos con-

[1] Sess. IV, *decr. de edit.*, etc.

troverses seront décidées en dernier ressort et sans retour ; et que ce concile aura pour fondement et pour règle l'Ecriture, le consentement de l'ancienne Eglise, du moins des cinq premiers siècles, et même le consentement des Eglises patriarcales d'aujourd'hui, autant qu'on pourra. » C'est, dis-je, tenir au fond l'Eglise infaillible, puisque si le consentement de l'Eglise ancienne et moderne, y compris même le consentement des églises patriarcales d'aujourd'hui, est la règle et le fondement des décisions qu'on doit faire en dernier ressort, il ne se peut que l'Eglise même, dont le sentiment est une règle et qui doit faire ces décisions, ne soit infaillible.

luthériens n'ont qu'à s'accorder avec eux-mêmes, pour être d'accord avec nous.

Que si l'Eglise est infaillible, le concile qui la représente et qui en contient par conséquent toute la vertu, l'est aussi ; et c'est pourquoi notre auteur y renvoie les questions de la religion, sans qu'il soit permis de réclamer contre, *sous les peines portées par les canons*, c'est-à-dire sous peine d'anathème. En cela notre auteur ne fait que suivre le sentiment unanime de tous les protestans, puisqu'on voit dans tous leurs actes qu'ils n'établissent leur Réforme que par provision, « et jusqu'à la décision du concile général, » auquel ils appellent et se rapportent ; ce qui est même expressément porté dans la préface de la *Confession d'Augsbourg*, et même dans la conclusion de la *Confession des quatre villes* présentées en même temps à Charles V par le second parti des protestans ; en sorte qu'on ne peut douter de leur sentiment unanime, si leurs déclarations les plus authentiques ne sont pas une illusion.

Les luthériens déclarent encore authentiquement, dans la même *Confession d'Augsbourg* et dans l'*Apologie*[1], « qu'ils ne méprisent point le consentement de l'Eglise catholique ; qu'ils se sentent obligés par l'autorité de l'Ecriture et par celle de l'ancienne Eglise, à soutenir la doctrine qu'ils ont professée ; qu'elle est conforme aux Ecritures prophétiques et apostoliques, à l'Eglise catholique et enfin à l'Eglise romaine, autant qu'elle est connue par ses écrivains. »

Si tout cela est sérieux, comme il le doit être, et que de telles

[1] *Confess. d'Augs.*, art. 21 ; *Apolog.*, rép. aux argum., p. 171, etc.

déclarations faites par tout le parti, je ne dirai pas à la face de tout l'Empire et de l'Empereur, mais à la face de toute la terre, ne soient pas un jeu, il est plus clair que le jour que dans les choses qu'a dites notre auteur à l'avantage de l'Eglise et des conciles, il n'a rien de particulier, rien qui ne soit contenu dans les actes les plus authentiques de sa religion.

Il ne reste plus qu'à lui demander ce qu'il appelle *l'ancienne Eglise*, et pourquoi il borne l'autorité de ses sentimens aux cinq premiers siècles, et celle de ses conciles universels aux cinq premiers. Jésus-Christ a-t-il borné l'assistance qu'il a promise à son Eglise, et renfermé dans les cinq premiers conciles généraux l'autorité de ces saintes assemblées? Celui que notre auteur veut qu'on assemble pour décider les questions qui nous divisent, ne sera-t-il pas de même autorité que ces cinq premiers? Il faut avouer que ces restrictions qu'on apporte à l'autorité de l'Eglise et des conciles ne s'entendent pas; et nous voyons aussi qu'on passe plus loin, puisque notre auteur en vient enfin à joindre au consentement de l'ancienne Eglise celui des églises patriarcales d'aujourd'hui, auxquelles la *Confession d'Augsbourg* et l'*Apologie* ont joint avec raison l'Eglise romaine, comme la première de toutes les patriarcales, ainsi que notre auteur le reconnoît; en sorte qu'il n'y a plus rien à demander aux protestans sur cette matière, qu'une doctrine suivie et un parfait consentement avec eux-mêmes.

OU RÉSIDE L'INFAILLIBILITÉ DE L'ÉGLISE.

III.
Les protestans objectent en vain aux catholiques que leur doctrine sur ce point est embarrassée.

Les protestans nous reprochent que nous mettons dans l'Eglise une infaillibilité à laquelle nous ne pouvons assigner aucun sujet, puisque les uns la mettent dans le Pape seul, les autres dans le concile universel, et les autres dans tout le corps de l'Eglise répandue par toute la terre. Ils ne veulent pas voir que ces sentimens, qu'ils supposent contraires les uns aux autres, s'accordent parfaitement, puisque ceux qui reconnoissent l'infaillibilité dans le Pape, même seul, la reconnoissent à plus forte raison quand toute l'Eglise est d'accord avec lui; et que ceux qui la mettent dans le concile, la mettent à plus forte raison dans l'Eglise que le concile représente. Voici donc la doctrine catholique parfaitement concordante dans toutes ses parties. L'infaillibilité réside originairement dans le corps de l'Eglise ; d'où il sensuit qu'elle réside aussi dans le concile qui la représente et qui la renferme en vertu ; c'est-à-dire dans un concile, qui se portant publiquement pour œcuménique demeure en communion avec tout le reste de l'Eglise, et dont aussi pour cette raison les décisions sont regardées comme celles de tout le corps. Ainsi l'autorité du concile est établie sur l'autorité et le consentement de toute l'Eglise, ou plutôt ce n'est autre chose que cette autorité et ce même consentement.

Pour le Pape, qui doit prononcer le sentiment commun de toute l'Eglise, lorsqu'elle ne peut s'assembler, ou qu'elle ne juge pas nécessaire de le faire, il est bien constant parmi nous que lorsqu'il prononce, ainsi qu'il y est tenu, le sentiment commun des églises, et que toute l'Eglise consent à son jugement, c'est en effet le jugement de toute l'Eglise, et par conséquent un jugement infaillible. Ce qu'on peut dire de plus au sujet du Pape, n'est ni de foi ni nécessaire, puisqu'il suffit que l'Eglise ait un moyen unanimement reconnu pour décider les questions qui diviseroient les fidèles.

Que si nous croyons le concile œcuménique légitimement assemblé entièrement infaillible, c'est à l'exemple de nos pères et des anciens conciles reconnus par les protestans, et en particulier par notre auteur.

IV. Le sentiment des catholiques sur l'infaillibilité des « conciles œcuméniques, est fondé sur l'autorité des anciens conciles, et des siècles qui sont révérés par notre auteur et par tous les protestans.

Il reconnoît le cinquième concile : or l'infaillibilité du concile universel y est enseignée, sur le modèle de celle du concile tenu par les apôtres[1]. Si l'on veut remonter plus haut, on trouvera le concile d'Ephèse, qui a reçu et loué la lettre du pape Célestin, où il dit « que l'assemblée des évêques est un témoignage de la présence du Saint-Esprit ; qu'on y doit reconnoître l'autorité du concile apostolique ; que celui que les conciles reçoivent pour maître, ne leur a jamais manqué ; que ce céleste docteur a toujours été avec eux, et que l'assistance qu'il a donnée aux apôtres s'étend à leurs successeurs[2]. » Un peu au-dessus du concile d'E-

---

[1] *Conc.* V, collat. 5, ubi sup. — [2] *Conc. Ephes.*, part. II, act. 2.

phèse, on trouve saint Augustin, qui en parlant de la question que saint Cyprien excita, assure que « ce saint martyr s'en seroit tenu à la décision de l'Eglise, si la vérité avoit été éclaircie et déclarée de son temps par un concile universel[1]; et pour montrer qu'il disoit vrai, on trouve avant tout cela le même saint Cyprien, qui consulté sur les erreurs des novatiens, répond « qu'il ne faut pas se mettre en peine de ce qu'il enseigne, puisqu'il enseigne hors de l'Eglise ; et que quiconque n'est pas dans l'Eglise, n'est pas chrétien[2]. »

En conformité de cette doctrine, saint Augustin a dit encore « que celui qui est hors de l'Eglise, ne voit, ni n'entend ; et que celui qui est dans l'Eglise, n'est ni sourd ni aveugle[3] : » principes d'où ce grand homme conclut en un autre endroit, « qu'on peut souffrir les disputes, avant que les matières soient décidées par l'autorité de l'Eglise ; mais que disputer après cela, c'est renverser le fondement de l'Eglise même[4]. »

Aussi quand les conciles ont décidé, ç'a été la foi commune de tous les fidèles, qu'il n'y avoit plus qu'à obéir et à se taire ; et c'est de cette pratique de tous les siècles que les luthériens avoient tiré tant d'actes de soumission que nous avons vus et qui les auroient sauvés, s'ils s'y étoient toujours attachés.

SUR LE PAPE.

V.
Les conciles par qui on veut que sa primauté soit reconnue, la reconnoissent eux-mêmes comme établie en saint Pierre par J. C. Sentiment de l'église de France.

Pour ce qui regarde le Pape, ils ne peuvent pas s'empêcher de le reconnoître pour Chef de l'Eglise, puisqu'ils supposent dans tous leurs actes que le concile, auquel ils se soumettent, sera assemblé par le Pape même, comme cela est constant par les préfaces de la *Confession d'Augsbourg* déjà rapportées, et par celle des *Articles de Smalcalde*. Ainsi l'auteur n'a rien fait de nouveau, en consentant que le Pape soit reconnu comme le chef de l'épiscopat, du moins par le droit ecclésiastique. Melanchton s'est cru obligé de reconnoître cette autorité jusque dans ces mêmes *Articles de Smalcalde*, et sa signature à l'acte, où il l'avoue, est

---
[1] Lib. II *de Bapt.*, cap. IV, ubi sup. — [2] Epist. LII, *ad Antonian.*, ubi suprà. — [3] *In Psal.* XLVII, n. 7, ubi sup. — [4] Serm. XIV, *de Verb. Apost.*

enregistrée parmi les actes publics rapportés dans le *Livre de la Concorde*[1]. Mais si l'on en vient à ce point, et qu'on reconnoisse la primauté du Pape comme établie par les conciles, il faudra bientôt la reconnoître comme venant de droit divin, puisque les conciles universels d'Ephèse et de Chalcédoine[2], ceux de Milève et d'Orange, que notre auteur a loués, comme font tous les autres protestans, en y reconnoissant la primauté du Saint-Siége, l'ont en même temps reconnue comme établie dans saint Pierre par Jésus-Christ même, ainsi que leurs actes en font foi, et le savant auteur ne l'ignore pas.

Il est constant au surplus que l'Eglise grecque, dans ses actes particuliers, n'a pas moins reconnu la primauté et l'autorité du Pape que la latine, comme il paroît par le *Formulaire* souscrit de tous les évêques sous les papes saint Hormisdas et saint Agapet, que j'ai produit dans l'écrit latin, et par la déclaration du patriarche Mennas dans un concile de Constantinople, où il dit « que le saint Siége apostolique a fait véritablement ce qui appartenoit à sa charge, lorsqu'il a condamné les erreurs, qu'il a maintenu la discipline, et qu'il a usé d'indulgence envers ceux qui avoient failli lorsqu'ils reconnoissoient leur faute ; » qui sont en effet les trois fonctions de l'autorité papale, auxquelles se rapportent toutes les autres.

Quant aux articles dont on dispute dans les écoles, ni le cardinal du Perron, ni M. Duval, le plus zélé défenseur des prérogatives de Rome, ne les mettent au rang de la foi ni des articles nécessaires pour la communion ecclésiastique ; et quant à ce que l'auteur a paru s'en rapporter à l'Eglise gallicane, en voici le sentiment dans les articles de la faculté de théologie de Paris contre Luther. Le XXII : « Il est certain que le concile général légitimement assemblé représentant l'Eglise universelle, ne peut errer dans les déterminations qui regardent la foi et les bonnes mœurs. » Le XXIII : « Et il n'est pas moins certain qu'il y a dans l'Eglise de Jésus-Christ un seul souverain Pontife établi de droit divin, à qui tous les chrétiens doivent obéir. » Il ne faut donc pas lui refuser

---

[1] P. 338. — [2] *Conc. Ephes.*, act. 1, 3 ; *Conc. Chalced.*, act. 3, 4 ; *Relat.*, etc., ubi suprà.

cette obéissance et cette primauté de droit divin, sous prétexte des sentimens de l'Eglise gallicane, qui n'a jamais révoqué en doute le moins du monde ce droit du Pape et du Saint-Siége.

SECONDE PARTIE.

CHAPITRE V.

Ce qu'il faut faire sur les fondemens qu'on vient d'établir.

1. Qu'il faut que les luthériens dressent une exposition ou confession de leur foi, conforme aux sentimens qu'on vient de voir.

Il est certain par les choses qu'on vient de voir, premièrement, que les sentimens du savant auteur ne sont pas des sentimens tout à fait particuliers, comme il a voulu les appeler, mais des sentimens fondés pour la plupart, et pour les points les plus essentiels, sur les actes authentiques du parti, et exprimés le plus souvent par leurs propres termes, ou par des termes équivalens.

Secondement, que ces articles étant résolus, il ne peut plus rester de difficultés qui empêchent les luthériens de se réunir à nous.

Il n'y a qu'à parcourir en peu de mots les quatre chapitres qu'on vient de traiter, et remarquer sur chacun de quoi l'on est d'accord.

Sur le chapitre de la justification [1], on est d'accord qu'elle est gratuite : que les bonnes œuvres qui se font après sont méritoires, et que la vie éternelle leur est due en vertu de la promesse miséricordieuse de Dieu : qu'on peut accomplir la loi jusqu'au point de ne faire plus que des péchés véniels, qui n'empêchent point la charité de régner et de prévaloir : que la justice chrétienne est véritable, quoiqu'elle ne soit point absolument parfaite : que cette justice et tous nos mérites sont des dons de Dieu et des effets de sa grace : que la foi justifiante est bien expliquée par les catholiques, et qu'ils donnent à Dieu par Jésus-Christ toute la

---
[1] Sup., cap. I, n. 1 et seq.

gloire de leur sanctification : que cette doctrine n'a jamais souffert aucun affoiblissement parmi eux : qu'on ne doit point nier que les bonnes œuvres ne soient nécessaires au salut, ni que ce ne soient elles que Dieu récompense : et que les autres difficultés de la justification sont aisées à terminer par les principes posés de part et d'autre.

Sur le chapitre des sacremens [1], on a levé les difficultés qu'on avoit sur leur efficace, *ex opere operato*, et sur l'intention du ministre. Sur le point particulier de l'Eucharistie, on a rejeté l'ubiquité, et établi sous chaque espèce la présence réelle de Jésus-Christ tout entier. M. Molanus a reconnu, conformément à l'*Apologie* et aux *Articles de Smalcalde*, le changement réel du pain au corps et le fond de la transsubstantiation ; en sorte qu'il ne reste plus à y ajouter que le terme : il a encore reconnu la présence hors de l'usage, l'adoration, le sacrifice et même les messes privées ; et nous avons fait voir que reconnoître toutes ces choses, c'est poser des fondemens assurés pour autoriser la communion sous une espèce.

On a vu que l'absolution est un véritable sacrement, accompagné des trois actes que les catholiques y demandent : que la confession des péchés particuliers doit être conservée, et que le fond de la satisfaction est admis par les luthériens : que l'Ordre est aussi un véritable sacrement : qu'on fait de grandes avances sur les trois autres, et que dans le fond en s'entendant bien, on seroit d'accord.

Sur le chapitre du culte [2], on convient que l'invocation des Saints, ainsi qu'elle est enseignée dans l'Eglise catholique, n'a pas d'inconvénient, non plus que le culte des images ; et l'on a démontré par Luther et les luthériens, qu'il n'y a rien en ce point qui répugne aux commandements du Décalogue. On a vu que les luthériens se sont expliqués favorablement sur la prière et même sur l'oblation pour les morts, par où ils sont forcés à recevoir le purgatoire : enfin qu'ils ont reconnu comme Saints ceux qui ont fait et fait faire les vœux monastiques, même celui de continence perpétuelle, quoiqu'avec cela ils dissent encore la

[1] Cap. II, n. 1 et seq. — [2] Cap. III, n. 1 et seq.

messe, et qu'ils eussent en tout et partout la même foi et le même culte que nous.

Enfin sur le quatrième chapitre qui regarde les moyens d'établir la foi [1], on a vu qu'en s'entendant bien, il ne resteroit aucune difficulté sur l'autorité du texte original de l'Ecriture, sur la *Vulgate,* sur la tradition, sur l'infaillibilité de l'Eglise et des conciles œcuméniques, ni même sur la primauté du Pape.

Cela étant, il n'y auroit qu'à dresser une confession ou déclaration de foi conforme aux principes et aux sentimens de notre auteur, en faire convenir les luthériens, et la présenter au Pape.

Pour parvenir à cette déclaration, il faudroit que les luthériens s'assemblassent entre eux ou, comme l'auteur le propose, qu'il se fît par l'ordre de l'Empereur une conférence amiable des catholiques et des protestans, où l'on convînt des articles qui entraîneroient, comme on voit, la décision de tous les autres.

L'auteur ne veut pas qu'on parle de rétractation, et l'on peut n'en point exiger; il suffira de reconnoître la vérité par forme de déclaration et d'explication; à quoi les sentimens des livres symboliques des luthériens donnent une ouverture manifeste, comme on voit par les passages qui ont été produits et par beaucoup d'autres qu'on pourroit produire.

II. Ce qu'ils peuvent demander au Pape sur ce fondement.

Cela fait, on pourroit disposer le Pape à écouter les demandes des protestans et à leur accorder que dans les lieux où il n'y a que des luthériens et où il n'y a point d'évêques catholiques, leurs surintendans qui auroient souscrit à la formule de foi et qui auroient ramené à l'unité les peuples qui les reconnoissent, soient consacrés pour évêques, et les ministres pour curés ou pour prêtres sous leur autorité.

Dans les autres lieux, les surintendans, aussi bien que les ministres, pourront aussi être faits prêtres sous l'autorité des évêques, avec les distinctions et subordinations qu'on aviseroit.

Dans le premier cas, on érigera de nouveaux évêchés, et on en fera la distraction d'avec les anciens.

On soumettra ces nouveaux évêchés à un métropolitain catholique.

[1] Cap. IV, n. 1 et seq.

On assignera aux évêques, prêtres et curés nouvellement établis, un revenu suffisant par les moyens les plus convenables, et on mettra les consciences en repos sur la possession des biens d'Eglise, de quelque nature qu'ils soient. Je voudrois en excepter les hôpitaux, qu'il semble qu'on ne peut se dispenser de rendre aux pauvres, s'il y en a qui leur aient été ôtés.

Les évêques de la *Confession d'Augsbourg*, dont la succession et l'ordination se trouveront constantes, seront laissés en leur place après avoir souscrit la Confession de foi, et l'on fera le même traitement à leurs prêtres.

On aura soin de célébrer les messes des fêtes solennelles avec toute la décence possible : on y fera la prédication ou le prône selon la coutume : on pourra mêler, dans quelque partie de l'office, des prières ou quelques cantiques en langue vulgaire : on expliquera soigneusement au peuple ce qui se dira en latin, et l'on pourra en donner des traductions avec les instructions convenables, selon que les évêques le trouveront à propos.

L'Ecriture sera laissée en langue vulgaire entre les mains du peuple : on pourra même se servir de la version de Luther à cause de son élégance et de la netteté qu'on lui attribue, après qu'on l'aura revue et qu'on en aura retranché ce qui a été ajouté au texte, comme cette proposition : *La seule foi justifie*, et d'autres de cette sorte. La Bible ainsi traduite, pourra être lue publiquement aux heures qu'on trouvera bon, avec les explications convenables. On supprimera les notes et apostilles qui ressentiront le schisme passé.

Ceux qui voudront communier, seront exhortés à le faire dans l'assemblée solennelle, et l'on tournera toutes les instructions de ce côté-là ; mais s'il n'y a point de communians, on ne laissera pas de célébrer la messe.

On donnera la communion sous les deux espèces à ceux qui auront professé la foi, en la forme qui a été dite, sans autre nouvelle précaution : on prendra soigneusement garde à la révérence qui est due au saint Sacrement.

On n'obligera point les évêchés et les paroisses nouvellement créés, à recevoir des couvents de religieux et religieuses, et l'on se contentera de les y inviter par des exhortations, par la pureté de la vie des moines, et en réformant leurs mœurs selon l'institution primitive de leurs ordres.

On retranchera du culte des Saints et des images tout ce qui sent la superstition et un gain sordide : on réglera toutes ces choses suivant le concile de Trente, et les évêques exerceront l'autorité que ce concile leur a donnée sur ce point [1].

Les prières publiques, le *Missel*, le *Rituel*, et les *Bréviaires* seront corrigés à l'exemple des églises de Paris, de Reims, de Vienne, de la Rochelle et autres aussi illustres, et même du célèbre monastère de Cluny, en retranchant les choses douteuses, suspectes et superstitieuses ; en sorte que tout y ressente l'ancienne et solide piété.

Enfin qu'il se tienne, s'il se peut, un concile œcuménique pour la parfaite réformation de la discipline et l'entière réduction de ceux qui pourroient rester dans le schisme : qu'on repasse sur les articles de réforme qui devoient être proposés à Trente, par les ordres concertés de l'empereur Ferdinand et de Charles IX, roi de France, et qu'on y ait tout l'égard que la condition des lieux et des temps pourra permettre.

Ainsi l'on fera la réformation de l'Eglise dans le vrai esprit qu'elle devoit être entreprise, en conservant l'unité, sans changer la doctrine des siècles précédens et en retranchant les abus.

CHAPITRE VI.

Réflexions sur le projet de notre auteur.

I. Il en faut changer l'ordre, et commencer par où il finit.

Il paroît par ce qu'on vient de dire, que les ouvertures en sont excellentes en général, et qu'il n'y a presque qu'à changer l'ordre. Car, à dire le vrai, il paroîtroit fort étrange à Rome et dans toute l'Eglise catholique, qu'on ne commençât pas d'abord par ce qui regarde la foi. En effet, ou les conciliations que l'auteur propose sur la transsubstantiation, par exemple, sur le sacrifice, sur l'invocation des Saints, sur les images, etc., sont faisables ou non : si elles n'étoient pas faisables, tout ce projet seroit inu-

[1] Sess. XXV.

tile ; et si elles le sont, on voit bien que c'est par là qu'il faut commencer.

Pour rendre ceci sensible, il ne faut que considérer l'ordre du projet de notre auteur. C'est de faire d'abord l'union qu'il appelle préliminaire, dans laquelle sous la condition des six demandes, qu'il prétend qu'on peut accorder sans blesser les principes des uns et des autres, on reconnoîtra le Pape pour le spirituel, ensuite on s'assemblera pour convenir de la doctrine à l'amiable, et enfin on remettra à un concile la décision des points dont on n'aura pu convenir.

Or tout cela est visiblement impraticable dans cet ordre. Car d'abord, que sera-ce que de reconnoître le Pape pour le spirituel, comme l'auteur le propose, tant qu'on sera en dispute avec lui sur la foi même? Cela assurément ne s'entendroit pas.

Secondement, ce ne seroit pas un moindre embarras que de proposer à l'Eglise romaine qu'elle reçoive les protestans à sa communion, pendant qu'il sera constant qu'on aura de part et d'autre des confessions de foi différentes, sans être convenu de rien. Que si l'on dit que ce sera là une simple tolérance en attendant le concile, c'est cela même qui est impossible, puisqu'il faudroit tolérer, par exemple, cette doctrine autrefois décidée dans le parti luthérien et qui y est encore en vigueur, comme l'auteur en convient, que « les bonnes œuvres ne sont pas nécessaires au salut : » ce qu'on n'obtiendra jamais, et ce qu'on ne doit jamais obtenir de l'Eglise romaine. Il faut donc auparavant convenir, par exemple, d'un point si important et des autres qu'on trouvera de même nature. Commencer par se réunir pour ensuite les examiner, comme le propose l'auteur, c'est renverser l'ordre.

Et puisque nous sommes sur cet article, l'auteur demande qu'on passe pour ainsi dire d'un seul saut par-dessus toute la doctrine luthérienne sur la justification, et il prétend que cela se peut sans blesser les principes des uns et des autres. Mais le contraire est certain, puisque l'Eglise romaine n'a jamais cru et ne croira jamais qu'elle puisse tolérer, par exemple, la certitude absolue de sa propre justification, à cause des tentations auxquelles elle expose les fidèles, et principalement encore à cause que Luther et les luthériens établissent cette certitude de la justification dans les hommes justifiés, en les laissant à la fois dans l'incertitude si leur pénitence est sincère ou non, comme il a été remarqué ci-dessus ; d'où il s'ensuit que la justification est indépendante de la repentance, chose qui ne se peut pas tolérer.

Il est encore certain que la justification, ainsi qu'elle est soutenue par les luthériens, est distincte et indépendante de la sanctification ; d'où il s'ensuit qu'on est justifié indépendamment de la pénitence, et de plus que la justification précède le bon propos ; c'est-à-dire la résolution de bien vivre et la conversion du cœur, puisque tout cela constamment appartient à la sanctification. Or établir cette doctrine, c'est renverser le fondement de la piété, aussi bien que d'enseigner qu'on n'aime Dieu qu'après qu'on est justifié ; ce qui est une suite du même principe expressément avoué par Luther, par l'*Apologie* et par la *Confession d'Augsbourg*.

Et quoique ces dogmes des luthériens et beaucoup d'autres de même importance sur la justification, soient adoucis de manière par notre auteur et par quelques autres docteurs du parti, qu'on voit bien qu'ils en viendroient aisément à un bon sens, il faut en être convenu avant la réunion, et non pas se réserver à le chercher après qu'on sera réuni, comme le propose notre auteur.

Et pour ne nous pas arrêter à cette seule matière de la justification, le savant auteur sait très-bien que les autres dogmes contestés, sans parler des décisions du concile de Trente, ont déjà été réglés par d'autres conciles généraux, comme par celui de Nicée II, reçu en Orient et en Occident depuis environ mille ans, par ceux de Latran, de Lyon et autres, où l'Allemagne a donné son suffrage, comme les autres nations, longtemps avant les contestations de Luther ; et à cela notre auteur ne trouve point de remède, sinon que le Pape tienne en suspens tous ces conciles si universellement reçus, et veuille bien recevoir à sa communion et à celle de l'Eglise les protestans, qui font profession d'en rejeter les décisions et de tenir les dogmes contraires à ceux qui y ont été déterminés. On fait plus : on propose au Pape d'autoriser dans leur ministère les surintendans et les autres pasteurs luthériens, qui n'ont été ordonnés tout au plus que par des prêtres, tels qu'étoient les prétendus réformateurs, qui par conséquent selon les maximes de l'Eglise romaine (maximes qui jusqu'ici n'avoient jamais été révoquées en doute), ne sont que de purs laïques : on veut, dis-je, que l'Eglise romaine ratifie leur ordination faite dans le schisme et en haine de la doctrine catholique, sans avoir déclaré qu'ils la reçoivent; et si l'on dit que l'on consentira que le Pape et les évêques catholiques les ordonnent de nouveau, ce ne sera pas une chose moins étrange en elle-même, ni moins contraire aux maximes de l'Eglise romaine, que d'ordonner des ministres avant qu'on soit convenu des conditions de les ordonner, dont la première est d'avoir une Confession de foi qui leur soit commune avec leurs ordonnateurs.

On voit donc manifestement qu'il n'y a rien de moins praticable que d'imaginer une réunion, avant que d'être convenu de rien sur les matières de la foi et avant même que de les avoir traitées ; et que bien loin que les demandes préliminaires que fait notre auteur laissent, comme il le propose, les principes de part et d'autre en leur entier, ils présupposent au contraire la subversion des principes les plus inviolables de l'Eglise catholique.

Et afin de montrer plus clairement l'impossibilité de ce projet dans l'ordre qu'y met notre auteur, j'oppose aux six demandes qu'il nous fait une seule et unique demande, savoir : Qu'il ne faut rien demander pour faire la paix entre nous, qui par avance détruise tout le fondement et la sûreté de la paix qu'on pourroit faire. Cela est clair de soi-même, et il en résulte qu'il ne faut rien demander qui renverse la fermeté des décrets de l'Eglise et des conciles, puisque c'est sur de semblables décrets qu'on veut fonder en dernier lieu la paix que l'on propose ; car il est clair que si l'on infirme les conciles précédens, celui sur lequel on veut s'appuyer n'aura pas plus de fermeté ni de vigueur. Il n'y aura dans celui-ci ni plus d'autorité ni un plus grand consentement que dans les autres; et si l'on tient ces conciles en suspens, à cause que les hussites, les vicléfites, les vaudois, les albigeois, les bérengariens, les iconoclastes et les autres, qui ont été condamnés, s'y sont opposés, il en faudra donc venir à dire qu'on ne doit

II. Demande unique que nous opposons aux six demandes de l'auteur.

rien tenir pour jugé, jusqu'à ce que les contendans y donnent les mains; ce qui seul anéantiroit toute l'autorité des jugemens ecclésiastiques.

Notre concile établi sur ces principes et sur les ruines, pour ainsi parler, de tant d'autres conciles, ne subsistera pas, ou plutôt il ne se tiendra point du tout ; car après qu'on aura tenu les protestans pour vrais enfans de l'Eglise avec tous leurs dogmes ; que demanderont-ils davantage ? L'Eglise romaine aura affoibli d'elle-même son autorité : elle aura reconnu pour orthodoxes ceux qu'auparavant elle regardoit d'un autre œil : ceux qui se sont séparés jouiront de la communion du premier Siége et de toutes les églises qui sont toujours demeurées dans son unité, sans rien changer dans les choses qui ont donné lieu à la séparation ; ce qui seul suffira pour faire voir que les causes en étoient justes. Après cela qu'auront-ils besoin d'arbitres, ou de conférences, ou de conciles ? On trouvera toujours de nouveaux prétextes pour éviter une assemblée, qui d'elle-même aura beaucoup de difficulté ; et après tout qu'arrivera-t-il de ce concile, sinon qu'y étant allés en foulant aux pieds tous les autres, nous montrerons à la postérité ce qu'elle pourra faire de celui-ci, et nous ôterons à l'Eglise tous les moyens de terminer les disputes qui pourront naître, en détruisant sous le nom d'un concile œcuménique l'autorité de tous les conciles et la majesté de l'Eglise ?

III. Corollaire ou suite de cette demande : exemples de réconciliation des églises

Nous ajouterons à cette demande cette proposition, qui n'en est qu'une annexe ; à savoir, que pour concilier dans ce qui regarde l'exposition de la foi les églises, quelque nombreuses qu'elles soient, il ne faut rien faire qui ne soit conforme aux exemples et aux règlemens de nos prédécesseurs ; autrement l'état de la foi et la force des décisions ecclésiastiques seroient en péril : or nous trouvons sept exemples de conciliations de cette sorte.

Le premier au commencement du cinquième siècle et dans le concile d'Ephèse, que les évêques soumis au siége d'Antioche ne vouloient pas reconnoître. L'accommodement se fit en reconnoissant que la déposition, faite dans le concile, de Nestorius pour ses erreurs, et l'ordination de son successeur étoient légitimes, et en professant la même foi qui avoit été reçue à Ephèse.

Le second exemple au commencement du sixième siècle. Acace patriarche de Constantinople ne voulant pas reconnoître la décision du concile de Chalcédoine et la lettre du pape saint Léon qui y avoit été approuvée, et tout l'Orient étant entré dans ses sentimens, il fut excommunié par le Pape. Le schisme, qui dura longtemps, fut terminé par une formule du pape saint Hormisdas, qui fut souscrite par les patriarches et par tous les évêques, dans laquelle on recevoit en termes formels le concile de Chalcédoine et la lettre du pape saint Léon, en reconnoissant l'autorité du Siége apostolique comme établie de Jésus-Christ en la personne de saint Pierre, par ces paroles : « *Tu es Pierre*, etc., et se conformant en tout et partout à la foi de ce Siége, comme de celui où se trouvoit toujours l'entière et parfaite solidité de la religion chrétienne. »

La signature de ce *Formulaire* a souvent été réitérée en Orient, et c'étoit un témoignage solennel de l'Eglise grecque sur la primauté de saint Pierre et de son Siége.

Le troisième exemple est arrivé sous le pape saint Grégoire le Grand. Quoique ce saint Pape reçût le cinquième concile, il consentit à n'en faire aucune mention dans la lettre qu'il écrivit à Théodelinde, reine des Lombards, et à ne la pas obliger à le recevoir, à cause que ce saint concile n'avoit rien déterminé spécialement sur la foi, et que ce qu'il avoit déterminé sur certaines personnes n'étoit pas absolument nécessaire. Ce fut le seul motif de sa tolérance ; ce qui montre qu'il n'en auroit aucune, s'il se fût agi de la foi.

Le quatrième exemple est du second concile général de Lyon, sous Grégoire X, où les Grecs furent reçus à la communion ; mais seulement après avoir confessé, dans une déclaration expresse de leur foi, tous les articles dont ils contestoient la vérité, et en particulier la primauté de la Chaire de saint Pierre et du Pape, comme établie par Jésus-Christ.

Le cinquième exemple est celui du concile de Bâle et des Bohémiens. Nous en ferons un article à part, à cause que c'est sur celui-là qu'on insiste particulièrement.

Le sixième exemple est celui du concile de Florence, où les Grecs furent reçus à la communion comme au second concile de Lyon, en consentant à la foi de l'Eglise sur tous les articles, et en particulier sur la primauté du Pape. Le décret d'union est entre les mains de tout le monde. Il est fait de l'autorité des évêques grecs aussi bien que des latins; mais après seulement qu'on fut convenu de tout avec eux dans des conférences particulières.

On peut produire pour septième et dernier exemple, la concession de la coupe faite par Pie IV aux catholiques et aux protestans, à condition de se soumettre à toutes les décisions de l'Eglise, et en particulier à celle qui a déterminé que la communion sous une espèce n'étoit pas contraire au précepte de Jésus-Christ. J'en rapporterois les actes, qui étoient bien connus du docteur Calixte, si le savant M. Pellisson, qui a si bien mérité par ses écrits de toute l'Eglise catholique, ne les avoit depuis peu rendus publics.

On voit par tous ces exemples qu'on n'a jamais fait aucune réconciliation entre les églises qu'en présupposant le fondement de la foi, et en convenant premièrement de ce point sans jamais s'en relâcher; de sorte que si l'on proposoit une autre forme d'accommodement, je puis bien dire avec certitude qu'on ne seroit pas écouté; et qu'en méprisant dans une affaire de cette conséquence tous les exemples des siècles passés, le Pape craindroit avec raison de multiplier les schismes plutôt que de les finir.

Comme l'exemple du concile de Bâle est celui où l'on insiste le plus, et qu'en effet c'est celui où l'Eglise semble avoir poussé le plus loin la condescendance, il faut le considérer avec un soin plus particulier.

IV.
Exemple du concile de Bâle, et jusqu'où il a porté sa condescendance envers les Bohémiens.

On prétend donc que dans l'accord fait avec les calixtins, on a suspendu à leur égard les décrets du concile de Constance contre ceux qui soutenoient que les deux espèces étoient de précepte, *ex præcepto;* ce qui paroît, dit M. de Leibniz, être « *in terminis,* en termes exprès, le cas que nous traitons, et non une simple concession de l'usage des deux espèces, sur laquelle il ne peut y avoir de difficulté. »

C'est ainsi que ce savant homme propose la chose dans une lettre à M. Pellisson, du 13 juillet 1692 ; et il se fonde sur les paroles de l'accord avec les Bohémiens, où après leur avoir accordé la communion sous les deux espèces aux conditions qui y sont exprimées, on ajoute : « Et cet article sera pleinement discuté dans le concile touchant la matière, si cette communion est de précepte ; et on verra ce qu'il faudra croire et faire sur cet article pour l'utilité et pour le salut du peuple chrétien. »

On voit par la réflexion que le même M. de Leibniz a faite en latin sur cet accord, que ces mots : *On discutera, on verra*, sont ceux d'où l'on veut conclure que le décret de Constance a été tenu en suspens ; mais ce n'est rien moins que cela, puisqu'on va voir, non par conjectures, mais par actes, que cette discussion et cet examen se devoient faire, non pas en délibérant de nouveau sur la matière, comme si elle étoit encore indécise et en suspens après le concile de Constance, mais par forme d'instruction, de déclaration, d'éclaircissement, pour confirmer les catholiques dans la vérité décidée, et faire entrer les calixtins dans l'esprit et les intentions de l'Eglise, en les informant de ses raisons.

Pour faire voir cette vérité, le premier acte que je produis est la lettre invitatoire du concile aux Bohémiens, du 15 octobre 1431. Là sur ce qu'ils s'étoient plaints qu'on ne les avoit jamais voulu entendre, on les invite à venir dire leurs raisons, et on leur promet une pleine audience, à condition toutefois « qu'ils écouteront le jugement du concile comme celui du Saint-Esprit. » On pose donc pour fondement l'infaillibilité des conciles ; ce qui est bien éloigné d'en vouloir tenir les décrets en suspens.

Le second acte, qui prouve la même vérité, est la déclaration que le cardinal Julien fit à la tête du concile aux Bohémiens, lorsqu'ils y comparurent : « Que l'Eglise ne pouvoit errer dans les choses qui étoient nécessaires au salut : qu'elle étoit représentée dans les conciles, et qu'il y falloit croire comme aux Evangiles. » Jean de Raguse, qui fut nommé pour conférer avec eux, leur fit une pareille déclaration à l'ouverture des conférences ; et tout cela étoit poser pour fondement qu'on ne rétracteroit rien de ce qui avoit été décidé.

Le troisième acte est une réponse synodale du même concile de Bâle[1] publiée par toute la terre, sur le fait dont il s'agit. Car comme on objectoit aux Pères de Bâle qu'en invitant les Bohémiens à leur concile pour y dire leurs difficultés, ils sembloient vouloir procéder à une nouvelle délibération sur une matière qui avoit déjà été décidée à Constance, ce qui étoit précisément notre difficulté, ils répondent avant toutes choses que c'est un blasphème *contre le Saint-Esprit* que de révoquer en doute l'infaillibilité des conciles ; ce qu'ils remarquent qu'ils ont déclaré aux Bohémiens dans les paroles de leurs lettres invitatoires qu'on vient de voir. Loin donc de faire paroître qu'ils veulent laisser en suspens les décisions des conciles, ils déclarent au contraire qu'ils ne s'en départiront jamais.

Et pour montrer que cela s'entend même du concile de Constance, je produis en quatrième lieu tous les actes, par lesquels il est constant que le concile de Bâle a toujours supposé que le concile de Constance étoit œcuménique. Il seroit inutile de les rapporter, puisqu'il faudroit pour cela transcrire tout le concile de Bâle, étant certain, non-seulement que ce concile étoit convoqué en vertu du concile de Constance et du chapitre *Frequens*, qui étoit un de ses principaux canons, mais encore que tous ses décrets et toutes ses procédures sont fondées sur l'autorité du concile œcuménique de Constance ; il n'a donc pas eu dessein de tenir en suspens le décret de ce concile, puisque par là il se seroit détruit lui-même.

Mais parce qu'on pourroit penser qu'en laissant en leur entier les autres décrets de Constance, les Pères de Bâle auroient du moins tenu en suspens le décret de la communion sous les deux espèces, ils déclarent qu'en exhortant les Bohémiens dans leur lettre invitatoire, « à venir entendre ce que le Saint-Esprit décideroit dans le concile de Bâle, » leur intention a été de leur déclarer, « qu'on jugeroit ici (c'est-à-dire à Bâle) comme on avoit fait à Constance, puisque, ajoutent-ils, la sentence prononcée à Constance contre les hussites, étant dictée par le Saint-Esprit qui ne sait point varier, et le même Esprit présidant à tous les con-

---

[1] *Epist. Conc. Basil.*, tom. XII ; *Conc.*, Labb., col. 674, 681.

ciles, il est clair qu'on ne jugera point ici autrement qu'on n'a jugé là. »

De cette sorte ils déclarent, non-seulement aux Bohémiens, mais encore à toute la terre, puisqu'on a vu que ce décret fut publié partout, que bien loin de regarder la décision faite à Constance comme suspendue, ils ne jugeroient autre chose que ce qui avoit été jugé dans ce concile ; et c'est pourquoi ils expliquent en termes formels qu'ils appellent les Bohémiens à leur concile, non « pour révoquer en doute ce qui a été décidé, mais pour les instruire, pour leur éclaircir la matière, pour les retirer de leur erreur, pour les convaincre, en un mot pour confondre les hérétiques et confirmer les catholiques dans leur foi ; » or c'est là précisément ce que nous disons.

Voilà le fondement sur lequel les Pères du concile de Bâle ont bâti, et les ambassadeurs qu'ils envoyèrent aux Bohémiens pour négocier avec eux, étoient entrés dans ce même esprit, lorsqu'ils écrivoient au concile même en ces termes : « C'est le sentiment constant et unanime de nous tous, qu'il ne faut point révoquer en doute ce qui a été décidé dans les conciles : qu'on admette donc à l'audience ceux qui ont été appelés au concile, afin que notre foi demeurant toujours la même, on rappelle de leur égarement ceux qui sont tombés dans l'erreur [1]. »

Et il importe de bien comprendre ce qu'ils veulent dire, lorsqu'ils déclarent que leur conférence avec les Bohémiens a pour but de confirmer les catholiques dans la vérité qui avoit été décidée à Constance. C'est, disent-ils, que les Bohémiens, non-seulement se plaignoient qu'on ne les avoit jamais ouïs, mais avoient encore la hardiesse de se vanter « qu'on n'avoit osé les ouïr, parce qu'on ne pouvoit répliquer à leurs raisons. » Par là ils s'endurcissoient dans leur opiniâtreté ; et les infirmes, dont le nombre est toujours si grand dans l'Eglise, étoient frappés de ce discours. On n'y pouvoit apporter de meilleur remède que celui de leur accorder une audience publique, pour écouter leur raison et pour *les convaincre*, ainsi que parlent les Pères du concile.

Et que leur intention fût de les convaincre comme des errans

---

[1] *Epist. Conc. Basil.*, tom. XII *Conc.*, Labb., col. 982.

et de les mettre en ce nombre, ils s'en expliquent clairement, quoiqu'avec toute la douceur et le ménagement possibles, dans cette même lettre invitatoire, puisqu'ils les séparent du bon grain et les rangent avec l'*ivraie;* et que tout ce qu'ils en disent de plus favorable est, « qu'ils présument que la racine n'est pas encore entièrement desséchée, ni la terre tout à fait infructueuse [1]. »

C'est donc un fait indubitable, que l'examen qu'on promettoit à Bâle n'étoit pas un examen pour délibérer de nouveau de la décision de Constance, comme si elle eût encore été douteuse, mais pour instruire les Bohémiens des raisons qu'on avoit eues de la faire, pour l'éclaircir et la confirmer; ce qui fut fait aussi en termes formels et par une décision expresse en la session XXX, où le décret qui déclaroit que la communion sous les deux espèces n'étoit pas de précepte, fut renouvelé; après quoi les Bohémiens, qui vouloient encore chicaner, ne reçurent plus aucune réponse.

Et la chose avoit été déjà préjugée, non-seulement par toutes les déclarations qu'on vient de voir, mais encore par les propres termes de l'accord, puisque premièrement on y accordoit le calice, non pas à tous, ce qu'il auroit fallu faire si on l'avoit tenu de précepte divin, mais à ceux-là seulement « qui le désireroient et qui auroient accoutumé de le recevoir; » ce qui marquoit que la chose étoit libre et indifférente par elle-même : secondement, que le calice étoit accordé, non-seulement « par l'autorité de Notre-Seigneur Jésus-Christ, » mais encore « par celle de l'Eglise, sa vraie épouse, » de peur qu'on ne crût que l'institution de Jésus-Christ fût tellement manifeste, qu'on n'eût après cela aucun besoin de la déclaration et autorité de l'Eglise : en troisième lieu, sur ce point-là même, comme sur tous les autres qui devoient être traités, on se soumettoit à l'autorité du concile de Bâle, « comme dirigé par le Saint-Esprit; » car c'étoient les propres termes portés dans l'accord, quoiqu'on sût que ce concile, auquel on se soumettoit, n'avoit rien tant en recommandation que l'autorité et les décrets du concile de Constance, sur lesquels il fondoit toute sa conduite.

[1] *Epist. Conc. Basil.*, tom. XII *Conc.*, Labb., col. 670.

Il faut encore ajouter cette clause de l'accord, qu'on n'accordoit le calice « qu'à ceux qui convenoient avec le concile et avec l'Eglise romaine, de tous les autres points de la foi. » Ils convenoient par conséquent de l'infaillibilité de l'Eglise ; et c'est aussi pourquoi ils se soumettoient au concile comme *dirigé par le Saint-Esprit.* Or dès là que l'on convient de l'infaillibilité de l'Eglise, on ne peut plus soutenir qu'elle ait erré dans l'administration de l'Eucharistie, non plus que dans celle des autres sacremens.

Il est donc plus clair que le jour, selon les principes posés par l'accord même, qu'il n'y avoit point à douter qu'on ne renouvelât à Bâle le décret de Constance, comme en effet on le fit. Ainsi ce qu'on accordoit aux Bohémiens et toute la condescendance qu'on avoit pour eux, n'étoit d'un côté qu'un dessein de confirmer les catholiques dans la vérité décidée, et de l'autre côté qu'une pieuse adresse pour attirer les errans au concile dans l'espérance qu'ils céderoient à l'autorité, à la charité et aux raisons d'une assemblée à laquelle ils reconnoissoient dans l'accord même que le Saint-Esprit présidoit.

CHAPITRE VII.

Sur le concile de Trente.

J'ai réservé à la fin cette question comme la plus difficile, non en elle-même, mais par rapport aux protestans.

1. Que le concile de Trente est reçu en France et dans toute l'Eglise catholique pour les décisions de foi.

Je suppose en premier lieu comme constant, que ce concile est reçu dans toute l'Eglise catholique et romaine, en ce qui regarde la foi ; ce qu'il est nécessaire d'observer, parce qu'il y en a qui se persuadent que la France n'en reçoit pas les décisions à cet égard, sous prétexte que pour certaines raisons elle n'en a pas reçu toute la discipline. Mais c'est un fait constant et qu'on peut prouver par une infinité d'actes publics, que toutes les protestations que la France a faites contre le concile, et durant sa célébration et depuis, ne regardent que les préséances, prérogatives, libertés et coutumes du royaume, sans toucher en aucune sorte aux décisions de la foi, auxquelles les évêques de France ont souscrit sans difficulté dans le concile. Tous les ordres du royaume, toutes les universités, toutes les compagnies, et en général et en particulier, y ont toujours adhéré. Il n'en est pas de la foi comme des mœurs : il peut y avoir des lois qu'il soit impossible d'ajuster avec les mœurs et les usages de quelques nations ; mais pour la foi, comme elle est de tous les âges, elle est aussi de tous les lieux. Il est même très-véritable que la discipline du concile de Trente, autorisée dans sa plus grande partie par l'ordonnance appelée de Blois, à cause qu'elle a été faite dans les Etats tenus dans cette ville, s'affermit de plus en plus dans le royaume, et qu'à peu d'articles près elle y est universellement suivie.

Je n'en dirai pas davantage sur ce sujet, parce que la chose est évidente, et que M. l'abbé Pirot, syndic de la faculté de théologie, envoie un mémoire fort instructif sur cette matière (a).

<small>II. Exemple qui fait voir aux protestans la manière de recevoir les conciles par consentement et approbation.</small>

A l'égard des protestans modérés, à qui nous avons affaire, l'aversion qu'on a dans leur parti contre le concile de Trente doit être fort diminuée ; après qu'on a vu par l'écrit qu'ils nous ont adressé, que la doctrine de ce concile bien entendue est saine et ancienne ; en sorte que ce qui reste d'aversion doit être attribué à la chaleur des partis qui n'est pas encore tout à fait éteinte, et aux préventions où l'on est contre les véritables sentimens de cette sainte assemblée. Il semble donc qu'il est temps plus que jamais d'en revenir sur ce concile à ce que saint Hilaire a dit autrefois sur le concile de Nicée : « Le *Consubstantiel* peut être mal entendu ; travaillons à le faire bien entendre [1]. » Par ce moyen les protestans, qui regardent le concile de Trente comme étranger, se le rendront propre en l'entendant bien et en l'approuvant.

Ainsi trouvons-nous dans les conciles d'Espagne [2] qu'ils se rendirent propre le concile VI, auquel ils n'avoient point été appelés, en examinant, en recevant, en publiant la décision qu'on y avoit faite sur la foi : ainsi le concile de Constantinople, qui n'avoit été célébré que par les évêques d'Orient, eut l'autorité et le nom de second concile général par l'acceptation et le consente-

---

[1] *De Synod.*, n. 88, col. 1202. — [2] *Conc. Tolet.*, XIV, cap. IV, V, ubi sup.

(a) Nous aurions fort souhaité d'enrichir cette collection du Mémoire de M. Pirot, dont le savant auteur fait ici l'éloge ; mais nous n'avons pu le trouver ni dans les papiers de M. de Meaux ni ailleurs. (*Edit. de Paris*.)

ment de l'Occident : ainsi le Siége apostolique se rendit propre le cinquième concile en lui donnant son approbation, encore qu'il eût été commencé sans son concours : ainsi la France, qui n'avoit point assisté au septième concile, après quelques difficultés qui venoient plutôt, comme il est notoire, de ce qu'on ne s'entendoit pas bien, que du fond de la doctrine, le reçut à la fin comme les autres nations orientales et occidentales, sans que depuis ce temps on en ait contesté l'autorité ou rejeté les décisions.

La principale raison que les protestans ont opposée à ce concile est que le Pape et les évêques de sa communion, qui ont été leurs juges, étoient en même temps leurs parties ; et c'est pour remédier à ce prétendu inconvénient qu'ils s'attachent principalement à demander que leurs surintendans soient reconnus juges dans le concile qu'on tiendra. Mais si cette raison a lieu, il n'y aura jamais de jugement contre aucune secte hérétique ou schismatique, n'étant pas possible que ceux qui rompent l'unité soient jugés par d'autres que par ceux qui étoient en place quand ils ont rompu. Le Pape et les évêques catholiques n'ont fait que se tenir dans la foi où les protestans les ont trouvés. Ils ne sont donc point naturellement leurs parties. Ce sont les protestans qui se sont rendus leurs parties contre eux, en les accusant d'idolâtrie, d'impiété et d'antichristianisme. Ainsi ils ne pouvoient pas être assis comme juges dans une cause où ils s'étoient rendus accusateurs. Les novatiens et les donatistes qui avoient rompu avec l'Eglise, ne furent point appelés à ses conciles. Les protestans n'ont point appelé ceux qu'ils appellent *réformés* aux assemblées où ils ont jugé de leur doctrine, et ils n'ont pas laissé de la condamner. Les réformés eux-mêmes n'ont pas fait asseoir les arminiens dans leur synode de Dordrecht, où ils les jugeoient : en un mot, quoi qu'on fasse, on ne peut jamais faire que les hérétiques soient jugés par d'autres que par les catholiques ; et si l'on appelle cela être partie, il n'y aura plus de jugement ecclésiastique, ainsi qu'il a déjà été remarqué.

Les anathèmes du concile de Trente, dont les protestans font tant de plaintes, n'ont rien de plus fort que ce qui est si souvent répété par les mêmes protestans dans leurs livres symboliques :

III. Les raisons des protestans contre ce concile.

Ils condamnent, ils improuvent comme impie, etc., telle et telle doctrine. Tout cela, dis-je, est équivalent aux anathèmes de Trente. Il faut donc faire cesser ces reproches ; et en dépouillant tout esprit de contention et d'aigreur, entrer dans les éclaircissemens qui rendront les décisions du concile recevables aux protestans mêmes.

CHAPITRE VIII.

Dernière résolution de la question de M. de Leibniz par les principes posés.

I. Question que M. de Leibniz appelle essentielle, divisée en deux parties : on résout la première. M. de Leibniz peut voir maintenant la résolution de ce qu'il appelle *l'essentiel de la question :* « savoir, si ceux qui sont prêts à se soumettre à la décision de l'Eglise, mais qui ont des raisons de ne pas reconnoître un certain concile pour légitime, sont véritablement hérétiques ; et si, une telle question n'étant que de fait, les choses ne sont pas à leur égard devant Dieu, ou comme disent les canonistes, *in foro poli*, et lorsqu'il s'agit de la doctrine de l'Eglise et du salut, comme si la décision n'avoit pas été faite ; puisqu'ils ne sont point opiniâtres. La condescendance du concile de Bâle semble appuyée sur ce fondement. » Voilà la question comme il l'a souvent proposée, et comme il la propose tout nouvellement dans sa lettre du 3 juillet 1692. Cette question a deux parties : la première, si un homme disposé de cette sorte est opiniâtre et hérétique ; puisqu'il faut trancher le mot et qu'on le demande, je réponds qu'oui : la seconde, s'il se peut servir de la condescendance du concile de Bâle : je réponds que non.

Quant à la première partie, en voici la démonstration.

J'appelle *opiniâtre* en matière de foi celui qui est invinciblement attaché à son sentiment, et le préfère à celui de toute l'Eglise : j'appelle *hérétique* celui qui est opiniâtre en cette sorte.

Ce fondement supposé, je dis que ceux dont il s'agit, premièrement sont opiniâtres, parce qu'encore qu'ils disent qu'ils sont prêts à se soumettre à la décision de l'Eglise, ils s'y opposent en effet.

Leur excuse est que ce n'est point en général à l'autorité et à l'infaillibilité de l'Eglise qu'ils en veulent, mais seulement *qu'ils ont des raisons* pour ne pas reconnoître *un certain concile ;* ce qui n'est, à ce qu'ils disent, qu'une *erreur de fait.*

Or cette excuse est frivole et nulle, parce que la raison qu'ils ont de ne pas reconnoître *ce certain concile*, est une raison qui les met en droit de n'en reconnoître aucun, ou de ne les reconnoître qu'autant qu'ils voudront. Car cette raison est que ce concile est tout ensemble juge et partie. C'est ce qu'ils ont dit autrefois : c'est ce qu'ils prétendent encore, comme on a vu ; or cette raison conviendra à tout concile, n'étant pas possible de faire autrement, comme on a vu, ni que les hérétiques soient jugés par d'autres que par les catholiques. Ainsi l'excuse de ceux dont il s'agit leur est commune avec tout ce qu'il y a eu et ce qu'il y aura jamais d'hérétiques, n'étant pas possible qu'il y en ait jamais qui ne prennent les catholiques à partie. Il résultera donc de là qu'on ne pourra jamais prononcer de jugemens ecclésiastiques sur la foi que du consentement des contendans ; ce qui leur donne un moyen certain d'éluder tous les jugemens de l'Eglise, sans que personne leur puisse ôter cette excuse. Elle n'est donc qu'un prétexte pour autoriser les hommes à demeurer invinciblement attachés à leur propre sens, et à le préférer à celui de toute l'Eglise.

Et en effet, pour appliquer cette démonstration à notre cas particulier, les protestans ne prétendent pas seulement rejeter ou tenir en suspens *ce certain concile ;* c'est-à-dire celui de Trente, qu'ils accusent d'avoir été juge et partie ; mais par la même raison, ils demandent en termes formels qu'on tienne en suspens tous les conciles où l'on a condamné ceux dont les protestans ont suivi les sentimens en tout ou en partie. Car c'est là une des propositions que M. l'abbé Molanus nous a faites dans son écrit ; ce qui n'est pas seulement ne pas reconnoître un certain concile, comme dit M. de Leibniz, mais en général ne pas reconnoître tous les conciles où l'on aura été condamné, sans autre raison, sinon qu'on l'aura été par ses parties.

Et il est clair que les protestans sont forcés par l'état même de leur cause à tenir cette conduite. Car quand on auroit tenu en suspens le concile de Trente, ils n'en seroient pas moins accablés par l'autorité de tous les conciles précédens, où l'on trouve non-seulement la réalité, mais encore la transsubstantiation, le sacrifice et le sacrifice pour les morts, les messes privées, la communion sous une espèce, la primauté du Pape de droit divin, le purgatoire, le culte des Saints et des reliques, le mérite des bonnes œuvres, et en un mot, tous les points sur lesquels roulent nos controverses expressément décidés contre eux; et pour mettre la cause en son entier à leur égard, il faut remonter jusqu'à mille ans au moins ce qui est plus que suffisant quant à présent, et tenir en suspens tout ce qui a été fait depuis, c'est-à-dire le tenir pour nul, et n'y avoir aucun égard ; et c'est aussi expressément ce qu'on nous demande.

Et remarquez que dans ces mille ans se trouve la décision contre Bérenger, que les zuingliens demanderont qu'on tienne pour nulle, avec autant de raison qu'on en a de demander la nullité des autres décisions. Ces hérétiques seront donc rétablis comme les autres : il faudra revenir au fond avec eux, et l'on perdra l'avantage qu'on a contre eux par la force des choses jugées, que Luther et les luthériens ont tant fait valoir, en les pressant, comme on sait, par le sentiment de l'Eglise déclaré contre eux; et il en faudra d'autant plus mépriser le jugement sur cet article, qu'on fait voir aux luthériens que la transsubstantiation y est établie avec la réalité; en sorte qu'il faut revenir de tout, si l'on ne veut pas tout accepter.

Mais quand cela seroit fait, les nouveaux pélagiens, les nouveaux ariens, les nouveaux nestoriens reviendroient par la même raison contre les conciles de Nicée et d'Ephèse, où ils ont été condamnés; et il n'y aura qu'à dire qu'on a été jugé par ses parties, pour être absous de toute condamnation.

Quand donc M. Leibniz nous dit que révoquer en doute *ce certain concile*, est une question *de fait,* il ne veut pas voir que sous prétexte de ce fait il anéantit tous les jugemens ecclésiastiques; de sorte qu'il n'y a point d'erreur plus capitale contre la foi.

Si c'est ici une simple question de fait, l'on dira aussi que c'en est une, savoir s'il y a une vraie Eglise sur la terre, et quelle elle est. Car cela assurément est un fait ; et si pour n'être pas opiniâtre, c'en est assez en général de dire : Je suis soumis à l'Eglise, mais je ne sais quelle elle est, ni où elle est, l'opiniâtre que nous cherchons ne se trouvera jamais, et l'indifférence des religions sera inévitable.

Il en est de même, si l'on dit : Je suis soumis au concile, mais je ne sais quel est ce concile auquel je me veux soumettre. Car qu'on le bâtisse comme on voudra, ce sera toujours, si je veux, *ce certain concile, que pour certaines raisons* je ne voudrois pas reconnoître ; et par la même raison que je pousserai ce doute jusqu'à mille ans ; je le pousserai en remontant jusqu'à l'origine du christianisme, et en descendant jusqu'à la fin des siècles, sans qu'il y ait aucune raison de m'arrêter nulle part puisqu'il n'y en aura jamais de m'arrêter à un endroit plutôt qu'à l'autre ; et qu'en quelque endroit qu'on s'arrête, on y trouvera toujours un parti qui condamnera l'autre, sans qu'on puisse faire autrement.

Que si, en remontant durant mille ans, on n'a pas su où étoit l'Eglise, ni quel en étoit le concile légitime, ni si l'on en a tenu ou pu tenir quelqu'un, il n'y aura point de raison de ne pas porter le doute plus haut, et tout y sera également caduc.

En descendant, on se trouvera dans le même embarras. Car on ne pourra jamais dire de raison pourquoi ce concile, auquel on dit qu'on veut se soumettre, sera plus ferme et plus infaillible que les autres. Le consentement des chrétiens n'y sera pas autre que dans les conciles précédens. Les calvinistes, les anabaptistes, les sociniens, et en un mot, tous ceux qui n'y seront pas, diront toujours qu'ils ont été jugés par leurs parties, et l'on reviendra de ce concile, comme on prétend revenir de tous les autres.

Ainsi c'est visiblement une illusion qu'on se fait à soi-même, quand on dit qu'on se soumettra à un concile. Car ou il sera infaillible, et pourquoi non tous les autres ? ou il ne le sera pas, et qu'aura-t-il moins que les autres ?

Il n'y aura donc jamais de véritable docilité et soumission à l'Eglise, jusqu'à ce que l'on convienne de bonne foi qu'il y a toujours une Eglise, qui a des promesses pour n'errer jamais, laquelle par conséquent a des pasteurs et des juges légitimes des questions de la foi, qu'on ne peut prendre à partie sans y prendre Jésus-Christ même.

M. de Leibniz et ses semblables (car c'est à eux qu'on nous presse de parler) sont-ils dans ce sentiment, ou n'y sont-ils pas? Ils semblent y être; car ils disent ou semblent dire en général que le concile universel, et par conséquent l'Eglise qu'il représente, est infaillible, et qu'ils sont prêts à se soumettre à son jugement, quel qu'il soit; d'où vient aussi que M. de Leibniz, dans la réflexion latine dont il a déjà été parlé, appelle les décisions de ce concile *irrésistibles, statuta irrefragabilia*. Il semble donc, lui et ceux de son avis, être dans le sentiment de l'infaillibilité. D'autre côté ils n'en sont pas; car ils ne font aucun scrupule de demeurer dans une communion où l'on enseigne publiquement le contraire. Ils veulent qu'on leur accorde que dans les siècles passés, l'on a fait plusieurs décisions ou fausses ou inutiles; car c'est en termes formels ce que demande M. de Leibniz dans une lettre du 13 juillet 1692, à madame de Brinon. Sur le fondement qu'il peut y avoir des décisions de cette nature, ils veulent qu'on raye d'un seul trait de plume toutes celles qui ont été faites depuis mille ans, sans pouvoir dire aucune raison pourquoi celle qu'ils semblent attendre comme la règle de leur foi sera plus valable.

Diront-ils que les conciles, dont ils veulent rayer les décrets, sont nuls, parce qu'ils ont été convoqués par le Pape, ou qu'il y a présidé, ou qu'il n'y a appelé que les évêques de sa communion? Non, puisqu'ils veulent que celui auquel ils appellent soit convoqué de même, présidé de même, composé de même, qu'on n'y admette que des évêques, et des évêques réconciliés avec le Saint-Siége par cette union, qu'ils appellent *préliminaire* : diront-ils qu'on n'a pas suivi dans ces vieux conciles la même règle que celle qu'ils proposent au nouveau? Non encore; car ils n'en prescrivent point d'autre que l'Ecriture avec le consentement de l'Eglise des siècles précédens; et ils ne sauroient montrer qu'on s'en soit jamais proposé d'autres. Diront-ils que ce concile sera plus libre que les autres, à cause que la conclusion se fera à la pluralité des voix? On n'a jamais prétendu que cela se fît autrement.

Ainsi le nouveau concile n'aura que ceci de particulier, qu'on y aura mis la condition d'y convoquer et assembler toutes les parties, pour y être également juges; ce qui est l'endroit précis où l'on a vu l'anéantissement entier de tous les jugemens ecclésiastiques.

Que si, sans se servir de cette raison, qui est celle que les protestans ont toujours eue dans la bouche : *J'ai été jugé par ma partie,* on prétend tenir en suspens *ce certain concile* par d'autres raisons, comme en disant, par exemple, que c'est cabale et intrigue ; c'est en d'autres termes dire toujours la même chose, et toujours fournir aux hérétiques une excuse légitime, parce que ceux qui seront condamnés appelleront toujours *intrigue* et *cabale* tout ce qui se sera fait contre eux. Les eutychiens donneront toujours aux orthodoxes, qui suivent le concile de Chalcédoine, le nom de *Melchites* ou de *Royalistes* : les nestoriens ne cesseront jamais d'attribuer leur condamnation aux jalousies de saint Cyrille contre Nestorius, et du siége d'Alexandrie contre celui de Constantinople : ils diront que le Saint-Siége s'est laissé entraîner dans la cabale, et que son autorité a tellement prévalu dans le concile d'Ephèse, que ce concile, en condamnant Nestorius, a déclaré qu'il y étoit contraint par les lettres du pape Célestin : toutes les sectes parlent tout de même ; et s'il faut les écouter, il sera vrai de dire qu'il n'est pas possible de tenir jamais un concile légitime, et que chacun croira ce qu'il voudra.

Et pour enfin nous recueillir, et pousser en même temps la démonstration selon les vœux de M. de Leibniz jusqu'aux dernières précisions ; si, par exemple, toutes les fois qu'on voit un concile, qui seul et publiquement porte dans l'Eglise le titre d'œcuménique ; en sorte que personne ne s'en sépare que ceux qui en même temps sont visiblement séparés de l'Eglise même, qui reconnoît ce concile et qui en est reconnue : si, dis-je, on prétend le rejeter ou le tenir en suspens, sous quelque prétexte que ce soit, et principalement sous celui-ci, que ces séparés le regardent comme leur partie, et refusent pour cette raison de s'y soumettre, on détruit également tous les conciles et tous les jugemens ecclésiastiques : on met une impossibilité d'en prononcer aucun qui soit tenu pour légitime : on introduit l'anarchie, et chacun peut croire tout ce qu'il veut.

C'est en cela que consiste l'opiniâtreté qui fait l'hérétique et l'hérésie. Car si, pour n'être point opiniâtre, il suffisoit d'avoir un air modéré, des paroles honnêtes, des sentimens doux, on ne sauroit jamais qui est opiniâtre ou qui ne l'est pas. Mais afin qu'on puisse connoître cet opiniâtre qui est hérétique, et l'éviter selon le précepte de l'Apôtre [1], voici sa propriété incommunicable et son manifeste caractère : c'est qu'il s'érige lui-même dans son propre jugement un tribunal au-dessus duquel il ne met rien sur la terre, ou, pour parler en termes simples, c'est qu'il est attaché à son propre sens, jusqu'à rendre inutile tous les jugemens de l'Eglise. On en vient là manifestement par la méthode qu'on nous propose ; on en vient donc manifestement à cette opiniâtreté qui fait l'hérétique, et voilà la résolution de la question dans sa première partie.

II. *Différence de la condescendance des Pères de Bâle d'avec celle que M. de Leibniz et les protestans nous proposent.*

La seconde, qui regarde l'exemple des Pères de Bâle, n'est pas moins aisée. Car il résulte des faits et des principes posés, que le cas où se trouvent les protestans est tout à fait différent de celui où nous avons vu les Bohémiens et les calixtins [2]. Les protestans demandent que l'on délibère de nouveau de toutes nos controverses, comme s'il n'y en avoit rien de décidé dans le concile de Trente et dans les conciles précédens ; mais nous avons vu que le concile de Bâle, en accordant aux Bohémiens la discussion de l'article de la communion sous une espèce, déjà résolue à Constance, déclaroit en même temps que cette discussion ne seroit pas une nouvelle délibération, comme si la chose étoit indécise ; mais qu'elle se feroit par manière d'éclaircissement et d'instruction, pour enseigner les errans, confirmer les infirmes et convaincre les opiniâtres ; ce qui est infiniment différent de ce que les protestans nous proposent.

Il est vrai que les Bohémiens furent reçus à la communion, encore que de leur côté ils demeurassent en suspens sur un article décidé par le concile de Constance ; mais, premièrement, ils se soumettoient à un concile actuellement assemblé, qu'on saisissoit de

---

[1] *Tit.* III, 10. — [2] Ci-dessus, chap. VI, n. 4.

l'affaire par les termes de l'accord, et non pas, comme on voudroit faire aujourd'hui, à un concile à convoquer, que mille obstacles peuvent empêcher ; c'est-à-dire à un concile en l'air.

Secondement, ils reconnoissoient l'Eglise infaillible, et se soumettoient aussi à son concile actuellement assemblé, comme à un concile dirigé par le Saint-Esprit, après lequel il n'y auroit plus de retour ; au lieu que les protestans, quoiqu'ils parlent à peu près de même, de sorte qu'ils semblent vouloir tout déférer à ce concile, n'ont point encore tranché le mot, qu'ils tiennent l'Eglise et son concile pour infaillibles ; et au contraire l'Eglise où ils sont a des principes opposés à ce sentiment, qui ne laissent aucune espérance de finir nettement les contestations, ainsi qu'il a été dit.

Troisièmement, quoique le concile auquel les Bohémiens se soumettoient fût le concile de l'Eglise de laquelle ils s'étoient séparés, ils ne le regardoient pas comme leur partie, et ne demandoient pas même que leurs prêtres y fussent assis avec les autres comme juges ; mais ne connoissant d'autre Eglise que l'Eglise catholique romaine, ni d'autre concile que celui qui étoit composé de ses évêques, ils venoient en supplians, et se contentoient de pouvoir dire leurs raisons devant les Pères du concile comme devant leurs juges légitimes, dont il n'y avoit plus aucun appel. Mais les protestans font le contraire ; et en refusant de reconnoître pour légitime tout concile où les contendans ne seront pas tous également juges, ils ferment la porte à tout jugement ecclésiastique, et ne laissent aucun remède au schisme et aux hérésies, comme on vient de voir.

Quatrièmement, sans rien alléguer contre le concile de Constance qui affoiblît ou détruisît les conciles en général, comme seroit qu'ils ont été leurs parties, ils se plaignoient seulement de n'y avoir point été ouïs, à quoi il étoit aisé de remédier à Bâle en les écoutant. Mais aujourd'hui les protestans, qui ne peuvent pas faire cette plainte, puisqu'il n'a tenu qu'à eux d'être ouïs, et qu'on leur a donné tous les sauf-conduits et sûretés nécessaires en la forme qu'ils ont souhaitée, apportent pour toute exception, ou du moins comme leur exception principale, qu'il ne leur suffit pas d'être ouïs en toute sûreté comme parties ; mais que les pasteurs qu'ils ont établis, sans qu'ils aient été ordonnés par des évêques, ont le même droit de juger que ceux qui ont gardé la succession et sont demeurés dans leurs places sans rien innover ; ce qui emportant l'invalidité de tous les jugemens ecclésiastiques, les oblige aussi, non à rejeter un certain concile pour des raisons particulières, comme ils disent, mais tous les conciles depuis environ mille ans, sans alléguer aucune raison pour attribuer plus de force à ceux qui ont précédé ou qui suivront.

En cinquième lieu, il ne s'agissoit que d'un seul article avec les calixtins ; et l'on a vu que cet article par les principes posés étoit aisé à régler, ou plutôt qu'il étoit déjà préjugé par les termes mêmes de l'accord et par la croyance, qui étoit commune entre les parties, de l'infaillibilité de l'Eglise ; mais il n'y a point de question que les protestans n'aient remuée, ayant même renversé les fondemens de l'Eglise, en ébranlant la promesse de l'assistance perpétuelle du Saint-Esprit ; et pour tenir en suspens les décisions faites contre eux, il faudroit, pour ainsi parler, refondre l'Eglise toute entière.

Enfin bien qu'on ait eu la condescendance de ne point parler aux calixtins du concile de Constance, qui leur faisoit peine, ils se soumettoient eux-mêmes à l'équivalent, c'est-à-dire au concile de Bâle, qui, comme on a vu [1], étoit assemblé en vertu d'un de ses canons, c'est-à-dire du chapitre *Frequens* ; et qui d'ailleurs, non content de la profession qu'il faisoit de se régler selon les maximes de ce même concile, s'étoit encore expliqué sur le décret en question, en déclarant qu'il le tenoit pour inviolable ; en sorte qu'il étoit notoire que se soumettre aux Pères de Bâle, c'étoit au fond, et comme on parle, équivalemment recevoir celui de Constance ; au lieu qu'on ne peut attendre du concile, que les protestans nous proposent, que toute sorte de divisions, puisqu'on le compose de parties directement opposées sur cent matières de foi, où l'on croit voir de part et d'autre la subversion entière du christianisme ; et que d'ailleurs on ne craint point de nous demander la suspension de tout ce qui a été fait depuis mille ans, comme si durant tout ce

[1] Chap. VI, n. 4.

temps il n'y avoit point eu de christianisme ni d'Eglise véritable.

Ainsi l'exemple du concile de Bâle étant infiniment éloigné du cas que l'on nous propose, on ne peut rien conclure en faveur des protestans ; et au contraire, comme cet exemple fait voir le dernier point où la charité maternelle de l'Eglise peut porter sa condescendance, il fait voir en même temps que ce qu'on demande au delà est impraticable.

Il y a une dernière raison qui va être tranchée en un mot, et qui ne laisse aucune excuse à ceux qui sont dans le cas que M. de Leibniz nous propose ; c'est que dans la lettre du 13 juillet 1692, à madame de Brinon, en se plaignant des décisions qu'on a faites, à ce qu'il prétend, sans nécessité, il ajoute : que « si ces décisions se pouvoient sauver par des interprétations modérées, tout iroit bien. » Or est-il que de son aveu ces décisions se peuvent sauver par les interprétations modérées de M. l'abbé Molanus dans les matières les plus essentielles, par lesquelles on peut juger de toutes les autres ; par conséquent tout va bien ; c'est-à-dire qu'il n'y a rien qui puisse empêcher un homme qui aime la paix, de retourner à l'unité de l'Eglise. Si donc il n'y retourne pas, il ne pourra s'excuser d'adhérer au schisme.

III. Dernière raison, qui rend inexcusables tous ceux qui sont dans le cas qu'on nous propose.

Et remarquez que ces interprétations ou déclarations, sous lesquelles M. l'abbé Molanus reconnoît que les sentimens catholiques sont recevables, ne sont pas des déclarations qu'il faille attendre de l'Eglise, puisque nous avons montré qu'elles sont déjà toutes faites en termes précis dans le concile de Trente ; car tous les éclaircissemens que ce savant abbé a proposés, par exemple, sur la justice chrétienne, sur la transsubstantiation, sur le sacrifice, sur l'invocation des Saints, sur le culte des images, etc., sont précisément ceux que le concile de Trente a donnés de mot à mot dans les décrets que nous en avons rapportés. Si ces articles, de la manière qu'ils sont approuvés parmi nous, sont recevables ou irréprochables, on ne doit pas présumer que les autres moins importans doivent arrêter ; donc tout l'essentiel est déjà fait : on ne peut demeurer luthérien sans s'obstiner dans le schisme, ni faire son salut ailleurs que dans notre communion.

Il ne sert de rien de répondre que les déclarations du même

abbé sur les dogmes luthériens sont bonnes aussi, ce qui rend les choses égales. Car premièrement, et cette raison ne souffre point de réplique, quand cela seroit, tout le monde demeure d'accord que c'est à nous qu'il faut revenir, si on le peut en conscience ; puisque c'est nous qu'on a quittés : c'est, dis-je, à nous qu'il faut revenir, supposé que notre doctrine soit saine, recevable, ancienne, comme M. l'abbé Molanus l'a démontré dans les articles les plus essentiels, et qu'on le doit raisonnablement inférer des autres. Mais secondement, je soutiens que les déclarations que nous donne M. l'abbé Molanus, sur les dogmes luthériens, ne sont pas aussi authentiques que celles qui nous regardent ; puisque nos déclarations sont déjà données par le concile de Trente, et que celles de M. l'abbé Molanus sont ses déclarations *particulières*, et sont encore à donner par le parti.

J'ajoute qu'il n'y a point de bonnes explications à donner à l'ubiquité, par exemple, ni à cette proposition : « Les bonnes œuvres ne sont pas nécessaires au salut. » C'est pourquoi M. l'abbé Molanus consent que ces doctrines soient supprimées ; mais cela n'empêche pas que la première ne soit en vigueur dans presque tout le luthéranisme ; et que la seconde, autorisée par un décret de tout le parti, comme on a vu, ne soit encore la seule publiquement approuvée, n'ayant été révoquée par aucun acte.

De là se tire un argument pour l'infaillibilité de l'Eglise, et la perpétuelle vérité de ses décisions. Car comme entre ces décisions, celles que les protestans trouvent le plus remplies d'erreurs, sont celles du concile de Trente, et que M. l'abbé Molanus a cependant démontré que lorsqu'elles sont bien entendues, on les trouve nonseulement irréprochables, mais encore pour la plupart appuyées du consentement de l'ancienne Eglise, il s'ensuit nécessairement que Jésus-Christ, qui a assisté son Eglise dans les premiers siècles, ne l'a pas abandonnée dans les derniers.

Je soutiens donc que M. de Leibniz, et ceux qui entrent comme lui dans les tempéramens de M. l'abbé Molanus, ne sont point excusés par là de l'opiniâtreté qui fait l'hérétique pour trois raisons, qui ne peuvent pas être plus décisives ni plus fortes. La première, que les exceptions qu'ils apportent contre les conciles auxquels ils ne veulent point qu'on ait égard, détruisent, comme on a vu, tous les jugemens ecclésiastiques, tous les fondemens de réunion, et même en particulier les fondemens de la réunion qu'on propose. La seconde, qu'ils n'ont trouvé aucun exemple de la condescendance qu'ils nous demandent, puisque celle du concile de Bâle, qu'ils croient avec raison la plus forte, ne leur sert de rien. La troisième, que les décisions du concile de Trente, tant décriées par les protestans et par eux-mêmes, sont recevables et irréprochables, lorsqu'elles sont bien entendues : d'où il s'ensuit que le docte abbé, dont nous avons examiné l'écrit, si l'on change seulement l'ordre de son projet, a ouvert aux siens, comme il se l'étoit proposé, le chemin à la paix et comme le port du salut.

Un seul corps et un seul esprit. Eph., IV, 4.

Écrit à Meaux, dans les mois d'avril, mai, juin et juillet 1692.

FIN DU DIX-SEPTIÈME VOLUME.

TABLE

DES MATIÈRES CONTENUES DANS LE DIX-SEPTIÈME VOLUME.

EXPLICATION

DE QUELQUES DIFFICULTÉS SUR LES PRIÈRES DE LA MESSE,

A UN NOUVEAU CATHOLIQUE.

I. Objections contre la doctrine de l'Eglise catholique, tirées de la liturgie ou des prières de la Messe. 1
II. Explication du mot de *messe*. 5
III. Explication des difficultés qui regardent la chose même. Distribution de la messe en toutes ses parties. 6
IV. Comment l'Eglise offre à Dieu du pain et du vin, et que ce n'est que pour en faire le corps et le sang. Prières de la liturgie latine. 7
V. Prière conforme de l'Eglise grecque, où le changement du pain et du vin est attribué au Saint-Esprit. Raison de cette doctrine. 8
VI. Les latins comme les Grecs attribuent au Saint-Esprit le changement. Prières des anciens livres Sacramentaires. 9
VII. Pourquoi le sacrifice de l'Eucharistie étoit appelé holocauste. . . . 10
VIII. Que la vraie matière de l'oblation étoit le corps et le sang de Notre-Seigneur, et que la consécration en emporte l'oblation avec elle. . . . 11
IX. L'Eglise explique clairement que c'est le vrai corps et le vrai sang qu'elle entend offrir. 12
X. Préface admirable du Sacramentaire ambroisien et grégorien. Comment Jésus-Christ est divisé et ne l'est pas. Prière conforme de l'Eglise grecque. 13
XI. Conformité des prières des autres Eglises. Remarque que c'est Jésus-Christ qui s'offre lui-même tous les jours sur nos autels. 16
XII. Autre preuve, par la liturgie, qu'on offre à Dieu Jésus-Christ, formé de nouveau sur la sainte table. 17
XIII. L'Eglise explique clairement que ce sacrifice est vraiment propitiatoire et comment. 19
XIV. Réflexion sur ces remarques, et preuve évidente de la présence par la liturgie. 21
XV. Pourquoi ce sacrifice est appelé un sacrifice de pain, et pourquoi on y fait mention de la substance terrestre qui nous donne ce qui est divin. 22
XVI. De l'oblation préparatoire de ce sacrifice. 23
XVII. De l'oblation parfaite en quoi précisément elle consiste. 23
XVIII. Comparaison de la bénédiction de l'Eucharistie avec les autres, et nouvelle preuve du changement de substance. 24
XIX. Contradiction des ministres. Antiquité des prières que vous venons

de produire. Le système des protestans sur l'innovation de Paschase Radbert, clairement détruit. 25
XX. Tout cela est dérivé de l'Ecriture, et ne fait qu'expliquer plus amplement ce que Jésus-Christ a fait et dit. 28
XXI. L'oblation clairement marquée. 29
XXII. Le corps donné et rompu, et le sang répandu pour les fidèles, tant à la croix que dans l'Eucharistie. 30
XXIII. L'Eucharistie étant notre Pâque est ensemble un sacrement et un sacrifice. 32
XXXIV. La force de ces paroles : *Faites ceci en mémoire de moi*. 34
XXV. La simplicité de nos oblations et de nos autels. Le passage de Malachie. Un autre passage de saint Paul. 37
XXXVI. L'adoration de l'Eucharistie. Mauvaise foi des ministres. . . . 40
XXVII. Paroles de la liturgie grecque. 41
XXVIII. Adoration dans le sacrifice des Présanctifiés, et son antiquité. . . 41
XXIX. Prières adressées à Jésus présent dans l'Eucharistie. 45
XXX. L'adoration est inséparable de la foi de la réalité. 45
XXXI. L'adoration extérieure avouée par les ministres dans l'Eglise grecque. 47
XXXII. Passages célèbres de saint Ambroise et de saint Augustin. . . 48
XXXIII. Adoration dans l'Ordre romain et dans les anciens Sacramentaires. 50
XXXIV. L'endroit précis de l'adoration dans l'ancienne Eglise. 52
XXXV. Conclusion de la matière de l'adoration. Passage de saint Jérôme sur les vaisseaux sacrés... 53
XXXVI. Principe pour expliquer le reste des difficultés proposées au commencement. L'Eglise s'offre elle-même dans son sacrifice. . . . 54
XXXVII. Comment on demande à Dieu d'avoir notre oblation pour agréable. 56
XXXVIII. Pourquoi on emploie dans l'oblation le ministère des anges. . . 57
XXXIX. Pourquoi on y emploie l'intercession des saints ? 61
XL. Ce que c'est qu'offrir à l'honneur des saints. 63
XLI. Des bénédictions qu'on fait sur l'Eucharistie avant et après la consécration. 65
XLII. Le signe et la vérité joints ensemble dans l'Eucharistie, et pourquoi. 67
XLIII. Ce que veut dire le *Sursum corda*, et le *Gratias agamus*. 68
XLIV. Parfaite conformité des liturgies grecques et latines ; qu'elles conviennent même aujourd'hui sur l'essentiel de la consécration. . . . 71
XLV. Explication du langage de l'Eglise dans les sacremens. 73
XLVI. Application de la doctrine précédente à la liturgie des Grecs. L'objection des Grecs modernes résolue. 76
XLVII. Preuve, par la liturgie des Grecs, que la consécration se consomme dans le récit des paroles de Notre-Seigneur. 77
XLVIII. Que tout ce qu'on vient de remarquer, dans la liturgie des Grecs, est très-ancien. Preuve par saint Germain, patriarche de Constantinople. Réflexion sur l'antiquité de la foi du changement de substance. 78
XLIX. Remarques sur quelques liturgies de l'Eglise latine. 79
L. Pour qui on offre le sacrifice. Ce que signifie ce *pour* dans le langage ecclésiastique. 81

INSTRUCTION PASTORALE

SUR LES PROMESSES DE L'ÉGLISE,

POUR MONTRER AUX RÉUNIS, PAR L'EXPRESSE PAROLE DE DIEU, QUE LE MÊME PRINCIPE QUI NOUS FAIT CHRÉTIENS, NOUS DOIT AUSSI FAIRE CATHOLIQUES.

I. Dessein général de cette instruction. 83
II. Dessein particulier d'exposer les promesses de l'Eglise : deux sortes de promesses. 83
III. Proposition de la promesse qui regarde l'état de l'Eglise en cette vie; deux parties de cette promesse : double universalité promise à l'Eglise et premièrement celle des lieux. 84
IV. Seconde partie de la promesse : la continuité et l'universalité des temps promise à l'Eglise comme celle des lieux. 86
V. On pèse toutes les paroles de la promesse, et premièrement celle-ci : *Je suis avec vous*. 87
VI. On pèse les autres paroles. 88
VII. Jésus-Christ n'a point promis que l'Eglise ne contiendroit que des saints. 88
VIII. Pourquoi Jésus-Christ dans cette promesse ne regarde que la fin du monde. 89
IX. Deux conséquences de cette doctrine. 89
X. Caractère des hérétiques, *qu'ils se séparent eux-mêmes*, marqué par saint Jude et par tous les apôtres. 90
XI. Autre caractère marqué par saint Paul. 90
XII. Deux manières de se séparer soi-même. 91
XIII. Ceux qui ont gardé leurs sièges, et qui en ont changé la foi, tombent dans le même inconvénient. 91
XIV. Pourquoi il faut qu'il y ait des hérésies : et du remède sensible et universel que Dieu y a préparé. 92
XV. Cet article est fondamental et un des douze du symbole des apôtres. 95
XVI. Si c'est là une simple formalité, et si au contraire cette doctrine n'appartient pas au fond. 96
XVII. Que ce défaut ne se couvre point par la suite des temps : preuve par le schisme des Samaritains, et par la doctrine de Jésus-Christ. . 96
XVIII. Il en est de même des autres schismes : réflexion sur la rupture des protestans. 97
XIX. Les divisions parmi ceux qui se sont séparés de l'Eglise n'ont point de remède. 98
XX. Explications conformes des saints docteurs, saint Augustin. . . 99
XXI. Que le sentiment de l'Eglise est une règle infaillible : autre sermon de saint Augustin. 101
XXII. Langage opposé des hérétiques et des saints. 105
XXIII. Nous sommes catholiques par la même démonstration et par les mêmes principes qui nous ont faits chrétiens. 106
XXIV. Saint Augustin allègue saint Cyprien par le même sentiment. . 106
XXV. La doctrine de saint Cyprien est démontrée par lui-même. . . 106
XXVI. Principes de Tertullien que saint Cyprien a reconnu pour son maître. 108
XXVII. Doctrine de saint Clément, ancien prêtre et théologien de l'Eglise d'Alexandrie. 110

XXVIII. Tout cela est tiré formellement de l'Apôtre : différence des orthodoxes. 111
XXIX. Sur la dénomination de catholique et d'hérétique. 112
XXX. Réponse à une objection : la preuve tirée de la succession et des promesses s'affermit tous les jours de plus en plus : exemple de Bérenger. 112
XXXI. Témoignage de saint Bernard. 114
XXXII. Autre réflexion sur les promesses : et que la primauté de saint Pierre et de ses successeurs y est comprise. 114
XXXIII. Passage de saint Paul contre les innovations : et comment il a été employé par Vincent de Lérins. 116
XXXIV. Que la vérité, loin de s'affoiblir, va toujours s'éclaircissant dans l'Eglise par les contradictions : doctrine de saint Augustin. . . . 116
XXXV. Toute décision se réduit à des faits constans et notoires. Esprit de l'Eglise dans ses définitions, et dans les explications des saints. . . 117
XXXVI. Facilité, brièveté et précision des décisions de l'Eglise. . . . 118
XXXVII. Vaine crainte des prétendus réformés ; l'expérience fait voir que l'assujettissement à l'Eglise est le vrai remède aux absurdités où l'on se jette. 119
XXXVIII. Que la doctrine protestante sur la faillibilité de l'Eglise induit à l'indifférence des religions. 121
XXXIX. Si les protestans ont raison de réclamer leurs ministres. . . . 121
XL. Si les protestans ont raison de réduire toute la dispute à la communion sous les deux espèces. 122
XLI. Application de la foi des promesses à la matière des sacremens, et en particulier de la communion. 122
XLII. Du service en langue vulgaire. 128
XLIII. Sur l'intelligence de l'Ecriture, dont on apprend aux protestans de se glorifier. 131
XLIV. Les protestans trop faciles à se laisser décevoir par de fausses interprétations de l'Ecriture, et en particulier des prophéties. 132
XLV. Réponse de M. Basnage. 133
XLVI. Usage de l'Ecriture parmi les protestans. 135
XLVII. Quelle doit être en cette occasion la coopération du peuple fidèle avec ses pasteurs. 136
XLVIII. Sur les persécutions dont se plaignent les protestans. 137
XLIX. Exhortation à la paix, tirée de saint Augustin. 138
L. Suite de l'exhortation : comment il faut prier pour la conversion des hérétiques. 139
LI. Comment il faut les presser. 140
LII. Qu'il faut donner bon exemple à ceux qu'on veut convertir. . . . 141

SECONDE INSTRUCTION PASTORALE

SUR LES PROMESSES DE JÉSUS-CHRIST A SON ÉGLISE,

OU RÉPONSE AUX OBJECTIONS D'UN MINISTRE CONTRE LA PREMIÈRE INSTRUCTION.

I. On se propose la réfutation d'un nouvel écrit publié contre la première Instruction sur l'Eglise. 143
II. Témérité du ministre qui ne veut pas croire que Jésus-Christ ait pu donner en six lignes un remède à toutes les erreurs. 14

III. La force de la vérité en tire l'aveu de la bouche des protestans : témoignage de Bullus, protestant anglois, et du synode de Dordrecht pour l'infaillibilité des pasteurs. 148
IV. Chicaneries manifestes du ministre : vains incidens sur chaque parole de Jésus-Christ : ce que c'est que tout le monde que les apôtres et leurs successeurs devoient enseigner. 149
V. Suite de vains incidens sur les paroles de Jésus-Christ : si le gouvernement ecclésiastique est une chose à deviner dans ces paroles, ou s'il n'y est pas expressément enseigné. 152
VI. Autre chicane : comment la promesse est adressée au commun des fidèles ainsi qu'aux pasteurs. 153
VII. Sens naturel des paroles de la promesse. 154
VIII. Suite de chicanes : comparaison du ministre entre les promesses faites à l'Eglise et celles qui sont faites aux particuliers. 154
IX. Réponse où l'on fait voir que le ministre ne veut qu'embrouiller les questions : son aveu sur l'impiété de la justice inamissible dans la nouvelle Réforme. 154
X. Etrange aveu du ministre, que l'Eglise peut être livrée à la puissance de l'enfer pendant que Jésus-Christ est avec elle. 155
XI. Différence manifeste des promesses faites au corps de l'Eglise et aux fidèles particuliers, par les paroles des unes et des autres. 155
XII. Courte observation sur la simplicité et sur l'intelligibilité de cette dispute. 156
XIII. Illusion du ministre, qui me fait accroire que je n'applique la promesse qu'aux pasteurs de l'Eglise latine. 156
XIV. Suite des objections du ministre qui se contredit lui-même. . . . 157
XV. Comment le ministre élude la force de cette parole : *Je suis avec vous* : ses deux réponses sur l'exemple que j'ai tiré de Gédéon. 157
XVI. Réplique en un mot, et claire démonstration de l'effet de ces paroles. *Je suis avec vous.* 158
XVII. Comparaison du ministre entre les promesses de l'Eglise judaïque et celles de l'Eglise chrétienne. 159
XVIII. Réponse à l'objection du ministre : distinction des deux difficultés : démonstration que les promesses de la durée de la Synagogue ou de l'Eglise judaïque ne sont pas absolues comme celles de l'Eglise chrétienne, mais seulement conditionnelles. 159
XIX. Vaine demande du ministre. 160
XX. Par la constitution de la Synagogue et de l'Eglise, la première devoit avoir fin, et celle de l'Eglise non. 160
XXI. Objection du ministre sur les interruptions de l'Eglise judaïque avant sa chute totale. 161
XXII. Réponse par une seule et courte demande : démonstration, par la mission des prophètes, de la perpétuelle visibilité de l'Eglise judaïque avant sa réprobation. 161
XXIII. Que le ministère prophétique étoit perpétuel et comme ordinaire en ce temps. 162
XXIV. Passage exprès de l'Ecriture, pour démontrer que le culte et le ministère public et sacerdotal n'a jamais défailli dans l'Eglise judaïque non plus que l'autorité et la vérité de la religion, jusqu'à la ruine qui lui devoit arriver. 162
XXV. Etat de l'Eglise judaïque sous Jésus-Christ, d'où résulte la confirmation de toute la doctrine précédente. 164
XXVI. Autre illusion du ministre, qui réduit la présence de Jésus-Christ à l'intérieur, en laissant à part le ministère que Jésus-Christ avoit exprimé. 165

XXVII. Trois dons des apôtres, qui ne passent point à leurs successeurs, sont rapportés par le ministre, pour montrer qu'il n'y a point de conséquence à tirer des uns aux autres; premier don, celui des miracles. . 166
XXVIII. Second don des apôtres : l'infaillibilité à chacun en particulier. Erreur du ministre de soutenir que nous devons attribuer, et qu'en effet nous attribuons ce don à chaque pasteur. 167
XXIX. Troisième don des apôtres; la sainteté : le ministre m'attribue ici un embarras où je ne suis point. 168
XXX. Quatre points de notre doctrine, qui est celle de Jésus-Christ, et qui explique sans embarras la sainteté de l'Eglise. 168
XXXI. Paroles du ministre sur mon embarras prétendu : réponse par l'Evangile. 170
XXXII. Question Si : Jésus-Christ a promis la sainteté dans l'Eglise. . . . 170
XXXIII. Comparaison que fait le ministre entre cette parole de Jésus-Christ : *Il faut qu'il y ait des scandales*, et celle-ci de saint Paul : *Il faut qu'il y ait des hérésies*. 171
XXXIV. Abus de cette parole : *Quand le Fils de l'homme viendra, pensez-vous qu'il trouvera de la foi sur la terre?* LUC. XVIII. 8. 171
XXXV. Le ministre tourne en mauvais sens notre doctrine, et ôte la gloire à Dieu. 173
XXXVI. Abrégé des raisonnemens sur les trois dons des apôtres. . . . 174
XXXVII. Que la doctrine des ministres réduit à rien les promesses de Jésus-Christ. 174
XXXVIII. On compare l'explication des catholiques avec celle du ministre. 175
XXXIX. Nouvelle explication de ces paroles, *Je suis avec vous*, etc. dans une lettre du ministre. 177
XL. Comment ce ministre tâche d'éluder, contre la suite du texte, ces paroles de Jésus-Christ, *Les portes d'enfer*, etc. 177
XLI. Briève réflexion sur la grande simplicité de notre doctrine. . . . 179
XLII. Egarement du ministre qui fait Jésus-Christ schismatique. 180
XLIII. Que c'est une impiété de contester, comme le ministre, la durée, l'étendue, et surtout l'ancienneté à Jésus-Christ. 180
XLIV. Commencemens de Calvin comparés par le ministre à ceux de Jésus-Christ. 181
XLV. Etrange doctrine du ministre sur l'antiquité de l'Eglise chinoise. . . 182
XLVI. Erreur du ministre, qui confond la visibilité de l'Eglise avec sa splendeur dans la paix. 183
XLVII. Passages de l'Evangile contraires entre eux, selon le ministre, et la conciliation qu'il en propose. 184
XLVIII. Que ces expressions de l'Evangile, voie étroite, petit troupeau, etc. ne dérogent point à l'étendue de l'Eglise. 184
XLIX. Fausse doctrine du ministre sur les élus, dont il fait le lien de l'Eglise, et le moyen de la faire durer. 185
L. Que le ministre raisonne tout au contraire de saint Paul. 186
LI. Que le ministre oublie les paroles du texte de la promesse qu'il entreprend d'expliquer. 186
LII. On explique la prérogative des élus que le ministre n'a pas entendue . 187
LIII. Dernière ressource du ministre qui mène à l'indifférence des religions. 187
LIV. Erreur du ministre, qui ne veut pas voir que la foi de l'Eglise induit nécessairement l'esprit de sainteté dans sa communion. 187
LV. Le ministre trouve la doctrine de Jésus-Christ trop miraculeuse pour être crue, et admet lui-même un prodige étonnant et faux. 188
LVI. Que la conversion des pécheurs est toujours miraculeuse en un sens, et que la doctrine catholique met l'Eglise dans un état naturel. 188

LVII. Conclusion du précédent discours, où l'on entre dans la découverte des nouvelles erreurs du ministre, principalement sur le schisme. . . . 189

REMARQUES

Sur le traité du ministre, et premièrement sur ce qu'il autorise le schisme.

LVIII. De la nature du schisme que le ministre autorise. 189
LIX. Principes erronés du ministre sur l'unité des Eglises chrétiennes, et fausse peinture qu'il en fait. 190
LX. Etrange doctrine, que l'union des Eglises n'est pas du premier dessein de Jésus-Christ : parole expresse du Sauveur. 191
LXI. Preuve par saint Paul que les Eglises chrétiennes étoient établies pour ne faire ensemble au dedans et au dehors qu'une seule Eglise catholique. 192
LXII. Uniformité de la discipline des Eglises dans le fond. 192
LXIII. Démonstration, par l'Ecriture, que les Eglises se regardoient les unes les autres, en sorte que leur consentement tenoit lieu de règle. . . . 193
LXIV. Illusion du ministre, qui compare l'ancienne Eglise à la Réforme prétendue et aux vaudois : démonstration du contraire par un fait constant. 194
LXV. Saint concert entre les apôtres. 195
LXVI. Que la doctrine du ministre insinue le schisme. 195
LXVII. Que le ministre prêche ouvertement le schisme, en disant que les sept mille que Dieu sauvoit dans le royaume d'Israël étoient de vrais schismatiques. 195
LXVIII. Elie, Elisée et les autres prophètes d'Israël étoient schismatiques, selon le ministre, et toutefois sauvés et saints. 196
LXIX. Que le schisme des dix tribus et de Samarie est approuvé par le ministre, et en même temps très-expressément condamné par la loi de Moïse. 196
LXX. Que Jésus-Christ a expressément condamné le schisme de Samarie. 197
LXXI. On prouve contre le ministre que Samarie est condamnée par Jésus-Christ pour son schisme 197
LXXII. Autres preuves par d'autres paroles de Jésus-Christ. 198
LXXIII. Que le schisme de Jéroboam et des dix tribus a été réprouvé de Dieu, et pourquoi. 198
LXXIV. Autre démonstration par l'Ecriture, que les vrais Israélites étoient pour la religion en communion avec ceux de Juda. 199
LXXV. Suite de la même preuve. 201
LXXVI. Visibilité de la partie de l'Eglise judaïque qui restoit en Israël. . 201
LXXVII. Que tout ce qu'on nous objecte ne fait rien contre nous. . . . 202
LXXVIII. Réflexion sur les sept mille. 202
LXXIX. Le schisme de la nouvelle Réforme la contraint à défendre le schisme en général, et à tomber dans l'indifférence des religions. . . 203

REMARQUES

Sur le fait de Paschase Radbert, ou le ministre tâche de marquer une innovation positive.

LXXX. Inutilité des faits infinis que le ministre rapporte : il n'y a en cette matière que deux faits importants pour le salut. 204

LXXXI. Le ministre convient du fait qu'il falloit prouver contre l'Eglise romaine, et il fait semblant de le tenter. 205
LXXXII. On examine ce que dit le ministre sur le fait de Paschase Radbert. 206
LXXXIII. Seconde et troisième tentatives du ministre également inutiles sur le même fait de Paschase Radbert. 206

REMARQUES

Sur le fait des Grecs.

LXXXIV. Que le ministre convient de ce qu'il y a d'essentiel dans le fait des Grecs. 208
LXXXV. Autre passage du ministre sur la primauté divine des Papes, comme successeurs de saint Pierre. 208
LXXXVI. Que la soumission des Grecs au Pape étoit renfermée dans les actes des premiers conciles généraux avoués par le ministre. . . . 209
LXXXVII. La communion avec le Pape nécessaire selon ces actes avoués. . 210
LXXXVIII. Aveu considérable du ministre sur les Grecs. 210
LXXXIX. Que je n'ai rien dit sur la primauté du Pape, que le ministre n'avoue dans le fond. 210
XC. Que, de l'aveu de la nouvelle Réforme, les Grecs ont tort contre les Latins. 211

REMARQUES

Sur l'histoire de l'arianisme.

XCI. Premier aveu du ministre, que tout s'est fait sans règle et par violence sous l'empereur Constance. 211
XCII. La persécution de Valens est alléguée mal à propos et ne fait rien à la succession. 212
XCIII. On se réduit à Constance et aux faits avoués au fond par le ministre. 212
XCIV. Les deux faits où nous nous réduisons, sont constans et décisifs. Premier fait : le point de la rupture d'Arius. 213
XCV. Second fait : après la persécution l'Eglise se trouve encore par toute la terre : lettre de Saint Athanase, qui rend ce fait incontestable. . . 213
XCVI. Importance de ces deux faits comparés ensemble. 214
XCVII. Aveu et réponse du ministre. 214
XCVIII. Réplique, où l'on démontre l'évidence et la notoriété du fait de la rupture d'Arius. 215
XCIX. Le fait de l'état de l'Eglise après la persécution n'est pas moins constant. 215
C. Erreur du ministre, qui soutient que dès le temps de Libérius, les ariens se vantoient de leur possession constante. 216
CI. Impossibilité de ce fait. 216
CII. Que dans les paroles de Constance à Libérius, il ne s'agissoit que du fait de saint Athanase, et non pas du dogme d'Arius. 216
CIII. Qu'il n'est pas vrai que tout l'univers eût condamné saint Athanase. . 217
CIV. Objection tirée de la chute de Libérius. 217
CV. Deux faits sur Libérius : le premier, qu'il n'a cédé qu'à la violence. . 217
CVI. Le second fait sur Libérius, qui est celui de son retour à son devoir, est omis par le ministre. 218

CVII. Le ministre a déguisé trois faits essentiels du concile de Rimini, quoique avoués dans le fond. 218
CVIII. Que la succession des évêques n'a point été interrompue par le concile de Rimini, et que le ministre ne prouve rien. 220
CIX. Le ministre nous impute une erreur sur l'autorité des évêques introduits par violence et intrusion. 221
CX. Que les marques de la violence sont certaines en ces temps. . . 222
CXI. Objections du ministre sur la surprise faite aux catholiques, réfutée par les auteurs du temps; passages de saint Augustin, de saint Hilaire et saint Jérôme. 222
CXII. Que Dieu pourvoyoit à ce que la saine doctrine ne pût être ignorée. 223
CXIII. Le ministre oppose à saint Augustin, saint Athanase, saint Hilaire et saint Grégoire de Nazianze. 224
CXIV. Que les passages des Pères n'ont rien de contraire. 224
CXV. Inutilité des faits historiques qu'on oppose à la promesse, et que la seule foi suffit. 226
CXVI. Maxime trompeuse du ministre, que les promesses s'expliquent par l'événement. 227
CXVII. Absurdité où l'on tombe par la doctrine des ministres. 228
CXVIII. La gloire de l'Eglise catholique. 229

RÉPONSE

A diverses calomnies qu'on nous fait sur l'Ecriture et sur d'autres points.

CXIX. Reproches du ministre. 230
CXX. C'est une vérité constante, que le chrétien n'a jamais à chercher sa foi dans les Ecritures. 230
CXXI. Utilité de l'Ecriture très-bien connue par l'Eglise catholique. . . 230
CXXII. On repousse la calomnie, qui nous impose de rendre l'Ecriture dangereuse ou inutile. 231
CXXIII. Passage exprès de saint Irénée pour confirmer la doctrine précédente. 231
CXXIV. Passage de saint Chrysostome mal objecté par le ministre. . . 233
CXXV. C'est une vérité constante par la méthode universelle de tous les chrétiens, pratiquée dans le Symbole des Apôtres, qu'on doit croire avant que de lire l'Ecriture. 234
CXXVI. Grossière objection du ministre sur la manière de transmettre la doctrine d'évêque à évêque. 235
CXXVII. Comment les peuples écoutent les premiers évêques, en écoutant ceux qu'on trouve en place. 236
CXXVIII. Vaine exclamation du ministre sur l'ignorance qu'il veut nous imputer. 236
CXXIX. Vaine science des hérétiques causée par le mépris de la foi de l'Eglise. 236
CXXX. Preuve par expérience que la foi des promesses de l'Eglise s'accorde parfaitement avec l'instruction. 237

CONCLUSION

Et abrégé de tout ce discours.

CXXXI. 240

LETTRE PASTORALE

AUX NOUVEAUX CATHOLIQUES

POUR LES EXHORTER A FAIRE LEURS PAQUES.

I. Qu'il faut venir faire la Pâque dans l'Eglise catholique. 243
II. Que les pasteurs de l'Eglise catholique sont les seuls véritables pasteurs. 245
III. Que l'auteur de la fausse lettre pastorale à ceux qui sont tombés, imite en vain le langage de saint Cyprien, dont la doctrine le condamne comme un faux pasteur. 247
IV. Combien les hérétiques abusent de ce passage de l'Evangile : « Si deux ou trois s'assemblent en mon nom, je suis au milieu d'eux. » — Explication de ce passage par saint Cyprien, et conviction des pasteurs sans mission. 250
V. Que les prétendues lettres pastorales sont pleines d'excès et d'une aigreur insupportable contre nous. Emportement de la lettre qui a pour titre : *A ceux qui gémissent sous la captivité de Babylone.* Calomnie insupportable sur les litanies et sur la prière des Saints. 253
VI. Calomnies du même auteur sur les images. Que les accusations qu'on nous fait sur ce sujet viennent d'ignorance et d'une crainte superstitieuse. 256
VII. Injustes reproches sur les cérémonies, sur le service en langue latine, et sur l'adoration de Jésus-Christ dans l'Eucharistie. Que c'est les prétendus réformés qui sont charnels et grossiers, et non pas nous, comme ils nous en accusent. 260
VIII. Qu'on ne peut nous accuser d'idolâtrie, sans blasphémer contre Jésus-Christ et contre les promesses données à l'Eglise. Passage remarquable de M. Claude. 263
IX. Blasphèmes des prétendues lettres pastorales contre l'Eglise catholique, et même contre l'Eglise ancienne. 266
X. Exhortation aux nouveaux convertis, pour les inviter aux sacremens, et surtout à la sainte Eucharistie. Que la communion sous une espèce est suffisante. Témoignage de M. Claude et des autres ministres. . . . 268

LETTRE A FRÈRE N. CONVERTI DE LA RELIGION PROTESTANTE A LA RELIGION CATHOLIQUE SUR L'ADORATION DE LA CROIX. 275

RÈGLEMENT

DU SÉMINAIRE DES FILLES DE LA PROPAGATION DE LA FOI.

Préface. 285
CHAP. Ier. Quel est l'établissement de ce séminaire, et des personnes qui y doivent être reçues. 286
CHAP. II. Des vertus principales qui doivent être pratiquées dans le séminaire. 289
CHAP. III. Pratiques de dévotion, et occupations de charité ordinaires dans la maison. 291

Chap. IV. Du gouvernement du séminaire, et de la police qui y sera gardée.. 294
Chap. V. Du travail, ensemble du silence et de l'amour de la retraite. . 297
Chap. VI. Des lieux réguliers et des officières de la maison...... 299
Chap. VII et dernier. Distribution des heures du jour, suivant le précédent Règlement............................. 301
Instruction aux filles du séminaire pour rendre compte de leur conscience et intérieur au confesseur...................... 306

PIÈCES

CONCERNANT UN PROJET DE RÉUNION DES PROTESTANS DE FRANCE

A L'ÉGLISE CATHOLIQUE.

Lettre I. Bossuet à Ferry, Metz, 1666................ 307
Lettre II. Bossuet à Ferry, sans date................ 307
Lettre III. *Explication de différens points de controverse*, 8 juillet 1666.
— Du mérite des œuvres.................... 308
— De l'Eucharistie et du Sacrifice............... 309
— Du culte des saints...................... 311
Lettre IV. Bossuet à Ferry à Metz, le 15 juillet 1666. — *Nouvelle explication sur le sacrifice de l'Eucharistie.*.............. 313
Lettre V. Bossuet à Ferry, sans date................ 314
Lettre VI. Bossuet à Ferry, sans date............... 315
Lettre VII. Bossuet à son père, (extrait) le 20 août 1666...... 316
Lettre VIII. Bossuet à son père, (extrait) le 21 août 1666...... 316
Lettre IX. Bossuet à son père, (extrait) le 1er septembre 1666. . . 316
Lettre X. Bossuet à son père, (extrait) le 14 septembre 1666..... 317
Lettre XI. Bossuet à son père (extrait) le 20 septembre 1666..... 317
Lettre XII. Bossuet père à Ferry, sans date............. 318
Lettre XIII. Ferry à... la 8 février 1667.............. 318
Lettre XIV. Bossuet à... — Récit de ce qui avoit été traité entre le ministre Ferry et l'abbé Bossuet dans plusieurs conférences particulières qu'ils avoient eues ensemble, le 24 août 1666................ 319
Lettre XV. Maimbourg à Ferry, à Paris le 8 septembre 1666..... 323
Lettre XVI. Ferry à Bossuet, à Metz, le 15 septembre 1666..... 330
Lettre XVII. Ferry à Maimbourg, à Metz, le 18 septembre 1666. . . 333
Lettre XVIII. Maimbourg à Ferry, Coullonges, le 23 octobre 1666. . . 338
Lettre XIX. Bossuet à Ferry, à Gassicourt, le 28 octobre 1666. . . 340
Lettre XX. Begneggher de Strasbourg, à Bachellé, pasteur, 27 janvier 1667. 346
Lettre XXI. Begnegger à Bachellé, 3 février 1667. Récit fait par le ministre Ferry, de ce qui s'est passé au sujet du projet de réunion. . . 347
Réponse donnée par les ministres de Metz, sur la proposition qui leur avoit été faite de travailler à la réunion............. 350
Relation faite par le ministre Ferry, de différens faits qui ont rapport au projet de réunion........................ 350
Projet de réunion des deux religions, envoyé par le ministre du Bourdieu................................ 353
Lettre XXII. Bossuet au duc de Noailles, sur ce projet, 23 octobre 1683. . 356

RECUEIL DE DISSERTATIONS ET DE LETTRES

CONCERNANT UN PROJET DE RÉUNION DES PROTESTANS D'ALLEMAGNE DE LA CONFESSION D'AUGSBOURG,

A L'ÉGLISE CATHOLIQUE.

PREMIÈRE PARTIE, QUI CONTIENT LES DISSERTATIONS. — Copie du plein pouvoir donné par l'empereur Léopold, à M. l'évêque de Neustadt, en Autriche, pour travailler à la réunion des protestans d'Allemagne. 358

REGULÆ CIRCA CHRISTIANORUM OMNIUM ECCLESIASTICAM REUNIONEM, tam à sacrâ Scripturâ, quàm ab universali Ecclesiâ, et Augustana Confessione præscriptæ, et à nonnullis, iisque professoribus, zelo pacis collectæ, cunctorumque christianorum correctioni ac pietati subjectæ, 1691.

Regula prima. 360
Regula secunda. 360
Regula tertia. 361
Regula quarta. 362
Regula quinta. 362
Regula sexta. 365
Regula septima. 365
Regula octava. 366
Regula nona. 368
Regula decima. 369

RÈGLES TOUCHANT LA RÉUNION GÉNÉRALE DES CHRÉTIENS, prescrites, tant par la sainte Ecriture, que par l'Eglise universelle et par la Confession d'Ausgbourg, que quelques théologiens de la même Confession, animés d'un saint zèle pour la paix, ont recueillies, et qu'ils soumettent à l'examen et proposent à la piété de tous les chrétiens, 1691.

Première règle. 375
Seconde règle. 375
Troisième règle. 376
Quatrième règle. 377
Cinquième règle. 377
Sixième règle. 381
Septième règle. 382
Huitième règle. 383
Neuvième règle. 384
Dixième règle. 387

COGITATIONES PRIVATÆ DE METHODO REUNIONIS ECCLESIÆ PROTESTANTIUM CUM ECCLESIA ROMANO-CATHOLICA, à theologo quodam Augustanæ Confessioni sincerè addicto, citra cujusvis præjudicium, in chartam conjectæ, et superiorum suorum consensu, privatim communicatæ cum illustrissimo ac reverendissimo DD. Jacobo Benigno S. R. E. Meldensi Episcopo, longè dignissimo, Prælato non minùs eruditionis quàm moderationis laude conspicuo; hoc fine ut in timore Dei examinentur, publici autem juris nondùm fiant.

THEOREMA.	394
EXPLICATIO.	395
POSTULATA.	396
MODUS AGENDI.	406
PRIMA CLASSIS.	406
SECUNDA CLASSIS.	418
Exempla.	418 et seq.
TERTIA CLASSIS.	423
De Transsubstantiatione.	424
De invocatione Sanctorum.	425
De cultu Imaginum.	427
De Purgatorio.	427
De primatu Pontificis jure divino.	427
De Monachatu et Votis monasticis.	428
De Traditionibus.	428
Concilium.	429
Conclusio.	431

PROJET DE RÉUNION, composé par M. Molanus, abbé de Lokkum, et traduit en françois par messire Jacques-Bénigne Bossuet, évêque de Meaux, en l'abrégeant tant soit peu en quelques endroits, sans rien ôter d'essentiel, sous ce titre, PENSÉES PARTICULIÈRES, SUR LE MOYEN DE RÉUNIR L'ÉGLISE PROTESTANTE AVEC L'ÉGLISE CATHOLIQUE ROMAINE, poposées par un théologien sincèrement attaché à la Confession d'Augsbourg, sans préjudicier aux sentimens des autres, avec le consentement des supérieurs et communiquées en particulier à M. l'évêque de Meaux, pour être examinées en la crainte de Dieu à condition de n'être pas encore publiées.

CHAP. I. Proposition.	432
CHAP. II. Explication.	432
CHAP. III. *Demandes.* Première demande.	434
CHAP. IV. Seconde demande.	435
CHAP. V. Troisième demande.	436
CHAP. VI. Quatrième demande.	437
CHAP. VII. Cinquième demande.	437
CHAP. VIII. Sixième demande.	437
CHAP. IX. Première chose accordée au Pape.	438
CHAP. X. Seconde chose accordée au Pape.	428
CHAP. XI. Troisième chose accordée au Pape.	438
CHAP. XII. Manière d'agir.	439
CHAP. XIII. Premier ordre, ou première classe des controverses.	439
Premier exemple.	439
CHAP. XIV. Second exemple.	441
CHAP. XV. Troisième exemple.	442
CHAP. XVI. Quatrième exemple.	442
CHAP. XVII. Cinquième exemple.	443
CHAP. XVIII. Sixième exemple.	444

CHAP. XIX. Septième exemple. 445
CHAP. XX. Huitième exemple. 445
CHAP. XXI. Neuvième exemple. 446
CHAP. XXII. Dixième exemple. 446
CHAP. XXIII. Second ordre ou seconde classe des controverses. . . 447
CHAP. XXIV. Premier exemple. 447
CHAP. XXV. Second exemple. 448
CHAP. XXVI. Troisième exemple. 448
CHAP. XXVII. Quatrième exemple. 449
CHAP. XXVIII. Cinquième exemple. 449
CHAP. XXIX. Sixième et septième exemples. 450
CHAP. XXX. Troisième ordre ou troisième classe des Controverses. . . 451
CHAP. XXXI. De quelle manière on peut traiter ces articles. 451
CHAP. XXXII. De la Transsubstantiation. 452
CHAP. XXXIII. De l'Invocation des Saints. 453
CHAP. XXXIV. Du Culte des images. 454
CHAP. XXXV. Du Purgatoire. 454
CHAP. XXXVI. De la Primauté du Pape de droit divin. 454
CHAP. XXXVII. Des Vœux monastiques. 455
CHAP. XXXVIII. Des Traditions, ou de la Parole non écrite. 455
CHAP. XXXIX. Le Concile. 456
CHAP. XL. Conclusion. 457

DE SCRIPTO CUI TITULUS : COGITATIONES PRIVATÆ de methodo reunionis ecclesiæ protestantium cum Ecclesiâ Romano-catholicâ à theologo Augustanæ Confessionis, ad Jacobum Benignum Episcopum Meldensem, EJUSDEM EPISCOPI MELDENSIS SENTENTIA. 458

PARS PRIMA. VIRI AMPLISSIMI THEOREMA : EJUS EXPLICATIO. 459
SUMMA SCRIPTI. 461
DE SEX POSTULATIS. . . . . 461 et seq.
DE CONCESSIS A PROTESTANTIBUS. 469
SUMMA ANTEDICTORUM. 470
DE MODO AGENDI. 471
DE TRIBUS CONTROVESIARUM CLASSIBUS. 471
PRIMA CLASSIS. De controversiis quæ in æquivocatione seu diversâ terminorum acceptione consistunt, ejusque rei exemplis. *Primum exemplum.* 472
Aliud exemplum. De intentione ad valorem sacramentorum. 472
Aliud exemplum. De septem Sacramentis. 473
Aliud exemplum. An peccata verè tollantur. 473
Aliud exemplum. An sola fides justificet. 473
Aliud exemplum. An aliquis possit esse certus de suâ justificatione et perseverantiâ ad salutem. 474
Aliud exemplum. De possibilitate implendæ legis. 475
Aliud exemplum De concupiscentiâ, etc. 475
Aliud exemplum. An bona opera justorum in se perfectè bona et ab omni labe peccati pura. 475
Aliud exemplum An renatorum opera Deo placeant. 476
SECUNDA CLASSIS, complectens quæstiones ita comparatas, ut in alterutrâ Ecclesiâ et affirmativa et negativa toleretur. 477
Exemplum. De orationibus pro mortuis. 477
Aliud exemplum. De immaculatâ conceptione beatæ Virginis. 477
Aliud exemplum. De merito bonorum operum. 477

Aliud exemplum. An bona opera ad salutem necessaria. 478
Aliud exemplum. De Adoratione. 479
Aliud exemplum. De Ubiquitate. 479
Aliud exemplum. De Vulgatæ autoritate. 479
TERTIA CLASSIS. 479
De articulis per arbitros componendis, ac primùm de Transsubstantiatione. 480
De invocatione Sanctorum. 480
De cultu Imaginum. 481
De Purgatorio. 481
De primatu Pontificis jure divino. 481
De Monachatu. 482
De Traditionibus. 482
De futuri concilii conditionibus à viro amplissimo propositis. 483
ALTERA PARS. Unicum postulatum. 485
Corollarium. 487
Objectio. 496
Responsio. 496

DECLARATIO FIDEI ORTHODOXÆ quam Romano Pontifici offerre possint Augustanæ Confessionis defensores. 499

CAPUT I. De justificatione. 500
  ART. I. Quòd sit gratuita. 500
  ART. II. De operibus ac meritis justificationem consecutis. 501
  ART. III. De promissione gratuitâ deque perfectione atque acceptatione bonorum operum. 503
  ART. IV. De impletione legis. 503
  ART. V. De meritis quæ vocant *ex condigno*. 504
  ART. VI. De fide justificante. 505
  ART. VII. De certitudine fidei justificantis. 506
  ART. VIII. De gratiâ et cooperatione liberi arbitrii. 507
  ART. IX. Cur istius conciliationis ratio placitura videatur. 509
CAPUT. II. De Sacramentis. 510
  ART. I. De Baptismo. 510
  ART. II. De Eucharistiâ, ac primùm de reali præsentiâ. 511
  ART. III. De Transsubstantiatione. 511
  ART. IV. De præsentiâ extra usum. 513
  ART. V. De adoratione. 514
  ART. VI. De Sacrificio. 514
  ART. VII. De Missis privatis. 515
  ART. VIII. De Communione sub utrâque specie. 516
  ART. IX. De aliis quinque Sacramentis, ac primùm de Pœnitentiâ et Absolutione. 518
  ART. X. De quatuor reliquis Sacramentis. 519
CAPUT. III. De cultu et ritibus. 521
  ART. I. De cultu et invocatione Sanctorum. 521
  ART. II. De cultu Imaginum. 521
  ART. III. De oratione atque oblatione pro mortuis, et Purgatorio. . 522
  ART. IV. De Votis monasticis. 524
CAPUT. IV. De fidei firmandæ mediis. 524
  ART. I. De Scripturâ et Traditione. 524
  ART. II. De Ecclesiæ et conciliorum generalium infallibilitate. . . 525
  ART. III. De Conciliorum generalium auctoritate speciatim. . . . 527

Art. IV. De Romano Pontifice. 529
Art. V. Quid ergò agendum ex antecedentibus. Summa dictorum de fide. 531
Art. VI. De concilio Tridentino. 536

RÉFLEXIONS DE M. L'ÉVÊQUE DE MEAUX

sur l'écrit de m. l'abbé molanus.

Avant-propos, où l'on explique l'ordre et le dessein de ces Réflexions. . 548
Première partie, contenant les articles conciliés.— Chap. i. De la Justification. 549
Chap. II. Des Sacremens, et premièrement du Baptême. 562
   De l'Eucharistie, et premièrement de la présence réelle. 563
   De la Transsubstantiation. 564
   De la présence hors de l'usage. 565
   De l'adoration. 566
   Du Sacrifice. 567
   Des Messes privées. 568
   De la Communion sous les deux espèces. 569
   Des cinq autres Sacremens, et premièrement de la Pénitence et de l'Absolution. 571
   Des trois Actes du sacrement de Pénitence, et premièrement de la Confession. 572
   De la Satisfaction. 573
   Des quatre autres Sacremens. 573
Chap. III. Du culte et des coutumes ecclésiastiques, et premièrement du culte et de l'invocation des Saints. 575
   Du culte des Images. 576
   De la Prière et de l'Oblation pour les morts. 577
   Du Purgatoire. 579
   Des Vœux monastiques. 579
Chap. IV. Des moyens d'établir la foi, et premièrement de l'Ecriture et des traditions non écrites. 580
   De l'infaillibilité de l'Eglise, et des conciles œcuméniques. 580
   Où réside l'infaillibilité de l'Eglise. 582
   Sur le Pape. 584
SECONDE PARTIE. — Chap. V. Ce qu'il faut faire sur les fondemens qu'on vient d'établir. 586
Chap. VI. Réflexions sur le projet de notre auteur. 590
Chap. VII. Sur le concile de Trente. 601
Chap. VIII. Dernière résolution de la question de M. de Leibniz par les principes posés. 604

FIN DE LA TABLE DU SEIZIÈME VOLUME.

A LA MÊME LIBRAIRIE.

Sancti Bonaventuræ, ex ordine Minorum, S. R. E. episcopi card. Albanensis, opera omnia Sixti V, pontificis max. jussu, diligentissime emendata, accedit sancti doctoris vita, una cum diatriba historico-chronologico-critica. Editio accurate recognita, ad puram et veriorem testimoniorum biblicorum emendationem denuo reducta cura et studio A.-C. Peltier, canonici ecclesiæ Rhemensis. — 12 vol. in-4° à deux colonnes. Papier vergé à la colle animale. Prix net : 160 fr.

Les mille premiers souscripteurs auront droit à 40 fr. de primes en livres de mon fonds, et à leur choix. — Le premier volume paraîtra en février 1864; les autres suivront rapidement.

De theologicis dogmatibus, opus Dionysii Petavii Aurelianensis, e societate Jesu. Nova editio, notis ac dissertationibus Francisci Antonii Zachariæ ejusdem societatis illustrata, quibus accesserunt selectæ notæ Adriani Leclerc aliorumque nec non quædam recens editæ, accurante iterumque annotante J.-B. Fournials, can. Albiensi. — 7 vol. grand in-4°, sur deux colonnes, reproduisant les 7 tomes in-folio du P. Zacharie. Papier vergé à la colle animale. Prix net : 80 fr.

Les mille premiers souscripteurs auront droit à une prime de 20 fr. en livres de notre fonds, à leur choix. — Le premier volume paraîtra en février 1864; les autres suivront de trois en trois mois.

De theologicis dogmatibus, opus Ludovici Thomassini, congregationis Oratorii presbyteri. Editio nova, accurante iterumque annotante P. E. Ecalle, sacræ theologiæ in seminario Trecensi professore. — 6 vol. in-4° à deux colonnes. Papier vergé à la colle animale. Prix : 80 fr.

Les mille premiers souscripteurs auront droit à une prime de 20 fr. en livres de notre fonds et à leur choix. — Le premier volume paraîtra en février 1864; les autres suivront de trois en trois mois.

Jus canonicum universum, nec non Tractatus de regulis juris, auctore R. P. F. Anacleto Reiffenstuel, ordinis Minorum S. Francisci reformat. provinciæ Bavaricæ lectoro jubilato ; juxta novissimam Romanam editionem fideliter recusum : cui accedunt variæ adnotationes a R. D. Vict. Pelletier, ecclesiæ Aurelianensis canonico capitulari, pro rumdam quæstionum uberiori enodatione, attenta rerum conditione præsenti, digestæ et ad calcem cujusque voluminis rejectæ. — 6 vol. in-4° à deux colonnes. Papier vergé à la colle animale. Prix net : 72 fr.

Les mille premiers souscripteurs auront droit à une prime de 17 fr. en livres de mon fonds, et à leur choix. — Le premier volume paraîtra en février 1864 ; les autres suivront de trois en trois mois.

Histoire générale des auteurs sacrés et ecclésiastiques, qui contient leur vie, le catalogue, la critique, le jugement, la chronologie, l'analyse et le dénombrement des différentes éditions de leurs ouvrages ; ce qu'ils renferment de plus intéressant sur le dogme, sur la morale et sur la discipline de l'Eglise, l'histoire des conciles tant généraux que particuliers, et les actes choisis des Martyrs, par le R. P. Dom Remy Ceillier. — Nouvelle édition, soigneusement revue, corrigée, complétée et terminée par une Table générale des matières, par M. l'abbé Bauzon, ancien directeur de Séminaire. — 17 volumes in-4 à deux colonnes. Prix : 136 f.

Histoire de France depuis les premiers âges jusqu'en 1848 ; ouvrage dédié à Mgr l'Evêque de Verdun, par l'abbé Pierrot, auteur du *Dictionnaire de théologie dogmatique et morale* publié dans l'*Encyclopédie théologique*, avec la collaboration d'un de nos écrivains les plus connus dans la presse religieuse et politique. Deuxième édition. — 15 beaux volumes in-8, papier vélin satiné. — Prix : 67 fr.

BESANÇON. — IMPRIMERIE D'OUTHENIN CHALANDRE FILS.